程千帆全集

3

程千帆 / 著

史通笺记

文论十笺

唐代进士行卷与文学

凤凰出版社

目　　次

史通笺记

文论十笺

上　辑

下　辑

唐代进士行卷与文学

史通笺记

程千帆

撰

序

刘子玄《史通》，史家之申、韩也。其书自浦二田《通释》出乃大体可读。象山陈伯弢先生复为《补释》三百余事，尤精审可从。其后杨君弢甫作《通释补》，彭君啸咸作《增释》，又续有所沾益。往在成都，友人赵幼文教授尝以巴县向宗鲁先生校本及向氏所过录杨惺吾校本、纪晓岚《削繁》底本见示，因并加移录。独惜幼文藏本佚去内篇《模拟》至《自叙》，外篇《史官建置》及《古今正史》，不得窥见杨、向两家识语及《削繁》底本之全为憾耳。余既搜采诸家之说与夫卢召弓、孙星如等所为校勘记，汇为一编，用便省览；其隅照所及，间有可附诸前修之后者，则别著《笺记》，以待质正。稿存行箧，逮今十有五年，而余于史学亦荒落久矣。重念壮齿之勤劬，因以暇日聊为删补写定。世之治刘书者，幸垂教焉。一九六一年十一月，宁乡程会昌千帆谨序。

凡　　例

一、拾遗。自朱明以迄今兹，治《史通》者亦有多家。审厥条流，盖有三科。一者校雠，若卢召弓之为是也。二者注释，若浦二田之为是也。三者评论，若纪晓岚之为是也。今遵前修之律令，而补其所未备。此之谓拾遗。

二、订误。智者千虑，或有一失。愚者千虑，或有一得。鲰生幸生诸老先生之后，又得与并世胜流上下其议论。隅隙所窥，偶有可纠绳旧说者，不敢自秘，别而出之。此之谓订误。

三、本证。子玄此书，条理密察，铨贯有序。诸篇之说，多可互证，彼此参照，尤见圆通。而缘艾历岁月，文重思繁，亦有后先失应，自相牴牾者。今为拈出，辨其异同，定其是非。此之谓本证。

四、旁征。此书淹贯今古，用意刻深，若但循文为之诠释，或有不能尽知其志者。是必曲畅而旁通之，乃不负作者之苦心。笺记于此，匪曰能之，愿学焉。此之谓旁征。

五、穷源。吾国之史，所从来远矣。有史官史书，斯有史学。虽《史通》以前，尚无专著，然自《春秋》“凡例”以下以迄《文心·史传》之篇，一鳞一爪，何莫非子玄之所取资？治刘书者，固不容忽也。今就所知，凡涉《史通》者，悉加甄录，以明所自。此之谓穷源。

六、竟委。《史通》沾溉后人多矣，然亦颇有与之异趣者。今于异同之见，或同中有异，异中见同者，皆依所指陈，采供参稽，以见子玄学术之影响。此之谓竟委。

七、贵近。近世史学，度越前代，研治《史通》，间著专篇。而考订之业，尤称精审。若山阴姚氏、武陵余氏、海盐朱氏、义宁陈氏、长沙杨氏之所撰述，亦多关涉刘书，因博取而详著焉。若夫今人概论之文，则以与《笺记》体例不符，更不阑入。此之谓贵近。

八、崇实。《笺记》之作，盖欲省读者翻检之劳，事等胥钞，难言著述。故所引据，必核原书，别附书目，聊供覆按。此之谓崇实。

叙　　录

不遑启处

昌案:《诗·小雅·四牡》及《采薇》文,又《左传》昭三十二年文。

下笔不休

昌案:《文选》曹丕《典论·论文》载班固《与弟超书》曰:"(傅)武仲以能属文为兰台令史,下笔不能自休。"

昔汉世诸儒集论经传,定之于白虎阁,因名曰《白虎通》。予既在史馆而成此书,故便以《史通》为目。且汉求司马迁后,封为史通子,是知史之称通,其来自久。博采众议,爰定兹名。

昌案:《汉书·司马迁传》:"至王莽时,求封迁后为史通子。"颜注引应劭曰:"以迁世为史官,通于古今也。"又引李奇曰:"史通,国;子,爵也。"子玄用此,盖本应说。然称所著书曰《史通》,主旨仍在模拟《白虎通》,《叙录》语意甚明。《后汉书·儒林传序》:"建初中,大会诸儒于白虎观,考详同异,连月乃罢。肃宗亲临称制,如石渠故事,顾命史官著为《通义》。"李贤注:"即《白虎通义》是。"此事又见于《章帝纪》及杨终、丁鸿、班固诸传,书则当时讨论经学之总集也。史志著录,则《隋志》、《旧唐志》称《白虎通》,《新唐志》称《白虎通义》。《四库提要》卷一百十八论之云:"其议奏统名《白虎通德论》……固撰集后,乃名其书曰《通义》。《唐志》所载,盖其本名。……《隋志》删去义字,盖流俗省略,有此一名。故唐刘知幾《史通》序引《白虎通》、《风俗通》为说，（昌案：子玄未尝引《风俗通》，《提要》误记。）实则递相祖袭，忘其本始者也。”据此，知刘书命名，盖本《白虎通义》之省称也。

又案：《史通》书名，乃子玄自定，《叙录》言之甚明。著录诸家，亦无异称。惟《唐书》本传云：“著《史通子》二十卷，备论史策之体。”似其书亦名《史通子》。然《传》又云：“子玄至安州，无几而卒……后数年，玄宗敕河南府就家写《史通》以进，读而善之。”《新唐书》叙其事略同，亦不称《史通子》，知旧书“子”字，盖衍文也，然诸本多有之。

内　　篇

昌案：《史通》二十卷，自卷一至卷十，凡内篇三十六，自卷十一至卷二十，凡外篇十三，宋本以次，均无歧异。考著书分内外篇，古多有之。成玄英《庄子疏·序》云："内以对外立名。内则谈于理本，外则语其事迹。"《汉书·艺文志》："《淮南》内二十一篇，《淮南》外三十三篇。"颜注："内篇论道，外篇杂说。"晋葛洪著《抱朴子》，亦自分内外篇，《自叙》云："内篇言神仙方药、鬼怪变化、养生延年、禳邪却祸之事，属道家。外篇言人间得失、世事臧否，属儒家。"胥子玄之所本也。据本书《叙录》"区分类聚，编而次之"之言，知篇分内外，盖出子玄手定，然其准则，初未质言。《四库提要》卷八十八云："内篇皆论史家体例，辨别是非；外篇则述史籍源流及杂评古人得失。"其言近是。

又案：《史通》分内外篇与夫诸篇次第虽出子玄手定，然各篇成书之先后，则今不得而详。所可知者，则内外诸篇，互有后先，及其既成，始定谁属耳。如《六家》篇云："自古帝王编述文籍，外篇言之备矣。"此外篇，盖指《史官建置》与《古今正史》二篇言之，是此二篇成于《六家》篇前。又《史官建置》篇论蜀汉置史官事云："别有《曲笔》篇，言之详矣。"是《曲笔》又成于《史官建置》前。而《六家》今在内篇第一，《曲笔》在内篇第二十五，《史官建置》、《古今正史》乃居外篇第一、第二，此各篇皆成，乃加编次，其痕迹之显然可见者也。《提要》谓："先有外篇，乃撷其精华以成内篇。"非是。

六家第一

自古帝王编述文籍，外篇言之备矣。

外篇，浦起龙曰："谓《古今正史》篇。"

昌案：以编述文籍系之帝王，盖本之姬、汉以来旧说。《孟子·滕文公下》篇："孔子惧，作《春秋》。《春秋》，天子之事也。是故孔子曰：'知我者，其惟《春秋》乎！罪我者，其惟《春秋》乎！'"《礼记·中庸》篇："非天子不议礼，不制度，不考文。"郑注："文，书名也。"伪孔安国《尚书序》："古者伏羲氏之王天下也，始画八卦，造书契，以代结绳之治，由是文籍生焉。伏羲、神农、黄帝之书，谓之《三坟》，言大道也。少昊、颛顼、高辛、唐、虞之书，谓之《五典》，言常道也。至于夏、商、周之书，虽设教不伦，雅诰奥义，其归一揆。故历代宝之，以为大训。"盖儒先以为文籍之兴，由古圣王。其后虽事归史官所掌，而与夺褒贬，则犹人君之权。君权，史权所本；史权，君权所分也。自孔子以下说皆如此。于此知外篇当统《史官建置》、《古今正史》言之，非仅指《正史》一篇也。

质文递变

昌案：《礼记·表记》篇："虞、夏之文，不胜其质。殷、周之质，不胜其文。"郑注："王者相变，质文各有所多。"《春秋繁露·三代改制质文》篇所说尤详。

権而为论，其流有六。

浦起龙曰："史体尽此六家，六家各有原委。……注家认家字不清，要领全没。今为显说之。一、(《尚书》)记言家也；二、(《春秋》)记事家也。三、(《左传》)编年家也。四、(《国语》)国别家也。五、(《史记》)通古纪传家也。六、(《汉书》)断代纪传家也。"

昌案：古人著书，初无定体。后世以便于归类，强为立名。然标准不一，检括为难，则不如就其本书称之，转较明晰。子玄之所以称《尚书》家而不称记言家，称《春秋》家而不称记事家，固由推其所自出，亦未必不以记言记事之难于概括二书也。浦氏顾斤斤从而指实之，自命显说，岂谓子玄虑不及此乎？考《诗·周颂·桓》疏云："家者，承世之辞。"子玄每叙一书，即穷其流委，通论后来同体之作，此正承世之义。《汉书·艺文志》著录之例，以一书为一家。若局就本书而言，则六书亦各是一家也。

《易》曰："河出图，洛出书，圣人则之。"故知书之所起远矣。

纪昀《史通削繁》删此数语，评曰："此沿《汉志》之误。《河图》、《洛书》自是《易》家，原本与书无涉。"向承周曰："子玄引《易》，盖以《洛书》为《尚书》之源。强相附合，疏谬已甚。纪氏删去数语，而'其先出于太古'句又觉无根。"

昌案：数语《汉书·艺文志》文。《五行志》引刘歆说曰："伏羲氏继天而王，受《河图》，则而画之，八卦是也。禹治洪水，赐《洛书》，法而陈之，《洪范》是也。"《论衡·正说》篇："夫圣王起，河出图，洛出书。伏羲王，《河图》从河水中出，《易》卦是也。禹之时，得《洛书》，书从洛水中出，《洪范》九章是也。"此皆子玄疏谬之说所本。以《洪范》出于《洛书》，盖两汉今古文无异说。

推此三说，其义不同。

昌案：说《尚书》名义者，除子玄所引，尚有数家。《艺文类聚》卷五十五及《太平御览》卷六百九俱引《春秋说题辞》云："尚者，上也，上世帝王之遗书也。"《尚书序疏》引马融云："上古有虞氏之书，故曰《尚书》。"《论衡·正说》篇说："《尚书》者，以为上古帝王之书。"凡此皆与子玄所称"伪孔序"引伏生说合。《书序疏》又引郑玄《书赞》云："孔子尊而命之曰《尚书》。尚者，上也。尊而重之，若天书然，故曰《尚书》。《璇玑钤》云：'因而谓之"书"，加上以尊之。'又曰：'书务以天言之。'"与子玄所称《璇玑钤》说同。《论衡·正说》篇又称或说："以为上所为，下所书。"亦见于《须颂》篇，其言曰："或说《尚书》曰：尚者，上也。上所为，下所书也。下者，谁也？曰：臣子也。"此殆子玄所称王肃之说，今见于《经典释文·叙录》者所本。然或作上所为，或作上所言，一字之异，所关甚巨。子玄用肃说而不采充书，岂非以主《尚书》记言之故欤。

至如《尧》、《舜》二典，直序人事；《禹贡》一篇，唯言地理；《洪范》总述灾祥；《顾命》都陈丧礼；兹亦为例不纯者也。

昌案：章学诚《文史通义》内篇卷一《书教下》篇："《尚书》《典》、《谟》之篇，记事而言亦具焉；《诰》、《训》之篇，记言而事亦见焉。古人事见于言，言以为事，未尝分言事为二物也。刘知幾以《贡》、《范》诸篇之错出，转讥《尚书》义例之不纯，毋乃因后世之空言，而疑古人之实事乎？"此所纠绳，甚当于理。而汪之昌更以《尚书》之备众体，推为自余五家所从出，亦足以自成一说。其《青学斋集》卷十六《六家体例源流考》曰："《史通》首篇，署以'六家'。所谓六家者，一《尚书》家，二《春秋》家，三《左传》家，四《国语》家，五《史记》家，六《汉书》家。各为上溯其源，下别其流，罗列具见详明。后人据知幾所论著，而推各家体例所分，谓《尚书》记言而不著岁序，《春秋》记事而不详颠末，《国语》非编年非纪传而不归典式，《史记》代远而不立限断，惟《左传》则经年纬月，叙时事则铨次分明，《汉书》纪、志、表、传，举一朝则起讫完具。后来史官率祖述二家，故较四家为盛。（昌案：此浦氏说，见《通释・六家》篇案语。）尝就知幾之说而考之，六家中若《尚书》、《春秋》两家，但言出于太古三代，无从明揭源由，即所举为某家流派者，今已佚不可见居多。即此并数之，六家体例，诚非一律，要以《尚书》家为最古。世人徒见汉以后史系年断代，体例所遵守，不越《左传》、班《书》之成规，遂以《尚书》家与《春秋》、《国语》、《史记》三家等类齐观。考《汉书・艺文志》序《尚书》曰：'《书》之所起远矣，至孔子纂焉，上断于尧，下讫于秦，凡百篇。'又云：'汉兴，亡失，求得二十九篇。'是《尚书》有百篇之多。《尚书》家通行之二十九篇，不及全经三分之一。而即此二十九篇中所谓《典》、《谟》、《训》、《诰》、《誓》、《命》等文，持较《春秋》以下五家之书，体例炳然，何尝不各自名家？试为之沿流溯源。《艺文志》：'事为《春秋》，言为《尚书》。'论者以记事记言分属二家。然而《禹贡》一篇，全为纪事之作。《左传》以编年纪月为体例，而《汉律历志》引《伊训》：'维太甲元年十二月乙丑朔。'以日系月，以月系年之义了如。《国语》以列国分篇为体例，而事详八国，无异虞、夏、商、周之序次；题别一篇，犹是百篇之标目。《史记》百三十篇，终以《自序》，胪举各篇作意，与《尚书》百篇古叙正同。《汉书》断代为限，一朝之典章咸在；而《尚书》分题《商书》若干篇，《周书》若干篇。《费誓》、《秦誓》即附《周书》末。断代体例，略见于斯。然则《尚书》虽非完书，而彼五家之体例，即二十九篇中已备大概。是以体例言，《尚书》一家，实五家所同源；五家之作，莫非《尚书》之流别矣。知幾所举各书分系诸六家之支流者，其体例何一不班班可考哉。"

又案：浦氏于"为例不纯"下说诸家论左史记言右史记事云："杜预以《汉志》为误。"陈汉章谓："以《汉志》为误者，孔颖达《春秋序疏》，非杜预也。"其说是也。《礼记·玉藻》篇疏亦云："《艺文志》及《六艺论》：右史叙事，左史记言。与此正反，于传记不合，其义非也。"又陈氏举此文以证"《六艺论》见于唐人所引者互有异同"，而云见《礼记疏》卷三十，覆检乃在卷二十九，盖偶误。

又有《周书》者，与《尚书》相类，即孔氏刊约百篇之外。

昌案：《文史通义》内篇卷一《书教中》篇："《逸周书》七十一篇，多《官礼》之别记与《春秋》之外篇，殆治《尚书》者杂取以备经书之旁证耳。刘、班以谓孔子所论百篇之余，则似逸篇，初与《典》、《谟》、《训》、《诰》同为一书，而孔子为之删彼存此耳。毋论其书文气不类，醇驳互见，而如《职方》、《时训》诸解（昌案：《逸周书》称'解'者，乃指孔晁注言，犹之乎《淮南子》称'训'乃指高诱注言也。章氏以'解'为篇题之称，非也。）明用经记之文，《太子晋解》明取《春秋》时事，其为外篇别记，不待繁言而决矣。……惟《书》无定体，故《春秋》、《官礼》之别说外篇皆得从而附合之。"窃谓《艺文志》引刘向说，谓此书乃"周时诰、誓、号令"，亦举其大较言之。子玄既以《尚书》主记言，故从向说入之《尚书》家，《隋书·经籍志》固改隶杂史矣。

由是有《汉尚书》、《后汉尚书》、《汉魏尚书》，凡为二十六卷。

浦起龙曰："卷与《隋志》不合。"《汉魏尚书》之"汉"字，浦校云："衍。"

卢文弨曰:“‘汉’指蜀汉,非衍字也。唐《艺文志》讹作‘后’。”

昌案:《隋志》:“《魏尚书》八卷,孔衍撰,梁十卷。”《唐书·经籍志》:“《汉尚书》十卷,孔衍撰。《后汉尚书》六卷,孔衍撰。《后魏尚书》十四卷,张温撰。”《唐书·艺文志》:“孔衍《汉尚书》十卷,《后汉尚书》六卷,《后魏尚书》十四卷。”是孔衍所撰三《尚书》,稽之史志,惟《汉魏尚书》一种,其书名、著者、卷数均有异说。周中孚《郑堂札记》卷二尝举浦、卢二家之说而断之云:“晋人如陈氏《三国志》则阳尊魏而阴夷于吴、蜀之列。习氏《汉晋春秋》则显斥魏而独争蜀汉之统。此外著作,如王沈、鱼豢、孙盛、郭颁诸家,惟知有魏而已。孔氏之书,殆犹此例。即或欲载蜀事,亦必附入《后汉尚书》,断无取冠曹魏,独遗孙吴之理,故当仍以《通释》为确。(《唐·艺文志》作《后魏尚书》,《通释》又以“后”字为衍文,亦是。)”今考孔氏三《尚书》而外,又有三《春秋》之撰。《隋志》:“《汉魏春秋》九卷,孔舒元撰。”(舒元,衍字。)《唐书·经籍志》:“《汉春秋》十卷,孔衍撰。《后汉春秋》六卷,孔衍撰。《后魏春秋》九卷,孔衍撰。”《唐书·艺文志》同。章宗源《〈隋书·经籍志〉考证》卷二自《三国志注》、《文选注》、《北堂书钞》、《太平御览》辑得《汉魏春秋》十一条,皆言三国事,无题《后魏春秋》者。姚振宗《〈隋书·经籍志〉考证》卷十二据《隋志》著录及章辑佚文,因谓:“《汉魏春秋》,两《唐志》作《后魏春秋》,‘后’字似‘汉’字之误。孔氏既撰《汉春秋》、《后汉春秋》,而此更云‘汉魏’者,殆以托始魏武,在汉献帝之世故欤?”卷十三复谓:《隋志》题《魏尚书》,两《唐志》题《后魏尚书》,“当为‘汉魏’,与前《汉魏春秋》之名相同。《史通》亦云《汉魏尚书》。”然则自史志著录观之,孔氏盖于西汉、东汉、汉(蜀)魏之三世者,各撰二书,一仿《春秋》以记事,一仿《尚书》以记言耳。‘汉魏春秋’之名既历见《隋志》、裴《注》、李《注》、《书钞》、《御览》,‘汉魏尚书’之名又明见《史通》,则‘汉’非衍文,‘后’为讹字,断然可知。卢、姚之说,固不可易矣。至其记三国事,而题‘汉魏’,则姚氏之说,理据似尚未充。窃谓舒元身当倾覆之际,亲历戎羯之祸,中兴之初,复与庾亮诸贤共事,(事具《晋书·儒林传》。)其撰述史书,固当有所感发,假托正统之义,申明夷夏之防者。其称三国曰‘汉魏’,列蜀魏前,或由于此。而独遗孙吴之名者,则以其尝称臣于魏,故退之,非屏其事亦不之载也。

是其书亦可谓习凿齿《汉晋春秋》之先驱。安得辄如周氏之说，跻之于王沈、鱼豢之列乎？至其著者，则三《春秋》、三《尚书》，既系系统之作，决无其一别属他人之理，《旧唐志》盖涉下“《三史要略》三十卷，张温撰”而误，故《新唐志》旋即正之。姚氏考证据《新志》以订《旧志》之误，是也。卷数，则章氏《考证》卷三云：“《魏尚书》，梁十卷，合两汉十六卷，与《史通》二十六卷正符。《新唐志》十四卷，四字误增。”其说甚是。盖阮孝绪《七录》所载，原为十卷，《隋志》著录之本，佚去二卷，后又复出耳。

故舒元所撰《汉》、《魏》等书，不行于代也。

昌案：《文史通义·书教中》篇：“汉儒误信《玉藻》记文，而以《尚书》为记言之专书焉。于是后人削趾以适履，转取事文之合者，削其事而辑录其文，以为《尚书》之续焉。若孔氏《汉魏尚书》、王氏《续书》之类皆是也。（昌案：王勣《王无功集》卷上《游北山赋》：“察俗删诗，依经正史。”自注：“有吾兄仲淹，续孔子六经近百余卷。”仲淹，通字也。）无其实而但貌古人之形似，譬如画饼饵之不可以充饥。况《尚书》本不止于记言，则孔衍、王通之所拟，并古人之形似而不得矣。”

如君懋《隋书》，虽欲祖述商、周，宪章虞、夏，观其所述，乃似《孔子家语》、临川《世说》。

浦起龙曰：“谓体不类史。”

昌案：本书《补注》篇论及刘孝标《世说注》，《杂述》篇论《琐言》之属亦及《世说》，是子玄未尝不以《世说》为史籍。若准《杂述》篇例，则《家语》亦小录、逸事之流。浦云体不类史，当云不类正史，乃合。

又案：《隋书·王劭传》评议《隋书》之言，与子玄同符，浦氏已引。《北史·王慧龙传》论曰：劭“久在史官，既撰《齐书》，兼修《隋典》，好诡怪之说，尚委曲之谈，文词鄙秽，体统繁杂”。亦可为证。然子玄之论王劭，颇自牴牾，如《杂说下》篇讥其“讦以为直”，与本篇同属不足之词，而《载文》篇则美其齐、隋二史所载之文“实得去邪从正之理，捐华摭实之义”。《曲笔》篇甚至谓其“书法不隐，取咎当时，或有假手史臣，以复私门之耻”。则唐修《隋书》及《北史》之言，似又不足据信矣。《史通》类此者，尚颇有之。盖诸篇之成，艾历年载，先后所见，不无异同，而勒成一书，或乏整齐划一之功也。

可谓画虎不成，反类犬也。

陈汉章曰："按此用《后汉书·马援传》。'犬'字本作狗。故惠栋《补后汉书注》引《尔雅》'熊虎丑，其子狗'为说。"

昌案：《尔雅·释兽》："熊虎丑，其子狗。"郭注："律曰：'捕虎一，购钱三千，其狗半之。'"邢疏："丑，类也。熊虎之类，其子名狗。郭云律曰……此当时之律也。引之以证虎子名狗之义也。"然《马传》"画虎不成反类狗"之语，乃与"刻鹄不成尚类鹜"相对为文。若如惠氏依《雅诂》为说，则虎狗不过大小之殊，鹄鹜反属族类之异，与伏波书中原意无乃适相背谬乎？似不可从也。

按《汲冢琐语》，记太丁时事，目为《夏殷春秋》。

昌案：《孟子·万章上》篇："伊尹相汤以王于天下。汤崩，大丁未立，外丙二年，仲壬四年，大甲颠覆汤之典刑。"《史记·殷本纪》："太子大丁未立而卒，于是乃立大丁之弟外丙。"然则大丁既未为君，焉有时事可纪？衡以《晋书·束皙传》称引《汲冢纪年》所载启杀益，太甲杀伊尹，文丁杀季历之类，则《夏殷春秋》所载，或大丁外丙弟兄争国之事乎？其以夏、殷连称，或亦如周之管、蔡以殷叛乎？

孔子曰："疏通知远，《书》教也。属辞比事，《春秋》之教也。"

昌案：《礼记·经解》篇文，原无'之'字。

斯则《春秋》之目，事匪一家。

昌案：《国语·楚语上》篇："教之《春秋》而为之耸善而抑恶焉。"亦孔子未修以前之《春秋》，子玄未引。赵翼《陔馀丛考》卷二"《春秋》"条又引《管子·法法》篇："《春秋》之记，有弑父弑君者。"《权数》篇："《春秋》所以记成败也。”以为皆未修《春秋》。然《管子》书未必出孔子前，其所称述，似当与《琐语》、《左》、《国》所云有别。

孟子曰：“晋谓之《乘》，楚谓之《梼杌》，而鲁谓之《春秋》，其实一也。”

昌案：《孟子·离娄下》篇：“晋之《乘》，楚之《梼杌》，鲁之《春秋》，一也。”

逮仲尼之修《春秋》也，乃观《周礼》之旧法，遵鲁史之遗文。

昌案：《史记·十二诸侯年表序》：孔子“西观周室，论史记旧闻，兴于鲁，而次《春秋》。上记隐，下至哀之获麟，约其文辞，去其烦重，以制义法”。《汉书·艺文志·春秋家序》：“周室既微，载籍残缺，仲尼思存前圣之业……以鲁周公之国，礼文备物，史官有法，故与左丘明观其史记。”《左传序疏》载《严氏春秋》引《观周篇》：“孔子将修《春秋》，与左丘明乘如周，观书于周史，归而修《春秋》之经，丘明为之传，共为表里。”《公羊》隐元年疏引戴宏《春秋解疑论》：“遣子夏等求周史记，得百二十国宝书，修为《春秋》。”（《疏》引《闵因序》亦同。）此皆汉儒有关孔子修《春秋》搜采史料之传说，子玄此之所本也。故杜预《春秋经传集解·序》亦云：“其发凡以言例，皆经国之常制，周公之垂法，史书之旧章。”

又案儒者之说《春秋》也。

昌案：春秋名义，儒先说者亦复棼如。子玄引杜预之说，就今存《春秋》观之，最为平实可取。《释名·释典艺》云：“春秋，言春、秋、冬、夏终而成岁，举春秋则冬夏可知也。”《孟子·离娄上》篇赵注：“春秋以二始举四时。”所说皆与杜合。《论衡·正说》篇：“春秋者，鲁史记之名。……孔子因旧故之名，以号《春秋》之经，未必有奇说异意，深美之据。”此真通人之论也。若《正说》篇引俗儒说曰：“春者岁之始，秋者其终也。《春秋》之经可以奉始养终，故号为‘春秋’。”《左传》杜预《序疏》引贾逵曰：“取法阴阳之中。春为阳中，万物以生；秋为阴中，万物以成。欲使人君动作不失中也。”《公羊》隐元年疏引《春秋说》曰：“哀十四年春，西狩获麟，作《春秋》。

九月，书成。以其书春作秋成，故云《春秋》也。”凡此之伦，皆仲任所谓“奇说异意”，不足据信，故《史通》亦不之及。

苟如是，则《晏子》、《虞卿》、《吕氏》、《陆贾》，其书篇第，本无年月，而亦谓之“春秋”，盖有异于此者也。

昌案：数语盖致疑于司马迁也。《史记·十二诸侯年表序》于论孔子作《春秋》，左丘明作《传》，铎椒作《微》后，即续云：“赵孝成王时，其相虞卿上采《春秋》，下观近世，亦著八篇，为《虞氏春秋》。吕不韦者，秦庄襄王相，亦上观尚古，删拾《春秋》，集六国时事，以为《八览》、《六论》、《十二纪》，为《吕氏春秋》。”推迁之意，二家盖皆效法孔子之修《春秋》而有作也。纪昀云：“《春秋》本以错举四时而名。其不编年而称《春秋》者，则以褒贬之义附乎《春秋》耳。”此言盖能得马迁之意。然孔子以前，早有未修《春秋》，不闻其书为编年之体，寓褒贬之义。是纪氏之言，马迁之意，局就今《春秋经》言之，或无乖迕，而谓《春秋》之始，即以错举四时得名，则未必也。

至太史公著《史记》，始以天子为本纪。考其宗旨，如法《春秋》。

昌案：本纪取法《春秋》，亦可以班固称本纪为《春秋考纪》证之。《汉书·叙传》、《后汉书·班彪传》并云：“为《春秋考纪》、《表》、《志》、《传》凡百篇。”《汉书》颜注：“《春秋考纪》，谓帝纪也。”《后汉书》李注：“言考核时事，具四时以立言，如《春秋》之经。”

故马迁所谓整齐故事耳，安得比于《春秋》哉！

昌案：《史记·自序》载迁答壶遂之言曰：“余所谓述故事，整齐其世传，非所谓作也。而君比之《春秋》，谬矣。”

孔子既著《春秋》，而丘明受经作《传》。

昌案：《史记·十二诸侯年表序》：“孔子西观周室，论史记旧闻，兴于鲁，而次《春秋》。……七十子之徒口受其传旨，为有所刺讥褒讳挹损之文辞，不可以书见也。鲁君子左丘明惧弟子人人异端，各安其意，失其真，故因孔子史记具论其语，成《左氏春秋》。”

按孔安国注《尚书》，亦谓之传。斯则“传”者，亦训释之义乎。

昌案：夷考古籍，传之为体，有施之故事者，《春秋传》是也；有施之故训者，《毛诗诂训传》是也。伪孔《传》《盖》《毛传》之比也。

乐资……撰为《春秋后传》。

向承周曰：“传者，对经立目。后传之目，义无所施。施（昌案：此字以意增。）欲续《左氏》之文，而忘传之所以为传也。”

昌案：《隋》、《唐》志复有何承天《春秋前传》十卷，《春秋前传杂语》十卷。姚振宗《〈隋书·经籍志〉考证》卷十三云：“此盖记《春秋》以前事，既仿《左氏》为传十卷，复仿《国语》为《杂语》，合为一家之言。”此则又效尤乐资而有作者，其立名之失亦同。子玄未及。

至孝献帝，始命荀悦撮其书为编年体，依《左传》著《汉纪》三十篇。

昌案：姚振宗《〈隋书·经籍志〉考证》卷十二：“汉、魏以来为编年史者，荀《纪》为之首。故《史通》论六家、二体，并详著之。”

《国语》家者

昌案：《国语》史籍而以语名，或缘其书记言为多。故《释名·释典艺》曰：“《国语》，记诸国君臣相与言语谋议之得失也。”俞樾《湖楼笔谈》卷二云：“《礼记·乐记》曰：‘且女独未闻牧野之语乎？’疑古史记载，自有语名。牧野之语，乃周初史臣记载之书也。左丘明著《国语》，亦因周史之旧名。”

其先亦出于左丘明

昌案：《汉书·司马迁传》载其《报任安书》云：“左丘失明，厥有《国语》。”又《传赞》云：“孔子因鲁史记而作《春秋》，而左丘明论辑其本事，以为之传，又篹异同为《国语》。”

《春秋外传国语》

昌案:《四库提要》卷五十一云:“《国语》二十一篇,《汉志》虽在《春秋》后,然无‘春秋外传’之名也。《汉书·律历志》始称‘春秋外传’。王充《论衡》云:‘《国语》,《左氏》之外传也。《左氏》传经,词语尚略,故复选录《国语》之词以实之。’刘熙《释名》亦云:‘《国语》亦曰《外传》,《春秋》以鲁为内,以诸国为外,外国所传之事也。’考《国语》上包周穆王,下暨鲁悼公,与《春秋》时代,首尾皆不相应,其事亦多与《春秋》无关。系之《春秋》,殊为不类。至书中明有《鲁语》,而刘熙以为外国所传,尤为舛迕。附之于经,于义未允。”此驳王、刘旧说俱当。《国语》之称“外传”,自是《左氏》既行之后,假内外之名,附经以自尊耳。其名始见《律历志》,而此《志》班固明言取之刘歆,则起于西汉之末,古文始盛之时乎。

复撰《春秋后语》

昌案:据《唐书·艺文志》,“春秋后语”乃“春秋后国语”之省称。此书敦煌卷子中有残文,上虞罗氏尝影印行世。

《九州春秋》

浦起龙引陈振孙《直斋书录解题》:“(司马)彪记汉末州部之乱,司、冀、徐、兖、青、荆、扬、凉、益、幽,凡盗贼僭叛皆记之。”

昌案:《玉海》卷四十一引《中兴书目》,谓其书“记汉末州郡之乱,司、冀、兖、徐、青、荆、扬、凉、幽九州各一篇”。姚振宗《〈隋书·经籍志〉考证》卷十三云:“按范《书》献帝本纪:‘建安十八年春正月庚寅,复《禹贡》九州。’注引《献帝春秋》曰:‘时省幽、并州,以其郡国并于冀州;省司隶校尉及凉州,以其郡国并为雍州;省兖州;并荆州、益州。于是有兖、豫、青、徐、荆、扬、冀、益、雍也。九数虽同,而《禹贡》无益州,有梁州,然梁、益亦一地也。’《魏志·本纪》:‘十八年春正月,诏书并十四州复为九州。’汉末九州之缘起如此。陈氏《书录》言九州,复有司隶、凉、幽,无豫、雍,而其数凡十,岂本书果如是乎?而《中兴书目》所言又异。莫衷一是,要当以《献帝春秋》所言为近。”然《献帝春秋》明言“省兖州”,而下九数内仍有兖州;明言“并荆州、益州”，而下九数内仍二州同列，皆不可解，必文有讹误也。张宗泰《鲁岩所学集》卷四《建安十八年省并州郡考》云：“《后汉纪》：建安十八年，省幽州、并州，以其郡国并属冀州；省司隶校尉，分属豫州；省梁州，以其郡国并属冀州。此汉末省十四州，并为九州也。考胡三省《通鉴注》云：‘割司州之河东、河内、冯翊、扶风及幽、并二州皆入冀州也。’此说未为详备。省司隶校尉，以其郡国分属豫州者，是以司州之弘农、河南入豫州也。谓省梁州，以其郡国并入冀州者，则非是；乃是省凉州所统及司州之京兆入雍州也，于冀州无涉。而梁州亦凉州之讹，当日十四州中，有凉州，无梁州也。胡《注》又言交州并入荆州，此则不曾说及。又《三国志注》引《献帝春秋》，谓省兖州，并荆州、益州，其说亦未核。当日并十四州复为九州，兖州不在省并之列。考十四州之数，为司、豫、冀、兖、青、徐、荆、扬、梁（当作凉）、益、雍、并、幽、交。省去司、凉、幽、并，故云复《禹贡》之九州。胡氏又谓：是时曹操自领冀州牧，欲广其所统以制天下，故有此举。而予更以为，十四州之中，益州自属蜀汉，交州属孙吴，荆州分属吴、蜀，均不在魏氏所统辖之内。此不过欲张大其事，如后代之遥领化外州郡耳。”其说视诸家所言为密。

《史记》家者，其先出于司马迁。

昌案：“史记”本古代史籍之共名，谓史官之所记也。《史记·周本纪》正义云：“诸国皆有史以记事，故曰‘史记’。”说最明确。而马迁之作，初无此称。钱大昕《廿二史考异》卷五“《史记·太史公自序》”条云：“班史《艺文志》：《太史公》百三十篇，冯商所续《太史公》七篇，俱入《春秋》家，而班叔皮亦称为《太史公书》。（昌案：见《后汉书·班彪传》。）盖子长未尝名其书曰《史记》也。……《周本纪》云：‘太史伯阳读史记。’《陈杞世家》云：‘孔子读史记。’《儒林列传》云：‘孔子因史记作《春秋》。’《十二诸侯年表》云：‘孔子西观周室，论史记旧闻。’又云：‘左丘明因孔子史记具论其语，成《左氏春秋》。’《老子列传》云：‘史记，周太史儋见秦献公云云。’《天官书》云：‘余观史记，考行事。’此篇云：‘史记放绝。’又云：‘䌷史记石室金匮之书。’皆指前代之史而言。班史《五行志》所引史记，亦非《太史公书》。”（钱氏之为此言，盖以颜师古《五行志注》云："此志凡称'史记'者，皆谓司马迁所撰。"其说考之实非，故附正之。）钱氏历举马书中言"史记"者，以证其为史籍之共名，至为精审。而《吕氏春秋·察传》篇云："有读史记者曰：'晋师三豕涉河。'子夏曰：'非也，是己亥也。'"亦"史记"之名见诸载籍之较早者。后人以此专指《太史公书》，其事盖起东汉灵、献之世。杨明照作《〈太史公书〉称"史记"考》，尝举以"史记"指迁书之见于《隶释》卷十二所载《武荣碑》、蔡邕《独断》卷上、荀悦《汉纪·孝武纪》及《孝平纪》、《太平御览》卷六百二及六百十八引颖容《春秋例》、高诱《吕氏春秋·先识览》训解者，以证明之，其说可信。至迁书何以称《太史公》，（《汉书·杨恽传》称《太史公记》，《宣元六王传》称《太史公书》。）古今异说滋多。有谓太史公乃汉武新置之官者；（见《史记·自序》集解如淳注引《汉仪注》，《汉书·司马迁传》颜注引《汉旧仪》，《史记·五帝本纪》、《自序》《正义》及《孝武纪》《索隐》引《虞喜志林》。）有谓迁自尊其父之著述故以为称者；（见《史记·自序》《索隐》及《文选·报任少卿书》李善注。）有谓迁之称公乃东方朔或杨恽所加者；（见《史记·孝武纪》《索隐》引桓谭《新论》及同篇《集解》引韦昭。）有谓书名本题《太史公》，称"公"犹古人著书称"子"者；（见俞正燮《癸巳类稿》卷十一《太史公释名》义。）有谓迁从楚俗，称"太史令"为"太史公"者；（见朱希祖《太史公解》。）有谓"太史公"乃当时官府之通称者；（见李慈铭《史记札记》。）有谓"公"乃"官"之借字，"太史公"即"太史官"者。（见吴国泰《〈史记〉解诂》。）要之，迁之本官为太史令，《自序》有"三岁而迁太史令"之明文，易"令"称"公"，殆非无故。诸家所说，李、朱似长。其详具在本书，此不备论也。

采访家人

昌案：《史记·儒林传》："窦太后好老子书，召辕固生问老子书。固曰：'此是家人言耳。'太后怒曰：'安得司空城旦书乎？'"（《汉书·儒林传》同。）《汉书》颜注："家人，言僮隶之属。"《〈史记〉集解》引徐广曰："司空，主刑徒之官也。"又引《汉书音义》曰："道家以儒、法为急，比之于律令。"俞正燮《癸巳存稿》卷七《家人言解略》云："司空城旦书，谓其时《公羊》学惨刻过申、商，而托名儒者。家人言，本意谓仁弱似妪媪语，而家人又适为宫中无位号者。……窦太后始为家人，故怒。……家人者，寻常言之，则一家之人，无贵贱；对国人言之，则臣民家私属，不立户籍，故曰家人。……宫中之家人，则后妃女侍，亦私属之通称也。”俞说是矣。然子玄用之本书，义又少异。本篇云：“鸠集国史，采访家人。”《采撰》篇云：“子长之为《史记》也，殷、周以往，采彼家人……以刍荛鄙说，刊为竹帛正言，而辄欲与五经方驾，三志竞爽。”《古今正史》篇云：“谯周以迁书周、秦以上，或采家人诸子，不专据正经。”总此三说，推校其义，则子玄盖以古先史料，大分国史正经与家人诸子两类，前者官书，后者私门著述也。辕固生鄙老子书为家人言，正缘汉世今文诸经皆尊显立于学官，老学虽盛，尚只限于民间传授，亦是官私之别，故子玄引申其义而用之。妄人不学，乃改家人为家乘，不其谬欤？

上起黄帝

昌案：《史记》以《五帝本纪》为首，上起黄帝，而其赞曰：“百家言黄帝，其文不雅驯，荐绅先生难言之。……余并论次，择其言尤雅者。”马迁之意，盖慎之也。而《后汉书·张衡传》注引《衡集》载其“条上司马迁、班固所叙与典籍不合事”云：“《易》称宓戏氏王天下。宓戏氏没，神农氏作。神农氏没，黄帝、尧、舜氏作。史迁独载五帝，不记三皇，今宜并录。”司马贞遂本之以补《三皇本纪》。子玄不取平子之说，且以迁书多采家人为恨，可谓深识矣。

因鲁史旧名，目之曰《史记》。

昌案：此语盖有二误。一者，后人以“史记”称《太史公书》，马迁所不及知。二者，杜预《春秋经传集解·序》云：“《春秋》者，鲁史记之名也。”“春秋”，别名；“史记”，共名。文义甚明。子玄以“史记”为鲁史旧名，疏矣。

自是汉世史官所续，皆以“史记”为名。

昌案：此说亦非。《汉书·艺文志》著录冯商所续《太史公》七篇。

《志》注与《张汤传》注并引刘歆《七略》云:"与孟柳俱待诏,颇叙列传,未卒。"不称"史记"。《后汉书·班彪传》:"武帝时,司马迁著《史记》,自太初以后,阙而不录。后好事者颇或缀集时事,然多鄙俗,不足以踵继其书。彪乃继采前史遗事,旁贯异闻,作后传数十篇。"此论续史事较详,亦未尝云以"史记"为名也。

至梁世武帝,又敕其群臣……撰成《通史》。

昌案:《通史》今佚。胡三省《新注〈资治通鉴〉序》:"自荀悦《汉纪》以下,纪年书事,世有其人。独梁武帝《通史》至六百卷。侯景之乱,王僧辩平建业,与文德殿书七万卷俱西。江陵之陷,其书烬焉。"然此书两《唐志》既并加著录,而唐人史注若张守节《史记正义·五帝纪》注、李贤《后汉书·祢衡传》注又均引之,则未必佚于唐以前。胡氏之言,或由梁元焚书,加之推断,非有确据也。

其后元魏济阴王晖业又著《科录》……其编次多依仿《通史》,而取其行事尤相似者,共为一科,故以《科录》为号。

昌案:此盖本《史》、《汉》类传之体,扩而充之。然汉末以降,杂传尤盛于世。《耆旧》、《英烈》、《隐逸》、《孝友》、《高僧》、《良吏》、《文人》、《名士》之属,以逮鬼神怪异,莫不以类相从,撰为传记。章宗源、姚振宗两家《〈隋志〉考证》皆详著之。《科录》之作,固远绍《循吏》、《儒林》、《游侠》、《货殖》诸篇,似与当时杂传亦不无因缘也。

李延寿抄撮近代诸史……号曰《南》、《北》史。

昌案:章学诚《丙辰札记》:"李氏《南北史》乃是集史,并非通史。通史各出义例,变通亘古以来,合为一家记载。后世如郑樵《通志》之类,足以当之。集史虽合数朝,并非各溯太古,自为家学者可比。欧氏《五代史记》与薛氏旧史是其同类,与通史判若天渊者也。盖通史各溯古初,必须判别家学,自为义例,方不嫌于并列,否则,诚不免于复沓之嫌矣。集史原有界画。李延寿行之于前,薛、欧行之于后,各为起讫,无所重复。虽一家凡例，两书可通用也。”此辨通史、集史之别，亦有可取。考集史之名，始见《新唐书·艺文志》，《旧唐书·经籍志》则谓之都史。然两《志》又以梁武帝《通史》与李氏《南北史》同归此类，是其界义与章氏所持亦不尽同。

又案：本书《古今正史》篇颇论历朝史籍源委利钝而不及《南北史》，今取赵翼之说补之。《陔馀丛考》卷八“《南》、《北》史原委”条：“《南北史》原委见于李延寿《自序》。其父大师，少有著述之志，以宋、齐、梁、陈，魏、齐、周、隋，南北分隔，南谓北为索虏，北谓南为岛夷。其史皆详于本国，而略于他国。欲仿《吴越春秋》体，编年纪之。客于侍中杨恭仁家，有宋、齐、梁、魏四代史，因渐次编辑，未毕而殁。延寿欲继先志，适在颜师古、孔颖达下佐修各史，因得齐、梁、陈等五代旧事，目所未睹者。合之家中旧本，参订编次，尚多所阙。贞观十五年，令狐德棻奏延寿同修《晋书》，因复得入内府勘究宋、齐、魏三代之事。十七年，褚遂良又奏延寿佐修《隋书》十志，因益得披寻校勘。时史局中梁、陈、周、齐、隋五代史已就，以十志未成，故未颁行。延寿不敢使人抄录，乃手自缮写。又于此正史外，参考杂史一千余卷，然后成书，前后凡十六年。既讫事，呈令狐德棻阅毕，始表上之，时已在高宗之世。此《南北史》始末也。按延寿修史时，沈约《宋书》，萧子显《齐书》，魏收、魏儋两家《魏书》皆已流布。梁、陈、齐、周、隋五史虽未颁行，而延寿同在纂修之列，故得抄录以为底本，而参考杂史以成之。删去芜词，专叙实事，大概较原书事多而文省，洵称良史。”

时采杂言

昌案：《史记·五帝本纪赞》：“百家言黄帝，其书不雅驯，搢绅先生难言之。”《刺客传赞》：“世言荆轲，其称太子丹之命，天雨粟，马生角也，太过。”《大宛传赞》：“故言九州山川，《尚书》近之矣。至《禹本纪》、《山海经》所有怪物，余不敢言之也。”《伯夷传》：“夫学者载籍极博，犹考信于六艺。”此皆司马迁自道其采撰之义例，而子玄犹以采杂言为讥者，盖文重思烦，刊落不尽，在所不免，是以谯周复作《古史考》以正之。（见《古今正史》篇。）郑樵《通志·序》云：“所可为迁恨者，雅不足也。”亦是此意。然“语饶重出”，初不全由“时采杂言”。子玄之所谓杂言，由今观之，亦未必非重要史料，此又不能一概而论也。

马迁撰《史记》，终于今上。

“今上”，浦起龙曰：“谓孝武帝，依太史公语也。”纪昀曰：“马迁可称汉武为今上，子玄安得称之？陈涉、严遵之传，尝以责人矣。”

昌案：子玄所摘班固及皇甫谧之失，见《因习》篇。其言云：“《史记·陈涉世家》称其子孙至今血食。《汉书》复有《涉传》，乃具载迁文。按：迁之言‘今’，实孝武之世也。固之言‘今’，当孝明之世也。事出百年，语同一理。即如是，岂陈氏苗裔，祚留东京者乎？斯必不然。《汉书》又云：严君平既卒，蜀人至今称之。皇甫谧全录斯语，载于《高士传》。夫孟坚、士安，年代悬隔，至今之说，岂可同云？”

改书曰志

昌案：本书《题目》篇：“子长《史记》，别创八书。孟坚既以汉为书，不可更标书号，改书为志，义在互文。”章学诚《信摭》云：“司马首创八书，不过别于纪、表诸体。班氏以百篇通名《汉书》，自不得不别体为志。”乃全本子玄之说也。

二体第二

昌案：《史通》以编年、纪传二体均属正史，观《古今正史》一篇所叙自明。道宣《广弘明集》卷三载阮孝绪《七录序》标“纪传”为“国史”，“编年”为“注历”。《隋书·经籍志》又改称为“正史”及“古史”。《旧唐志》仍取“正史”之名，别易“编年”之目。后代史志著录相沿，莫之或改。虽体式不同，应有区异，而纪传一体，独专“正史”之称，则固非无所轩轾也。自来较论二体者，每右纪传，如皇甫湜《持正文集》卷二所载《编年纪传论》，其一例也。《玉海·国史类序》亦云：“编年、国史，各有所长。编年其来最古，而皆以纪传便于披阅，号为正史。”而《四库提要·史部·编年类序》云：“刘知幾深通史法，而《史通》分叙六家，统归二体，则编年、纪传皆正史也。其不列为正史者，以马、班旧裁，历朝继作。编年一体，则或有或无，不能使时代相续，故姑置之，无他义也。”则据史籍之持续为言，亦有可采。夫纪传之体，合纪、传、表、志以为一书，自具经纬错综之方，兼包人物典章之事，虽不能掩编年之长，取而代之，然学者于焉取资，实有非编年之所及。故《史通》虽以二体同号正史，然于纪传之书及其义例，论述独详，固亦有所偏重也。

必盱衡而备言

昌案：《汉书·王莽传》：“盱衡厉色。”注引孟康曰：“盱衡，举眉扬目也。”

若乃同为一事，分在数篇。断续相离，前后屡出。于《高纪》则云语在《项传》，于《项传》则云事具《高纪》。

昌案：遗书本《文史通义》外篇卷一《史篇别录例议》：“纪传之书，类例易求，而大势难贯，而知幾谓一事分出，或著事详某传，或标互见某篇，不胜繁琐，以为弊也。不知马、班创例，已不能周。后史相沿，皆其显而易见者耳。倘使通核全书，悉用其例，则不至纪传互殊，前后矛盾，如校勘诸家所纠举者矣。”

又案：《史记》为项羽立本纪，而此云《项传》者，一则本以为羽立纪为非，（详《本纪》篇。）二则避《高纪》“纪”字之复也。

又编次同类，不求年月，后生而擢居首帙，先辈而抑归末章，遂使汉之贾谊将楚屈原同列，鲁之曹沫与燕荆轲并编，此其所以为短也。

昌案：此论与《品藻》篇自戾。彼文云：“史氏自迁、固作传，始以品汇相从。然其中或以年世迫切，或以人物寡鲜，求其具体必同，不可多得。是以韩非、老子，共在一篇；董卓、袁绍，无闻二录。岂非韩、老俱称述者，书有子名；袁、董并曰英雄，生当汉末。用此为断，粗得其宜。”

丘明自知其略也，故为《国语》以广之。

昌案：此本《论衡·案书》篇，《六家》篇笺记引《四库提要》卷五十一已引之。

或以文烦事博，难为次序。

昌案：刘向《说苑·叙录》："或上下谬乱，难分别次序。"王逸《楚辞天问章句序》："文不次序。"

阑单失力

"阑单"，纪昀曰："陶穀《清异录》曰：'阑单带，叠垛衫，肥人也觉瘦岩岩。''阑单'，破絮状；'叠垛'，补衲掩盖之多。"(此《清异录》引谚也，见卷下。据《惜阴轩丛书》本，"絮"作"裂"，纪批或传钞之误。)向承周曰："苏颋儿时诗：'兔子死阑殚，将来挂竹竿。'"

昌案：《太平广记》卷二百六十八"京师三豹"条载唐酷吏李嵩等讯囚，有"上麦索，下阑单"之法，云出《朝野佥载》，今见《佥载》卷二。又敦煌石室所出《天地阴阳交欢大乐赋》亦有云："袋阑单而乱摆，茎逼寨而深攻。"("单"，原误"罩"，叶德辉失校。)此赋风格凡下，当非出于高才文士若白行简者之手，然实为唐人文字。合《通释》所引卢照邻《释疾文》"予独兰殚兮不自胜"之数证观之，知"阑单"为唐时俗语，无可疑者。至其义则当本以状物体之下垂，引而申之，乃亦可用以形容精神之不振。云"破裂状"者，亦谓衣带破裂下垂耳。

历代裦之

"裦"，本作"保"，浦起龙改，校云："旧作保，恐误。"纪昀曰："当是保之。保，推崇也。不应改裦。"

昌案："保"与"宝"通。《公羊》隐元年疏载《闵因叙》云："昔孔子受端门之命，制《春秋》之义，使子夏等十四人求周史记，得百二十国宝书。"《疏》释之曰："周史而言宝书者，'宝'者，'保'也。以其可世世传保以为戒，故云宝书也。"《史记·周本纪》："展九鼎保玉。"《集解》引徐广曰："保，一作宝。"是其证。浦校误，纪说亦非。

有逾本传

"本"，浦起龙校云："恐当作纪。"

昌案：姚振宗《〈隋书·经籍志〉考证》卷十二亦云："本传似当为本书，谓班《书》也。"然"本传"字不误。易"书"称"传"，所以调声，其事本书屡见。衡之上下文义，"本传"明指班《书》，亦不得泛称纪传也。

然则班、荀二体，角力争先，欲废其一，固亦难矣。

昌案：数语子玄主旨所在。盖纪传、编年二体又各有通古、断代之分。子玄意主断代，故推尊《汉书》、《汉纪》，而不及《史记》。若司马光《通鉴》早出，恐亦不为其所赞同，此固可逆知者。而溯二体之原，则固先出《春秋》、《左传》与《史记》矣。

后来作者，不出二途。

浦起龙曰："人言自袁机仲枢《纪事本末》出，史体参而三矣。余曰：亦从二体出，非别出也，且降史书为类书。法不参立。"

昌案：浦氏贬《纪事本末》，其说甚谬。《四库提要》卷四十九云："唐刘知幾作《史通》，叙述史例，首列六家，总归二体。自汉以来，不过纪传、编年两法乘除互用。然纪传之体，或一事而复见数篇，宾主莫辨。编年之法，或一事而隔越数卷，首尾难稽。枢乃自出新意，因司马光《资治通鉴》，区别门目，以类排纂。每事各详起讫，自为标题。每篇各编年月，自为首尾。……经纬明晰，节目详具，前后始末，一览了然。遂使纪传、编年，通为一贯，前古之所未见也。"所言差得其实。闵萃祥《汇刻纪事本末序》持论与《提要》全同，不具引。

异夫令升之言，唯守一家而已。

昌案：此谓干宝论史，"盛誉邱明而深抑子长"也。寻本书《叙例》篇云："令升先觉，远述邱明，重立凡例，勒成《晋纪》。"则其申左诸说，如本篇所引"能以三十卷之约，括囊二百四十年之事，靡有遗也"者，当具在《晋纪》凡例中。

载言第三

昌案：于纪传体中立制册章表书，乃子玄创议，故于论纪传时首及之。本纪以次，则向来所有，虽悉加讨论，而沿创自殊，故反列后，此见本书编次，皆有义例，非率尔为之也。

愚谓凡为史者，宜于表、志之外，更立一书。

昌案：《文史通义》外篇卷一《方志立三书议》主方志当仿《文选》、《文苑》之体而作文征，以演风诗之绪，疑有取于子玄斯篇之说。

题为制册章表书

“制册”下，浦起龙曰：“当有‘书’字。”

昌案：合“制册”“章表”为一书，即《尚书》之体也。浦氏欲增“书”字，非也。

又诗人之什，自成一家。故风雅比兴，非三传所取。

昌案：《春秋》、《左传》引《诗》多矣，不得谓非其所取也。

如谓不然，请俟来哲。

昌案：沈约《宋书·谢灵运传论》：“如曰不然，请待来哲。”

本纪第四

及司马迁之著《史记》也，又列天子行事，以本纪名篇。

昌案：王利器《〈太史公书〉体裁探原》云：“《史记·三代世表》单行本《索隐》云：‘帝廪辛，或作冯辛。《系本》纪作祖辛，误也。’《系本》即《世本》，小司马避唐讳改。《左》襄二十一年传：‘伊尹放太甲而相之。’杜注：‘太甲，汤孙也。’《正义》云：‘太甲汤孙，《世本》纪文也。’是《世本》有纪以载帝王世系，为《左氏》旧体。”考赵翼《陔馀丛考》卷五“《史记》”一条、《廿二史札记》卷一“各史例目异同”条、洪饴孙《史目表》、陈汉章《〈史通〉补释》于《史记》纪、传、表、书诸体之原，各有所说。王文后出，举证有出诸家外者，因仍节取之。其以《世本》系之《左氏》者，盖本颜之推《家训·书证篇》引皇甫谧《帝王世纪》之说也。

项羽僭盗而死，未得成君。……安得讳其名字，呼之曰王者乎？

昌案：钱大昕《十驾斋养新馀录》卷中“太史公李延寿”条：“太史公作《十二本纪》，以秦、项列于周、汉之间。后人于秦始皇无异言，而于《项羽本纪》则怪之。刘知幾谓项羽僭盗不当称王，此未达乎史公之旨者也。秦以暴并天下，虽自称帝，非人心所归向。史公初不欲以秦承周，以汉承秦。特以六国既灭，秦主命者十有余年。秦既灭，项氏主命又四五年。沛公之为汉王，亦项羽所立也。秦、项虽非共主，而业为天下主命，不得不纪其兴废之迹。秦之称帝与项之称霸王，均不得与五德之数。黜秦，所以尊汉也。于何见之？于表见之。三代之后，继以十二诸侯、继以六国。始皇虽并天下，仍附之《六国表》。及陈涉起事，即称秦楚之际。秦、楚皆周旧国，是秦未尝有天下也。班氏《汉书》始降陈胜、项籍为传。孟坚汉臣，故有意抑项。然较之史公之直笔，则相去远矣。”

而陆机《晋书》，列纪三祖，直序其事，竟不编年。年既不编，何纪之有？

昌案：《初学纪》卷二十一引陆机《晋书限断议》：“三祖实终为臣，故书为臣之事，不可不如传，此实录之谓也。而名同帝王，故自帝王之籍，不可以不称纪，则追王之义。”此论以传为体，以纪制名之理，仍是取法《项羽本纪》，故亦为子玄所诃。

逮伯起之次《魏书》，乃编景穆于本纪，以戾园虚谥，间厕武、昭，欲使百世之中，若为鱼贯。

昌案：周一良《魏收之史学》云：“今考恭宗之所以列于本纪，固以其尝监国，知万机，然非伯起破例尊崇之也。元魏一代太子未即位而殁者，追谥为帝,即列为一朝。《魏书》一四《神元平文诸帝子孙传》:'丕……世祖擢拜羽林郎。……仕历六世,垂七十年,位极公辅。……景明四年薨。'六世谓太武帝、景穆帝、文成帝、献文帝、孝文帝、宣武帝也。《魏书》此卷乃后人所补,然四八《高允传》亦云:'允历事五帝,出入三省,五十余年。'谓太武至孝文,亦并数恭宗一世。然而此史书之文,更考之当时诏令及碑碣,亦莫不尔。《魏书》五四《高闾传》:'世宗……诏曰:"闾历官六朝,著勋五纪。"'六朝谓太武帝至宣武帝,此当时朝廷文书也。欧阳修《集古录跋尾》卷四跋《大代修华岳庙碑》云:'其曰"阐皇风于五叶"者,自道武、明元、太武,至于文成,才四世耳。太武之弑,南安王余立,不逾年亦被弑,不得成君。而景穆太子,文成父也,追尊为帝,立庙称宗,故以为世也。'此又当时碑碣记载也。今传世《魏墓志》皆称之为恭宗景穆皇帝,与即真者无异。当是魏国史已列恭宗为一朝而纪之,收仍其旧耳。虽是虚谥,未尝继统,然元魏之制度如此,自不能以后代律之,为伯起病也。"周氏此文,乃为伯起辩诬而作,意在释昔贤责难《魏书》之疑。其所考证,亦颇有中子玄之失者。诸如此类,兹悉取之,为读《史通》之一助云尔。

又纪者,既以编年为主,唯叙天子一人。有大事可书者,则见之于年月。其书事委曲,付之列传,此其义也。

昌案:本书《杂说中》篇:"汉吕后以妇人称制,事同王者。班氏次其年月,虽与诸帝同编;纪其事迹,实与后妃齐贯。"又《鉴识》篇:"时天下无王,吕宗称制。故借其岁月以寄编年,而野鸡行事,自具《外戚》。"盖《汉书》既为吕后立纪,复叙其行事《外戚传》中。此以一人而兼具纪传之显例,尤足为此篇所论佐证。

如近代述者魏著作、李安平之徒,其撰《魏》、《齐》二史,于诸帝篇,或杂载臣下,或兼言他事,巨细毕书,洪纤备录。全为传体,有异纪文。

昌案:《隋书·魏澹传》载其《魏书》序例有云:"司马迁之意:纪传之体,出自《尚书》,不学《春秋》。"姚振宗《〈隋书·经籍志〉考证》卷十一引之以释《史通》此文,云:"故其纪仿《尚书》,与他家别为一例。"

世家第五

于是礼乐征伐，自诸侯出。

昌案：《论语·季氏》篇："天下无道，则礼乐征伐，自诸侯出。"

故假以他称，名为世家。

昌案：王利器《〈太史公书〉体裁探原》："《史记·齐田世家》：'庄子卒，子太公和立。'《索隐》云：'今据系本系家，自成子至王建之灭，唯止十代。'《左》桓三年传：'曲沃武公伐翼，次于陉庭。韩万御戎，梁弘为右。'注：'武公，曲沃庄伯子也。韩万，庄伯弟也。'《正义》：'武公，庄伯子；韩万，庄伯弟，《世本世家》文也。'又闵二年传：'立戴公以庐于曹。'注：'戴公名申。'《正义》：'戴公名申，《世本世家》文也。'又襄十一年传：'七姓十二国之祖。'注：'实十三国，言十二，误也。'《正义》：'七姓十三国，《世本世家》文也。'又定元年传：'立炀宫。'注：'炀公，伯禽子也。'《正义》：'炀公，伯禽子，《世本世家》文。'则'世家'之名，亦出于左氏，不自史公创也。《汉书·司马迁传赞》：'故司马迁据《左氏》、《国语》，采《世本》。'(《后汉书·班彪传》作'太史令司马迁采《左氏》、《国语》，删《世本》'。)是其明征也。"

岂以自我作故

昌案：《国语·鲁语》："哀姜至，公使大夫宗妇觌用币。宗人夏父展曰：'非故也。'公曰：'君作故。'"韦昭注："言君所作则为故事。"(此条，浦氏《通释》引在后《申左》篇，今移此。)

何以责季孙之八佾舞庭，管氏之三归反坫。

昌案：《论语·八佾》篇："孔子谓：季氏八佾舞于庭，是可忍也，孰不可忍也。"何晏《集解》引马融曰："佾，列也。天子八佾。……八人为列，八八六十四人。鲁以周公故，受王者礼乐，有八佾之舞。季桓子僭于其家庙舞之，故孔子讥之。"又同篇："子曰：'管仲之器小哉！'或曰：'管仲俭乎？'曰：

‘管氏有三归，官事不摄，焉得俭？’‘然则管仲知礼乎？’曰：‘邦君树塞门，管氏亦树塞门。邦君为两君之好，有反坫，管氏亦有反坫。管氏而知礼，孰不知礼？’”《集解》引包咸曰：“三归，娶三姓女。妇人谓嫁曰归。”又引郑玄曰：“反坫，反爵之坫，在两楹之间。人君别内外，于门树屏以蔽之。若与邻国为好会，其献酢之礼：更酌，酌毕，则各反其爵于坫上。今管仲皆僭为之。如是，是不知礼。”

虽名班胙土

昌案：《左传》隐八年：“天子建国，因生以赐姓，胙之土而命之氏。”孔疏：“‘胙’训‘报’也。有德之人，必有美报。报之以土，谓封之以国名，以为之氏。诸侯之氏，则国名是也。”

讵识随时之义

昌案：《易·随·彖》：“大亨贞，无咎，而天下随时。随时之义大矣哉！”

盖班《汉》知其若是，厘革前非……一概称传，无复世家。

昌案：赵翼《廿二史札记》卷一“各史例目异同”条自注：“按《班固传》，改世家为列传，系其父彪变例。”而汪之昌论之尤详。《青学斋集》卷十六“《汉书》无世家说”云：“汉人著作，最重家法。虽由于师授，直比于家传。说经者往往以不合家法见斥。经学家如是，史学家何独不然。《班彪传》：‘彪乃继采前史遗事，旁贯异闻，作《后传》数十篇。其《略论》曰：“今此后篇，慎核其事，整齐其文，不为世家，唯纪、传而已。”’彪之《后传》虽不可见，观《略论》所云，则但有纪、传而无世家显然。又云：‘又进项羽、陈涉，而黜淮南、衡山。’是彪不独于所撰《后传》不立世家，且于司马氏所撰《世家》颇有微词；是并世家于列传，彪书已有前比。《传》言：‘彪才高而好述作，遂专心史籍之间。’是彪于史学尤精，世家而果不可无，断不致轻相改省。《固传》：‘固以彪所续前史未详，乃潜精研思，欲就其业。’则《汉书》之作，虽出自固之手，实承夫彪之志。续彪之书，自当遵彪之说，恪守家法。

何必执司马氏之体裁以绳班氏一家之作述哉？且《汉书》虽无世家，而应立世家之王侯，具著于年表。于年表录其封袭，于列传详其事功，无其文者，正可核其实也。宜后来史家奉为定例矣。”

列传第六

夫纪传之兴，肇于《史》、《汉》。

昌案：赵翼《陔馀丛考》卷五“《史记》”一条据《史记·大宛传》称《禹本纪》，《卫世家》称世家言，以谓马书“本纪、世家非迁所创，而列传则创自迁”。俞樾《湖楼笔谈》卷三则以为：“《平原君传》徐广注引《魏公子传》曰：‘赵惠文王弟。’然则传之名亦有所本。”王利器《〈太史公书〉体裁探原》云：“徐广引《魏公子传》，盖亦世本之文。《史记·魏世家》：‘桓子之孙曰文侯都。’《索隐》：‘《系本》云：“桓子生文侯斯。”其《传》云：“孺子瘨是魏驹之子。”与此系代亦不同也。’是世本有传，居然可知。而《史记·伯夷列传第一》，太史公曰：‘余悲伯夷之意，睹逸诗，可异焉。其《传》曰：“伯夷叔齐云云。”’《索隐》：‘按其传，盖《韩诗外传》及《吕氏春秋》也。其《传》云云。’然则列传一科，史公盖亦本之前修。《隋书·魏澹传》载范晔之言曰：‘《春秋》者，文既总略，好失事形。今之拟作，所以为短。纪传者，史、班之所变也，网罗一代事义，周悉通之。后学者此焉为优，故继而述之。’（当出《后汉书·序例》。）盖‘古书凡记事、立论及解经者，皆谓之传，非专记一人事迹也；其专记一人为一传者，则自迁始。’（本《廿二史札记》。）蔚宗‘纪传，史、班之所变’之言，至为宏达。”

寻兹例草创

昌案：《论语·宪问》篇：“为命，裨谌草创之。”

按范晔《汉书》记后妃六宫，其实传也，而谓之为纪。

昌案：钱大昕《廿二史考异》卷十“《后汉书·皇后纪上》”条：“世讥范蔚宗创为《皇后纪》，非也。《晋书》称华峤作《汉后书》九十七卷，有《帝纪》

十二卷,《皇后纪》二卷。峤以皇后配天作合,前史作《外戚传》以继末篇,非其义也,故改《皇后纪》,次《帝纪》之下。然则皇后之纪,乃峤自出新意,蔚宗特因之不改尔。"章宗源《〈隋书·经籍志〉考证》卷一亦云:"蔚宗撰史,实本华峤,故亦易《外戚》为《后纪》。"今考范书以前,为后妃立纪者,尚有王隐《晋书》。《史记·外戚世家》《索隐》云:"《外戚》,纪后妃也。后族亦代有封爵故也。《汉书》则编之列传中,王隐则谓之纪而在列传之首。"

其同于古者,唯有附出而已。

昌案:洪颐煊《读书丛录》卷十一"《汉书》附传"条:"《霍去病传》:'其裨将及校尉侯者九人,为特将者十五人。李广、张骞、公孙贺、李蔡、曹襄、韩说、苏建,皆自有传。'颐煊按:李蔡附见《李广传》,曹襄附见《曹参传》,韩说附见《韩王信传》。凡《汉书》有附见于各传者,其姓名皆当推此例,特表而出之。"

古人以没而不朽为难。

昌案:《左传》襄二十四年:"穆叔如晋,范宣子逆之,问焉,曰:'古人有言曰:死而不朽,何谓也?'……穆叔曰:'……鲁有先大夫曰臧文仲,既没其言立,其是之谓乎。豹闻之:太上有立德,其次有立功,其次有立言,虽久不废。此之谓不朽。'"

表历第七

盖谱之建名,起于周代。表之所作,因谱象形。

昌案:王利器《〈太史公书〉体裁探原》:"赵翼《廿二史札记》曰:'《史记》作十表,昉于周之谱牒,与纪、传相为出入。'沈涛《铜熨斗斋随笔》曰:'表犹言谱,表谱一声之转。'今按赵、沈之说皆是也。《梁书·刘杳传》引桓谭《新论》云:'太史公《三代世表》,旁行斜上,并效周谱。'(又见《史通·表历》篇及《通志·总序》引。)是史公作表,本之周谱,汉人已言之。今考史公自言其取用之所资者。《三代世表序》云：'余读《谍记》，黄帝以来，皆有年数，稽其《历谱谍》，终始五德之传，古文咸不同，乖异。夫子之弗论次其年月，岂虚哉！于是以五帝系谍，《尚书》集世纪黄帝以来讫共和，为世表。'《十二诸侯年表序》云：'太史公读《春秋历谱谍》。'又曰：'汉相张苍历谱五德。'又曰：'谱谍独记世谥，其辞略，欲一观诸要，难。'《太史公自序》云：'维三代尚矣，年纪不可考，盖取之谱谍，旧闻本于兹，于是略推，作《三代世表》，第一。'又云：'幽、厉之后，周室衰微，诸侯专政。《春秋》有所不纪。而谱谍经略，五霸更盛衰，欲睹周世相先后之意，作《十二诸侯年表》，第二。'凡此，亦可以考见其材料之来源及体制之因袭者也。"

旁行邪上

昌案：梁玉绳《〈史记〉志疑》卷八："今表有旁行而无斜上，久失其旧。"

观马迁《史记》则不然矣。天子有本纪……

"矣"，浦起龙校云："一作夫，属下句。"卢文弨以"夫"字属下句，云："矣讹。"

昌案：卢说是也。《史通》云某某则不然处颇有之，如《称谓》篇、《载文》篇："至于近古则不然。"《模拟》篇："惟夫明识之士则不然。"《惑经》篇："唯《鲁春秋》之记其国也则不然。"句尾皆不缀虚字。

而重列之以表，成其烦费，岂非谬乎？

昌案：此论与《杂说上》篇自戾。彼文云："观太史公之创表也，于帝王则叙其子孙，于公侯则纪其年月；列行萦纡以相属，编字戢孴而相排。虽燕、越万里，而于径寸之内，犬牙可接；虽昭、穆九代，而于方寸之中，雁行有叙。使读者阅文便睹，举目可详，此其所以为快也。"其说甚谛。故后来学者，莫不韪之。郑樵《通志·序》至云："《史记》一书，功在《十表》，犹衣裳之有冠冕，木水之有本原。"顾炎武《日知录》卷二十六"作史不立表志"条载朱鹤龄之说曰："太史公《史记》，《帝纪》之后即有《十表》、《八书》。表以纪治乱兴亡之大略，书以纪制度沿革之大端。班固改书为志，而年表视

《史记》加详焉。盖表所由立，昉于周之谱牒，与纪、传相为出入。凡列侯、将相、三公、九卿，其功名表著者，既系之以传；此外大臣，无积劳亦无显过，传之既不可胜书，而姓名、爵里、存殁、盛衰之迹，要不容以遽泯，则于表乎载之。又其功罪事实，传中有未悉备者，亦于表乎载之。年经月纬，一览了如。作史体裁，莫大于是，而范书阙焉。使后之学者无以考镜二百年用人行政之节目，良可叹也。其失始于陈寿《三国志》，而范晔踵之。其后作者又援范书为例，年表皆在所略。（原注：姚思廉《梁》《陈》二书、李百药《北齐书》、令狐德棻《周书》、李延寿《南北史》皆无表志。）不知作史无表，则立传不得不多。传愈多，文愈繁，而事迹或反遗漏而不举。欧阳公知之，故其撰《唐书》，有《宰相表》，有《方镇表》，有《宗室世系表》、《宰相世系表》，始复马、班之旧章云。"则更详哉其言之矣。

且表次在篇第，编诸卷轴，得之不为益，失之不为损。

昌案：清儒若万斯同、朱彝尊皆不然子玄此说。《清史稿》卷四百八十四《文苑·万斯同传》载其语云："马、班史皆有表，而《后汉》、《三国》以下无之。刘知幾谓'得之不为益，失之不为损'，不知史之有表，所以通纪、传之穷者。有其人已入纪、传而表之者，有未入纪、传而牵连以表之者。表立而后纪、传之文可省，故表不可废。读史而不读表，非深于史者也。"斯同本此意以作《历代史表》，朱彝尊序之云："易编年为纪、传，古史之法微矣。其遗意犹存者，吾于表有取焉。表或年经而国纬，或国经而年纬，或主地，或主时，或主世系。事微不著者，录而见之。刘知幾曰：'于帝王则叙其子孙，于公侯则纪其年月，列行萦纡以相属，编字戢孴而相排，使读者阅文便睹，举目可详，此其所以为快也。'乃又诎其烦费无用，'得之不为益，失之不为损'，岂笃论乎？……鄞人万斯同，字季野，取历代正史之未著表者，一一补之，凡六十篇，益以《明史表》一十三篇。揽万里于尺寸之内，罗百世于方册之间，其用心也勤，其考稽也博，俾览者有快于心，庶几成学之助而无烦费无用之失者欤？昔之论史者，每以《汉书·古今人物表》为非，然韩祐续之，犹见收于《唐志》，矧季野所编皆历代正史所必不可缺者。用以镜当世之得失，虽附诸史并颁之学宫，奚不可也。"盖自万、朱之提倡，而清人表谱之学盛，成绩斐然矣。

异哉，班氏之《人表》也！

昌案：子玄于《汉书·古今人表》，颇致讥弹，亦见《品藻》篇、《杂说上》篇。《通志·序》称："班固不通旁行邪上，以古今人物强立差等。"亦指《人表》而言。张须《通志总序笺》云："班氏创作此表，后世弹射实多，（如魏张晏，唐刘知幾，宋吕祖谦、罗泌，明杨慎等。）而刘知幾《史通》实握其枢；许与亦繁，（如唐颜师古，宋黄履翁，清何焯、钱大昕、章学诚、梁玉绳等。）而章学诚《文史通义》实居其要。《史通》谓《人表》'上自庖牺，下穷嬴氏，不言汉事，而编入《汉书》。'（内篇《表历》。）又三科九等，言高义惬，而篇中所列，不类其叙。（内篇《品藻》。）《文史通义》则谓：'固以断代为书，承迁有作。凡迁《史》所阙门类，固则补之，非如纪、传事迹，但画西京为界也。向令去其九等高下之名，而以贵贱尊卑区别品地，或以都分国别异其标题，且明著其说，取补迁书，作列传之稽检，则其立例，当为后世通史一定科律。'（《亳州志掌故例议上》。）两家所论并善，而章氏之说尤通。郑君剧论班氏，自多贬词。然其'强立差等'一语，后之学者不能难也。"

自可方以类聚，物以群分，使善恶相从，先后为次，何借而为表乎？

向承周曰："不可为表，而可类聚群分，施之史策，若为体制？此数语殆不可解。"

昌案：此疑谓既有传则不必有表也。善恶相从，若《循吏》、《佞幸》诸传是；先后为次，则列传本多以时世相次也。"方以类聚，物以群分。"《易·系辞上》篇文。

书志第八

及班马著史，别裁书志，考其所记，多效《礼》经。

昌案：《文史通义》外篇卷三《亳州志掌故例议上》："司马迁绍法《春秋》，著为十二本纪。其年表、列传，次第为篇，足以备其事之本末；而于典章制度，所以经纬人伦，纲维世宙之具，别为八书以讨论之。班氏广为十志，后史因之，互有损益，遂为史家一定法矣。昔韩宣子见《易》象、《春秋》，以谓周礼在鲁。左氏综纪《春秋》，多称《礼》经。书志之原，盖出官礼。……郑樵乃云：志之大原出于《尔雅》，（昌案：见《通志序》。）非其质矣。"刘、章二说，大体同符。然洪饴孙《史目表》云："按：《世本》有《作篇》，记占验、饮食、礼乐、兵农、车服、图书、器用、艺术之原，即太史公八书所本，后世诸志之祖。又有《居篇》，记帝王都邑，亦后世地理志所仿。但篇目稍异耳。"史公于纪、传、世家既取法《世本》，则八书当亦有取焉。

语其通博，信作者之渊海也。

昌案：《通志序》："江淹有言：'修史之难，无出于志。'诚以志者，典章之所系，非老于典故者不能为也。不比纪、传，纪则以年包事，传则以事系人，儒学之士皆能为之。惟有志难，其次莫如表。所以范晔、陈寿之徒，能为纪、传，而不敢作表、志。"（昌案：范《汉》本有十志，撰述垂毕而被祸，是以后世无传焉，非不敢作也。说详《古今正史》篇笺记。）又《日知录》卷二十六"作史不立表志"条黄汝成《集释》引顾炎武《救文格论》云："作史莫难乎志。纪、传一人之始末，表、志一代之始末，非闳览博物者不能为。其考订之功，亦非积以岁月不能遍。自东京以后，典册既阙，人趋苟且。陈寿《三国志》始不立志，姚思廉《梁》、《陈》二史，李百药《北齐书》，令狐德棻《周书》，李延寿《南北史》并因之不立志。其他诸史虽立志而纰谬特多。夫无志不得为完史；有志而不淹贯，不得为良史矣。"

蔡邕曰意

浦起龙曰："旧作'《东观》曰记'，非。"

昌案：浦氏考《通志》两用《史通》此文，一作"蔡邕曰意"，一作"《东观》曰记"，知其俱为宋本之旧。惟章宗源《〈隋书·经籍志〉考证》卷十三《杂传补目后》云："《后汉书》注《蔡邕别传》，言邕作《汉记》十意，有《律历意》、《礼意》、《乐意》、《郊祀意》、《天文意》、《车服意》，是史志之新名，可补《史通·书志》篇之阙。”则其所据《史通》，乃作“《东观》曰记”之误本。夫记乃《东观》史之总称，非史中书志以记为名也，而讹误若此，疑传本有作“《东观》曰意”者，谓《东观汉记》名志以意，或人不知，又改意为记耳。《论赞》篇固有“《东观》曰序”之语也。

又案：蔡邕为《东观汉记》作志而目为意者，盖避桓帝讳也。文廷式《纯常子枝语》卷二十六云：“长沙周荇农阁学（寿昌）补注两《汉书》，余为考订数十条。今附著余说者，惟《蔡邕传》作十意，余以为不作志者避桓帝讳一条耳。（此说近刻《史学丛书》钱献之说似与余同。）今阅邵二云《南江札记》云：‘《五帝本纪》：“诗言意。”以意易志，疑后汉人避桓帝讳所改也。’赵明诚《书孔子庙置卒史碑》云：‘《华阳国志》、《后汉书》注皆云：赵戒字志伯。此碑乃作意伯。疑其避桓帝讳，故改焉。’此二条皆足为余说之证。”（陈垣《史讳举例》卷八《秦汉讳例》虽于桓帝下举“赵戒字志伯，孔庙《置守庙卒史碑》作意伯”之证，然其书但有避讳改前代书名例（见卷三），而无避讳改当代书名例。《枝语》虽晚出，而周氏《后汉书注补正》具在，殆偶失检耳。）

张勃曰录

昌案：《史记·伍子胥传》《索隐》：“张勃，晋人，吴鸿胪俨之子也，作《吴录》。”《隋志》：“《吴录》三十卷，张勃撰。梁有，隋亡。”然吴曾《能改斋漫录》卷十五“石首鱼”条：“予偶读张勃《吴录·地理志》云云。”不言其采自类书、古注，岂其书南宋时尚有传本乎？俟更考。

又案：章宗源《〈隋书·经籍志〉考证》卷一：“《水经·浪水》注引：‘鲒鱼，子朝索食，暮还入母腹。’《左传》宣公《正义》：‘武陵沅南县以南皆有犀。’《文选·笙赋》注：‘湘东酃以为酒，有名。’谢灵运《登临海峤》诗注：‘郯县有天姥峰。’张衡《七命》注：‘吴兴乌程县酒有名。’《初学记·兽部》：‘九真郡、庞郡多象，生山中，郡内及日南饶之。’并题《吴录·地理志》。《艺文类聚》、《太平御览》、《寰宇记》所引，其题《地理志》者尤伙。是知《史通》之言，误以《吴录》总名相混，不知《录》内分篇，实仍名志也。”考《史通》行世各本，此句皆无异文，《通志序》所引亦同，知自是子玄之偶误也。

悬象出于天文

向承周曰："《开元占经》十引何法盛《悬象说》。《占经》引法盛书言天文者二十余条，皆此中文。上文'何法盛曰说'，说即志也。"

昌案：章宗源《〈隋书·经籍志〉考证》卷一与向说略同，而在其前。《易·系辞上》篇："悬象著明，莫大乎日月。"此何氏立名所本。

百官、舆服，谢拾孟坚之遗。

昌案：《汉书·百官公卿表》实兼具志、表二体。上篇但述官制、禄秩，与后史百官志无殊。故司马彪《续汉书·百官志序》曰："唯班固著《百官公卿表》，记汉承秦置官本末，讫于王莽，差有条贯。然皆孝武奢广之事，又职分未悉。世祖节约之制，宜为常宪。故依其官簿，粗注职分，以为《百官志》。凡置官本末，及中兴所省，无因复见者，既在《汉书·百官表》，不复悉载。"是彪自以此志乃前书《百官公卿表》之续也。子玄谓班固不为百官作志，而嘉谢承之能拾遗，岂非仅循名而不责实欤？

但《史记》包括所及，区域绵长，故书有《天官》，读者竟忘其误。榷而为论，未见其宜。班固因循，复以《天文》作志。志无汉事，而隶入《汉书》，寻篇考限，睹其乖越者矣。降及有晋，迄于隋氏，或地止一隅，或年才二世，而彼苍列志，其篇倍多。流宕忘归，不知纪极。方于汉史，又孟坚之罪人也。

昌案：余嘉锡《四库提要辨证》卷三"《隋书》"条曰："今案《汉书·天文志》为马续所作，《古今正史》篇具有明文，纵使未臻尽善，亦不当归罪孟坚。况后半篇自汉元年五星聚东井起，至哀帝元寿元年岁星入太微止，文占全志十分之四，皆记西京之天变，安得言'志无汉事'？考其纪年，无违于断限，曾何乖越之有乎？若夫有晋初起，虽仅据中原；及太康平吴，已囊括宇内。观其星纪之分野，其地岂止一隅？《隋志》所书五代灾变，（《晋志》题天变史传验事，《隋志》题五代灾变应，皆居全志之半。）上起梁武，下尽隋炀，北括齐、周，南苞陈氏，所纪二十余君，何谓'年才二世'？知幾之言，动成乖谬矣。至于《汉志》才及一篇，《晋》、《隋》辄盈三卷，故谓其书倍多；然《烦省》篇不云乎：‘地之偏小，年之窘迫，适使作者采访易洽，巨细无遗，耆旧可询，隐讳咸露，小国之史，所以不减大邦。’然则即令典午建国，地止一隅；普六传家，（杨坚父忠，赐姓普六茹氏。）年才二世，亦何慊于文字之多乎？盖知幾天资高迈，于书非其所喜，辄难为讽读。（见《自叙》篇。）故于史传所载之辞赋，尚嫌其交错纷扰，阅之懵然。（见《载言》篇。）而淳风撰志，喜叙源流。星占月会之文，浑图周髀之说，连篇累牍，惟恐不详。知幾多所未通，尤为厌薄，遂废书而叹，掩卷不观，因讥近史之非，并纠前书之失。故其言曰：‘国史所书，宜述当时之事。必为志而论天象也，但载其时彗孛氛祲，薄食晦明，裨灶、梓慎之所占，京房、李郃之所候；至如荧惑退舍，宋公延龄；中台告坼，晋相速祸；星集颍川而贤人聚；月犯少微而处士亡；如斯之类，志之可也。若乃体分濛澒，色著青苍，丹曦素魄之躔次，黄道紫宫之分野，既不预于人事，辄编之于策书，故曰：刊之国史，施于何代不可也。’知幾此说，固不为无理。然《汉书·天文志》，其前仅述星宿日月风雷云气，《晋》、《隋》两书，又益以天体仪象之属。此诚无与于人事，议之可也。（所议亦未是。说详于后。）至于篇末所记，无非当世之事，与知幾之言，不谋而合。傥能阅之终篇，必将抚掌称快，喜其先得我心。奈何观书如走马看花，发言似无的放矢；徒诮人之买菜，不觉己之亡羊乎？尝试论之，自司马迁以太史公世掌天官，不治民，故其撰《史记》，作《律》、《历》、《天官》之书，（今《史记·律书》、《历书》皆后人补作，故《汉书》不用其说，与《天文志》之袭《天官书》者不同。）以明文史星历之学，所以志家传，重官守也。后世史官沿之，不废其学，既匪专门，不免违才易务。惟李淳风之于唐，以太史令兼领著作，与修两书。撰此诸志，为能才堪其任，用专其长。继轨龙门，一人而已。知幾以‘流宕忘归，不知纪极’议之，不知欲记其事，必先明其理。魏、晋以后，天文家之说，正自多途，陈寿《魏书》，阙而不志；沈约《宋史》，志而不详。傥不收拾放坠，将致湮没不传。知幾论史，重纪、传而轻表、志，遂多不满之论。《提要》因之，亦复吹毛求疵，所谓短人观场，随声附和者矣。”余氏此论，足为子玄诤友。考《史官建置》篇云：“寻自古太史之职，虽以著述为宗，而兼掌历象日月，阴阳管数。”此即史公创体，即有《律》、《历》、《天官》诸书之由来；亦犹之乎史官兼掌图籍，故班生续书，又本向、歆父子，出《艺文》一志，以补司马氏所未备也。子玄虽具知史官兼职之事，而意存颛固，识昧变通，故力诋天文、艺文诸志，宜其来后贤之纠也。

续汉已还，祖述不暇。夫前志已录，而后志仍书……

昌案：余嘉锡《目录学发微·目录学源流考上篇》云："今司马彪《续汉志》尚存，并无《艺文志》；则此'续汉'二字，盖泛指诸家《后汉书》言之，疑他家亦或有志艺文者，不止袁山松也。其云'前志已录，后志仍书'，知其体仍兼录前朝书，并不断代。《七录序》所谓'后有著述，袁山松录在其书'者，盖略言之，非谓仅录后汉人之著述也。"

而近世有著《隋书》者，乃广包众作，勒成二志，骋其繁富，百倍前修。非唯循覆车而重轨，亦复加阔眉以半额者矣。

昌案：子玄此说未安，后来颇有论之者。其关于天文志者，说已见前。其关于艺文志者，则如胡应麟《少室山房笔丛》卷三《经籍会通三》云："原夫艺文之为志也，虽义例仍乎前史，实纪述咸本当时。往代之书，存没非此无以考；今代之蓄，多寡非此无以征。故魏、晋迭兴，盛衰迥绝；齐、梁接踵，贮积悬殊。且前人制作，世日以寡；后人著述，世日以增。遍读历朝诸志，卷轴简编，靡有同者。粤自晋、唐而下，懿君贤弼，元弗究心。考文大典，意在斯乎。刘知幾《史通》以为附赘悬疣，雷同一律，而大讥《隋史》之非。此疏卤之谭，匪综核之论。即《后汉》一书，艺文无志，而东京一代典籍茫然，他可概矣。"朱彝尊《经义考》卷二百九十四《著录》篇云："班固《汉书》依《七略》作《艺文志》，诚良史用心，而史家体例之不可少者也。其后唯袁山松撰《后汉书》有《艺文志》，顾不传。自晋以下国史皆无述焉。至《隋书》始勒成《经籍志》，附著《七录》之目于下，经典借是略存。而刘知幾《史通》反讪之，谓骋其繁富，凡撰志者，宜除此篇。抑何见之褊乎？"皆足以匡其失。

其理有不安，多从沿革。

昌案：谓不安则改革之。云沿革者，犹《史记·仓公传》之言"缓急非所益”，《文选》李陵诗之言“安知非日月”，皆复词偏义也。

语曰：太岁在酉，乞浆得酒；太岁在巳，贩妻鬻子。

昌案：严可均《全晋文》卷五十五辑袁准《袁子正书》：“语曰：‘岁在申酉，乞浆得酒；岁在辰巳，嫁妻卖子。’夫盛衰更代，丰荒相半，天之常道也。”又宋人撰《五色线》卷下引唐张鷟《朝野佥载》：“太岁在午，人马食土；岁在辰巳，货妻卖子；岁在申酉，乞浆得酒。”（今本《朝野佥载》无此语。）皆与《史通》及浦注引《意林》大同小异。

探赜索隐

昌案：《易·系辞上》篇：“探赜索隐，钩深致远。”

高宗谅阴

昌案：《尚书·无逸》：“乃或亮阴，三年不言。”《论语·宪问》篇：“高宗谅阴。”《礼记·丧服四制》篇作“高宗谅闇。”谅阴之义，《论语集解》引伪孔《书》传云：“谅，信也。阴，犹默也。”邢疏：“郑玄以为凶庐。”（见《礼记》注。）两家所释绝异，三经注疏具详。要皆指天子诸侯居丧之事。惟近郭沫若撰《驳说儒》，别立新解，略谓：闇或阴即近代医学中所谓不言症。闇与阴皆假借为喑，闇喑皆从音得声，阴喑同在侵部。《文选·思玄赋》：“经重喑乎寂寞兮。”旧注：“喑，古阴字。”故皆可通。谅与亮，盖明确真正之意，谓高宗不言，非由伪饰。武丁时卜辞，每多“今夕王言”或“今夕王乃言”之卜，即殷高宗曾患不言症之明证云。

亳都实生桑穀

昌案：孙志祖《读书脞录》卷五“大戊桑穀”条：“《汉书·五行志》中之下曰：‘《书序》云：“伊陟相太戊，亳有桑穀共生。”刘向以为殷道衰，高宗承弊而起，尽谅阴之哀，天下应之，既获显荣，怠于政事，而国将危亡，故桑穀之异见。’颜师古注云：‘桑穀自大戊时生，谅阴乃高宗之事，而此云桑穀即高宗时出，其说与《尚书大传》不同，未详其义也。或者伏生差谬。’志祖案：近刻《尚书大传》亦以桑穀生朝为武丁事，与刘向说正合。岂师古误记而反以伏生为差谬乎？或注本云其说与《大传》同，传写者误衍不字尔。《容斋三笔》但讥颜注委曲为辨，亦未及细核《大传》。又案：《五行志》所引《传》曰云云，即《尚书大传》也。疑《大传》自属太戊，不应与《书序》乖违。近刻或出后人误采《说苑》之文以入伏书，更详考之。"钱大昕《廿二史考异》卷七"《汉书·五行志中之下》"条："此自刘向差谬，非伏生误也。《郊祀志》亦以桑穀为大戊事。"

子曰："盖有不知而作之者，我无是也。"

昌案：《论语·述而》篇文。

又曰："君子于其所不知，盖阙如也。"

昌案：《论语·子路》篇文。

又曰："知之为知之，不知为不知，是知也。"

昌案：《论语·为政》篇文。

谈何容易

昌案：《汉书·东方朔传》文。

驷不及舌

昌案：《论语·颜渊》篇文。

既天文有志，何不为人形志乎？

纪昀曰："此条最悖。"浦起龙曰："人形、方言二项是设辞特假设以决天文、艺文之当除耳。"

昌案：浦说殆得子玄之意。周中孚《郑堂札记[redacted]"〈史记·扁鹊传〉所载赵简子、虢太守、齐桓侯三[redacted]公传》齐御史成以下二十二则，乃后世医案之祖。《[redacted]医类案》因取以分列各类之前。然全传中尚多至理[redacted]

《正义》一篇，即可当刘子元所谓人形志读也。”（以子[redacted]避清圣祖讳也。）如纪、周之说，似子玄真欲于史为人[redacted]其然乎？

盖可以为志者，其道有三焉，一曰都邑志，二曰氏族志……

昌案：郑樵《通志》二十略中有《氏族略》第一，《都邑略》第六，盖即本之子玄，此亦《史通》沾丐后学之一证。而《通志序》乃自诩诸略为“汉、唐诸儒所不得而闻”，未免言大而夸矣。

虎踞龙蟠，帝王表其尊极。

昌案：庾信《庾子山集》卷二：《哀江南赋》：“昔之虎踞龙盘。”倪璠注引张勃《吴录》曰：“刘备曾使诸葛亮至京，因睹秣陵山阜，乃叹曰：‘钟山龙盘，石城虎踞，帝王之宅也。’”

代国初迁

昌案：梁章钜《浪迹丛谈》卷九“魏代兼用”条：“《魏书·道武纪》：天兴元年，群臣言，国家万世相承，启基云代，应以代为号。帝下诏，宜仍先以魏为号，似当时改号称代，帝实不从。而《崔浩传》又云：‘昔太祖道武皇帝，应天受命，开拓洪业，诸所制置，无不循古。以始封代土，后为魏，故代魏兼用，犹彼殷商。’则与本纪之言不应。今考太武二年《始平公造象记》云：‘暨于大代。’又太和七年《孙秋生造象记》亦题大代，而《修中岳庙碑》于大代又凡两见。又延昌三年《司马景和妻墓志铭》首题魏代，皆与《崔浩传》合。则恐本纪疏矣。”（焦竑《焦氏笔乘》卷二“兼称代魏”条所说大同而举证较略，不更引。）子玄此书，代魏兼用，亦仍当时之旧也。

谱牒之作，盛于中古，汉有赵岐《三辅决录》……

昌案：张澍《三辅决录辑本序》：“据其自序并昔人征引逸篇，其书不类谱谍。”（章宗源《〈隋书·经籍志〉考证》卷十三说同。）

论赞第九

《东观》曰序

昌案：由云龙辑李慈铭《越缦堂读书记》卷三“高似孙《史略》”条云：《史略》“载《东观记》中《邓禹传序》、《吴汉传序》两首，文甚完美，可补入《四库》辑本，又可证《东观记》以论为序也”。二序盖《东观汉记》论赞之仅存者。《四库》馆臣未见《史略》，故其辑本亦失收。

观过知仁

昌案：《论语·里仁》篇：“观过斯知仁矣。”

史之有论也，盖欲事无重出，文省可知。

昌案：此节当与《叙事》篇“有假赞论而自见者”一节参读。

纪论不殊，徒为再列。

浦起龙曰：“上言论，下言赞，此处分截。”

昌案：本篇前半兼二体以立言，不独论纪传，与《本纪》以次诸篇小异，以编年之史亦有论也；后半专就纪传体以立言，以赞为编年之史所无也。

既而班固变为诗体，号之曰述。

昌案：《汉书·叙传》颜注：“自‘皇矣汉祖’以下诸叙，皆班固自论撰《汉书》意。此亦依放《史记》之叙目耳。史迁则云为某事作某本纪、某列传。班固谦不言然，而改言述，盖避作者之谓圣，而取述者之谓明也。但后之学者不晓此为《汉书》叙目，见有述字，因谓此文追述《汉书》之事，乃呼为《汉书》述，失之远类。挚虞尚有此惑，其余曷足怪乎！”（今存挚虞《文章流别论》佚文无此说。惟《文心雕龙·颂赞》篇云：“至相如属笔，始赞荆轲，及迁《史》固《书》，托赞褒贬，约文以总录，颂体以论辞，又纪、传后评，亦同其名，而仲洽《流别》，谬称为述，失之远矣。”可以取证，亦从知师古之论，即本彦和。）姚范《援鹑堂笔记》卷二十六论《汉书·叙传》此文云：“颜注辨此为叙目之叙，不当名述。按刘之遴所论葫芦《汉书》古本亦以此叙为述。刘子元《史通·论赞》篇亦云，班固变史迁之叙为诗体，号之曰‘述’。《文选》善注《三都赋序》亦曰《汉书》述。又《后书·固传》自‘汉绍尧运’至‘凡百篇’，悉本其文，仅易‘以述《汉书》’为‘固以为’，是范《书》亦以此叙目为《汉书》述矣。又《吴志》华覈救韦曜疏亦云：‘《吴书》虽已有头角，叙赞未述。’亦名此为述矣。”然“以述《汉书》”及“叙赞未述”之述，皆作动词用，与《文章流别》、《文选注》、《史通》之直以述为论赞之别名者又自殊异。以理而论，师古之说自长，子玄云云，亦所谓约定俗成耳。

寻述赞为例

昌案：据上文“班固变为诗体，号之曰述；范晔改彼述名，呼之以赞”之言，则知此以“述”、“赞”连言及《文选》列史述赞一体，次诸史论之后者，皆谓“史述”与“史赞”，盖以附之全书之末当叙目之用者为史述，附之每篇之尾申明助之功者为史赞也。是以《文选》甄录，则有《汉书》之述三首与《后汉书》之赞一首。然史述之名，究属不典，统名为“赞”，于义为长，故《文心雕龙·颂赞》篇云：“及迁、固史书，托赞褒贬，约文以总录，颂体以论辞。又纪、传后评，亦同其名。而仲洽《流别》谬称为述，失之远矣。”至章学诚《文史通义》内篇卷一《诗教下》篇论《文选》分类之失，乃云：“今于史论之外，别出一体为史述赞，则迁书《自序》所谓‘作《五帝本纪》第一’、‘作《伯夷列传》第一’者，又当别出一体为史作赞矣。”虽肆讥弹，而于“述”、“赞”二字连文之故，殆全不了了，故讥之是也，而所讥则非。

然固之总述，合在一篇……蔚宗《后书》，实同班氏，乃各附本事，书于卷末。……而后生作者，不悟其非。

昌案：赵翼《陔馀丛考》卷五《后汉书》二条：“史迁于各纪、传后，有太史公论断一段。班《书》仿之，亦于各纪、传后作赞。是班之赞即迁之论也。乃范《书》论之后又有赞。赞之体用四字韵语，自谓体大思精，无一字虚设，以示独辟，实则仍仿《史记》、《汉书》末卷之叙述，而分散于各纪、传之下，以灭其踵袭之迹耳。不知《史》、《汉》之叙述，篇各有引词，所以自明作书之本意，云为此事作某本纪，为此事作某年表，为此事作某世家、列传。班《书》因之，又谦而改作为述，亦所以明作某纪某传之意。故论赞之外，以此系之于卷末，不嫌复也。范《书》之赞，则非为此，但于既论之后，又将论词排比作韵语耳。岂不辞费乎？"《文史通义》外篇卷三《答甄秀才论修志第二书》："史迁序引断语俱称太史公曰云云，所以别于叙事之文，并非专标色目。自班固作赞，范史撰论，亦已少靡。南朝诸史（昌案：当云唐人所修南北《齐》、新《晋书》。）则于传志之末，散文作论，又用韵语仿孟坚自叙体以缀论文之后，屋下架屋，斯为多文。"二家皆本子玄之说而畅言之。

魏收称尔朱可方伊、霍。

昌案：《四库提要》卷四十五"《魏书》"条："收以是书为世所诟厉，号为秽史。今以收传考之，如云，收受尔朱荣子金，故减其恶。其实荣之凶悖，收未尝不书于册。至论中所云，若'修德义之风，则韩、彭、伊、霍，夫何足数？'反言见意，正史家之微词，指以虚褒，似未达其文义。"周一良《魏收之史学》亦同此说，谓："其词是褒是贬，昭然明白，乃后人断章取义，如《史通·论赞》篇之比，谓收受荣子之金，而拟荣于伊、霍，全失史家抑扬之意，不亦疏乎？"

则五车难尽

昌案：《庄子·天下》篇："惠施多方，其书五车。"

一言以蔽之

昌案：《论语·为政》篇："子曰：'《诗》三百，一言以蔽之，曰：思无邪。'"古人或以一句为一言，此文是也。或以一字为一言，《论语·卫灵公》篇："子贡问曰：'有一言而可以终身行之者乎？'子曰：'其恕乎。……'"是也。本书《叙事》篇："故应以一言蔽之者，辄足为二言。"乃以一言为一字，与本篇义别。

序例第十

窃以《书》列典、谟,《诗》含比、兴,若不先叙其意,难以曲得其情。

昌案:《诗》义非《序》不明之理,先师蕲春黄君《文心雕龙·比兴》篇札记言之甚详。若《书》则事详文内,似与《诗》有别,不可一概论也。

譬夫方朔始为《客难》,续以《宾戏》、《解嘲》;枚乘首唱《七发》,加以《七章》、《七辩》。音辞虽异,旨趣皆同。此乃读者所厌闻,老生之恒说也。

昌案:唐以前作七者四十家,然无《七章》。刘劭、应贞皆有《七华》,疑《七章》乃《七华》之误。洪迈《容斋随笔》卷七"《七发》"条:"枚乘作《七发》,创意造端,丽旨腴词,上薄骚些,盖文章领袖,故为可喜。其后继之者,如傅毅《七激》、张衡《七辩》、崔骃《七依》、马融《七广》、曹植《七启》、王粲《七释》、张协《七命》之类,规仿太切,了无新意,傅玄又集之以为《七林》,使人读未终篇,往往弃诸几格。柳子厚《晋问》乃用其体,而超然别立新机杼,激越清壮。汉、晋之间诸文士之弊于是一洗矣。东方朔《答客难》,自是文中杰出。扬雄拟之为《解嘲》,尚有驰骋自得之妙。至于崔骃《达旨》、班固《宾戏》、张衡《应间》,皆屋下架屋,章摹句写,其病与《七林》同。及韩退之《进学解》出,于是一洗矣。"

浦起龙曰:"已上止就篇序言。"

又案:本篇前半论篇序,但就纪传体为言。后半论例,则亦兼及二体,以全史序例为纪传、编年史所共具也。故干宝、邓粲、孙盛、檀道鸾诸家之作,皆在讨论之列。

若沈《宋》之《志序》,萧《齐》之《序录》,虽皆以序为名,其实例也。

昌案:缪荃孙《云自在龛随笔》卷一《论史》云:"今沈约《志序》尚存,子显《序录》不复见矣。(案:《南齐书》今缺一卷,即《序录》也。《南史·子显传》载其自序二百余字,其即《序录》中语乎?")

干宝、范晔，理切而多功。

昌案：干宝《晋纪》今佚。本书《书事》篇："昔荀悦有云：'立典有五志焉……'干宝之释五志也，'体国经野之言则书之，用兵征伐之权则书之，忠臣、烈士、孝子、贞妇之节则书之，文诰专对之辞则书之，才力技艺殊异则书之'。"盖其书序例之仅存者。至若范《书》虽存，序例亦佚，洪颐煊尝加搜辑，略见一斑。其《读书丛录》卷二十二"《后汉书》序例"条云："《后汉书·光武帝纪》李贤注：'例曰："多所诛杀曰屠。"'又注：'臣贤案：范晔序例云："帝纪略依《春秋》，惟孛、彗、日食、地震书，余俱悉备于志。"'《安帝纪》李注：'序例曰："凡瑞应，自和帝以上，政事多美，近于有实，故书见于某处；自安帝以下，王道衰阙，容或虚饰，故书某处上言。"'颐煊案：《后汉书》序例今亡。《史记·高祖本纪》《索隐》引范晔云：'得城曰拔。'《隋书·魏澹传》，范晔云：'《春秋》者，文既总略，好失事形。今之拟作，所以为短。纪传者，史、班之所变也，网罗一代，事义周悉，通之后代，此焉为优，故继而述之。'当亦序例之文。"《书事》篇称："采二家之所议，征五志之所取，盖记言之所网罗，书事之所总括，粗得于兹。"刘昭《注补续汉书八志序》亦云："范晔《后汉》良史……序例所论，备精与夺。"皆可与"理切而多功"之言互证。

而魏收作例，全取蔚宗。贪天之功，以为己力……攘袂公行，不陷穿窬之罪也？

昌案：周一良《魏收之史学》云："收书本有序例，惜已亡佚，故其书法用意多不可晓。《史通·序例》篇谓：'魏收作例，全取蔚宗。'《题目》篇又谓《魏书》题卷，因袭范氏。'至范晔举例，始全录姓名。历短行于卷中，丛细字于标外。其子孙附出者，注于祖先之下。……魏收因之，则又甚矣。'今案题卷具书名姓，为便寻检，固远胜旧史之只书姓氏，不翻卷文，则不识何人也。知幾之论，无乃吹求？然亦足为伯起师法蔚宗之一证。更观《魏书》传志标目及纪传之次序，亦多合乎范氏，知伯起确尝取则于蔚宗也。然子玄《序例》全取蔚宗之言则不然，《后汉书》……《安帝纪》：'元初三年春正月，东平陆上言木连理。'注：'序例曰："凡瑞应，自和帝以上，政事多美，近于有实，故书见于某处；自安帝以下，王道衰缺，容或虚饰，故书某处上言也。"'……今考《魏书·灵征志》,(《魏书》灾祥不书于本纪,皆见志,亦例之善者。)自世祖神䴥元年至静帝武定六年,盛书甘露降于某地,或书某地上言甘露降。同在世宗之世,景明三年、永平元年、延昌二年皆书甘露降于某地,而延昌三年又书'齐州上言甘露降'。同在武定六年,而三月书'甘露降于京师',四月书'太山郡上言甘露降'。同在齐州,而延昌二年书'甘露降于齐州清河郡',三年即书'齐州上言甘露降'。其言某地木连理,与某地上言木连理者,参差错杂,亦复相同,盖初无意义也。范氏谓安帝以后王道缺,故概书上言,取安帝为断。收如用其例,亦当定一区划,乃参差若此,岂王道忽然有盛衰,抑收能辨甘露、连理之虚实与否而分别书之也?子玄之诬,不待辨而明矣。"

案皇朝《晋书》例云:

昌案:钱大昕《十驾斋养新录》卷六"《晋书》叙例"条:"《晋书》纪、志、列传、载记百三十卷之外,别有叙例一卷、目录一卷。今目录犹存,而敬播所撰叙例久不传矣。其见于《史通》者,一云:'凡天子庙号,惟书于卷末。'一云:'班《汉》皇后,除王、吕之外,不为作传,(昌案:《汉书》吕后为纪,王后为传,此统举之。)并编叙行事,寄出《外戚》篇。'一云:'坤道卑柔,中宫不可为纪,今编同列传,以戒牝鸡之晨。'"考竹汀所举,一条、三条见本篇,二条载《杂说中》篇。

百药《齐书》例云:"人有本字行者,今并书其名。"

昌案:姚范《援鹑堂笔记》卷三十三云:"然则《齐书》旧有史例,今并亡矣。"

此并非言之难,行之难也。

昌案:《尚书·说命中》篇:"非知之艰,行之惟艰。"

以戒牝鸡之晨

昌案:《尚书·牧誓》:"牝鸡无晨。牝鸡之晨,惟家之索。"伪孔《传》:

"索，尽也。喻妇人知外事。雌代雄鸣则家尽，妇夺夫政则国亡。"

题目第十一

案吕、陆二氏，各著一书，唯次篇章，不系时月，此乃子书、杂记，而皆号曰"春秋"。

昌案：周中孚《郑堂札记》卷二云："《楚汉春秋》，《汉志》列在《春秋》家，司马贞以为记项氏与汉高初起及惠、文间事。（《史记·陆贾传》《索隐》。）今虽已佚，当刘氏时，其书尚存。（颜师古注《汉书》、李善注《文选》及《太平御览》皆引之。）何得与《吕氏春秋》并目为子书杂记？岂因《新语》而误涉与？"然子玄此之所云，乃以子书与杂记分承吕、陆二书，意谓《吕氏春秋》为子书，《楚汉春秋》为杂记耳。考《史通》立名之例，或通或专，视宜而用。如此称杂记者，盖通指正史以外诸史家杂著言之，乃大共名也；而杂记之名，又或以专指"求其怪物，有广异闻"之作，若《志怪》、《搜神》、《幽明》、《异苑》，则小共名也。亦犹之乎通称正史以外诸史家杂著为偏记，乃大共名；而偏记之名，又或以专称"权记当时，不终一代"之作，若《楚汉春秋》、《山阳载记》，亦小共名也。（均见《杂述》篇。）信之此论，盖既未达《史通》词言之情，复昧于子玄撰述之例矣。

鱼豢、姚察著魏、梁二史，巨细毕载，芜累甚多，而俱榜之以略，考名责实，奚其爽欤？

浦起龙引《陈书·姚察传》察撰梁史事，云："按史无梁略之名，而刘氏云尔，定是察稿初名。"

昌案：《隋志》："《梁后略》十卷，姚最撰。"《周书·艺术传》："最字士会，幼而聪敏，及长，博通经史，尤好著述……撰《梁后略》十卷，行于世。"本书《杂述》篇、《杂说下》篇亦尝论列其书。察则其兄也。章宗源《〈隋书·经籍志〉考证》卷二引《史通》此文，云："姚察当作姚最。"（其说甚是，朱希祖《萧梁旧史考》说与章同。）当据正。浦说非。

又案：《说文》十三篇上："略，经略土地也。"段玉裁注："凡经界曰略。"

章太炎先生《检论》卷二《徵七略》亦曰："略者，封域之正名。"故刘歆总群书而奏《七略》。史籍称略，义取于此。子玄以粗略要略之略为训，非其本始也。

而何氏《中兴》，易志为记。

昌案：本书《书志》篇："何法盛曰说。"《开元占经》尝引何氏《晋中兴书·悬象说》，即他史之天文志，已见《书志》篇笺记。则章宗源《〈隋书·经籍志〉考证》卷一校此文云："记乃说字之讹。"是也。其称志为记者，乃王隐《晋书》，汤球辑本有《瑞异记》、《石瑞记》等是。然此记字，诸本皆同，则传写之误久矣。

董、袁群贼

昌案：本书《品藻》篇则云："袁、董并曰英雄。"此亦任情抑扬，自相矛盾，未能申藻镜而别流品也。

择善而行

昌案：《论语·述而》篇："择其善者而从之。"

至范晔举例，始全录姓名……烦碎之至，孰过于此。

昌案：此节当与《因习》篇互证。彼文云："范晔既移题目于传首，列姓名于传中，而犹于列传之下，注为《列女》、《高隐》等目。苟姓名既书，题目又显，是则邓禹、寇恂之首，当署为公辅者矣；岑彭、吴汉之前，当标为将帅者矣。触类而长，实繁其徒。何止列女、孝子、高隐、独行而已。"

断限第十二

遂相交牙

昌案：《易·大畜》："六五，豶豕之牙。"《释文》引郑康成云："牙读为互。"《汉书·谷永传》："百官盘互。"颜注："盘结而交互也。互字或作牙，言如豕牙之盘曲，犬牙之相入也。”互字形体亦作𠀁，故易与牙字混淆。阮阅《诗话总龟》前集卷二博识门载刘攽《贡父诗话》：“前世所称驵侩，今人谓之牙……世不晓所谓。道原云：‘本谓之互，即互市事尔。唐人书互作𠀁，𠀁似牙字，因转读为牙。’其理如可信。”吴曾《能改斋漫录》卷四“牙郎”条亦主《贡父诗话》所引刘恕之说，并云：“予考《肃宗实录》安禄山为互市牙郎盗羊事，然则以𠀁为牙，唐已然矣。画短为𠀁画长为牙。”徐树丕《识小录》卷三“小学不讲”条亦以“互作牙”为“今人所共昧”。皆其证也。此交牙疑亦本为交𠀁。盖下文有云：“非唯理异犬牙。”亦用《汉书·文帝纪》“犬牙相制”语。不独骈俪之文，十余行内，运典遣辞，深忌重出；且“丌其首端”平起，“遂相交互”仄落，亦于文律为宜。观《六家》篇亦有“纪传𠀁出”语，字即作“𠀁”，则本书固尝用之矣。而《称谓》篇有云：“及后来作者，颇慕斯流，亦时采新名，列成篇题。”题字下注：“音第。”知子玄于声律颇复措意，亦足旁证交牙之当为交𠀁。

可谓狂简不知所裁者焉

昌案：《论语·公冶长》篇：“吾党之小子，狂简，斐然成章，不知所以裁之。”

子曰：“不在其位，不谋其政。”

昌案：《论语·泰伯》篇，又《宪问》篇文。

若《汉书》之立表、志，其殆侵官离局者乎。……纪、传所存，唯留汉日；表、志所录，乃尽牺年。……但固之踳驳，既往不谏，而后之作者，咸习其迷。《宋史》则上括魏朝，《隋书》则仰苞梁代。

昌案：余嘉锡《四库提要辨证》卷三“《宋书》”条：“夫传因人立，考其年月仕履，固可断归某朝；志以事分，举凡制度典章，孰非上承前代？《汉书》十志，虽曰继轨八书，而名既不同，体由创制。汉用秦仪，秦变周典，使不追叙沿革，何以剖判沿流？以此议班，事同胶柱。若沈约《宋史》，上括魏朝，盖因三国无志，用此补亡。斯诚史氏之良规，安可反用为讥议乎？……然约自有《晋书》一百二十卷，(《隋志》、《梁书》均作一百一十卷，此据《宋书·自序》。)而《宋书》诸志，复叙晋事。重规叠矩，未喻其理。将由晋承魏后，介在两朝，取便行文，不欲中断耶？……岂《晋》、《宋》两志，详略互见欤？今《晋书》既亡，莫由考其异同矣。"

举一反三

昌案：《论语·述而》篇："举一隅，不以三隅反，则不复也。"

胶柱调瑟

昌案：《史记·赵奢传》："蔺相如曰：'王以名使括，若胶柱而鼓瑟耳。括徒能读其父书传，不知合变也。'"

既往不谏

昌案：《论语·八佾》篇："成事不说，遂事不谏，既往不咎。"陶潜《陶靖节集》卷五《归去来兮辞》："悟已往之不谏。"

氐羌有录

昌案：钱大昕《十驾斋养新馀录》卷中"何法盛书"条："何法盛《晋中兴书》，名目与诸史异，本纪曰典，表曰注，志曰说，列传曰录，论曰叙，并见刘氏《史通》。……《氐羌录》当亦法盛书篇名。"钱说是也。章宗源《〈隋书·经籍志〉考证》卷一尝引何书佚文以实子玄所述。

魏本出于杂种

昌案：赵翼《陔馀丛考》卷三十八"杂种畜生王八"条："俗骂人曰杂种……《后汉书·西羌传》：'滇零等招集诸杂种。'《晋书·燕载记》曰：'蠢兹杂种，奕世弥昌。'此杂种之名所由始也。"此称疑起东汉，故范《汉》屡见，如《度尚传》称"杂种诸蛮"，《马融传》称"杂种诸羌"，皆是。其始盖汉族对异族之贱称，后乃转作普通詈人之语。赵氏处清世文网甚密之代，虽知其朔义，固不敢质言，其引史文，似亦不无忌讳。

遂乃南笼典午，北吞诸伪，比于群盗，尽入传中。

昌案：周一良《魏收之史学》云：“《史通·断限》篇讥《魏书》为东晋、宋、齐、梁诸帝及十六国之君立传，谓失断限。然南朝及十六国皆与魏交通，聘贡争战不绝。尽书其事于本纪，则繁冗失体；如缺不书，则事不完。而本纪之外，又无可附丽，故特为立传，详本纪之未备。子玄谓魏初服属于晋及秦、赵，列之于传为厚颜，则《后书》之传更始亦为厚颜乎？刘氏又言：‘张、李诸姓，据有凉、蜀。其于魏也，校年则前后不接，论地则参商有殊，何预魏氏，而横加编载？’今考张氏、李氏传屡载朝贡事，李雄且与魏穆帝约分天下，乌得谓为无预？况自《史》、《汉》以来，皆载外国事于列传，而观其与中国之关系，多不过朝贡已耳。将尽以为无断限耶？《断限》篇又云：‘魏刊水运，下列高王……越次而载，孰曰攸宜？’今考《魏书》时称齐武献王，以身仕齐朝，不得不尔。高欢之在魏末，事功固有足述者，岂可一概不载，待入齐史乎？越次之云，适同无的放矢耳！”此论诚有中《史通》之失者。然子玄《断限》之议，乃以正朔为其出发点。上文云：“自五胡称制，四海殊宅，江左既承正朔，斥彼魏、胡，故氐羌有录，索虏成传。”是赞许何法盛、沈约之言。元魏以“杂种称制”，而魏收亦以南朝及十六国尽入传中，殆自忘其僭盗，所以为“厚颜之甚”也。周文于此，似偶失照。

异乎吾所闻

昌案：杜预《春秋经传集解序》：“异乎余所闻。”

编次第十三

用使阅之者雁行鱼贯

昌案：《文选》鲍照《代出自蓟北门行》：“雁行缘石径，鱼贯度飞梁。”

朱紫以之混淆

昌案：《论语·阳货》篇：“恶紫之夺朱也。”

冠履于焉颠倒

昌案:《汉书·贾谊传》:“履虽鲜不加于枕,冠虽敝不以苴履。”

至于龟策异物,不类肖形,而辄与黔首同科,俱谓之传,不其怪乎?且《龟策》所记,全为志体,向若与八书齐列,而定以书名,庶几物得其朋,同声相应者矣。

昌案:余嘉锡《论学杂著·太史公书亡篇考》云:“史公《龟策传》,盖叙古之卜人,与他传同科,今之全为志体者,褚先生之失也。《史通》不甚信张晏之说,(昌案:见《鉴识》篇及《古今正史》篇。)故《叙事》篇以《日者》、《龟策》为与苏、张、蔡泽、仓公传同出一手,此篇亦归罪子长,不免好为诋诃。然其说自不可废。”肖形,谓人也。《汉书·刑法志》:“夫人宵天地之貌,有生之最灵者也。”注引应劭曰:“宵,类也。头圜象天,足方象地。”宵即肖字,古者以人肖天地之形,故曰肖形。《汉书·艺文志》:“以愚黔首。”注:“秦谓人为黔首,言其头黑也。”

孟坚每一姓有传,多附出余亲。

昌案:钱大昕《十驾斋养新馀录》卷中“何法盛书”条:“李善注《文选》引何法盛《琅邪王录》、《陈郡谢录》、《济阴卞录》,此类甚多。即《晋中兴书》之一篇也。李延寿《南北史》以祖孙、父子、族属合为一篇,盖取法盛例矣。”魏、晋以降,尤重门阀,故何《书》之例,为李《史》所因。然追溯远源,则孟坚一姓有传,附出馀亲之法,殆其本始矣。

况神玺在握,火德犹存,而居摄建年,不编平纪之末;孺子主祭,咸书莽传之中。遂令汉余数载,湮没无睹,求之正朔,不亦厚诬?当汉氏之中兴也,更始升坛改元,寒暑三易;世祖称臣北面,诚节不亏。既而兵败长安,祚归高邑,兄亡弟及,历数相承。作者乃抑圣公于传内,登文叔于纪首,事等跻僖,位先不窋。夫东观秉笔,容或谄于当时;后来所修,理当刊革者也。

昌案:此论二事实皆取资张衡。《后汉书·张衡传》云:衡“以为王莽本传但应载篡事而已，至于编年月，纪灾祥，宜为元后本纪。又更始居位，人无异望。光武初为其将，然后即真。宜以更始之号，建于光武之初。书数上，竟不听。”钱大昕《潜研堂文集》卷十二《答问九》云：“问：刘知幾之论范史曰：‘更始升坛改元，世祖称臣北面。作者乃抑圣公于传内，登文叔于纪首，事等跻僖。’其信然乎？曰：南阳宗室，同时举义，非有素定之分。伯升见戮，光武势不能安；虽受更始官爵，亦犹汉高之于义帝耳。更始前无所承，后无所授，始则因人而成事，继以失道而破亡。史家恶莽之篡，黜地皇而纪更始之年，固为得之；若欲列诸本纪，则失地之君，《春秋》所贬，岂宜跻于中兴令主之上哉？范史登诸传首，篇中称字而不名，准以史法，最为得中。刘氏以兄终弟及例之，未免拟于不伦矣。”此之所论，似有得于蔚宗微旨。

寻夫本纪所书，资传乃显。表、志异体，不必相涉。旧史以表、志之帙，介于纪、传之间。降及蔚宗，肇加厘革。沈、魏继作，相与因循。既而子显《齐书》、颖达《隋史》，不依范例，重遵班法。

昌案：《四库提要》卷六十五洪迈《南北史精语》提要云：“其中所录《宋书》，本纪第一，列传第二、第三，志第四，志反在列传之后。考刘知幾《史通》曰：‘旧史以表、志之帙，介于纪、传之间。降及蔚宗，肇加厘革。沈、魏继作，相与因循。’今北监版《魏书》，志在列传后，是其显证，与《史通》合。而《宋书》则移其次第，列于纪、传之间。观迈所序，犹从古本，知幾之言不妄。”谭献《复堂日记》卷一云：“唐修诸史，《隋书》后成。作志分属专家，本名五代史志，别行；上书时附之《隋书》耳。然则今本入于纪、传间，非也。当如《后汉书》例，列志于后。”其言即本之《史通》，非别见范《汉》古本也。

闻义不徙，是吾忧也。

昌案：《论语·述而》篇：“闻义不能徙，不善不能改，是吾忧也。”

老子与韩非并列……如斯舛谬，不可胜纪。

昌案：此论与《品藻》篇自戾。彼文云：“韩非、老子，共在一篇……岂非韩、老俱称述者，书有子名……用此为断，粗得其宜。”考《南史·王敬则传》:“后与王俭俱即号开府仪同三司。时徐孝嗣于崇礼门候俭,因嘲之曰:‘今日可谓连璧。’俭曰:‘不意老子遂与韩非同传。’”是马迁以老、韩同传,南朝已有非之者矣。钱大昕《廿二史考异》卷五“《史记·老庄申韩列传》”条云:“申、韩之学,自谓本于老子,而实失老氏之旨。史公《自序》述其父说,道德与刑名各为一家,而于此赞又明辨之,(昌案:谓《史记·老庄申韩传赞》云:“申子卑卑,施之于名实;韩子引绳墨,切事情,明是非,其极惨礉少恩;皆原于道德之意。而老子深远矣。”)言其似同而实异也。说者讥韩非不当与老子同传,盖未喻史公微旨。”王鸣盛《十七史商榷》卷一“《索隐》改补皆非”条论司马贞欲分老子与尹喜、庄周为一篇,韩非别入《商君传》末云:“老、韩同传,正以老子清虚,不有其身,故无情则必入于深刻,故使同传。今乃谓其教迹全乖,而欲移之,真强作解事。”子玄于此事是非,自相矛盾,姑不置论,而以同传之故归之“俱称述者,书有子名”,全昧马《史》辨章流别之义,皮相之谈,疏亦甚矣。

称谓第十四

又曰:“名不正则言不顺”,“必也正名乎”。

昌案:《论语·子路》篇:“子路曰:‘卫君待子而为政,子将奚先?’子曰:‘必也正名乎。’子路曰:‘有是哉! 子之迂也。奚其正?’子曰:‘野哉,由也! 君子于其所不知,盖阙如也,名不正则言不顺,言不顺则事不成……’”

是知名之折中,君子所急。

昌案:《史记·孔子世家赞》:“折中于夫子。”《索隐》:“《离骚》:‘明五帝以折中。’王叔师云:‘折中,正也。’”(“指苍天以为正,令五帝以折中。”《九章·惜诵》文。古人每以《离骚》为定辞共名也。然“折中,正也”之注,今本亦佚去。)则斯语即是知正名君子所急意也。

昔夫子修《春秋》,吴、楚称王,而仍旧曰子。

昌案:《史记·孔子世家》:孔子“乃因史记作《春秋》……约其文辞而

指博,故吴、楚之君自称王,而《春秋》贬之曰子”。

至于更始中兴汉室,光武所臣。

昌案:此节当与《编次》篇论更始语参读,彼就编次为言,此就称谓立论。

度长絜短

昌案:《文选》贾谊《过秦论》:“试使山东之国与陈涉度长絜大,比权量力,则不可同年而语矣。”

与文、襄而并霸

浦起龙曰:“比魏于晋、宋。”向承周曰:“文、襄之霸,用《左传》语,自谓晋之文、襄,与宋何涉?”

昌案:向说是也。本书《五行志杂驳》篇论晋悼公之政,亦云:“威行夷、夏,霸复文、襄。”可证。

惩恶劝善

昌案:杜预《春秋经传集解序》:“为例之情有五……五曰惩恶而劝善,求名而亡,欲盖而章,书齐豹盗、三叛人名之类是也。”

金行版荡

昌案:《诗·大雅·板》序:“凡伯刺厉王也。”又《荡》序:“召穆公伤周室大坏也。厉王无道,天下荡荡,无纲纪文章,故作是诗也。”故世乱谓之板荡。板版字通。《晋书·惠帝纪论》:“生灵版荡,社稷丘墟。”

小道可观

昌案:《论语·子张》篇:“子夏曰:‘虽小道,必有可观者焉。’”

道武追崇所及,凡二十八君……而《魏书·序纪》,袭其虚号。

昌案:子玄此论,蓝本魏澹。《隋书·魏澹传》载所撰《魏书》义例有云："魏氏平、文以前，部落之君长耳。太祖远追二十八帝，并极崇高，违尧、舜宪章，越周公典礼。但道武出自结绳，未师典诰，当须南、董直笔，越而正之。反更饰非言是，观过所谓决渤澥之水，复去堤防，襄陵之灾，未可免也。"赵翼《廿二史札记》卷十四"后魏追谥之滥"条则但论道武追崇之失，而于魏收作史，袭其虚号，未尝指摘。周一良《魏收之史学》云："追尊之二十八帝，魏澹谓'违尧、舜宪章，越周公典礼'，不当尽称其谥法。刘知幾《史通·称谓》篇亦同其说。然谥法乃道武所加，固非收为之者，苟纪其事，必如是称，否则有违元氏典制，收焉得而裁抑之乎？"此言视彦渊、子玄为平恕矣。

若王《晋》之《十士》、《寒儁》，沈《宋》之《二凶》、《索虏》……

《十士》《寒儁》，浦起龙曰："亦列传中篇名也。王隐《晋书》已亡，无可考证。"十，卢文弨校改处，云："十非。"陈汉章曰："按《采撰》篇：'至于江东五儁，始自《会稽典录》，而修晋史者征彼虚誉。'是'寒儁'本作'五儁'。"

昌案：章宗源《〈隋书·经籍志〉考证》卷一云："《太平御览·人事部》：刘叔龙赤色大唇，少言语，有大志，自县小吏至雍州刺史一事，题名《寒儁传》。《文学部》：王褒读《诗》流涕一事，题名《处士传》。'处士'与'十士'异。《史通》以二凶对言，取数相配，非'处士'之讹。"其说甚通。据此，知浦云无可考证，固非；卢改"十士"为"处士"，（张鼎思本作"处士"，或据王书佚文所改。）陈改"寒儁"为"五儁"，亦未是。疑王《晋》所纪处士适为十人，故子玄得以属对之便改为"十士"耳。

用舍之道

昌案：《论语·述而》篇："用之则行，舍之则藏。"

〔附录〕

黄家岱《读史通称谓篇》《嬹艺轩杂著》卷下

欲知史法，宜治经学。《尚书》，唐、虞、三代之史也，为后世志传体之所祖。《春秋》，东周之史也，为后世编年体之所出。自经义不明，而史例遂乖。区区称谓间，史家之小焉者耳。然名不正则言不顺，讥于《论语》；称名小而取类大，赞于《易》传。台名逃责，尚曰周王；君未系颈，且曰秦国。讵有天子而称讳？亦何有匹夫而不名？杂家或从其便，史氏毋庸少苟。刘子元作《史通》，辨称谓之多舛，至哉言乎！窃有取焉。然修一朝之史，与修历代之史有别；修一国之史，与修列国之史亦有别。孔子修鲁《春秋》，最称谨严。褒逾华衮之加，贬同斧钺之诛。而杞用夷礼，黜而为子；毁虽贤主，恶而称名，或奉王命以进退，或禀时君之爱憎。准是以推，标格自存。则戎羯称制，虽君其国；而晋臣助君，直比诸盗，揆诸古人扶中夏抑四夷之旨，讵至大相剌谬？而刘氏以为是徇私忘公之见，读者又美其无党同伐异之病。（斥纪晓岚。昌案：《史通削繁》评《称谓》篇论《晋史》对五胡各国之称谓云："此论尤公，深中世人党同伐异之病。"即此所指。）嗟乎！《春秋》之微言将绝，三传之大义其乖矣。若夫修列国之史，自可不拘一朝之制。萧方之书，（昌案：方下脱等字。梁萧方等撰《三十国春秋》，本篇及《杂说中》篇均曾论及。史志误脱等字，《通释》已加订正。然姚振宗《〈隋书·经籍志〉考证》卷十二云："《经义考》拟经类：'王应麟曰："《通鉴》晋元兴三年引方等论纲目，但云萧方，误削等字。"杨慎曰："佛氏有《方等经》，犹云平等世界也。故萧氏取以为名。"按今刊本新旧《唐书》、《宋史》、《通志》皆削去等字矣。'"又赵德麟《侯鲭录》卷三云："方等者，即周遍义。《止观论》云：'方等者，或言广平。今谓方也者，法也，如般若有四种方法，即四门入清凉地，故云方也。所契之理，即平等大慧，故云等也。禀顺方等二者而立戒坛也。既不拘禁忌，广大而平等之，故谓之广平也。'"其所释方等名义，则浦所未及。）固为合宜。吾独怪刘汉云亡，天下鼎峙，论王道则曹逆而刘顺，论国祚则魏促而吴长。陈寿意在崇晋，遂以正统与魏。岂知惩恶劝善，义将何属？凿齿意在尊汉，遂以正统与蜀，又恐刘亡曹并，年又安归？帝魏固谬，帝蜀亦非，自不若秦缪、楚庄，与文、襄而并霸；意无偏袒，事求核实。子元此论，信千古不磨矣。若谓晋康、（昌案：浦校改成，云："旧作康，非。"）穆以下诸帝，皆当削其庙号；魏道武追崇诸帝，亦当削其虚号，揆诸周人之追王及亶、季，亲庙存幽、厉，未免爱憎出于方寸，予夺由其笔端矣。盖子玄长于文史，疏于经传，心无主见，语遂两歧。故曰：欲知史法，宜治经学。

采撰第十五

子曰："吾犹及史之阙文。"

昌案：《论语·卫灵公》篇文。邢昺疏："史是掌书之官。文，字也。古之良史于书字有疑，则阙之，以待能者，不敢穿凿。孔子言：我尚见及此古史阙疑之文。"

何尝不征求异说，采摭群言，然后能成一家，传诸不朽。

昌案：此谓作史当以采摭始而以撰述终也。本书《史官建置》篇："书事记言，出自当时之简；勒成删定，归于后来之笔。当时草创者，资乎博闻实录；后来经始者，贵乎俊识通才。必论其事业，前后不同；然相须而成，其归一揆。"论记注与著作之关系尤明。《史通》全书多言著作义例，而于史料之搜采别择，亦未尝不加之意，即此可见也。

观夫丘明受经立传，广包诸国，盖当时有《周志》、《晋乘》、《郑书》、《楚杌》等篇，遂乃聚而编之，混成一录。

昌案：丘明作传，采摭前史，自不待言。文二年引《周志》，襄三十年及昭二十八年两引《郑书》，此子玄所已及者也。此外若襄四年引《夏训》，文六年及成十五年引《前志》，宣十二年及昭二十一年引《军志》；襄四年又二十五年、昭元年又三年、哀十八年皆引《志》；亦古史书之属，左氏之所取资。

马迁《史记》采《世本》、《国语》、《战国策》、《楚汉春秋》。

昌案：《汉书·司马迁传赞》："故司马迁据左氏《国语》，采《世本》、《战国策》，述《楚汉春秋》，接其后事，讫于大汉。其言秦、汉详矣。"考《史记》所用史料，班氏特举其尤大彰明较著者言之，而迁书自言其父子所取资处尤夥。试略征之。《五帝本纪》："余观《春秋》、《国语》。"《殷本纪》："自成汤以来，采于《诗》、《书》。”《秦始皇本纪》：“吾读《秦记》。”《三代世表》：“余读牒记，稽其历谱。”《十二诸侯年表》：“太史公读《春秋历谱牒》。”《吴太伯世家》：“余读《春秋》古文。”《卫康叔世家》：“余读世家言。”《仲尼弟子列传》：“悉取《论语》弟子问，并次为篇。”《儒林列传》：“余读功令。”此取资于简册者也。《项羽本纪》：“吾闻之周生。”《赵世家》：“吾闻之冯王孙。”《刺客列传》：“始公孙季功、董生与夏无且游，具知其事，为余道之如是。”《淮阴侯列传》：“吾如淮阴，淮阴人为余言。”此取资于亲闻于时人之所言者也。《伯夷列传》：“余登箕山，其上盖有许由冢云。”《信陵君列传》：“吾过大梁之墟，求其所谓夷门。”《太史公自序》：“二十而南游江、淮，上会稽，探禹穴，窥九疑，浮于沅、湘，北涉汶、泗，讲业齐、鲁之都，观孔子之遗风。”此取资于亲履其地之所闻见者也。《李将军列传》：“余观李将军悛悛如鄙人。”《游侠列传》：“吾观郭解状貌不如中人。”则又亲见其人而为之传者也。

至班固《汉书》，则全同《太史》。

昌案：赵翼《廿二史札记》卷一“史汉不同处”条：“一代修史，必备众家记载，兼考互订，而后笔之于书。观各史艺文志所载，各朝文士著述有关史事者，何啻数十百种，当修史时，自必尽取之，彼此较核，然后审定去取。其所不取者，必其记事本不确实，故弃之。而其书或间有流传，好奇之士，往往转据以驳正史，此妄人之见也。即如班固作《汉书》，距司马迁不过百余年，其时著述岂无别有记载？倘迁有错误，固自当据以改正。乃今以《汉书》对比，武帝以前，如《高祖纪》及诸侯王年表、诸臣列传，多与《史记》同，并有用《史记》文一字不改者，然后知正史之未可轻议也。”瓯北此论，甚多疏略，不足据信，特以子玄既有班《汉》太初以前全同《太史》之说，聊录以备参云。

自太初以后，又杂引刘氏《新序》、《说苑》、《七略》之辞。

昌案：姚振宗《汉书艺文志条理叙录》云：“班氏既取《七略》以为《艺文志》，又取《别录》以为《儒林传》。考《汉纪》又言‘刘向典校经传，考集异同，《易》始鲁商瞿子木，受于孔子，以授鲁桥庇子庸’云云，与《儒林传》之文悉合，知《儒林传》亦本刘氏父子之辑略，而接其后事，终于孝平。故《史通·采撰》篇云：‘班固《汉书》，全同《太史》，太初以后，杂引刘氏《新序》、《说苑》、《七略》之辞。’今考《新序》、《说苑》载汉事无多，知所取于《七略》、《别录》者不少也。”余嘉锡《目录学发微》四《目录学之体制》二《叙录》引此文，复加案语云：“案《汉书·王褒传》所言九江被公诵楚辞，及丞相魏相奏知音善鼓雅琴者赵定、龚德事，均与《七略》、《别录》同，知《汉书》诸著述家列传多本之《别录》，所谓‘太初以后，杂引刘氏’，不独《儒林传》也。”又杨树达《积微居小学金石论丛》卷五《汉书所据史料考》考班《书》取资刘向、刘歆父子著述处尤详。其论《五行》、《艺文》两志本之刘氏，世所习知，（又《律历志》明言取之刘歆，而杨氏未及，可谓之眉睫矣。）不备引，引其考列传诸篇之本之刘氏三书者。其说曰：“按：引《七略》者，谓《艺文志》，前条已言之。近人姚振宗谓《汉书·儒林传》所载经师授受多本《七略》，（昌案：姚说见《师石山房丛书·七略别录佚文序》及《七略佚文序》。）其说亦信而有征。其杂引《说苑》今可考见者，路温舒、于定国二传出《贵德》篇，丙吉、袁盎二传本《复恩》篇，《枚乘传》本《正谏》篇，《吾丘寿王传》本《善说》篇，《霍光传》茂陵徐生事出《权谋》篇，《胡建传》本《指武》篇，《杨王孙传》本《反质》篇，凡九事。其杂引《新序》者，按《新序》本三十卷，今仅存十卷，故多不可考。然马邑诱匈奴之事，《史记·韩安国传》不载安国、王恢二人辨论之辞，而《汉书·安国传》载之独备，则全本《新序·善谋》篇也。又《赵广汉传赞》云：‘刘向独序赵广汉、尹翁归、韩延寿，冯商传王尊。’注引张晏曰：‘刘向作《新序》，不道王尊。冯商续《史记》，为作传。’按：晏为魏、晋间人，所见《新序》，自为全本。其言如此，然则赵、尹、韩三传当本《新序》之文，殆无疑义。”又自注云：“《董仲舒传赞》引向、歆父子之辞，以系评论之语，非史实，故不具述。”余嘉锡为《论丛》作序，于杨考更有所补正，其言曰：“《王褒传》：‘宣帝时，修武帝故事，讲论六艺群书，博尽奇异之好；征能为楚辞九江被公，召见诵读。’而《太平御览》卷八百五十九引《七略》曰：‘宣帝召被公见，诵楚辞。被公年衰母老，（昌案：母字当是衍文。）每一诵，辄与粥。’两相印证，知《御览》所引乃《七略》诗赋略王褒赋十六篇叙录之语。(孔广林、姚振宗辑入屈原赋条下,非是。)而《汉书·王褒传》即本之《七略》也。凡向、歆父子所作书录,皆述作者事迹,略如列传之体。《晏子春秋》、《孙卿新书》诸叙录可证。以《史通》之言推之,则凡前汉人有书著录于《七略》者,班《书》列传多采用之,盖不仅《儒林传》已也。又《贾谊传赞》曰:'刘向称:贾谊言三代与秦治乱之意,其论甚美。虽古之伊、管,未能过也。使时见用,功化必盛。为庸人所害,甚可痛悼。'《东方朔传赞》曰:'刘向言:少时问长老贤人通于事及朔时者,皆曰:朔口谐倡,辨不能持论,喜为庸人诵说,故令后世多传闻者。'此皆《别录》之辞,与《董仲舒传赞》同。虽皆非叙事之辞,然《汉书》此三传皆详于《史记》,必有采之《别录》者,犹之韦贤、翟方进、元后三传赞称司马掾班彪曰,其传即彪之文也。"

杀青不暇

昌案:今传刘向《别录》每有"已杀青,可缮写"语,应劭《风俗通》释之云:"刘向《别录》云'杀青'者,直治竹作简书之耳。新竹有汗,善朽蠹。凡作简者,皆于火上炙干之,陈、楚之间谓之汗,汗者,去其汁也;吴、越曰杀,杀亦治也。向为孝成皇帝校书籍二十余年,皆先书竹,改易刊定,'可缮写'者,以上素也。由是言之,杀青者竹,斯为明矣。"(《太平御览》卷六百六引。自李贤范书《吴祐传》注迄清人《别录》辑本,皆误以《风俗通》此文自"杀青者"起,至"去其汁也"止,为《别录》语,今从余嘉锡《论学杂著·书册制度补考》之说,定为亦应劭释《别录》"已杀青,可缮写"之文。)

而嵇康《高士传》,好聚七国寓言;玄晏《帝王纪》,多采六经图谶,引书之误,其萌于此矣。

浦起龙曰:"此节言后来杂撰益多,人情好怪,史体所必禁。而其萌自此不可遏矣。"

昌案:若以本书《杂述》篇所论史家杂著之条流衡之,则《高士传》当属别传,《帝王纪》可入逸事,皆自成一家而与正史参行之偏记小说,不得谓非史体,从而禁之。但为正史,则于此类宜慎采择耳。如《晋书》多记怪异，《南史》颇增琐言，（详《廿二史札记》卷八“《晋书》所记怪异”条、卷十一“《南史》增梁书琐言碎事”条。）自是史家之失。

至范晔增损东汉一代，自谓无惭良直，而王乔凫履，出于《风俗通》；左慈羊鸣，传于《抱朴子》。朱紫不别，秽莫大焉。

昌案：钱大昕《潜研堂文集》卷十二《答问》九：“问：刘知幾讥范蔚宗载王乔凫履、左慈羊鸣二事，以为朱紫不别。又讥《列女》篇不书徐淑而书文姬，（昌案：见《人物》篇。）是皆然矣。此外更有可议者否？曰：野王二老、汉滨陈留二老父，此子虚、亡是公之流，列诸《逸民》，可乎？向栩踪迹诡异，无善可称，列诸《独行》，可乎？《方术》一篇，如徐登、刘根、费长房以下，皆诞妄难信，不特王乔、左慈已也。”

又案：陈寅恪《天师道与滨海地域之关系》云：“蔚宗之为《后汉书》，体大思精，信称良史，独《方术》一传，附载不经之谈，竟与《搜神记》、《列仙传》无别，故在全书中最为不类，遂来刘子玄之讥评。亦有疑其非范氏原文，而为后人附益者。其实读史者苟明乎蔚宗与天师道之关系，则知此传本文全出蔚宗之手，不必致疑也。”然则范《汉》之传方术而侈谈不经，实蔚宗信仰天师道有以致之。此非子玄所及知也。至蔚宗与天师道之关系，义宁考之详矣。

遂云马叡出于牛金。原注：王劭曰：“沈约《晋书》造奇说云：……”

昌案：王应麟《困学纪闻》卷十三“沈约喜造奇说”条：“晋元帝为牛氏子，其说始于沈约，而魏收《岛夷传》因之。唐贞观史官修《晋书》，亦取焉。”何焯笺：“休文《晋书》虽不传，而《宋书·符瑞志》中尚存此说。”翁元圻注引《符瑞志》略云：“宣帝有宠将牛金，屡有功。宣帝作两口榼，一盛毒酒，一盛善酒。自饮善酒，毒酒与金饮之，即毙。景帝曰：‘金名将，可以大用，云何害之？’宣帝曰：‘汝忘石瑞马后有牛乎？’元帝母夏侯妃与琅琊小吏牛金私通而生元帝。”考王劭以马叡出于牛金之说造自沈约，其后刘子玄信之，王伯厚因之，而不知约固亦有所受之也。《太平御览》卷九十八引孙盛《晋阳秋·元帝纪》总评云：“初玄石图有牛继马后，故宣帝深忌牛氏，遂为二榼，共一口以贮酒。帝先引佳者，以毒者酖其将牛金。而恭王妃夏侯氏通小吏牛钦而生元帝，亦有符云。”其文与新《晋元纪》几乎全同，殆即后者所本。是以此奇说载之史册，实始孙盛，而沈约《晋》、《宋》二书袭之，又讹牛钦为牛金，遂若先后有二牛金耳。本篇及《杂说中》篇皆仍王说，且以为魏收但本沈约，岂其然乎？章宗源《隋书经籍志考考证》卷二“《晋阳秋》”条谓《史通》为误，是也。（沈涛《铜熨斗斋随笔》卷五“牛金牛钦”条谓“牛钦牛金之名，形声俱相近”，因而致误，甚是。然又以为始误钦为金者，乃魏收而非沈约，且云：“约未尝为《晋书》，盖《宋书》之误。”则皆非。）

又案：杭世骏《诸史然疑》“《晋书》”条：“据刘知幾云云，则牛继马后，在唐时已有传疑之论。故元行冲著《魏典》，谓：‘昭成皇帝名犍，继晋受命，独此可以当之。’”唐有天下，实承北朝之统。行冲于河西石瑞，别出新解，疑亦有为而言之，非但以己系出元魏而侈言其门阀也。元说载两《唐书》本传。

马上，张鼎思本有司字，卢文弨曰：“宋无司字，与下句相俪省文耳。”

又案：卢说是也。本书类此者尚众。《断限》篇：“臧洪、陶谦、刘虞、孙瓒。”不作公孙瓒。《曲笔》篇：“昔秦人不死，验苻生之厚诬；蜀老犹存，知葛亮之多枉。”不作诸葛亮。此文亦以“马叡出于牛金，刘骏上淫路氏”二句相俪，故不作司马叡也。俞正燮《癸巳存稿》卷十二“方朔杨意姓名”条略云：“古人文章，孙宏、方朔、马迁、马相如、松子、杨意、班婕、葛亮、刘牢，或以就对偶，或竟省举。陆机《辨亡论》云：‘施绩、范慎以威重显，丁奉、钟离裴以武毅称。’载《晋书》本传者如此。而《文选》改作丁奉、离裴以与施绩、范慎对。至有以见在之人亦用之者。祖莹为元颢与魏庄帝书云：‘朱荣为福，于卿为祸。’是以见在之人割其姓，以尔朱荣为朱荣。……亦由《左传》祝鮀称载书云：‘王若曰晋重。’谓晋文公重耳也。《天问》云：‘蓱号起雨。’谓雨师蓱翳也。礼有言征不言在，相敬之意通于常谈。非好学深思，心知其意，乌得不致疑古人，因羞成怒，而肆其诋诃哉！”

晋世杂书，谅非一族……皇朝新撰《晋史》，多采以为书。

昌案：《四库提要》卷四十五论《晋书》采撰之失云：“其所载者，大抵宏奖风流，以资谈柄。取刘义庆《世说新语》与刘孝标所注，一一互勘，几于全部收入，是直稗官耳，安得目为史传乎？”马国翰《玉函山房丛书·裴氏语林》辑本序称：“刘义庆作《世说新语》，取之甚多。”则《晋书》所采，自有裴作在内。章宗源《〈隋书·经籍志〉考证》卷十三云：“《史通》言唐修《晋书》，多取《幽明录》。今考《太平御览》所引，如《人事部》石勒问佛图澄擒刘曜兆，谢安石梦乘桓温舆行见白鸡而止，魏武帝梦三马食一槽，王茂宏梦人以百万钱买大儿长豫，此类皆《晋书》所取资。”吴士鉴《晋书斠注》于此等亦皆有所征引，可概见也。

其言乱神，宣尼所不语。

昌案：《论语·述而》篇：“子不语怪、力、乱、神。”宣尼，孔子也。《汉书·平帝纪》：“封孔子后孔均为褒成侯，奉其祀；追谥孔子为褒成宣尼公。”

至如曾参杀人，不疑盗嫂，翟义不死，诸葛犹存，此皆得之于行路，传之于众口。

浦起龙曰：“诸葛犹存，似是成语，俟再详之。”

昌案：道宣《四分律删繁补缺行事钞》卷下《三僧像致敬》篇有注云：“似刘氏重孔明等。”唐大觉《四分律行事钞批》卷二十六释之曰：“注云‘似刘氏重孔明’者，刘备也，意三国时也。谓魏主曹丕都邺，今相州是也，昔号魏都；吴主孙权都江宁，昔号吴都；刘备都蜀，昔号蜀都。世号三都，鼎足而治。蜀有智将，姓诸葛，名高〔亮〕，字孔明，为王所重。刘备每言曰：‘寡人得孔明，如鱼得水。’后乃刘备伐魏，孔明领兵入魏，魏国与蜀战，诸葛高〔亮〕于时为大将军，善然谋策，魏家唯惧孔明，不敢前进。孔明因致病垂死，语诸人曰：‘主弱将强，为彼所难，若知我死，必建〔遭〕彼我〔伐〕。吾死已后，可将一袋土，置我脚下，取镜照我面。’言已气绝。后依此计，乃将孔明置于营内，于幕围之。刘家夜中领兵退还归蜀。彼魏国有善卜者，意转判云：此人未死。何以知之？蹋土照镜，故知未死，遂不敢交战。刘备退兵还蜀，一月余日，魏人方知，寻往看之，唯见死人，军兵尽散。故得免难者,孔明之策也。时人言曰:'死诸葛怖生仲达。'仲达是魏家之将也,姓司马,名仲达。亦云:'死诸葛走生仲达。'其孔明有志量,时人号为卧龙,甚得刘氏敬重。"宋景霄《四分律行事钞简正记》卷十六所释全同,惟语较简。一粟《谈唐代的三国故事》据此,谓子玄所谓"诸葛犹存"之事,"得之于行路,传之于众口"者,即指此流传民间之三国故事而言,至确。(钞批讹字,亦一粟所校正。)

泾渭一乱,莫之能辨。

昌案:《诗·邶风·谷风》:"泾以渭浊。"传:"泾渭相入而清浊异。"

故作者恶道听涂说之违理。

昌案:《论语·阳货》篇:"道听而涂说,德之弃也。"

观夫子长之撰《史记》也,殷、周已往,采彼家人;安国之述《阳秋》也,梁、益旧事,访诸故老。夫以刍荛鄙说,刊为竹帛正言……

昌案:此与《曲笔》篇自戾。彼文云:"至于朝廷贵臣,必父祖有传;考其行事,皆子孙所为。而访彼流俗,询诸故老,事有不同,言多爽实。昔秦人不死,验苻生之厚诬;蜀老犹存,知葛亮之多枉。斯则自古所叹,岂独于今哉?"夫竹帛正书之言,刍荛野老之说,并存真伪,各有是非。撰史者要当明辨慎思,庶可去虚留实,拘执一端,未见其可。如此所举,时而以询故老为是,忽又以访故老为非,出尔反尔,安能自圆其说?吾斯之未能信矣。

而辄欲与五经方驾,三志竞爽。

陈汉章曰:"上文已言《史记》采家人之失,则此文三志非谓三史,谓晋《乘》、楚《梼杌》、鲁《春秋》。"

昌案:陈说非也。《春秋》已在五经之中,安得又列三志之内;且晋《乘》、楚《杌》,其书久亡,子玄何由知其不采家人而访故老乎?本书以五经三史相对成文,屡见不一见,此处但易史字为志字耳。三志盖仍指《史记》、《汉书》、《东观汉记》之三史也。夫既指《史记》之舛误,又举《史记》为准绳，自是子玄行文粗疏失照处，不须为之回护。

载文第十六

观乎国风，以察兴亡。

昌案：《左传》襄二十九年载吴公子札聘鲁，请观于周乐事，略云："为之歌《郑》。曰：'美哉！其细已甚，民弗堪也。是其先亡乎。'为之歌《齐》。曰：'美哉！泱泱乎大风也哉！表东海者，其大公乎，国未可量也。'"即子玄此之所指。

宣、僖善政，其美载于周《诗》……读者不以吉甫、奚斯为谄。

昌案：《诗·大雅·崧高》、《烝民》、《韩奕》、《江汉》四篇，毛序并云："尹吉甫美宣王也。"此古文家说。扬雄《法言·学行》篇："正考父尝睎尹吉甫矣。"李轨注："尹吉甫，周宣王臣，作《周颂》。"此鲁《诗》说，是今文家又以《周颂》出于尹吉甫也。《文选》班固《两都赋》序："奚斯诵鲁。"李善注："韩《诗》曰：'新庙奕奕，奚斯所作。'薛君曰：'奚斯，鲁公子也。言其新庙奕奕然盛，是诗是公子奚斯所作也。'"《法言·学行》篇："公子奚斯尝睎正考父矣。"李轨注："奚斯，鲁僖公之臣，慕正考父，作《鲁颂》。"盖今文韩《诗》、鲁《诗》皆以《鲁颂》是奚斯所作如此。《鲁颂·駉》毛序："史克作是颂。"孔颖达《鲁颂谱》《正义》："广言作颂，不指《駉》篇，则四篇皆史克所作。《闷宫》云：'新庙奕奕，奚斯所作。'自言奚斯作新庙耳。而汉世文人班固、王延寿之等自谓《鲁颂》是奚斯作之，（昌案：王说见《文选》载其所撰《鲁灵光殿赋》。）谬矣。"此又古文家说也。子玄于今古之说或兼取之。

怀、襄不道，其恶存乎楚赋，读者不以……屈平、宋玉为谤者何也？

昌案：《汉书·艺文志》："屈原赋二十五篇，宋玉赋十六篇。"《史记·屈原列传》："屈原者，名平，楚之同姓也，为楚怀王左徒。……王甚任之。上官大夫与之同列，争宠，而心害其能……因谗之……王怒而疏屈平。屈平疾王听之不聪也，谗谄之蔽明也，邪曲之害公也，方正之不容也，故忧愁幽思而作《离骚》。"《汉书·地理志》:"始楚贤臣屈原被谗放流,作《离骚》诸赋以自伤悼。后有宋玉、唐勒之属,慕而述之,皆以显名。"《文选》载宋玉《高唐赋》,赋楚襄王梦遇高唐神女之事。李善注云:"此赋盖假设其事,讽谏淫惑也。"

固可以方驾南、董,俱称良直者矣。

昌案:《春秋》襄二十五年:"夏五月乙亥,齐崔杼弑其君光。"《左传》:"大史书曰:'崔杼弑其君。'崔子杀之。其弟嗣书而死者二人。其弟又书,乃舍之。南史氏闻大史尽死,执简以往,闻既书矣,乃还。"《春秋》宣二年:"秋九月乙丑,晋赵盾弑其君夷皋。"《左传》:"大史书曰:'赵盾弑其君。'以示于朝。宣子曰:'不然。'对曰:'子为正卿,亡不越竟,反不讨贼,非子而谁?'宣子曰:'乌乎!"我之怀矣,自诒伊戚。"其我之谓矣。'孔子曰:'董狐,古之良史也,书法不隐。赵宣子,古之良大夫也,为法受恶。惜也!越竟乃免。'"《论语·卫灵公》篇:"子曰:'直哉史鱼!邦有道,如矢;邦无道,如矢。'"

是以虞帝思理,夏后失御,《尚书》载其元首、禽荒之歌。

昌案:元首之歌载《益稷》篇,禽荒之歌载《五子之歌》篇,皆伪古文《尚书》也。理,本为治,避唐高宗讳改。

若马卿之《子虚》、《上林》,扬雄之《甘泉》、《羽猎》,班固《两都》,马融《广成》,喻过其体,词没其义……而前后《史》《汉》皆书诸列传,不其谬乎?

昌案:章学诚《文史通义》内篇卷一《诗教下》篇:"马、班二史于相如、扬雄诸家之著赋,俱详载于列传。自刘知幾以还,从而抵排非笑者,盖不胜其纷纷矣。要皆不为知言也。盖为后世文苑之权舆,而文苑必致文采之实迹。以视范史而下,标文苑而止叙文人行略者,为远胜也。然而汉廷之赋,实非苟作,长篇录入于全传,足见其人之极思。殆与贾疏、董策为用不同,而同主以文传人也。"(《汉书·贾谊传》载《陈政事疏》、《请封建子弟疏》、《谏封淮南四子疏》,《董仲舒传》载《对贤良策》三首。)此论盖有得于马、班之意。然子玄本主于纪传体中别辟载言之篇，若"韦孟《讽谏》之诗，扬雄《出师》之颂，马卿之书《封禅》，贾谊之论《过秦》"，悉加甄录，则亦未尝不重视文苑实迹与以文传人，但不欲其载之列传耳。

自余它文，大抵犹实。

昌案：赵翼《廿二史札记》卷二"《汉书》多载有用之文"条："晋张辅论《史》《汉》优劣，谓司马迁叙三千年事，惟五十余万言；班固叙二百年事，乃八十余万言，以此分两人之高下。然有不可以是为定评者。盖迁喜叙事，至于经术之文，干济之策，多不收入，故其文简。固则于文字之有关于学问，有系于政务者，必一一载之，此其所以卷帙多也。今以《汉书》各传与《史记》对比，多有《史记》所无而《汉书》增载者，皆系经世有用之文，则不得以繁冗议之也。"盖子玄以《史》、《汉》载文视后史为实，云崧则谓班又愈马，其说皆是也。

故尧咨尔舜，舜以命禹。

昌案：《论语·尧曰》篇："尧曰：'咨！尔舜，天之历数在尔躬，允执其中；四海困穷，天禄永终。'舜亦以命禹。"

若乃上出禅书，下陈让表。其间劝进殷勤，敦谕重沓，迹实同于莽、卓，言乃类于虞、夏。

昌案：此论魏、晋、南北朝禅让之政局及所施用之虚文也。《廿二史札记》卷七"禅代"条、"九锡文"条，《陔馀丛考》卷七"《梁书》多载芜词"条、"《陈书》亦多芜词"条，皆有所论列，文繁不具引。《三国志·魏书·文帝纪》注引孙盛《魏氏春秋》云："帝升坛礼毕，顾谓群臣曰：'舜、禹之事，吾知之矣。'"子桓快人，兼复深明世故，故能于禅让真相，一语破的。荀卿《正论》之所非，子玄此篇之所论，似尚逊其直凑单微也。

如日月之蚀焉

昌案：《论语·子张》篇文，亦见《孟子·公孙丑下》篇。二书蚀均作食。

若鷦鷯之巢苇

昌案:《荀子·劝学》篇:"南方有鸟焉,名曰蒙鸠,以羽为巢,而编之以发,系之苇苕。风至苕折,卵破子死。巢非不完也,所系者然也。"蒙鸠,注云:"鷦鷯也。"

犹螳螂之拒辙

昌案:《庄子·天地》篇:"犹螳螂之怒臂以当车轶,则必不胜任矣。"轶,辙之通假字。

古者,国有诏命,皆人主所为。

昌案:赵翼《廿二史札记》卷四"汉帝多自作诏"条:"汉诏最可观,至今犹诵述,盖皆简才学士充郎署之选。……然亦有天子自作者。武帝以淮南王安工文词,每赐安书,辄令司马相如等视草,是帝先具草而使词臣讨论润色也。哀帝策董贤为大司马,有'允执其中'之语,萧咸谓此乃尧禅舜之文,非三公故事,长老莫不心惧。此必非代言者所敢作也。光武诏司徒邓禹曰:'司徒,尧也;亡贼,桀也。宜以时进讨。'立阴贵人为后诏曰:'贵人乡里良家,归自微贱。自我不见,于今三年。宜奉宗庙,为天下母。'又帝疑侯霸荐士有私,赐书曰:'崇山幽都何可偶,黄钺一下无处所。欲以身试法耶?将杀身成仁耶?'此等文词,亦必非臣下所代作者。明帝登极诏曰:'今上无天子,下无方伯,(本引《公羊传》之词。)实赖有德,左右小子。'章帝诏亦有云:'上无明天子,下无贤方伯。'按:二帝方在位,而诏云'上无天子',人臣代草,敢为此语耶?"

下纶言

昌案:《礼记·缁衣》篇:"王言如丝,其出如纶;王言如纶,其出如綍。"郑注:"言言出弥大也。"

则辛、癸不如

昌案:《史记·殷本纪》:"帝乙崩,子辛立,是为帝辛。天下谓之纣。"

《集解》:"《谥法》曰:'残义损善曰纣。'"《夏本纪》:"帝发崩,子帝履癸立,是为桀。"《集解》:"《谥法》:'贼人多杀曰桀。'"

则勋、华再出。

昌案:《史记·五帝本纪》:"帝尧者,放勋。""帝舜者,名曰重华。"《论语·尧曰》篇邢疏:"尧姓伊祁,名放勋。舜姓姚,名重华。"

可以托六尺之孤

昌案:《论语·泰伯》篇文。

凡百具寮

昌案:《尔雅·释诂》:"同官为寮。"《释文》:"寮,亦作僚。"

则比诸斗筲下才

昌案:《论语·子路》篇:"斗筲之人,何足算也。"郑注:"筲,竹器,容斗二升。"

则君尽三、五

昌案:《文选》班固《东都赋》:"事勤乎三、五。"李善注:"《史记》,楚子西曰:'孔丘述三、五之法,明周、召之业。'(昌案:今通行本《史记·孔子世家》三五作三王,误。)《春秋元命苞》曰:伏羲、女娲、神农为三皇。《史记·五帝本纪》曰:黄帝、颛顼、帝喾、帝尧、帝舜也。"

则人皆二八

昌案:《左传》文十八年:"昔高阳氏有才子八人,苍舒、隤敳、梼戭、大临、尨降、庭坚、仲容、叔达,齐圣广渊,明允笃诚。天下之民,谓之八恺。高辛氏有才子八人,伯奋、仲堪、叔献、季仲、伯虎、仲熊、叔豹、季狸,忠肃共懿,宣慈惠和。天下之民,谓之八元。"

并吞六合

昌案：庾信《哀江南赋》文。《庄子·齐物论》："六合之外，圣人存而不论。"成玄英疏："六合，天地四方。"

夫镂冰为璧，不可得而用也。

昌案：严可均《全后汉文》卷十四辑桓谭《新论·启寤第七》佚文云："画水镂冰，与时消释。"

上下相蒙

昌案：《左传》僖二十四年文。

陈寿……颇从简约，犹时载浮讹，罔尽机要。

昌案：钱大昕《廿二史考异》卷十六"《三国志·郤正传》"条："承祚《志》以简质胜。然如曹植责躬应诏之诗、郤正之释讥、华覈之草文、薛莹之献诗、魏文帝策吴王九锡文、吴主罪张温之令、许靖与曹公之书、周鲂谲曹休之词、骆统理张温之表、胡综托吴质之文，事无系乎兴亡，语不闻于劝戒，准之史例，似可从删。杨戏《季汉辅臣赞》，既全录其文，而志不立传者，复注其行事于下。西州文献，借以不坠，厥功诚伟矣。然自我作古，亦非前史之例也。"

篇则贾谊《过秦》

浦起龙曰："上中下分篇，故曰篇。"

昌案：《过秦》本贾谊《新书》篇名。范晔《自序》尝自夸其《后汉书》"《循吏》以下及六夷诸序论，笔势纵放，实天下之奇作，其中合者，往往不减《过秦》篇"。盖循其本以为称。子玄此语，亦犹是也。至题"论"字，亦不始《文选》。《三国志·吴志·阚泽传》云："孙权问书传篇赋何者为美，泽欲讽喻以明治乱，因对贾谊《过秦论》最善。"是汉、魏间已有此名。盖此篇既屡经引入《史》、《汉》，（参《廿二史札记》卷一"过秦论三处引用"条。）或尝别裁单行，因有论称。浦氏辄据后起之名，妄释本来之目，其亦未达子书之体制乎。

使夫雕虫小技者

昌案：扬雄《法言·吾子》篇："或问：'吾子少而好赋？'曰：'然。童子雕虫篆刻。'俄而曰：'壮夫不为也。'"《北史·李浑传》："尝谓魏收曰：'雕虫小技，我不如卿；国典朝章，卿不如我。'"

补注第十七

昌案：本书内外篇出诸子玄手定；各篇先后，自具义例，前已言之。然寻绎今本次第，疑亦有为后人所颠倒者。如本篇，纪昀评云："此篇乃史家之细务，宜退在诸篇之后，在此处叙次不论。"史注自不得谓为细务，然列之《载文》之后，《因习》之前，位置似不安妥，则纪氏之言固甚确也。再如内篇自《载言》而下八篇，皆讨论正史体例，《序传》一篇，实与同类，而列之颇后，尤属无理，故浦氏以为："当次前《序例》《题目》之间，恐是错简。"其说亦是。要之，此等处殆非子玄之旧也。

如韩、戴、服、郑，钻仰六经；裴、李、应、晋，训解三史。

昌案：钱大昕《十驾斋养新录》卷六"三史"条："《续汉书·郡国志》：'今录中兴以来郡县改异及《春秋》、三史会同征伐地名。'三史，谓《史记》、《汉书》、《东观记》也。《吴志·吕蒙传》注引《江表传》：'权谓蒙曰："孤统军以来，省三史、诸家兵书，大有益。"'又《孙峻传》注引《吴书》：'留赞好读兵书及三史。'《晋书·傅休奕传》：'撰论三史故事，评断得失。'《隋书·经籍志》有'《三史略》二十九卷，吴太子太傅张温撰'。皆指此。自唐以来，《东观记》失传，乃以范蔚宗《书》当三史之一。"周一良《敦煌写本杂钞考》谓钱说甚是，而惜其"自唐以来，《东观记》失传，乃以范蔚宗《书》当三史之一"之说，辨析犹有未至，因复为之补考曰："徐坚《初学记》卷二一《文部·史传二》云：'世以《史记》、班固《汉书》及《东观汉记》为三史矣。'知开元中犹承六代旧习，目此三者为三史。刘子玄之作《史通》，其心目中之三史，亦指此三书也。《史通·言语》篇、《叙事》篇、《模拟》篇皆尝以三史与五经对举，然不明究何所指。惟《叙事》篇又云：'既而马迁《史记》、班固《汉书》，继圣而作，抑其次也。故世之学者，先曰五经，次云三史。……夫班、马执简，既五经之罪人，而晋、宋杀青，又三史之不若。'《书事》篇有云：'寻班、马二史，咸擅一家。……而王隐、何法盛之徒所撰《晋书》，乃专讨州闾细事，委巷琐言，聚而编之，为鬼神传录。其事非要，其言不经，异乎三史之所书，五经之所载也。范晔博采众书，裁成汉典，观其所取，颇有奇工。至于《方术》篇及诸蛮夷传，乃载王乔、左慈、廪君、盘瓠，言唯迂诞，事多诡越。可谓美玉之瑕，白圭之玷。惜哉！无是可也。'言'晋、宋杀青，又三史之不若'，是'三史'中必无晋、宋之作。无论范晔，即谢承、华峤之书，亦不得与其列矣。《书事》篇于三史所书之下，即论范《书》之失，亦足以明蔚宗之作不在三史。于以知迄开元中，唐人犹目《东观汉记》为三史之一。《唐六典》卷四'礼部尚书'条宏文崇文馆学生下注云：'习《史记》者、《汉书》者、《东观汉记》者、《三国志》者，皆须读文精熟，言音典正。'亦不及范氏之《书》也。至穆宗长庆元年，殷侑请立三史科，见《旧唐书·穆宗纪》、《新唐书·选举志》。《会要》卷七六'贡举中·三传附三史'条载侑奏文云：'其司马迁《史记》，班固、范晔两《汉书》，音义详明，惩恶劝善，亚于六经，堪为世教。'盖当时一般已认《史记》、两《汉》为三史，殷侑因请立此科，固非侑独能排《东观记》而取《后汉书》也。侑奏又言，国朝故事，宏文馆宏文生并试以《史记》、两《汉书》、《三国志》，与上引《六典》注文不同，则范《书》取《东观记》而代之，盖亦久矣。《四库全书·东观汉记提要》谓：'自唐章怀太子集诸儒注范《书》成，行于代，此书遂微。'傥其然乎？"

又案：注《史记》者裴骃，注《汉书》者应、晋、二李，《东观记》固无注也。今以取俪六经，漫云三史，亦文章之求妍反病也。

若挚虞之《三辅决录》、陈寿之《季汉辅臣》、周处之《阳羡风土》、常璩之《华阳士女》，文言美辞，列于章句；委曲叙事，存于细书。

昌案：章宗源《〈隋书·经籍志〉考证》卷十三："挚虞之注，与陈寿等三书亦不相侔，《史通》所考未精也。《文选·王文宪集序》注引《决录》曰：

'长安刘氏,惟有孟公,谈者取则。'《后汉书·苏竟传》注引挚虞注曰:'惟有孟公,论可观者。班叔皮与郭季通书言:"刘孟公藏器于身,用心笃固,实瑚琏之器,宗庙之宝也。"'……此《岐录》与虞注,大抵简者为录,详者为注。又《岐录》多取韵语,如《颜氏家训·劝学》篇(昌案:当作《勉学》篇。)所引'堂堂乎张,京兆田郎。'及《书证》篇:'前队大夫范仲公,盐豉蒜果共一筩。'……此即《史通》所谓文言美句也。但诸书征引《录》与注不尽分晰。惟《初学记·兽部》引'五门子孙,凡民之伍。(注曰:门在今河南四十里,马氏兄弟五人共居此,作家舍主,养猪卖豚。)民为语曰:"苑中三公,钜下二卿,五门嘆嘆,但闻豚声。"'此于虞注别作细书,最为分明。"(张澍辑本序说同,惟未举例。)今谓章、张二氏均以挚注与陈寿等书不侔,而断言《史通》所考未精,盖未细审子玄之说也。详此四书,前二为注他,后二为自注,其他种种,亦或不同,独"文言美辞,列于章句;委曲叙事,存于细书",为四作之所共具,因聚为一族。局就兹事而论,固不得谓之不侔也。二氏又以《决录》所为韵语即《史通》所谓文言美辞,亦非。杨戏之《季汉辅臣赞》固属韵语,《决录》于韵语亦复时有征引,而于《阳羡风土记》、《华阳国志》又将何说?以是知子玄所谓"文言美辞,列于章句"者,盖就四书中之美富雅洁,成文可诵者而言,固不得以韵语为限;而韵语亦不定皆文言美辞也。

亦有躬为史臣,手自刊补。

纪昀曰:"此条亦是自注,宜在裴、陆等一条之前。"

昌案:章学诚《文史通义》内篇卷五《史注》篇亦云:"刘氏《史通》画补注之例为三条,其所谓小书人物之《三辅决录》、《华阳士女》,与所谓史臣自刊之《洛阳伽蓝》、《关东风俗》者,虽名为二品,实则一例。"二家之说,盖皆未得子玄区类之旨。细诊本篇,第一类中有为人书作注者,挚虞注赵岐《三辅决录》,陈寿注杨戏《季汉辅臣》是也;亦有自注其书者,周处之《阳羡风土》;常璩之《华阳士女》是也。然总此四书,虽有自注注他之别,而其正文与注文之关系,则同是"文言美辞,列于章句;委曲叙事,存于细书",故以兹为准,自成一族。第二类则属"思广异闻"而为他书作注,第三类则是

“志存该博”而为己书作注。其正文与注文之关系，乃以“补阙”、“毕载”之法，附益原书，故又各成一族也。揣纪、章之意，似以第一类之四书亦皆自注也者，若然，则挚虞当作赵岐，陈寿当为杨戏矣。可乎？（挚虞，一本作赵岐，盖后人所妄改。）

■乃定彼榛楛，列为子注。

昌案：子注之兴，盖由后汉以降，佛法西来，一经间有数译，至如支愍度《合维摩诘经序》所云：“或辞句出入，先后不同；或有无离合，多少各异。”“若其偏执一经，则失兼通之功；广披其三，则文烦难究。”故以一本为正文，为母；以他本为注文，为子；合而为一，以便研寻，于是有合本子注之体也。陈寅恪《支愍度学说考》曰：“《出三藏集记》卷十一竺昙无兰《大比丘二百六十戒序》云：‘余以长鉢后事注于破下，以子从母故也。九十事中多参错，事不相对。复徙就二百六十者，令事类相对。（中略）予因闲暇为之，三部合异，粗断起尽。以二百六十戒为本，二百五十者为子，以全出常行戒全句系之于事末，而亦有永舛不相似者，有以一为二者，有以三为一者。余复分合，令事相从。’《比丘大戒二百六十事》：（三部合异二卷。）‘（中略）说戒者乃曰：僧和集会，未受大戒者出，僧何等作为？（众僧和聚会，悉受无戒，于僧有何事？）答：说戒。（僧答言：布萨。）不来者嘱受清净说。（诸人者当说，当来之净。答言：说净。）说已，那春夏秋冬日已去。（下略）’又《出三藏集记》卷十竺昙无兰《三十七品经序》云：‘又诸经三十七品文辞不同。余因戏闲，寻省诸经，撮采事备辞巧便者，差次条贯，伏其位，使经体不毁，而事有异同者，得显于义。（中略）又以诸经之异者，注于句末。（中略）序二百六十五字，本二千六百八十五字，子二千九百七十字，凡五千九百二十字。除后六行八十字不在计中。’据此，可知本子即母子。上列《比丘大戒二百六十事》中，其大字正文，母也；其夹注小字，子也。盖取别本之义同文异者，列入小注中，与大字正文互相配拟。即所谓‘以子从母’、‘事类相对’者也。六朝诂经之著作，有‘子注’之名，当与此有关。考费长房《历代三宝记》卷十五载魏世李廓《众经目录》中有《大乘经子注》十二部。‘子注’之名散见于著录者，如吴康僧会《法镜注解子注》

二卷，(《历代三宝记》卷五。)晋县铣《维摩子注经》五卷，《三宝记》卷七。齐竟陵王萧子良《遗教子注经》一卷，(《三宝记》卷十一。)梁法朗《大般涅槃子注经》七十二卷，梁武帝《摩诃般若波罗蜜子注经》五十卷，(《三宝记》卷十一。)及隋慧远《大乘义章》卷二四'悉檀义四门分别'条所引之《楞伽经子注》，皆是其例。唐刘知幾《史通》卷五《补注》篇犹有'定彼榛楛，列为子注'之语，可知'子注'之得名，由于以子从母，即以子注母。"《文选》陆机《文赋》："彼榛楛之勿翦，亦蒙茸于集翠。"

萧大圜《淮海乱离志》

昌案：《隋志》："《淮海乱离志》四卷，萧世怡撰，叙梁末侯景之乱。"钱大昕《廿二史考异》卷三十四"《隋书经籍志》"条："按《北史》，萧圆肃撰《淮海乱离志》，不云世怡所撰，刘知幾又以为萧大圜作，未审孰是。世怡本名泰，鄱阳王恢之子。圆肃者，武陵王纪之子。大圜则简文子也。"三人者，《周书》、《北史》俱有传，而浦氏以为世怡殆即大圜，误矣。姚振宗《〈隋书·经籍志〉考证》卷十二云："按：是书撰人相传不一，窃以为《史通》与两《唐》相合，则出于大圜者多。"朱希祖《萧梁旧史考》则据《周书》、《北史》本传所载，断归圆肃。其书久亡，疑莫能明。郑樵《通志·校雠略》又题为《海宇乱离志》。姚振宗云："此以淮海为海宇，盖其误记，非别有确据也。侯景叛于淮南，故曰淮海。"(朱希祖说同。)此则是也。

羊衒之《洛阳伽蓝记》

昌案：周祖谟《洛阳伽蓝记校释》曰："考杨衒之《魏书》、《北史》无传。《广弘明集》卷六云：'阳衒之，北平人，元魏末为秘书监。见寺宇壮丽，损费金碧；王公相竞，侵渔百姓，乃撰《洛阳伽蓝记》，言不恤众庶也。'据是可知衒之为北平人。其书姓作阳，又与《历代三宝记》及本书等不合。考北朝以文学通显者皆北平阳氏，如阳尼、阳固并是。至于杨氏，则未之见。……颇疑衒之姓阳，且与休之同行辈。……至如刘知幾《史通·补注》篇作羊衒之者，羊为泰山姓氏，望非北平，当为传写之讹。"

又案：《洛阳伽蓝记》之本文及子注，原以大小字分写。自宋以来，具传本字之大小不分，书之本子亦混，故《四库提要》卷七十至误以为书之自注"不知何时佚脱"。逮清儒及今世学人乃稍发其覆，渐复厥旧。其发凡起例者，则有顾广圻《思适斋集》卷十四《洛阳伽蓝记跋》、《谭嗣同全集·石菊影庐笔识学篇》第四十五条、陈寅恪《读洛阳伽蓝记书后》、孙次舟《洛阳伽蓝记子注释例》等。其通校全书者，则有吴若准《洛阳伽蓝记集证》、唐晏《洛阳伽蓝记钩沉》、周祖谟《洛阳伽蓝记校释》等。

少期集注《国志》，以广承祚所遗，而喜聚异同，不加刊定，恣其击难，坐长烦芜。

昌案：裴松之字世期，此云少期，避唐太宗讳也。《四库提要》卷四十五论裴注云："所注杂引诸书，亦时下己意，综其大致，约有六端。一曰引诸家之论以辨是非，一曰参诸书之说以核同异，一曰传所有之事详其委曲，一曰传所无之事补其阙佚，一曰传所有之人详其生平，一曰传所无之人附以同类。其中往往嗜奇爱博，颇伤芜杂。……又观其初意，似亦欲如应劭之注《汉书》，考究训诂，引证故实……盖欲为之而未竟，又惜所已成，不欲删弃，故或详或略，或有或无，亦颇为例不纯。然网罗繁富，凡六朝旧籍今所不传者，尚一一见其崖略；又多首尾完具，不似郦道元《水经注》、李善《文选注》皆翦裁割裂之文。故考证之家，取材不竭，转相引据者，反多于陈寿本书焉。"(《廿二史札记》卷六"裴松之《三国志注》"条持论不及《提要》之精，而有裴注引书一百五十余种之名目，可参看。)金毓黻《中国史学史》第四章云："与其谓裴氏为注史，无宁谓为补史。读《三国志》裴注，应作《三国志》补编读之，与读《史记》之三家注、《汉书》之颜注、《后汉书》之章怀注大异其趣。……刘氏之世，旧典多在，可资博览，故深病裴注之繁。若在今日，转借裴注以考见古籍之鳞爪，故弥觉其可珍。此因处境之异，而见地不同，未可执此而议彼也。"

而刘昭采其所捐，以为补注，言尽非要，事皆不急。

昌案：洪颐煊《读书丛录》卷二十二"《后汉书》刘昭志补注"条："《隋书·经籍志》：'《后汉书》一百二十五卷，范晔本，梁剡令刘昭注。'《梁书·

刘昭传》：'昭集《后汉》同异以注范晔《书》，世称博悉。'昭《注补志序》云：'乃借旧志，注以补之，分为三十卷，以合范史。'是昭未尝注司马彪全书，唯取八志以合于范史，故《隋志》及《梁书》本传唯言注范《书》，而不别出彪书之注。"钱大昕《十驾斋养新录》卷六"司马彪《续汉书》附范史以传"条："昭本注范史纪传，又取司马氏《续汉书》志兼注之，以补蔚宗之缺，故于卷首特标'注补'，明非蔚宗原文也。厥后章怀太子别注范史，而刘注遂废。惟志三十卷，则章怀以非范氏《书》，故注不及焉。而司马、刘二家之书，幸得流传至今。"王鸣盛《十七史商榷》卷二十九"《后汉书》刘昭李贤注"条："昭所注《续志》颇有可观，则其纪传必佳。仍旧可耳，何必改作。"又云："就如知幾之言，则昭注似裴松之之于陈寿。松之虽少裁断，其博亦有可取。"

孝标善于攻缪，博而且精。

昌案：子玄诋诃临川之书，而颂美孝标之注，亦见《杂说中》篇。其文云："近者，宋临川王义庆著《世说新语》，上叙两汉、三国及晋中朝、江左事。刘峻注释，择其瑕疵，伪迹昭然，理难文饰。而皇朝撰《晋史》，多取此书，遂采康王之妄言，违孝标之正说，以此书事，奚其厚颜？"高似孙《纬略》："宋临川王义庆采撷汉、晋以来佳事佳话为《世说新语》，极为精绝，而犹未为奇也。梁刘孝标注此书，引援详确，有不言之妙。如引汉、魏、吴诸史及子、传、地理之书，皆不必言；只如晋氏一朝史及晋诸公别传、谱录、文章凡一百六十六家，皆出于正史之外。纪载特详闻见未接，实为注书之法。"《四库提要》卷一百三十九："孝标所注，特为典赡。……其纠正义庆之缪，尤为精核。所引诸书，十佚其九，惟赖是注以传，故与裴松之《三国志注》、郦道元《水经注》、李善《文选注》同为考证家所引据焉。"

锐思于流俗短书

昌案：《孟子·尽心下》篇："同乎流俗。"《论衡·谢短》篇："汉事未载于经，名为尺籍短书。"章太炎先生《国故论衡》卷中《文学总略》："《说文》训专为六寸簿，簿即手版，古谓之忽。书思对命，以备忽忘，故引申为书籍记事之称。书籍名簿，亦名为专。专之得名，以其体短，有异于经。”郑康成《论语序》云：“《春秋》二尺四寸，《孝经》一尺二寸，《论语》八寸。（昌案：此隐括《仪记·聘礼》疏引郑序之言。）此则专之简策，当复短于《论语》，所谓六寸者也。”又自注云：“古官书皆长二尺四寸，故云二尺四寸之律。举成数言，则曰三尺法。经亦官书，故长如之。其非经、律，则称短书。”

可谓劳而无功

昌案：《史记·太史公自序》：“儒者博而寡要，劳而少功。”

因习第十八

盖闻三王各异礼，五帝不同乐。

昌案：《战国策·赵策》：“圣人之兴也，不相袭而王；夏、殷之衰也，不易礼而灭。然则反古未可非，而循礼未足多也。”《史记·商君列传》：“三代不同礼而王，五伯不同法而霸。”

此略外别内之旨也。

昌案：《公羊传》隐十年：“《春秋》录内而略外。于外，大恶书，小恶不书；于内，大恶讳，小恶书。”又成十五年：“《春秋》内其国而外诸夏，内诸夏而外夷狄。王者欲一乎天下，曷为以外内之辞言之？言自近者始也。”

至今之说，岂可同云。

昌案：史家称谓不合当时情实，语其条流，盖有二端，一者误承旧文，二者追改前文。子玄此论因习，特就前者言之。顾炎武《日知录》卷二十六“史家误承旧文”条举证甚详，如云：“《宋书·武帝纪》：‘永初元年八月戊午，西中郎将荆州刺史宜都王讳进号镇西将军。’《文帝纪》：‘元嘉十三年九月癸丑，立第三皇子讳为武陵王。’……并当时臣子之辞。”又云：“《三国志·魏后妃传》注：‘甄后曰：“讳等自随夫人。”’此讳字明帝名，当时史家之文也。”此类皆子玄所未及。其追改前文者，赵翼《陔馀丛考》卷二十二“古人追叙前事文法”条考论亦精，略云：“汉高祖朝太公，家令说太公曰：‘高祖虽子，人主也；太公虽父，人臣也。’又高祖过赵，张敖上食。高祖箕踞慢骂。赵相贯高等说敖，请杀之。敖曰：‘吾先人亡国，赖高祖得复国，秋毫皆高祖力也。’是时，高祖尚在，乃已称高祖。古人追叙前事，文法往往如此。疏节阔目，文义自明，固不如后人之密也。”此与因习无与，亦子玄所未及，然读史者所当知也，故附著之。（参《杂说下》笺记引《古书疑义举例续补》。）

何法盛《中兴书·刘隗录》称其议狱事具《刑法志》，依检志内，了无其说。

昌案：章宗源《〈隋书·经籍志〉考证》卷一云：“《史通》所称《刑法志》当作《刑法说》。”若据何书本称，诚如章言。然此处连用两志字，似非子玄偶误，疑以避下文“了无其说”“说”字之复，故姑循旧名，犹《二体》篇称《项羽本纪》为《项传》之比也。

注为《列女》、《高隐》等目

陈汉章曰：“今范氏《后汉书·逸民传》无《高隐》之目。”

昌案：钱大昕《十驾斋养新馀录》卷中“史汉目录”条：“范史本题《逸民》，此云《高隐》者，避唐讳，非误记也。”此云唐讳，谓太宗名世民。

触类而长

昌案：《易·系辞上》篇：“引而伸之，触类而长之，天下之能事毕矣。”

实繁其徒

昌案：《左传》昭二十八年：“实蕃有徒。”繁与蕃通。

魏收著书，标榜南国，桓、刘诸族，咸曰岛夷。是则自江而东，尽为卉服之地。

昌案：《曲笔》篇云：“魏收以元氏出于边裔，见侮诸华，遂高自标举，比桑乾于姬汉之国；曲加排抑，同建郯于蛮貊之邦。”与此同意。周一良《魏收之史学》论之曰：《魏书》“本纪兼载邻国兴灭继绝等事，至详赡明析。惟于南朝及十六国使臣之来，一例书朝贡，近似夸仳。然元魏之先，本受职于司马氏，故《魏书》犹称西晋诸帝之帝号，记晋怀帝封昭帝禄官为代公，晋愍帝封穆帝猗卢为代王，皆不隐避。《卫操传》载操颂桓、穆二帝功德碑文，其中称晋室为‘王室’、‘宸极’，尊晋帝为‘晋皇’、‘天王’，深表二帝之忠于晋朝。《太祖纪》亦不灭初年受制于苻秦之迹。是岂夸大曲笔者所为乎？道武建号而后，始定一尊，于东晋、宋、齐、梁之传皆称岛夷，十六国则目为僭伪，犹沈约《宋书》之称索虏，以当时人纪当时事，固难责其不袭用此等字样也。”因谓子玄此之所云：“是误史家所采用一时一地之名称为亘古不变之事实。伯起固无是心，后人亦决不至谓江南为被发文身之地。刘氏之言，不近于深文周纳乎？”《尚书·禹贡》：“岛夷卉服。”孔疏：“《释草》云：‘卉，草。’舍人曰：‘凡百草一名卉。’”

而世有撰《隋书·经籍志》者，其流别群书，还依阮《录》。案国之有伪，其来尚矣。……扬雄撰《蜀纪》，子贡著《越绝》，虞裁《江表传》，蔡述《后梁史》，考斯众作，咸是伪书，自可类聚相从，合成一部，何止取东晋一世，十有六家而已乎？

昌案：此论史志著录史籍，亦有因习前载，未尽妥帖者也。考《越绝书》《隋志》入杂史，《蜀王本纪》《隋志》入地理。《江表传》《隋志》不著录，依《志》例当入杂传。（《新唐志》杂传记类有虞溥《江表传》三卷。）《后梁春秋》《隋志》亦不著录，依《志》例当入古史。（《旧唐史》编年类有蔡允恭《后梁春秋》十卷。）阮孝绪《七录》尝立伪史一类，以纳僭伪诸史，《隋志》因之，改题霸史。揣子玄之意，盖谓诸书阮《录》分隶杂史、地理诸类者，《隋志》当悉改入伪史或霸史中乃合也。然其讥评《隋志》之因习，乃以《隋志》所未尝著录之书为言，亦其疏也。

告诸往而知诸来

昌案：《论语·学而》篇：“告诸往而知来者。”

可以无大过矣

昌案:《论语·述而》篇文。

邑里第十九

昌案:宋本、张鼎思本《因习》第十八并作《因习上》第十八,此篇并作《因习下》第十九亦曰《邑里》。何焯云:"应作《邑里》第十九。"考本篇所论,皆属邑里之因习,疑宋本所题近于子玄之旧也。

先述本居

孙毓修校记引何小山云:"居字误,下文作土。"

昌案:何说非也。此句于文律当用平声字结,故变文作本居耳。张鼎思本作太古,则因本居形阙而误。

江左侨立州县

昌案:《宋书·州郡志》:"自夷狄乱华,司、冀、雍、凉、青、并、兖、豫、幽、平诸州,一时沦没。遗民南渡,并侨置牧司,非旧土也。"

其地皆取旧号,施之于今。原注:近代史为王氏传云:"琅琊临沂人。"为李氏传曰:"陇西成纪人。"非惟王、李二族久离本居,亦自当时无此郡县。皆是晋、魏以前旧名号。

昌案:余嘉锡《四库提要辨证》卷二十"沈下贤集"条尝举此说而论之云:"自刘知幾作《史通·邑里》篇,深言史官书人郡望之弊……宋之学者深韪其说,不独于旧史所书邑里,皆所不信;即唐人自叙其乡贯,亦以为郡望,必别求其所生之地以实之。宋祁《新唐书》如此者甚多。……夷考其实,魏、晋世族久离本居者固多,而南方大姓,子孙相传,虽越若干代而仍安处故土者,亦正不乏……如必欲改书其乡里,则矫枉过直,反为通人之蔽。"此亦读史者所不可不知。

又案:"皆是晋、魏以前旧名号"九字,盖后人批语阑入注中者,故与上文语意不甚衔接，当删。

且自世重高门，人轻寒族，竞以姓望所出，邑里相矜。

昌案：《宋书·恩幸传序》："汉末丧乱，魏武始基，军中仓卒，权立九品。盖以论人才优劣，非为世族高卑。因此相沿，遂为成法。自魏至晋，莫之能改。州都郡正，以才品人，而举世人才，升降盖寡。徒以冯借世资，用相陵驾，都正俗士，斟酌时宜，品目少多，随事俯仰。刘毅所云：'下品无高门，上品无贱族'者也。（昌案：《晋书·刘毅传》作'上品无寒门，下品无势族'。）岁月迁讹，斯风渐笃。凡厥衣冠，莫非二品。自此以还，遂成卑庶。"《新唐书·儒学传·柳冲传》载柳芳论氏族："魏世立九品，置中正，尊世胄，卑寒士，权归右姓已。其州大中正、主簿、郡中正、功曹，皆取著姓士族为之，以定门胄，品藻人物。晋、宋因之，始尚姓已。"

至于碑颂所勒，茅土定名，虚引他邦，冒为己邑。原注：今西域胡人多有姓明及卑者，如加五等爵，或称平原公，或号东平子，为明氏出于平原，卑氏出于东平故也。

昌案：文廷式《纯常子枝语》卷二十三云："按此则知北朝文字为虏姓叙源流者同此假借，盖亦多矣。明氏至今尚有之，而卑氏已极罕见，又不知何时复加改易，此厘定氏族之难也。"卑，何校改毕，则至今亦有之，然未知所据。

言语第二十

则知饰词专对，古之所重也。

昌案：《论衡·对作》篇："论衡者，所以诠轻重之言，立真伪之平，非苟调文饰辞为奇伟之观也。"饰词犹言修辞。《易·乾·文言》载孔子曰："修辞立其诚，所以居业也。"《礼记·表记》篇亦载孔子曰："情欲信，辞欲巧。"《论语·子路》篇："子曰：'诵《诗》三百，授之以政，不达；使于四方，不能专对，虽多亦奚以为？'"此古重饰词专对之证。

夫上古之世，人惟朴略。言语难晓，训释方通。

昌案：《文心雕龙·宗经》篇："《书》实记言，而训诂茫昧。通乎《尔雅》，则文义晓然。"盖子玄此之所本也。《周礼·春官·大司乐》："以乐语教国子，兴、道、讽、诵、言、语。"郑注："发端曰言，答述曰语。"贾疏："《诗·公刘》云：'于时言言，于时语语。'毛云：'直言曰言，答述曰语。'许氏《说文》云：'直言曰论，答难曰语。'论者，语中之别，与言不同。故郑注《杂记》云：'言，言己事。为人说为语。'"

周监二代，郁郁乎文。

昌案：《论语·八佾》篇："子曰：'周监于二代，郁郁乎文哉！吾从周。'"

大夫行人，尤重词命。

昌案：《汉书·艺文志》诗赋略序："传曰：'不歌而诵谓之赋。登高能赋，可以为大夫。'（昌案，'不歌而诵谓之赋'一句，乃班《志》本刘向《七略别录》之文，当在'传曰'之上。《文心雕龙·诠赋》篇称：'刘向明云："不歌而颂。"'又别引《传》曰：'登高能赋，可为大夫。'即本刘、班。盖齐世《别录》尚存，或彦和所见《汉书》此文犹未误倒也。）言感物造端，材知深美，可与图事，故可以列为大夫也。古者，诸侯卿大夫交接邻国，以微言相感。当揖让之时，必称《诗》以谕其志，盖以别贤不肖而观盛衰焉。故孔子曰：'不学《诗》，无以言'也。"《周礼·秋官》："大行人掌大宾之礼及大客之仪，以亲诸侯……谕言语，协辞命。……小行人掌邦国宾客之礼籍，以待四方之使者。"

战国虎争，驰说云踊。人持弄丸之辩，家挟飞钳之术。

昌案：数语全仿《文心雕龙·论说》篇。彼文云："暨战国争雄，辩士云踊，从横参谋，长短角势。《转丸》骋其巧辞，《飞钳》伏其精术。"

剧谈者以谲诳为宗

昌案：《文选》刘峻《广绝交论》："骋黄马之剧谈，纵碧鸡之雄辩。"陆机

《文赋》:“说炜晔而谲诳。”

利口者以寓言为主

昌案:《论语·阳货》篇:“恶利口之覆邦家者。”《史记·庄子列传》:“庄子著书十余万言,大抵率寓言也。”《索隐》:“其书十余万言,率皆立主客,使之相对语,故云偶言。又音寓,寓,寄也。故《别录》云:‘又作人姓名,使相与语。’是寄辞于其人,故《庄子》有《寓言》篇。”

虽有讨论润色

昌案:《论语·宪问》篇:“子曰:‘为命,裨谌草创之,世叔讨论之,行人子羽修饰之,东里子产润色之。’”

记其当世口语,罕能从实而书。

昌案:子玄论史家叙事记言,皆当从实而书,不避俚辞俗语。于旧史之怯书今语,勇效昔言,或用夏变夷,崇华损实者,抨击不遗余力,所见卓矣。亦见《叙事》,《杂说》中、下等篇。

又案:赵翼《陔馀丛考》卷十四“史传俗语”条:“史传中有用极俗语者,《唐书》以前不多见。惟《齐书》:文帝幸豫章王嶷第,须由宋长宁陵隧道过。帝曰:‘我便是入他家墓内寻人。’《薛安都传》:‘京师无百里地,若不能胜,便当拍手笑杀。’《北史》:宇文化及谓许善心曰:‘我好欲放你,乃敢如此不逊?’又化及谓李密曰:‘我与你论相杀事’。《隋书》:太子勇曰:‘阿娘不与我一好妇女,亦是可恨。’”钱大昕《廿二史考异》卷三十六“《南史·王藻传》”条:“按《南史》多俗语,如呼父为爹,(《梁始兴王憺传》。音徒我反。)又为阿爷,(《侯景传》。)呼乳母为妳,(《王藻传》。)布施为儭,(《张融传》。)举移为搁(《齐东昏侯纪》。)之类。”然持较全史,两氏所举,固皆稀如星凤也。

方复追效昔人,示其稽古。

昌案:顾炎武《日知录》卷十九“文人求古之病”条:“《后周书·柳虬

传》:时人论文体有今古之异。虬以为时有今古,非文有今古。此至当之论。夫今之不能为二汉,犹二汉之不能为《尚书》、《左氏》,乃剿取《史》、《汉》中文法以为古,甚者,猎其一二字句,用之于文,殊为不称。”又云:“以今日之地为不古而借古地名,以今日之官为不古而借古官名,舍今日恒用之字而借古字之通用者,皆文人所以自盖其俚浅也。”

颠沛造次

昌案:《论语·里仁》篇:“君子无终食之间违仁,造次必于是,颠沛必于是。”《集解》引马融曰:“造次,急遽。颠沛,偃仆。”

被发左衽

昌案:《论语·宪问》篇:“微管仲,吾其被发左衽矣。”邢疏:“衽谓衣衿。衣衿向左,谓之左衽。夷狄之人,被发左衽。”

遂使沮渠、乞伏,儒雅比于元封。

昌案:钱大昕《廿二史考异》卷二十二“《晋书五·乞伏乾归载记》”条:“乞伏父子生长西徼,不习华书,而史纪国仁言:‘先人有夺人之心。’乾归言:‘兵犹火也,不戢将自焚。’又云:‘孤违蹇叔,以至于此。’词人文饰,失其本真,大率如此。”李慈铭《越缦堂读书记》卷三“《晋书》”条尝引竹汀此文,而复有所沾益,其言曰:“予案自唐以前,人尚华藻,纪载修饰,大率如此。载记中若此等者,不胜偻指。如秃发兄弟,鲜卑之族;沮渠蒙逊,卢水胡雏,岂尝知有书史? 而乌孤有曰:‘兼弱攻昧,三者何先?’利鹿孤之饯杨桓,有曰:‘鲲非溟海,无以运其躯;凤非修梧,无以晞其翼。’傉檀之谓杨桓曰:‘安寝危邦,不思择木。’谓宗敞曰:‘卿,鲁子敬之俦。’又引《诗》曰:‘中心藏之,何日忘之。’蒙逊之谓景保曰:‘昔汉祖困于平城,以娄敬为功;袁绍败于官渡,而田丰为戮。卿策同二子。’又乾归谓诸将曰:‘昔曹孟德取袁本初于官渡,陆伯言摧刘玄德于白帝,皆以权略取之。’其子炽磐有曰:‘此虏矫矫,所谓有豕白蹢。’其臣翟瑥之言曰:‘昔项羽斩庆子(即卿子冠军。)以宁楚,胡建戮监军以成功。’乞伏昙达之言曰:‘昔伯珪凭险,卒有灭宗之祸；韩约肆暴，终受覆族之诛。'后凉吕超出氐种，而其对姚兴之问宗敞，有曰：'敞在西土，方魏之陈、徐，晋之潘、陆。琳琅出于昆领，明珠生于海濒。若必以地求人，则文命大夏之弃夫，姬昌东夷之摈士。'其对吕隆有曰：'应龙以屈伸为灵，大人以知幾为美。'又曰：'孙权屈身于魏，谯周劝主出降。'皆动称古今，属辞典雅，出于增造，不问可知。"皆足证子玄之论。窃谓史氏修饰言语，致失本真，诸家弹射，实中其病。然金行已降，五胡君长汉化程度颇深，如匈奴刘氏、羯石氏、鲜卑慕容氏、氐苻氏、羌姚氏，博通经史，富于才艺者，不乏其人，《晋书·载记》，历历可考，固无论矣。即如越缦所斥为卢水胡雏之沮渠蒙逊，《载记》即明著其"博涉群史，颇晓天文"，是其引娄敬、田丰之事为言，殆无足异。若此之类，又当分别观之也。

犹鉴者见嫫姆多媸

昌案：《太平御览》卷一百三十五引刘向《列女传》："黄帝妃曰嫫母，于四妃之班居下，貌甚丑而最贤，心每自退。"（今本《列女传》无此文。）

浮词第二十一

故将述晋灵公厚敛雕墙，则以不君为称……所谓说事之端也。又书重耳伐原示信，而续以一战而霸，文之教也……所谓论事之助也。

昌案：此与《叙事》篇自戾。彼文云："然则才行、事迹、言语、赞论，凡此四者，皆不相须，若兼而毕书，则其费尤广。但自古经史，通多此颣，能获免者，盖十无一二。"窃谓《叙事》所论，实为胶执；本篇之说，庶近通方。纪述尚简，终期辞达。才行等四者，有相重而当避者，亦有相须而始成者，固难以一概论也，唯其是焉尔。

传曰："知进退存亡者，其唯圣人乎！"

昌案：《易·乾·文言》："知进退存亡而不失其正者，其唯圣人乎！"

必以贤为目，不其谬乎？

浦起龙曰："执论贤字滞甚。"昌案：焦竑《焦氏笔乘》卷三"《史通》"条："夫贤之为言，异于人云耳。而辄律之以儒行，责之为圣人，不已甚乎？"说与浦合而在其前。

不能绝也

昌案：此绝字当读如《庄子·田子方》篇"夫子奔逸绝尘"之绝。

非靡沮所移

浦起龙曰："靡沮或作磨涅，俱未稳。"陈汉章曰："此用《诗·大雅·云汉》篇：'靡神不举，靡爱斯牲'，及'旱既太甚，则不可沮'。六朝唐初文往往有此摘用经语式。"

昌案：《云汉》郑笺训靡为无，毛传训沮为止，若如陈说，二字连用，成何文义？疑靡沮乃仓沮之讹也。《广韵》"九鱼"引《世本》云："沮诵、仓颉作书，并黄帝时史官。"张鼎思本靡字作磨，磨字下半与仓形近，当是仓字先讹为磨，磨字上半与靡同，又转讹为靡耳。其沮字张本讹涅者，则以仓字讹磨后，校者不得其解，以为子玄乃用《论语·阳货》篇"磨而不磷"、"涅而不缁"之语，因改之也。《史官建置》篇："昔轩辕氏受命，仓颉、沮诵实居其职。"亦仓、沮连举。

若乃题目不定

昌案：此"题目"字即《世说新语·赏誉》篇："时人欲题目高座而未能。"《晋书·山涛传》："涛甄拔人物，各有题目"之题目，下文所以有"轻弄笔端，肆情高下"之语也。与本书《题目》篇之义少异。

夫词寡者出一言而已周，才芜者资数句而方浃。

昌案：《文心雕龙·熔裁》篇："思赡者善敷，才核者善删。善删者字去而意留，善敷者辞殊而意（昌案："当作言。"）显。字删而意阙，则短乏而非核。辞敷而言重，则芜秽而非赡。"子玄盖有取于此说，然以侧重尚简，遂远不及彦和之圆融。

至嵇康、皇甫谧撰《高士记》，各为二叟立传。

昌案：《隋书・经籍志》："《圣贤高士传赞》三卷，嵇康撰，周续之注。"又："《高士传》六卷，皇甫谧撰。"书本名传而此以记称者，避下文传字之复也。本书类此者颇有之，如以《史记・项羽纪》为传，以《晋中兴书・刑法说》为志，皆见前。

叙事第二十二

文而不丽

昌案：《法言・吾子》篇："文丽用寡，长卿也。"

质而非野

昌案：《论语・雍也》篇："质胜文则野，文胜质则史。"

自非作者曰圣

昌案：《文心雕龙・徵圣》篇："夫作者曰圣，述者曰明。"

下终获麟

昌案：《春秋》哀十四年："春，西狩获麟。"《公羊传》："麟者，仁兽也。有王者则至，无王者则不至。有以告者曰：'有麇而角者。'孔子曰：'孰为来哉，孰为来哉！'反袂拭面，涕沾袍。颜渊死，子曰：'噫！天丧予。'子路死，子曰：'噫！天祝予。'西狩获麟，孔子曰：'吾道穷矣！'《春秋》何以始乎隐？祖之所逮闻也。何以终乎哀十四年？曰：备矣。"考《春秋》经《公》、《穀》二传止哀十四年，《左氏》止哀十六年；传则《公》、《穀》亦止哀十四年，《左氏》止哀二十七年。杜预于哀十四年《左氏》经"西狩获麟"下注云："麟者，仁兽，圣王之嘉瑞也。时无明主，出则遇获。仲尼伤周道之不兴，感嘉瑞之无应，故因鲁《春秋》而修中兴之教，绝笔于获麟之一句，所感而作，固所以为终也。”又十六年经“孔丘卒”下注云：“孔子作为《春秋》，终于获麟之一句，《公羊》、《穀梁》经是也。弟子欲记圣师之卒，故采鲁史记以续夫子之经，而终于此。丘明因随而作传，终于哀公。从此以下，无复经矣。”

然则意指深奥，诰训成义。

指，宋本作複，张鼎思本作復，浦起龙改，校云：“旧作複，误。”诰，浦校云：“一讹诂。”杨明照曰：“按：诰字非是。《汉书·艺文志·六艺略》：‘《书》者，古之号令，号令于众，其言不立具，则听受施行者弗晓。古文读应《尔雅》，故解古今语而可知也。’《后汉书·贾逵传》：‘逵数为帝言，古文《尚书》与经传、《尔雅》诂训相应。’《文心雕龙·宗经》篇：‘《书》实记言，而诂训（此依唐写本。）茫昧，通乎《尔雅》，则文意晓然。’并言书之诂训成义也。”

昌案：《孔丛子·居卫》篇：“《书》之意兼復深奥，训诰成义，古人所以为典雅也。”正子玄所本。複与復通。浦改複为指，杨以诰为诂，并非。特诰训二字当乙转耳。

虽殊途异辙，亦各有差焉。

差，本作美，浦起龙校改。

昌案：美字不误。《文心雕龙·宗经》篇：“《尚书》则览文如诡，而寻理即畅；《春秋》则观辞立晓，而访义方隐。此圣人之殊致，表里之异体者也。”又《文心雕龙·议对》篇：“亦各有美，风格存焉。”乃子玄此节所本。尤可证浦氏改美为差之谬。殊致异体，即“殊途异辙”；“亦各有美”，谓各擅其胜也。既云殊异，又谓差焉，则床上施床，不词甚矣。

才难，不其甚乎？

昌案：《论语·泰伯》篇：“才难，不其然乎？”

然则人之著述，虽同自一手，其间则有善恶不均，精粗非类。

昌案：《南齐书·陆厥传》载其与沈约书云：“《长门》、《上林》，殆非一家之赋，《洛神》、《池雁》，便成二体之作。孟坚精整，《咏史》无亏于东主；

平子恢富,《羽猎》不累于凭虚。王粲《初征》,他文未能称是;杨修敏捷,《暑赋》弥日不献。率意寡尤,则事促乎一日;翳翳愈伏,而理赊于七步。一人之思,迟速天悬;一家之文,工拙壤隔。”子玄于此,更申其理,谓文之工拙,系诸事之美恶也。

若《史记》之苏、张、蔡泽等传,是其美者。至于三五本纪、《日者》、《太仓公》、《龟策传》,故无所取焉。

昌案:本书《鉴识》篇:“张晏云:‘迁殁后,亡《龟策》、《日者传》,褚先生补其所缺,言词鄙陋,非迁本意。’案:迁所撰《五帝本纪》、七十列传,称虞舜见厄,遂匿空而出;宣尼既殂,门人推奉有若。其言之鄙,又甚于兹。安得独罪褚生,而全宗马氏也。”又《古今正史》篇:“至宣帝时,迁外孙杨恽祖述其书,遂宣布焉;而十篇未成,有录而已。(张晏《汉书注》云,十篇迁殁亡失,此说非也。)元、成之间,会稽诸先生更补其缺,作《武帝纪》、《三王世家》、《龟策》、《日者传》,辞多鄙陋,非迁本意也。”余嘉锡《论学杂著·太史公书亡篇考》云:“《史通》两引张晏褚先生补缺之语,而《叙事》篇乃以《日者》、《龟策》为与苏、张等传同自一手,似是前后矛盾,而其实非也。盖子玄本不甚信张晏之说,故谓十篇是未成而亡失。《日者》、《龟策传》皆有太史公语,亦其草创未就,而褚先生特续补之耳。”

又《汉书》之帝纪、陈、项诸篇,是其最也;至于淮南王、司马相如、东方朔传,又安足道哉!

昌案:子玄薄淮南等传之意,已详《载文》篇,盖以诸传多载文赋为病也。又本书《覈才》篇引傅玄《书事》篇云:“观孟坚《汉书》,实命代奇作。乃与陈宗、尹敏、杜抚、马严撰《中兴纪传》,其文曾不足观。岂拘于时乎?何不类之甚者也!”亦与子玄之论相发。

盖绘事以丹素成妍,帝京以山水为助。

昌案:裴松之《上三国志注表》:“绘事以众色成文,蜜蜂以兼采为味。”此仿其语。

晋楚更盟

昌案:《春秋》襄二十七年:“秋七月辛巳,豹及诸侯之大夫盟于宋。”《左传》:“晋楚争先。(杜注:‘争先歃血。’)晋人曰:‘晋固为诸侯盟主,未有先晋者也。’楚人曰:‘子言晋楚匹也。若晋常先,是楚弱也。且晋楚狎主诸侯之盟也,久矣。(杜注:“狎,更也。”)岂专在晋?’叔向谓赵孟曰:‘诸侯归晋之德只,非归其尸盟也。子务德,无争先。’乃先楚人。”

至若荀悦《汉纪》,其才尽于十帝。

昌案:《论衡·宣汉》篇:“孔子曰:‘如有王者,必世而后仁。’……孔子所谓一世,三十年也。汉家三百岁,十帝耀德,未平如何?”此云十帝,盖本纬候之说,兼东汉光武帝、明帝言之。《后汉书·曹褒传》载章帝元和二年诏引《河图》云:“赤九会昌,十世以光,十一以宁。”李贤注:“九谓光武,十谓明帝,十一谓章帝。”是也。西汉十二帝,除平帝、孺子婴不计,明见《宣汉》篇外,余八帝未详所指。子玄此之所云,则专属西汉,与仲任不同。其意乃谓平帝以还,政归新莽,王室如毁,王室坏则美辞翳耳。然详览仲豫之文,殆无后先之异,其论似未可从。

陈寿《魏书》

昌案:周中孚《郑堂札记》卷五:“《三国志》,大名也。《魏书》、《蜀书》、《吴书》,小名也。《蜀书·杨戏传》云:‘戏以廷熙四年著《季汉辅臣赞》,其所颂述,今多载于《蜀书》。’又《董允传》注论陈氏立《夏侯玄传》,亦曰:‘《魏书》总名此传云,《诸夏侯曹传》。’此其证也。但自来引者,俱曰《魏志》、《蜀志》、《吴志》,岂因大名而改称与?”周说是也。考严可均《全晋文》卷一百二载陆云《与兄平原书》第七首亦有“陈寿《吴书》”之目。常璩《华阳国志·后贤志》又有云:“吴平后,寿乃鸠合国史,著《魏》、《蜀》、《吴》三书,六十五篇,号《三国志》。”其说尤明。《唐书·经籍志》于正史类著录《魏国志》三十卷,伪史类著录《蜀国志》十五卷,《吴国志》二十一卷,与《隋书·经籍志》之以《三国志》六十五卷,不加分析,著录于正史类者有别。(《吴志》本二十卷,《旧唐志》作二十一卷,一字误衍。)《隋志》又著录《魏志音义》一卷，卢宗道撰。姚振宗《考证》卷十一疑宗道即《北史·卢玄传》所载玄孙思道之弟，又云："但为《魏志音义》，而不及吴、蜀，其书亦似不全。"据此，知三书虽总名《三国志》，而亦尝单行，《魏书》或题《魏国志》、《魏志》，《吴书》、《蜀书》亦然，其事皆起先唐。卢宗道但为《魏志》作《音义》，正缘其书本尝别裁单行，亦不得即谓其非全书也。凡此皆周信之所未及致详者，因为之补证如此。李慈铭《越缦堂读书记》卷三"《三国志》"条云："陈氏本无《魏书》、《蜀书》、《吴书》之名，概题为志。后人误以标目，刻十七史、廿一史者遂皆沿之，流俗所当正也。"其说实非。胡玉缙《四库全书总目提要补正》卷十三顾取之而不加辨正，亦其疏也。

其美穷于三祖

昌案：三祖，谓魏武帝、文帝丕、明帝叡也。钟嵘《诗品》："曹公古直，甚有悲凉之句。叡不如丕，亦称三祖。"《文心雕龙·乐府》篇："魏之三祖，气爽才丽。"子玄云美穷三祖者，意谓齐王芳以次，权归司马氏，故承祚亦无以起其文，按之亦不尽然也。

又案："其才尽于十帝"，"其美穷于三祖"，才美对举，盖本之《论语·泰伯》篇："如有周公之才之美。"

夫识宝者稀

昌案：《尹文子·大道》篇："魏之田父得玉径尺，不知其玉也，以告邻人。邻人绐之曰：'怪石也。'归而置之庑下，明照一室，怪而弃之于野。"《太平御览》卷五十一引《阙子》："宋之愚人得燕石于梧台之侧，藏之以为大宝。周客闻而观焉，革匮十重，缇巾十袭。客见之，掩口卢胡而笑曰：'此特燕石也，与瓦甓同。'"《文心雕龙·知音》篇："魏氏以夜光为怪石，宋客以燕砾为宝珠。形器易征，谬乃若是；文情难鉴，谁曰易分？"

知音盖寡

昌案：《吕氏春秋·本味》篇："伯牙鼓琴，钟子期听之。方鼓琴而志在太山，钟子期曰：'善哉乎鼓琴！巍巍乎若太山。'少选之间，而志在流水，钟子期又曰：‘善哉乎鼓琴！汤汤乎若流水。’钟子期死，伯牙终身不复鼓琴。”《文选》曹丕《与吴质书》：“昔伯牙绝弦于钟期……痛知音之难遇。”《文心雕龙·知音》篇：“知音其难哉！音实难知，知实难逢。逢其知音，千载其一乎。”

君懋志存实录

昌案：《汉书·司马迁传赞》：“自刘向、扬雄皆称迁有良史之才，服其善叙事理，辨而不华，质而不俚。其文直，其事核，不虚美，不隐恶，故谓之实录。”

况于章句不节

昌案：《文心雕龙·章句》篇：“夫设情有宅，置言有位。宅情曰章，位言曰句。故章者，明也；句者，局也。”

载之兼两

昌案：《后汉书·吴祐传》：“此书若成，则载之兼两。”《尚书·牧誓》序疏：“《风俗通》说，车有两轮，故称为两；犹履有两只，亦称为两。”

至如古文《尚书》

昌案：《隋书·经籍志》《尚书》类序：“初，汉武帝时，鲁恭王坏孔子旧宅，得其末孙惠所藏之书，字皆古文。孔安国以今文校之，并依古文开其篇第，合成五十八篇，又为作传，谓之古文《尚书》之学，而未得立。后汉扶风杜林传古文《尚书》，同郡贾逵为之作训，马融作传，郑玄亦为之注。然其所传唯二十九篇，又杂以今文，非孔旧本。自馀绝无师说。至东晋，豫章内史梅赜始得安国之传，奏之。”《四库提要》卷十二“阎若璩《古文尚书疏证》”条：“古文《尚书》较今文多十六篇，魏、晋以来绝无师说。故《左氏》所引，杜预皆注曰逸《书》。东晋之初，其书始出，乃增多二十五篇。初犹与今文并立；自陆德明据以作《释文》，孔颖达据以作《正义》，遂与伏生二十九篇混合为一。唐以来虽疑经惑古如刘知幾之流，亦以《尚书》一家列之《史通》，未言古文之伪。自吴棫始有异议，朱子亦稍疑之；吴澄诸人相继抉摘，其伪益彰。明梅鷟始参考诸书，证其剽剟，而见闻较狭，搜采未周。至若璩乃引经据古，一一陈其矛盾之故，古文之伪乃大明。”

此则传之与纪

诸本皆作“纪之与传”，浦起龙改，校云：“传纪二字旧倒。”

昌案：子玄此句先纪后传，乃据史体为序，非以前举《卫传》、《文纪》为序也，不必改。

《春秋》经曰：“陨石于宋五。”夫闻之陨，视之石，数之五。加以一字太详，减其一字太略……

昌案：陈骙《文则》卷上云：“文简而理周，斯得其简也。读之有疑阙焉，非简也，疏也。《春秋》书曰：‘陨石于宋五。’《公羊传》曰：‘闻其磌然，视之则石，察之则五。’《公羊》之义，经以三字尽之，是简之难也。”即本子玄之意而敷衍之。

盖宜除跛者以下句，但云：各以其类逆。……盖于此一句之内去年及口中可矣。

昌案：魏际瑞《伯子文集》卷四《与子弟论文》：“昔人论《史记》(昌案：当作《汉书》。)《张苍传》有‘年老口中无齿’句，宜删曰‘老无齿。’《公羊传》：(昌案：当作《穀梁传》。)‘齐使跛者逆跛者，秃者逆秃者，眇者逆眇者。’宜删云：‘各以其类逆。’简则简矣，而非《公羊》、史迁(昌案：当作《穀梁》、孟坚。)之文。又于神情特不生动。”黄本骥《痴学》卷五《读文笔得》亦云：“刘子元谓《穀梁传》齐使秃者御秃者四句，当云‘各以类逆。’夫齐国之祸，起于闺中一笑，穀梁子故为繁复其辞，使千百载后读是书者犹当发笑，所以立兴戎之案也。其佳正在此处，若改为‘各以类逆’，便索然寡味。以此论文，其犹有蓬之心也夫！”盖文章无论叙事，记言，说理，抒情，皆有须繁复乃尽者，亦有以繁复成妍者。子玄尚简之论，乃以六代史籍行文浮冗，有激而言，矫枉过正，固不得视为恒规也。

盖饵巨鱼者，垂其千钓，而得之在于一筌。

昌案：《庄子·外物》篇："任公子为大钩巨缁，（昌案：当作纶。）五十犗以为饵，蹲乎会稽，投竿东海，旦旦而钓，期年不得鱼。已而大鱼食之，牵巨钩，錎没而下，骛扬而奋鬐，白波若山，海水震荡，声侔鬼神，惮赫千里。"《文选·江赋》注："筌，捕鱼之器，以竹为之。"上云垂钓，则下当云得之在于一钩，此特借用之。

捕高鸟者，张其万罝，而获之由于一目。

昌案：《尔雅·释器》："兔罟谓之罝。"此借为网毕之义，犹前文之以筌代钩。

能损之又损，而玄之又玄。

昌案：《老子》四十八章："损之又损，以至于无为，无为而无不为。"又一章："玄之又玄，众妙之门。"

夫饰言者为文，编文者为句。句积而章立，章积而篇成。

昌案：《论衡·正说》篇："文字有意以立句，句有数以连章，章有体以成篇。"《文心雕龙·章句》篇："夫人之立言，因字而生句，积句而成章，积章而成篇。"

大夫应对，以言文为主。

昌案：《左传》襄二十五年记郑入陈，子产献捷于晋，晋不能难，引仲尼曰："《志》有之：'言以足志，文以足言。'不言，谁知其志？言之无文，行而不远。晋为伯，郑入陈，非文辞不为功，慎辞也。"

秩秩德音

昌案：《诗·秦风·小戎》文。

洋洋盈耳

昌案:《论语·泰伯》篇:"师挚之始,《关雎》之乱,洋洋乎盈耳哉!"

譬夫游沧海者,徒惊其浩旷;登泰山者,但嗟其峻极。

昌案:《孟子·尽心上》篇:"孔子登东山而小鲁,登泰山而小天下。故观于海者难为水,游于圣人之门者难为言。"此用其意。

所能斥苦其说也

斥苦,旧作斥非,浦起龙据《庄子》逸篇"绋讴所生,必于斥苦"之文改之,云:"旧作斥非,于文不顺,当是斥苦之讹。"纪昀曰:"斥苦当作非斥。"

昌案:斥非不误。《后汉书·孔融传》:"拟斥乘舆。"李注:"斥,指也。"斥非犹言指责,谓后世史家不得指责《尚书》之阔略耳。本书《探赜》篇:"终不能别有异同,忤非其议。"斥非其说,忤非其议,句法意义正同,可证。

师范尼父

昌案:《礼记·檀弓上》篇:"鲁哀公诔孔子曰:'天不遗耆老,莫相余位焉。呜呼哀哉!尼父。'"郑注:"尼父,因其字以为之谥。"

夫经以数字包义,而传以一句成言。

昌案:杜预《春秋经传集解序》:"《春秋》虽以一字为褒贬,然皆须数句以成言。非如八卦之爻,可错综为六十四也,固当依传以为断。"此摹其语,申其义,以明经传繁简之有别也。

斯皆言近而旨远,辞浅而义深。

昌案:杜预《春秋经传集解序》:"若夫制作之文,所以章往考来,情见乎辞。言高则旨远,辞约则义微。此理之常,非隐之也。"

董生乘马三年,不知牝牡。

昌案:董生,董先生也。赵翼《廿二史札记》卷三"先生或只称一字"

条:“古时先生二字,或称先,或称生。《史记·晁错传》:‘错初学于张恢先所。’《汉书》则云:初‘学于张恢生所。’一称先,一称生。颜注云:‘皆先生也。’又《晁错传》,校尉邓公,诸公皆称为邓先。颜注亦曰:‘邓先生也。’《贡禹传》,禹以老乞骸骨,元帝诏曰:‘朕以生有伯夷之廉,史鱼之直。’师古注:‘生谓先生也。’梅福上书曰:‘叔孙先非不忠也。’师古亦注:‘先谓先生也。’是古时先生或称先,或称生,不必二字并称。”(桂馥《札朴》卷三“生”条略同。)

又案:严可均《全三国文》卷五十八载诸葛亮《教》:“昔孙叔敖乘马三年,不知牝牡,称其贤也。”岂一事而传闻异辞,抑孔明之误记耶?

作者芜音累句

昌案:《宋书·谢灵运传论》:“虽清辞丽句,时发乎篇,而芜音累气,固亦多矣。”

不知所裁

昌案:《论语·公冶长》篇:“子在陈曰:‘归与!吾党之小子,狂简,斐然成章,不知所以裁之。’”

是以处道受责于少期。原注:《魏书·邓哀王传》曰:“容貌姿美,有殊于众,故特见宠异。”裴松之曰:“一类之言而分以为三,亦叙属之一病也。”

浦起龙曰:“本文句下原注……脱去‘有殊于众’两言,使一类分三句无著傍……亟是正之。”卢文弨曰:“元注‘容貌姿美’。裴松之以为一类之言分为三句,谓容也、姿也、貌也。浦增‘有殊于众’一句,(昌案:一句当作二句。)方谓三言有著,似未细会。”

昌案:卢说是也。浦本“有殊于众,故特见宠异”九字当据删。本书《点烦》篇云:“《孟尝君传》曰:‘冯公形容状貌甚辨。’按形容状貌,同是一说,而敷演重出,分为四言。凡如此流,不可胜载。”正与此注所指全同,足证浦氏妄增二句之失。古籍中此类句法,王引之《经义述闻》卷十八“缮完葺墙”条、俞樾《古书疑义举例》卷二《语缓例》皆尝论之。俞氏所谓“古人语急,则二字可缩为一字；语缓，则一字可引为数字”，“语缓故不嫌辞费”是也。

子升取讥于君懋。原注：……而撰《永安记》率是支言。

昌案：《隋志》地理类：“《魏永安记》三卷，温子升撰。”《唐书·艺文志》作《永安故事》。其书盖记魏孝庄帝永安纪元三年中尔朱氏之乱，亦杂史之流，故王劭得据以弹射。姚振宗《〈隋书·经籍志〉考证》卷二十一云：“此三年中洛下大乱，子升皆亲历其事。此殆所记事迹，当入杂史，不知本志何以列之于此。”

亦犹售铁钱者，以两当一，方成贸迁之价也。

昌案：《南史·到溉传》：溉“为建安太守，〔任〕昉以诗赠之，求二衫段，云：‘铁钱两当一，百代易名实。（代易二字原误倒，据《太平御览》卷六百九十三乙正。）为惠当及时，无待秋凉日。’”

鸟兽以媲贤愚，草木以方男女。

昌案：王逸《楚辞章句·离骚经序》：“屈原既执履忠贞而被谗邪，忧心烦乱，不知所诉，乃作《离骚》经，依《诗》取兴，引类譬谕。故善鸟、香草，以配忠贞；恶禽、臭物，以比谗佞；灵修、美人，以媲于君；宓妃、佚女，以譬贤臣；虬龙、鸾凤，以托君子；飘风、云霓，以为小人。其辞温而雅，其义皎而朗。”

当汉氏之临天下也，君实称帝，理异殷、周；子乃封王，名非鲁、卫。

昌案：殷、周共主皆称王，及汉承秦制，称共主为帝，其臣子乃有封王者。《白虎通·号》篇：“德合天地者称帝，仁义合者称王，别优劣也。《礼记·谥法》曰：‘德象天地称帝，仁义所生称王。’”《公羊传》成八年何休解诂略同。此皆汉儒训说，非其本真也。

而作者犹谓帝家为王室

昌案：《尚书·微子之命》：“率由典常，以蕃王室。”字亦见《诗经》、《左传》，皆指周室。汉史用王室者，如《汉书·叙传》："克伐七国，王室以定。"《后汉书·邓禹传》："委远时柄，忠劳王室。"是其例也。亦有用帝室者，如《后汉书·袁安传》："袁公、窦氏之间，乃情帝室。"是。

公辅为王臣

昌案：公辅，谓三公与辅相。《汉书·孔光传》："光为御史大夫、丞相各再，壹为大司徒、太傅、太师，历三世居公辅位。"《易·蹇》："王臣蹇蹇，匪躬之故。"字亦见《诗经》，皆指周臣。汉史用王臣者，如《后汉书·袁安传》："引义雅正，可谓王臣之烈。"亦有用帝臣者，如《汉书·叙传》："蹇蹇帝臣，匪躬之故。"则直用《易》语而改王为帝也。

异乎游、夏措词

昌案：王应麟《困学纪闻》卷六"《春秋》笔削与文辞异"条："《史记·孔子世家》：'文辞有可与人共者；至于为《春秋》，笔则笔，削则削，子夏之徒不能赞一辞。'曹子建《与杨德祖书》：'昔尼父之文辞与人通流；至于制《春秋》，游、夏之徒乃不能措一辞。'李善注引《史记》曰：'子游，子夏之徒不能赞一辞。'今本无子游二字。"此云"游、夏措词"者，即《史记》所云"可与人共"，子建所云"与人通流"也。《论语·先进》篇："文学：子游、子夏。"是二人长于文辞。

均叙元日临轩

昌案：《晋书·礼志》："《咸宁注》：先正一日，有司各宿设。夜漏未尽十刻，群臣集到，庭燎起火，上贺，起谒报。又贺皇后。还从云龙东华门入，诣东阁下便坐。漏未尽七刻，百官及受贽郎官以下，至计吏，皆入，立其次。其陛卫者，如临轩仪。漏未尽五刻，谒者、仆射、大鸿胪各奏群臣就位定。漏尽，侍中奏外办。皇帝出，钟鼓作，百官皆拜伏。太常导皇帝升御座，钟鼓止，百官起。大鸿胪跪奏请朝贺。"历代礼制，颇有因革，齐制未必悉与晋同，举此聊见其概耳。

如王隐称诸葛亮挑战，冀获曹咎之利。

昌案：浦起龙引《魏志》注载孙盛《晋阳秋》语，亦见《世说新语·方正》篇注。

崔鸿称慕容冲见幸，为有龙阳之姿。

昌案：汤球《十六国春秋辑补·前秦录》云："初，坚之灭燕，二十五年，（当作太和五年，称晋年也。二十乃太和之误。）冲姊为清河公主，年十四，有殊色，坚纳之，宠冠后庭。冲年十二，亦有龙阳之姿，（一作美。）坚又幸之。姊弟专宠，宫人莫进。长安中歌之曰：'一雌复一雄，双飞入紫宫。'咸惧为乱。王猛切谏，坚乃出冲。（此节亦见《御览》五百七十，又三百八十。）"新《晋》载记盖即本之崔氏也。

卢思道称邢邵丧子不恸，自东门吴以来，未之有也。

昌案：卢思道《隋书》有传，不言其撰史，惟《经籍志》载所著《知己传》一卷，本书《杂述》篇属之小录，今佚。此文当在传中，故唐初修《北齐书》得以采之。

妄足庸音

昌案：陆机《文赋》："放庸音以足曲。"

《礼记·檀弓》，工言物始。

杨明照曰："《梁书·处士·何胤传》：'胤曰：《檀弓》两卷，皆言物始。'"陈汉章曰："按：《礼记》于礼之变皆曰始，《曾子问》、《郊特牲》、《玉藻》、《杂记》皆有之，不独《檀弓》，说详《困学纪闻》。"

昌案：《困学纪闻》卷二十"《戴记》、《左氏》礼变著始"条："《礼记》于礼之变皆曰始。'孔氏之不丧出母，自子思始也。''士之有诔，自此始也。''邾娄复之以矢，盖自战于升陉始也。''鲁妇人之髽而吊也，自败于台骀始也。''帷殡非古也，自敬姜之哭穆伯始也。'（昌案：以上见《檀弓》。）'庙有二主，自桓公始也。''丧慈母，自鲁昭公始也。''下殇用棺衣，自史佚始也。’（以上见《曾子问》。）庭燎之百，由齐桓公始也。’‘大夫之奏《肆夏》，由赵文子始也。’‘大夫强而君杀之，义也，由三桓始也。’‘公庙之设于私家，非礼也，由三桓始也。’（以上见《郊特牲》。）‘元冠紫緌，自鲁桓公始也。’‘朝服之以缟也，自季康子始也。’（以上见《玉藻》。）‘夫人之不命于天子，自鲁昭公始也。’‘宦于大夫者之为之服也，自管仲始也。’（以上见《杂记》。）《左氏传》：‘始用八佾。’（见隐五年。）‘晋于是始墨。’（见僖三十三年。阎若璩案：此下脱“始用葛茀。”）‘始厚葬。’‘始用殉。’（以上见成二年。）‘鲁于是乎始髽。’（见襄四年。）‘魏绛于是乎始有金石之乐。’（见襄十一年。）‘始用人于亳社。’（见昭十年。）‘鲁于是始尚羔。’（见定八年。）亦记礼之变也。”据此，则子玄所言，虽本何胤；然工言物始，固不止于《檀弓》，亦不止于《礼记》。礼以制表，制以物显，故记物之始，即示礼之变也。

案裴景仁《秦记》称苻坚方食，抚盘而诟……及彦鸾撰以新史……乃易抚盘以推案。

昌案：《秦记》语今无考。汤球《十六国春秋辑补·前秦录》：“坚率步骑二万，讨姚苌于北地。苌众危惧，人有渴死者。俄而雨降于苌营，营中水三尺，周营百余步之外，寸余而已。于是苌军大振。坚方食，去案怒曰：‘天其无心，何故降泽贼营？’（此段亦详见于《御览》三十七。”）盖即子玄所指彦鸾改易景仁之言。

夫近世通无案食

昌案：案食见于故书者，陈氏《补释》已略征之。桂馥《札朴》卷四“案”条尝据《玉篇》“案，几属也，食器也”二训，分别疏证尤详。今具录其言食器者如次，以补陈所未及。“《方言》：‘案，陈、楚、宋、魏之间谓之槁，自关东西谓之案。’《急就篇》：‘椭、杅、槃、案、桮、閜、盌。’颜注：‘无足曰槃，有足曰案，所以陈举食也。’《考工记》：‘玉人之事，案，十有二寸，枣栗，十有二列。’注云：‘枣栗实于器，乃加于案。’《楚汉春秋》：‘淮阴侯曰：“臣去项归汉，汉王赐臣玉案之食。”’《史记》：‘高祖过赵，赵王张敖自持案进食。’《汉书》：‘万石君对案不食。’《贡禹传》：‘见赐杯案，画文金银饰，非所以食臣下也。'《东观汉记》:'尹敏与班彪相谈,对案不食。'又云:'蔡彤在辽东,赐钱百万,下至杯案食物,大小重沓。'《盐铁论》:'今民间酒食,殽旅重叠,燔炙满案。'又云:'常民文杯画案。'又云:'垂拱持案食者,不知蹠耒躬耕者之勤也。'《燕丹子》:'太子常与荆轲等案而食。'《烈士传》:'魏公子无忌方食,有鸠入其案下。'《古文苑·僮约》:'涤杯整案。'注云:'案,以设饮食之具。孟光举案齐眉。'《吴志·步骘传》:'征羌作食,身享大案,殽膳重沓;以小盘饭与骘,惟菜茹而已。'《曹瞒传》:'及欢悦大笑,至以头没杯案中,肴膳皆沾污巾帻。'《神仙传》:'吴兴人沈羲,为仙人所迎,上见老君,玉女以金案玉杯药赐羲。'《梦书》:'梦见杯案,宾客到也。'馥谓此皆言食器也。"食案之形制,盖如今托盘,特有足耳。古人分食,故人各一案,案上复置诸器以盛殽膳酒浆。魏、晋以前,席地而坐,故案以有短足为便。其后席地而坐之风渐替,床卓之属行,故案亦易为盘。马叙伦《读书小记》卷一云:"《考工记》:'案,十有二寸。'周之十有二寸,才当今之八寸余。(清工部营造尺。)……今日本进食,犹用案。形方,面有四周,局足,高正七八寸。盖犹古之制也。"(《说文》:"檈,圜案也。")日人进食用案,亦缘席地而坐故。

直以事不类古,改从雅言,欲令学者何以考时俗之不同,察古今之有异?

昌案:章太炎先生《文学说例》曰:"夫惟官号地望,著于标题,施于传志谱录者,必用今名,而废弃、外来、新造之语,皆不得代。故崔鸿易抚盘以推案,百药变脱帽为免冠,物非所有,饰从雅言,见讥于子玄矣。今之言者,非拥旄剖符之率,而亟言击节;处髡首辫发之俗,而自述抽簪。此之宜绝,亦文辞之恒例也。若乃雅俗称名,新故杂用,是宁有厉禁耶?"

至如翼犍道武(昌案:当据浦校改昭成。)原讳,黑獭周文本名,而伯起革以他语,德棻阙而不载。

昌案:《说文》二篇上:"犗,騬牛也。"朱骏声《通训定声》:"《广雅·释兽》:'犍也。'今谓之骟,以刀去其阴。"玄应《一切经音义》卷十四引《通俗文》："以刀去阴曰犍。"考《魏书·序纪》、《周书·文帝纪》皆著两帝之名，一无所讳。而子玄云然者，余嘉锡《四库提要辨证》卷三"《周书》"条云："详其语意，盖谓当称名之处，则阙而不载，如所谓'贺拔公虽死，宇文讳尚存'者，本当作宇文黑獭耳。"

盖厖降、蒯聩，字之蚩也。

昌案：厖，据《左传》文十八年当作龙。《说文》九篇下："厖，石大也。"十篇上："龙，犬之多毛者。"其义有别。此以同声通假。《集韵》四江引《埤仓》云："膖肛，腹胀也。"《广韵》四江："膖肛，胀大貌。"韩愈《昌黎先生集》卷五《调张籍》诗："形躯顿膖肛。"龙降盖其异文。《说文》九篇上："顡，头蔽顡。"段注："蔽顡，叠韵字，盖古语也。(昌案：龙降亦叠韵字。)《集韵》曰：'头痴。'钱氏大昕曰：'春秋战国人名有蒯聩，疑即此蔽顡。'"是龙降训腹大，蒯聩训头痴，故云蚩也。

重耳、黑臀，名之鄙也。

昌案：古称目有二瞳子曰重明(《淮南子·修务》篇)、重瞳(《史记·项羽纪》)，颐丰下曰重颐。(《韩诗薛君章句》。)重耳岂即大耳或耳垂疣赘之属欤？《左传》桓六年："公问名于申繻，对曰：'……不以国，不以官，不以山川，不以隐疾，不以畜牲，不以器币。'"疏引郑玄云："隐疾，衣中之疾也，谓若黑臀、黑肱矣。"

况齐丘之犊，彰于载谶。原注：杜台卿《齐记》载谶云："首牛西入谷，逆犊上齐丘"也。

昌案：余嘉锡《四库提要辨证》卷三"《周书》"条云："此谓翼犍。"

又案：胡应麟《少室山房笔丛》卷三十《四部正讹上》："世率以谶纬并论，二书虽相表里，而实不同。纬之名所以配经，故自六经、《语》、《孝》而外，无复别出。……凡谶皆托古圣贤以名其书，与纬体制迥别，盖其说尤诞妄，故隋禁之后永绝。"

河边之狗，著于谣咏。原注：王劭《齐志》载谣云："獾獾头团圞，河中狗子破尔菀"也。

昌案：《四库提要辨证》"《周书》"条云："此谓黑獭。"

亦有氏姓本复，减省从单。

昌案：《魏书·官氏志》："魏氏本居朔壤，地远俗殊，赐姓命氏，其事不一。初，安帝统国诸部，有九十九姓。至献帝时，七分国人，使诸兄弟各摄领之，乃分其氏。自后兼并他国，各有本部，部中别族为内姓焉。年世稍久，互以改易，兴衰存灭，盖有之矣。"《通鉴释例》："魏之群臣出代北者，皆复姓。孝文迁洛，改为单姓。史患其烦，皆从后姓。"考北朝氏姓，有改有不改。其改者，《魏书·官氏志》具详焉。

或去万纽而留于

昌案：《魏书·官氏志》："勿忸于氏，后改为于氏。"陈毅《魏书官氏志疏证》："《唐书·宰相世系表》有萬纽于氏。案：萬勿古声本通，纽与忸亦声通，是《唐表》萬纽于即《志》之勿忸于矣。萬，本或作万。《广韵》十虞引《志》作万忸于，二十五愿称虏姓有万纽于，萬纽于之为万忸于，犹《孝庄纪》之万俟丑奴，《吠哒国传》作萬俟丑奴也。万，当依《广韵》读如墨，与《正韵》勿读为没之声相近。"

或止存狄而除库

浦起龙曰："如作'存扶而除乞'，亦可。旧作'存扶而除厚'，非。"

昌案：《魏书·官氏志》："乞扶氏，后改为扶氏。"《魏书官氏志疏证》："《尔朱荣传》有乞扶莫于。案：扶当为伏，音之轻重也。《晋书·乞伏国仁载记》云：'有一小儿，乞伏部老父养为子，年十岁，号曰乞伏可汗。'国仁本书亦有传。又《高宗纪》有乞佛成龙。乞佛亦乞伏声之变，《陆真传》正作乞伏成龙。"《官氏志》又云："库狄氏，后改为狄氏。"《疏证》："《姓解》三库作厍。《广韵》四十祃亦有厍字，音昌舍切。《能改斋漫录·记事》篇辨库厍二字，谓北朝复姓厍狄之厍，音赦，引厍狄峙，厍狄伏连及《广韵》：'厍，始夜切。'因谓本无厍字，后人除一点以为库别。其说是也。"周一良云："厍狄之姓，自来皆谓当读为赦，无上边一点，然近年所出'北齐厍狄回洛墓志'盖及斛律夫人志盖皆作库，未省去一点，则作厍及读赦之说，或竟是后人强为区别耶？"（摘自一九八一年六月六日周先生函。）

或虚加练饰，轻事雕彩。

昌案：《文心雕龙·情采》篇："庄周云：'辩雕万物。'谓藻饰也。韩非云：'艳采辩说。'谓绮丽也，绮丽以艳说，藻饰以辩雕，文辞之变，于斯极矣。"此用其语。

或体兼赋颂，辞类俳优。

昌案：《汉书·枚皋传》："皋不通经术，诙笑类俳倡，为赋颂好嫚戏。自言：'为赋不如相如。'又言：'为赋乃俳，见视如倡，自悔类倡也。'"

品藻第二十三

史氏自迁、固作传，始以品汇相从。……亦有厥类众伙，宜为流别，而不能定其同科，申其异品。

昌案：《三国志·魏志·荀彧荀攸贾诩传评》裴注云："臣松之以为：列传之体，以事类相从。张子房青云之士，诚非陈平之伦，然汉之谋臣，良、平而已。若不共列，则馀无所附。故前史合之，盖其宜也。魏氏如诩之俦，其比幸多。诩不编程、郭之篇，而与二荀并列，失其类矣。且攸、诩之为人，其犹夜光之与蒸烛乎。其照虽均，质则异焉。今荀、贾之评，共同一称，尤失区别之宜也。"子玄兹论，疑本世期而发挥之也。

又楚王过邓，三甥请杀之……

昌案：钱大昕《廿二史考异》卷六"《汉书·古今人表》"条："刘知幾讥班表云：'其叙晋文之臣佐也，舟之侨为上，阳处父次之，士会为下。其述燕丹之宾客也，高渐离居首，荆轲亚之，秦舞阳居末。'自注云：'舟之侨在第三等,阳处父在第四等,士会在第五等。'‘高渐离在第五等,荆轲在第六等,秦舞阳在第七等。'今本阳处父与舟之侨俱在第三,士会、高渐离在第四,荆轲在第五,秦舞阳在第六。(昌案:钱氏所据《史通》未详何本。浦本高、荆、秦三人等第与今本《汉书》合。张鼎思本高在第五,荆在第六,与钱见本合,而秦亦在第六,何焯改七。)又知幾称‘邓侯入下愚之上',(第七等。)三甥‘列在中庸下流',(第六等。)今本邓祁侯在第六,骓甥、聃甥、养甥在第五,俱与刘氏所说异。盖转写讹舛,失其本真,当以刘见本为正也。"今谓竹汀据《史通》以校《汉书》,谓当以刘所见本为正,而忽忘《史通》引班,诸本亦有异同,似偶失之。

小不忍乱大谋

昌案:《论语·卫灵公》篇:"小不忍则乱大谋。"

或珍瓴甋而贱璠玙

昌案:梁章钜《归田琐记》卷一"玙璠"条:"玙璠二字,见《左传》定五年:‘阳虎将以玙璠敛。'注云:‘玙瑶,美玉。'疏云:‘一玉名。'疏必云此者,以二字皆玉旁,恐读者误为二玉耳。既是一玉名,则二字自不宜倒用。《说文》璠字下注云:‘玙璠,鲁之宝玉。孔子曰:"美哉玙璠!"'玙字注则但云:‘玙璠也。'……《三国·魏志·钟繇传》云:‘晋之垂棘,鲁之玙璠,宋之结绿,楚之和璞。'潘尼《赠陆机》诗云:‘今子徂东,何以赠旃?寸晷惟宝,岂无玙璠?'皆尚不误。至唐以后,始有误沿作璠玙者。"子玄精通《左氏》,当不致倒文为璠玙,疑后人传钞之误,当乙转。

直书第二十四

士兼百行

昌案:《诗·卫风·氓》笺:"士有百行,可以功过相除。"《世说新语·贤媛》篇:许允妇谓允曰:"士有百行,君有几许?"

或书填坑窖，无闻后代。

昌案：未详所指。或是用秦皇焚书坑儒事，即本书《杂说中》篇所云“李斯之设坑阱”意。

壮夫重气

昌案：此语及下文之“南、董仗气直书”，皆指孟子所谓“浩然之气”，所谓“至大至刚，以直养而无害，则塞于天地之间”者是也。如此方切直书之直字。若《鉴识》篇称：“法盛《中兴》，荒庄少气。”则指文气而言，故其下有“必令同文举之含异，等公斡之有逸”语，当分别观之。

人到于今称之

昌案：《论语·季氏》篇文。子玄以避唐太宗讳，改民为人。

曲笔第二十五

父父，子子，君君，臣臣。

昌案：《论语·颜渊》篇：“齐景公问政于孔子。孔子对曰：‘君君，臣臣，父父，子子。’”

子为父隐，直在其中。

昌案：《论语·子路》篇：“叶公语孔子曰：‘吾党有直躬者，其父攘羊，而子证之。’孔子曰：‘吾党有直者异于是。父为子隐，子为父隐，直在其中矣。’”

率由旧章

昌案：《诗·大雅·假乐》文。

陈寿借米而方传……盖由父辱受髡，故加兹谤议者也。

昌案：王鸣盛《十七史商榷》卷三十九“陈寿史皆实录”条：“《晋书》称寿作《三国志》：‘善叙事，有良史之才。’语气已足。其下又称：‘或云：丁仪、丁廙有名于魏，寿向其子索千斛米，不与，竟不为立传。寿父为马谡参军。谡为诸葛亮所诛，寿父亦坐髡。寿为亮传，谓将略非长，无应敌之才。议者以此少之。'《晋书》好引杂说，故多芜秽，此亦其一也。索米一说，周柳虬、唐刘允济、刘知幾皆信之。近朱氏彝尊、杭氏世骏辨其诬，谓寿于魏文士惟为王粲、卫觊五人立传。粲取其兴造制度，觊取其多识典故。若徐幹、陈琳、阮瑀、应玚、刘桢，仅于粲传附书。今粲传附书云：'沛国丁仪、丁廙，弘农杨修，河内荀纬等亦有文采。'又于《刘廙传》附见云：'与丁仪共论刑礼。'如此亦足矣，何当更立专传乎？且寿岂特不为立传而已，于《陈思王传》云：'植既以才见异，而丁仪、丁廙、杨修等为之羽翼。'于《卫臻传》云：'太祖久不立太子，方奇贵临菑侯，丁仪等为之羽翼。'是夺嫡之罪，仪、廙为大。又毛玠、徐奕、何夔、桓阶之流，皆鲠臣硕辅，仪等交构其恶，疏斥之。然则二人盖巧佞之尤，安得立佳传？然此犹陈寿一人之言也。王沈撰《魏书》，一则曰：'奸以事君。'一则曰：'果以凶伪败。'鱼豢《魏略》，称文帝欲仪自裁，仪向夏侯尚叩头求哀。张骘撰《文士传》，称廙盛誉临菑侯，欲以劝动太祖。则知寿所书仪、廙事皆实，而寿之用心，实为忠厚。毛玠，仪所谗也。玠出，见黥面其妻子没为官奴婢者，曰：'使天不雨者，盖此也。'寿不属之仪，而第曰：'后有白玠者。'白者为谁，非仪则廙，寿为之讳也，尚得谓因索米不得而有意抑之乎？街亭之败，寿直书马谡违亮节度，为张郃所破，初未尝以私隙咎亮。至谓亮将略非长，则张俨、袁准之论皆然，非寿一人之私言也。朱、杭所论，最为平允。寿入晋后，撰次亮集，表上之，推许甚至。本传特附其目录，并上书表，创史家未有之例，尊亮极矣。评中反复盛称其刑赏之当，则必不以父坐罪为嫌。廖立、李平为亮废窜，尚能感泣无怨，明达如寿，顾立、平之不若邪？亮六出祁山，终无一胜，则可见为节制之师，于进取稍钝，自是实录。"又曰："寿本传论曰：'丘明既没，马、班迭兴，奋鸿笔于西京，骋直词于东观。自斯已降，可以继明先典者，陈寿得之。江汉英灵，信有之矣。'其推许至此。索米等说，特史家好采稗野，随手缀拾，聊助谈资耳。寿史才之高，作《晋书》者固已知之，非有意抑之也。"赵翼《廿二史札记》卷六"陈寿论诸葛亮"条："《陈寿传》：'寿父为马谡参军。谡为诸葛亮所诛，寿父亦被髡，故寿为亮传，谓将略非所长。'此真无识之论也。亮之不可及处，原不必以用兵见长。观寿校定诸葛集表言：'亮科教严明，赏罚必信，无恶不惩，无善不显，至于吏不容奸，人怀自励。至今梁、益之民，虽甘棠之咏召公，郑人之歌子产，无以过也。'又亮传后评曰：'亮之为治也，开诚心，布公道，善无微而不赏，恶无纤而不贬，终于邦域之内，咸畏而爱之。刑政虽峻而无怨者，以其用心平而劝戒明也。'其颂孔明，可谓独见其大矣。又于《杨洪传》谓：'西士咸服亮之能尽时人之器能也。'《廖立传》谓：'亮废立为民，及亮卒，立泣曰："吾终为左衽矣。"'《李平传》亦谓：'平为亮所废，及亮卒，平遂发病死。平常冀亮在当自补复，策后人不能故也。'寿又引《孟子》之言，以为：'佚道使民，虽劳不怨；生道杀民，虽死不怨杀者。'此真能述王佐心事。至于用兵不能克捷，亦明言：'所与对敌，或值人杰；加以众寡不侔，攻守异体；又时无名将，故使功业凌迟；且天命有归，不可以智力争也。'寿于司马氏最多回护，故亮遗巾帼及'死诸葛走生仲达'等事，传中皆不敢书，而持论独如此，固知其折服于诸葛深矣。而谓其以父被髡之故，以此寓贬，真不识轻重者。"此辨求米作传及父髡贬葛之诬，可谓精且详矣。尝读《魏书·毛脩之传》，知又有寿之贬葛，乃由己尝被挞之野言，而崔浩论孔明将略非长，亦足与裴松之亮传注所引袁准《袁子》、张俨《默记·述佐》篇以及陈寿之言相发，因并具录如次。传云："浩以其中国旧门，虽学不博洽，而犹涉猎书传，每推重之，与共论说。言次遂及陈寿《三国志》有古良史风。……班史以来，无及寿者。脩之曰：'昔在蜀中，闻长老言：寿曾为诸葛亮门下书佐，被挞百下。故其论武侯云："应变将略，非其所长。"'浩乃与论曰：'承祚之评亮，乃有故义过美之誉。案其迹也，不为负之，非挟恨之矣。何以云然？夫亮之相刘备，当九州鼎沸之会，英雄奋发之时，君臣相得，鱼水为喻，而不能与曹氏争天下；委弃荆州，退入巴蜀，诱夺刘璋，伪连孙氏；守穷崎岖之地，僭号边夷之间，此策之下者。可与赵他为偶，而以为管、萧之亚匹，不亦过乎？谓寿贬亮，非为失实。且亮既据蜀，持山崄之固，不达时宜，弗量势力；严威切决，控勒蜀人；矜才负能，高自矫举；欲以边夷之众，抗衡上国；出兵陇右，再攻祁山，一攻陈仓，疏迟失会，摧衄而反；后入秦川，不复攻城，更求野战。魏人知其意，闭垒坚守，以不战屈之。知穷势尽，愤结攻中，发病而死。由是言之，岂合古之善将，见可而进，知难而退者乎？'脩之谓浩言为然。"（诸葛亮死时，陈寿方两岁，为书佐被挞事，乃流俗妄言。本篇"蜀老犹存，知葛亮之多枉"，亦非指此事，而是《史官建置》篇所言："蜀老（今本讹志）称王崇补东观，许盖掌礼仪，又郤正为秘书郎，屡求益部书籍，斯则典校无阙，属辞有所矣。而陈寿评云蜀不置史官者，得非厚诬诸葛乎？"故续云："别有《曲笔》篇言之详矣。"此彭仲铎《史通增释》所考，精确不移，可谓发千载之覆者也。）

虽肆诸市朝

昌案：《论语·宪问》篇："于公伯寮，吾力犹能肆诸市朝。"《集解》引郑玄曰："有罪既刑，陈其尸，曰肆。"

投畀豺虎

昌案：《诗·小雅·巷伯》文。

同建邺于蛮貊之邦

昌案：《论语·卫灵公》篇："言忠信，行笃敬，虽蛮貊之邦行矣。"

无德不报

昌案：《诗·大雅·抑》文。

然必谓昭公知礼，吾不信也。

昌案：《论语·述而》篇："陈司败问昭公知礼乎？孔子曰：'知礼。'孔子退，揖巫马期而进之，曰：'吾闻君子不党，君子亦党乎？君取于吴，为同姓，谓之吴孟子。君而知礼，孰不知礼？'巫马期以告。子曰：'丘也幸，苟有过，人必知之。'"

古之书事也，令贼臣逆子惧。

昌案：《孟子·滕文公下》篇："孔子成《春秋》，而乱臣贼子惧。"

至如朝廷贵臣，必父祖有传，考其行事，皆子孙所为。而访彼流俗，询诸故老，事有不同，言多爽实。昔秦人不死，验苻生之厚诬；蜀老犹存，知葛亮之多枉。斯则自古所叹，岂独于今哉？

昌案：此节评唐初修史曲笔，实全本赵逸之说以立言，非但用其所云厚诬苻生一事而已。《洛阳伽蓝记》卷二："（逸）云：'自永嘉已来二百余年，建国称王者十有六君。吾皆游其都邑，目见其事。国灭之后，观其史书，皆非实录，莫不推过于人，引善自向。苻生虽好勇嗜酒，亦仁而不杀。观其治典，未为凶暴。及详其史，天下之恶皆归焉。苻坚自是贤主，贼君取位，妄书生恶。凡诸史官，皆是类也。人皆贵远贱近，以为信然。当今之人，亦生愚死智，惑已甚矣。'人问其故，逸曰：'生时中庸之人耳，及其死也，碑文墓志莫不穷天地之大德，尽生民之能事。为君共尧、舜连衡，为臣与伊、皋等迹。牧民之官，浮虎慕其清尘；执法之吏，埋轮谢其梗直。直所谓生为盗跖，死为夷齐。佞言伤正，华辞损实。'当时构文之士，惭逸此言。"

岂曰能官

昌案：《左传》隐三年："岂曰能贤？"《吕氏春秋·本生》篇注："官，正也。"《史记·孝文纪》《索隐》："官，公也。"

鉴识第二十六

夫以丘明躬为鲁史，受经仲尼，语世则并生，论才则同耻。彼二家者，师孔氏之弟子，预达者之门人。才识本殊，年代又隔。安得持彼传说，比兹亲受者乎？

昌案：子玄此论，实绍刘歆。《汉书·楚元王交传》附歆传云："歆以为左丘明好恶与圣人同，（师古曰："《论语》载孔子曰：'巧言令色，足恭，左丘明耻之，丘亦耻之。匿怨而友其人，左丘明耻之，丘亦耻之。'"）亲见夫子。而公羊、穀梁在七十子后。传闻之与亲见之，其详略不同。"戴宏《春秋解疑论》述《公羊传》源流云："子夏传与公羊高，高传与其子平，平传与其子地，地传与其子敢，敢传与其子寿。至汉景帝时，寿乃共弟子胡母子都著于竹帛。”杨士勋《穀梁疏》述《穀梁传》源流云：“穀梁子名淑，字元始，鲁人，一名赤，受经于子夏，为经作传，传荀卿。卿传鲁人申公，申公传博士江翁。”此所谓“师孔氏之弟子，预达者之门人”也。

虽浚发于巧心，反受嗤于拙目也。

陈汉章曰：“二句陆机《文赋》文。嗤，本作岺。”

昌案：《文选·文赋》李善注：“岺，笑也。岺与蚩同。”薛传均《文选古字通疏证》：“按阮嗣宗《咏怀》诗：‘嗷嗷今自蚩。’注：‘《说文》云：“嗤，笑也。”嗤与蚩同。’盖嗤从蚩得声，故通用也。《说文》无岺字，当是欰之误。《说文》欰字下云：‘欰，戏笑也。’欰蚩皆从㞢得声，故通。今岺字从山者，山字即㞢之讹。”

必令同文举之含异

含异，浦起龙曰：“疑当作末异。魏文帝《典论》：‘文本同而末异。’”纪昀曰：“‘孔氏卓卓，信含异气。’亦文帝语，注失引。”

昌案：《文心雕龙·风骨》篇：“公幹亦云：‘孔氏卓卓，信含异气，笔墨之性，殆不可胜。’”则文举含异乃刘桢语，纪氏以涉下文“等公幹之有逸”句出子桓《与吴质书》而误记亦为魏文语也。浦校之失，更不待言。

逝将烟烬火灭，泥沉雨绝。

昌案：《文选》鲍照《芜城赋》：“皆薰歇烬灭，光沉响绝。”此仿其语。

扬名于后世者乎

昌案：《孝经·开宗明义章》：“立身行道，扬名于后世，以显父母，孝之终也。”

探赜第二十七

《诗》列《风》、《雅》，卜商通其义。

昌案：《汉书·艺文志》《诗》类序："又有毛公之学，自谓子夏所传。"陆德明《经典释文·叙录》："孔子录《诗》三百一十一篇，以授子夏，子夏遂作序焉。"

误生人之后学

昌案：徐复《校勘学中之二重及多重误例》曰："'误生人之后学'句不辞。疑后学二字当为耳目二字之误。后人以文有模糊，妄补之耳。《古今正史》篇云：'盖属辞比事，以月系年，为史氏之根本，作生人之耳目者，略尽于斯矣。'亦以生人之耳目连文，可为证矣。"

昔夫子之刊鲁史，学者以为感麟而作。……是则义包微婉，因攫莓而创词；时逢西狩，乃泣麟而绝笔。传者徒知其一，而未知其二，以为自反袂拭面，称吾道穷，然后追论五始，定名三叛。

昌案：此节盖本之杜预。《春秋经传集解序》云："据《公羊》经止获麟，而《左氏》小邾射不在三叛之数。故余以为：感麟而作，作起获麟，则文止于所起，为得其实。至于反袂拭面，称吾道穷，亦无取焉。"《史记·高祖本纪》："公知其一，未知其二。"

夫以彼聿修，传诸诒厥。

昌案：《颜氏家训·文章》篇："《诗》云：'孔怀兄弟。'孔，甚也。怀，思也。言甚可思也。陆机《与长沙顾母书》，述从祖弟士璜之死，乃言：'痛心拔脑，有如孔怀。'心既痛矣，即为甚思，何故言有如也？观其此意，当谓亲兄弟为孔怀。《诗》云：'父母孔迩。'而呼二亲为孔迩，于义通乎？"子玄此以聿修为祖，诒厥为孙，其失正同。他如以友于为兄弟，以色斯为举，赫斯为怒，此类甚多。平步青《霞外攟屑》卷五"友于色斯赫斯贻厥"条皆有举证，亦古人行文之一病也。

盖明月之珠，不能无瑕。

瑕，卢文弨校本作考，云："瑕非。《淮南子·氾论训》：'夏后氏之璜，不能无考。'考，谓瑕衅也。"

昌案：洪颐煊《读书丛录》卷十六"《淮南子》考"条："考当作耇。《说文》：'耇，老人面如点也，从老省，占声。'与玷字通用，讹脱作考。"

是则以魏为正朔之国，典午攸承；蜀乃僭伪之君，中朝所嫉。

昌案：陈寿《三国志》以正统与魏一事，后来学者著作若朱彝尊《曝书亭集》卷五十九《陈寿论》、杭世骏《诸史然疑》"《三国志》"条、赵翼《廿二史札记》卷六"三国志书法"条、《四库提要》卷四十五"《三国志》"条、《困学纪闻》卷十三"正统主蜀主魏"条翁元圻注引王縠塍说、章学诚《文史通义》内篇卷二《文德》篇等，皆尝推原其故，而以《提要》及《文德》篇所言最为融贯。《提要》云："其书以魏为正统，至习凿齿作《汉晋春秋》，始立异议。自朱子以来，无不是凿齿而非寿。然以理而论，寿之谬万万无辞；以势而论，则凿齿帝汉顺而易，寿欲帝汉逆而难。盖凿齿时晋已南渡，其事有类乎蜀。为偏安者争正统，此孚于当代之论者也。寿则身为晋武之臣，而晋武承魏之统，伪魏是伪晋矣。其能行于当代哉？此犹宋太祖篡立近于魏，而北汉、南唐迹近于蜀，故北宋诸儒皆有所避而不伪魏。高宗以后，偏安江左，近于蜀，而中原魏地全入于金，故南宋诸儒乃纷纷起而帝蜀。此皆当论其世，未可以一格绳也。"《文德》篇云："昔者，陈寿《三国志》纪魏而传吴、蜀，习凿齿为《汉晋春秋》，正其统矣。司马《通鉴》仍陈氏之说，朱子《纲目》起而正之。是非之心，人皆有之。不应陈氏误于先，而司马再误于后，而习氏与朱子之识力偏居于优也。而古今之讥《国志》与《通鉴》者，殆于肆口而骂詈，则不知起古人于九原，肯吾心服否邪？陈氏生于西晋，司马生于北宋，苟黜曹魏之禅让，将置君父于何地？而习与朱子，则固江东、南渡之人也，惟恐中原之争天统也。诸贤易地则皆然，未必识逊今之学究也。是则不知古人之世，不可妄论古人文辞也；知其世矣，不知古人之身处，亦不可以遽论其文也。”诸家之说，推究原始，要皆为子玄魏为典午攸承一语所启发。然子玄于《汉晋春秋》之帝蜀，但云：“定邪正之途，明顺逆之理。”则尚属皮相之谈，未能洞悉习氏微旨，故有待于后来者之彰阐。此又所谓前修未密，后出转精也。

不亦凭虚、亡是者耶？

昌案：《文选》张衡《西京赋》：“有凭虚公子者。”薛综注：“凭，依托也。虚，无也。言无有此公子也。”《史记·司马相如列传》述其造《子虚赋》事云：“相如以子虚，虚言也，为楚称；乌有先生者，乌有此事也，为齐难；无是公者，无是人也，明天子之义。故空借此三人为辞，以推天子诸侯之苑囿，其卒章归之节俭，因以风谏。”

与夫班彪《王命》一何异乎？

昌案：《后汉书·班彪传》：“（隗）嚣曰：‘……至如但见愚人习识刘氏姓号之故，而谓汉家复兴，疏矣！昔秦失其鹿，刘季逐而羁之，时人复知汉乎？’彪既疾嚣言，又伤时方艰，乃著《王命论》，以为汉德承尧，有灵命之符；王者兴祚，非诈力所敌，欲以感之。嚣竟不寤。”

智者不惑

昌案：《论语·子罕》篇又《宪问》篇文。

模拟第二十八

故列御寇之言理也，则凭李叟。

昌案：《汉书·艺文志》：“《列子》八篇。”原注：“名圄寇。”刘向《列子叙录》：“列子者，郑人也，与郑缪公同时，盖有道者也。其学本于黄帝、老子。”然子玄所见《列子》，亦即今传晋人所造伪书，非刘、班著录之本。《史记·老子列传》：“老子姓李名耳，盖百有六十余岁，或言二百余岁，以其修道而养寿也。”《文选》赵至《与嵇茂齐书》：“昔李叟入秦，及关而叹。”

扬子云之草《玄》也，全师孔公。

昌案：《史记·孔子世家》："孔子晚而喜《易》，序《彖》、《系》、《象》、《说卦》、《文言》。"《汉书·扬雄传》："雄好古乐道，其意欲求文章成名于后世，以为经莫大于《易》，故作《太玄》。用心于内，不求于外，于时人皆曶之，惟刘歆、范逡敬焉，而桓谭以为绝伦。"《汉志》著录扬雄所序三十九篇，有《太玄》十九在。

盖古者列国命官，卿与大夫为别。必于国史所记，则卿亦呼为大夫。此《春秋》之例也。

昌案：《春秋》隐二年："无骇帅师入极。"杜注："无骇，鲁卿。"孔疏："《春秋》之例，卿乃见经。今名书于经，传称司空，故知无骇是鲁卿。诸书名于经，皆是卿也。故于此一注，以下不复言之。又《王制》云：'上大夫，卿。'则卿亦大夫也。故注多以大夫言卿。下注云：'裂繻，纪大夫。'如此之类，皆是卿也。其名见于传，而注云大夫者，则其爵真大夫也。"

秦有天下……目宰辅为丞相。

昌案：《汉书·百官公卿表》："丞相，秦官，金印紫绶，掌丞天子，助理万机。"

而谯周撰《古史考》，思欲摈抑马《记》，师放孔经。

昌案：《晋书·司马彪传》："谯周以司马迁《史记》书周、秦以上，或采俗语百家之言，不专据正经；周于是作《古史考》二十五篇，皆凭旧典，以纠迁之谬误。"

其书李斯之弃市也

昌案：《释名·释丧制》："市死曰弃市。市，众所聚，与众人共弃之也。"

而干宝撰《晋纪》，至天子之葬，必云：葬我某皇帝。

昌案：干宝以为修史宜准《左传》，本书《二体》、《载言》、《序例》诸篇皆言之。《文选》干氏《晋纪总论》李注引其书云:“镇东大将军诸葛诞贰于我。”又《世说新语・贤媛》篇注引云:“(王)经正直,不忠于我。”皆其仿《春秋》《左传》称晋为我之证。

兴亡继绝

昌案:《论语・尧曰》篇:“兴灭国,继绝世,举逸民,天下之民归心焉。”《尚书大传》:“古者诸侯始受封,必有采地。其后子孙虽有罪黜,其采地不黜,使子孙贤者守之,世世以祠其始受封之人。此之谓‘兴灭国,继绝世。’”(《韩诗外传》卷八略同。)

不失旧物也

昌案:《左传》哀元年:“祀夏配天,不失旧物。”

春秋诸国皆用夏正。鲁以行天子礼乐,故独用周家正朔。

昌案:《尚书・甘誓》:“怠弃三正。”《释文》引马融云:“建子,建丑,建寅三正也。”《尚书大传》:“夏以孟春月为正,殷以季冬月为正,周以仲冬月为正。”《史记・历书》:“夏正以正月,殷正以十二月,周正以十一月。”顾炎武《日知录》卷四“三正”条:“三正之名,见于《甘誓》……其来尚矣。《微子之命》曰:‘统承先王,修其礼物。’则知杞用夏正,宋用殷正。若朝觐会同,则用周之正朔。其于本国,自用其先王之正朔也。”据此,诸国皆用夏正之说,亦不尽然。然古之王者,易姓受命,则必改正朔,以示维新,故三王不相袭耳。《礼记・明堂位》篇:“成王以周公为有勋劳于天下,命鲁公世世祀周公以天子之礼乐,是以鲁君孟春乘大路,载弧韣旂,十有二旒,日月之章,祀帝于郊,配以后稷。天子之礼也。”

至如书“元年春王正月”者,年则鲁君之年,月则周王之月。原注:考《竹书纪年》始达此义,而自古说《春秋》者,皆妄为解释也。

昌案:《竹书纪年》今本经后人窜乱,不足据信。朱右曾、王国维所辑古本,亦丛碎之余。惟杜预《春秋经传集解・后序》云:“其《纪年》篇起自夏、殷、周，皆三代王事，无诸国别也。惟特纪晋国，起自殇叔，次文侯、昭侯，以至曲沃庄伯……皆用夏正建寅之月为岁首，编年相次。”（《隋书·经籍志》古史类序略同。）今本有称“元年春正月”者，而无王字。盖以非用周正，则王字无所附丽。或子玄所见《纪年》亦如此作。其说盖以明周时诸国，所奉正朔不一其制。若鲁者，年则鲁君之年，月则周王之月；若晋者，年则晋君之年，月则夏王之月。时当周代，则鲁史可称王正月，晋史不得称王正月，以此相证成，因谓《竹书纪年》能达此义耳。丘光庭《兼明书》卷三“刘子玄误说周王诸侯用夏正”条云：“古者，孟春之月，天子颁朔于诸侯，诸侯奉而行之。安有周代诸侯而用夏家正朔？按文十七年《左传》，郑子家与赵宣子书云：‘二年六月壬申，朝于齐。’杜注云：‘郑文公二年六月日，即鲁庄公二十三年六月二十日也。’此即诸侯用周正之明文也。而子玄不精鲁史，妄斥先儒说经典之玷，不可为训。或曰：《春秋后序》，是杜因晃所书□□□曲沃庄伯之十一年十一月，鲁隐公之元年正月也。所书是魏国史记，魏本周之诸侯，何故不用周正也？魏国之兴，在周之末。时称战国，鲁不臣周。自造史记，追书前代称王改朔用夏正。而子玄执战国之史而论春秋之制，以末正本，无乃悖乎？”（此据石印《宝颜堂秘笈》移录，中有阙误，俟更得善本补正之。）丘氏以《竹书记年》之用夏正，乃魏于战国称王后所改，无征不信。郑用周正，亦不得即谓诸侯皆用周正。其说殆未足以证子玄之为误也。

而孙盛魏、晋二《阳秋》，每书年首，必云：“某年春帝正月。”……以此而拟《春秋》，又所谓貌同而心异也。

昌案：本书《题目》篇尝论孙氏著魏史而号曰《春秋》，“虽得稽古之宜，未达从时之义”。《三国志·魏志·武帝纪》裴注云：“凡孙盛制书，多用《左氏》以易旧文……嗟乎！后之学者将何取信哉？”又《陈泰传》注云：“检盛言，诸所改易，皆非别有异闻，率更自以意制，多不如旧。凡纪言之体，当使若出其口。辞胜而违实，固君子所不取，况复不胜而徒长虚妄哉！”亦皆其食古不化，貌同心异之证。

三传并兴，各释经义。

昌案：范宁《穀梁传序》："凡传以通经为主，经以必当为理。夫至当无二，而三传殊说，安得不弃其所滞，择善而从乎？《左氏》艳而富，其失也巫。《穀梁》清而婉，其失也短。《公羊》辩而裁，其失也俗。若能富而不巫，清而不短，裁而不俗，则深于其道者也。"

作仪同

昌案：《后汉书·邓骘传》："延平元年，拜骘车骑将军，仪同三司，自骘始也。"三司者，太尉、司徒、司空。太尉，周之司马。

盖语曰："世异则事异，事异则备异。"

昌案：《韩非子·五蠹》篇："世异则事异……事异则备变。"

此韩子所以著《五蠹》之篇，称宋人有守株之说也。

昌案：其文云："宋人有耕者，田中有株，兔走触株，折颈而死，因释其耒而守株，冀复得兔。兔不可复得，而身为宋国笑。今欲以先王之政治当世之民，皆守株之类也。"

义理玄同

昌案：《老子》五十六章："塞其兑，闭其门，挫其锐，解其纷，和其光，同其尘，是谓玄同。"《文选》左思《魏都赋》："世笃玄同。"吕延济注："玄同，犹大同也。"

亦犹孔父贱为匹夫

昌案：《左传》桓十年："匹夫无罪。"杜注："庶人夫妻相匹，其名既定，虽单亦匹，故通谓之匹夫匹妇。"然检校孔子事迹，似不得谓为匹夫。

而能祖述尧、舜，宪章文、武。

昌案：《礼记·中庸》篇："仲尼祖述尧、舜，宪章文、武。"

亦何必居九五之位

昌案:《易·乾》:"九五,飞龙在天,利见大人。"王注:"龙德在天,则大人之路亨也。夫位以德兴,德以位叙,以至德而处盛位,万物之睹,不亦宜乎。"孔疏:"夫位以德兴者,位谓王位,以圣德之人能兴王位也。德以位叙者,谓有圣德之人得居王位,乃能叙其圣德。若孔子虽有圣德而无其位,是德不能以位叙也。"

处南面之尊

昌案:《论语·雍也》篇:"雍也可使南面。"何晏《集解》引包咸曰:"可使南面者,言任诸侯可使治国政也。"(据阮元校勘记引皇侃本。)

有类效颦,弥益其丑。

昌案:《庄子·天运》篇:"西施病心而矉其里。其里之丑人见而美之,归亦捧心而矉其里。其里之富人见之,坚闭门而不出;贫人见之,挈妻子而去之走。彼知矉美,而不知矉之所以美。"矉,颦之借字。

盖君父见害,臣子所耻。

昌案:《汉书·苏建传》附子武传:"臣事君,犹子事父也。"故古者皆以君父臣子连言。

太子劭使力士排徐湛、江湛僵仆,于是始与劭有隙。其后三年,有江湛为元凶所杀事。

徐湛,浦起龙曰:"二字疑衍。"又云:"按(江湛)本传及《徐湛之传》,俱无同受排仆之文,虽裴《略》不可得见,而历考时事,知是《史通》衍文也。"下江湛原作徐江,浦改。

昌案:此文徐湛下或夺之字,(如徐湛之为天师道信徒,则其名亦可略去之字,或《宋略》即如此作。说在《杂述》篇笺记。)下徐江字不误。《宋书》二传虽皆无徐、江同受排仆之文,然不得据谓《宋略》亦无此说。至二人同为劭所恶,又同时被害,则明见《元凶劭传》,(传载其语云:"不斩江湛、徐湛之，无以谢天下。”又载其弑文帝事略云：“张超之等数十人拔刀径上合殿。上其夜与尚书仆射徐湛之语，至旦，烛犹未灭。超之手行弑逆，并杀湛之。劭进至合殿，太祖已崩，遣人于崇礼闱杀吏部尚书江湛。”）亦不得云历考时事，知是衍文也。

如《左传》上言羊斟，则下曰叔牂；前称子产，则次见国侨。

昌案：王若虚《滹南遗老集》卷二十《诸史辨惑》：“《左氏》文章，所谓‘毫发无遗恨’者，惟参举人名字，颇为不惬。如邲之战，既称士会，复曰随武子，又曰随季，又曰士季；既称郤克，复曰驹伯，又曰郤献子；初称荀林父而后称桓子；初称先縠而后称彘子。大率皆然，不可殚举。一段之文，而错杂如是，向无注释，读者孰知其为一人耶？”章学诚《文史通义》内篇卷三《繁称》篇：“尝读《左氏春秋》，而苦其书人名字不为成法也。夫幼名，冠字，五十以伯仲，死谥，周道也。（昌案：此见《礼记·檀弓篇》。）此则称于礼文之言，非史文述事之例也。《左氏》则随意杂举而无义例，且名、字、谥、行以外，更及官、爵、封邑焉。一篇之中，错出互见。苟非注释相传有授受，至今不识为何如人也。是以后世史文莫不钻仰《左氏》，而独于此不复相师也。”两家之论甚是。子玄佞《左》，于此等不加针砭，反以子野之是则是效为貌异心同，亦未免于颛固矣。

又案：钱大昕《十驾斋养新录》卷二“羊斟不与”条：“宣二年，宋‘华元杀羊食士，其御羊斟不与’。据后文羊斟两见，是羊斟为人姓名。案《淮南·缪称训》云：‘鲁酒薄而邯郸围，羊羹不斟而宋国危。’则斟为斟酌之义，当以羊为其御之名，斟不与三字为句。细玩下文，其御字叔牂，正与羊名相应，则《淮南》说亦可通。传文后两斟字或后人所加。”张文虎《舒艺室随笔》卷一亦主羊为人名，传文当读为“其御羊，斟不与。”其释斟不与云：“《说文》：‘斟，勺也，分羹之器也。’古以斟分羹，（如《史记·赵世家》，襄子使厨人操铜枓行斟是也。）因即谓之斟，而叔牂不得与也。”马叙伦《读书续记》卷二：“陆继辂《合肥学舍札记》七曰：‘“其御羊斟不与。”羊斟非名也。《史记·宋世家》作羊羹。羊羹即羊斟。《方言》：“斟，汁也。”盖华元之御字叔牂，因疑羊斟为名。传羊斟非人羊斟之谓，疑皆叔牂字而后人妄改者。羊斟不及羊斟，恐无此适值之事。'（昌案：洪亮吉《晓读书斋四录》卷上所论与陆略同，不更引。）伦案：《吕氏春秋·察微篇》曰：'宋华元率师应之大棘，羊斟御。'吕氏时盖据列国之史，未必依《左传》也，而言羊斟御与《左传》应。且羊斟非人名，则辞当曰，华元为羊斟飨士，其御不与焉；安得曰，杀羊飨士，其御羊斟不与乎？然则自是《左传》借斟为羹，或《世家》借羹为斟耳。以其字叔牂观之，则羹字是。"诸家之说，以马为长。《左传疏》引诸汉师说，皆以羊斟为名，即子玄所本。

《左氏》与《论语》有叙人酬对，苟非烦词积句，但是往复唯诺而已，则连续而说，去其对曰、问曰等字。

昌案：俞樾《古书疑义举例》卷二"两人之辞而省曰字例"："一人之辞自为问答，则用曰字。乃有两人问答，因语气相承，诵之易晓，而曰字从省不书者。如《论语·阳货》篇：'子曰："由也，女闻六言、六蔽矣乎？"对曰："未也。""居，吾语女。"'居，吾语女，乃夫子之言，而即承对曰未也之下，无子曰字。'子曰："食夫稻，衣夫锦，于女安乎。"曰："安。""女安，则为之。"'女安，则为之，乃夫子之言，而即承曰安之下，无子曰字。"此事古书恒见，俞氏所举，尚有《孟子》、《檀弓》，而未及《左传》。今补一例如次。宣十二年："还无社与司马卯言，号申叔展。叔展曰：'有麦曲乎？'曰：'无。''有山鞠穷乎？'曰：'无。''河鱼腹疾奈何？'曰：'目于眢井而拯之。''若为茅绖，哭井则已。'"

书事第二十九

体国经野之言则书之

昌案：《周礼·天官》："惟王建国，辨方正位，体国经野，设官分职。"《地官》、《春官》、《夏官》、《秋官》并有此文。

何莫由斯

昌案：《论语·雍也》篇："谁能出不由户，何莫由斯道也。"

子曰:“于予何诛!”

昌案:《论语·公冶长》篇:“宰予昼寝。子曰:‘朽木不可雕也,粪土之墙,不可圬也。于予与何诛!’”

而事鬼求福,墨生所信。

昌案:《墨子》有《明鬼》篇。《汉书·艺文志》墨家类序云:“宗祀严父,是以右鬼。”墨生,墨先生也,盖尊之之辞。(说在《叙事》篇笺记。)古人皆以墨子氏墨。如《通志·氏族略》卷四云:“墨氏,《姓纂》云:孤竹君之后,本墨台氏,后改为墨氏。”是也。至近人始多异说。

目为鬼神传录

昌案:何法盛《晋中兴书》改传为录。故钱大昕《十驾斋养新馀录》卷中“何法盛书”条举《史通》此文,云:“《鬼神录》亦法盛书之一篇。”其言是也。若《鬼神传》则王隐《晋书》之一篇。章宗源《〈隋书·经籍志〉考证》卷一尝征王书逸文云:“《艺文类聚·灵异部》:王矩至长沙,见一人,自称天上京兆杜灵之。《太平广记》载苏韶、夏侯恺亡后见鬼事,(《御览·人事部》亦引苏韶事,而《广记》似全篇。)自是《鬼神传》中之词。”

可谓美玉之瑕,白圭之玷。惜哉!无是可也。

昌案:萧统《陶渊明集序》:“白璧微瑕,惟在《闲情》一赋。扬雄所谓劝百而风一者。卒无风谏,何足摇其笔端。惜哉!无是可也。”此用其语意。“白圭之玷”,《诗·大雅·抑》文。

其事芜秽,其辞猥杂。

昌案:此类之失,作俑丘明。本书《烦省》篇云:“若介葛辨牺于牛鸣,叔孙志梦于天压,楚人教晋以拔旆,城者讴华以弃甲,此而毕书,岂得谓之省邪?”《楚辞·离骚》:“哀众芳之芜秽。”洪兴祖《补注》曰:“芜,荒也。秽,恶也。”

彰善瘅恶

昌案:伪古文《尚书·毕命》篇文。

开国承家

昌案:《易·师》文。

良弓无改

昌案:《礼记·学记》篇:“良弓之子,必学为箕。”孔疏:“善为弓之家,使干角挠屈调和以成弓,故其子弟亦观其父兄世业,仍学取柳和软,挠之成箕也。”

行无闻于十室

昌案:《论语·公冶长》篇:“子曰:‘十室之邑,必有忠信如丘者焉,不如丘之好学也。’”邢疏:“十室之邑,邑之小者也。”

夫记事之体,欲简而且详,疏而不漏。

昌案:《文心雕龙·熔裁》篇论文章繁简,有“繁而不可删”,“略而不可益”之说,可与此相参证。《老子》七十三章:“天网恢恢,疏而不失。”

人物第三十

而死之日,名无得而闻焉。

昌案:《论语·季氏》篇:“齐景公有马千驷,死之日,民无德而称焉。”此仿其语。

是谁之过欤

昌案:《论语·季氏》篇文。

或陈力就列

昌案:《论语·季氏》篇:“周任有言曰:‘陈力就列,不能者止。’”《集解》引马融曰:“言当陈其才力,度己所任以就其位,不能则当止。”

或杀身成仁

昌案:《论语·卫灵公》篇:“志士仁人,无求生以害仁,有杀身以成仁。”

无乃太简

昌案:《论语·雍也》篇:“居简而行简,无乃太简乎?”

至如皋陶、伊尹、傅说、仲山甫之流……功烈尤显,事迹居多,盍各采而编之,以为列传之始。

昌案:焦竑《焦氏笔乘》卷三“《史通》”条论子玄此说云:“夫迁书与经典并行,世多其书,辄弗论著,而复责之以编纂,不亦复乎?”窃意史公不为诸人立传者,盖缘上古事简,其功业已概见五帝、三代本纪中,则不烦重出,非以已作与经典并行,遂不作也。《史记》采《尚书》、《春秋》、《国语》、《左氏》之文,固亦多矣,何尝有世多其书,辄弗论著之事乎?

何龌龊之甚乎

昌案:《文选》张衡《西京赋》:“独俭啬以龌龊。”李善引《汉书》注曰:“龌龊,小节也。”

何桢、许询,文雅高于扬、豫……王隐《晋史》,广列诸传,而遗此不编。

昌案:余嘉锡《四库提要辨证》卷三“《晋书》”条:“今按王隐《晋书》,以成帝咸康六年奏上,(见《史通·古今正史》篇。)而许询与谢安、王羲之同时,当卒于书成之后。(《御览》所引隐书,有成帝以后事,恐系传写之误。)隐不为询立传,尚不足怪。惟今《晋书》亦无何桢、许询传,斯则可异耳。”余氏因据群书考得何、许事迹甚详,殊足补《晋书》之阙也。

如秦嘉妻徐氏，动合礼仪，言成规矩，毁形不嫁，哀恸伤生。

昌案：《太平御览》卷四百四十一引杜预《女记》："淑丧夫守寡，兄弟将嫁之，誓而不许，为书曰：'盖闻君子导人以德，矫俗以礼，是以列士有不移之志，贞女无回贰之行。淑虽妇人，窃慕杀身成义，死而后已。夙遭祸罚，丧其所天。男弱未冠，女幼未笄，是以僶俛求生，将欲长育二子，上承祖宗之祀，下继祖祢之礼，然后觐于黄泉，永无惭色。仁兄德弟既不能厉高节于弱志，发明德于暗昧，许我他人，逼我干上，乃命官人讼之简书。夫智者不可恶以事，仁者不可胁以死。晏婴不以白刃临颈，改正直之词；梁寡不以毁形之痛，忘执节之义。高山景行，岂不思齐。计兄弟不能匡我以道，博我以文，虽曰既学，吾谓之未也。'"严可均《铁桥漫稿》卷七有《后汉秦嘉妻徐淑传》，其遗事传于今者备载焉。

故太史公有云："自获麟以来……"

昌案：此节取《史记·自序》所载司马谈之言。

若《汉传》之有傅宽、靳歙，《蜀志》之有许慈，《宋书》之虞丘进，《魏史》之王宪。

传，宋本脱，卢文弨云："疑是书字。"顾广圻云："衍文。"

昌案：二说皆非。此避与下《宋书》书字复，故易称传，亦犹下《魏书》之易称史耳。本书《覈才》篇："班生编次汉册，沈氏勒成宋典。"而孟坚、休文之作，初不以册、典为名，可以类推。传亦史籍之通名也。

课虚成有

昌案：陆机《文赋》："课虚无以责有。"

语曰："君子于其所不知，盖阙如也。"

昌案：此《论语·子路》篇载孔子之言。

覈才第三十一

斯盖察其所由

昌案:《论语·为政》篇:"子曰:'视其所以,观其所由,察其所安,人焉廋哉?'"

亦奚异观河倾之患,而不遏以堤防,方欲疏而导之,用速怀襄之害。

昌案:《汉书·沟洫志》:"哀帝初,平当使领河堤,奏言:'九河今皆寘灭,按经义,治水有决河深川,而无堤防壅塞之文。……'"又载贾让奏云:"夫土之有川,犹人之有口也。治土而防其川,犹止儿啼而塞其口,岂不遽止,然其死可立而待也。故曰:'善为川者,决之使道;善为民者,宣之使言。'"子玄此文,盖反其意而用之。《尚书·尧典》:"汤汤洪水方割,荡荡怀山襄陵,浩浩滔天。"

孝标持论谈理,诚为绝伦,而《自序》一篇,过于烦碎。

昌案:余嘉锡《论学杂著·读已见书斋随笔》"汪中李慈铭之自序"条:"刘孝标《自序》云:'余尝自比冯敬通,而有同之者三,异之者四。'汪中《述学》有《自序》一篇,自比孝标,李慈铭《越缦堂骈文》亦有一篇,复自比汪中,皆以三同四异为词,不更叙平生事迹。然考《梁书》、《南史》刘峻本传,先引其《自序》云:'黉中济济皆升堂,亦有愚者解衣裳。'《文选》卷四十三《重答刘秣陵书》下,李善注引刘峻《自序》曰:'峻字孝标,平原人也,生于秣陵县,期月归故乡。八岁遇桑梓颠覆,身充仆圉。齐永明四年二月,逃还京师,后为崔豫州刑狱参军。梁天监中,诏峻东掌石渠阁,以病乞骸骨,后隐东阳金华山。'是则孝标《自序》全如列传,其体盖本之司马迁、扬雄。故《史通·忤时》篇曰:'刘峻作传,自述长于论才。'(今《自序》中无此语。)《梁书》本传实即采其《自序》之文,特不能如《汉书》司马迁、扬雄传之例,叙明为峻之《自序》云尔,而但录其一节,标为《自序》,遂使人忽焉不察。然本传于'自比冯敬通'句上固有'峻又尝为《自序》,其略曰云云’，略之为言，明其非全篇也。《史通·覈才》篇曰：‘孝标持论谈理，诚为绝伦，而《自序》一篇，过于烦碎。’若仅三同四异，简亦甚类，何烦碎之有乎？容甫、爱伯，不加深考，以为峻之《自序》；文尽于此，并其传前所引两句亦熟视无睹，遂纷纷列举同异，以为《自序》；不知自汉、魏以来，凡为自序者，未尝有此体也。摹拟古人文中之一节，首尾不具，号称名笔，可乎？”

直论文章

昌案：论，当依宋本作是。“直是文章”，即《载文》篇“非复史书，更成文集”之意，亦即本篇下文所称“文之与史，较然异辙”之意也。

自卜者审

昌案：《文选》嵇康《与山巨源绝交书》：“自卜已审。”

岂所谓诵《诗》三百，虽多亦奚以为者乎。

昌案：《论语·子路》篇：“子曰：‘诵《诗》三百，授之以政，不达；使于四方，不能专对，虽多亦奚以为？’”

故以张衡之文，而不闲于史；以陈寿之史，而不习于文。

昌案：本书《古今正史》篇尝叙刘珍等修《东观汉记》事，而不及张衡。余嘉锡《四库提要辨正》卷五“《东观汉记》”条以《玉海》卷四十六有“安帝永初、永宁间，刘珍、騊駼、张衡、李尤等撰集为《汉记》”之说，然衡实未与其事，因为之考曰：“案衡本传云：‘永初中，刘珍、刘騊駼等著作东观，撰集《汉记》，因定汉家礼仪，上言请衡参论其事，会病卒。而衡常叹息，欲终成之；及为侍中，上疏请得专事东观，收检遗文，毕力补缀。书数上，竟不听。及后之著述多不详典，时人以为恨。’是珍等虽尝请衡参论，而以珍等旋卒，中辍不行；衡虽请自补缀，亦不见听，故时人以其不得秉史笔为恨。《史通·覈才》篇曰：‘以张衡之文，而不闲于史。’正以衡未尝修史，犹之陈寿不常缀文也。章怀注载衡表，自称‘臣仰幹史职’者，谓太史令耳，（本传前已称太史令为史职。）非谓史官之职。及至元嘉中，伏无忌等奉诏撰集，则衡死已久矣。（衡卒于永和四年，下距元嘉，凡六年。）《玉海》之说非也。”余氏所考甚是。衡以无缘入东观，其于修史固或有未能闲习者。然若遽执此以为其乏史才之证，则尚有可商。观刘珍等既加推引，衡亦有意参与其事，及美志不遂，时人又以为恨，则衡不乏史才，断然可知。子玄之言，岂别有所据乎？

是以略观近代，有齿迹文章，而兼修史传，其为式也，罗含、谢客，宛为歌颂之文；萧绎、江淹，直成铭赞之序。温子升尤工复语；卢思道雅好丽词；江总猖獗以沉迷；庾信轻薄而流宕。此其大较也。然向之数子所撰者，盖不过偏记杂说、小卷短书而已。

昌案：此举八人，其撰史者，则有谢灵运尝为《晋书》三十六卷，江淹尝为《齐史》十三卷，（均见《隋志》正史类。）非子玄此之所指也。其合于子玄所云“偏记杂说、小卷短书”者，则为罗含《湘中山水记》三卷，（《隋志》不著录。）谢灵运《游名山志》一卷、《居名山志》一卷，（均见《隋志》地理类。）萧绎《孝德传》三十卷、《忠臣传》三十卷、《丹阳尹传》十卷、《怀旧志》九卷、《全德志》一卷、《同姓名录》一卷、《研神记》一卷、（均见《隋志》杂传类。）《荆南地志》二卷，（《隋志》地理类。）温子升《魏永安记》三卷，（《隋志》地理类。）卢思道《知己传》一卷。（《隋志》杂传类。）而江淹、江总、庾信此类著述则今无闻焉。

词宗丽淫

昌案：《法言·吾子》篇：“诗人之赋丽以则，辞人之赋丽以淫。”

握管怀铅

昌案：扬雄《方言》卷首载其《答刘歆书》云：“雄常把三寸弱翰，赍油素四尺，以问其异语，归即以铅摘次之于椠。”《西京杂记》卷三载刘歆曰：“扬子云好事，常怀铅提椠，从诸计吏访殊方绝域四方之语。”

连章累牍

昌案:《隋书·李谔传》载其上文帝书有云:“连篇累牍,不出月露之形;积案盈箱,唯是风云之状。”

序传第三十二

至马迁又征三闾之故事,放文园之近作,模楷二家,勒成一卷。于是扬雄遵其旧辙,班固酌其余波,自叙之篇,实烦于代。

昌案:钱大昕《廿二史考异》卷五“《史记·太史公自序》”条:“自史公有《自序》一篇,而班孟坚、司马彪、(亦称《叙传》。)华峤、(称《谱叙》,见《三国志》注。)沈约、魏收、李延寿之徒,各为叙传。承祚先世仕蜀不显,蔚宗与汉年代隔越,故不立此篇。萧子显齐豫章王嶷之子。其传赞云烈考,云我王,与他篇异,但传中竟不列己名,则又矫枉过直矣。姚思廉《陈书》于父传末略述己修史事,而不称叙传,亦不及入唐以后事,于体例最为得之。唐、宋以来,设立官局,史非一人一家之书,故无叙传之名矣。”

以《春秋》所讳,持为美谈。

昌案:《左传》成二年,楚申叔跪谓申公巫臣曰:“异哉!夫子有三军之惧,而又有桑中之喜,宜将窃妻以逃者也。”此指巫臣谋取夏姬,乃于聘齐时尽室以行事。传载之而经不书,故子玄以为“《春秋》所讳”。

必责以名教

昌案:陈寅恪《陶渊明之思想与清谈之关系》曰:“《老子》云:‘朴散则为器。圣人用之则为官长。’王弼注云:‘始制为朴散,始为官长之时也。始制官长,不可不立名分,以定尊卑,故始制有名也。’《庄子·天下》篇云:‘《春秋》以道名分。’故名教者,依魏、晋人解释,以名为教,即以官长君臣之义为教,亦即入世求仕者所宜奉行者也。其主张与崇尚自然即避世不仕者适相违反。”

又曰："吾每自省吾身，为人谋而不忠乎？与朋友交而不信乎？"

昌案：《论语·学而》篇："曾子曰：'吾日三省吾身，为人谋而不忠乎？与朋友交而不信乎？传不习乎？'"

又曰："文王既没，文不在兹乎！"

昌案：此《论语·子罕》篇载孔子之言。

又曰："吾之先友，尝从事于斯矣。"

昌案：《论语·泰伯》篇："曾子曰：'以能问于不能，以多问于寡，有若无，实若虚，犯而不校，昔者吾友，尝从事于斯矣。'"钱大昕《潜研堂文集》卷九《答问》六："问：古人引书多误，如王伯厚举《汉书·艺文志》'小道可观'，《蔡邕传》'致远则泥'，以子夏之言为孔子；唐《孔颖达传》'以能问于不能'，以曾子之言为孔子。《论语》非僻书，何以舛误乃尔？曰：伯厚所举，尚有未尽。《后汉·章帝纪》引'博学而笃志'，王充《论衡》引'死生有命'，亦以子夏之言为孔子。刘知幾《史通》引'吾日三省吾身'，'昔者吾友'，以曾子之言为孔氏。《论衡》引'纣之不善'，以子贡之言为孔子。《宋书·刘延孙传赞》引'事君数，斯疏矣'，称子曰，不称子游，皆是也。然则古人固多误乎？非也。《汉书·艺文志》云：'《论语》者，孔子应答弟子、时人，及弟子相与言而接闻于夫子之语也。'故汉、唐诸儒引用《论语》，虽弟子之言，皆归之孔子。'"（钱说又见《廿二史考异》卷十，惟举证较略。）

扬露己才

昌案：班固《离骚序》："屈原露才扬己，况乎危国群小之间，以离谗贼。"

且命诸门人各言尔志，由也不让，见哂无礼。

昌案：《论语·先进》篇："子路、曾皙、冉有、公西华侍坐。子曰：'以吾一日长乎尔，毋吾以也。居则曰：不吾知也。如或知尔，则何以哉？'子路率尔而对曰：'千乘之国，摄乎大国之间，加之以师旅，因之以饥馑，由也为之，比及三年，可使有勇，且知方也。'夫子哂之。'求，尔何如？'对曰：'方六七十，如五六十，求也为之，比及三年，可使足民。如其礼乐，以俟君子。''赤，尔何如？'对曰：'非曰能之，愿学焉。宗庙之事，如会同，端章甫，愿为小相焉。''点，尔何如？'鼓瑟稀，铿尔，舍瑟而作，对曰：'异乎三子者之撰。'子曰：'何伤乎，亦各言其志也。'曰：'莫春者，春服既成，冠者五六人，童子六七人，浴乎沂，风乎舞雩，咏而归。'夫子喟然叹曰：'吾与点也。'三子者出，曾皙后。曾皙曰：'夫三子者之言何如？'子曰：'亦各言其志也已矣。'曰：'夫子何哂由也？'曰：'为国以礼，其言不让，是故哂之。'"

骍角挺生

昌案：《论语·雍也》篇："子谓仲弓曰：'犁牛之子，骍且角，虽欲勿用，山川其舍诸？'"《集解》："犁，杂文。骍，赤色。角者，角周正，中牺牲。虽欲以其所生犁而不用，山川肯舍之乎？言父虽不善，不害于子之美。"

淳维、李陵，俱称拓拔之始。

昌案：本书《杂说中》篇："崔浩谄事狄君，曲为邪说，称拓跋之祖，本李陵之胄。当时众议抵斥，事遂不行。或有窃其书以渡江者。沈约撰《宋书·索虏传》，仍传伯渊所述。凡此诸妄，其流甚多。"则此所弹射，兼及崔、沈。浦注仅引《宋书》，而不言其所本，未为审谛也。

盖谄祭非鬼

昌案：《论语·为政》篇："子曰：'非其鬼而祭之，谄也。'"

烦省第三十三

又张世伟著班马优劣论云：迁叙三千年事，五十万言；固叙二百四十年事，八十万言，是班不如马也。

昌案：张辅此论，世人多有异同之见。赵翼所说，已见《载文》篇笺记。他如宋赵与时《宾退录》卷十云："《新唐书》进表，谓'其事则增于前，其文则省于旧。’夫为文纪事，主于辞达，繁简非所计也。《新唐书》之病，正坐此两语，前辈议之者多矣。晋张辅云：司马迁叙三千年事，惟五十万言；班固叙二百年事，乃八十万言。以此为迁固优劣。殊不知司马子长追述上世，故不可得而详；班孟坚纪录近事，有不容于略。《春秋》传所谓‘所见异辞，所闻异辞，所传闻异辞’，正谓是也。”金王若虚《滹南遗老集》卷十五《史记辨惑》七云：“晋张辅论迁、固史云：迁记三千年事，而五十万言；固记二百年事，乃八十万言，繁简不同，优劣可知。此说大谬。刘子玄既辨其大节矣。抑余尝考之，迁记事疏略而剩语甚多，固记事详备而删削精当。然则迁似简而实繁，固似繁而实简也。安得以是为优劣哉？”清俞正燮《癸巳类稿》卷十一《名士论驳义》云：“张辅著《名士论》。《晋书》本传云：辅论迁叙三千年事，五十万言；固叙二百年事，八十万言，为班固不如迁三事中之一。唐张守节《史记正义》云：‘《史记》五十二万二千五百言，叙二千四百十三年事；《汉书》八十一万言，叙二百二十五年事。’此二张不平班固素轻司马耳。所谓优劣，不应以是言之。迁著于篇者，或云‘书缺有间’，或云‘论其轶事’。汉高一纪，多于五帝。不能纪远，古人之隐憾，非云优也。刘知幾《史通·杂说》云：‘迁固易地，撰成《汉书》，将恐多言费辞，有逾班固。’仍以多少为优劣，是为不达。”凡此诸说，虽所见各不尽同，胥足与子玄此篇所言相发。

普天率土

昌案：《诗·小雅·北山》：“普天之下，莫非王土；率土之滨，莫非王臣。”

无思不服

昌案：《诗·大雅·文王有声》文。

輶轩之使，月驰于郡国。

昌案：应劭《风俗通义》序：“周、秦常以岁八月，遣輶轩之使，求异代方言。”

陈平献计于天山

昌案:《太炎文录初编》卷一《征信论上篇》:“古人运而往,其籍尚在。籍所不著,推校其疑事,足以中微,而世遂质言之。虽适,谓之诬。往者,高祖困于平城,用陈平计使阏氏,围得解。其计既秘,世以为工妙踔善,故匿藏不传。独桓谭揣其必言汉有好女,今以围急,欲进之单于。内有娼者,则兵祸自沮。其量度事情,诚以眇合,虽刘子骏亦称善。然皆以为揣得其状,非质言之备故府藏录也。及应劭说《汉书》,遽骍然以为成事。(昌案:桓谭揣其情状,虽刘歆亦称善,见《史记·陈丞相世家》集解引《新论》。应劭以为成事,为颜师古所非,见《汉书·高帝纪》注。)故虑事一也。以辩议则适,以记注则诬。”子玄以《汉书》不录此事为言,盖未达辩议与记注之别也。

帝尧则天称大,《书》惟一篇。

昌案:《孟子·滕文公上》篇:“孔子曰:‘大哉!尧之为君。惟天为大,惟尧则之,荡荡乎民无能名焉。’”《尚书·尧典》序:“昔在帝尧,聪明文思,光宅天下,作《尧典》。”

周武观兵孟津,言成三誓。

昌案:《尚书·泰誓》序:“惟十一年,武王伐殷。一月戊午,师渡孟津,作《泰誓》三篇。”

伏羲止画八卦,文王加以《系辞》。

昌案:《汉书·艺文志》《易》类序:“《易》曰:‘宓戏氏仰观象于天,俯观法于地,观鸟兽之文与地之宜,近取诸身,远取诸物,于是始作八卦,以通神明之德,以类万物之情。’(师古曰:“《下系》之辞也。”)至于殷、周之际,纣在上位,逆天暴物。文王以诸侯顺命而行,道天人之占,可得而效,于是重六爻,作上下篇。孔氏为之《彖》、《象》、《系辞》、《文言》、《序卦》之属十篇。故曰:《易》道深矣,人更三圣,世历三古。”孔颖达《周易正义》序云:“其《彖》、《象》等十翼之辞,以为孔子所作,先儒更无异论。”子玄此云“文王加以《系辞》”，当作“文王重以六爻”，或“孔子加以《系辞》”乃合。此盖涉笔之误，非儒先别有文王作《系辞》之异说也。

苟嗤沈（约，字休文，梁人，著《宋书》。萧衍，字子显，著《齐书》。）之所记。（昌案：此注文从顾广圻校定。）

昌案：今本《史通》所载原注，有出自子玄之手者，亦有后人所为，因传钞而附益者，当区别观之。后者宜但称旧注，以别于子玄之原注。即如此注，竟以撰《通史》之梁武帝萧衍与撰《南齐书》之萧子显混为一人，瞀乱不学，至于此极，岂亦子玄所自为？则固不可不加之分理明矣。

杂述第三十四

《世本》辨姓，著自周室。

昌案：《世本》有《氏姓》篇。《隋书·经籍志》谱系类序：“氏姓之书，其所由来远矣。《书》称别生分类；《传》曰：‘天子建德，因生以赐姓。’周家小史定世系，辨昭穆，则亦史之职也。秦兼天下，划除旧迹。公侯子孙，失其本系。汉初，得《世本》，叙黄帝以来祖世所出。”

有始有卒

昌案：《论语·子张》篇：“有始有卒者，其唯圣人乎。”

乐资《山阳载记》

昌案：姚振宗《〈隋书·经籍志〉考证》卷十三：“按：载记之目，班氏始以系平林、新市、公孙述、隗嚣之流，即后世霸史、伪史之类。山阳公乃亦被以此名，所未喻也。”《三国志·蜀志·马超传》注：“《山阳公载记》曰：‘超因见备待之厚，与备言，常呼备字。关羽怒，请杀之。……’臣松之案：以为超以穷归备，受其爵位，何容傲慢而呼备字？且备之入蜀，留关羽镇荆州，羽未尝在益土也。……袁玮、乐资等诸所记载，秽杂虚谬，若此之类，殆不可胜言也。”由此观之，其书殆无足观。

王韶《晋安陆纪》

《晋安陆纪》，何焯云："《玉海》作《晋安纪》。"陆，浦起龙、卢文弨并云："当作帝。"

昌案：《隋志》古史类载："《晋纪》十卷，宋吴兴太守王韶之撰。"即此书也。章宗源《〈隋书·经籍志〉考证》卷二："《宋书·王韶之传》：'父伟之，少有志尚。当世诏命、表奏，辄自书写。泰元、隆安时事，小大悉撰录之。韶之因此私撰《晋安帝阳秋》。既成，时人谓宜居史职，即除著作佐郎，使续后事，讫义熙九年。善叙事，辞论可观，为后代嘉史。'……《南史·萧韶传》曰：'昔王韶之为《隆安纪》十卷，说晋末之乱。'……愚按：《世说》注、《初学记》所引，并题韶之《晋安帝纪》。新、旧《唐志》则称韶之《崇安记》。（新《志》入杂史，旧《志》入编年，皆十卷。）今以《初学记·天部》义熙二年彩虹出西方蔽月事，合他书征引，大抵皆安帝事，故题《晋安帝纪》。义熙改元隆安，（昌案：姚振宗《〈隋书·经籍志〉考证》卷十二云："当云安帝改元隆安，此误。"）《唐志》讳隆，（昌案：玄宗名隆基也。）故作崇。《史通》安陆，当是隆安之讹。"章说甚是。《玉海》安上盖夺隆或崇字。浦、卢校亦通。

又案：陈寅恪《崔浩与寇谦之》云："六朝天师道信徒以'之'字为名者颇多。'之'字在其名中，乃代表其宗教信仰之意，与佛教徒之以'昙'或'法'为名者相类。东汉及六朝人依《公羊春秋》讥二名之义，习用单名。故用'之'非特专之真名，可以不避讳，亦可省略。六朝礼法士族最重家讳，如琅琊王羲之、献之父子同以'之'字为名，而不以为嫌犯，是其最显著之例证也。"（陈垣《史讳举例》卷五"南北朝父子不嫌同名例"尝举王氏父子俱以之字及僧字为名之例，而未详其故，宜以义宁之说补之。）王韶之父名伟之，是亦天师道信徒。子玄称为王韶，略去之字，盖犹仍六代之旧也。

姚最《梁昭后略》

卢文弨曰："梁下不当添昭字。"

昌案：姚振宗《〈隋书·经籍志〉考证》卷十二云："按：《史通》及《御览》所引，似其书起于太清侯景之乱，及元帝、王琳、萧庄之事，不知迄于何时。

《唐志》题《梁昭后略》。据《史通》及日本书目，皆无‘昭’字。疑新《志》沿旧史之驳文也。”又自注云：“或如蔡允恭《后梁春秋》之类。后梁为昭明太子之后，故题此名。”检张鼎思本此文无“昭”字，本书《杂说下》篇原注所引亦无之。则此字盖后人据新《唐志》所增，当删。

若戴逵《竹林名士》

昌案：《隋书·经籍志》杂传类载：“《竹林七贤论》二卷，晋太子中庶子戴逵撰。”即此书也。子玄以取俪下文“汉末英雄”，辄改七贤字为名士耳。论而属之史部杂传、小录者，盖以其先序事迹，继乃加以品藻，亦兼传体。旧题陶潜《集圣贤群辅录》卷下载阮籍等七人姓字爵里，并云：“右魏嘉平中并居河内山阳，共为竹林之游，世号竹林七贤，见《晋书》、《魏书》。袁宏、戴逵为传。”亦称戴论为传。（袁宏撰《竹林名士传》三卷，见《晋书·文范传》。）

王粲《汉末英雄》

昌案：《四库提要》卷六十一传记类存目有旧题魏王粲撰《汉末英雄记》一卷，云：“《隋志》著录作八卷，注云：残阙。其本久佚。此本乃王世贞杂钞诸书成之。凡四十四人。大抵取于裴松之《三国志注》为多。”今《汉魏从书》有《英雄记钞》一卷，盖即《提要》所云王辑本也。

萧世诚《怀旧志》

昌案：章宗源《〈隋书·经籍志〉考证》卷三：“《太平御览·人事部》：《梁太清实录》曰：‘中宗讳绎，字世諴。’”《梁书》本纪同。今《史通》诸本皆作世诚，误。

又案：绎撰《金楼子》，其《著书》篇载《怀旧志》序，叙其作意，略曰：“吾自北守琅台，东探禹穴；观涛广陵，面金汤之设险；方舟宛委，眺玉笥之干霄。临水登山，命俦啸侣。中年承乏，摄牧神州。……长安群公，为其延誉；扶风长者，刷其羽毛。……日月不居，零露相半……独轸魂交，情深宿草，故备书爵里，陈怀旧焉。”

卢子行《知己传》

昌案：章宗源《〈隋书·经籍志〉考证》卷十三："胡应麟《甲乙剩言》曰：'余从都下得隋卢思道《知己传》二卷，上自伊尹，下至六代，由君相、父子、妻子、友朋以及鬼神、禽畜涉于知己者皆录。第诸葛孔明与先主最相知，以为有"君自取之"一语，为大不知己，不录。盖有激乎其言之也。'按此则是书明时尚存，《宋史》志不载，自是阙漏。"

若和峤《汲冢纪年》

昌案：朱希祖《汲冢书考》："《史记·魏世家》集解：'荀勖曰：和峤云《纪年》起自黄帝，终于魏之今王。'盖《纪年》初写本成于和峤，其后束晳重定本则起于夏。其他异同尚多，故《隋书·经籍志》《纪年》十二卷，附《竹书考异》一卷也。"

葛洪《西京杂记》

昌案：此书撰人，颇滋异说。以葛洪作序，言此书乃钞自所谓刘歆《汉书》，遂有题刘歆撰者，有题葛洪撰者，《四库提要》卷一百四十则为调停之说，兼题刘、葛。《提要》又引段成式《酉阳杂俎·语资》篇云："庾信作诗，用《西京杂记》事，旋自追改，曰：'此吴均语，恐不足用。'"谓此即晁公武《郡斋读书志》"江左人——或以为吴均——依托为之"之说所由来。余嘉锡《四库提要辨证》卷十七尝博考群书，断其即为葛洪所作，谓其言"刘歆《汉书》之事，必不可信，盖依托古人，以自取重耳"。故其中间所叙之事，颇与《汉书》错互不合；至言汉文帝以太子即位，则尤误之大者。余氏又据明钞本《说郛》卷二十五所钞梁《殷芸小说》有引《杂记》者，以为芸与吴均"二人仕同朝，同以博学知名，虑无不相识者。使此书果出吴均依托，芸岂不知，何至遽信为古书，从而采入其著作中乎？"故段成式所叙庾信之语，亦不足信也。（胡玉缙《四库全书总目提要补正》卷四十一引朱亦栋《群书札记》云："庾子山诗，用《西京杂记》者，不一而足。成式所引'此吴均语不足用'者，乃其诗句偶与吴同，故旋自追改，非以《西京杂记》为吴均作也。"此亦可备一说。）《辨证》此篇探索甚精，视《提要》调停之说及卢文弨抱经堂本《西京杂记》序、姚振宗《〈隋书·经籍志〉考证》卷十六之误信葛洪依托之辞，谓此书当归之刘歆者皆确，故最其要以著于篇。

裴荣期《语林》

昌案：《世说新语·轻诋》篇注引《续晋阳秋》："晋隆和中，河东裴启撰汉、魏以来，迄于今时，言语应对之可称者，谓之《语林》。时人多好其事，文遂流行。"又《文学》篇注曰："《裴氏家传》：'裴荣，字荣期，河东人……少有风姿、才气，好论古今人物，撰《语林》数卷，号曰裴子。'檀道鸾谓裴松之以为启作《语林》，荣傥别名启乎？"考《隋志》亦题裴启，名启字荣期，盖用《列子·天瑞》篇鹿裘带索之荣启期为名字，犹唐王维字摩诘，乃以佛典之维摩诘为名字也。疑家传误。《文学》篇注又尝引《晋中兴书》载范启字荣期，名字悉与裴同，亦资旁证矣。

阳玠松《谈薮》

昌案：《隋志》小说类载："《解颐》二卷，阳松玢撰。"姚振宗《〈隋书·经籍志〉考证》卷三十二："《崇文总目》：'《谈薮》八卷，杨松玠撰。'《宋史·艺文志》：'杨松玠《八代谈薮》二卷。'陈氏《书录》史部传记类：'《谈薮》二卷，北齐秘书省正字北平阳玠松撰。事综南北，时更八代，隋开皇中所述也。'案：阳玠松当是阳休之之族人，北平无终人。或作松玠，或作松玢。《唐志》目录类有阳松珍《史目》三卷，则又作松珍。今依《史通》及陈《录》提正。两《唐志》无《解颐》，并无《谈薮》。《史通》以《谈薮》为小说之琐言，陈氏列之史部，而《崇文目》及《宋志》皆入小说家，与本志部居合。知《解颐》即《谈薮》之异名，故《谈薮》亦不见于本志也。"

若圈称《陈留耆旧》

昌案：《隋志》杂传类："《陈留耆旧传》二卷，汉议郎圈称撰。"章宗源《〈隋书·经籍志〉考证》卷十三："《唐志》，圈称《陈留风俗传》三卷，（地理类又见。）无《耆旧》之目。《隋志》则地理类作《风俗传》，此作《耆旧传》。据《元和姓纂》，只言圈称著《风俗传》。然风俗宜入地理。《唐志》杂传类系重出，《隋志》《耆旧》名疑有误。《史通·杂述》篇曰：'若圈称《陈留耆旧》……此之谓郡书者也。'四语配词，则《陈留风俗》乃不与《益部耆旧》犯复。"姚振宗《〈隋书·经籍志〉考证》卷二十则云："案《隋志》分出《风俗传》中之《耆旧》二卷入此类，非误也。"姚说虽通，然无以解子玄行文犯复之故，疑《史通》此文仍当从章说作"陈留风俗"。

陈寿《益都耆旧》

昌案：常璩《华阳国志·后贤志》："益部自建武后，蜀郡郑伯邑、太尉赵彦信及汉中陈申伯、祝元灵、广汉王文表皆以博学洽闻，作《巴蜀耆旧传》。寿以为不足经远，乃并巴汉撰为《益部耆旧传》十篇。"

梁鸿《逸民》

逸民，浦起龙曰："二字恐误，当云高士。"又注云："《后汉书》本传：'鸿仰慕前世高士，为四皓以下二十四人作颂。'按：鸿所撰即此，不当云逸民。或因鸿在《逸民传》中，有注字句旁者，传写误耶？"

昌案：浦说非也。《逸民传》盖即本传所云为二十四高士所作颂。章宗源《〈隋书·经籍志〉考证》卷十三"《孝子图》"条云："《文苑英华》许南容、李令琛对策并言梁鸿作《逸人传》。"皇甫谧《高士传》序云："梁鸿颂逸民。"知梁书本号逸民，非称高士。特子玄当避太宗讳，此《逸民》疑本作《逸人》，今仍作《逸民》者，后人所回改耳。至或称传，或称颂者，则侯康《补后汉书艺文志》卷二云："按：本传但称为二十四人作颂，而刘知幾谓之别传，则当日每人各系以传也。"尝考《隋志》杂传类序云："后汉光武始诏南阳作风俗，故沛、三辅有耆旧、节士之序，鲁、庐江有名德、先贤之赞。郡国之书，由是而作。"书为杂传，而或曰序，或曰赞，盖以于叙述之外，复加论赞，故得偏称其一也。旧《唐志》载《兖州山阳先贤赞》一卷，仲长统撰，新《唐志》则作仲长统《山阳先贤传》一卷。亦可为证。（戴逵《七贤论》或称为传，已见前。）详厥体裁，实肇《史》、《汉》。《文心雕龙·颂赞》篇曰："迁《史》、固《书》，托赞褒贬，约文以总录，颂体以论辞；又纪传后评，亦同其名。"本书《论赞》篇亦有申论，皆可证浦说之谬。

若盛宏之《荆州记》、常璩《华阳国志》、辛氏《三秦》、罗含《湘中》，此之谓地里书者也。

昌案：杜佑《通典》卷一百七十一《州郡门》序：“凡言地利者多矣。在辨区域，征因革，知要害，察风土。……如诞而不经，偏记杂说，何暇遍举。”注云：“谓辛氏《三秦记》、常璩《华阳国志》、罗含《湘中记》、盛宏之《荆州记》之类，皆自述乡国灵怪，人贤物盛，参以他书，则多纰缪。既非通论，不暇取之矣。”其论盖即据子玄此之所言而发。

则有诋讦相戏，施诸祖宗。

昌案：《世说新语·言语》篇：“崔正熊诣都郡，都郡将姓陈，问正熊：‘君去崔杼几世？’答曰：‘民去崔抒，如明府之去陈恒。’”又《方正》篇：“卢志于众坐问陆士衡：‘陆逊、陆抗是君何物？’答曰：‘如卿于卢毓、卢珽。’士龙失色，既出户，谓兄曰：‘何至如此？彼容不相知也。’士衡正色曰：‘我父祖名播海内，宁有不知？鬼子敢尔！’”可以为证。

亵狎鄙言，出自床笫。

昌案：《世说新语·惑溺》篇：“荀奉倩与妇至笃。冬月妇病热，乃出中庭，自取冷还，以身熨之。妇亡，奉倩少时亦卒，以是获讥于世。”又云：“韩寿美姿容，贾充辟以为掾。充每聚会，贾女于青琐中看见寿，悦之，恒怀存想，发于吟咏。后婢往寿家，具述如此，并言女光丽。寿闻之心动，遂请婢潜修音问，及期往宿。寿跷捷绝人，逾墙而入，家中莫知。自是，充觉女盛自拂拭，说畅有异于常。后会诸吏，闻寿有奇香之气，——是外国所贡，一著人，则历月不歇。充计武帝唯赐己及陈绌，馀家无此香。——疑寿与女通，而垣墙重密，门阁急峻，何由得尔？乃托言有盗，令人修墙。使反曰：‘其余无异，唯东北角如有人迹，而墙高非人所逾。’充乃取女左右婢考问，即以状对。充秘之，以女妻寿。”可以为证。

则斯文亦丧者矣

昌案：《论语·子罕》篇：“子畏于匡，曰：‘文王既没，文不在兹乎。天之将丧斯文也，后死者不得与于斯文也；天之未丧斯文也，匡人其如予何？'"

且同自郐，无足讥焉。

昌案：《左传》襄二十九年载吴季札观乐于鲁，于所闻者皆有评论之辞，而云："自郐以下无讥焉。"注："郐第十三，曹第十四，言季子闻此二国歌，不复讥论之，以其微也。"

刍荛之言，明王必择。

昌案：《诗·大雅·板》："先民有言，询于刍荛。"

葑菲之体，诗人不弃。

昌案：《诗·邶风·谷风》："采葑采菲，无以下体。"

且夫子有云："多闻，择其善者而从之，知之次也。"

昌案：《论语·述而》篇文。

辨职第三十五

若周之史佚、楚之倚相，此其下也。

昌案：焦竑《焦氏笔乘》卷三"《史通》"条："夫史佚当盛周绾史职，与董狐、南史未知先后，而抑居丘明、子长之下，此何据乎？"今谓既无彰善贬恶之迹，复乏编次勒成之书，即其据也，奚俟他求？

强项申威所不能及

昌案：《后汉书·酷吏传·董宣传》：宣为洛阳令，格杀湖阳公主奴，帝"使宣叩头谢主。宣不从，强使顿之，两手据地，终不肯俯。主曰：'文叔为白衣时，藏亡匿死，吏不敢至门；今为天子，威不能行一令乎？'帝笑曰：'天子不与白衣同。'因敕强项令出，赐钱三十万。宣悉以班诸吏。由是搏击豪强，莫不震栗。京师号为卧虎，歌之曰：‘枹鼓不鸣董少平。’”

子贡欲去告朔之饩羊。子曰：“尔爱其羊，我爱其礼。”

昌案：《论语·八佾》篇文。

子长之立记也，藏于名山。

昌案：《汉书·司马迁传》及《文选》载其《报任安书》有云：“仆诚已著此书，藏之名山，传之其人通邑大都，则仆偿前辱之责，虽万被戮，岂有悔哉！”

自叙第三十六

便受古文《尚书》，每苦其辞艰琐，难为讽读。

昌案：章学诚《丙辰札记》云：“按：伪古文《尚书》文字明润。岂刘氏所习孔氏真古文至唐初犹存邪？是则益可见真古文不同于近所传也。”此说非是。余嘉锡《论学杂著·书章实斋遗书后》驳之曰：“真古文亡于魏、晋，昔人言之详矣。梅颐所献古文孔《传》，东晋已立博士，（见《晋书·荀崧传》。）梁蔡大宝等及隋刘焯、刘炫均为之作疏，（见《隋志》及孔颖达《尚书正义》序。）陈陆德明作《音义》，贞观十六年，孔颖达奉诏作《正义》。（修《五经正义》之年，见《周易正义》序。）刘知幾生于龙朔元年，（见《疑年录》一。）所读即枚传孔疏本也。伪古文内兼有伏生所传之二十八篇，知幾苦其艰琐，指周诰、殷盘言之耳。章氏据之以为真古文唐初尚存，可谓奇谈。如此说经，直不类清代人语矣。”

即为诸兄说之

为，顾广圻校云：“当是请字。”

昌案：顾说是也。请字以形近讹作谓，谓字更以音近讹作为耳。《北史·贺拔岳传》：“乃谓尔朱氏一人为元帅。”钱大昕《廿二史考异》卷三十九云：“谓当作请。”此请谓二字易淆之证。本书《史官建置》篇：“而都为著作，竟无它称。”张鼎思本为作谓，此谓为二字易淆之证。

先君奇其意

昌案：伪孔安国《尚书序》："先君孔子，生乎周末。"此先君指远祖。《左传》隐三年："先君舍与夷而立寡人。"杜注："先君，穆公兄宣公也。"则指亡兄。若子玄此之所指，即上文之家君，乃其亡父藏器也。《论衡·四讳》篇："死亡谓之先。"《说文》二篇上："君，尊也。"故祖宗父兄皆得以先君为称。

父兄欲令博观义疏，精此一经。

昌案：孔颖达《春秋左传正义》序："晋、宋传授，以至于今，其为义疏者，则有沈文何、（昌案：《隋志》作阿。）苏宽、刘炫。"

次又读《史》、《汉》、《三国志》，既欲知古今沿革，历数相承，于是触类而观，不假师训。

昌案：此子玄自明其为学之道不与章句之儒同符。其所措意者，非名物、训诂之类，而为古今沿革，作述义例，故不假师训而自能通晓也。

迄乎皇家实录

昌案：《旧唐书·职官志》："史馆：监修国史、修撰、直馆掌修国史。凡天地日月之祥，山川封域之分，昭穆继代之序，礼乐师旅之事，诛赏废兴之政，皆本于起居注、时政记以为实录。然后立编年之体为褒贬焉。既终，藏之于府。"此唐制之大略也。若唐初诸实录纂修之情况，本书《古今正史》篇具言之。

又案：周中孚《郑堂札记》卷三："《十七史商榷》（九十九。）云：'观刘知幾《史通·自叙》篇叙其少时读《左氏》、《史》、《汉》、《三国志》，迄皇家实录，窥览略周。以知幾之聪颖淹洽，所习亦仅三史、《三国》而止，乃并下及于唐之实录，而不及晋与南北朝各书，则唐人史学概可知矣。'案：刘氏于叙述读《左氏》后，本云'次又读《史》、《汉》、《三国志》，既欲知古今沿革，历数相承，于是触类而观，不假师训。自汉中兴以降，迄乎皇家实录'者，凡三国六朝各史，俱包在内，语甚明晰。乃王氏割并其语，以证其唐以前惟三史、《三国》之说，岂不眯目而道黑白乎？"

兼习揣摩

昌案:《战国策·秦策》:"简练以为揣摩。"高诱注:"揣,定也。摩,合也。"今传《鬼谷子》有《揣情》、《摩意》二篇,此借指应进士举,习为场屋之文也。

我则未暇

昌案:《论语·宪问》篇:"夫我则不暇。"

射策登朝

昌案:《汉书·萧望之传》:"望之以射策甲科为郎。"颜注:"射策者,谓为难问疑义,书之于策,量其大小,署为甲乙之科,列而置之,不使彰显。有欲射者,随其所取得而释之,以知优劣。射之言投射也。对策者,显问以政事经义,令各对之,而观其文辞,定高下也。"此子玄借言己已进士登第后出仕,授获嘉县主簿也。

故始在总角

昌案:《礼记·内则》篇:"男女未冠笄者,拂髦总角。"郑注:"总角,收发结之。"古者男子二十而冠,女子十五而笄。此谓在二十岁前。

便怪《前书》不应有《古今人表》,《后书》宜为更始立纪。

昌案:论《人表》不应有,今见本书《表历》、《品藻》诸篇;论更始当立纪,今见本书《编次》、《称谓》诸篇。

其后见张衡、范晔集,果以二史为非。

昌案:洪颐煊《读书丛录》卷二十三"《更始建号》"条云:"(《后汉书·张衡传》)'又更始居位,人无异望。光武初为其将,然后即真。宜以更始之号,建于光武之初。'颐煊案:《前书·律历志》:'更始帝,著纪,以汉宗室灭王莽,即位二年。赤眉贼立宗室刘盆子,灭更始。自汉元帝迄更始二年,凡二百三十岁。'更始称帝,其说正与衡同。"则帝更始者,尚有班固。

及年以过立

昌案:《论语・为政》篇:“三十而立。”此以立为三十之代词也。

德不孤,必有邻。

昌案:《论语・里仁》篇文。

天纵多能

昌案:《论语・子罕》篇:“大宰问于子贡曰:‘夫子圣者与?何其多能也?’子贡曰:‘固天纵之将圣,又多能也。’”

苟非命世大才

昌案:《孟子・公孙丑下》篇:“五百年必有王者兴,其间必有名世者。”赵注:“名世,次圣之才,物来能名,正于一世者。”《文选》李陵《答苏武书》:“皆信命世之才。”《广雅・释诂》:“命,名也。”命世即名世也。

三为史臣,再入东观。

昌案:三为史臣,谓以著作佐郎兼修国史,以中书舍人兼修国史,以著作郎兼修国史也。详本书《叙录》。“三为史臣”之“三”字实指,“再入东观”之“再”字虚拟,(犹云累入。)当分别观之。

多历年所

昌案:《尚书・君奭》篇文。

每与其凿枘相违,龃龉难入。

陈汉章曰:“《楚辞・离骚》:‘不量凿而正枘兮。’又《九辩》:‘圜凿而方枘兮,吾故知其钼铻而难入。’”

昌案:《史记・孟荀列传》:“持方枘欲内圜凿,其能入乎?”《索隐》:‘方枘是笱也。(昌案:洪颐煊《读书丛录》卷十八“方枘”条:“《说文》无枘字,依字义即是簨字。”)圜凿是孔也。谓工人斫木,以方笱而内之圆孔,不可入也。故《楚辞》云：'以方枘而纳圜凿兮，吾固知其龃龉而不入'也。"小司马所引《九辩》有异文，而龃龉不作钼铻，与《史通》合。

皆与俗浮沉

昌案：司马迁《报任安书》："故且从俗浮湛，与时俯仰。"

而美志不遂

美，浦起龙校曰："恐当作善。善志用《左氏》郤黑肱传语。"

昌案：《文选》曹丕《与吴质书》："德琏常斐然有述作之意，其才学足以著书，美志不遂，良可痛惜。"此自用其语意，浦校非。

又恐没世之后，谁知予者。

昌案：《论语·卫灵公》篇："君子疾没世而名不称焉。"此用其意。

盖仲尼既殁，微言不行。

昌案：《汉书·艺文志序》："昔仲尼没而微言绝。"

史公著书，是非多谬。由是百家诸子，诡说异辞，务为小辨，破彼大道，故扬雄《法言》生焉。

昌案：扬雄《法言》序："雄见诸子各以其知舛驰，大氐诋訾圣人，即为怪迂，析辩诡辞，以挠世事。虽小辩，终破大道而惑众，使溺于所闻，而不自知其非也。及太史公记六国，历楚、汉，讫麟止，不与圣人同，是非颇谬于经。故人时有问雄者，常用法应之，撰以为十三卷，象《论语》，号曰《法言》。"

而流俗鄙夫，贵远贱近，传兹牴牾，自相欺惑，故王充《论衡》生焉。

昌案：《论衡·自纪》篇："伤伪书俗文多不实诚，故为《论衡》之书。夫圣贤殁而大义分，蹉跎殊趋，各自开门。通人观览，不能订诠。遥闻传授，笔写耳取，在百岁之前。历日弥久，以为昔古之事，所言近是，信之入骨，不能自解。故作实论，其文盛，其辩争。浮华虚伪之语，莫不证定。"

传兹，浦起龙校曰："恐当作转滋。"

又案：子玄此数语乃檃括《自纪》篇意为之，览文可见。其云"传兹牴牾"者，即"遥闻传授……以为昔古之事，所言近是，信之入骨"之意也。浦校非是。

民者，冥也。

浦起龙曰："语本《晋书·刑法志》王导等议。"

昌案：《春秋繁露·深察名号》篇："民者，瞑也。"又云："民之号取之瞑也。"郑玄于《尚书·吕刑》篇"苗民弗用灵"下，《诗·大雅·灵台》篇序"民始附也"下，《论语·泰伯》篇"民可使由之"下，皆注云："民者，冥也。"是汉人故训如此。浦氏乃引《晋书》为说，失之远矣。

墙面而视

昌案：《论语·阳货》篇："人而不为《周南》、《召南》，其犹正墙面而立也与。"邢疏："人而不为，则如面正向墙而立，无所观见也。"

五常异禀

昌案：五常故训有二。《尚书·泰誓》："狎侮五常。"孔疏："五常即五典，谓父义、母慈、兄友、弟恭、子孝也。"此一说也。《论衡·问孔》篇："五常之道，仁、义、礼、知、信也。"此又一说也。

苟随才而任使，则片善不遗；必求备而后用，则举世莫可，故刘劭《人物志》生焉。

昌案：刘劭《人物志》序曰："夫圣贤之所美，莫美乎聪明；聪明之所贵，莫贵乎知人。知人诚智，则众材得其序，而庶绩之业兴矣。……圣人兴德，孰不劳聪明于求人，获安逸于任使哉？是故仲尼不试，无所援升，犹序门人以为四科，泛论众材以辨三等……训六蔽以戒偏材之失，思狂狷以通拘抗之材。……是以敢依圣训，志序人物。"

或出或处

昌案:《易·系辞上》篇文。

虽贤愚壤隔,善恶区分,苟时无品藻,则理难铨综,故陆景《典语》生焉。

昌案:严可均《全三国文》卷七十辑《典语》有云:“夫世之治乱,国之安危,非由他也。俊乂在官,则治道清;奸佞干政,则祸乱作。故王者任人不可不慎也。得人之道,盖在于敬贤而诛恶也。敬一贤则众贤悦,诛一恶则众恶惧。须当留意隐括,听其言行;验之以实,效之以事。能推事效实,则贤愚明而治道清矣。”

陈汉章曰:“按黄以周《儆季杂著》:‘《典语》又作《典训》。《太平御览》又作陆景《典略》,误也。《艺文类聚》又载陆景《诫盈》,其亦《典语》之一篇欤?’”

又案:马国翰辑本序:“《初学记》卷九引陆景《典语》,《御览》七十八作陆景《典略》。又《艺文类聚》二十三引吴陆景《诫盈》,疑是《典语》中之一篇。”说与黄略同而时在其前。

盖谈经者恶闻服、杜之嗤

昌案:《唐书·元行冲传》亦载当时“宁道孔圣误,讳闻郑、服非”之谚。(《新唐书》元传同,惟闻作言。)

昔梁征士刘孝标作《叙传》

昌案:征士,谓经朝廷之征辟而不就者。《文选》有颜延之《陶征士诔》。《后汉书·黄宪传》:“初举孝廉,又辟公府。友人劝其仕,宪亦不拒之,暂到京师而还,竟无所就,天下号曰征君。”征君,即征士也。

扬雄少为范踆、刘歆所重,及闻其撰《太玄经》,则嘲以恐盖酱瓿,然刘、范之重雄者,盖贵其文彩,若《长杨》、《羽猎》之流耳。如《太玄》深奥,理难探赜,既绝窥逾,故加讥诮。

昌案:恐覆酱瓿云云,乃刘歆语,与范踆无与。然歆之积学,不下于雄，观其求《方言》书，于雄之术业倾倒甚至，讵得谓但知重其文彩哉？酱瓿之言，亦代伤知音之难遇耳，而子玄以为讥诮，虑未免失其旨也。《孟子·滕文公下》篇："钻穴隙相窥，逾墙相从。"窥逾连文本此。

而桓谭以为数百年外，其书必传。

昌案：严可均《全后汉文》卷十五辑桓谭《新论·闵友》篇："王公子问：'扬子云何人邪？'答曰：'扬子云才智开通，能入圣道，卓绝于众。……《玄经》数百年，其书必传。'"

将恐此书与粪土同捐，烟烬俱灭，后之识者，无得而观。

昌案：钱大昕《十驾斋养新录》卷十三"《史通》"条："刘氏用功既深，遂言立而不朽。欧、宋《新唐》，往往采其绪论，如受禅之诏策不书；代言之制诰不录；（昌案：本《载文》篇。）五行灾变不言占验；（本《书志》篇。）诸臣籍贯不取旧望；（本《邑里》篇。）有韵之赞全删；俪语之论都改；本《论赞》篇。宰相表世系，与志氏族何殊；地理述土贡，与志土物不异。（本《书志》篇。）丛亭之说，（《新唐书·刘知幾传》：'别撰《刘氏家史》及《谱考》，上推……彭城丛亭里诸刘出楚孝王嚣曾孙居巢侯般，不承元王，按据明审。'子玄系属丛亭，故钱氏以称之。）一时虽未施行，后代奉为科律，谁谓著书无益哉？"竹汀所论，远不足以概《史通》沾丐后学之全，然足证子玄土捐烬灭之说为过虑已。

体　统

昌案：金毓黻《中国史学史》第八章云："兹考本书内篇凡三十九篇，外篇凡十三篇，总为五十二篇。内篇之末三篇，曰《体统》，曰《纰缪》，曰《弛张》，皆亡佚已久。然《新唐书》本传，已云《史通》内外四十九篇；且考内篇之序，所亡三篇，皆在《自叙》之后，颇为不伦。或本无此三篇，抑编者之错置欤？"张蕴华《明蜀刻本史通初校记》则云："《杂说下》篇杂记十条，尤为离异。详细绎之，其一、二两条，殆即《体统》；四、五、六、七、八各条，殆即

《纰缪》;九、十两条,殆即《弛张》。岂此三篇者,惟有条记而书固未成欤?”此有关三亡篇之异说也。窃谓金氏本无此三篇之说,似不可从。盖伪造古亡书以欺世之事,固多有之,而伪造亡篇题目者盖寡。且此三篇之名目,既非别出旁记,而为宋本以来目录所固有,则其源流必有授受。云本无之,实无征验也。若张氏据《杂说下》篇之文以推证三篇仅有条记,实未成书,衡以《史通》全书义例,亦未见其可。盖子玄此著,艾历岁年,故其为书也,既集精要为专篇,亦鸠剩余为札记;时复自相牴牾,不除复重。外篇自《杂说上》至《暗惑》,凡有六篇,虽或题杂说,或标专名,而究其实际,何莫非条记之属,与内篇成文互相阑入者甚多乎?是故据《杂说下》篇以推证三篇之未成,转不如据此以证三篇本有其书,既成而佚也。至编者错置之说,其言近是,然亦未达一间。盖此三篇本来次第若何,诚不可知,而今本目录附诸《自叙》之后者,则以其书既亡,后人因移其篇题于内篇之尾,而为现存之三十六篇重编次第耳。浦起龙《通释》于三亡篇存目后附按云:“《自叙》后不应更有余篇。尝阅章宫讲(昌案:南宋章如愚也。)《山堂考索》,《纰缪》篇缀在《烦省》之下,其二篇者不复及,而先举其总曰五十余篇。则固有其文,而莫定其原次耳。”其说是也。

又案:汪之昌《青学斋集》卷三十二有拟补此三亡篇之文,辄遵先师黄季刚先生《文心雕龙札记》载所补《隐秀》篇之例,录以备参,非谓所补必符子玄原意也。

〔附录〕

汪之昌拟补《史通·体统》篇

六经之外,惟史为要。其并行而不可缺者,则以各自为书,各别其体统也。体言乎体裁,统言乎统摄。同一记事,而纪、传、表、志之攸分,仍应合而可备参稽,一有缺即体之不具;同一修词,而时、地、人、代之所系,随后先而无淆伦叙,一或舛而统已难言。是在立乎大而小不夺,举其纲而目斯张矣。观于《春秋》二百四十年事,编分隶于十二公;《史记》一百三十篇书,言综计只五十万。莫非体统,以握要归欤。晚近史书,局廨官纂,未窥此旨,辄下己意。执笔率尔,起例忽诸。或限断之未清，乃名称之不正。喜述俚言文语，军国之计转略，论者谓差长于稗官；曲避国讳时嫌，纪载之文互违，读者徒益滋其疑窦。考夫断代成书，肇始班氏，述汉货殖之阑入范蠡等传，旧贯可诿仍司马成文。乃陈寿志蜀国开基，而以焉、璋冠列传；沈约以《宋书》标目，而为羲、昊侈祥符。何解于越畔之嫌，不几于类书之辑乎？夫沛公汉王并见于《高纪》，未免读者眩惑。吾观蔚宗论赞，于隗嚣而忽号以王；习氏《阳秋》，于昭烈而间举其字。迥殊轻重，莫辨谁何。《南史》于《宋武帝纪》胪历讲堂见龙等瑞，齐《徐嗣传》特增缚刍为鬼之奇，录及锁末，当无遗漏；乃山阴湖田之议，褚贲宋末之臣，民生所重，名节攸关，率从删汰，其义何居？若沈约《陈情》之书、《郊居》之赋，刘峻《辨命》之论、《自序》之篇，大都叹老嗟卑，动辄盈篇累牍。赢于此者，势必绌于彼；采其华者，不顾失其实矣。荀济、元瑾，协谋文襄之图；王谦、尉迥，举兵宇文之代。在史官限于时会，于诸人加以叛名。乃异代之纂修，复旧文之因习，谓为实录，得勿恧颜！若此者，散漫无稽，如值流泉之溢出；参差不一，譬理乱丝而愈棼。惟法麟经之起例，扶质干以预定其基；参马氏而要删，审去取而无紊厥绪；则叙事源流，不同吏牍；亦遗文传播，无可雌黄，孰非体统之不自亵乎。爰陈其失，抒所见，以备作史者鉴别焉。

纰　缪

〔附录〕

汪之昌拟补《史通·纰缪》篇

史之为书，俾后人知所则效而鉴其纰缪者也。夫必无可瑕疵，而后不愧著作。本之于微言大义，识之为国典民坊。其大在规模，其显在文句。言必经选，信而有征，纰紊乖缪，庶几免乎。自皇运递兴，史臣必备。在后起而得所取法，惩前失而似易见长。计自马、班以降，逮夫《南北史》，咸守定式，各成一家。方自诩上驾于前贤，卒亦仅充数于当世，则以所作之纰缪，正可略举其端倪。即如本纪独系年月，借昭正朔之同；专属帝王，用别臣下之传。陈寿于蜀、吴二主，各标岁时，则传也，而于纪奚别？陆机于《晋书》三祖，但录事迹，则纪也，而实传之为。拓跋之史，魏收所著。其始于追尊二十八代之部酋，虚称帝制；其终于传序二十三年之西魏，并没孱王。此纰缪之见于体例者也。人之举动，传已详明，当居何等，了然卷内。考之马、班之旧贯，间有编次之总题，若传经者号为《儒林》，懋迁者谓为《货殖》。大抵以时代悬隔，习业符同，辑合所由，称谓斯显。鱼豢《纯固》、《清介》等号，王隐《寒儁》、《鬼神》之称，直是累屋叠床，抑亦矜奇吊鬼。至于南朝以朔漠为索虏，北方以江左为岛夷，此则割据者久已分疆，纪事者从而互诋。案南北二史之成，备后来参观之助；凡诸异代之续纂，更无下笔之嫌疑；自秉大公，概归一律。乃延寿撰夫《南史》，特著《贼臣》，岂魏、齐、周、隋，绝无悖逆罔上之辈？《魏书》成自高齐，所谓私署，若张寔、李暠，远在登国僭号之前。此纰缪之见于题目者也。更姓之际，措词颇难，然当时异世殊，何妨大书直笔。晋之易宋也，晋恭帝见禅草有言，而云逊位自甘，宛如揖让气象；零陵王以掩被告殂，而但书薨无别，直是寿考令终。殆袭徐爰之旧文，而为宋朝所深讳。萧之代刘也，诸臣之效忠宋室者，若沈攸之等，则曰举兵反；其党附萧氏者，若张敬儿等，乃曰起义兵。案之是非，尤为颠倒，不加厘订，何解沿讹？至谓马叡为牛姓之奇说，刘骏播上烝之丑声，本属道路无稽，亦复附会其事，遂为口实，秽史贻羞。此则剿说之弊，即纰缪之一端矣。史之名官，言动并记，劝惩所寓，去取适中。血流漂杵，《尚书》亦极形容；指掬争舟，《左传》以状败北。及屦剑记楚庄之闻变，废炉炭见邾子之卞急。每即琐屑，以待推详。乃《南史·后妃传》洒盐引羊车，无异晋武时事；《宋书·江敩传》移床远客坐，又见《张敷传》中。岂仿效之有心，胡前后之一辙？若起驱蚊而践笔，《魏略》志王思之躁狂；及左持螯而右杯，《晋书》录毕卓之沉湎。疮痂似鳆鱼，胪历刘邕僻嗜；无骹尊旁犬，琐述沈瓒戏言。罔非妨要之浮文，何涉经国之大计。此又记事之失，亦纰缪之一端矣。以言一句而晦奥难明，一事而后先重出，亦未可谓非纰缪者。撮举于篇，与史家商榷焉。

弛　张

〔附录〕

汪之昌拟补《史通·弛张》篇

宇宙间事，月异而岁不同，是在当之者通变因时，所谓弛张也。知此乃可以论史。夫揖让、征诛，已迥异古初之世；华夏、蛮貊，有迭为消长之机。千变万殊，环生绵密，本未限有程格，固宜具于策书。或成例所无，而未妨增益；或昔人偶用，而不必遵沿。或当时容有避嫌，正宜畅言于后；或其事本属粉饰，何蹈覆辙而书？为弛为张，此其大略。于《称谓》篇尝言史臣之无复张弛矣，《杂说》篇又谓班氏之曾无弛张矣。然班氏《汉书》，号述《史记》，称名异同，留心厘订。盖以《史记》事包八代，《汉书》限止西京。《项羽本纪》，降之为列传；《循吏》旧目，载者皆汉官。其所变更，抑亦准则。后来诸史，此例尤疏。即如何法盛所撰《中兴书》，谓刘隗议狱事具本书《刑法志》。案志并未采入，立语已自乖违；而荣绪书仍之于前，梁《通史》袭之于后。一时失检，踵谬沿讹。观于宋、齐来之易代，咸踵新莽故态，而类载禅文；宗室王之入朝，迥非呼韩请臣，而具书方策。咸在何有何无之数，止少一张一弛之宜。有似欲弛张而实未尝弛张者：班氏避《汉书》之名，八书易篇题为志，本无深意，乃更踵效。蔡邕曰意，华峤曰典，张勃曰录，法盛曰说，纷制新题，要仍旧体。犹之何法盛忽创记人以录名，无改列事之传式。有强欲弛张而率无当弛张者：班氏不立世家，而梁武《通史》若吴、蜀崛起，复被以斯名；不思割据之豪雄，初非分封之土宇。史迁创为合传，而延寿史书凡官氏高华，必联诸同卷；直以一家之谱牒，搀入当代之典章。史官识朝廷大事，而王隐乃录及鬼神；史志综中国常经，而魏收乃创为《释老》。则所弛张，转不如无矣。令狐《周书》，润色《北史》，参观所及，旧迹昭然。周文以易太祖之称，

《韦孝宽传》叠书周文、孝闵；纪年当系宇文之号，《王庆传》错出大象、开皇，则于张弛有所未尽矣。夫创守之业，流传所赖史籍之考稽；勋绩所关，晦明实系史笔之去取。夸多则无所整齐，势必滥登以充卷帙；模古而务为简洁，事辄遗漏而滋信疑。当弛者，未之弛；不可弛者，从而弛之。宜张者，不为张；不必张者，反更张之。烦省两失，心貌互违。稗史群起而诋訾，后人或为之补注。考《尚书》止廿八篇，备官家之时局，秉笔者奉为千古正宗；《春秋》历十二公，严夷夏之防闲，及门者不能一辞旁赞。斟酌尽善，增损何从？即欲弛张，正有无所施其间。然则弛张之义，洵为作者之要。特胪历而汇其概，以殿内篇焉。

外　　篇

史官建置第一

见贤而思齐，见不贤而内自省。

昌案：《论语·里仁》篇文。

左史记言，右史记事。

昌案：古籍称左史记言，右史记事（或曰记动。）者，则有《汉书·艺文志》、孔颖达《礼记疏》卷二十九引郑玄《六艺论》、荀悦《申鉴·时事》篇及《周书·萧圆肃传》；称右史记言，左史记事者，则有《礼记·玉藻》篇及徐彦《公羊传疏》卷一引《六艺论》。（此与《礼记疏》所引必有一误。）子玄此文，从《汉志》为说，而下云："王莽改置柱下五史，盖效古者动则左史书之。"则又从《玉藻》。是其于此事亦无定见。陈氏《六家》篇《补释》既详之矣。左右之文，传记互异，固难深究，惟以言为《尚书》，事为《春秋》，则《艺文志》、《六艺论》并同。《玉藻》疏云："《春秋》虽有言，因动而言，其言少也。《尚书》虽有动，因言而称动，亦动为少也。"似欲沟通两家。然有当分别观之者，则《公羊传》庄七年引不修《春秋》云："雨星不及地尺而复。"《礼记·坊记》篇云："鲁《春秋》犹去夫人之姓曰吴，其死曰孟子卒。"今《春秋》经文不书其事，盖亦不修《春秋》。览其大体，皆与今《春秋》无异。《四库提要》卷二十六亦云："观晋史之书赵盾，齐史之书崔杼及宁殖，所谓载在诸侯之籍者，其文体皆与经合。"然则《春秋》之朔，似不容兼有记言之文。疏云"因动而言，其言少也"，殆未审谛。至谓《尚书》"因言而称动，亦动为少"，说自不误。是《春秋》可谓纯粹之记事，而《尚书》则不得称纯粹之记言。

至如孔甲、尹逸，名重夏、殷；史佚、倚相，誉高周、楚。

昌案：胡应麟《少室山房笔丛》卷十三《史书占毕》一："孔甲，黄帝史也。尹佚，成王史也。刘歆《七略》、班固《艺文》昭昭载焉。而刘知幾以孔甲为夏，尹佚为商，得无剿夏帝之名，傅有熊之佐乎？尹佚曰周人也，又成世也，即史佚无可疑者。刘既误于先而复称于后，遂使二孔甲合而为一，一史佚分而为二，皆不考之故也。"胡说不及陈汉章《补释》征引之详，然其推究子玄致误之由则胜，故录之以补陈所未及。

汉兴之世，武帝又置太史公，位在丞相上，以司马谈为之。汉法：天下计书先上太史，副上丞相，叙事如《春秋》。及谈卒，子迁嗣。迁卒，宣帝以其官为令，行太史公文书而已。寻自古太史之职，虽以著述为宗，而兼掌历象、日月、阴阳、管数。司马迁既殁，后之续《史记》者，若褚先生、刘向、冯商、扬雄之徒，并以别职来知史务。

昌案：余嘉锡《太史公书亡篇考·褚先生事迹第十五》引此文而释之云："谓武帝置太史公叙事如《春秋》者，卫宏《汉仪注》之说耳。（见《史记·自序》集解、《汉书·司马迁传》注。）《汉书·百官表》有太史令，无太史公。《续汉书·百官志》：'太史令掌天时星历。'迁《自序》曰：'太史公既掌天官，不治民。'又曰：'司马氏世主天官。'其《报任安书》曰：'仆之先人，非有剖符丹书之功，文史星历，近乎卜祝之间，固主上所戏弄，倡优畜之，流俗之所轻也。'然则迁自用古史官法著书耳。汉太史令之职，何尝叙事如《春秋》哉？太史令既掌星历，则冯商辈虽以别职奉诏修史，与太史之官初无干涉。知幾乃谓之来知史务，岂并其天时星历而亦知之耶？况褚先生自因好览观太史公之传，乃续其书，与冯商之奉诏序列传者又不同，无所谓知史务也。案：《通典》卷二十一曰：'其修撰史事，以他官兼领，或单品而有才者亦直焉。'《史通·自叙》曰'驿徵入京，专知史事，仍迁秘书少监。'是以他职知史务，乃唐时制度，知幾误用之以说《汉书》耳。"此驳子玄所本卫宏之说诚是，然其谓以他职知史务，乃用唐制说《汉书》，则不然。彭仲铎《增释》尝历举两《汉书》中以他官职领校秘书或为校书郎者，实皆负修史之责，以证子玄之说。而《古今正史》篇云："班固为《汉书》，其事未毕，会有上书云固私改作《史记》者，有诏京兆收系……固弟超诣阙自陈……帝意乃解，即出固，征诣校书，受诏卒业。"（范《汉·班彪传》略同。）亦其显证。（此证近在本书，而彭氏失引。）余氏殆未深考耳。

斯则兰台之职，盖当时著述之所也。

昌案：《论衡·对作》篇："汉立兰台之言，校审其书以考其言。"又《别通》篇："通人之官，兰台令史，职校书定字，比夫太史、太祝，职在文书，无典民之用，不可施设。"胥足证子玄所说。

自章、和已后，国籍盛于东观。凡撰《汉记》，相继在乎其中。

昌案：余嘉锡《四库提要辨证》卷五"《东观汉记》"条："案：《后汉书·安帝纪》云：'永初四年二月乙亥，诏谒者刘珍及五经博士校定东观五经、诸子、传记、百家、艺术，整齐脱误，是正文字。'注引《洛阳宫殿名》曰：'南宫有东观。'……元《河南志》卷二引陆机《洛阳记》曰：'东观在南宫，高阁十二间。'《广弘明集》卷三阮孝绪《七录序》曰：'哀帝使歆嗣其前业，歆遂总括群篇，奏其《七略》。及后汉兰台，犹为书部；（言后汉于兰台校定群书，犹依《七略》之部分也。）又于东观及仁寿闼撰集新记。'（《隋志》序略同。）"

谢吴

昌案：钱大昕《十驾斋养新馀录》卷中"谢吴"条："《隋经籍志》：'《梁书》四十九卷，梁中书郎谢吴撰，本一百卷。'在正史类。'《梁皇帝实录》五卷，梁中书郎谢吴撰，记元帝事。'在杂史类。刘知幾《史通·史官》篇云：'齐、梁二代，又置修史学士。陈氏因循，无所变革，若刘陟、谢吴、顾野王、许善心之类是也。’又《正史》篇云：‘《梁史》，武帝时，沈约与给事中周兴嗣、步兵校尉鲍行卿、秘书监谢昊相承撰录。’吴与昊字形相涉，未知孰是。”又云：“《谢宣城集》有《与谢洗马吴联句》。”姚振宗《〈隋书·经籍志〉考证》卷十一云：“按：日本国旧传高似孙《史略》又作谢灵。”其见之其他载籍者，则两《唐志》与《史通》同，《南史·萧韶传》与《隋志》同，两《唐书·姚思廉传》与《史略》同。朱希祖《萧梁旧史考》云：“案：昊同暤，从日从天，吴盖即昊之误。吴俗作吴，与昊形近易讹也。炅同耿，通用皆作耿，鲜作炅。谢名当从《史通》、《唐志》作昊较是，然尚俟考。”

有互乡之风焉

昌案：《论语·述而》篇：“互乡难与言。”《集解》引郑玄曰：“互乡，乡名也。其乡人言语自专，不达时宜。”

西京则与鸾渚为邻

陈汉章曰：“《唐书·职官志》：‘贞观三年始移史局于禁中，在门下省北，及大明宫成，置于门下省南。至开元二十五年，又移中书省北。’”

昌案：此言长安之史馆，以子玄时世考之，当在门下省南。然《玉海》卷一百六十五引韦述《两京新记》云：“门下省东有宏文馆，次东有史馆。”或史馆在门下省之东南，故或云东或云南欤？

高宗喟然而称曰：“朕甚懵焉。”

昌案：《汉书·艺文志序》：“圣上喟然而称曰：‘朕甚闵焉。’”此仿其语。

相须而成

昌案：《礼记·昏义》篇：“故天子之与后，犹日之与月，阴之与阳，相须而后成者也。”

古今正史第二

然自尧而往，圣贤犹述，求其一二，仿佛存焉。而后来诸子，广造奇说。其语不经，其书非圣。

昌案：崔述《考信录提要》卷下"《补上古考信录》"条："典籍之兴，必有其渐。仓颉始制文字。至于大挠，然后作甲子以记日。至于羲和，然后以日月定四时成岁以纪年。必无甫有文字即有史官之理。以情度之，亦当自唐、虞以降，然后有史书也。自《易》、《春秋传》始颇言羲、农、黄帝时事，盖皆得之传闻，或后人所追记。然但因事及之，未尝盛有所铺张也。及《国语》，《大戴礼》遂以铺张上古为事，因缘附会，舛驳不可胜纪。加以杨、墨之徒，欲绌唐、虞、三代之治，借其荒远无征，乃妄造名号，伪撰事迹，以申其邪说；而阴阳、神仙之徒，亦因以托之。（昌案：托古改制，诸子所同。东壁此说，犹未免为儒言所宥。）由是司马氏作《史记》，遂托始于黄帝，然犹颇删其不雅驯者，亦未敢上溯于羲、农也。逮谯周《古史考》、皇甫谧《帝王世纪》所采益杂，又推而上之，及于燧人、包羲。至《河图》、《三五历》、《外纪》、《皇王大纪》以降，且有始于天皇氏、盘古氏者矣。于是邪说诐辞，杂陈混列；世代族系，紊乱庞杂，不可复问。而唐、虞、三代之事，遂亦为其所淆。窃谓谈上古者，惟《易》、《春秋传》为近古，而其事理亦为近正。以此证百家之缪，或亦有不可废者。故余杂取《易》、《春秋传》文以补上古之事。司马氏曰：'学者载籍极博，犹考信于六艺。'是余之志也夫。"崔氏此论及所述《补上古考信录》，其推本子玄之说，皎灼若兹。《史通》之影响后来史学，此又其一端矣。

周监二代

昌案：《论语·八佾》篇："子曰：'周监于二代，郁郁乎文哉！吾从周。'"

闻故秦博士伏胜能传其业

昌案:《汉书·百官公卿表》:“博士,秦官,掌通古今,秩比六百石。”又《孝成纪》阳朔二年诏曰:“古之立太学,将以明先王之业,流化于天下也。儒林之官,四海渊原,宜皆明于古今,温故知新,故谓之博士。”

而十篇未成,有录而已。原注:张晏《汉书注》云,十篇迁殁后亡失,此说非也。

昌案:《史记》亡篇问题,余嘉锡所撰《太史公书亡篇考》研治独详,既于十篇之书,罗列众说,逐一寻究,复总论之,今具录其总论中申张晏,绌子玄之说者。其言曰:“《太史公》百三十篇,十篇有录无书,著于《七略》,载于本传,而张晏复胪举其篇目。其事至为明白,无可疑者。唐人刘知幾之徒,始渐持异议。宋、明以后,论说蜂起,纷然淆乱。大抵以十篇未尽亡,张晏之言不可信。余既条列之于上方,考其为说,不外五端,因复综合辩之如左。一曰:十篇之缺,特迁为之而未成,非殁后亡失也。(刘知幾、司马贞说。)案:迁遭李陵之祸,被刑之后,《报任安书》曰:‘仆窃不逊,近自托于无能之辞,网罗天下放失旧闻,凡百三十篇;草创未就,适会此祸,惜其不成,是以就极刑而无愠色。’然则其书之未成,特被刑以前事耳。既已隐忍苟活,函粪土之中而不辞,就极刑而无愠色,欲以成就其书;则出狱之后,苟不既死,尚延数年之命,安得不亟亟撰述以完成其书,而更玩时愒日,犹有未成之篇也哉?《报任安书》,王国维谓在太始四年十一月,(见《观堂集林》卷十一《太史公行年考》。)上距被刑之时六年矣,虽不言书之成否,然其《自序》曰:‘迁为太史令,紬史记石室金匮之书,五年而当太初元年。’(《集解》引李奇曰:“迁为太史公五年,适当武帝太初元年,此时述《史记》。”)又曰:‘于是论次其文,七年,(《集解》引徐广曰:“天汉三年。”《正义》曰:“案:从太初元年至天汉三年,乃七年也。”)而太史公遭李陵之祸,幽于缧绁,乃喟然而叹曰:是余之罪也夫!身毁不用矣。退而深惟曰:夫《诗》《书》隐约者,欲遂其志之思也。卒述陶唐以来,至于麟止。’(此节字句从《史记》,删节从《汉书》。)卒者,终也。终述之至于麟止,则武帝以前,(麟止有数说,然皆谓武帝时,详见王先谦《汉书补注》卷六十二。)无不成之篇。故于篇末总叙之曰:‘上记轩辕,下至于兹,著十二本纪,作十表、八书、七十列传，凡百三十篇，五十二万六千五百字。'篇数字数之详如此，是其全书皆已写定，不独无有录无书之篇，亦不当有草创未成之作矣。（赵翼已有此说，而其言未畅，故复详论之。）"自余四端，原书具详，不备录。

其后刘向、向子歆

昌案：余嘉锡《积微居小学金石论丛序》："《史通·采撰》篇止云：'太初以后，杂引《新序》、《说苑》、《七略》之辞。'不言有《续史记》。《文选·西征赋》云：'长卿、渊、云之文，子长、政、骏之史。'李善注止引《汉书》向著《疾谗》、《摘要》、《救危》及《世颂》凡八篇，又著《五行传》、《列女传》、《新序》、《说苑》，歆著《七略》，亦不言有《续史记》。是则潘安仁、刘知幾所称向、歆之史，即指《新序》、《说苑》、《七略》、《别录》言之，未尝别著一书名为《续史记》也。且司马迁书本不名《史记》，两汉人安得有《续史记》乎？"又其《四库提要辨证》卷十七"《西京杂记》"条则据《史通》此文及范《汉·班彪传》李注，（见下卫衡条引。）谓："刘知幾与章怀所叙《续史记》之文，互有不同，而皆有刘歆，是唐人相传，有此一说，然不知其所本。窃意向、歆纵尝作史，亦不过如冯商之续《太史公》，成书数篇而已。"所说自相违异。姚振宗《〈隋书·经籍志〉考证》卷十六则以为："《史记·匈奴传》末《索隐》引张晏云：'自狐鹿孤单于已下，皆刘向、褚先生所录，班彪又撰而次之，所以《汉书·匈奴传》有上下二卷。'此刘向尝续《匈奴传》也。《汉书·地理志》云：'成帝时，刘向略言其地分，丞相张禹使颍川朱赣条其风俗，犹未宣究。'此刘向撰地理分野，为《地理志》之始基。"下逮《史通》及范《书》李注之说，皆向、歆父子尝续撰汉史之明证。此视但以《新序》、《说苑》、《别录》、《七略》诸为班《书》所采摭者，当刘氏父子所撰之史，为合于情实，至成书若干篇，则今不可得而知矣。

及诸好事者

昌案：《孟子·万章上》篇："好事者为之也。"此指好为续史之事者，语本范书《班彪传》。《史通》本篇所举续汉史者，刘氏父子以下，凡十有五人。《班彪传》李贤注所举五人，又有褚少孙在《史通》十五人之外。又《论衡·别通》篇云:“兰台之史,班固、贾逵、杨终、傅毅之徒,名香文美,委积不绁。”《后汉书·宗室四王三侯传》云:“临邑侯复,好学能文章,永平中,每有讲学事,辄令复典掌焉。与班固、贾逵共述汉史,傅毅等皆宗事之。”而郑樵《通志》序亦称班固撰《汉书》,“自昭帝至平帝,凡六世,资于贾逵、刘歆。”则刘复、贾逵、杨终、傅毅之徒所述,当亦撰《续史记》之伦,子玄未及。余嘉锡《四库提要辨证》卷五(引见后。)则以为刘复、贾逵所撰者《东观汉记》,而不及杨终、傅毅。然郑渔仲之言,当有所据,俟更详之。

冯商

昌案:杨树达《汉书所据史料考》:“《艺文志》《春秋》家有冯商所续《太史公》七篇。注引韦昭曰:‘冯商受诏续《太史公》十余篇,在班彪《别录》。商字子高。’师古引《七略》云:‘商,阳陵人,治《易》,事五鹿充宗,后事刘向;能属文,与孟柳俱待诏,颇叙列传,未卒,病死。’《张汤传赞》注引如淳云:‘班固《目录》:冯商,长安人;成帝时,以能属书待诏金马门,受诏续《太史公书》十余篇。’按:韦昭记商续《史记》篇数为十余篇,与《志》文违异。然昭云:‘在班彪《别录》。’则昭自当目睹其书,殆无差错。且如淳引班固《目录》亦云十余篇,知十余篇之说为信。《志》记止七篇者,班仍用《七略》之文,未及改正耳。(昌案:杨氏之意谓刘歆著《七略》时,冯商所续仅有七篇,故据以著录。其后商复有作,共成十余篇,而《七略》已成,班氏因其文而不复追改也。)今冯商之续传可推见者有二篇。其一为张汤。《汉书》卷五十九《张汤传赞》云:‘冯商称张汤之先与留侯同祖,而司马迁不言,故阙焉。’据此,商当有《张汤传》也。其二为王尊。《汉书》卷七十六《赵尹王张传赞》云:‘刘向独序赵广汉、尹翁归、韩延寿;冯商传王尊,扬雄亦如之。’注引张晏曰:‘刘向作《新序》,不道王尊。冯商续《史记》,为作传。扬雄作《法言》,亦称尊之美也。’树达按:雄既曾续《史记》,则所谓‘扬雄亦如之’者,正谓雄尝作《王尊传》也。张晏举《法言》为说,非是。周寿昌《汉书注校补》卷四谓《汉书·王尊传》当是商作原文。树达按:冯商、扬雄既皆同作《王尊传》,则班采商或采雄,或二人兼采,皆不可知,不可遽定为商一人之作也。……又所谓续《太史公》者,似当谓续《太史公》所无。若《太史公》所已有者，则不必续。然《史记》已有《张汤传》，而冯商复为之。《史记》已有《楚元王世家》，而向、歆复补之。然则据已有之文，而增补其所未备，今人当称为补者，古人亦称为续也。”

卫衡

昌案：《后汉书·班彪传》述诸家续《史记》事云：“后好事者颇或缀集时事，然多鄙俗，不足以踵继其书。”李贤注：“好事者，谓扬雄、刘歆、阳城卫、褚少孙、史孝山之徒也。”《汉书所据史料考》曰：“《史通》之卫衡与选注之阳城卫殆系一人，而文有误衍。考《太平御览》八百十五引桓谭《新论》云：‘阳城子张，名衡。’《通志》略引《风俗通》云：‘汉有议大夫阳城公衡。’假定二说无误，则李注之阳城卫当作阳城衡；《史通》之卫衡，卫乃衡之误衍，衡上又当夺阳城二字。”（杨说盖本沈钦韩《汉书疏证》。）

扬雄

昌案：《汉书所据史料考》：“《汉书》卷八十七《扬雄传》云：‘雄之《自序》云尔。’此班采扬雄明见于本书者也。又扬雄曾作《王尊传》，班或采用其文，说见前条。”又《论衡·须颂》篇云：“司马子长纪黄帝以至孝武，扬子云录宣帝以至哀、平。”本书《辨职》篇亦称：“精勤不懈若扬子云。”是子云撰录汉事多矣，惜今不可得而详也。

冯衍

昌案：《汉书所据史料考》：“《汉书》卷七十九《冯奉世传》叙冯氏世系百余言，与司马迁、扬雄《自序》绝相类。钱大昕《廿二史考异》及《三史拾遗》并云：‘窃意冯商续《太史公书》亦当有《自序》，而班史采用之，故与他传不同。’按：钱氏此说，虽具妙悟，而断案则非。冯奉世为杜陵人，而商为阳陵人，与奉世殆不相涉。据《史通·正史》篇，续《史记》者，有冯衍。衍为奉世后人。此正衍《自序》之文，而班采用之耳。传云：‘其先冯亭为上党守。秦攻上党，绝太行道，韩不能守，冯亭乃入上党于赵。’按：亭为上党守，则当守上党之任者，亭也。文乃不云亭不能守，而云‘韩不能守，乃入上党于赵’，抑若亭毫不任其责焉者。此非子孙叙其先祖，决不当有此曲笔。此又从本文细绎，可断知其为衍作者也。”尝考刘峻《自序》，比迹冯衍，有三同四异之说，盖缘衍本有《自序》，故峻得取其文以为式，复校其生平同异也。此亦可为杨说佐证。

韦融

昌案：《汉书所据史料考》：“《汉书》卷七十三《韦贤传》叙与贤相距五世之先祖韦孟事，又详载孟谏楚王戊诗及《在邹》诗，而终乃云：‘或曰：其子孙好事，述先人之志而作是诗也。’盖既采其事而又疑之。又《韦玄成传》详载毁庙奏文，与他传不类。故东汉胡广即谓此等应载入《郊祀志》，不当在《玄成传》。树达按：《史通·正史》篇续《史记》者有韦融。班之此传，盖采自融。其引或说，谓‘子孙好事，述先人之志而作是诗’，即疑其融所为也。《班彪传》称续《史记》诸人为好事者，此亦云其子孙好事者所作，尤足互相印证矣。”

作《后传》六十五篇

昌案：《论衡·超奇》篇：“班叔皮续《太史公书》，百篇以上，记事详悉，义浅理备。观读之者以为甲，而太史公乙。”与《后汉书·彪传》称“作《后传》数十篇”，本篇称“作《后传》六十五篇”者有异。岂班彪所作，本百余篇，而其后复有亡佚欤？

乃起元高皇

昌案：《春秋》隐元年：“元年春王正月。”《公羊传》：“元者何，君之始年也。”何休《解诂》：“变一为元，元者气也，无形以起，有形以分，造起天地，天地之始也。”徐彦疏：“《春秋说》云：‘元者，端也。’气泉注云：‘元为气之始，如水之有泉。泉流之原，无形以起，有形以分，窥之不见，听之不闻。’宋氏云：‘无形以起，在天成象；有形以分，在地成形也。’然则有形与无形，皆生乎元气而来，故言‘造起天地，天地之始也’。”《左传》杜预注：“凡人君即位，欲其体元以居正，故不言一年一月也。”孔颖达疏：“元者，气之本也，善之长也。人君执大本，长庶物，欲其与元同体，故称元年。”此《春秋》今古文家起元之说也。

言固续父所作

昌案：《汉书所据史料考》：“按：《汉书》百卷，除志、表不计外，以纪及传之人计数，凡得三百人之谱。其中因袭《史记》者九十余篇，（此据《班马异同》及《史汉方驾》所载计之。）合之班彪所撰六十五篇，约得百五十余篇，已占《汉书》纪、传人数之半矣。今此六十五篇可考见者，卷九《元帝纪赞》云：‘臣外祖兄弟为元帝侍中。’注引应劭曰：‘《元》、《成帝纪》皆班固父彪作，臣则彪自说也。外祖，金敞也。’卷十《成帝纪赞》云：‘臣之姑充后宫为婕妤。’注引晋灼曰：‘班彪之姑也。’又韦贤、翟方进、元后三传赞皆称‘司徒掾班彪曰’，以《元》、《成纪》例推之，则三传自为彪作。按：彪撰实六十五篇，惟此三传赞明称‘司徒掾班彪曰’，《元》、《成纪赞》则但称‘赞曰’，并未标署彪名，苟非赞文有‘臣外祖’、‘臣之姑’等文，及应劭注释说明，则人亦竟不知其为彪作矣。师古注《韦贤传赞》云：‘《汉书》诸赞，皆固所为。具有叔皮先论述者，固亦具显以示后人。而或者谓固窃盗父名，观此可以免矣。’树达按：颜籀意袒孟坚，绝非笃论。观固《叙传》中于彪续《史记》六十五篇，绝不叙及，而记己撰《汉书》事，亦绝不言秉承先志，与《太史公自序》迥乎不同，则固之攘善盗名，殆无可逭。且据颜说求之，元、成二纪赞即不署彪名，其说尤不攻自破。况彪撰《后传》有六十五篇之多，赞岂止三五首而已？此知固没而不言者甚多，彰彰明矣。”又云：“《元纪》应劭注谓彪外祖为金敞。按：敞为金日磾弟伦之孙，伦子安上之子。观安上传，记述子孙特详。日磾、安上传疑当为彪作矣。又《外戚传·班婕妤篇》疑亦彪作。”杨氏考固述汉史本诸父业之情详矣。而刘昭《后汉书注补志序》有云：“迁有承考之言，固深资父之力。”其言简而明，尤可味也。

其妹曹大家博学能属文，奉诏校叙。又选高才郎马融等十人从大家受读。其八表及《天文志》等犹未克成，多是待诏东观马续所作。

昌案：《后汉书·列女传·曹世叔妻班昭传》：“兄固著《汉书》，其八表及《天文志》未及竟而卒。和帝诏昭，就东观藏书阁，踵而成之。帝数诏入宫，令皇后、诸贵人师事焉，号曰大家。……时《汉书》始出，多未能通者。同郡马融伏于阁下，从昭受读。后又诏融兄续继昭成之。”袁宏《后汉纪》卷十九：“马融兄续，博览古今。同郡班固著《汉书》，缺其七表及《天文志》，有录无书。续尽踵而成之。”司马彪《续汉书·天文志》：“孝明帝使班固叙《汉书》，而马续述《天文志》。”刘昭《后汉书注补志序》：“太初以前，班用马《史》。十志所因，实多往制。升入校部，出二十载。续志、昭表，以助其间。成父述者，夫何易哉！”综此诸文，则《汉书·天文志》盖出马续，诸表则班昭补之而未成，续又毕其功也。

至于专门受业，遂与五经相亚。

昌案：马融从班昭受《汉书》，已见前。《晋书·孝友传》云：刘殷“有七子。五子各授一经，一子授《太史公》，一子授《汉书》。一门之内，七业俱兴。”亦可为子玄之言作证。

经五六年乃就

昌案：金毓黻《中国史学史》第三章注二十云：“据《汉纪》自序，建安三年始功，五年书成，前后凡三年，惟袁宏谓成于建安十年，其说实误，而《史通》之误亦由于此。”

在汉中兴，明帝始诏班固与睢阳令陈宗、长陵令尹敏、司隶从事孟异作《世祖本纪》，并撰功臣及新市、平林、公孙述事，作列传、载记二十八篇。

昌案：余嘉锡《四库提要辨证》卷五“《东观汉记》”条：“范书《北海靖王兴传》（齐武王縯子，附縯传后。）云：‘兴子复为临邑侯。复好学，能文章；永平中，与班固、贾逵共述汉史。’（案：贾逵曾与修汉史，仅见于此。而张澍《养素堂集》卷二十《书东观汉记后》乃曰：“和帝永和时，中郎将贾逵与谏议大夫李尤共篹；安帝永宁时，贾逵又与尚书令刘陶、谒者仆射刘珍、平望侯刘毅共篹。”不知所据何书，俟更详考。）《马严传》（援兄子。）云：‘有诏留严仁寿闼，与校书郎杜抚、班固等，杂定《建武注记》。’〔本书卷十《马严传》略同。(昌案:本书,指《四库全书》辑本《汉记》。)亦见《御览》卷一百八十四引《东观汉记》。〕《史通·覈才》篇亦引傅玄云:‘观孟坚《汉书》,实命代奇作;及与陈宗、尹敏、杜抚、马严撰中兴纪、传,(案:杜抚在《儒林传》内,不言曾与班固共定《注记》。)其文曾不足观。’是与班固等共成纪、传者,尚有刘复、贾逵、马严、杜抚四人也。”(以下所引余氏论《东观汉记》之文均出此。)

于是又诏史官谒者仆射刘珍及谏议大夫李尤杂作纪、表、名臣、节士、儒林、外戚诸传,起自建武,讫乎永初。

昌案:《隋志》:“《东观汉记》一百四十三卷,起光武记注,至灵帝。长水校尉刘珍等撰。”余嘉锡云:“尝考《隋书·经籍志》著录之例,其所注撰人,大率沿用旧本,题其著书时之官,故有一人所著书,而前后署衔不同者。此书既题长水校尉刘珍等撰,必其在东观作《汉记》之时,正居是官耳。考范晔书《文苑传》云:‘刘珍永初中为谒者仆射。邓太后诏使与校书刘騊駼、马融及五经博士校定东观五经、诸子、传记、百家、艺术。永宁元年,太后又诏珍与騊駼作建武以来名臣传。迁侍中、越骑校尉。’案:汉制,谒者仆射仅比千石,五校尉则皆比二千石。其位次之序,首屯骑,次越骑,次步兵,次长水,次射声。(见《续汉书·百官志》。前汉有八校尉,后汉省并其三。)刘珍盖以谒者仆射入东观校书,遂受诏撰《汉记》,旋迁长水校尉,书成之后,始转为越骑耳。本传不言长水之迁者,以其居此官不久,略之也。”又云:“《李尤传》云:‘召诣东观,安帝时为谏议大夫,受诏与刘珍共撰《汉记》。’《汉记》之名盖始于此。《吴志·韦曜传》载华覈上疏救曜曰:‘昔班固作《汉书》,文辞典雅。后刘珍、刘毅等作《汉记》,远不及固,叙传尤劣。’《隋志》正史类小序亦云:‘先是,明帝诏固为兰台令史,与陈宗等共成《光武帝纪》,擢固为郎,典校秘书。固撰后汉事,作列传、载记二十八篇。其后刘珍、刘毅、刘陶、(案:刘陶《后汉书》有传,不言其入东观。此当是刘騊駼之误。)伏无忌等,相次述作于东观,谓之《汉记》。’其言明白如此。然则著述东观,实自珍等始。《汉记》之称刘珍等撰,盖汉人旧本所题如此。故自三国至唐相承无异词。《提要》乃谓不可以珍等为首,讵当改汉人之旧题,以未入东观之班固为首耶?”又云:“《北海靖王兴传》又云:‘复子驹騊及从兄平望侯毅并有才学。永宁中,邓太后召毅及騊駼入东观,与谒者仆射刘珍著中兴以下名臣列士传。’(案:刘毅《文苑》有传,不言入东观撰《汉记》。)《史通·史官建置》篇云:‘按刘、曹二史皆当代所撰。能成其事者,盖惟刘珍、蔡邕、王沈、鱼豢之徒耳。而旧史载其同作,非止一家,如王逸、阮籍,亦预其列。’考范书《文苑传》不言逸曾著作东观,但云‘元初中,举上计吏,为著作郎’而已。(昌案:为著作郎,即知史务也。说详彭仲铎《增释》。)知幾所谓旧史,盖指谢承、司马彪等书言之。然则与刘珍等俱撰《汉记》者,又有刘毅、王逸二人。逸事虽不甚著,而华嶠及《隋志》固以珍、毅并举。”

复命侍中伏无忌与谏议大夫黄景

昌案:余嘉锡云:“范书《邓禹传》云:‘阊妻耿氏,有节操,(邓阊,禹之祖。)养河南尹豹子嗣为后。耿氏教之书学,遂以博通称。永寿中,与伏无忌、延笃著书东观,官至屯骑校尉。’(《玉海》及张澍《书后》中均有邓嗣,盖本于此。)是与伏无忌等同著书者,又有邓嗣,《史通》偶遗其名。”

大军营司马崔寔

昌案:余嘉锡云:“大军营司马官名,殊不经见。考之范书《崔寔传》云:‘召拜议郎,迁大将军冀司马,与边韶、延笃著作东观。’盖《史通》传刻,脱一将字。浅人因不知冀为大将军名,遂妄改为营。”

杂作孝穆、崇二皇及顺烈皇后传。

浦起龙曰:“孝穆五字,传写讹脱,当作献穆、孝崇二皇后。”卢文弨曰:“孝穆皇,桓帝祖也。孝崇皇,桓帝父也。中间省一孝字耳。今乃谓‘当作献穆、孝崇二皇后’。夫献穆皇后,乃献帝曹皇后也。桓帝何由预知之,而且加于孝崇皇后之上乎? 书中惟此条为大谬。”

昌案:余嘉锡云:“献穆皇后乃曹操之女,献帝之后,薨于魏景初元年。崔寔等死已久矣,安得为之作传乎? 考《桓帝纪》云:本初元年闰月,即皇帝位。九月,追尊皇祖河间孝王曰孝穆皇,皇考蠡吾侯曰孝崇皇。以其位号出于追尊，故皇而不帝，且不作纪而作传也。起龙不知此事，而欲轻改旧文，妄孰甚焉。”其所考是矣。然浦氏之谬，抱经早已言之。余氏著书，竟不一检《群书拾补》，亦其疏也。

寔、寿又与议郎延笃杂作《百官表》，顺帝功臣孙程、郭願及郑众、蔡伦等传。

昌案：余嘉锡云：“按：顺帝即位时，宦者以功封侯者十九人，姓名具见范书《宦者·孙程传》，无郭願其人。此盖郭镇之误。镇延光中，（安帝末。）为尚书，及诛江京，镇率羽林士击杀卫尉阎景，封定颍侯，事迹附见《郭躬传》。（镇，躬弟子。）盖顺帝时功臣甚众，有宦者，有士人，不可胜数，故举孙程、郭镇二人以概其余耳。《提要》不知其误，而反于郑众、蔡伦之上，删去一及字，则似众、伦二人亦顺帝功臣矣。（众卒于安帝元初元年，伦卒于邓太后崩后，盖安帝之建光元年。）何其不思之甚哉！”

凡百十有四篇，号曰《汉记》。

昌案：余嘉锡云：“《史通》所谓‘凡百十有四篇’者，谓合安帝永初中刘珍、李尤等之所撰，（珍于永初中撰集《汉记》，见《张衡传》。）及桓帝元嘉中伏无忌、黄景、（无忌、景及崔寔于元嘉中奉诏，见《伏湛传》。）边韶、崔寔、朱穆、曹寿、延笃等之所作，共得百十有四篇耳。（其中兼有蔡邕、杨彪之作，说详于后。）益以班固等所撰之二十八篇，加目录一篇，（《新唐志》有《录》一卷。）正如《隋志》著录一百四十三卷之数。（古书多以一篇为一卷。）知幾生于初唐，故其所见之本，与《隋志》无以异也。所谓‘号曰《汉记》’者，总一百四十二篇言之也。”

熹平中，光禄大夫马日磾、议郎蔡邕、杨彪、卢植著作东观，接续纪、传之可成者。而邕别作《朝会》、《车服》二志，后坐事徙朔方，上书求还，续成十志。会董卓作乱，大驾西迁。史臣废弃，旧文散佚。及在许都，杨彪颇存注记。至于名贤君子，自永初已下阙续。

昌案：《四库提要》卷五十：“案：范书《蔡邕传》：‘邕在东观，与卢植、韩说等撰补《后汉记》。所作《灵纪》及十意，又补诸列传四十二篇，因李傕之乱，多不存。'《卢植传》亦称：植与邕、说，并在东观，续补《汉记》。又刘昭《补注》司马《书》引袁崧(昌案：崧当作山松，盖误合二字为一字。)《书》云：刘洪'与蔡邕共述《律历记》'。(昌案：记当为意或志。)又引谢承(昌案：承当作沈。)《书》云：'胡广博综旧仪，蔡邕因以为志。'又引谢沈《书》云：'蔡邕引中兴以来所修者为《祭祀志》。'章怀太子范《书》注称邕上书云：'臣科条诸志，所欲删定者一，所当接续者四，前志所无，臣欲著者五。'"余嘉锡云："所谓董卓作乱西迁者，谓初平元年三月，卓挟献帝迁都长安时也。《隋书·牛弘传》云：'孝献徙都，吏民扰乱，图书缣帛，皆取为帷囊。所载而西，裁七十余乘。属西京大乱，一时燔荡。'(《经籍志序》所言董卓之乱云云，即本于此。惟改西京为两京，非是。)蔡邕所著《汉记》之散佚，盖由于此。邕本传云：'其撰集汉事，未见录以继后史。适作《灵纪》及十意，又补诸列传四十二篇，因李傕之乱，湮没多不存。'案：初平三年五月，兴平二年三月、十一月，皆有李傕之乱。《董卓传》言：傕、汜共追乘舆，大战弘农东涧。董承、杨奉军败。辎重御物、符策典籍，略无所遗。事在兴平二年十一月。(据《献帝纪》。)此迁都长安后，图书之又一厄也。蔡邕所著，或散于此时，亦未可知。《史通》所言，与《后汉书》年月不同，情状亦异。知幾盖别有所本，今亦莫详其孰是。要之皆在建安以前耳。邕及杨彪所著，知幾似皆未见其书，故并不言篇数，与叙班固、刘珍等异。然《灵帝纪》即邕所作，而《隋志》云：'《东观汉记》一百四十三卷，起《光武记注》，至灵帝。'则《灵纪》尚存。邕所奏上十意之章，刘昭《律历志》注载其全篇，不遗一字。(在本志末。)邕虽有'分别首目，并书章左'之言，实未录其篇目。而章怀注《邕传》，节录其文，末忽多出'有《律历意》第一、《礼意》第二、《乐意》第三、《郊祀意》第四、《天文意》第五、《车服意》第六'二十九字。王先谦以为乃章怀就当时所有者言之，非邕书辞，是也。(见《集解》卷六十下校补。)知幾与章怀同时，不应所见本有异。然则邕所作纪、志并未全亡。当时虽为王允所恶，未见录以继后史，而隋、唐之际，则其残编已编入《汉记》矣。(今聚珍本有《灵帝纪》及《律历志》、《礼志》、《乐志》、《郊祀志》、《车服志》，独《天文志》全阙耳。)杨彪所注记，知幾未言其有所亡佚，《北堂书钞》卷三十四引有《东观汉记·袁绍传》,(原无传字,凡二条。一条言宾客所归,倾心折节;一条言士无贫贱,与之抗礼。今本无绍传。)及今本王允、孔融、蔡邕等传,必出彪手无疑。知幾不容不见,而竟不言其篇数,盖与蔡邕残稿,即在刘珍等所撰百十有四篇之内。知幾虽未暇检点,然亦知其中有邕、彪之作,故补叙之于后,读者勿以辞害意可也。又案:蔡邕奏上十意章(《续汉·律历志》注引作蔡邕《戍边上章》。)云:'臣自在布衣,常以为《汉书》十志,下尽王莽。而世祖以来,惟有纪、传,无续志者。不在其位,非外吏、庶人所得擅述。天诱其衷,得备著作郎,建言十志皆当撰录,遂与议郎张华等分受之。难者皆以付臣。先治律历,以筹算为本,天文为验。郎中刘洪密于用算,故臣表上洪,与共参思图牒,寻绎度数。'则与邕同撰志者,刘洪之外,尚有张华。此亦《提要》所未知者。华即邕本传所言与邕及杨赐、马日磾、单飏同被召入崇德殿,使中常侍就问灾异者也。"

乃广集学徒,穷览旧籍,删烦补略,作《后汉书》。

昌案:章宗源《〈隋书·经籍志〉考证》卷一:"蔚宗撰史,实本华峤,故亦易外戚为《后纪》。而《肃宗纪论》、《二十八将论》、《桓谭冯衍传论》、《袁安传论》、《刘赵淳于江刘周赵传序》、《班彪传论》,章怀并注为华峤之辞。《王允传论》,章怀漏注,以《魏志·董卓传》注参校,知亦峤辞。"考《文心雕龙·史传》篇历论后汉纪传而美"司马彪之详实,华峤之准当",则范《汉》虽博采诸家,而多本华氏,宜也。

其十志亦未成而死

昌案:张述祖《范蔚宗年谱》:"章怀注引《宋书·谢俨传》曰:'范晔所撰十志,一皆托俨搜撰,垂毕,遇晔败,悉蜡以覆车。宋文帝令丹阳尹徐湛之就俨寻求,已不复得,一代以为恨。其志今阙。'(王鸣盛《十七史商榷》卷二十九称俨妒贤嫉能,不欲其流传,故毁之。其说似未尽然,见下自明。)然《后汉书·后纪》云:'僚品秩事在《百官志》。'《东平王苍传》云:'语在《礼乐》、《舆服志》。'《蔡邕传》云:'事在《五行》、《天文志》。'是其志已有成者。(昌案:李慈铭《越缦堂读书记》卷三"《后汉书》"条亦尝举此三证云:"乃知当日志亦俱成,章怀谓托谢俨搜撰之言,恐都未确。"盖述祖所本也。)《南齐书·百官志》序云:'蔚宗选簿梗概。'(王鸣盛《十七史商榷》卷二十九云:"蔚宗又别自作《选簿》以述百官,其言无稽。"余按《选簿》即指《百官志》而言,乃史臣行文之便耳,非别有一书。)《檀超传》云:'立十志……《百官》依范晔。'则齐时其志尚有存者。及刘昭注书时,已称今缺矣。(《后汉书》刘昭《补志序》。)《俨传》所谓'蜡以覆车'者,似指先生尚未删定诸志而言也。"(洪迈《容斋四笔》卷一"范煜汉志"条:"《俨传》所云,乃范纪第十卷公主注中引之。今《宋书》却无,殊不可晓。"《册府元龟·国史部·采撰门》引此文全同范《书》注所引。姚振宗《〈隋书·经籍志〉考证》卷十一述范《书》,但出《元龟》所云,而略不及李注,盖以《宋书》有无谢传为疑。姚范《援鹑堂笔记》卷三十三云:"《班彪传赞》注内亦引沈约《宋书》叙谢俨事,今本《宋书》无之,惟《王景文传》有谢俨名耳。"余嘉锡《四库提要辨证》卷三据此,谓"然则约《书》当有《谢俨传》",其说是也。胡玉缙《四库全书总目提要补正》卷十三论及此事,谓"今沈约《书》无《俨传》,当出徐爰、孙严诸书。"亦偶失之。)

又案:钱大昕《潜研堂文集》卷二十八《跋后汉书》云:"《后汉书》淳化刊本止有蔚宗纪传百卷。其志三十卷,则乾兴元年准判国子监孙奭奏添入。(昌案:此事洪迈《容斋四笔》及陈振孙《直斋书录解题》已先言之。)但宣公误以为刘昭所补,故云:'范作之于前,刘述之于后。'不知志出司马彪。彪,西晋人,在范前,不在范后。刘昭本为范史作注,又兼取司马志注之,以补范之阙。题云《注补》者,注司马《书》以补范《书》也。自章怀改注范史,而昭注遂失其传。独此志以非蔚宗《书》,故章怀不注。而司马、刘二家之学流传到今,宣公实有力焉。"(《十驾斋养新录》卷六"司马彪《续汉书志》附范史以传"条略同。)竹汀此说,仍有疏误,故余嘉锡《四库提要辨证》卷三"《后汉书》"条复为之详考曰:"案:《梁书·刘昭传》云:'昭集后汉同异,注范晔《书》,世称博悉。出为剡令,卒官。《集注后汉》一百八十卷。'不言曾注彪志,岂非即在集注范晔《书》一百八十卷之内乎?然则昭作注之始,则以《续后书》八志并入范《书》矣。(昌案:洪亮吉《晓读书斋四录》卷上云:"昭注范史时,范志三十卷久已亡,故取司马氏《续汉志》以补之。史文简略，故只云注范史耳。《南史》所述，亦与《梁书》同。”李慈铭《越缦堂读书记》卷三“《后汉书》”条亦云：“合司马志于范《书》，乃始于昭。”而斥钱氏等以为二书合并，始自宋孙奭等之奏请为未确。二家之说，皆余氏先河也。)《隋书·经籍志》有《后汉书》一百二十五卷，注云：‘范晔本，梁剡令刘昭注。’而昭所注司马彪志亦不著录。考《隋志》，范晔《后汉书》仅九十七卷，而昭所注乃有一百二十五卷，较原书增多二十八卷，是即今本之八志三十卷耳。《唐志》范《书》作九十二卷，别有刘熙注一百二十二卷。章宗源《〈隋书·经籍志〉考证》卷一引之，以熙字为昭字之讹，谓以《唐志》卷数计之，纪传九十二卷，合续志三十卷，恰符百二十二卷之数。其说尤为精核。两《唐志》又有《后汉书》五十八卷，刘昭补注。姚振宗《隋志考证》卷十一云：‘五十八卷者，似即所注司马八志。百二十二卷者，为所注范氏纪传。两书合计，正合本传一百八十卷之数。其卷数分合，不可知已。’其说虽与章氏异，然无论如何算法，皆可以证明刘昭补注范《书》之中，确已将司马马八志并入其内，固无以异也。以事理度之，盖自章怀注既行之后，人之言后汉事者，争用其书，而诸家之说尽废，昭注浸以不显。然章怀只注范《书》纪传，典章制度，无可考详。读者遂用昭原例，兼习昭所注续志，以补其阙。故杜佑《通典》述科举之制，以《后汉书》、《续汉志》连类而举；而《通志·选举略》亦言，唐以《后汉书》及刘昭所注志为一史，盖由于此。至宋时，昭所注范《书》纪传遂佚，而志则借此幸存。孙奭遂建议以昭所注志与范《书》合为一编。盖以前昭所注志，与章怀所注纪传，各为一书，至是始合。若夫司马彪志之与范《书》，则当刘昭作注之时，合并固已久矣。”(邵晋涵《南江书录·后汉书提要》云：“郦道元《水经注》尝引司马彪《州郡志》，疑彪之诸志，在六朝已有单行之本，故昭独为之注。杜佑《通典》述科举之制，以《后汉书》、《续汉志》连类而言，则知以司马志附见范《书》实始于唐人。陈振孙《书录解题》谓宋乾兴初，判国子监孙奭始建议勘合为一书者，考之不审也。”二云盖不知刘昭以注范《汉》而兼及马志，又不知范《汉》纪传与马志合并是一事，马志刘昭注与范《汉》李贤注合并又是一事。前者固不始唐人，后者则实始宋代也。又缪荃孙《云自在龛随笔》卷一《论史》云：“《通鉴考异》引《续汉志》云：‘以建武三十二年为建武中元元年。'《纪年通谱》云：'据纪志俱出范氏，而所载不同。'此言大谬。范氏无志，今志取司马绍统之书补入，非范氏也。《纪年通谱》今不传，何涑水亦仍其误也。"据此，知范《汉》、马志之关系，早在汴宋，已不甚了了。）

世言汉中兴史者，唯范、袁二家而已。

昌案：《四库提要》卷四十七论袁氏《后汉纪》云："其体例虽仿荀悦书，而悦书因班固旧文翦裁联络，而此书则抉择去取，自出鉴裁，抑又难于悦矣。刘知幾《史通·正史》篇称：'世言汉中兴史者，唯袁、范二家。'以配蔚宗，要非溢美也。"王鸣盛《十七史商榷》卷三十八"《后汉纪》"条："其著述体例及论断全仿荀悦《前汉纪》为之。但悦书在班之后，全取班书，宜也。宏书则在范之前，然亦皆范书所有，范书所无者甚少，何邪？宏《自序》云：'予尝读《后汉书》，烦秽杂乱，睡而不能竟也。聊以暇日集为《后汉纪》。其所缀会，谢承《书》、司马彪《书》、华峤《书》、谢忱（昌案：他书作沈。）《书》、《汉山阳公记》、汉灵献起居注、汉名臣奏，旁及诸郡耆旧先贤传，凡数百卷。前史阙略，多不次叙。错谬同异，谁使正之？经营八年，疲而不能定。始见张璠所撰书，其言汉末事差详，故复探而益之。'据此，则宏所采者，亦云博矣，乃竟少有出范书外者。然则诸书精实之语，范氏摭拾已尽。"合此两说，知魏、晋、南朝修东汉史，其为纪传体者，虽有多家，为编年体者，亦有晋张璠《汉纪》，而行世不久，渐次亡佚，惟袁、范两书并存，且子玄自始即加推重，要非无故矣。

又案：本篇他篇颇述谢承《后汉书》，而此叙正史，顾不之及。孙志祖《读书脞录》卷二"谢承《后汉书》"条所说较详，附录如次："谢承《后汉书》已久佚。阳曲傅征君（昌案：谓傅山青主。）自言其家有此书，为永乐时雕本，恐妄也。全谢山先生云：'即果有之，亦伪书而已。'志祖案：《隋书·经籍志》云：谢承《后汉书》一百三十卷，无帝纪。则谢《书》无本纪也。《北堂书钞》引封告事，云出谢承《后汉书·风教传》，则谢《书》有《风教传》也。《太平御览》引腊月祭祀事，云出谢书《东夷传》，则谢《书》有《东夷传》也。《史通·书志》篇云：'《百官》、《舆服》，谢拾孟坚之遗。'则谢《书》有《百官》、《舆服》志也。《杂说》篇云：'姜诗、赵壹，身止计吏，而谢《书》有传。'

则谢《书》有姜诗、赵壹传也。(范《书》姜诗事,载其妻庞氏传中。)又《论赞》篇云:'谢承曰诠。'与诸史不同,则谢《书》易论赞而为诠也。又《杂说》篇云:'谢承《汉书》,偏党吴越。'《烦省》篇云:'谢承尤悉江左,京洛事阙于三吴。'盖伟平为孙吴贵戚,容有偏私也。世有作伪者,当以此数事证之。乡先辈姚茎园(之骃)撰《后汉书补逸》,中有谢《书》。予憾其阙略,广为搜辑,得五卷,视姚本几倍之矣。"(孙氏新辑之本复经近人孙峻增补刊行,名《补订谢承后汉书补逸》,凡六卷。)姚之骃辑本序略云:"谢伟平之书,东汉第一良史也。凡所载忠贤名卿及通贤逸士,其芳言懿矩,半为范《书》所遗。"是其取舍,有殊范《汉》。今虽亡佚之余,治史者固犹有取焉。

又案:谢《书》无本纪之说,余嘉锡不以为然。其《论学杂著·读已见书斋随笔》"谢承《后汉书》"条云:"《隋志》言无帝纪者,盖隋东都所得谢承《书》传写阙其帝纪耳。然不云梁有帝纪几卷,亡,则《七录》所载已非完本,不始于隋矣。《新唐书·艺文志》有谢承《后汉书》一百三十三卷,录一卷,较《隋志》多出四卷,疑即帝纪也。(昌案:此句当作"除录一卷外,其多出之三卷,疑即帝纪也。")凡《隋志》所云亡佚残缺之书,至唐往往复出,其例正多,不足为异。若谓伟平本未作纪,则殊不然。安有无帝纪而可成一代之史者乎?刘知幾《史通》评骘诸史,持论最严,蹈瑕抵隙,无微不至。陆机之纪三祖,竟不编年;(见《本纪》篇。)陈寿之志孙、刘,呼为列传,(见《列传》篇。)苟乖体例,辄肆讥弹。使伟平果不作帝纪,独破马、班之例,安得曲从宽假,默无一言乎?以此推之,不然明矣。汪文台辑谢《书》,首列光武、灵帝、伏后诸条。(伏后条当在《献帝纪》中。)而孙志祖辑本必谓谢《书》无帝纪,灵帝及伏后条当是志、传中语,(见孙本卷五。其光武条孙辑入《朱鲔传》中,则似为得之。)似犹考之未详也。"《随笔》又别有"辨谢承《后汉书》传本之有无"条,谓据诸家记载,清世实有其书,然真伪则不可知。今又百余年,其本殆不复存云。

其后王沈独就其业,勒成《魏书》四十四卷。其书多为时讳,殊非实录。

昌案:此书《隋志》作四十八卷,《新唐志》作四十七卷,皆与《史通》异。

《太平御览》卷二百三十三引王隐《晋书》曰:“王沈为秘书监,著《魏书》,多为时讳而善叙事。”《晋书》本传云:“正元中……典著作,与荀顗,阮籍共撰《魏书》,多为时讳,未若陈寿之实录也。”子玄于沈《书》颇致讥议,亦见《载文》、《直书》、《曲笔》等篇。

魏时,京兆鱼豢私撰《魏略》。

昌案:章宗源《〈隋书·经籍志〉考证》卷一:“愚按:《魏略》有纪、志、列传,自是正史之体。《文选·景福殿赋》注引《魏略·文纪》,《初学记·天部》引《五行志》。裴松之《魏志》注言《魏略》有《佞幸传》、《游说传》、《儒宗传》、《纯固传》、《苛吏传》、《清介传》、《勇侠传》列传,《西戎传》,(昌案:章书无《西戎传》三字,乃姚氏所增补。)《梁书》又言有《止足传》。《世说·文学》篇注,《通典·边防门》亦引《魏略·西戎传》。《御览·人事部》及《寰宇记》引作《西域传》。豢之论赞,实称曰议,裴注多引其词,而《西戎传》议尤可考见。”(章氏《考证》原文较繁,兹据姚振宗《三国艺文志》卷二所节录。钱大昕《廿二史考异》卷十五“三国魏志高贵乡公纪”条述鱼豢此书略同。)

皇家贞观中,有诏以前后晋史,十有八家,制作虽多,未能尽善,乃敕史官更加纂录。

昌案:余嘉锡《四库提要辨证》卷三“《晋书》”条:“《史通·古今正史》篇叙修晋史事……不言为贞观几年,又不载修史诸人姓名。《旧唐书·房玄龄传》云:‘十八年,与司徒长孙无忌等,图形于凌烟阁。高宗居春宫,加玄龄太子太傅,仍知门下省事。寻以撰高祖、太宗实录成,赐物一千五百段。其年,玄龄丁继母忧,去职;未几,起复本官。太宗亲征辽东,命玄龄京城留守。寻与中书侍郎褚遂良受诏,重撰《晋书》。’又《令狐德棻传》云:‘十八年起为雅州刺史,以公事免。寻有诏改撰《晋书》,玄龄奏德棻,令预修撰。’余尝考之,旧传之叙事混淆不清,未可尽信。如图形凌烟阁及玄龄之加太子太傅与其丁忧起复,皆在贞观十七年。(据《旧唐书·太宗纪》。)至太宗行幸洛阳,以玄龄留守京师,始为十八年十月之事。(据《通鉴》卷一百九十七）而传以此诸事同属一年，疏舛甚矣。此下即接叙受诏重撰《晋书》云云，而终之曰：‘至二十年书成。’故浦起龙《史通通释》（卷十二）及王鸣盛《十七史商榷》（卷四十三）均以为贞观十八年受诏撰《晋书》。（浦氏引《玄龄传》，王氏引《德棻传》。）其实非也。考《唐会要》卷六十三云：‘二十年闰三月四日，诏令修史所更撰《晋书》，诠次旧闻，裁成义类。其所须可依五代史故事。若少学士，量事追取。于是司空房玄龄、中书令褚遂良、太子左庶子许敬宗掌其事。又中书舍人来济、著作郎陆元仕、著作郎刘子翼、主客郎中卢承基、太史令李淳风、太子舍人李义府、薛元超、起居郎上官仪、主客员外郎崔行功、刑部员外郎辛丘驭、著作郎刘允之、（允之当作胤之，《新唐书·艺文志》作引之，皆避讳改字。昌案：谓避宋太祖赵匡胤讳。）光禄寺主簿杨仁卿、御史台主簿李延寿、校书郎张文恭并分功撰录。又令前雅州刺史令狐德棻、太子司仪郎敬播、主客员外郎李安期、屯田员外郎李怀俨，（案以上二十一人，《新唐书·艺文志》无卢承基而有赵弘智。《旧唐书·德棻传》但言当时同修一十八人，并推德棻为首者，盖以房、褚、许三人是监修而非同列，故除之不数也。）详其条例，量加考正，以臧荣绪《晋书》为本，捃摭诸家及晋代文集。’《唐大诏令集》卷八十一有《修晋书诏》，略云：‘晋氏膺运，制有中原。上帝启玄石之图，下武代黄星之德。及中原鼎沸，江左嗣兴，并宅寰区，各重徽号。足以飞英丽笔，将美丛书。但十有八家，虽存记注，而才非良史，事亏实录。绪繁而寡要；（绪，《玉海》卷四十六引作荣绪，谓臧荣绪也。）思劳而少功；（《玉海》引思上有行字。姚振宗《隋志考证》卷十二曰：“贞观修书诏：‘行思劳而少功，’盖指谢沈。沈撰《晋书》三十余卷，见本传。行思，沈字也。”）叔宁课虚，（虞预字叔宁。）滋味同于画饼；子云学海，（萧子云。）涓滴堙于涸流；处叔不预于中兴；（王隐字处叔。）法盛莫通乎创业；（何法盛。）洎乎干（宝）、陆（机）、曹（嘉之）、邓（粲），略记帝王；鸾、（檀道鸾。）盛、（孙盛。）广、（徐广。）讼，（讼当作谦，谓刘谦之也。昌案：讼当作松，谓裴松之也。松之著《晋纪》，见《宋书》本传，《隋志》不著录。《玉海》引正作松，余氏失校。）才编载记。（晋史十八家，以上所举者十有四。其余四家，未详何指。昌案：由此可知，浦注据《隋志》及两《唐志》所著录之晋史十九家，欲除去其中习凿齿

《汉晋春秋》，以符《史通》所言十八家之数，操术未免疏略。浦氏盖未见《修晋书诏》也。）其文既野，其事罕传。遂使典午清高，韬遗芳于简册；金行曩志，缺继美于骊骠，遐想寂寥，深为叹息。宜令修国史所，更撰《晋书》，铨次旧闻，裁成义类。俾夫湮落之诰，咸使发明。'（以下尚有其所须云云，已见上引《唐会要》。）末注贞观二十年闰三月。（原作闰二月，据《玉海》引改。《旧唐书》卷三十六《天文志》云："贞观二十年，闰三月，癸巳朔。"可以为证。昌案：《册府元龟》卷五百五十六"贞观二十年闰三月，诏修《晋书》"云云，与《唐会要》、《玉海》并同，亦足证《唐大诏令集》原作闰二月之误。）据此两书，则修书之诏，实下于二十年。《旧唐书》以为十八年者，非也。玄龄、敬宗、德棻等，虽俱乏三长之美，然颇有捃摭之劳，且数典行文，务求绮艳；不似元、明史臣，草率塞责，直等钞胥；则其表进全书，必不在期年以内。惜未见进书之表，不知究以何时奏御耳。"

又案：赵翼《廿二史札记》卷七"《晋书》"条："唐初修《晋书》，以臧荣绪本为主，而兼考诸家成之。今据《晋》、《宋》等《书》列传所载，诸家之为《晋书》，无虑数十种。其作于晋时者，武帝时议立《晋书》限断，荀勖谓宜以魏正始起年，王瓒欲引嘉平以下朝臣尽入于晋，贾谧请以泰始为断。事下尚书议，张华等谓宜用正始，从之。（《贾谧传》。）武帝诏，自泰始以来，大事皆撰录，秘书写副。后有事即依类缀辑。（《武帝纪》。）此《晋书》之权舆也。自后华峤草魏、晋纪传，与张载同在史官。永嘉之乱，《晋书》存者五十余卷。（《峤传》。昌案：草魏、晋纪传者，乃峤之少子畅，非峤也。赵误。）干宝著《晋纪》，自宣帝迄愍帝，凡二十卷，称良史。（《宝传》。）谢沈著《晋书》三十余卷。（《沈传》。）傅畅作《晋诸公赞》二十二卷，又为《公卿故事》九卷。（《畅传》。）荀绰作《晋后书》十五篇。（《绰传》。）束皙作《晋书》帝纪、十志。（《皙传》。昌案：《皙传》二字原脱，今补。）孙盛作《晋阳秋》，词直理正。桓温见之，谓其子曰：'枋头诚为失利，何至如尊公所说。若此史遂行，自是关君门户事。'其子惧祸，乃私改之。而盛所著已有二本，以其一寄慕容隽。后孝武博求异闻，又得之，与中国本多不同。（《盛传》。）王铨私录晋事，其子隐遂谙悉西晋旧事，后与郭璞同为著作郎，撰《晋史》。时虞预亦私撰《晋史》，而生长东南，不知中朝故事，借隐书窃写之。庾亮资隐纸笔,乃成书。隐文鄙拙,其文之可观者,乃其父所撰;不可解者,隐之词也。(《王隐传》。)习凿齿作《汉晋春秋》,起汉光武,终晋愍帝。于三国之时,则以蜀为正统,魏武(昌案:式当为文。)虽承汉禅,而其时孙、刘鼎立,未能一统天下也,尚为篡逆。至司马昭平蜀,乃为汉亡,而晋始兴焉。(《凿齿传》。)其晋以后所作者,宋徐广撰《晋纪》十六卷。(《广传》。)沈约以晋一代无全书,宋泰始中,蔡兴宗奏约撰述,凡二十年,成一百十卷。(《约传》。)谢灵运亦奉敕撰《晋书》,粗立条流,书竟不就。(《灵运传》。)王韶之私撰《晋安帝春秋》,既成,人谓宜居史职,即除著作郎,使续成后事,迄义熙九年。其序王珣货殖,王廞作乱事,后珣子和贵,韶之尝惧为所害。(《韶之传》。)荀伯子亦助撰《晋史》。(《伯子传》。)张缅著《晋钞》三十卷。(《缅传》。)臧荣绪括东西晋为一书,纪录志传共一百十卷。(《荣绪传》。)刘彤集众家《晋书》注干宝《晋纪》为四十卷。(《刘昭传》。)萧子云著《晋书》一百卷。(《子云传》。)此皆见于各传者。又《唐书·艺文志》所载晋朝史事,尚有陆机《晋帝纪》、刘协注《晋纪》、刘谦《晋纪》、曹嘉《晋纪》、邓粲《晋纪》及《晋阳秋》、檀道鸾《晋春秋》、萧景畅《晋史草》、(昌案:萧子显字景阳,畅乃阳之误。)郭季产《晋续记》、《晋录》之类,当唐初修史时尚俱在,必皆兼综互订,不专据荣绪一书也。"赵氏所考已详,然尚有未尽。如何法盛《晋中兴书》、朱凤《晋书》、郑忠《晋书》、庾铣《东晋新书》、张氏《晋书鸿烈》,皆近在《隋志》而竟不之及。《宋书·裴松之传》载松之作《晋纪》。《北史·崔宏传》称崔浩著《晋后书》未就,传世者五十余卷。又《北齐书·宋显传》述其从祖弟绘,尝依裴松之注《三国志》例,注王隐《晋书》与何法盛《晋中兴书》。瓯北亦皆失引。

又案:陈寅恪著《李唐氏族之推测》,谓太宗之重修《晋书》,盖具欲讳其系出李初古拔之隐衷,可备一说。

载记三十

昌案:王鸣盛《十七史商榷》卷五十二"《晋书》载记"条:"《后汉书·班固传》,固述公孙述等僭伪事为载记若干篇。《晋书》载记之名,盖本于此。"

史佐孙冲之，表求别自创立，为一家之言。

昌案：《隋志》："《宋书》六十五卷，齐冠军录事参军孙严撰。"姚振宗《〈隋书·经籍志〉考证》卷十一："《史通》……此云史佐孙冲之表求为一家之书，似即此孙严《宋书》，冲之其字欤？《宋书·臧质传》：'孙冲之，太原中都人，晋秘书监孙盛曾孙也，官至右军将军、巴东太守。后事在《刘琬传》。'按：刘琬当为邓琬。《邓琬传》云：'大明八年，琬为晋安王子勋镇军长史。前废帝遣使赍药赐子勋死，琬乃佐子勋起兵寻阳。巴东、建平二郡太守孙冲之之郡，始至孤石。琬以冲之为子勋谘议参军，领中兵，加辅国将军，与陶亮并统前军。子勋即伪位，加左卫将军，后败还，不知所终。'岂即此孙冲之？冲之有集十一卷，见本志别集类中，又为孙盛曾孙，史学是其世业，殆即其人。或当时未及于难，入齐为冠军将军录事，未可知也。"

又命著作郎徐爰踵成前作……勒为一书。

昌案：《隋志》："《宋书》六十五卷，宋中散大夫徐爰撰。"赵翼《廿二史札记》卷九"《宋书》多徐爰旧本"条："沈约于齐永明五年奉敕撰《宋书》，次年二月即告成，共纪、志、列传一百卷。古来修史之速，未有若此者。今按其《自序》而细推之，知约书多取徐爰旧本而增删之也。宋著作郎何承天已撰《宋书》纪、传，止于武帝功臣，其诸志惟《天文》、《律历》；此外悉委之山谦之。谦之亡，诏苏宝生续撰，遂及元嘉诸臣。宝生被诛，又以命徐爰。爰因苏、何二本，勒为一史，起自义熙之初，讫于大明之末。其臧质、鲁爽、王僧达三传，皆孝武所造。惟永光以后至亡国十余年，纪载并缺。今永光以后纪传，盖约等所补也。(按《王智深传》："约多载宋明帝鄙渎事。武帝谓曰：'我昔经事明帝，卿可思讳恶之义。'于是多所删除。"可见宋明帝以后纪、传皆约所撰。)其于爰书稍有去取者，爰本有晋末诸臣，及桓玄等诸叛贼；并刘毅等与宋武同起义者，皆列于《宋书》。约以为桓元、谯纵、卢循，身为晋贼，无关后代；吴隐、郗僧施、谢混，义止前朝，不宜入宋；何无忌、诸葛长民、魏咏之、檀凭之志在匡晋，亦不得谓之宋臣，故概从删除。是约所删者，止于此数传，其余则皆爰书之旧，是以成书若此之易也。(《徐爰传》："爰虽因前作，而专为一家之书。起元义熙，为王业之始；载序宣力，为功臣之新。于是内外博议，或谓宜以义熙元年为断，或谓宜以元兴三年为断。诏曰：'项籍、圣公，编录二《汉》，前史已有成议。桓元传宜在宋典，余如爰议。'"是可见爰旧本体例也。）余向疑约修《宋书》，凡宋齐革易之际，宜为齐讳；晋宋革易之际，不必为宋讳，乃为宋讳反甚于为齐讳；然后知为宋讳者，徐爰旧本也，为齐讳者，约所补辑也。人但知《宋书》为沈约作，而不知大半乃徐爰作也。观《宋书》者，当于此而推之。"（王鸣盛《十七史商榷》卷五十三"沈约《宋书》"条略同而不及赵说之详。）

至齐，著作郎沈约更补缀所遗，制成新史……为纪十、志三十、列传六十，合百卷，名曰《宋书》。

昌案：姚范《援鹑堂笔记》卷三十三云："沈约《宋书》，今为百卷。按约表云：'本记、列传，缮写已毕，合志、表七十卷。'是约书只七十卷耳。此七十卷中，今脱去表，又脱到彦之等传。又《后汉书·皇后纪》注引约作《谢俨传》……《班彪传赞》注内亦引沈约《宋书》叙谢俨事，今本《宋书》无之，惟《王景文传》有谢俨名耳。（谢嘏亦名俨，见《陈书》。）《梁书·止足传》云《宋书·止足传》有羊欣、王微。今《宋书》有欣、微传而无止足之目。又本书有《张邵传》，别有邵子张敷、邵兄子张畅传。其邵传盖亡失，后人取他书补入，故《宋书》讳裕字，独此传直书之。又补入者不知敷、畅《宋书》已有传，而此传附载敷、畅事，更不删削，遂至重复。其余讹脱尤甚。大约约作史准范晔《后汉书》体，一人传毕即加论，不待一卷之终。后人不知，妄于其论画为一卷，此七十卷之分为百卷故耶？《文选·谢灵运传论》善注云：'沈约修《宋书》百卷。'愚意此书在唐世未必遽有脱误移改，一如今本，疑此百卷二字非善注，后人妄增入耳。"（缪荃孙《云自在龛随笔》卷一《论史》云："如刘穆之、王弘两传论专及穆之一人，可作一人一论之证。"又《随笔》此条论沈氏《宋书》卷数缺佚情状，全袭姜坞，惟删去其中所考张邵诸传事，及《文选》李注载沈约修《宋书》百卷事，而于篇末略事补苴。艺风学人，亦偶乾没，可异也。）姚氏所考《宋书》今本缺佚之状甚是，而谓卷帙经后人妄析，《选》注经后人妄增则非。余嘉锡《四库提要辨证》卷三"《宋书》"条云："刘知幾《史通·古今正史》篇于诸史纪、志、表、传凡若干篇，合若干卷，言之颇详。使约尝作表，不应略而不言。若谓唐以前其表已佚，知幾亦不容不知。且若果亡于唐以前，《隋志》当注曰：梁有表几卷，亡。《志》既不言有所残缺，是约《书》本无表也。《宋书·自序》载其上书表曰：'本纪、列传，缮写已毕，合志、表七十卷，臣今谨奏呈；所撰诸志，须成续上。'王鸣盛《十七史商榷》卷五十三云：'据其上书表，则纪、传先成，志系续上。今约书纪十卷，传六十卷，适合七十卷之数。外有志三十卷而无表，与《梁书》本传所云《宋书》百卷适合，则上书表中志表二字，乃衍文也。'余谓上书表既云：'合志、表七十卷，今谨奏呈。'则志、表即在七十卷中，已奏呈矣，又云：'诸志须成续上。'文义甚为不词。且若果合纪、传、志、表才七十卷，何以《梁书》、《隋志》、《史通》皆云《宋书》百卷？然则志表二字为浅人妄增，明矣。"此说足以理姚氏及《提要》以《宋书》本有表而后乃佚去之惑。又姚氏论《宋书》无《止足传》事，余氏云："《宋书》凡有四家。《梁书》所言，非必约《书》，姚说盖误。"

永明末，其书既行，河东裴子野更删为《宋略》二十卷。沈约见而叹曰："吾所不逮也。"由是世之言宋史者，以裴《略》为上，沈《书》次之。

昌案：《梁书·裴子野传》："初，子野曾祖松之，宋元嘉中受诏续修何承天《宋史》，未及成而卒。子野常欲继承先业。及齐永明末，沈约所撰《宋书》既行，子野更删撰为《宋略》二十卷。其叙事评论多善。约见而叹曰：'吾弗逮也。'"本书《杂说中》篇云："若裴氏者，众作之中，所可与言史者。"又《论赞》篇云："大抵史论皆华多于实，理少于文。必择其善者，则干宝、范晔、裴子野是其最也。"

又案：《四库提要》卷五十"许嵩《建康实录》"条："裴子野《宋略》，当时所称良史，沈约自以为不及者，今已不传。《资治通鉴》载有论赞数条，亦多首尾不具。而是书于刘宋一代，全据为蓝本，并子野论赞之词，尚存什一，是亦好古者所宜参证矣。"

又案：《遗书》本《文史通义》外篇卷二《读史通》云："世传沈休文与齐明帝赌征栗典，故少三事，退为后言，以明己之出于故让，是非不好胜者也。其著《宋书》，虽不敢希踪班、马，而文辞典雅，颇具别裁，抑亦范氏之亚匹也。史称裴子野删《宋书》为《宋略》三十卷,(昌案:当作二十卷。)约见之,叹曰:'吾不如也。'《史通》因饰之曰:'由是言宋史者,以裴《略》为上,沈《书》次之。'此岂情理之言哉?裴《略》今已不传,前人录入编年部次,是荀悦《汉纪》、袁宏《后汉纪》之属也。是与纪传之史绝不相蒙,前史谓删约《书》,固已谬矣。荀氏之《纪》,不尽出于班《书》,袁氏之《纪》,不尽由于一史。假而易编年于纪传,而止凭一书,删繁就简,乃荒陋者所为,通人不出此也。裴氏之书未必至是,而史顾侈为美谈,何其陋欤?约之叹服,大抵取其翦裁简当,至谓己所不如,不过一时推奖之辞,且亦明知己之撰述足以流传,不致为所掩也,故不妨为假借。而史氏录之,则未察其本矣。刘氏斟酌群言,扬榷史品,自宜知所别择,乃又从而实之曰:'由是言宋史者,以裴《略》为上,沈《书》次之。'后人不见裴书,而因刘氏之言,以谓裴《略》实胜沈《书》,有定品矣。姑无论子野史笔文才,未闻可驾休文而上;正使其书不愧荀、袁,亦与马、班诸书风马牛之不相及也。刘氏《二体》之篇,明言班、荀二家,缺一不可。未闻言汉事者,以荀《纪》为上,班《书》次之;言东汉之史,以袁《纪》为上,范《书》次之。何则?短长优绌,必以其类相形,体制各不相蒙,短长何自见哉?"章氏之言甚辩。然《全梁文》卷十一载简文帝《与湘东王书》已称"裴氏乃良史之才,了无篇什之美",而谓"谢朓、沈约之诗,任昉、陆倕之笔,斯实文章之冠冕,述作之楷模"。《梁书·裴传》亦云:"子野为文典而速,不尚靡丽之辞。其制作多法古,与今文体异。"观《建康实录》及《全梁文》所辑遗文,可见一斑。然则裴沈之文,原自异派,以言撰史,子野实长。休文之推挹,子玄之扬榷,固非无因。而史体虽非一途,史笔原无二致,非类相形,有何不可?至若以《宋》比《汉》,谓言汉史不闻称荀、袁为上,班、范次之,则率尔类推,纯为戏论矣。由此观之,实斋此之所论,似察而实瞀,殆不可从也。

梁天监中,太尉录事萧子显启撰齐史,书成,表奏之,诏付秘阁。起升明之年,尽永元之代,为……

以上文字旧阙,浦起龙补,云:"此八句诸本脱简,今据本传补入。宁冒妄缀之讥,不敢疏率了事也。"又云:"其为脱简,灼然无疑,故敢斗胆补入。”卢文弨于“沈约复著《齐纪》二十篇”下，校云：“下有脱文。”何焯校本补“梁天监中萧子显启撰齐史为”十二字。

昌案：《史官建置》篇：“蜀李与西凉二朝。”蜀李下，浦校云：“义门订本有李字，他本无。”又：“即今为载笔之别曹。”即下，浦校云：“依义门订本。一无即字，一误作命字。”据此，浦氏曾见何焯校本，灼然无疑。余尝细绎二家所勘，颇多相合，而标明者盖募。即如此处，义门亦既补之于前矣，虽繁简少殊，而浦氏乃略不之及，且一则云：“宁冒妄缀之讥。”再则云：“故敢斗胆补入。”一似其未经何氏之启迪也者，其故何欤？

又案：赵翼《廿二史札记》卷九“《齐书》旧本”条：“《齐书》亦有所本。建元二年，即诏檀超与江淹掌史职，超等表上条例：开元纪号，不取宋年；封爵各详本传，无假年表；立十志，《律历》、《礼乐》、《天文》、《五行》、《郊祀》、《刑法》、《艺文》依班固，《朝会》、《舆服》依蔡邕、司马彪，《州郡》依徐爰，《百官》依范蔚宗；日蚀旧载《五行》，应改入《天文志》；帝女应立传，以备甥舅之重；又立《处士》、《列女传》。诏内外详议。王俭议以为食货乃国家本务；至《朝会》，前史不书，乃伯喈一家之说，宜立《食货》，省《朝会》；日月应仍隶《五行》；帝女若有高德绝行，当载《列女传》，若止于常美，不立传。诏日月灾隶《天文》，余如俭议。（见《檀超传》。）此齐时修国史体例也。又有豫章熊襄著《齐典》，沈约亦著《齐纪》二十卷，江淹撰《齐史》十志，吴均撰《齐春秋》，俱见各本传。今按萧子显《齐书》，但有《礼乐》、《天文》、《州郡》、《百官》、《舆服》、《祥瑞》、《五行》七志，而《食货》、《刑法》、《艺文》仍缺；列传内亦无《帝女》及《列女》，其节义可传者，总入于《孝义传》；改《处士》为《高逸》；又另立《倖臣传》。其体例与超、淹及俭所议，皆小有不同，盖本超、淹而小变之。《超传》内谓超史功未就而卒，淹撰成之，犹未备也。此正见子显之修《齐书》不全袭前人也。”（《陔馀丛考》卷七“《齐书》原本”条较略。）

合成五十九篇

昌案：《四库提要》卷四十五：“章俊卿《山堂考索》引《馆阁书目》云：《南齐书》本六十卷，今存五十九卷，亡其一。刘知幾《史通》、曾巩《叙录》

则皆云八纪，十一志、四十列传，合为五十九卷，不言其有阙佚。然《梁书》及《南史》子显本传，实俱作六十卷，则《馆阁书目》不为无据。”余嘉锡《四库提要辨证》卷三“《南齐书》”条：“案：《隋志》著录此书六十卷，而《旧唐志》则止五十九卷。考《旧唐志》全录自毋煚《古今书录》。其书作于开元时，（见《志序》。）而《南齐书》已亡其一卷。然《新唐志》又作六十卷。岂其全书后来复出欤？抑此一卷即本书之《序录》，故或入卷数，或不入卷数欤？至宋代诸家书，自《崇文总目》以下，皆五十九卷矣。……《廿二史考异》卷二十五“《南齐书》目录序”条云：‘按：《史通·序例》篇云：“沈《宋》之《志序》，萧《齐》之《序录》，虽皆以序为名，其实例也。”则子显《书》当有《序录》一篇，刘知幾犹及见之。《晋书》亦有《序例》一篇，今本皆无之。’……凡序录最易亡失。故《隋志》于各书之下，往往注曰：‘梁有《录》一卷，亡。’意《南齐书》所亡者，正是《序录》。刘知幾尚及见之。以《序录》本非列传，且多不入卷数，故知幾只言五十九篇耳。”

梁史，武帝时，沈约与给事中周兴嗣、步兵校尉鲍行卿、秘书监谢昊相承撰录，已有百篇，值承圣沦没，并从焚荡。

昌案：朱希祖《萧梁旧史考》：“《梁书》百篇，沈约等四人相承撰录，明非同时并撰。盖武帝时，沈约先撰《梁书》，故约有《梁武纪》十四卷。（昌案：见《梁书》及《南史》本传，《隋志》不著录。）天监十二年，约卒。周兴嗣在天监中，已佐撰国史，沈约卒，兴嗣相承撰录。普通二年，兴嗣卒，鲍行卿、谢昊相承撰录。史载鲍行卿事，皆在武帝时，官至步兵校尉，意其人盖在武帝时卒。惟谢昊之卒，似在最后。萧韶为《太清纪》，其诸议论，多昊为之，（昌案：见《杂说中》篇。）而又为元帝撰实录，（昌案：《隋志》：“《梁皇帝实录》五卷，梁中书郎谢昊撰，记元帝事。”）明昊在梁末犹存。故此《梁书》百篇，虽席三家之业而作，然必为昊独力所完成，故后人著录此书，独标谢名。……谢昊《梁书》本百篇，刘子玄虽谓‘承圣沦没，并从焚荡’，然《隋志》著录，尚存四十九卷。盖江陵陷时，元帝虽焚古今图书十四万卷，然仓卒乱离之际，岂无有收拾余烬，以作保存之计者？牛弘谓：‘萧绎据有江陵，遣将破平侯景，收文德殿之书及公私典籍，悉送荆州。及周师入郢，绎悉焚之于外城。所收十才一二。'(《隋书·牛弘传》。)故《梁武帝集》四十卷,《简文集》九十卷,各止一本,江陵平后,并藏秘阁。(《周书·萧大圜》传。)可见当时焚余之书,或辇归关中,或散出民间。陈天嘉中,更加搜集,遂多残缺。(《隋书·经籍志序》。)其后南北秘藏,皆会粹于隋,故《隋书·经籍志》所载,梁有而当时无者,已归焚毁;梁有全书而当时已残缺者,必大都为焚余残籍。谢吴《梁书》四十九卷,盖亦为焚余残籍耳。抑承圣之后,更有所撰集欤?《梁书》无吴传,疑不能明也。此书藏于中秘,刘子玄未得见,故云:'并从焚荡。'"

又案:《太平御览》卷六百十九引《三国要略》:"周师陷江陵,梁王知事不济,入东阁行殿,命舍人高善宝焚古今图书十四万卷,欲自投火与之俱灭。宫人引衣,遂及火灭尽。并以宝剑斫柱令折,叹曰:'文武之道,今夜穷矣。'"

庐江何之元

昌案:《陈书·文学传》略云:之元,庐江灊人也,好学有才思,梁天监末解褐,历仕武陵王、王琳、萧庄。琳败入齐,复还陈。太建八年,除始兴王叔陵中卫府功曹参军事,寻迁谘议参军。"从叔陵诛,之元乃屏绝人事,锐精著述;以为梁氏肇自武皇,终于敬帝,其兴亡之运,盛衰之迹,足以垂鉴戒,定褒贬;究其始终,起齐永元元年,迄于王琳遇获,七十五年行事,草创为三十卷,号曰《梁典》。"《萧梁旧史考》:"《隋书·经籍志》:'《梁典》三十卷,陈始兴王谘议何之元撰。'《史通》、《文选注》及《太平御览》等书,征引颇多,皆属零简,惟《陈书·何之元传》载其《梁典序》一篇,《文苑英华》载何之元《高祖事论》一篇,文独完整,足以觇其书之体例……有后论以曲畅其旨,有凡例以包举其体。至其全书,尚有《总论》一篇。《文苑英华》所载《高祖事论》,文近二千言,目录称为《高祖革命论》。今观其文,通论梁代,非专论高祖,实仿干宝《晋纪总论》而作。严可均改为《梁典总论》,甚觉谛当。……《总论》自谓:'官自有梁,备观成败,昔因出轴,流寓齐都;穷愁著书,窃慕虞子。'则之元所著《梁典》,实始于寓齐之日,及叔陵之诛,乃始屏绝人事,卒成此书云。"

沛国刘璠

昌案:《周书·刘璠传》略云:“刘璠,字宝义,沛国沛人也。……天和三年卒,时年五十九。著《梁典》三十卷,有集二十卷。子祥嗣。祥字休征,以字行。初,璠所撰《梁典》始就,未及刊定而卒,临终,谓休征曰:‘能成我志,其在此书乎。’休徵始定缮写,勒成一家,行于世。”

合撰《梁典》三十篇

浦起龙曰:“按:《陈书》何之元、《周书》刘璠二传,各言撰《梁典》三十卷,《隋》、《唐》二《志》亦皆分载二《典》,而《史通》以为二人合撰,则《梁典》只是一书耳。足正二《志》之歧出。”

昌案:姚振宗《〈隋书·经籍志〉考证》卷十二:“今考刘璠卒于周武帝天和三年。其书未就,子休征为写定之。休征卒于周静帝大象二年。是其书成于大象之前,行于北朝,或未及于江左。其父子皆终于周代,与南朝之何之元亦风马牛不相及。之元之书,始作于陈后主即位之岁。因始兴王叔陵行弑伏诛,之元为其官属,幸而得免,故屏绝人事,一意著书。其时在周大象后三年,隋文帝开皇二年。刘璠《梁典》已早成书矣。实非合撰。《史通》合字,当是各字之误。浦氏云云,不足为据。”

陈史,初有吴郡顾野王、北地傅縡,各为撰史学士。其武、文二帝纪,即顾、傅所修。太建初,中书郎陆琼续撰诸篇,事伤烦杂。姚察就加删改,粗有条贯。

昌案:余嘉锡《四库提要辨证》卷三“《陈书》”条:“今《陈书》《高祖(武帝)纪》二卷,《世祖(文帝)纪》一卷。顾、傅所修,当亦同此。则《唐志》所录两家书各三卷者,当即武、文二帝纪,与知幾所言适合,知顾、傅(昌案:傅字原脱,今以意补。)书所存者,实止此数。野王本传云:‘又撰国史纪传二百卷,未就而卒。’书既末成,则所谓二百卷者,或空张篇目,或唐初已亡,不得以史志为讹舛也。……琼既续顾、傅之书,明其篇卷当多于顾、傅,(昌案:傅字原脱,今以意补。)姚察删陆书之烦杂,是其所撰,以陆为本。《旧唐书·姚思廉传》乃云:‘删益傅縡,(二字俱盈斋刻本误作博综。)

顾野王所修旧史，成《陈书》三十卷。'竟不及陆琼，则史笔之疏也。"

皇家贞观初，其子思廉为著作郎，奉诏撰成二史，于是凭其旧稿，加以新录。

昌案：王鸣盛《十七史商榷》卷五十三"姚思廉《梁》、《陈》二书"条："姚察在陈为吏部尚书，陈宣帝太建末，即奉敕撰梁史。入隋，历太子内舍人、秘书丞、北绛公；始自吴兴迁居关中，为雍州万年人。察学兼儒史，见重于二代。当隋文帝时，尝访察以梁、陈故事，察每以所论载奏之。于是开皇九年，敕并成梁、陈二史，遣内史舍人虞世基索本上进，藏于内殿，而书犹未成。临亡，属子思廉继其业。思廉少仕陈，为扬州主簿，入隋，为汉王府参军、河间郡司法书佐；上表陈父遗言。有诏许其续成梁、陈史。后为代王侑侍读。唐高祖受禅，授秦王文学。太宗引为文学馆学士。太宗入春宫，迁太子洗马。贞观初，迁著作郎、宏文馆学士。三年，又受诏与秘书监魏徵同撰梁、陈二史。思廉采谢炅等诸家梁史，续成父书；并推究陈事，删益顾野王所修旧史，撰成《梁书》五十卷，《陈书》三十卷。魏徵虽裁其总论，其编次笔削，皆思廉之功也。以上见《陈书》第二十七察本传及《旧唐书》第七十三、《新唐书》第一百二卷思廉各本传。"赵翼《陔馀丛考》卷七"梁、陈二《书》"条："《新唐书·姚思廉传》：其父察在陈，尝修梁、陈二史未就，以属思廉。思廉入隋，表父遗言，有诏听续。至唐，又奉诏与魏徵等修梁、陈二书，乃采谢炅、顾野王诸书以成之。《旧唐书》谓思廉采谢炅诸家书著梁史：又推究陈氏，博综顾野王所修旧史成之。（昌案：博综乃傅縡之误，说见前。赵氏失校，故改易其文如此。）今以迹推之，则察已有成绪，思廉不过取谢、顾诸家，重为订正耳。如《梁书》王茂、曹景宗、萧颖达、张宏策、韦叡等传，皆载察旧论；《陈书·武帝纪论》、《文帝纪论》，亦察原文。可见此等纪传编排卷数，亦是察所手定，则文字可知也。《姚察传》亦云：梁、陈二史，本察所撰。其中序论、纪传有缺者，临殁时以体例戒其子思廉博访续撰。此思廉自撰其父之传，盖纪实也。两朝数十卷书，经父子两世纂辑之功始就。盖作史之难，不难于叙述，而难于考订事实，审核传闻，故不能速就耳。至其文笔，亦足称良史。"朱希祖《萧梁旧史考》："姚思廉之补撰梁、陈二史，当起于隋大业二年。《陈书·姚察传》云：‘察所撰梁、陈史，虽未毕功，隋文帝开皇之时，遣内史舍人虞世基索本，且进上，今在内殿。大业二年，察终于东都。内史侍郎虞世基奏思廉踵成梁、陈二代史，自尔以来，稍就补续。’《唐书》本传亦言：思廉上表陈父遗言，有诏许其续成梁、陈史。此姚思廉第一期续修梁、陈二史之事实也。（起隋大业二年，至唐武德五年，约十六年。）《唐会要》云：‘武德四年十一月，令狐德棻言于高祖曰：“近代已来，多无正史，梁、陈及齐，犹有文籍，至于周、隋，多有遗阙。当今耳目犹接，尚有可凭，如更数十年后，恐事迹湮没，无可记录。”至五年十二月二十六日，诏……大理卿崔善为、中书舍人孔绍安、太子洗马萧德言修梁史……秘书监窦琎、给事中欧阳询、秦王府文学姚思廉修陈史。绵历数载，竟不就而罢。’此姚思廉第二期续修陈史之事实也。（起武德六年，至贞观三年，约七年。时崔善为、孔绍安、萧德言所修梁史，亦必略有成绩。）又云：‘贞观三年，于中书置秘书内省，以修五代史。贞观十年正月二十日，尚书左仆射房玄龄、侍中魏徵、散骑常侍姚思廉、太子右庶子李百药、孔颖达、礼部侍郎令狐德棻，中书侍郎岑文本、中书舍人许敬宗等撰成周、隋、梁、陈、齐五代史，上之。’《旧唐书·魏徵传》：‘初，有诏遣令狐德棻、岑文本撰周史，孔颖达、许敬宗撰隋史，姚思廉撰梁、陈史，李百药撰齐史。徵受诏总加撰定，多所损益，务成简正。隋史序论，皆徵所作，梁、陈、齐各为总论，时称良史。’此姚思廉第三期续修梁、陈二史之事实也。（起贞观三年，至贞观十年，为七年。昌案：本篇“《隋书》”条“始以贞观三年创造”下原注云：“唯姚思廉贞观二年起功，多于诸史一岁。”则朱氏此处所注起贞观三年当为二年，（上自注同。）约七年当为八年。就其年次先后相衔而言，则为九年，故子玄云“弥历九载，方始毕功”也。）综观思廉所撰梁、陈二史，前后约三十年。而其父察在陈太建末已知撰梁史，迄于祯明三年陈亡之时，约八年。隋开皇九年，（即陈祯明三年。）敕成梁、陈二史，（《陈书·姚察传》。）迄于大业二年察终于东都，约十七年。察所撰梁、陈二史，前后约二十五年。是其父子撰成梁、陈二史，合约五十五年，可谓专且久矣。”朱《考》又云：“姚思廉《梁书》，大半本其父所作。……《梁书》五十六卷……题姚察者二十七卷，（昌案：谓篇末称“陈吏部尚书姚察”者，则有第八、九、十、十一、十二、十三、十四、十五、十六、十七、十八、十九、二十五、二十七、三十、三十四、三十五、三十七、三十八、四十、四十二、四十八、四十九、五十、五十一、五十三各卷，称“史官陈吏部尚书姚察”者，则有第三十三卷。其余但称“史臣”而已。）疑察已成之稿，思廉或稍有增省耳。……（自余）二十九卷，疑思廉所补，然亦间有察未成之稿。如《隋志》所列姚察《梁书》帝纪七卷，思廉或稍节省以成帝纪六卷耳。综观察之所作二十六篇，（昌案：当作二十七篇。）大都关于梁之元勋宰执，及优于文学政事之人。梁之一代英华，已萃于此。思廉所补，除帝后纪传外，大抵多皇族、武臣、客卿、诸夷等传，惟袁昂、王僧辩二传较有重大关系。此其大略也。”

又案：缪荃孙《云自在龛随笔》卷一《论史》云：“姚伯审父子撰《陈书》，始于陈，终于隋，献自贞观之时，而皆奉陈三世国讳，以此知隋唐之际，古意犹存也。余尝反复兹书，而知通篇皆魏元成所参订，姚氏父子有内大恶讳之义焉。江阴之薨，不书陈志。丽华一传，不详蛊惑始末。文贞于丽华传特为补缀，可以知其体例矣。江总特与伯审相得，思廉附于总传，而不详载其谄奉后主，徒一二语约略及之，赞尤褒美过当，自‘后主之（昌案：原误三，据《陈书》改。）世’以下六十五字，总之过恶在焉，疑亦元成所增。”此论《陈书》书法，亦读者所当知。

弥历九载，方始毕功。

昌案：余嘉锡《四库提要辨证》卷三“《陈书》”条：“《会要》及《旧书·姚思廉传》均言以贞观二年奉诏，则计至十年书成时，（新旧《书》均无陈史成书年月，此据《会要》。昌案：《旧书·太宗纪》明载贞观十年春正月壬子，房玄龄等上五代史。特《会要》卷六十三称：“贞观十年正月二十日，尚书左仆射房玄龄……等，撰成周、隋、梁、陈、齐五代史上之。”多撰成二字，较为明晰，其实一也。）不足九载。《史通》又云：‘初，太宗以梁、陈及齐、周、隋氏并未有书，乃命学士分修。始以贞观三年创造，至十八年方就。’（据黄叔琳训故本。昌案：浦本同。）自注云：‘唯姚思廉贞观二年起功，多于诸史一岁。’若如所言，则首尾已十七年，又不止九载。考卢文弨用华亭朱氏影宋钞本校云:‘宋本缺十字。’(卢校有传录本,藏东莞论氏。)然则十字为后人所妄加。他史皆八年方就,思廉独以贞观二年起攻,较诸史早一年,故云‘弥历九载’耳。”盖《史通》所云“至八年方就”者,乃谓费时八年,犹云“弥历九载”,非谓至贞观八年也。

前赵刘聪时,领左国史公师彧撰《高祖本纪》及《功臣传》二十人,甚得良史之体,凌修谮其讪谤先帝,聪怒而诛之。刘曜时,平舆子和苞撰《汉赵记》十篇,事止当年,不终曜灭。

昌案:朱希祖《十六国旧史考》:“《隋书·经籍志》:‘《汉赵记》十卷,和苞撰。’案:《史通·史官》篇:‘伪汉嘉评初,公师彧以太中大夫领左国史,撰其国君臣纪传。’又《正史》篇:‘……’(昌案:凡略去者即本条正文。下引朱《考》均同。)《晋书·刘曜载记》:‘曜命起酆明观,立西宫,建凌霄台,又将营寿陵。侍中和苞上书谏。曜大悦,封苞平舆子,领谏议大夫。’汤球辑和苞《汉赵记》十条,中称曜为今上,粲为太子,与《史通》所谓‘事止当年,不终曜灭’说合。”章宗源《〈隋书·经籍志〉考证》卷四:“按:苞称刘聪名,称曜为今上,粲为太子,是其史例。”

后赵,石勒命其臣徐光、宗历、傅畅、郑愔等撰《上党国记》、《起居注》、《赵书》,其后又令王兰、陈宴、程阴、徐机等相次撰述。至石虎,并令刊削,使勒功业不传。其后燕太傅长史田融、宋尚书库部郎郭仲产、北中郎参军王度追撰二石事,集为《邺都记》、《赵记》等书。

昌案:《十六国旧史考》:“《晋书·石勒载记》:‘赵王元年,命记室佐明楷、程机撰《上党国记》,中大夫傅彪、贾蒲、江轨撰《大将军起居注》,参军石泰、石同、石谦、孔隆撰《大单于志》。’《隋书·经籍志》:‘《赵书》十卷。’(《唐书·经籍志》作《赵石记》二十卷,入编年类。)注云:‘一曰《二石集》,记石勒事,伪燕太傅长史田融撰。’(案:《史通·杂说中》自注:“田融《赵史》谓勒为前石,虎为后石。”此处石勒下疑脱石虎二字。)‘《二石传》二卷,晋北中郎参军王度撰。二石伪治时事二卷,王度撰。’(《晋书·佛图澄传》:“王度为石虎著作郎。”疑后归晋,故《隋志》称为晋北中郎参军,且于二石称伪也。)……案:《史通》所言《上党国记》、《起居注》、《赵书》撰人姓名,与《晋书·石勒载记》及《隋书·经籍志》皆不相合,未知何据。且《史通·忤时》篇又云:'刘、石僭号,方策委于和、张。'考刘氏之史,成于和苞。石氏之史,委于张某,此亦异闻。《隋志》地理类有《邺中记》二卷,晋国子助教陆翙撰;《赵记》十卷,不著撰人。与《史通》所言《邺都记》、《赵记》者,又各不同,岂《史通》别有所据欤?(《唐书·经籍志》:"《二石伪事》六卷,王度、隋翙等撰。"文廷式《补晋书艺文志》谓:隋翙为陆翙之误。是也。丁国钧《补晋书艺文志》谓:《隋志》有王度《二石伪治时事》,应即此书,云六卷者,殆四卷为隋氏书也。案:丁说误矣。隋翙即陆翙之误。陆翙撰《邺中记》二卷,王度撰《二石传》二卷、《二石伪治时事》二卷。《唐志》之《二石伪事》六卷,盖合王、陆二家三书而成者也。)《晋书·韦谀传》:'谀仕于刘曜,为黄门郎,后又入石季龙,署为散骑常侍,历守七郡,又征为廷尉。前后四登九列,六在尚书,二为侍中,再为太子太傅,封京兆公,凡所述作及集记世事数十万言。'据此,则韦谀亦必集记赵史也。又有吴笃《赵书》,记石勒事,见《太平御览》八百二十引。"又朱《考》于所引《史通》此条下注曰:"《十六国春秋·后赵录》:'徐光,字季武,顿丘人,好学有文才。勒署为参军,迁为中书令,领秘书监。及勒薨,虎命收程遐、徐光下廷尉,囚光于襄国诏狱。光在狱中,注解经史十余万言。'《晋书·傅玄传》:'畅字世道,没于石勒。勒以为大将军右司马。谙识朝仪,恒居机密。勒甚重之。作《晋诸公叙赞》二十二卷,又为《公卿故事》九卷。咸和五年卒。'案:时为勒建平元年,初称帝。《后赵录》三:'赵王元年,署傅畅领经学祭酒。'"

前燕,有起居注,杜辅全录以为《燕纪》。后燕,建兴元年,董统受诏草创《后书》……三十卷。……其后申秀、范亨各取前后二《燕》,合成一史。

昌案:《十六国旧史考》:"《隋书·经籍志》:'《燕书》二十卷,记慕容儁事,伪燕尚书范亨撰。'(《唐书·经籍志》入编年类。《魏书·崔浩传》:"神麚二年,诏集诸文人撰录。诰及弟览、高谠、邓颖、晁继、范亨、黄铺等共参著作,叙成国书三十卷。"据此,则范亨亦终仕魏也。)案:《史通·正史》篇云:'……'据此,则《隋志》所列《燕书》二十卷,乃申秀、范亨二人共撰,(昌案:《史通》云申、范各取二《燕》合成一史,则非共撰一书,而是分撰二书,明矣。朱说误。)所记亦非专为慕容儁事,乃前后燕二代之史也。考《太平御览》及《通鉴考异》引范亨《燕书》,有《高祖武宣皇帝纪》、(慕容廆。)《太祖文明皇帝纪》、(慕容皝。)《烈祖景昭皇帝纪》、(慕容儁。)《少帝纪》,慕容暐。是为前燕;《世祖武成皇帝纪》、(慕容垂。)《献庄皇帝纪》、(慕容全。全或作令。)《烈宗惠愍皇帝纪》、(慕容宝。)《中宗昭武皇帝纪》、(慕容盛。)《昭文皇帝纪》,(慕容熙。)是为后燕。据此,则范亨《燕书》是合前后燕为一史,明矣。"章宗源《〈隋书·经籍志〉考证》卷四:"《通鉴考异》所引《燕书》有《武宣记》、《文明记》、《征虏仁传》、《慕容翰传》,《太平御览·天部》所引有《烈祖后记》。此其分篇之可见者。"(记皆当作纪。)

南燕,有赵郡王景晖,尝事德、超,撰二主起居注。超亡,仕于冯氏……仍撰《南燕录》六卷。

昌案:《十六国旧史考》:"《隋书·经籍志》:'《南燕起居注》一卷。'不著撰人名氏。又:'《南燕录》六卷。'(旧《唐志》入编年类。)注云:'记慕容德事,伪燕中书郎王景晖撰。'案:《十六国春秋·南燕录一》:'刘藻自姚兴而至。兴太史令高鲁遣其甥王景晖随藻送玉玺一纽,并图谶秘文。'又《南燕录五》有中书侍郎王景晖。考《史通·正史》篇:'……'据此,则《隋志》之《南燕起居注》,亦景晖所撰;而《南燕录》六卷,实成于北燕,记慕容德、慕容超二代事,《隋志》专云记慕容德事,未为核实;所称伪燕中书郎王景晖,伪燕系指北燕,中书郎乃中书令之误。《隋志》又有'《南燕录》五卷。'注云:'记慕容德事,伪燕尚书郎张诠撰。'(两《唐志》作张铨《南燕书》十卷。)'《南燕书》七卷,游览先生撰。'"

蜀,初号曰成,后改称汉。李势散骑常侍常璩撰《汉之(昌案:之字据宋本增。)书》十卷,后入晋秘阁,改为《蜀李书》。璩又撰《华阳国志》,具载李氏兴灭。

昌案:《十六国旧史考》:"《隋书·经籍志》:'《汉之书》十卷,常璩撰。《华阳国志》十二卷,常璩撰。梁有《蜀平记》十卷,《蜀汉伪官故事》一卷,亡。'案:《十六国春秋·蜀录》:'李雄兴学校,置史官。'《史通·史官》篇:'蜀李、西凉二朝,记事委之门下。'是蜀李亦注重史事。颜之推《家训·书证》篇:'《蜀李书》一名《汉之书》。'《史通·正史》篇:'……'《蜀录》亦云:'常璩,字道将,蜀成都人,著《华阳国志》十篇,序开国以来,迄于李势,皆有条理。'丁国钧《补晋书艺文志》谓《蜀平记》当是记桓温平李势事。"

前凉,张骏十五年,命其西曹边浏集内外事,以付秀才索绥,作《凉国春秋》五十卷。又张重华护军参军刘庆在东苑专修国史二十余年,著《凉记》十二卷。建康太守索晖、从事中郎刘昞,又各著《凉书》。

昌案:《十六国旧史考》:"《十六国春秋·前凉录》:'儒林祭酒索绥,字士艾,敦煌人,著《凉春秋》五十卷。'(见张玄靖太始五年条。先是,张骏十五年,命西曹掾集阁内外事付索绥以著《凉春秋》。《史通·正史》篇:'……'《史官》篇亦云:'前凉张骏时,刘庆迁儒林即中常侍,在东苑撰其国书。')《隋书·经籍志》:'《凉书》十卷,记张轨事,伪凉大将军从事郎中刘景撰。'案:刘景即刘昞,避唐讳改。(昌案:唐高祖李渊之父名昞也。参下西凉史条笺记。)《隋志》又有'《凉记》八卷,记张轨事,伪燕右仆射张谘撰。'(章宗源《〈隋书·经籍志〉考证》引《世说新语·言语》篇注作张资《凉州记》。《唐书·经籍志》:'《凉记》十卷,张证撰。'误。)'《西河记》二卷,记张重华事,晋侍御史喻归撰。'(《元和姓纂》:'东晋有喻归,撰《西河记》三卷。'《唐书·经籍志》:'《西河记》二卷,段龟龙撰。'盖误。)案:《十六国春秋·前凉录》:'张重华永乐三年(晋永和五年。)九月,晋遣侍御史俞归拜重华侍中、大都督陇右诸军事、大将军、凉州刺史,领护羌校尉,假节,西平公。永乐六年,御史俞归至凉州。重华将受诏,未及而卒。'归之撰《西河记》,盖在此时。"张澍《西河记辑本序》:"《隋志》:'《西河记》二卷。'《元和姓纂》:'东晋有喻归,撰《西河记》三卷。'《广韵》作二卷,喻作谕,音树。盖记张重华事也。《十六国春秋》:晋遣侍御史喻归拜重华护羌校尉、凉州刺史,假节。重华谋为凉王,不肯受诏,使亲信人与归言。归折之。《西河记》作于此时也。"朱氏考《西河记》盖本张序。归折重华事,《晋书·张传》所载甚详。

前秦，史官初有赵渊、车敬、梁熙、韦谭，相继著述。苻坚尝取而观之，见苟太后幸李威事，怒而焚灭其本。后著作郎董谊追录旧语，十不一存。及宋武帝入关，曾访秦国事，又命梁州刺史吉翰问诸仇池，并无所获。先是，秦秘书郎赵整参撰国史，值秦灭，隐于商洛山，著书不辍。有冯翊车频助其经费。整卒，翰乃启频纂成其书，以元嘉九年起，至二十八年方罢，定为三卷，而年月失次，首尾不伦。河东裴景仁又正其讹僻，删为《秦纪》十一篇。

昌案：《十六国旧史考》：“《隋书·经籍志》：‘《秦书》八卷，何仲熙撰，记苻健事。《秦记》十一卷，宋殿中将军裴景仁撰，梁雍州主簿席惠明注。’《宋书·沈昙庆传》：‘大明元年，昙庆为徐州刺史。时殿中员外将军裴景仁助戍鼓城，本伧人，多悉戎荒事。昙庆使撰《秦记》十卷，叙苻氏僭伪本末。其书传于世。’《旧唐志》席惠明作杜惠明，入编年类。《新唐志》亦作杜。考前秦史官亦有著作郎、著作佐郎；且有起居注。《通鉴》一百二：‘秦王坚入邺，释梁琛，除中书著作郎。’又一百三：‘秦以北平阳陟、田勰、阳瑶为著作佐郎。’《十六国春秋·前秦录》：‘苻坚甘露十七年八月，坚收起居注及著作所录而观之。初，坚母少寡。将军李威有辟阳之宠。史官载之。坚见苟太后李威之事，惭怒，乃焚其书，而大检史官，将加其罪。著作郎赵渊、车敬已死，乃止。著作郎董朏（昌案：《史通》作董谊。朱氏于后所引《史通》本条下校云：“案即董朏，或作斐。《史通》作谊，盖误。”）虽皆书时事，然十不留一。’（亦略见《晋书·苻坚载记》。）《史通·正史》篇：‘……’案：《前秦录》有《赵整传》，言年十八为坚著作郎，官至秘书侍郎，后遁迹商洛山，与《史通》合。又案：《世说新语·识鉴》篇注引车频《秦书》云：‘蒲洪诈称谶文，改姓苻，言己当王，应符命也。坚生背赤色，隐起若篆文。’《艺文类聚》卷八十二引裴景仁《秦记》，谓‘苻洪之先居武都，家生蒲，长五丈，状如竹，咸以异之，谓之蒲家，因以氏焉。洪后以谶文艸付应王，遂改姓为苻。’《十六国春秋》及《晋书·载记》皆不取车说，从竹作符，而从裴说，从艸作苻。考唐以前有重唇音，无轻唇音，符苻皆读若蒲。虽曰改姓，实改字而不改音也。又案：《唐书·艺文志》有《苻朝杂记》，田融撰。”

后秦，扶风马僧虔、河东卫隆景并著《秦史》。及姚氏之灭，残缺者多。泓从弟和都仕魏为左民尚书，又追撰《秦纪》十卷。

昌案：《十六国旧史考》："《隋书·经籍志》：'《秦纪》十卷，记姚苌事，魏左民尚书姚和都撰。'《史通·正史》篇：'……'案：和都《魏书》无传。《晋书·姚兴载记》：'兴疾，太子泓侍疾于谘议堂。泓弟弼有夺嫡之谋，使愔与其属率甲士攻端门。太子右卫帅姚和都率东宫兵击之。愔等奔溃。'秦亡仕魏而著《秦纪》。萧子显之著《齐书》，颇与和都境遇相同。"

夏，天水赵思群、北地张渊于真兴、承光之世，并受命著其国书，及统万之亡，多见焚烧。

昌案：《十六国旧史考》："案：《魏书·赵逸传》：'逸字思群，天水人也，好学夙成，仕姚兴，历中书侍郎；为兴将齐难军司征赫连屈丐，难败，为屈丐所虏，拜著作郎。世祖平统万，见逸所著，曰："此竖无道，安得为此言乎？作者谁也？其速推之。"司徒崔浩进曰："彼之谬述，亦犹子云之《美新》。皇王之道，固宜容之。"世祖乃止，拜为中书侍郎。'据此，则魏世祖所见《夏国书》乃赵逸撰也。《魏书·张渊传》：'渊，不知何许人。自云尝仕苻坚，又仕姚兴父子为灵台令。姚泓灭，入赫连昌。昌复以渊及徐辩对为太史令。世祖平统万，渊与辩俱见获。世祖以渊为太史令。'案：《史通》所称赵思群，即《魏书》之赵逸，思群其字也；所称北地张渊，与《魏书·艺术传》之张渊——仅为赫连氏之太史令，专掌天官，不著史籍，且云不知何许人——殆非一人。浦起龙《通释》即以太史公张渊为北地张渊，疑误。"

西凉与西秦，其史或当代所书，或他邦所录。

昌案：《隋书·经籍志》："《敦煌实录》十卷，刘景撰。"（《唐书·经籍志》入杂传类。《新唐书·艺文志》并见伪史类及杂传类。）本书《杂述》篇论郡书，美"刘昞之该博"，即指《实录》而言。《杂说下》篇又曰："敦煌僻处西域……既而……刘昞裁书，则磊落英才，粲然盈瞩。"其书为子玄所重如此。《十六国旧史考》："《十六国春秋·西凉录》：'刘昞，字彦明，敦煌人也。武昭王暠征为儒林祭酒、从事中郎，著《敦煌实录》二十卷。'……五凉惟西凉李暠都敦煌，其后虽迁于酒泉，至其子恂又居敦煌。则《敦煌实录》即西凉史也。《隋书·经籍志》有《凉书》十卷，注云：'记张轨事，伪凉大将军从事中郎刘景撰。'案：《西凉录》亦言刘昞撰《凉书》十卷，《敦煌实录》二十卷。《史通·正史》篇亦云昞为张氏撰《凉书》。盖《隋志》之刘景即《西凉录》及《史通》之刘昞。唐讳昞作景，故昞亦避嫌名作景也。且其官皆作从事中郎，为大将军属官，亦可为一证。惟《敦煌实录》十卷二十卷之别，则未知孰是。考《十六国春秋·北凉录》：'沮渠茂虔永和四年，遣使如宋献《凉书》十卷、《敦煌实录》十卷。'《宋书·大且渠蒙逊传》：'元嘉十四年，河西王茂虔奉表献方物，并献《敦煌实录》十卷、《凉书》十卷。'案：此二书皆刘昞撰。时昞已仕北凉，《敦煌实录》盖即成于此时。据此，则作十卷为是。"

又案：子玄此文系以西凉、西秦史分别言之，意谓西凉则当代所书，西秦则他邦所录也。朱氏考刘昞仕北时所撰《敦煌实录》即西凉史，与《史通》云当代所书，至为契合。至西秦史，则朱氏引《史通》之言，复考之曰："据此，则西秦之史盖为他邦所录。岂其国无记注耶？抑亡于赫连氏耶？考《魏书·段承根传》：'承根父晖为乞伏炽磐辅国大将军、凉州刺史、御史大夫、西海侯。炽磐子慕末袭位，国政衰乱。晖父子奔吐谷浑，旋归国。承根好学，机辩有文思。司徒崔浩见而奇之，以为才堪著述，言之世祖，请为著作郎，引与同事。'据此，则西秦史事，盖由承根在魏传述，崔鸿据之以为《西秦录》耳。"此说颇具妙悟。然承根为著作郎，所撰何史，传未明言，遽谓必纪乞伏，崔鸿因而据之，尚无坚证。

段龟龙记吕氏

昌案：《十六国旧史考》："《隋书·经籍志》：'《凉记》十卷，记吕光事，伪凉著作佐郎段龟龙撰。"案：《十六国春秋·后凉录》：'吕光麟嘉三年，著作郎段业作《表志诗》、《九叹》、《七讽》十六篇。光览而悦之。'则段业、段龟龙同为光史官，业为著作郎，龟龙为著作佐郎可证。吕光龙飞二年，沮渠男成等推业为大都督、龙骧将军、凉州牧、建康公，叛吕光，故《隋书·经籍志》谓：'梁有《段业传》一卷，亡。'盖即记其事也。"章宗源《〈隋书·经籍志〉考证》卷四："《初学记》……引段龟龙《凉记》三事，(或作《西凉记》，或作《凉州记》。)《艺文类聚》诸书所引亦或作《凉州记》。"

宗钦记沮渠氏

昌案：《十六国旧史考》："《隋书·经籍志》：'《凉书》十卷，沮渠国史。'不著撰人。又：'《凉书》十卷，高道让撰。'《史通·正史》篇：'宗钦记秃发氏。'浦起龙《通释》改为'宗钦记沮渠氏。'案：浦说是也。《魏书·宗钦传》：'钦字景若，金城人也，少好学，有儒者之风，博综群言，声著河右；仕沮渠蒙逊，为中书郎、世子洗马，上《东宫侍臣箴》。世祖平凉州，入国，拜著作郎。钦在河西，撰《蒙逊记》十卷。'《魏书·高谦之传》：'谦之字道让，专意经史，好文章，为国子博士，与袁翻、常景、郦道元、温子昇之徒，咸申款旧。以父舅氏沮渠蒙逊曾据凉土，国书漏阙，乃修《凉书》十卷，行于世。'……据此，《隋志》所称高道让乃谦之之字。所谓'国书漏阙'者，姚振宗以为即指宗钦在河西时所撰之《蒙逊记》，疑非是。考《魏书·刘昞传》：'蒙逊平酒泉，拜秘书郎，专管注记。'则昞亦尝为沮渠史官。《隋志》：'《凉书》十卷，沮渠国史。'盖即为刘昞等所撰。考昞身仕西凉李氏、北凉沮渠氏，后终仕魏，则年已老矣。先为前凉张氏撰《凉书》十卷，为李氏撰《敦煌实录》十卷，复为沮渠氏撰沮渠国史十卷。国史非一人所撰，故不专书刘昞名耳。姚振宗又以沮渠国史即宗钦《蒙逊记》，亦非是。盖《隋志》所谓国史，即《高谦之传》所谓国书，皆指刘昞等所草国史言也。"(姚说见《〈隋书·经籍志〉考证》卷十四。)

失名记秃发氏

昌案：《十六国旧史考》："《隋书·经籍志》：'《托跋凉录》十卷。'不著撰人。案：《托跋凉录》即《南凉录》也。南凉秃发氏，盖托跋氏之音转。唐以前有重唇音，无轻唇音，发，亦读如跋也。(昌案：此本钱大昕说，见《廿二史考异》卷三十四《隋书·经籍志》二条。)《十六国春秋·南凉录》称：'秃发乌孤，河西鲜卑人。其先与后魏同出。(后魏托跋氏。)八世祖匹狐率其部自塞北迁于河西。匹狐卒，子寿阗立。初寿阗之在孕，母因寝而产于被中。鲜卑谓被为秃发，因而氏焉。’窃谓此盖后起附会之词。本为托跋氏，音译或为秃发氏耳。故此《托跋凉录》即秃发凉录。史官盖犹能知其得姓之源，故直称秃发为托跋也。(《北魏书·序纪》称：“魏为黄帝后，黄帝以土德王。北俗谓土为托，谓后为跋。”案：此说亦为附会。盖鲜卑语被为秃发，实即托跋。产于被中，或即为其始祖之事，非寿阗也。)《史通·史官》篇：‘南凉主乌孤初定霸基，欲造国纪，以其参军郭韶为国纪祭酒，使撰录时事。’又《正史》篇：‘段龟龙记吕氏，宗钦记秃发氏，韩显宗记吕(吕字衍。)冯氏，唯此三者可知，自余不详谁作。’浦起龙《史通通释》改‘宗钦记秃发氏’一句为‘宗钦记沮渠氏，失名记秃发氏’，注云：‘本有四种，其一失名，故云三者。’案：浦氏改宗钦记沮渠，其说是也，其他则非。《魏书·宗钦传》：‘钦在河西，撰《蒙逊记》十卷。’则宗钦记沮渠，确有明证矣。惟浦氏谓失名记秃发，此为不辞，且亦未尝深考耳。《史通·史官》篇明言郭韶为《南凉国纪》，则此句当云郭韶记秃发，‘唯此三者’，原文当作‘唯此四者’。因旧本宗钦下脱记沮渠三字，(昌案：当云脱记沮渠氏四字。)秃发上脱郭韶二字，仅存三者，故后人遂改四者为三者耳。至下文云：‘自余不详谁作。’谓此四者外，如西秦及夏不知谁作耳；非谓此四者之中，段龟龙、宗钦、韩显宗三者可知，其余不知谁作也。然则《托跋凉录》十卷为郭韶所撰，无疑义矣。《南凉录》秃发乌孤太初三年条云：‘梁昶、韩疋、张昶、郭韶，中州之才令。’然则郭韶在乌孤时为国纪祭酒，亦有征矣。”

韩显宗记冯氏

昌案：《十六国旧史考》：“《隋书·经籍志》：‘《燕志》十卷。’注云：‘记冯跋事，魏侍中高闾撰。’《史通·正史》篇则云：‘韩显宗记冯氏。’考《魏书·韩麒麟传》：‘麒麟，昌黎棘城人。子显宗撰冯氏《燕志》、《孝友传》各十卷。’而《高闾传》则不书撰《燕志》。浦起龙《史通》注谓显宗与闾合撰，亦无确证。案：北燕都龙城，昌黎尹即在龙城，其属县有棘城。然则韩氏家在北燕京畿。其撰《燕志》，亦具有故国之思。《隋志》不称韩氏《燕志》而称高氏《燕志》者，姚振宗《〈隋书·经籍志〉考证》谓：‘《魏书·韩麒麟传》高祖谓显宗曰：“见卿所撰《燕志》，大胜比来之文。然著述之功，我所不见，当访之监令。”是显宗撰是书，高闾监其事。本志以监令者为主，故归之高闾。《史通》纪实，故称显宗。’其说亦可通。”

魏世黄门侍郎崔鸿乃考覈众家，辨其同异，除烦补阙，错综纲纪……都谓之《十六国春秋》……勒为一百二卷。

昌案：《隋书·经籍志》：“《十六国春秋》一百卷，魏崔鸿撰。”又：“《纂录》一十卷。”姚振宗《〈隋书·经籍志〉考证》卷十四云：“按：此系《十六国春秋》之后，明是纂录其书，特不知出于何人耳。”《四库提要》卷六十六：“《十六国春秋》一百卷，旧本题魏崔鸿撰，实则明嘉兴屠乔孙、项琳之伪本也。鸿作《十六国春秋》一百二卷，见《魏书》本传，《隋志》、《唐志》皆著录。宋初李昉等作《太平御览》犹引之，《崇文总目》始佚其名，晁、陈诸家书目亦皆不载，是亡于北宋也。万历以后，此本忽出，莫知其所自来。证以《艺文类聚》诸书所引，一一相同，遂行于世。论者或疑鸿身仕北朝，而仍用晋、宋年号。今考刘知幾《史通·探赜》篇曰：‘鸿书之纪纲，皆以晋为主。亦犹班《书》之载吴、项，必系汉年；陈《志》之述孙、刘，皆宗魏世。’乔孙等正巧附斯义，以售其欺。所摘未中其疾。惟《魏书》载鸿子子元奏称：‘刊著赵、燕、秦、夏、凉、蜀遗载，为之赞序。’而此本无赞序。《史通·表历》篇称：‘晋氏播迁，南据扬、越；魏宗勃起，北雄燕、代。其间诸伪，十有六家，不附正朔，自相君长。崔鸿著表，颇有甄明。’而此本无表。是则检阅偶疏，失于弥缝耳。然其文皆联缀古书，非由杜撰。考十六国之事者，固宜以是编为总汇焉。”又：“别本《十六国春秋》十六卷，旧本亦题崔鸿撰，载何镗《汉魏丛书》中。其出在屠乔孙本之前，而亦莫详所自。十六国各为一录，惟列僭伪之主五十八人；其诸臣皆不为立传，全为载记之体。其非一百二卷之旧，已不待言。证以《晋书》载记，大致互相出入，而不以晋、宋纪年，与《史通》所说迥异。岂好事者摭类书之语，以《晋书》载记排比之，成此伪本耶？然考《崇文总目》有《十六国春秋略》二卷，不著撰人名氏。司马光《通鉴考异》所引诸书，亦有《十六国春秋钞》之名，则或属后人节录鸿书，亦未可定也。”（全祖望《鲒埼亭集》外编卷四十三《答史雪汀问十六国春秋书》、钱大昕《十驾斋养新录》卷十三、王鸣盛《十七史商榷》卷五十二皆尝辨今传崔书之伪，而持论不如《提要》之平恕。）余嘉锡《四库提要辨证》卷七“《十六国春秋》”条云：“案：尤袤《遂初堂书目》伪史类有此书，则不得谓之诸家书目不载。尤即南宋初人，亦不得谓之亡于北宋也。……全氏所考证，与《提要》多先后暗合，至其……均以今本无年表，断为作伪之据，则似有未尽然者。《北史》鸿本传云：‘刘元海等并因世故，跨僭一方，各有国书，未有统一。鸿乃撰为《十六国春秋》，勒成百卷，因其旧记，时有增损褒贬。稽以长历，考诸旧志，又别作《序例》一卷、《年表》一卷，凡一百二卷。’《魏书》本传载鸿表亦云：‘臣又别作《序例》一卷，《年表》一卷。’《隋书·经籍志》：‘《十六国春秋》一百卷，魏崔鸿撰。’新、旧《唐志》作一百二十卷。十字盖误衍。（周中孚说。昌案：《郑堂读书记》卷二十六。）然则鸿书本百卷，《序例》、《年表》别行，《隋志》著录者是也。合之则为一百二卷，新、旧《唐志》著录者是也。今本作一百卷，盖辑者自附于《隋志》著录之本。其书本无《年表》，恶得以此为作伪之据？若必求一百二卷之本，则今本尚缺《序例》，又岂仅《年表》云尔耶？”又曰：“刘知幾谓鸿书之纪纲以晋为主者，谓如《刘渊传》云：‘遂以晋永兴元年建元元熙，国号曰汉。’《刘曜传》云：‘遂以晋太兴元年僭即皇帝位。’之类是也。盖犹以晋为天下之共主。故知幾比之班《书》之系汉年，陈《志》之宗魏室。辑书者能顾虑及此，故《提要》以为巧附斯义，以售其欺。至于纪各国之事，自当用其本国之纪年，名从主人，更无疑义。”又曰：“考吴寿旸《拜经楼题跋记》卷二载其父吴骞语云：‘按：屠乔孙等《十六国春秋序》自谓辑录陈编，原未尝作伪欺人，如於陵子、天禄阁外史之比也。’（昌案：观此，则章宗源《〈隋书·经籍志〉考证》卷四直称此书为‘明人辑本’，可谓有识也。）屠序今未见，不知其说云何。果如吴氏之言，则于此书尚何讥焉。”金毓黻《中国史学史》第四章曰：“世所传《十六国春秋》一百卷，经清代考定，为明人屠乔孙、项琳、姚士粦辈之伪作。今细检之，乃取《晋书》张轨、李暠（原作李玄盛。）两传及载记三十卷之专详十六国事者，并《艺文类聚》、《太平御览》读书所引《十六国春秋》佚文，一一賫录，联缀而成一编，摭拾略备，用心颇苦。惟《魏书》所叙十六国事，其文不必悉同崔书，而作伪者亦为采入，则缪妄之尤者也。”又曰：“唐修《晋书》，兼引十六国史而撰三十载记，《史通》已言之矣。(《正史》篇。)其所采者,固以崔书为多,然亦兼采各国史之原作。汤球辑本以《汉魏丛书》之简本《十六国春秋》为主,而以《晋书》张、李两传及载记全文补足之。其中有与诸书所引不同者,再据以改正之。球谓《晋书》载记所叙十六国事实采崔书而成,尚无大误。然遽谓载记之文即同于崔书,一一录出,以为不异原作,虽异乎屠氏之作伪,亦不免失于武断矣。《隋志》于《十六国春秋》下附载《纂录》一十卷,未注为何氏之作。汤球谓即《汉魏丛书》著录之简本,(凡十六卷。)由后人摘录崔书而成。校以《通鉴考异》所引,悉与此同,则所称《十六国春秋钞》者,即此本也。又据北齐《修文殿御览·偏霸部》所载,亦悉与简本相同,遂名是书曰《十六国春秋纂录》,并改订十六卷为十卷,以蕲合《隋志》之数,是亦可谓史学界之一发见矣。"

浩坐此夷三族

昌案:崔浩被祸之由,前史盖有异说。《宋书·柳元景传》:"元景从祖弟光世。……光世姊夫伪司徒崔浩,虏之相也。元嘉二十七年,虏主拓跋焘南寇汝颍,浩密有异图。光世要河北义士为浩应。浩谋泄被诛,河东大姓坐连谋夷灭者甚众。"《魏书·卢玄传》:"浩大欲齐整人伦,分明族姓。玄劝之曰:'夫创制之事,各有其时。乐为此者,讵几人也?宜其三思。'浩当时虽无异言,竟不纳。浩败颇亦由此。"后说盖得其实。修史获罪,特其表征。故《通鉴》卷一百二十五记此事本《魏书》,并载高允奏对云:"浩之所坐,若更有余衅,非臣所知;若直以触犯,(胡三省注:"触犯,谓直书国恶,不为尊者讳也。")罪不至死"也。

其所变易甚多

昌案:赵翼《陔馀丛考》卷七"《魏书》"条:"收在魏末即因高澄奏修国史,迄齐文宣时始成。众口沸腾,号为秽史,文宣敕《魏书》且勿施行。此收初成之本也。孝昭帝又诏收更加研审,收奉诏,颇有改正,于是《魏书》遂行。此收初改之本也。武成帝又敕收更审。收更有回换,遂为卢同立传;先特为崔绰立传,至是,绰反附出;而《杨愔传》又增'有魏以来,一家而已'八字。(昌案:《北齐书·魏收传》:"杨愔家传本无'有魏以来,一门而已’，至是，加此八字。”《北史·魏收传》本无作本云，宋本《北齐书》亦作本云，今《魏书·杨愔传》亦无此八字，知通行殿本《北齐》之文，乃后之校史者至此不得解，而妄改云为无也。钱大昕于此尝加考释，见《廿二史考异》卷四十“《北史·魏收传》”条。赵氏于此，亦仍误本以为说耳。）此收再改之本也。后主纬天统五年，以魏收为尚书右仆射。武平四年，又诏史馆更撰《魏书》。按《魏书》，李纬改作李系，盖以后主讳故避之，则知后主时又经修改。此又收三改之本也。（昌案：李正奋《魏书源流考》云：‘《陔馀丛考》谓此次易稿，亦出收手。考《北齐书》收本传，收卒于武平三年，谥文贞。史文昭昭，安有易稿于四年之理？赵氏亦懵矣哉！’李文所考甚详，繁不能录，然学者所宜参阅也。）然则《魏书》在收已四易稿，而其书尚芜杂若此，信乎，作史之难也！”

由是世薄其书，号为秽史

昌案：魏收《书》颇为子玄所薄，亦见《书志》、《称谓》、《叙事》等篇。赵翼《廿二史札记》卷十二“魏《书》多曲笔”条云：“魏收仕于北齐，修史正在齐文宣时，（高洋。）故凡涉齐神武（高欢。）在魏朝时事，必曲为回护。如《孝庄纪》建义元年书齐武献王（高欢先谥。）与于晖等大破羊侃于瑕邱。（《北史》不书。）二年书齐武献王与上党王天穆大破邢杲于济南，杲降送京，斩于都市。（《北史》不书。）《前废帝纪》普泰元年书齐武献王以尔朱荣逆乱，兴义于信都。（《北史》不书。）又《尔朱荣传》内书河阴之役，荣欲篡立，齐武献王及司马子如劝止之，乃仍奉庄帝。（《北史》谓刘灵助劝止之，而不及高欢等。）此皆深著齐神武之功也。孝武西迁为西魏，神武立孝静帝为东魏，则于西魏之君臣率多贬词。孝武之殂，则书宇文黑獭（即宇文泰。）既害出帝，（即孝武帝。）乃以南阳王宝炬僭尊号。（即文帝。）斛斯椿随入关，《北史》载其死后家无余资，而魏收《书》则谓其狡狯多事，好乱乐祸，朝野莫不疾之。贺拔胜自魏奔梁，又自梁归西魏，感梁武之德，见鸟之南飞者，亦不忍射。玉璧之战，追逐齐神武，几获之。《北史》谓其‘垂翅江左，忧魏室之危亡；奋翼关西，感梁朝之顾遇’，是固君子人也。魏收《书》则谓其好行小数，志大胆薄，周章南北，终无所成，致殁于贼中。此皆以其仕于西魏，故肆为诋訾。当时已谓其党齐毁魏，褒贬肆情，则其曲笔可知也。至《孝静帝纪》历叙高澄无礼于帝，及帝逊位于齐文宣时，与宫嫔泣别，乘一犊车而去，后文宣行幸，常以帝自随，竟遇酖而崩等语。按：魏收修书，正在文宣时，方谄齐之不服，岂敢直书其事？此必非收原本，乃后人取《北史》之文以足之。惟《后妃传》内孝静帝后高氏，本神武之女，文宣妹也，而书帝崩后下嫁杨遵彦，亦似略无忌讳。故《丛考》前编谓非收原本。（昌案：见《陔馀丛考》卷七‘魏收书有后人所补者’条。）今细按之，正见收之谄附遵彦，欲以见其联姻帝室之荣。则此卷实系收《书》，非钞《北史》之文也。遵彦，杨愔字也。史家书名不书字，今独书其字，尤见其谄愔而不敢书名也。然则收之《书》趋附避讳，是非不公，真所谓秽史也。”考秽史之称，具于本传，颇征事例，以致讥弹。《四库提要》卷四十五“《魏书》”条欲为平反，即据收传所载诸事，加之辩解，而所说未能持之有故，言之成理，复为余嘉锡《辨证》所驳斥，故兹但引赵说以证子玄之言。

至隋开皇，敕著作郎魏澹与颜之推、辛德源更撰《魏书》，矫正收失。

昌案：《隋书·魏澹传》载其作史义例略云：“其一曰讳皇帝，称太子字；其二曰：昭明、道武、献明三世称谥；其三曰：太武、献明并皆非命，分明直书，不敢回避；其四曰：诸国凡处华夏之地者，皆书曰卒；五曰：纪传之体，出自《尚书》，不学《春秋》。澹又以为丘明发扬圣旨，言君子曰者，无非甚泰，其间寻常，直书而已。今所撰史，窃有慕焉。可为劝戒者，论其得失；其无损益者，所不论也。”（据章宗源《〈隋书·经籍志〉考证》卷一节引。）

又案：本书《杂说下》篇：“夫以暴易暴，古人以为嗤。如彦渊之改魏收也，以非易非，弥见其失矣。而撰《隋史》者，称澹大矫收失者，何哉？”由此可以推见本篇下文所云：“今世称魏史者，犹以收本为主。”及澹本终就亡佚之故。

澹以西魏为真，东魏为伪。

昌案：姚振宗《〈隋书·经籍志〉考证》卷十一云：“魏收仕东魏，入北齐,北齐承东魏之后,故据其统系以东魏为主。魏澹仕周,入隋,隋承周,周承西魏,故亦据其递嬗以西魏为主。斯皆因其时世而各为其是焉。"周一良《魏收之史学》于此事论之尤详,其说曰:"《魏书》体例最为后世所讥者,以东魏为正统也。……六朝南北对峙,各以本朝为正统。……惟魏分东西,于是北朝之中又自有正统之争。隋得天下,受之于周,周又受之于西魏。故隋文帝始谓收《书》不当,命人改撰,以正统属诸西魏,欲以明隋所受之正而已。唐高祖受禅于隋,而唐之先世仕于西魏及周,又为八柱国之一,故唐初史臣大抵偏袒北朝,尤右西魏及周。李延寿修南、北《史》,《南史》本纪于魏、周、隋改元皆书,齐之改年则否。魏、周诸帝书崩,而齐帝书殂。高欢、宇文泰之薨皆书于《南史》,而泰独不名。《北史》纪中书法亦右周而左齐,盖当时风习使然也。魏收身仕齐朝,奉敕修史,固非闭门著书,不求问世之比。试思处收之时,居收之位,欲斥北齐所承之东魏,而尊宇文泰所拥之西魏,虽直笔如董狐、南史,亦知势有所不行矣。后人朝代既隔,不为时势所拘,尊东尊西,固可以公意为准。然王应麟尝云:'宇文泰弑君之罪甚于高欢之逐君,乃以周公自拟,亦一莽也。'(《困学纪闻》一三。)钱大昕谓:'此是公论。善见欢所立,宝炬泰所立,强名为君,政之不由元氏久矣。后儒必左袒关西,非持平之论。'(《潜研堂文集》一二,《答问》九。)如《太平御览》以北魏、后周入《皇王部》,宋、齐、梁、陈、北齐入《偏霸部》,钱氏谓:'宋初距唐已远,而犹徇唐人偏党之私,益为无谓。'徇唐人之私而尊周,已为无谓,因尊周而必尊西魏,不尤可哂乎?刘知幾于《魏书》讥评备至,然其《史通·称谓》篇止论其'僭晋'、'岛夷'诸称之任情,不及尊东魏为正统事,能自拔于时人偏私之见,洵有识已。自后之人,能原收之心,设身处地为之计,而谅其所为者,惟清章学诚、吴兰修三数人而已。(见刘氏嘉业堂刊《章氏遗书》外编一《信摭》及《学海堂集》七吴兰修《魏收〈魏书〉跋》。)古人所谓知人而论世者,信史家之权衡也。"

初,太宗以梁、陈及齐、周、隋氏并未有书,乃命学士分修……始以贞观三年创造,至十八年方就,(昌案:十字乃衍文,说见前。)合为五代纪传,并目录凡二百五十二卷。书成,下于史阁。唯有十志,断为三十卷……太宗崩后，刊勒始成。其篇第虽编入《隋书》，其实别行，俗呼为五代史志。

昌案：赵翼《陔馀丛考》卷六“梁陈齐周隋五史凡三次修成”条：“《旧唐书》：令狐德棻谓高祖曰：近代以来，多无正史。梁、陈、齐犹有文籍。周、隋遭大业离乱，多有遗缺；宜及今耳目犹接，及早修之。高祖乃诏萧瑀、王敬业、殷闻礼修魏史，陈叔达、令狐德棻、庾俭修周史，封德彝、颜师古修隋史，崔善为、孔绍安、萧德言修梁史，裴矩、祖孝孙、魏徵修齐史，窦琎、欧阳询、姚思廉修陈史。此第一次修史也。瑀等受诏，历数年，不就而罢。贞观三年，太宗又诏令狐德棻、岑文本修周史，李百药修齐史，姚思廉修梁、陈史，魏徵修隋史，与房元龄总监诸史。众议以《魏书》有魏收、魏澹二家，遂不复修。德棻又奏引崔仁师佐修周史，而徵与德棻又总知梁、陈各史。《隋史》序论皆徵所作。《梁》、《陈》、《齐书》，徵又各有总论。此第二次修史也。李延寿《自序》云：贞观十七年，褚遂良以《隋书》十志未就，奏延寿佐修。其时梁、陈、周、齐、隋正史虽已成书，以十志未就，尚未颁行。而延寿《南北史》已讫事，遂先表上。则《隋志》之成，又在延寿进呈《南北史》之后。按《旧唐书》：高宗显庆元年五月，长孙无忌等进史官所撰梁、陈、周、齐、隋五代史志三十卷。此第三次修史也。”赵氏述唐初修史事，视子玄为悉。高祖时诏修六代史事，《史通》不之及，岂以其无功遂略之欤？（《旧唐书·赵弘智传》称其武德初预修六代史，即并魏史计之。后去魏史不修，故但称五代史。）

又案：《四库提要》卷四十五“《隋书》”条：“其十志最为后人所推，而或疑其失于限断。考《史通·古今正史》篇……云云，是当时梁、陈、齐、周、隋五代史本连为一书，十志即为五史而作，故亦通括五代。其编入《隋书》，特以隋于五史居末，非专属隋也。后来五史各行，十志遂专称《隋志》，实非其旧。乃议其兼载前代，是全不核始末矣。”《陔馀丛考》卷九“《隋志》应移南、北《史》之后”条亦云：“陈寿《三国志》、习凿齿《汉晋春秋》皆无志，（昌案：习氏《春秋》乃编年史，何能有志？此语失检甚矣。）故沈约《宋书》志并前代所阙者补之。《南北史》亦但有纪、传，无表、志。《隋书》诸志则兼载梁、陈、周、齐各朝制度。盖唐初修梁、陈、周、齐、隋五代史时，若每史各系以志，未免繁琐。且各朝制度，多属相同，合修一书，益可见沿革之迹。故梁、陈、周、齐但作纪、传，而志则总列之于《隋书》也。”（以下论《隋志》应移《南北史》之后，其说迂缪，周中孚《郑堂札记》卷二尝加弹射，今不录。又《札记》卷一云：“近人援引《隋志》，辄曰五代志某志，以骇人观听，盖不知反袭唐之俗称耳。”）

疑古第三

陈汉章曰：“此篇所谓古，实皆言今也。唐初君臣、父子、兄弟间多见惭德，刘氏身为臣子，不敢昌言，乃假古以切今，实惩前而毖后。……不善读者，徒执所疑，封其所见，又从而扬其波，拾其唾。卮言日出，变本加厉，又为刘氏之罪人，误人而实自误。今一一以唐事证之，可见刘氏之疑，非古事矣。”

昌案：浦起龙已谓疑古之作，乃子玄讥切新莽以迄李唐嬗代之事，“所伤在二姓改玉之交，所影皆九锡升坛之套。其意盖曰：古圣且蒙疑谤，此事谁容受欺？”钱大昕则谓《史通》全书，皆不满当时史局而作，“但以祖宗敕撰之本，辄加弹射，又恐谗谤取祸，遂于迁、固已降，肆意诋娸，甚至疑古惑经，诽讥上圣，阳为狂易侮圣之辞，以掩诋毁先朝之迹，耻巽辞以谀今，假大言以蔑古，寘诸外篇，窃取庄生《盗跖》之义。”（《十驾斋养新录》卷十三“《史通》”条。又黄本骥《痴学》卷七《信古录》亦袭竹汀之说而张皇之，于本篇诸条，逐一驳难，自诩为“子元诤友，《史通》功臣”。然拘执儒言，不通史学，由今观之，殆无足取。因附识于此，不更录焉。）其说皆陈氏之先河。然稽之本书，浦氏之言，既无显证；而子玄不满当时史局，既见《自叙》，复著《忤时》专篇，且其于唐初敕撰六史，亦复绳愆纠缪，称心而谈，绝无避忌。如《杂说中》篇于新《晋书》之多采妄说，则斥曰：“以此书事，奚其厚颜？”于五代史之择焉不精，则断言：“以实为虚，以非为是。”诸如此类，实繁有徒。则钱氏之说，亦不攻自破矣。浦、钱之意，不过欲为子玄疑古惑经之论曲为开脱耳。不思群经、诸子于上古史事，原多异说，儒家虽尝加以整齐弥缝，而矛盾之迹，犹有难以遽掩者。王充作《论衡》，于《书虚》、《语增》、《儒增》、《艺增》诸篇，亦已有所穿穴揭发。子玄生世，适在汲冢群书出土之后，思想又深受仲任之启示，则其著为此论也固宜；而为之开脱者，乃转属俗儒之见，未足以语夫子玄之史识也。至陈氏之言，用意又与浦、钱小异。浦、钱但欲为子玄开脱，陈氏则尤重在陈古以刺今，其所谓不善读者，刘氏之罪人，盖阴指《古史辨》派而言。(《史通补释》成于丁卯(1927年)，正大禹为虫之说甚嚣尘上之日也。)故其"所谓古实皆言今"之语，适可谓夫子自道也。

仲虺、周任之言，史佚、臧文之说。

昌案：伪古文《尚书》有《仲虺之诰》。孔疏："汤归自伐夏，至于大坰之地。其臣仲虺作诰以诰汤。史录其言，作仲虺之诰。"又云："诰，谓于会同(同字据校勘记增。)之所，设言以诰众。"《左传》隐六年及《论语・季氏》篇均引周任之言。《左传》杜注："周任，周大夫。"《论语集解》引马融云："周任，古之良史。"《史记・晋世家》引史佚之言，盖周成王史。胡应麟《少室山房笔丛》卷十三及严可均《全上古三代文》卷二均以为即尹逸。《汉书・艺文志》墨家有《尹逸》二篇，班氏自注云："周臣，在成、康时也。"《国语・鲁语》："鲁先大夫臧文仲，其身没矣，其言立于后世。此之谓死而不朽。"《左传》襄二十四年略同。《左传》庄公迄文公屡引臧文仲之言。

及左氏之为传也，虽义释本经，而语杂它事，遂使两汉儒者，嫉之若雠。

昌案：两汉今文诸博士之摈抑《左氏》，实缘门户有别，利禄相妨。其所持论不过谓其书不传《春秋》，且无师授而已。子玄以为嫉之若雠，乃缘语杂它事，未详所本。考《后汉书・范升传》称：升尝"奏《左氏》之失凡十四事。时难者以《太史公》多引《左氏》，升又上《太史公》违戾五经，缪孔子言，及《左氏春秋》不可录三十一事"。或子玄所据，乃汉儒争立博士时今文家排抵《左氏》之言，如升所上奏之类也。

《家语》兼陈事业

昌案：子玄不知《孔子家语》乃王肃伪作，故有是言。《家语》之伪，清范家相《孔子家语辨伪》及孙志祖《孔子家语疏证》考之详矣。

然则上起唐尧，下终秦穆，其书所录，唯有百篇，而《书》之所载，以言为主，至于废兴行事，万不记一。……故令后人有言，唐、虞以下，帝王之事，未易明也。

昌案：《汉书·司马迁传赞》："自古书契之作，而有史官，其载籍博矣。至孔氏籑之，上继唐尧，下讫秦缪。唐、虞以前，虽有遗文，其语不经。故言黄帝、颛顼之事，未可明也。"子玄盖用此文而更变其意。盖孟坚本谓唐、虞以前无书，故其事未可明，非谓《书》不记事，故其时事未易明也。

案《论语》曰："君子成人之美，不成人之恶。"

昌案：《颜渊》篇文。

又曰："成事不说，遂事不谏，既往不咎。"

昌案：《八佾》篇文。

又曰："民可使由之，不可使知之。"

昌案：《泰伯》篇文。

虽口不能言

昌案：《文选》贾谊《鹏鸟赋》："口不能言，请对以臆。"

且《论语》有云："舜举咎繇，不仁者远。"

昌案：《论语·颜渊》篇载子夏曰："舜有天下，选于众，举皋陶，不仁者远矣。"

案《汲冢琐语》云："舜放尧于平阳。"而《书》云某地有城，以囚尧为号。

而下，卢文弨曰："疑有脱字。"某，何焯改其。

昌案：罗泌《路史·发挥》卷五引此文亦作《琐语》。《史记·五帝本纪》《正义》引《括地志》云:“故尧城在濮州鄄城县东北十五里。”《竹书》云:“昔尧德衰,为舜所囚也。”又有偃朱故城在县西北十五里。《竹书》云:“舜囚尧,复偃塞丹朱,使不与父相见也。”道宣《广弘明集》卷十一释法琳对傅奕废佛僧事亦引《汲冢竹书》云:“舜囚尧于平阳,取之帝位,今见有囚尧城。”据此,而《书》云当作而《竹书》云,盖脱一竹字也。某地,当从何校作其地,谓平阳。

人风婐划

浦起龙曰:“谓文身。”

昌案:胡玉缙《四库全书总目提要补正》卷二十六“《史通》”条引李详《愧生丛录》云:“《魏都赋》:‘风俗以韰果为婳。’李善注:‘《方言》曰:“惈,勇也。”果与婐古字通。《说文》曰:“婳,静也。”’案:子玄所云,本于《魏都》,传写数经,字画小异。浦氏指婐划为文身,误矣。”(审言此条首云:“刘知幾熟精《文选》,或用其成句,或檃括其语,浦氏《通释》有不能尽知出处者,予略为证之。”所疏证凡二十事,然笺校诸家亦具言之,今不更取。惟此条所论,视他为详,因录之云尔。)

虽使百金之子,犹惮经履其途。

昌案:《史记·越王勾践世家》:“千金之子,不死于市。”《文选》鲍照《咏史》诗:“百金不市死。”

若夏桀放于南巢。

昌案:《史记·夏本纪》《正义》:“《括地志》云:‘庐州巢县有巢湖,即《尚书》成汤伐桀,放于南巢者也。’《淮南子》云:‘汤败桀于历山,与妹喜同舟浮江,奔南巢之山而死。’”

周王流彘

昌案:《国语·周语上》篇:“厉王虐,国人谤王。……王怒,得卫巫,使监谤者。以告,则杀之。国人莫敢言,道路以目。……三年,乃流王于麄。”韦昭注：“麄，晋地，汉为县，属河东，今曰永安。”

孔父截翦浮词，裁成雅诰。

昌案：《文心雕龙·镕裁》篇：“翦截浮词谓之裁。”

称周之盛也，则云：三分有二，商纣为独夫。

昌案：《论语·泰伯》篇：“三分天下有其二，以服事殷，周之德，可谓至德也已矣。”《尚书·泰誓下》篇：“独夫受洪惟作威。”伪孔《传》：“言独夫，失君道也。”《荀子·议兵》篇亦引《大誓》“独夫纣”之文。

语殷之败也，又云：纣有臣亿万人，其亡流血漂杵。

昌案：《尚书·泰誓上》篇：“受有臣亿万，惟亿万心；予有臣三千，惟一心。”又《武成》：“甲子昧爽，受率其旅若林，会于牧野，罔有敌于我师。前徒倒戈，攻于后，以北，血流漂杵。”《孟子·尽心下》篇：“孟子曰：‘尽信《书》，则不如无《书》。吾于《武成》，取二三策而已矣。仁人无敌于天下，以至仁伐至不仁，而何其血之流杵也？’”

故子贡曰：桀、纣之恶不至是，君子恶居下流。

昌案：《论语·子张》篇：“子贡曰：‘纣之不善，不如是之甚也。是以君子恶居下流，天下之恶皆归焉。’”

既而合谋二叔，徇节三监。

昌案：《尚书·蔡仲之命》：“惟周公位冢宰，正百工，群叔流言，乃致辟管叔于商；囚蔡叔于郭邻，以车七乘；降霍叔于庶人，三年不齿。”《史记·周本纪》：“成王少，周初定天下，周公恐诸侯畔，周公乃摄行政当国。管叔、蔡叔群弟疑周公，与武庚作乱畔周。周公奉成王命，伐诛武庚、管叔，放蔡叔。”郑玄《诗邶鄘卫谱》：“庶殷顽民被纣化日久，未可以建诸侯，乃分其地置三监，使管叔、蔡叔、霍叔尹而教之。”知三叔即三监之尹也。诸书多云二叔者，《蔡仲之命》伪孔《传》谓霍叔“罪轻”，故略其名。

季氏之伐颛臾也

昌案:《论语·季氏》篇:“季氏将伐颛臾。冉有、季路见于孔子曰:‘季氏将有事于颛臾。’孔子曰:‘求,无乃尔是过与?夫颛臾,昔者,先王以为东蒙主,且在邦域之中矣,是社稷之臣也,何以伐为?’”邢疏:“此章论鲁卿季氏专恣征伐之事也。”

夫天无二日,地惟一人。

昌案:《孟子·万章上》篇引孔子曰:“天无二日,民无二王。”《礼记·曾子问》、《坊记》引均作“土无二王”,即子玄次句所从出。

孔氏述其传疑

昌案:《穀梁传》桓五年:“《春秋》之义,信以传信,疑以传疑。”范注:“明实录也。”

惑经第四

生人已来,未之有也。

昌案:《孟子·公孙丑上》篇:“自生民以来,未有孔子也。”子玄避唐太宗讳,改民为人。

钻仰不及

昌案:《论语·子罕》篇:“仰之弥高,钻之弥坚。”《集解》:“言不可穷尽。”

然则尺有所短,寸有所长。

昌案:《楚辞·卜居》:“夫尺有所短,寸有所长。”

睹仲由之不悦,则矢天厌以自明。

昌案:《论语·雍也》篇:“子见南子,子路不悦,夫子矢之曰:‘予所否者，天厌之！天厌之！'"

答言偃之弦歌，则称戏言以释难。

昌案：《论语·阳货》篇："子之武城，闻弦歌之声。夫子莞尔而笑曰：'割鸡焉用牛刀？'子游对曰：'昔者，偃也闻诸夫子曰："君子学道则爱人，小人学道则易使也。"'子曰：'二三子，偃之言是也。前言戏之耳。'"

恨不得亲膺洒扫，陪五尺之童。

昌案：《汉书·董仲舒传》："是以仲尼之门，五尺之童，羞称五伯。"

抚四科之友

昌案：《论语·先进》篇："德行：颜渊、闵子骞、冉伯牛、仲弓；言语：宰我、子贡；政事：冉有、季路；文学：子游、子夏。"邢疏："夫子门徒三千，达者七十有二；而此四科惟举十人者，但言其翘楚者耳。"

傥梁木斯坏

昌案：《礼记·檀弓上》篇："孔子蚤作，负手曳杖，消摇于门，歌曰：'泰山其颓乎！梁木其坏乎！哲人其萎乎！'既歌而入，当户而坐。子贡闻之，曰：'泰山其颓，则吾将安仰？梁木其坏，哲人其萎，则吾将安放？夫子殆将病也。'……盖寝疾七日而没。"

敢效接舆之歌

昌案：《论语·微子》篇："楚狂接舆歌而过孔子曰：'凤兮，凤兮，何德之衰？往者不可谏，来者犹可追。已而，已而，今之从政者殆而！'孔子下，欲与之言；趋而辟之，不得与之言。"

辄同林放之问

昌案：《论语·八佾》篇："林放问礼之本。子曰：'大哉问！礼，与其奢也，宁俭；与其易也，宁戚。'"

直道而行

昌案:《论语·卫灵公》篇:"斯民也,三代之所以直道而行也。"

躬为枭獍

昌案:《汉书·郊祀志》:"祠黄帝,用一枭、破镜。"注引孟康曰:"枭,鸟名,食母。破镜,兽名,食父。黄帝欲绝其类,使百吏祠皆用之。破镜如貙而虎眼。"獍即破镜也。

不以毛嫱之面或有疵瑕

昌案:《庄子·齐物论》:"毛嫱丽姬,人之所美也。"《释文》:"毛嫱,古美人。一曰:越王美姬也。"

不以绵驹之歌时有误曲

昌案:《孟子·告子下》篇:"绵驹处于高唐而齐右善歌。"赵注:"绵驹,善歌者也。高唐,齐西邑,绵驹处之,故曰齐右善歌。"《三国志·吴志·周瑜传》:"瑜少精意音乐,虽三爵之后,其有缺误,瑜必知之,知之必顾。故时人谣曰:'曲有误,周郎顾。'"

苟爱而知其丑,憎而知其善。

昌案:《礼记·曲礼上》篇:"爱而知其恶,憎而知其善。"

且案《汲冢竹书》,《晋春秋》及《纪年》之载事也……

《竹书》下,旧有与字,宋本作其字。浦起龙以与字为衍文,删去。卢文弨云:"其字似亦误,当作即,下及当作其。"顾广圻云:"其字最是,或作与者非。"

昌案:顾说是也。盖《竹书》者,尔时汲冢出土古籍之通称,以皆著之竹简,故曰《竹书》,而《琐语》及《纪年》则其中之二种也。《晋春秋》又《琐语》之一部分,故或称《琐语·晋春秋》,本篇其十一、十四两条即是如此。《六家》篇云:"《琐语》又有《晋春秋》,记献公十七年事。"尤明。《晋书·束晳传》所载《竹书》七十五篇之目，有《琐语》十一篇而无《晋春秋》，亦其证也。（《琐语》中尚有《夏殷春秋》，见本书《六家》篇。）

而《琐语·春秋》载鲁国闵公时事

昌案：《琐语》下，当据张鼎思本补晋字。

君弑而不以弑称

昌案：据上下文，句首夺一或字，当补。

静言思之

昌案：《诗·邶风·柏舟》又《卫风·氓》文。

岂夫子之墙数仞，不得其门者欤？

昌案：《论语·子张》篇载子贡曰："夫子之墙数仞，不得其门而入，不见宗庙之美，百官之富。得其门者或寡矣。"《集解》引包咸曰："七尺曰仞。"

而审形者少，随声者多。

昌案：应劭《风俗通义·正失》篇载刘向曰："世之毁誉，莫能得实。审形者少，随声者多。"王符《潜夫论·贤难》篇引谚曰："一犬吠形，百犬吠声。"

执我行人，郑弃其师，陨石于宋五。原注：其事并出《竹书纪年》，惟郑弃其（昌案：其字据别本增。）师出《琐语·晋春秋》也。

浦起龙曰："《纪年》二字恐误，今其书无此文也。"

昌案：今本《竹书纪年》乃宋以后人伪托，非晋时出土之本。清儒以迄近世学人考之详矣。陆淳《春秋啖赵集传纂例》卷一《赵氏损益义》篇引子玄长子贶所著书云："《纪年》序诸侯列会，皆举其谥。知是后人追修，非当世正史也。至如齐人歼于遂，郑弃其师，皆夫子褒贬之意，而《竹书》之文亦然。其书郑杀其君某，因释曰：是子亹。楚囊瓦奔郑，因曰：是子常。率多此类。别有《春秋》(昌案：当作《师春》。)一卷，全录《左氏传》卜筮事，无一字之异。故知此书按《春秋》经传而为之也。"《新唐书·子玄传附贶传》所载略同。郝懿行《晒书堂文集》卷三《竹书纪年通考》云："今案：二书(昌案：谓《新唐书·贶传》及《史通》本篇。)所引《纪年》恐非也。杜预虽称其著书文意大似《春秋》经，(昌案：见《春秋经传集解后序》。)然无直用经文者，今略举三事证明之。一则襄王二十年书'周襄王会诸侯于河阳'，《春秋》经书'天王狩于河阳'；一则匡王六年书'晋灵公为赵穿所杀'，《春秋》经书'晋赵盾弑其君夷皋'；一则简王十三年书'晋厉公卒'，《春秋》经书'晋弑其君州蒲'，此其书法不同之尤者。若如前书所引，并直录今文，不更一字，与本书之体亦不合，疑皆经后人所羼也。"此不然子玄父子汲冢史书与《春秋》书法符同之说者。姑录于此，以俟更考。

而左丘明论《春秋》之义云："或求名而不得，或欲盖而名彰。""善人劝焉，淫人惧焉。"

昌案：《左传》昭三十年，君子曰："是故君子动则思礼，行则思义；不为利回，不为义疚。或求名而不得，或欲盖而名彰，惩不义也。"又曰："《春秋》之称，微而显，婉而辨，上之人能使昭明，善人劝焉，淫人惧焉。"

故太史公曰："孔氏著《春秋》，隐、桓之间则彰，至定、哀之际则微。为其切当世之文而罔褒讳之辞也。"

昌案：徐复《校勘学中之二重及多重误例》曰："语见《史记·匈奴列传》。《索隐》云：'罔者，无也。谓其无实而褒之是也，忌讳当代故也。'此解实非。浦云：一本而罔二字倒。正是原本。罔字上属文字为句。《游侠列传》云'虽时扞当时之文罔。'亦以文罔连文，可证。又：褒通作裒，多也，谓多忌讳之辞也。此文夺忌字，当补。"考宋本、何焯校本罔字均在而字上，与徐校同。

语曰："众善之，必察焉。"

昌案：《论语·卫灵公》篇："子曰：'众恶之，必察焉；众好之，必察焉。'"

〔附录一〕

皮锡瑞《史通惑经篇书后》《师伏堂骈文》后编卷二

尼山一老，师表万世，论德在庶，施功无所，惟以述作之功，独冠帝王而上。《易》、《书》肇前古，不过编次其文；《诗》、《礼》创元公，亦非专精之业。繄维赤乌受命，获麟绝笔，褒讥一字，并非沿袭；斟酌四代，讵同钞胥。所见所闻，微言传于齐学；知我罪我，大义发于邹贤。盖《春秋》为万世作经，非为列邦作史，文成数万，其指数千。元圣缀学，不必皆为赤制；素王垂法，自当保以墨守。而学海既亡，陋同蠡测；经天之义，付之管窥。子元本是史才，未通经术，欲以据事直书之例，妄绳受命制作之书，何异北撤南辕，方枘圆凿。执萧何所造之律，疑皋苏之法乖；据洛下所推之义，诋羲和之算失。世无愚智，皆知不然。乃自《左氏》晚出，杜侯谬悠。治经者专诵鲁史之篇，习闻当阳之解，莫不以《左》义为经旨，以杜解为传意。譬之秦王不尊，但知穰侯之贵；汉帝充位，惟服魏操之威。卖饼大官，谬分轩轾；箴膏起废，不守师传。渡江以来，颛门业丧。宁道孔误，讳言服非。信传疑经，为日久矣。其说非子元所独，亦非瞀儒能解。说者或加曲护，或恣诋讥，皆未考其致惑之由，何能答其献疑之旨。今推本经义，详为辨释。褒贬之例，二传最明；臧否之文，《左氏》间具。行以直道，讵有曲笔？若郑、齐、楚三君皆以疾赴，遂没弑文，则以君臣大伦，非可忽视，弑逆重恶，不宜轻加。夫子身非史官，事未亲睹，岂得执此疑狱，断为铁案。至于反不讨贼，药不亲尝，乃以明臣子之重防，创非常之异义。赵盾书弑，本由董狐；许止之事，盖亦彰灼。凝脂漏网，比喻非伦。舠荼弑原属陈乞，灵缢实由楚比；阳生、观从，并非首恶。以此为惑，无乃大愚。善恶直书，史官之实录；贤者为讳，《春秋》之微辞。灭卫不书，河阳言狩，皆褒桓、文之霸绩，岂有向背之私情？若夫或书或不书，非所讳而讳，求之《公》、《穀》，庶得折衷。《左》既偏而不全，杜尤诞而难信。虎叛不记，子卒不名，晋葬，吴盟，邾止，齐败，斯皆谊重尊亲，内讳国恶。讵可执后世之史法，议至诚之大经？《春秋》属商，乃启西河之教；大义口授，必传东鲁之书。汲郡《纪年》，魏人所撰，当由师传有自，是以书法略同。杜氏《后序》昧于斯旨，以为当时旧史率同此法，夫子并不能自创义例，专袭此等旧文。因其所见殊傎，乃至非圣无法。子玄习于杜解，沿其谬说。则是马迁《史记》，豫袭班掾之辞；陈寿《国志》，先偷蔚宗之作。大可嗢噱，奚云厚诬？若夫公子阳生，《公羊》自有义例；许男围蔡，列国不乏重封。即有阙文，无伤大旨。《春秋》重义不重事，何必吹毛而索瘢？夫子撰不刊之书，为后王之则，非因周礼旧法，鲁策成文。故或大事而不书，或小事而必纪。其文有略有详，其例有正有变。杜作《集解》，执其僻说，谓经承旧史，史承赴告。圣人作经，乃事剿说，断烂朝报，故非诬辞。夫以万世之师，并无一书垂世，所定凡例，皆出周公。则四海儒林，应称西京之衮绣；八方俎豆，可祧东鲁之章缝。讵宜扬彼馀波，沿其豗缪？子元诋斥古义，分条虚美，其义仍不过以汲坟为信史，杜解为圣书。遂至追议龙蹲，大有傲睨之语；轻视凤德，遽加掎摭之词；驳孟子之名言，毁史公之精义。推崇孔子，率以为非；隆重《春秋》，更疑其失。意图翻案，弊在昧经。虽曰犷悍之言，端由沉溺之久。大惑不解，亟宜浴以兰汤；遗经独抱，愿与参夫笔削。子元往矣，何从释疑；后有达者，庶使无惑。

〔附录二〕

但焘《法通解惑》篇

唐刘子玄覃精名理，三为史官，拘牵时议，志不获展，退撰《史通》，探究本源，铨综得失。后有作者，望洋而已。独其《惑经》一篇，狃于一尊之见，不晓列国之情。夏虫语冰，贤者不免。余息肩沪渎，粗理旧业，闵夫前修未宏，肤受多谬，爰首著《解惑》一篇，以正刘氏因习之误。复有所得，不敢自秘。博雅君子，或不我罪也。

殷有天下，猜防列侯，销其兵器。其后周师迫坶野，藩服削弱，股肱失助。一战而独夫授首，崇朝而三州敉平。周惩其失，广封亲贤。大国占地五百里，小国占地百里。大国三军，小国一军。地丑力敌，日寻干戈。列国之势既成，一统之局遂破。仲尼取百二十国宝书作《春秋》，以纪述国政为主，犹今之国际公法成例及黄皮书也。《周官》小行人以万民之利害为一书，则国际私法成例之所昉也。刘氏守一尊之见，眯列国之情，怀疑莫展，君子无讥。刘氏曰："《春秋》之义，其所未谕者十有二。何者？赵孟以无辞伐国，贬号为人；杞伯以夷礼来朝，降爵称子。虞班晋上，恶贪贿而先书，楚长晋盟，讥无信而后列。此则人伦臧否，在我笔端；直道而行，夫何所让。奚为齐、郑及楚，国有弑君，各以疾赴，遂皆书卒？夫臣弑其君，子弑其父，凡在含识，皆知耻惧。苟欺而可免，则谁不谓然。且官为正卿，反不讨贼；地居冢嗣，药不亲尝，遂皆被以恶名，播诸来叶。以彼三逆，方兹二弑，躬为枭獍，则漏网遗名，迹涉瓜李，乃凝脂显录。嫉恶之情，岂其若是？其所未谕一也。"解之曰：王者之师，有征无战。孙子有言："善用兵者，屈人之兵而非战，拔人之城而非攻，毁人之国而不久。"征之近事，佳兵不祥，德意志以之丧师；兴绝继亡，美利坚因而称霸。《春秋》内诸夏而外夷狄。近世国际法学者谓：国际法者，仅可施于皙族耶教之邦，然其后于中华、日本、土耳其，亦许其预樽俎之列。时势既有推移，不容胶执也。若虞班晋上，恶贪贿而先书；楚长晋盟，讥无信而后列。斯乃葆国际之和平，重联盟之信义，非徒臧否人伦，同处士之横议。国际公法，不设惩戒之条；干涉内政，尤为举世所忌。国有篡弑，讨伐之责，臣子施之，何与外人？征之清事，载湉幽囚，康、梁泣血，衣带之诏，指天誓日。虽亦持之有辞，而列国不为之动。伍子胥有言："诸侯不为匹夫兴师。"洵国际之通例，非老生之常谭。刘氏见之，将谓凡在含识，率丧良知乎？吾知其不然也。赵盾之事，其本国史官宣之朝端，以近事言之，无异列在公报。职非辩护，岂容代其呼冤？许止果无逆迹，何不束身司败，以待公判；乃父骨未寒，亡命异国。国人皆曰可杀，匪徒迹涉瓜李。之二人者，被以恶名，何所逃罪？此足以解刘氏之惑者，一也。刘氏曰："明镜之照物也，妍蚩必露，不以毛嫱之面或有疵瑕，而寝其鉴也。虚空之传响也，清浊必闻，不以绵驹之歌时有误曲，而辍其应也。夫史官执简，宜类于斯。苟爱而知其丑，憎而知其善,善恶必书,斯为实录。观夫子之修《春秋》也,多为贤者讳。狄实灭卫,因桓耻而不书;河阳召王,成文美而称狩。斯则情兼向背,志怀彼我。苟书法其如是也,岂不使为人君者,靡惮宪章,虽玷白圭,无惭良史也乎?其所未谕三也。”解之曰:周室东迁,共主悉臣之义,不足以维系人心。尔时视王室,亦如今之视罗马教皇而已。齐桓名则方伯,不翅共主,鲁附同盟,义当相隐。况狄之灭卫,鲁不能共恤简书,尤恐来与国之责言,负国际之责任。一言不智,或致丧邦。国际道德,不若私人之褊隘。从井救人,信匹夫之美德;度德量力,乃有国之常经。史官执简,万目睽睽,非同报纸之讥评。国际文书,事涉隐秘,又非可一一悬之国门,供人评议。法律畸重事实,不贵诛心。晋文年已迟暮,急于功名,虽有召王之嫌,不掩尊周之绩,况事属茫昧,若必自诩直道,以揭发阴私为快,既伤王室之尊严,复致列国之离畔,功败垂成,谁尸其咎?故隐约其辞,寓贬于褒。盖犹不废告朔饩羊之存心。非爱而知其丑,憎而知其善者,孰能语于斯?此足以解刘氏之惑者,二也。刘氏曰:“诸国臣子,非卿不书;必以地来奔,虽贱亦志。斯岂非国之大事,不可限以常流者耶?如阳虎盗入于讙,拥阳关而外叛,传具其事,经独无闻,何哉?且弓玉中亡,犹获显记;城邑失守,反不沾书。略大存小,理乖惩劝。其所未谕五也。”解之曰:大夫无私交,国之通义。其有官职较崇,外托微行,内膺使命,通彼我之情,修两国之好,职同专使,人非游客,邦交所系,非徒震其官阶。若乃窃邑叛君,罪在不赦;而兼弱攻昧,于我犹荣。慕义归化,人情之常,有兼并之实,无侵略之形,书之宜也。章太炎先生谓:春秋之世,灭国少而兼国多。斯其一例。阳虎入讙,犹未外叛,逾年奔邓,葱灵见执。齐无容纳逋逃之事,虎无专享大利之权。较之三叛,其事悬绝。斯乃不足轻重者矣。宝玉大弓,受之周室,国之神器,存亡与共。国未灭而神器已迁,有国之大耻,臣子之奇辱也。幸而光复旧物,兹事缘起,不得从略。日本王室有剑玺镜三种神器,世世守之,以为传国之宝。各国国旗国徽,为国威所托,无敢对之越礼,反此为大不敬。军旗亦然。义例如斯,夫何足怪。又案:近代公法,国家之抚有疆土,容有由时效者。谨于齐鲁，地同瓯脱。阳虎陪臣，既兴内乱，复构外患。据事直书，责言立至。仲尼周游列国，熟谙外情，夹谷之会，雍容坛坫，弭患俄顷。及门尤富专对之才。虽其博学多能，雅不以外交自树系统，然观其书法，已建公法之典型。刘氏既知国之大事不可限以常流，复致疑于略大存小。斯诚知二五不知一十之流亚。此足以解刘氏之惑者，三也。刘氏曰："夫臣子所书，君父是党。虽事乖正直，而理合名教。如鲁之隐、桓戕弑，昭、哀放逐，姜氏淫奔，子般夭酷，斯则邦之孔丑，讳之可也。如公送晋葬，公与吴盟，为齐所止，为邾所败，盟而不至，会而后期，并讳而不书，岂非烦碎之甚？且按《汲冢竹书·晋春秋》及《纪年》之载事也，如重耳出奔，惠公见获，书其本国，皆无所隐。唯鲁《春秋》之记其国也则不然。何者？国家事无大小，苟涉嫌疑，动称耻讳，厚诬来世，奚独多乎？其所未谕八也。"解之曰：国际常例，本国内乱，率多耻讳。公报所记载，有司所表襮，自非狂愚，未有与信史等视者。《春秋》于隐之弑，书薨不地，为国耻不可昭告列国也；不书葬，为有贼不讨，责臣子也。对外则务隐讳，对内则主谨严，后圣有作，夫何间然。桓公以国之元首，偕其匹偶旅行邻邦，而阃教不修，国之小君与邻邦君主有中冓之丑。桓公失言，死于非命。此而摘发，立召兵戎，宁止彰扬国耻已哉？元首受辱，彼方为强邻，且适在列国会盟之时，仗义无人，公断难恃，忍辱负重，无得而讥。至于丧师讳败，战史咸然。盟而不与，会而后期，显违讲信修睦之义。凡在同盟，例得诘问。方患无解免之口实，岂可不鞠自承？此足以解刘氏之惑者，四也。刘氏曰："书事之法，其理宜明，使读者求一家之废兴，则前后相会；讨一人之出入，则始末可寻。如定六年书郑灭许，以许男斯归，而哀元年书许男与楚围蔡。夫许既灭矣，君执家亡，能重列诸侯，举兵围国者，何哉？盖其间成事，必当有说。经既不书，传又缺载，缺略如此，寻绎难知。其所未谕十也。"解之曰：列国并立，朝起暮仆，兴亡之数，其将问诸水滨。况强国包藏祸心，苟图兼并，何患无辞。或以诛暴锄逆为名，或以兴灭继绝相召。亡君逃人，视为奇货。如建州之放逐李闯，为明怀帝而发丧；俄罗斯之平定叛徒，为匈牙利而用武。（西历一千八百四十九年事。）柱下之纪，未可偻指数也。意者，楚欲图蔡，而又难尸恶名，因利用亡人，资之兵甲。胜则利归于己，败则嫁祸于人。亡命之人，本无所择。仲尼博闻强记，宜烛国际之阴谋，而事关邻国，利害不切，则亦存而不论。此足以解刘氏之惑者，五也。刘氏曰："案：晋自鲁闵公以前，未通于上国；至僖二年灭下阳已降，渐见于《春秋》，盖始命行人自达于鲁也。而《琐语·春秋》载鲁国闵公时事，言之甚详。斯则闻事必书，无假相赴者也。盖当时国史，它皆仿此。至如夫子所修也，则不然。凡书异国，皆取来告。苟有所告，虽小必书；如无其告，虽大亦阙。故宋飞六鹢，小事也，以有告而书之；晋灭三邦，大事也，以无告而阙之。用使巨细不均，繁省失中。比夫诸国史记，奚事独为疏阔？寻兹例之作也，盖因周礼旧法，鲁策成文。夫子既撰不刊之书，为后王之则，岂可仍其过失，而不中规矩者乎？其所未谕十一也。"解之曰：近世政府公报所披露之外交文书，皆据与国通牒叙录，无所窜易。读之干燥无味，逾于断烂朝报。若夫抉发隐秘，钩考兴亡，评论得失，褒贬诛伐，在我笔端，则当求之于外交史。斯乃私人之纪述，而未可与《春秋》同日语也。仲尼述而不作，多闻阙疑，诚如子玄所言，因周礼旧法，鲁策成文，用能传至于今，成一代之外交宝典，垂国际公法之典型。故书宋飞六鹢，事类邻狸生子，而非烦碎；阙晋灭三邦，（昌案：衡之文理，此处当脱一六言句。然余所见此文两本皆如此作，未由增补。）而非旷官。盖交邻之道，以质直为先。彼既来告，我即据为典实，书之官守，布之国民。其功其罪，当事之国任之，我何与焉？征之近事，日并高丽，欧、美缄口而无辞；我逐建州，列国联袂而修好。《春秋》之例，何以异此？此足以解刘氏之惑者，六也。刘氏曰："君子以博闻多识为工，良史以实录直书为贵。而《春秋》记它国之事，必凭来者之辞，而来者所言，多非其实。或兵败而不以败告，君弑而不以弑称；或宜名而不以名，或应氏而不以氏；或春崩而以夏闻，或秋葬而以冬赴。皆承其所说而书，遂使真伪莫分，是非相乱。其所未谕十二也。"解之曰：《春秋》非列国之刑书，仲尼匪国际之司直。地非法庭，事无证佐。此兴彼仆，何异太虚浮云之起灭。彼灭不告败，胜不告克，或以国交之疏昵，或以利害之重轻，而有轩轾。中立之邦，无所偏倚，不当以私意有所论列，启破坏中立之嫌。他国内乱，力不能相救，袖手而已。易君犯上，在国内法罪不容诛，在国际法事非鲜冗。兴师动众，舍己芸人，就令在道德无可訾议，而在国际法则武力干涉，悬为厉禁，正不独以暴易暴见讥义士也。同盟之国，礼数优隆；故其国君之卒，例得书名，外此不妨从阙。陈女叔特来修好，待以国客而不名。齐崔氏出奔，因其以世卿专国政，彼国恶其以身反，又不欲立其宗，以族来告，遂书其族而不名，谓之讥世卿。则言外之意，非国际书法之准式也。鱼山被杀，名而不氏。山既背其族，又不容于宗国，行人来告，必多贬辞，故亦贬之。若春崩夏闻，秋葬冬赴，事涉交际微节，无关宏旨。此足以解刘氏之惑者，七也。（昌案：以上十一字原脱，以意补。）日者，与章太炎先生论辨子玄《惑经》之作，囿于时代，不克旁通，刺取数事，以匡其谬。太炎先生为之首肯。读至春崩夏闻，秋葬冬赴，先生莞尔曰："匪徒国际也，私人亦然。友朋讣告，生卒殡葬，纵有牴牾，无取推究。何刘氏之不广也？"余退而草是篇，以质世之读刘氏书者，且以请益于太炎先生。

（章太炎先生曰："宝玉大弓，国之重器，得失必书，固矣。书盗而不名者，《春秋》于陪臣行事，不著其名，盖较之三叛，尤为微末也。唯卿即今之国务员，事涉政府，不容从略。孔于诛少正卯及自身出奔，皆不见经。或以少正卯职位素卑，小司寇之职，尚属事务官而非政务官，故不得破例书之耳。入谨叛不书者，据邑叛，不得书盗，而陪臣又不得书名。且事隔无几，齐人即来归谨。阙之，非阔略也。"）

申左第五

然则儒者之学，苟以专精为主，止于治章句，通训释，斯则可矣；至于论大体，举宏纲，则言罕兼统，理无要害，故使古今疑滞莫得而申者焉。

昌案：子玄此以治章句通训释与论大体举宏纲相对而言，盖汉儒治经，自来有此二派也。故《汉书·夏侯胜传》尝称“章句小儒，破坏大体”，《后汉书·杨终传》亦有“章句之徒，破坏大体”之言。又《郑玄传论》曰：“秦焚六经，圣文埃灭。汉兴，诸儒颇修艺文。及东京，学者亦各名家。而守文之徒，滞固所禀，异端纷纭，互相诡激，遂令经有数家，家有数说。章句多者，或乃百余万言。学徒劳而少功，后生疑而莫正。郑玄括囊大典，网罗众家，删截繁芜，刊改漏失。自是学者略知所归。”

又案：桓谭《新论》曰：“《左氏传》于经，犹衣之表里。”

昌案：《新论·正经》篇：“《左氏传》于经，犹衣之表里，相待而成。经而无传，使圣人闭门思之十年，不能通也。”严可均《全后汉文》卷十四辑《新论》，于此条下注云：“案：君山推崇《左氏》如此。《史通》十四又引《东观汉记》陈元奏云：‘光武兴立《左氏》，而桓谭、卫宏并共诋訾，故中道而废。’事与《新论》违异，所未审也。”

班固《艺文志》云：丘明与孔子观鲁史记而作《春秋》……而于固集复有难《左氏》九条三评等科。夫以一家之言，一人之说，而参差相背，前后不同，斯又不足观也。

昌案：姚范《援鹑堂笔记》卷二十二解之曰：“余谓此《志》诸论本取之刘子骏，非班氏之文。”考《汉书·司马相如传赞》云：“相如虽多虚辞滥说，然其要归，引之于节俭，此亦《诗》之风谏何异？”而《艺文志》乃云：“汉兴，枚乘、司马相如，下及扬子云，竞为侈丽闳衍之词，没其风喻之义。”一据《史记》，一据《七略》，而自相矛盾，亦与此同。盖一人之见，早晚容有异同；一书之中，先后不无差别。此或缘学问日进，则舍其旧以从新；或缘卷帙既伙，则整齐之功有所谢短。子玄本书，亦颇有类此者。其诋娸孟坚，毋乃同浴而讥裸裎乎？若孟坚不以子骏之言为然，何至取其说以充《汉书》之篇幅。则姜坞于此强生分别，亦为多事也。

又案：《隋书·经籍志》著录后汉大将军护军司马《班固集》十七卷，即子玄此之所指，盖亦出诸后人裒集，以东京之初，尚无别集之体也。又《颜氏家训·勉学》篇云：“俗间儒士，不涉群书，经纬之外，义疏而已。吾初入邺，与博陵崔文彦交游，尝说《王粲集》中难郑玄尚书事。崔转为诸儒道之，始将发口，悬见排蹙，云：‘文集只有诗、赋、铭、诔，岂当论经书事乎？且先儒之中，未闻有王粲也。’崔笑而退，竟不以《粲集》示之。”准此二例，知文集自始即兼收说经论学之文，本不以沈思翰藻之作为限，其后乃转而“只有诗、赋、铭、诔”之类耳。然则清儒多以考辨群经、子、史、金石、小学之文入集，亦犹行古之道也。

譬犹近世，汉之太史，晋之著作，撰成国典，时号正书。既而《先贤》、《耆旧》、《语林》、《世说》，竞造异端，强书他事。夫以传自委巷，而将册府抗衡；访诸古老，而与同时并列，斯则难矣。

册府，原作班马，浦起龙改，校云：“恐当用此二字，旧作班马，无涉。”同时，原作子孙，浦改，校云：“此二字旧作子孙，更谬。此皆版本模糊，后人妄填之过。”纪昀曰：“子孙二字亦不错，盖指家传言之耳。”杨守敬曰：“刘氏明云撰成国典正书，则非指家传，子孙二字终有误。”

昌案：李慈铭《越缦堂读书记》卷三“《史通通释》”条：“浦氏妄改班马为册府，子孙为同时，以为班马语无涉，子孙更谬。不知班马字承上汉之太史句，子孙当作干孙，谓晋之干宝撰《晋纪》，孙盛撰《晋阳秋》也，承上晋之著作句。马、班、干、孙，皆以当代人居史职，而撰当代史，故为可信。干与子字，形近而误。浦氏不学而专辄恣改，比比皆是。此蹈明人之恶习也。”诸说惟李氏得之。

岂是子长藁削，孟坚雌黄所构者哉？

昌案：《颜氏家训·勉学》篇：“观天下书未遍，不得妄下雌黄。”沈括《梦溪笔谈》卷一：“改字之法，刮洗则伤纸，纸贴之又易脱，粉涂则字不没，涂数遍方能漫灭。惟雌黄一漫则灭，仍久而不脱。”

寻《左传》所录

寻下，浦起龙曰：“原本此下有‘《春秋》所书实乖此义而’九字，肆笔拂经，且自害志，削之乃无语病。”杨守敬曰：“寻上下文义，子玄并无拂经之意……当是乖字有误，或是兼字，盖兼劝戒之义。”

昌案：杨校甚是。云“寻《春秋》所书，实兼此义”，乃与下“而《左传》所录，无愧斯言”之言桴鼓相应。浦氏卫道之心虽切，考文之术亦疏矣。

然设使世人习《春秋》而唯取两传也，则当其时二百四十年行事，茫然阙如，俾后来学者，兀成聋瞽者矣。

昌案：章太炎先生《国故论衡》卷中《原经》：“《春秋》所以独贵者，自仲尼以上，《尚书》则阔略无年次，百国《春秋》之志，复散乱不循凡例；又亦藏之故府，不下庶人，国亡则人与事偕绝。太史公云：‘史记独藏周室，以故灭。’（昌案：见《史记·六国表序》。）此其效也。是故本之吉甫、史籀，纪岁时月日，以更《尚书》，传之其人，令与《诗》、《书》、《礼》、《乐》等治，以异百国《春秋》，然后东周之事，粲然著明。令仲尼不次《春秋》，今虽欲观定、哀之世，求五伯之迹，尚荒忽如草昧。夫发金匮之藏，被之萌庶，令人人不忘前王，自仲尼、左丘明始。……耳孙小子，耿耿不能忘先代，然后民无携志，国有与立，实仲尼、左丘明之赐。”此论推重《春秋》、《左氏》，虽同子玄，而所见者大，又不可同年而语也。

且当秦、汉之世，《左氏》未行，遂使五经、杂史，百家、诸子，其言河汉，无所遵凭。……及《左传》既行，而其失自显。

昌案：崔述《考信录提要》卷上《释例》：“近世浅学之士，动谓秦、汉之书近古，其言皆有所据。见有驳其失者，必攘臂而争之。此无他，但徇其名而实未尝多观秦、汉之书，故妄为是言也。刘知幾《史通》云：‘……’（昌案：引本篇自‘秦、汉之世，《左氏》未行，’至‘及《左氏》既行，而其失自显’止。）由是论之，秦、汉之书，其不可据以为实事者，多矣。特前此未有如知幾者，肯详考而精辨之耳。顾吾犹有异者，知幾于秦、汉之书记春秋之事，考之详而辨之精如是，至于虞、夏、商、周之事，乃又采摭百家、杂史之文而疑经者，何哉？夫自春秋之世下去西汉，仅数百年，而其舛误乖剌已累累若此，况文、武之代，去西汉千有余年；唐，虞之际，去西汉二千有余年，即去战国亦二千年，则其舛误乖剌必更加于春秋之世数倍可知也。但古史不存于世，无《左传》一书证其是非耳，岂得遂信以为实乎？故今为《考信录》，于殷、周以前事，但以《诗》、《书》为据，而不敢以秦、汉之书遂为实录，亦推广《史通》之意也。”崔氏《考信》，以经为准，故其说若兹。然《诗》、《书》不皆史实，传说亦具焉；百家、杂史匪尽传说，史实亦存焉。战国、秦、汉之际，造伪者固多，辨伪者亦不为少。考信史者固皆当据以互勘而求其是。疑占惑经之术，岂遂不可操哉？东壁之言，似尚未得子玄之意也。

〔附录〕

皮锡瑞《史通申左篇书后》《师伏堂骈文》后编卷二

自端门受命，斯操制作之权；西河传经，乃判高、赤之旨。独有《左氏》，不传《春秋》，或经阙而传存，或经详而传略。盖其书本别行，体殊传注，足以自成一史，不必依傍圣经。又以晚出，不无窜乱。创通大义，非复素王之心；颠倒六经，皆由红休之意。贾、服作注，参用《公》、《穀》，门户之见未甚，源流之合可寻。杜预始拨弃旧解，排斥二传。释例不免偏驳，是非谬于圣人。子元一孔之儒，偏智所得，能通《左氏》，不解《尚书》；是以学不纯经，才惟任史，《惑经》之后，继以《申左》。盖谓丘明之圣，逾于仲尼；杜预之才，优于游、夏。今就所扬榷，更为折衷。《春秋》一经，孔子所作，列国、秦、汉，人无异辞。惟左氏以为鲁《春秋》本于周公，子元遂谓始自姬旦。案旦作《春秋》，羌无前典。岂得执一家之偏说，背万世之通议；夺尼山之简策，上献先君；分泗水之笔削，远加冢宰？说经之家，古称聚讼，必须两造具备，乃可互证而明。今无他书可凭，惟是以《左》证《左》。《周礼》所在，御书之出，持此自欺，何能信后？左与圣人同时，不在弟子之列，良以身为国史，未及从游；虽有采摭之勤，莫窥科旨之奥。二传授由子夏，谊属再传，义例皆出亲承，刺讥本难书见。故《左氏》先著竹帛，适传其粗迹；二传始由口授，乃得其精微。非可泥时代之后先，定传文之优劣。《左氏》所引名卿之论，行人之词，秩然有章，世称富艳。然《穀梁》清婉，《公羊》辨裁，各成一家，并著三传。子元党同伐异，不思殚见洽闻，扬《左氏》则置之青云，抑二传则等之自郐。轩轾太过，比拟非伦。又谓实录付之丘明，至疑孔经不可独用；善劝淫惧，惟《左氏》不愧斯言。夷考《左氏》一书，每轻忠义而奖篡弑。孔父正色，以艳妻行路为讥；仇牧死君，与弑逆之督并列。荀息言玷，不免微词；泄冶立辟，反受贬责。而弑君赵盾，盛称宣孟之忠；贼主栾书，上比召公之德。略为偻指，岂所谓善劝淫惧者乎？且夫王乔凫履，左慈羊鸣，杜魄为鹃，荆尸变鳖，子元极加挥诋，屡见简编。《左氏》书如伯有相惊，申生显见，宝珪化而为石，绛市杀而仍苏，此何异于凫履羊鸣，化鹃变鳖？而经外别事，曲为偏护，岂灵异谲诡，难载于后世之书；怪力乱神，应存于三代之简？一弃一取，讵得为平？楚围弑麇，二传不载；庆封行戮，已见其端。蒯聩得罪先君，势难返国。围戚伯讨者义之正，夫子不为者仁之至。二说本不相悖，非可泥于一端。《公羊》并无贤辄之文，安有奖进之失？至如三国贼弑，四君篡逐，《左氏》虽稍见详，二传亦非尽略。此当统观全传，未可轻呵古人。古书兼采众家，意在网罗散失，或数说并记，或二说俱存，未尝专主墨守，保咫闻而屏群议；远师秦法，别黑白而定一尊。子元所疑杵臼、程婴，马惊败绩之类，或由见闻之异，或属传写之讹，著书牴牾，皆所不免。必谓《左传》无误，君氏卒言声子，殊近不词；暨齐平不称燕，无此书法。他若卫宣烝姜，伯玉出关，以年考之，皆不能合。岂得《左氏》独是而马、刘尽非乎？守一先生之言，断千载上之事，有同豕虱，何异井蛙？《春秋》属商，圣言昭著，何可屏去卜氏，增入丘明？史公别鲁君子于七十子之外，正《左氏》不传《春秋》之征。子元不识反违，而妄引为将伯，疏失之误，固无讥焉。

点烦第六

昌案：此篇历祀传写，既失其点，右旁之细书侧注亦或阑入正文，不可辨别。自宋本已然。吕思勉《史通评》尝以意点定其文，洪业又撰《史通点烦篇臆补》。两家所为，出入颇大。子玄不作，无以定其孰为近真。然玩索其所增删，于史文尚简之理，亦有所得，则不为无益也。

皆以笔点其烦上，凡字经点者，尽宜去之。

昌案：洪颐煊《读书丛录》卷八“《尔雅》灭谓之点”条：“‘灭谓之点。’郭注：‘以笔灭字为点。’颐煊案：《礼记·曲礼上》：‘毋不敬。’《释文》：‘毋字与父母字不同，俗本多乱。读者皆朱点毋字以作无音。’《史记·梁孝王世家》：‘李太后亦私与食宫长及郎中尹霸等士通乱。’《正义》：‘张先生旧本有士字，先生疑是衍文，又不敢除，故以朱大点其字中心。’”据此，子玄以《点烦》名篇及此所云云，皆本雅诂，法与张先生同也。

《宋世家》初云襄公嗣立，后（昌案：后字据浦校增。）仍谓为宋襄公，不去宋襄二字。《吴世家》云阖闾，《越世家》云勾践，每于其号上加吴王越王字，句句未尝舍之。

昌案：王若虚《滹南遗老集》卷十四《史记辨惑》六引此云：“其论甚当，然此乃迁全体之病也。凡称某王，类加国号；凡举人名，每连姓氏，冗复芜秽，最是不满人意处。班、范而下，乃始净尽焉。”《辨惑》此卷即专辨姓名冗复之惑，亦子玄点烦之嗣音矣。

杂说上第七

岂由以索续组

昌案：徐幹《中论·亡国》篇：“以纶组为绳索，以印佩为钳铁。”以索续祖之语，疑变其意而用之，犹云“貂不足，狗尾续”，盖组贵而索贱也。由与犹通。李肇《国史补》卷上“命马继祖名”条：“马司徒之孙始生，德宗命之曰继祖，退而笑曰：‘此有二义。’谓以索系祖也。”（祖当作组。）是唐时有此恒言，故德宗以为戏。

非唯不可为鲁、卫之政。

昌案：《论语·子路》篇：“鲁、卫之政，兄弟也。”

连踪丁、郭

昌案：章宗源《〈隋书·经籍志〉考证》卷十三“《孝子图》”条：“《法苑珠林·忠孝》篇：‘郭巨，河内温人。父殁，供养母。妻生子，虑妨供养，乃抱儿掘地欲埋之；于土中得一釜黄金，有券云：赐孝子郭巨。’又：‘丁兰刻木作母，供养如生。邻人所假借，母颜和即与，不和则不与。’并称刘向《孝子传》。《太平御览·人事部》引郭巨事作刘向《孝子图》。”《风俗通义·愆礼》篇：“世间共传丁兰尅木而事之。”是其事皆见汉人著作。陈汉章纠浦起龙之失，谓征郭巨事不当据氏族笺释，是也。而其征丁兰事，乃举晋孙盛《逸人传》，亦非其朔。

故上客食肉，中客食鱼。

浦起龙注据明陈耀文《嵒圃萱苏》转引刘向《列士传》：“孟尝君食客三千，厨有三列，上客食肉，中客食鱼，下客食菜。”

昌案：《史记·孟尝君传》：“初，冯驩闻孟尝君好客，蹑屩而见之。……孟尝君置之传舍，十日，孟尝君问传舍长曰：‘客何所为？’答曰：‘冯先生……弹其剑而歌曰：长铗归来乎，食无鱼。’孟尝君迁之幸舍，食有鱼矣。五日，又问传舍长。答曰：‘客复弹剑而歌曰：长铗归来乎，出无舆。’孟尝君迁之代舍，出入乘舆车矣。”《索隐》：“案：传舍、幸舍及代舍，并当上中下三等之客所舍之名耳。”据此，则中客食鱼，史有明证，上肉下菜，盖由此而推衍之。

然食鲂鲙鲤，诗人所贵。

昌案：《诗·陈风·衡门》：“岂其食鱼，必河之鲂？岂其取妻，必宋之姜？岂其食鱼，必河之鲤？岂其取妻，必宋之子？”《太平御览》卷九百三十六引《河洛记》：“伊洛鲂、鲤，天下最美。”沈括《补笔谈》卷三：“鲫鱼生流水中，则背鳞白而味美；生止水中，则背鳞黑而味恶。《诗》所谓‘岂其食鱼，必河之鲂？’盖流水之鱼，品流自异。”

原注：刘遗民、曹缵皆于檀氏《春秋》有传，至于今《晋书》，则了无其名。

昌案：孙志祖《读书脞录》卷三“刘遗民”条：“案：《宋书·周续之传》云：续之入庐山，时彭城刘遗民遁迹庐山，陶渊明亦不应征召，谓之浔阳三隐。《史通》所称刘遗民，殆即其人。白乐天《宿西林寺》诗：‘木落天晴山翠开，爱山骑马入山来。心知不及柴桑令，一宿西林便却回。’注云：‘柴桑令，刘遗民是也。’曹缵无考。”余嘉锡《四库提要辨证》卷三考索群书，得刘遗民事甚多。又辩宋陈舜俞《庐山记》卷三载《十八贤传》称刘程之，字仲思，后易名遗民，乃出后人附会；《世说新语·任诞》篇注与《太平御览》卷五百四引《晋中兴书》所载刘驎之，字子骥，一字道民，与刘遗民亦非一人。文繁不录。

而太史公述《儒林》则不取游、夏之文学，著《循吏》则不言冉、季之政事，至于《货殖》为传，独以子贡居先。掩恶扬善，既忘此义，成人之美，不其阙如？

昌案：王鸣盛《十七史商榷》卷六“《史通》驳《史记》”条：“愚谓游、夏、冉、季、子贡已载《仲尼弟子列传》，《史通》妄也。《困学纪闻》有《史记正误》篇，愚谓子长与经传牴牾处诚多，至于《史通》此条，《纪闻》亦取之，则无识。”《论语·颜渊》篇：“君子成人之美，不成人之恶。”又《子路》篇：“君子于其所不知，盖阙如也。”

思刊一字，购以千金。

昌案：《史记·吕不韦传》：“吕不韦乃使其客人人著所闻，集论以为八览、六论、十二纪，二十余万言，以为备天地万物古今之事，号曰《吕氏春秋》，布咸阳市门，悬千金其上，延诸侯游士宾客，有能增损一字者，予千金。”

但夙沙出《左氏传》，汉代其书不行，故子长不之见也。

昌案：黄廷鉴《第六弦溪文钞》卷三《书史通后》云：“余少读《史记·夏本纪》，如羿篡夏，太康中兴，一代兴亡，缺而不载，而伍员之谏，见于《吴太伯世家》。夫魏绛之对晋悼，与子胥之谏吴王，俱见《左氏传》中，而一载一不载，岂史公当日有见有不见耶？夫‘左丘失明，厥有《国语》’，史公明言之，故周穆王语诸篇，并载《周本纪》。桓、釐以下，宜及内传文而甚略，故有谓史公第见《国语》而未见《左传》者。及读《史通》外篇《杂说》，论史公称弥子瑕而不及夙沙卫事，以为汉初《左传》未行，史公故未之见，知此语刘氏实倡之。然余未敢信为然也。盖尝统观《史记》列国世家，如吴季札观乐、鲁败狄于咸、齐管仲平戎于王、桓公召陵之师、卫孔悝之乱、楚商臣弑君、灵王次干溪诸事，皆全本《左传》文而加点窜，非取之《国语》；自余记载各国时事，文异而事合，无大乖缪于内传者。则谓史公未见《左传》也，岂笃论哉？然则《史记》于《左传》，有载有不载，何也？考汉兴，三传并出，第以世尚《公》、《穀》，习《左氏》者少，故藏其书者罕，加以简册繁多，或如壁中之经，残阙断烂。史公所见，未获其全，所云羿、奡，夙沙卫事，适当其阙，本末未具，故在所略欤？子元论其一节，而未究全书，亦见其疏也。或曰：《左传》一书，本采春秋诸国记载之史，笔削成之。周、秦之际，岂无儒生别有纪述，杂取诸国之文为书者？如《晋世家》所载屠岸贾、公孙杵臼事，亦出《春秋》内外传之外，《史通》所谓多取旧记，时采杂说是也。故史公无见《左传》，而其书有同于《左氏》之文者，职是故也。是说也，倘可为刘氏进一解欤？”

终能坐登大宝

昌案：《易·系辞下》篇：“圣人之大宝曰位。”

譬夫行不由径

昌案：《论语·雍也》篇：“有澹台灭明者，行不由径。”

出不由户

昌案：《论语·雍也》篇：“子曰：‘谁能出不由户，何莫由斯道也。’”

又韩王名信都，而辄去都留信，用使称其名姓，全与淮阴不别。班氏一准太史，曾无弛张。

昌案：王若虚《滹南遗老集》卷二十《诸史辨惑》云：“韩王，韩国之后，其姓为姬，袭封于韩，而非姓也。又加王字，有何不别？然迁于《绛侯传》，（昌案：当云世家。）固作淮阴等赞，亦称两韩信。而《高祖纪》八年又云：‘上东击韩王信馀反寇于东垣。’何耶？”又泷川龟太郎《史记会注考证·韩信卢绾列传》引齐召南云：“刘知幾谓韩王本名信都，史削去一字，遂与淮阴无别。此臆说也。史无削人名字之理，（昌案：此说亦不尽然，参《采撰》篇笺记。）两人姓名偶同，故称韩王信以别之。之幾因表有信都二字，妄为此解，不知因司徒讹为申徒，因申徒又讹为信都，官名本一，而音转字别，遂致不同，非韩王本名信都也。”

如固之为《迁传》也，其初宜云迁字子长，冯翊阳夏人，其序曰云云，至于事终，则言其自叙如此。

昌案：钱大昕《廿二史考异》卷八“《汉书·司马迁传》”条论子玄此说云：“其说固然。然此例人所共知，孟坚命世大才，讵犹未了？盖叔皮父子踵史迁而作书，故《自叙》一篇，悉因旧史，附以后事，取述而不作之义，意主㧑谦，非失于检点也。”

未见文园之集

昌案：《隋书·经籍志》：“汉文园令《司马相如集》一卷。”子玄所称文园之集，盖谓是也。然章学诚《文史通义》内篇卷六《文集》篇曰：“周、秦诸子之学……专门传家之业，未尝欲以文名。苟足显其业而可以传授于其徒，则其说亦遂止于是，而未尝有参差庞杂之文也。两汉文章渐富，为著作之始衰。然贾生奏议，编入《新书》；相如词赋，但记篇目；皆成一家之言，与诸子未甚相远。初未尝有汇次诸体，裒焉而为文集者也。”是故别集肇端，实始后汉。《隋志》别集类序所云“别集者，汉东京之所创”者，是也。《隋志》所载周、汉人别集，自荀卿、宋玉以下，皆出后来补辑追题。孟坚之代，尚无文园之集，又安得责其未见乎？（若责其未见马卿自叙，则无不可。）子玄盖于古今书籍流别嬗递之情，犹有所未明也。

杂说中第八

所谓欲益反损

昌案:《文选》司马迁《报任少卿书》:“动而见尤,欲益反损。”

求妍更媸者矣

昌案:此疑暗用《庄子·天运》篇丑人效颦事,引在《模拟》篇笺记。

案后石之时。原注:田融《赵史》谓勒为前石,虎为后石也。

昌案:章宗源《〈隋书·经籍志〉考证》卷四:“《开元占经》载:‘前石时,有星陨魏郡鄴县。’又:‘前石时,临泾县马生角。’又:‘前石时,安定太守上言,蛇与鼠斗于郡门。’《北堂书钞·礼仪部》:‘前石时,有佛图澄,号曰大和尚,道法大行。’《太平御览·人事部》:‘前石数游猎,每亟驰骋。主簿程琅谏,前石驰逐自若。草间有瓦木,驰马遂之,马即死,前石亦危殆。’又云:‘石肇,前石之昆弟也。前石既贵,肇在军中,人送诣前石,前石哀之,拜建威将军。’《刑法部》:‘后石率精骑五千袭赵续,一战擒续。’又《车部》:‘后石远(昌案:当作造。)猎车千乘,辕长三尺。’……并引《赵书》,皆称前石、后石。(其称石勒、石虎者,当是征引所改。)”

又刘敬叔《异苑》称:晋武库失火,汉高祖斩蛇剑穿屋而飞。其言不经,致(误故)梁武帝令殷芸编诸《小说》。

昌案:余嘉锡《论学杂著·殷芸小说辑证序言》云:“姚振宗曰:‘案:此殆是梁武帝作《通史》时,凡不经之说为《通史》所不取者,皆令殷芸别集为《小说》,是《小说》因《通史》而作,犹《通史》之外乘。’(见《〈隋书·经籍志〉考证》卷三十二。)其说是矣。《北户录》注(卷三。)引介子推事,题为《梁武小说》,正因其为奉敕所撰,犹唐之修《晋书》,号称太宗御撰云尔。”

近者，宋临川王义庆著《世说新语》。

昌案：《四库提要》卷一百四十“《世说新语》”条云：“黄伯思《东观馀论》谓《世说》之名，肇于刘向。其书已亡，故义庆所集名《世说新书》。段成式《酉阳杂俎》引王敦澡豆事尚作《世说新书》，可证。不知何人改为《新语》，盖近世所传，然相沿已久，不能复正矣。”余嘉锡《四库提要辨证》卷十七云：“黄氏说见《东观馀论》卷下《跋世说新语后》，云：‘《世说》名肇刘向，六十七篇已有此目。（昌案：《汉书·艺文志》诸子略儒家：“刘向所序六十七篇，《新序》、《说苑》、《世说》、《列女传颂图》也。”）其书今亡。宋临川孝王因录汉末至江左名士佳语，亦谓之《世说》。’所考甚确。然《通典》卷一百五十六引曹公军行失道三军皆渴事，亦作《世说新书》，不止于《酉阳杂俎》。且《世说》之《规箴》篇有东方朔、京房各一事，《贤媛》篇有陈婴母、王明君各一事，则其书托始前汉之初，黄氏谓起于汉末，非也。沈涛《铜熨斗斋随笔》卷七云：‘涛案：《太平广记》引王导、桓温、谢鲲诸条，皆云出《世说新书》，则宋初本尚作《新书》，不作《新语》。然刘义庆书本但作《世说》，见《隋书·经籍志》。《艺文类聚》、《北堂书钞》诸类书所引，亦但作《世说》。《新书》、《新语》皆后起之名。’余案：沈氏引《太平广记》，可为黄氏说添一佐证；至其谓义庆本名《世说》，其《新书》之名亦后起，则非也。刘向校书之时，凡古书经向别加编次者，皆名新书，以别于旧本。故有《荀卿新书》、（见《荀子》后刘向叙。）《晁氏新书》、（见《隋志》。）《贾谊新书》（见《新唐志》。）之名。《汉书·艺文志》有左丘明《国语》二十一篇，又有《新国语》五十四篇，注云：‘刘向分《国语》。’又《说苑》叙录云：‘臣向所校中书《说苑》，更以造新事十万言，号曰《新苑》。’（见宋本《说苑》后。）皆其证也。刘向《世说》虽亡，疑其体例亦如《新序》、《说苑》，上述春秋，下纪秦、汉。义庆即用其体，托始汉初，以与向书相续，故即用向之例，名曰《世说新书》，以别于向之《世说》。其《隋志》以下，但题《世说》者，省文耳。犹之《孙卿新书》，《汉志》但题《孙卿子》；《贾谊新书》，《汉志》但题《贾谊》，《隋志》但题《贾子》也。”余氏所考《世说》一书名义，至为精确。《史通》宋本，此文正作《新书》，不作《新语》。其诸本作《新语》者，乃后人习于新起之名而妄加改易者也。此亦足证沈氏所云此书宋初本尚作《新书》之说为不误。一九五六年文学古籍刊行社影印日本金泽文库藏宋本《世说新语》，后附唐写本残卷，即题作《世说新书》。

遂采康王之妄言

昌案：《宋书·宗室传》："临川王道规无子，以长沙景王第二子义庆为嗣。……永初元年，袭封临川王……（元嘉）二十一年薨于京邑，时年四十二，谥曰康王。"

遂疑《外戚》裁篇，辄叙娥姁之事。

辄，顾广圻改辍。向承周曰："辄乃不字之误。谓读者见高后列于本纪，遂疑《外戚》无高后事，而不知《外戚》篇中固有娥姁事也。正此一字之误，则全段了然矣。辄字盖涉上文而误。"（上文，指"安得辄引吕氏以为例乎"句。）

昌案：向说足解浦起龙本条按语所云"文内似多脱讹"之惑，然所改之字则当从顾。辄辍形近，辄之与不，则形声皆绝远也。《暗惑》篇"新《晋书·阮籍传》"条："悲荒遽辍。"张鼎思本讹辄，何焯校改为辍。此二字形近易淆，又证之本书而可知者也。

及李氏撰《齐书》，其庙号有犯时讳者。原注：谓有世字，犯太宗文皇帝讳也。即称谥焉。至如变世宗为文襄，改世祖为武成，苟除兹世字，而不悟襄成有别。

昌案：余嘉锡《四库提要辨证》卷三"《北齐书》"条自注云："按：文襄庙号世宗，非世祖。""武成庙号世祖，非世宗。""《史通》原文如此，盖谓百药但见世字，即便涂改，而仓猝之间，失不详审，至误改世祖为文襄，世宗为武成，不悟文襄武成既非一人，随意乱改，则时代全非，致成巨谬也。浦起龙作《通释》，乃妄改世祖为世宗，世宗为世祖，又谓'襄成有别'句意未足，恐有脱字。不知百药果若变世宗为文襄，改世祖为武成，则不过易庙号而称谥法，事实并无谬误，知幾何须饶舌也？不通文义，而窜乱古书，深为可恶。"

又案：黄本骥《避讳录》卷三云："刘知幾《史通》不避世字，其论李百药

《齐书》曰:‘变世祖为文襄,改世宗为武成。’是讥百药不应避时讳也。其他征引书目,则《世本》、《世说》,屡见于篇。其第五篇以《世家》标目。书中泛言世字,如‘春秋之世’、‘高、惠之世’,不下二十余处。又曰:‘民者,冥也。’两言‘民无得而称焉’、‘民到于今称之’,皆一以人代民,一则直言民字。是太宗二名皆不讳也。其引古人,则石虎、刘昞、邓渊、张渊、石显、萧子显、韩显宗、高堂隆、卫隆景,皆直言其名;崔伯渊、魏彦渊,皆直书其字。其泛言虎、渊等字,则曰:‘画虎不成’,‘虎踞龙盘’,‘临朝渊默’,‘治国字人’,‘旦行不臣之礼’,‘基业未彰’,而用显微、显晦、隐显、幽显等字,亦不下十余处,皆不用同义字代。是于祖宗庙讳、明皇御名,皆所不避,又不独太宗偏讳也。然《史通》称鲁庄公曰严公,称楚庄王曰严王,远避汉明之名,而于本朝不讳,殊属怪谬。且知幾以明皇嫌讳,改以字行,嫌且改避,隆基正名绝不顾忌,是谨于问安小礼,而不顾父母之养,恶得为孝子!”陈垣《史讳举例》卷六《已避讳而以为未避例》则驳之云:“唐以前避讳,多用改字法。唐以后避讳,缺笔改字,二者兼用。既有缺笔之法,则临文较前方便。然古书展转传写雕板,则元文缺笔与否,无由得知。《避讳录》讥《史通》不避唐讳,安知非后人校改,而必断定今所传本为知幾元文耶?”据《史通》今本于唐讳或避或不避,其有后人所回改无疑,至缺笔则更无由稽考。陈说是也。又据余、陈两家之说,盖亦不得谓《史通》论《北齐书》之语为“讥百药不应避时讳”。至于以庄为严,乃是沿袭汉世旧文。古人引书,类此者众,抑又不足责也。

玉石同烬

昌案:《尚书·胤征》:“火炎昆冈,玉石俱焚。”

原注:蔡允恭《后梁春秋》

昌案:朱希祖《萧梁旧史考》:“《唐书·经籍志》:‘《后梁春秋》十卷,蔡允恭撰。’《新唐志》同。《唐书·文苑传》:‘蔡允恭,荆州江陵人也。祖点,梁尚书仪曹郎。父大业,后梁左民尚书。允恭有风采,善缀文,仕隋,历著作佐郎,起居舍人。……江都之难,允恭从宇文化及西上,没于窦建德。

及平东夏，太宗引为秦府参军，兼文学馆学士；贞观初，除太子洗马。寻致仕，卒于家。有集十卷，又撰《后梁春秋》十卷。’案：允恭父大业，伯父大宝，均官后梁，尊显用事。史称大宝有智谋，达故事，文词赡速。国之章表、书记、教令、诏册，并大宝专掌之。宣帝推心委任，以为谋主。……大业有五子，允恭最知名。允恭虽仕隋及唐，然其眷念故国，缅怀家世，不无有黍离乔木之感，故其述《后梁春秋》特详。惜其书至宋已亡。明姚士粦重作《后梁春秋》二卷，不过存蔡书十之一二耳。”

原注：萧韶《太清记》

昌案：《隋志》：“《梁太清纪》十卷，梁长沙藩王萧韶撰。”《南史·梁宗室传》：“韶，字德茂……太清初为舍人，城陷，奉诏西奔，及至江陵，人士多往寻觅，令韶说城内事。韶不能人人为说，乃疏为一卷，客问者，便示之。湘东王闻而取看，谓曰：‘昔王韶之为《隆安记》十卷，说晋末之乱离。今之萧韶，亦可为《太清纪》十卷矣。’韶乃更为《太清纪》。其诸议论，多谢昊为之。韶既承旨撰著，多非实录。湘东王德之，改超继宣武王，封长沙王，遂至郢州刺史。”记，当据《隋志》及本传作纪。

原注：裴政《太清实录》

昌案：《隋志》：“《梁太清录》八卷。”两《唐志》作《太清实录》，皆不著撰人。《史通》本篇及《杂说下》篇原注均称裴政《太清实录》，则此书出自裴手无疑也。姚振宗《〈隋书·经籍志〉考证》卷十三云：“《隋书》列传：裴政，字德表，河东闻喜人，仕梁元帝，历周入隋，至襄州总管，卒官，年八十九，著《承圣降录》十卷。《北史》作《承圣实录》，亦十卷。不言有《太清实录》。按：梁元帝承圣改元之前三年，犹称太清年号。此《太清录》其即裴政之《承圣实录》欤？”

杂说下第九

庶寻文究理，颇相附会。

昌案：附会一词，始见《史记》，《袁盎传赞》云："虽不好学，亦善傅会。"《汉书·爰传》沿用其文。颜注引张晏说释之曰："因宜附著合会之。"是也。后乃引申为缀文谋篇之称。《后汉书·张衡传》谓其作《二京赋》，"精思傅会，十年乃成"。《晋书·文苑·左思传》载刘逵《三都赋序》："傅会辞义，抑多精致。"皆是也。《文心雕龙·附会》篇："何谓附会？谓总文理，统首尾，定与夺，合涯际，弥纶一篇，使杂而不越也。"博与附通。故《史记》、《汉书》作博会，而小司马《索隐》述赞则云："袁丝公直，亦多附会。"而张晏亦以"附著合会"为释。

夫以记宇文之言，而动遵经典。原注：《周史》述太祖论梁元帝曰："萧绎可谓天之所废，谁能兴之者乎？"又宇文测为汾州，或谮之。太祖怒曰："何为间我骨肉，生此贝锦。"此并六经之言也。

昌案：《左传》僖二十四年："天将兴之，谁能废之？"《周史》反用其语。《诗·小雅·巷伯》："萋兮斐兮，成是贝锦。"传："萋斐，文章相错也。贝锦，锦文也。"笺："喻谗人集作己过以成于罪，犹女工之集采色以成锦文。"

夫以博采古文

昌案：《文选》扬雄《剧秦美新》："古文毕发。"李注："古文，先王之典籍也。"司马贞《史记索隐·后序》："博采古文及传记、诸子。"子玄此之所谓古文，盖与扬子云、小司马所云同义。

自梁室云季，雕虫道长，平头、上尾，尤忌于时。原注：姚最《梁后略》称高祖曰："得既在我，失亦在予，不及子孙，知复何恨。"夫变我称予，互文成句，求诸人语，理必不然。此由避平头、上尾故也。

昌案：《南史·陆厥传》文，浦注已引之，传又载沈约答厥书云："十字之文，颠倒相配，字不过十，巧历已不能尽，何况复过于此者乎？”所谓十字之文，亦指五言诗两句而言，其所谓“颠倒相配”，即传文“五字之中，音韵悉异；两句之内，角徵不同”之意也。日本僧遍照金刚《文镜秘府论》天卷引沈约《答魏甄琛书》云：“作五言诗者，善用四声，则讽咏而流靡；能达八体，则陆离而华洁。”八体即平头、上尾等八病也。又其书西卷释平头云：“平头诗者，五言诗第一字不得与第六字同声，第二字不得与第七字同声。同声者，不得同平、上、去、入四声。犯者名为犯平头。”释上尾云：“上尾诗者，五言诗中第五字不得与第十字同声，名为上尾。”据此，知平头、上尾之病，皆局就五言诗两句而言。子玄移以说梁武帝语之易我为予，非也。寻梁武易字，自以调声，然当以《宋书·谢灵运传论》所云：“若前有浮声，则后须切响。一简之内，音韵尽殊；两字之中，轻重悉异。妙达此旨，始可言文。”诸语释之乃合。盖次句变我作予，易仄为平，则四句仄起平落，平起仄落，诵之方觉浮切调谐也。

又案：章太炎先生《检论》卷五《订文》附《正名杂义》亦尝引此注，而改“此由避平头、上尾故也”之语为“由俪辞盛行，语须耦对故也”。盖亦以子玄援平头上尾之说为误。先生于此复申之曰：“此于俪辞，固伤繁郑，抑观庄周《山木》已云：‘吾无粮，我无食矣。’（近世多读我为饿，从《释文》所举一本也。然使辞避繁复，则但云‘吾无粮’足矣。《齐物论》云：‘今者吾丧我。’吾我互举，则此亦未必非互文。）使只有我字而无同训之吾，则斯语不得就也。臧洪《与陈琳书》：‘足下徼利于竟外，吾子托身于盟主。’许靖《与曹公书》：‘国家安危，在于足下；百姓之命，悬于执事。’寻其辞例，是亦同揆。使称人徒曰足下，莫曰吾子、执事者，则斯语亦不得就也。……虽然，俪体为用，故由意有殊条，辞须翕阚，势不可已，所以晋、宋作者，皆取对待为工，不以同训为尚；亦见骈枝同物，义无机要者也。”

原注：怨痛之响，上彻天阍；酸苦之极，下伤人理。

天阍，郑本作青天。

昌案：天阍人理，属对较工。然任渊《后山诗注》卷一《妾薄命》注曰：“刘子玄《史通》载温子昇《永安故事》曰：‘怨痛之响，上彻青天。’”与郑本合。疑青天为子昇原文，天阍则后之诵《史通》者嫌其与人理不对所改也。

夫以暴易暴，古人以为嗤。

昌案：《史记·伯夷列传》载歌："以暴易暴兮，不知其非矣。"

刘向《列女传》云：夏姬再为夫人，三为王后。夫为夫人则难以验也，为王后则断可知矣。

昌案：卢文弨《钟山札记》卷四"夏姬三为王后"条："余今考《列女传》云：'盖老而夏壮者三。'当句绝。（郭璞《山海经图赞》云：'夏姬是艳，厥媚三还。'谚亦云：'夏姬得道，鸡皮三少。'昌案：姚宽《西溪丛语》卷下引宇文士及《妆台记序》：'春秋之初，有晋、楚之谚曰："夏姬得道，鸡皮三少。"'）其下云：'为王后，句。七为夫人。'余谓为王后上当有一字。《左氏》虽未言曾入楚宫，而《列女传》则言庄王纳巫臣之谏，使坏后垣而出之，则固曾入楚宫矣，是非一为王后乎？至云七为夫人，若以国君言，诚无可考。或刘向因后世卿大夫妻通称夫人，而以之例前代，并淫乱者数之，固有七矣。若《史通》云：'再为夫人。'则前御叔，后巫臣，更为灼然，似作再字为是。"（此条已见《群书拾补》，兹则其改稿也。视《拾补》多《山海经图赞》一证，因仍录之。）据此所校定，则《列女传》之文当作"盖老而复壮者三，一为王后，再为夫人"，而子玄之疑亦自释。

聚麀之诮

昌案：《礼记·典礼上》篇："夫唯禽兽无礼，故父子聚麀。"郑注："聚，犹共也。鹿牝曰麀。"

观刘向对成帝称武、宣行事，世传失实。（事具《风俗通》。昌案：此五字据顾校，改作注文。）其言可谓明鉴者矣。及自造《洪范五行》及《新序》、《说苑》、《列女》、《神仙》诸传，而皆广陈虚事，多构伪辞。非其识不周而才不足，盖以世人多可欺故也。

昌案：《四库提要》卷九十一"《新序》"条云：其书"大抵采百家传记，以类相从，故颇与《春秋》内外传、《战国策》、《太史公书》互相出入。叶大庆《考古质疑》摘其昭奚恤对秦使者一条所称司马子反在奚恤前二百二十年，叶公子高、令尹子西在奚恤前一百三十年，均非同时之人；又摘其误以孟子好勇好色为对梁惠王，皆切中其失”。余嘉锡《四库提要辨证》卷十则举子玄此文，以为“昔人攻击刘向之说，莫先于此”，然以皆不明古人述作体例，终未能洞悉其著《新序》、《说苑》诸书之旨归，因详加考论，其言曰：“《新序》、《说苑》事迹讹误处固多，但此二书乃向采传记为之，所叙之事，一仍古书原文，不得以此訾向也。《汉书》向本传云：‘向以为王教由内及外，自近者始，故采取《诗》、《书》所载贤妃贞妇，兴国显家可法则，及孽嬖乱亡者，序次为《列女传》，凡八篇，以戒天子；及采传记行事，著《新序》、《说苑》，凡五十篇，奏之。’宋本《说苑》有向奏上《叙录》，云：‘所校中书《说苑》杂事，及臣向书、民间书，诬。校雠，其事类众多，章句相溷，或上下谬乱，难分别次序。除去与《新序》复重者，别集以为百家，后（昌案：当作复。）令以类相从，一一条别篇目，更以造新事十万言，以上，号曰《新苑》。’夫谓之‘采传记行事’，则非其所自作；谓为‘校中书《说苑》杂事’，则当时本有《说苑》之书。向但除其与《新序》复重者，为之条别篇目，令以类相从耳。《新序》叙录虽亡，度其体例，当亦与《说苑》相同。《论衡·超奇》篇云：‘若司马子长、刘子政之徒，累积篇第，文以万数，其过子云、子高远矣，然而因成纪前，无胸中之造。’此言其因古书成说以纪前人之事，非其胸中所自造也。由此言之，则子政之书非所自作，王仲任尝言之矣。故沈钦韩《汉书疏证》卷二十七云：‘此二书旧本有之，向重为订正，非创自其手也。’”至于向所校理之书，如《百家》、《国策》、《晏子》等，《汉志》皆不题其名，而于《新序》、《说苑》独称“刘向所序”者，则以二者“虽本有其书，其文亦悉采之传记，然向既除其两书之复重者，与他书之但除本书之复重者不同，又删去其浅薄不中义理者，与《晏子》等书但聚而编之，虽明知其不合经训亦不敢失者不同，盖已自以义法别择之，使之合于六经之义。况本传云：‘采传记行事。’《说苑》叙云：‘更以造新事。’则向又已有所增益于其间。既奏上之，以戒天子，亦以成儒者一家之言，故虽采自古书，仍不能不谓为刘向所叙。犹孔子因鲁史修《春秋》，述而不作，要不能谓《春秋》非成于孔子也。夫一书有一书之宗旨，向固儒者，其书亦儒家者流，但求其合乎儒术，无悖于义理足矣。至于其中事迹，皆采自古书，苟可发明其意，虽有违失，固所不废。譬之赋《诗》，断章取义，要在读者不以文害辞，不以辞害志耳。严可均《铁桥漫稿》卷八《书说苑后》云：'向所类事，与《左传》及诸子间或时代牴牾，或一事而两说三说兼存，《韩非子》亦如此。良由所见异词，所闻异词，所传闻异词；不必同李斯之法，别黑白而定一尊。浅学之徒，少见多怪，谓某事与某书违异，某人与某人不相值，生二千年后，而欲画一二千载以前之事，甚非多闻缺疑之意。'朱一新《无邪堂答问》卷四曰：'诸子书发摅己意，往往借古事以申其说。刘子政作《新序》、《说苑》，冀以感悟时君，取足达意而止，亦不复计事实之舛误。盖文章体制不同，议论之文，源出于子，自成一家，不妨有此。若纪事之文出于史，考证之文出于经，则固不得如此也。'谭献《复堂日记》卷六亦云：'《新序》以著述当谏书，皆与封事相发，董生所谓陈古以刺今。'此真能知古人著作之例矣。不然，向之为学，虽非后世之考证家，然博极群书，尤熟于《左传》。《论衡·按书》篇云：'刘子政玩弄《左氏》，童仆妇女皆呻吟之。'其精熟如此，岂不知司马子反、叶公子高、令尹子西与昭奚恤非同时人，然所以采之者，取其'惟善以为宝'之意耳。昔九方堙求千里之马而得之，以为牡而黄，及使人往取之，牝而骊。九方堙虽毛物牝牡之不知，然不可不谓之善相马也。（事见《淮南子·道应训》。）叙昭奚恤事者，虽时代名氏之不合，然不可不谓之善言理也。向所作《邓析书录》，引《春秋左氏传》，辨邓析非子产所杀甚详，（《意林》卷一引刘向云：非子产杀邓析，推《春秋》验之。即檃括叙录语。）而《说苑·指武》篇乃云子产诛邓析，知其误而不改。盖其著书之体固如是也。其他皆可以此推之。凡古书事有讹误，读者固宜考证之。叶大庆之说，自不可废。然遂谓为中向之失，则所谓固已夫高叟之为诗也。"子玄核论史事，必求其真，固属无可非议，然以其于古昔著述之体例、文章之情态，犹有所未明，故于陈古刺今、借人喻己之作，亦每绳之以实录，（即如本篇，自《新序》、《说苑》而外，于《列女传》、《列仙传》、嵇康《高士传》亦悉加驳诘，皆此类也。）则其蔽也。余氏之说，足以匡正其失，故文虽繁穰，亦删其要以著于篇。

岂顾丘明之有传，孟坚之有史哉？

昌案：孟坚在子政后，岂顾云云，殊有语病。其意若曰“岂顾人间之有信史哉”耳。

观其《蜀王本纪》

昌案：姚振宗《〈隋书·经籍志〉考证》卷二十一云：“按：蜀在周时，称王称帝，故纪其事，相承称为本纪。诸书言扬雄载诸怪异事，多以为讥。今考常璩(《华阳国志》)《序志》，则自司马相如以下八人，皆无是说。……集矢于子云，非其的矣。”朱希祖作《蜀王本纪》考，亦据常书《序志》篇“司马相如、严君平、扬子云、阳城子玄、郑伯邑、尹彭城、谯常侍、任给事等，各集传记以作本纪”之文，以为《蜀王本纪》之作，凡有多家，今《太平御览》所引鳖令、子鹃之事，文辞鄙陋，决非扬雄所作，且不必出余七人之手，盖浅人所妄托云。其说自姚氏启之，而所考特详。徐中舒《论蜀王本纪成书年代及其作者》又定此书乃蜀汉谯周作，其说亦与朱氏有同异。然以为非出子云之手，则三家所同。

称杜魄化而为鹃

昌案：《太平御览》卷九百二十三引《蜀王本纪》，但云：“望帝去时子鹃鸣，故蜀人悲子鹃鸣而思望帝。望帝，杜宇也，后(昌案：当作从。)天堕。”未尝言望帝之化为子鹃。《文选》左思《蜀都赋》刘渊林注引《蜀记》乃云：“昔有人姓杜名宇，王蜀，号曰望帝。宇死，俗说云，宇化为子规。子规，鸟名也。蜀人闻子规鸣，皆曰：望帝也。”然不作《蜀王本纪》。又《说文》四篇上巂字下云：“蜀王望帝淫其相妻，惭亡去，为子巂鸟。故蜀人闻子巂鸣，皆起曰：是望帝也。”(子鹃或作子规，亦即杜鹃。巂借为规字，详段注。)岂《蜀王本纪》所载化鹃事今适亡逸，而《说文》、《蜀记》之说，即本之欤？

荆尸变而为鳖

昌案：《太平御览》卷八百八十八引《蜀王本纪》云：“望帝积百余岁。荆有一人名鳖灵，其尸亡去。荆人求之不得。鳖灵尸随江水上至郫，遂活，与望帝相见。望帝以鳖灵为相。时玉山出水，若尧之洪水。望帝不能治，使鳖灵决玉山，民得安处。鳖灵治水去后，望帝与其妻通，惭愧，自以德薄，不如鳖灵，乃委国授之而去。”《文选》张衡《思玄赋》李善注亦节引之。又《水经注》卷三十三引来敏《本蜀论》略同，惟鳖灵作鳖令。（李注亦作令。）故章宗源《〈隋书·经籍志〉考证》卷六云：“所记诚涉怪异，然雄言荆地有一死人名鳖令，非变而为鳖也。”子玄盖误读其文，遂有此句。

交阯远居南裔，越裳之俗也。

昌案：《后汉书·南蛮传》：“《礼记》称：‘南方曰蛮，雕题交阯。’（昌案：《王制》篇文。）其俗男女同川而浴，故曰交阯。……交阯之南有越裳国。”

昆戎之乡也

昌案：《孟子·梁惠王下》篇：“文王事昆夷。”此称昆戎者，伪孙疏云：“昆夷，西戎之国也。”

至于屈原《离骚》辞，称遇渔父于江渚。

昌案：以《离骚》为楚辞共名，盖始晋人。《山海经·中山经》郭璞注引《离骚》曰：“靡萍九衢。”《天问》之文也。又《大荒东经》注引《离骚》曰：“降望大壑。”《远游》之文也。其后《文心雕龙》有《辨骚》篇，《文选》立骚类，并兼赅楚辞他篇。子玄此引楚辞《渔父》而曰《离骚》辞，亦犹先唐之旧也。

夫识理如此，何为而薄周、孔哉？

昌案：叔夜之传高士，正同庄生之撰寓言，所谓有托而逃，用心与非汤、武而薄周、孔何异？子玄乃绳以史法，责以实录，亦其惑也。说已见前。

君子哉！若人也。长者哉！若人也。

昌案：《论语·宪问》篇：“君子哉！若人。尚德哉！若人。”此仿其语。

《李陵集》有《与苏武书》，词采壮丽，音句流靡。观其文体，不类西汉人，殆后来所为，假称陵作也。

昌案《隋志》："汉骑都尉《李陵集》二卷。"即子玄所称李集也。此书之赝，《文选》笺注诸家考之详矣。黄廷鉴《第六弦溪文钞》卷三《书史通后》云："李陵《答苏武书》，《汉书》不载，《文选》有之。《东坡志林》言刘子元辨其非西汉文，而断为出六朝人拟作……有谓其风格近东京人笔者，有谓其词旨非他人所得伪者。然皆以文体别之，而未究其情事断之也。案：子卿自匈奴使归后，既与李陵一再通问已，乃其书中自初降至今日一段，宛似陵败降后，与汉廷之臣未一相见，而今始致书者然；而谓以答同在匈奴十九年之子卿，有是理乎？又自先帝授步卒五千一段，自叙战功，词旨固悲壮，亦属赘言。夫陵以力战无救败降，史公推其功已暴于天下，以是获罪。此在汉廷诸臣，人人能道之，曾谓陵与子卿素相知者，而复为是聒聒不已乎？究之不过脱胎史公报任安一书，然视史公文纵极怨愤而骨干自厚者不侔。子元之论是也。"章学诚《文史通义》内篇卷四《言公下》自注云："李陵《答苏武书》，自刘知幾以后，众口一辞，以为伪作。以理推之，伪者何所取乎？当是南北朝时，有南人羁北，而事类李陵，不忍明言者，拟此书以见志耳。"二氏之说，皆能洞烛隐微，亦诵此文者所不可不知也。

而夫子有云：虽多亦安用为？

昌案：《论语·子路》篇："子曰：'诵《诗》三百，授之以政，不达；使于四方，不能专对，虽多亦奚以为？'"

而孔子系辞，辄盛述颜子，称其殆庶。

昌案：《易·系辞下》篇："子曰：'颜氏之子，其殆庶几乎！有不善未尝不知，知之未尝复行也。'"

虽内举不避

昌案：《礼记·儒行》篇："儒有内称不辟亲，外举不辟怨。"辟避古今字。

子曰："女为君子儒，无为小人儒。"

昌案：《论语·雍也》篇载孔子谓子夏之言。

礼云礼云，玉帛云乎哉？

昌案：《论语·阳货》篇文。

其有雕虫末伎，短才小说，或为集不过数卷，或著书才至一篇，莫不一一列名，编诸传末。事同《七略》，巨细必书，斯亦烦之甚者。

昌案：二十四史中，有《经籍》或《艺文志》者，仅《汉书》、《隋书》、两《唐书》、《宋史》、《明史》而已，诸佚史中，以今所知，独袁山松《后汉书》有《艺文志》。历代著作，以靡所著录，而不可考见者多矣。幸列传之末，往往附载其所撰述之目，文运升降，学术兴衰，犹得窥豹一斑。吾人今日但恨所载之未详耳。子玄以文之轻重、卷之多寡为笔削之准绳，奚其隘欤？

子曰："齐景公有马千驷，死之日，人无德而称焉。伯夷、叔齐饿死（昌案：死字原脱，据宋本增。）于首阳之下，民到于今称之。"

昌案：《论语·季氏》篇文。

汉书五行志错误第十

其述庶征之恒寒也，先云：僖公十年冬大雨雹，随载刘向之占。次云：《公羊》经曰大雨雹，续书董生之解。案《公羊》所说，与上奚殊，而再列其辞，俱云大雨雹而已。……夫同是一类，而限成二条；首尾纷挐，而章句错糅。此所谓科条不整，寻绎难知者也。

昌案：钱大昕《潜研堂文集》卷十二《答问》九："问《汉史·五行志》兼采董仲舒、二刘之说，刘知幾举其错误多矣。昨接高论，谓刘氏所讥，亦有未尽然者，愿闻其审。曰：姑即一条言之，恒寒篇先云僖公十年冬大雨雹，次引《公羊》经曰大雨雹，此刘所讥为首尾纷挐，章句错糅者也。今考班史叙恒寒以雪为首，而霜次之，雹又次之。僖公十年冬大雨雪，此《左氏》、

《穀梁》经文也。故引刘向说。次引《公羊》经作大雨雹，兼采董生说。盖以经有异文，特附出之。其余书大雨雹者，别见于后。班史义例之严如此。知幾偶见误本，不寻其上下文义，辄生驳难，不知其见笑于大方甚矣。今南北监本皆作雪，与《左氏》、《穀梁》经文正合。乃叹今本固有胜于古本者；而古人读书粗率，转或不如后人之精审也。”

斯岂非乌有成说，扣寂为辞者哉？

昌案：《文选》陆机《文赋》：“课虚无以责有，叩寂莫而求音。”此用其语，然非赋文本意。

盖今谚所谓季与厥昆，争知嫂讳者也。原注：今谚曰：“弟与兄争嫂字。”以其名鄙，故稍文饰之。

昌案：《易・屯》：“女子贞不字。”虞注：“字，妊娠也。”弟与兄争嫂字，即争嫂妊子之谁属，明其盗嫂而不自以为耻也。《广雅・释诂》：“讳，避也。”《楚辞・七谏・缪谏》注：“所隐为讳。”女子妊娠，羞不明言，而弟与兄争知其事，亦可知是盗嫂。故子玄得以二语相易而资文饰也。

今班《志》所引，上自周之幽、厉，下终鲁之定、哀，而不云《国语》，惟称《史记》，岂非忘本徇末，逐近弃远者乎？

昌案：《汉书・五行志中之上》：“《史记》：成公十六年，公会诸侯于周。”颜注：“此《志》凡称《史记》者，皆谓司马迁所撰也。”钱大昕《廿二史考异》卷七：“按：此条引单襄公见晋厉公视远步高，事见《国语》，而《太史公书》无之。此外，所引《史记》如单襄公见晋三郤齐国佐一条、晋惠公时童谣一条、穀洛水斗将毁王宫一条、周三川震伯阳甫言周将亡一条、夏后氏之衰二龙止于夏廷一条、季桓子穿井得土缶一条、隼集陈廷楛矢贯之石砮一条，皆《国语》之文。惟夏后二龙、伯阳甫事见《周本纪》，土缶、楛矢事见《孔子世家》，余皆无之。又战国及秦事，《志》称《史记》者，间与《太史公书》合。而秦昭王三十四年渭水赤，始皇二十六年有大人长五丈见于临洮，二世元年天无云而雷，今《史记》亦无之。则班《志》所云《史记》，非专指《太史公书》矣。古者,列国之史俱称史记。《周本纪》云:‘太史伯阳读史记。’《陈杞世家》云:‘孔子读史记。’而《汉书·艺文志》称:‘仲尼以鲁周公之国,史官有法,故与左丘明观其史记,据行事,仍人道,因兴以立功,就败以成罚,有所褒讳贬损,不可书见,口授弟子。丘明恐弟子各安其意,以失其真,故论本事而作传,明夫子不以空言说经也。’然则丘明所论次者,谓之《春秋传》。《国语》乃左氏所录国史旧文,故亦可称史记。刘知幾以班《志》所引,不云《国语》,惟称《史记》,訾其忘本徇末,逐近弃远,盖未识此旨也。史迁著书,未尝以史记名之。即班孟坚亦未尝以史记目《太史公书》。小颜考之未详尔。”(《潜研堂文集》卷十二《答问》九亦论此事而较略。)

所定多目

多,顾广圻校改名。

昌案:顾校是也。《杂说中》篇有“名目各异”之语,亦以名目连文。

汉书五行志杂驳第十一

君若缀旒

昌案:《公羊传》襄十六年:“君若赘旒然。”《释文》:“赘,本文作缀。”何休注:“旒,旂旒。赘,系属之辞,若今俗名就婿为赘婿矣。以旂旒喻者,为下所执持。”

渐至陵夷

昌案:《汉书·成帝纪》:“帝王之道,日以陵夷。”颜注:“陵,丘陵也。夷,平也。言其颓替若丘陵之渐平也。又曰凌迟,亦言如丘陵之逶迟稍卑下也。”

郑小国,摄乎晋、楚之间。

昌案:《论语·先进》篇:“千乘之国,摄乎大国之间。”《集解》引包咸曰："摄，迫也。"

暗惑第十二

与夫方内之士有何异哉？

昌案：《庄子·大宗师》篇："孔子曰：'彼游方之外者也，而丘游方之内者也。外内不相及。'"

故窊隆异等

昌案：《文选》左思《吴都赋》："原隰殊品，窊隆异等。"李注："窊，汙邪下也。"又马融《长笛赋》："窊隆诡戾。"李注："窊隆，高下貌。"

庄王置酒，优孟为寿。王大惊，以为孙叔敖复生，欲以为相。

昌案：杨慎《丹铅总录》卷十三"优孟"条："此传以滑稽名，乃优孟自为寓言。云欲复以为相，亦优孟自言。如今人下净发科打诨之类，岂可真以为王欲复相之事乎。"此说足解子玄之惑。考《三国志·蜀志·许慈传》云："慈、(胡)潜并为博士……更相克伐……先主愍其若斯，群僚大会，使倡家假为二子之容，效其讼阋之状，酒酣乐作，以为嬉戏，初以辞义相难，终以刀杖相屈，用感切之。"亦犹优孟之所为也。以此相证，较然可知。下逮唐、宋人弄参军，作杂剧之类，则事例益伙矣。

夫人既从物故，然后加以易名。田常见存，而遽呼以谥。此之不实，明然可知。

昌案：此子玄不知古人著书，多有以后称前之习，不独叙人生前事而以谥称也。杨树达《古书疑义举例续补》有以后称前例，于兹事举证綦详。如云："《史记·吕后本纪》云：'齐内史士说王曰："太后独有孝惠与鲁元公主。"'崔适云：'孝惠、鲁元，皆谥也。此追称。若当时语，止当曰："太后独有帝与公主"尔。'(《史记探原》卷三。)又《张耳陈馀列传》记赵相贯高、赵午等说张敖语云：'今王事高祖甚恭，而高祖无礼，请为王杀之。'时高祖尚在，而文称高祖，亦史公之追称也。孟坚撰《汉书》，改高祖为皇帝，则适合贯高等当时之语气矣。……《汉书·高祖纪》云：'汉王怨羽之背约，欲攻之，丞相萧何谏，乃止。'服虔云：'称丞相者，录事追言之。'……又《匈奴传》云：'臣知父呼韩邪单于蒙无量之恩。'树达按：单于本名囊知牙斯，后以王莽奏令中国不得有二名，因使使风单于，故囊知牙斯改名为知。事在此事之后。而此文即称臣知者，顾炎武以为作史者从其后更名录之，是也。"

《史记》：家令说太上皇曰："高祖虽子，人主也。"

昌案：王若虚《滹南遗老集》卷十九《史记辨惑》十一云："是时未有高祖号，刘子玄辨之，诚中其病。《汉书》改为皇帝，是矣。"黄本骥《痴学》卷四《读史笔得》亦本子玄此节所举，谓《左传》载石碏言"陈桓公方有宠于王"，《田敬仲世家》载齐人歌"归乎田成子"之称桓公、成子为非，而《汉书》改《史记·高纪》高祖字为皇帝为是，皆当以上举杨说解之。

此乃童儿相戏，非复长老所为。观孟轲著书，首陈此说；马迁裁史，仍习其言；得自委巷，曾无先觉，悲夫！

昌案：洪迈《容斋随笔》卷十五"有若"条："予谓此两事殆近于星历卜祝之学，（昌案：两事即《史通》所摘孔子知雨及知商瞿生子事。）何足以为圣人，而谓孔子言之乎？有若不能知，何所加损，而弟子遽以是斥退之乎？孟子称子夏、子游、子张以有若似圣人，欲以所事孔子事之，曾子不可，但言江汉秋阳不可尚而已，（昌案：见《滕文公上》篇。）未尝深诋也。……《檀弓》载有子闻曾子'丧欲速贫，死欲速朽'两语，以为非君子之言，又以为夫子有为言之。子游曰：'甚哉！有子之言似夫子也。'则其为门弟子所敬久矣。太史公之书于是为失矣。且门人所传者，道也；岂以状貌之似而师之耶？世所图七十二贤像，其画有若，遂与孔子略等，此又可笑也。"此论朗畅，足以张子玄之军。窃谓先秦诸子聚徒讲学，如孔子则周游列国，弟子三千；孟子则后车数十乘，从者数百人，以传食于诸侯。人众事烦，自不能无团体及领袖。墨家钜子，人愿为尸，亦其明证。儒墨同属先秦显学，儒家之夫子，盖亦略同墨家之钜子。孔子既亡，门人推奉有若为夫子，以领袖其团体，容有其事，未可知也。及其枝分叶布，各尊所闻，乃分为八儒、三墨耳。《论语》于孔门惟有子，曾子称子而不名，是其位置原较崇高。或者，孔子在时，二子已被公认为可以传道承统之首座弟子，如佛门之法嗣；而曾子不以子夏诸贤欲以所事孔子事有子为可者，亦犹缁流传法传衣之争也。《论语》载曾子之殁，则孔子卒后，惟有子独尊。史公所载立师之事，当由于此，或以既立而不孚众望，旋即绌之，特阑入之野言为不足信耳。《宋书·谢灵运传论》："张、蔡、曹、王，曾无先觉。"

万国具瞻

昌案：《诗·小雅·节南山》："赫赫师尹，民具尔瞻。"传："具，俱。瞻，视。"

况嗣宗当圣善将殁

昌案：《诗·邶风·凯风》："母氏圣善。"此以圣善为母之代词，亦以聿修为祖，诒厥为孙，友于为兄弟之比。

闵凶所钟

昌案：《佐传》宣十二年："寡君少遭闵凶。"杜注："闵，忧也。"

在邻伍者，尚申匍匐之救。

昌案：《诗·邶风·谷风》："凡民有丧，匍匐救之。"笺："匍匐，言尽力也。凡于民有凶祸之事，邻里尚尽力往救之。"

又新《晋书·王祥传》曰

昌案：《晋书》此传，系年多误；子玄所惑，亦有是非。钱大昕《廿二史考异》卷二十一尝为辨订，今具录如次。

祥汉末遭乱，扶母携弟览避地庐江，隐居三十余年。

昌案：钱大昕曰："案：祥以泰始五年薨，年八十五。上溯汉建安九年，祥始二十岁。即使避地更在其前，距为徐州别驾之日，只二十余年耳。此三十当为二十之误也。”

徐州刺史吕虔檄为别驾。年垂耳顺，览劝之，乃应召。

昌案：钱大昕曰：“案《魏志》，吕虔为徐州刺史，在文帝时，计文帝黄初四年，祥才三十有六耳。即被征在黄初之末，亦止四十余，何得云耳顺也？王隐《晋书》云：‘祥始出仕，年过五十。’盖据举秀才，除温令而言，非指为别驾之日也。”《论语·为政》篇：“六十而耳顺。”

于时寇贼充斥，祥率励兵士，频讨破之。

昌案：钱大昕曰：“案《魏志》，吕虔请祥为别驾，民事一以委之，讨利城叛贼，斩获有功。此传云寇盗充斥，即谓利城叛贼也。刘知幾以为汉建安中徐州未靖时事，盖未考《魏志》耳。”

太始五年薨

昌案：钱大昕曰：“纪在四年四月。”劳格《读书杂识》卷四《晋书校勘记》中云：“王隐《晋书》云：‘泰始四年薨。’（国志□□传注。昌案：见《魏志·吕虔传》注。）与本纪合。案：下云：‘时文明皇太后崩始逾月。’考后崩亦在四年，则云五年者误矣。”（姚范《援鹑堂笔记》卷三十三所考王祥传事略同，不更录。）

盖语曰：君子可欺不可罔。

昌案：《论语·雍也》篇：“君子可逝也，不可陷也；可欺也，不可罔也。”

忤时第十三

孝和皇帝时，韦、武弄权，母媪预政，士有附丽之者，起家而绾朱紫。

昌案：《汉书·扬雄传》：“哀帝时，丁、傅、董贤用事，诸附离之者，或起家至二千石。”此仿其文。

杜门却扫

昌案:《文选》江淹《恨赋》李注引司马彪《续汉书》曰:“赵壹闭关却扫,非德不交。”《北史·李谧传》:“遂绝迹下帷,杜门却埽。”

遂与监修国史萧至忠等诸官书求退

浦起龙曰:“本篇之作,只欲录存此牍编入部尾耳。”

昌案:《史通》之作,盖取式子书,为一家言,《自叙》一篇,论之详矣。考姬、汉以来子书体制,盖有编入书疏者矣。如《韩非子》之《初见秦》、《难言》两篇,皆其上秦王书也。贾谊《新书》之《益壤》篇,即《汉书》本传之请封建子弟疏也;其《淮难》篇,即本传之谏封淮南诸子疏也。此其尤大彰明较著者,皆子玄之所本也。浦氏于此,殆不甚了了,故有是言。

古之国史,皆出自一家……未闻借以众功,方云绝笔。

昌案:《遗书》本《文史通义》外篇卷三《家书二》云:“刘言史法,吾言史意;刘议馆局纂修,吾议一家著述,截然两途。”然反复《史通》全书,未见其偏重馆局纂修者;及观此数语,乃知子玄亦深病馆局纂修之非计,而有自成一家之美志。章说殆不然矣。

縻我以好爵

昌案:《易·中孚》:“我有好爵,吾与尔靡之。”《释文》:“靡,本又作縻。”王注:“不施权利,唯德是与,诚之至也。故曰:我有好爵,与物散之。”

抑明公足下独不闻刘炫蜀王之说乎

昌案:赵璘《因话录》卷五:“古者三公开阁。郡守比古之侯伯,亦有阁。所以世之书题有阁下之称。前辈呼刺史、太守,亦曰节下。与宰相大僚书,往往呼执事,言阁下之执事人耳。刘子玄为史官,与监修宰相书,呼足下。韩文公与使主张仆射书,呼执事。即其例也。”此书收入《史通》,已略去书题,然书中“明公足下”之语犹再见,足以证璘之说;亦见此书在唐时流布甚广,故璘得援以为例也。

蓬山之下

昌案:《后汉书·窦融传》附玄孙章传:“是时,(昌案:谓安帝永初中。)学者称东观为老氏臧室、道家蓬莱山。(太仆邓)康遂荐章入东观,为校书郎。”李贤注:“老子为守臧史,后为柱下史。四方所记文书,皆归柱下。事见《史记》。言东观经籍多也。蓬莱,海中神山,为仙府。幽经秘录,并皆在焉。”《太平御览》卷二百三十三引华峤《书》曰:“学者称东观为老氏藏室、道家蓬莱山。”又范《书》所本也。本书《史官建置》篇:“自章、和以后,图籍盛于东观。凡撰《汉记》,相继在乎其中。”故子玄以比唐之史局。

主要引用书目

周易　阮刻十三经注疏本
尚书　阮刻十三经注疏本
尚书大传　陈寿祺辑注　四部丛刊本
诗经　阮刻十三经注疏本
韩诗薛君章句　薛汉　马国翰辑　玉函山房辑佚书本
韩诗外传　韩婴　四部丛刊本
周礼　阮刻十三经注疏本
礼记　阮刻十三经注疏本
春秋左传　阮刻十三经注疏本
春秋啖赵集传纂例　陆淳　古经解汇函本
春秋公羊传　阮刻十三经注疏本
春秋繁露　董仲舒　四部丛刊本
春秋穀梁传　阮刻十三经注疏本
孝经　阮刻十三经注疏本
论语　阮刻十三经注疏本
孟子　阮刻十三经注疏本
尔雅　阮刻十三经注疏本
白虎通义　四部丛刊本
经典释文　陆德明　四部丛刊本
经义考　朱彝尊　四部备要本

经义述闻 王引之 四部备要本
考信录提要 崔适 畿辅丛书本
补上古考信录 崔适 畿辅丛书本
说文解字 许慎 段玉裁注 四部备要本
说文通训定声 朱骏声 世界书局影印本
广韵 陈彭年等 四部丛刊本
集韵 丁度等 四部备要本
方言 扬雄 郭璞注 抱经堂丛书本
释名 刘熙 四部丛刊本
广雅 张楫 小学汇函本
一切经音义 玄应 海山仙馆丛书本
积微居小学金石论丛 杨树达 余嘉锡序 商务印书馆排印本

史记 同文书局本
史记志疑 梁玉绳 史学丛书本
史记札记 李慈铭 北京图书馆排印本
史记会注考证 （日）泷川龟太郎 文学古籍刊行社排印本
史记解诂 吴国泰 成都排印本
太史公解 朱希祖 制言第十五期
太史公书称史记考 杨明照 燕京学报第二十六期
太史公书体裁探原 王利器 申报1948年1月31日文史第8期
汉书 同文书局本
历代史表 万斯同 清乾隆刻本
汉书疏证 沈钦韩 浙江书局本
后汉书 同文书局本
后汉书补注 惠栋 史学丛书本
补后汉书艺文志 侯康 二十五史补编本
谢承后汉书 姚之骃辑并序 后汉书补逸本
补订谢承后汉书补逸 孙志祖辑 孙峻补订 寿松堂本

三国志　同文书局本
三国艺文志　姚振宗　二十五史补编本
晋书　同文书局本
晋书斠注　吴士鉴　嘉业堂本
王隐晋书　汤球辑　史学丛书本
宋书　同文书局本
南齐书　同文书局本
梁书　同文书局本
萧梁旧史考　朱希祖　北京大学国学季刊第一卷第一、二号
陈书　同文书局本
魏书　同文书局本
魏书官氏志疏证　陈毅　二十五史补编本
魏书源流考　李正奋　北京大学国学季刊第二卷第二号
魏收之史学　周一良　燕京学报第十八期
周书　同文书局本
隋书　同文书局本
隋书经籍志考证　章宗源　二十五史补编本
隋书经籍志考证　姚振宗　二十五史补编本
南史　同文书局本
北史　同文书局本
旧唐书　同文书局本
新唐书　同文书局本
清史稿　中华书局排印本
诸史然疑　杭世骏　知不足斋丛书本
十七史商榷　王鸣盛　史学丛书本
廿二史考异　钱大昕　潜研堂全书本
廿二史札记　赵翼　史学丛书本
后汉纪　袁宏　四部丛刊本
资治通鉴　司马光　胡三省注　四部备要本

通鉴释例　司马光　传钞陈仁锡通鉴目录本
汇刻纪事本末　闵萃祥序　广雅书局本
逸周书　四部备要本
国语　四部备要本
春秋后国语　孔衍　上虞罗氏影印敦煌卷子本
战国策　四部备要本
古本竹书纪年辑校　王国维　广仓学窘丛书本
今本竹书纪年疏证　王国维　广仓学窘丛书本
汲冢书考　朱希祖　中华书局排印本
世本　茆泮林辑　十种古逸书本
古史考　谯周　平津馆丛书本
路史　罗泌　四部备要本
建康实录　许嵩　张海鹏刊本
华阳国志　常璩　商务印书馆排印本
十六国春秋辑补　崔鸿　汤球辑　商务印书馆排印本
十六国旧史考　朱希祖　制言第十三期
山海经　四部丛刊本
三辅决录　赵岐　挚虞注　张澍辑并序　二酉堂丛书本
西河记　喻归　张澍辑并序　二酉堂丛书本
水经注　郦道元　王先谦合校　宝善书局石印本
洛阳伽蓝记集证　杨衒之　吴若准集证　原刊本
洛阳伽蓝记钩沈　唐晏　龙溪精舍丛书本
洛阳伽蓝记校释　周祖谟　中华书局排印本
读洛阳伽蓝记书后　陈寅恪　历史语言研究所集刊第八本第二分
洛阳伽蓝记子注释例　孙次舟　中国学报第一卷第四期
通典　杜佑　商务印书馆影印本
通志二十略　郑樵　四部备要本
通志总序笺　张须　商务印书馆排印本
蜀王本纪考　朱希祖　说文月刊第三卷第七期

论蜀王本纪成书年代及其作者　徐中舒　社会科学研究创刊号
英雄记钞　王粲　王世贞辑　汉魏丛书本
高士传　皇甫谧　汉魏丛书本
范蔚宗年谱　张述祖　燕京大学史学年报第三卷第二期
崔浩与寇谦之　陈寅恪　岭南学报第十一卷第一期
陶渊明之思想与清谈之关系　陈寅恪　燕京大学排印本
李唐氏族之推测　陈寅恪　历史语言研究所集刊第三本第四分
避讳录　黄本骥　三长物斋丛书本
史讳举例　陈垣　科学出版社排印本
史通　刘知幾　四部丛刊影印张鼎思本,附孙毓修校勘记
史通削繁底本　纪昀　传钞本
史通通释　浦起龙　志古堂本
史通补释　陈汉章　史学杂志第一、二卷
史通通释补　杨明照　燕京大学文学年报第六期
史通增释　彭仲铎　据罗常培序所引,未见其书。罗序载图书季刊新第五卷第四期
批校史通　杨守敬　传钞本
批校史通　向承周　传钞本
史通评　吕思勉　商务印书馆排印本
法通解惑篇　但焘　华国月刊第一卷第四期、又国史馆馆刊第一卷第二号
史通点烦篇臆补　洪业　燕京大学史学年报第二卷第二期
明蜀刻本史通初校记　张蕴华　四川省立图书馆图书集刊创刊号
文史通义　章学诚　志古堂本、又嘉业堂刊章氏遗书本
中国史学史　金毓黻　商务印书馆排印本
七略别录　刘向　姚振宗辑并序　师石山房丛书本
七略　刘歆　姚振宗辑并序　师石山房丛书本
直斋书录解题　陈振孙　武英殿聚珍版丛书本
四库全书总目提要　永瑢等　商务印书馆排印本

四库提要辨正　余嘉锡　科学出版社排印本
四库全书总目提要补正　胡玉缙　中华书局排印本
南江书录　邵晋涵　聚学轩丛书本
郑堂读书记　周中孚　万有文库本
史略　高似孙　古逸丛书本
史目表　洪颐煊　京华官书局石印本
目录学发微　余嘉锡　中华书局排印本
校勘学中之二重及多重误例　徐复　新中华复刊第三卷第十一期

家语证伪　范家相　铸学斋本
家语疏证　孙志祖　式训堂丛书本
荀子　四部备要本
新书　贾谊　四部丛刊本
法言　扬雄　四部备要本
潜夫论　王符　四部备要本
中论　徐幹　四部丛刊本
典语　陆景　马国翰辑并序　玉函山房辑佚书本
老子　四部备要本
列子　四部备要本
庄子　四部备要本
管子　四部备要本
韩非子　四部备要本
尹文子　四部备要本
人物志　刘劭　四部备要本
墨子　四部备要本
吕氏春秋　四部备要本
淮南子　四部备要本
风俗通义　应劭　四部丛刊本
论衡校释　王充　黄晖校释　商务印书馆排印本

抱朴子　葛洪　四部备要本
金楼子　萧绎　知不足斋丛书本
颜氏家训　颜之推　抱经堂丛书本
兼明书　邱光庭　石印宝颜堂秘笈本
侯鲭录　赵德麟　知不足斋丛书本
新校正梦溪笔谈　沈括　胡道静校注　中华书局排印本
容斋随笔　洪迈　商务印书馆排印本
西溪丛语　姚宽　学津讨原本
能改斋漫录　吴曾　中华书局排印本
纬略　高似孙　守山阁丛书本
宾退录　赵与时　学海类编本
困学纪闻　王应麟　翁元圻注　四部备要本
丹铅总录　杨慎　九思堂本
笔乘　焦竑　粤雅堂丛书本
少室山房笔丛　胡应麟　扫叶山房石印本
识小录　徐树丕　涵芬楼秘笈本
日知录集释　顾炎武　黄汝成集释　四部备要本
援鹑堂笔记　姚范　道光刊五十卷本
钟山札记　卢文弨　抱经堂丛书本
信摭　章学诚　章氏遗书本
丙辰札记　章学诚　章氏遗书本
陔馀丛考　赵翼　文瑞楼石印本
十驾斋养新录　钱大昕　潜研堂全书本
晓读书斋杂录　洪亮吉　洪北江全集本
札朴　桂馥　心矩斋本
读书脞录　孙志祖　文学山房排印本
铜熨斗斋随笔　沈涛　式训堂丛书本
读书丛录　洪颐煊　传经堂本
郑堂札记　周中孚　仰视千七百二十九鹤斋丛书本

癸巳类稿　俞正燮　商务印书馆排印本
癸巳存稿　俞正燮　连筠簃丛书本
归田琐记　梁章钜　清代笔记丛刊本
浪迹丛谈　梁章钜　亦东园本
痴学　黄本骥　三长物斋丛书本
读书杂识　劳格　月河精舍丛钞本
湖楼笔谈　俞樾　春在堂全书本
嫏艺轩杂著　黄家岱　原刊本
复堂日记　谭献　原刊本
舒艺室随笔　张文虎　覆瓿集本
霞外攟屑　平步青　中华书局排印本
纯常子枝语　文廷式　原刊本
越缦堂读书记　李慈铭　由云龙辑　商务印书馆排印本
云自在龛随笔　缪荃孙　商务印书馆排印本
检论　章炳麟　章氏丛书本
国故论衡　章炳麟　章氏丛书本
读书小记　马叙伦　商务印书馆排印本
读书续记　马叙伦　商务印书馆排印本
余嘉锡论学杂著　中华书局排印本
驳说儒　郭沫若　青铜时代　人民出版社排印本
古书疑义举例　俞樾　古书字义用法丛刊本
古书疑义举例续补　杨树达　古书字义用法丛刊本
群书拾补　卢文弨　抱经堂丛书本
西京杂记　葛洪　卢文弨序　抱经堂丛书本
世说新语　刘义庆　刘孝标注　文学古籍刊行社影印本
裴子语林　裴启　马国翰辑并序　玉函山房辑佚书本
朝野佥载　张鷟　石印宝颜堂秘笈本
国史补　李肇　古典文学出版社排印本
清异录　陶穀　惜阴轩丛书本

因话录　赵璘　古典文学出版社排印本
太平广记　李昉　中华书局排印本
合维摩诘经序　支愍度　僧祐出三藏集记卷八　频伽藏本
支愍度学说考　陈寅恪　历史语言研究所集刊外编第一种庆祝蔡元培先生六十五岁论文集上册
广弘明集　道宣　四部丛刊本
四分律删繁补阙行事钞　道宣　据一粟谈唐代的三国故事所引，未见其书
四分律行事钞批　大觉　据一粟谈唐代的三国故事所引，未见其书
四分律行事钞简正记　景霄　据一粟谈唐代的三国故事所引，未见其书
天师道与滨海地域之关系　陈寅恪　历史语言研究所集刊第三本第四分册
艺文类聚　欧阳询　成都刊本
初学记　徐坚　古香斋本
敦煌写本杂钞考　周一良　燕京学报第三十五期
太平御览　李昉等　四部丛刊本
册府元龟　王钦若等　明刊本
玉海　王应麟　浙江书局本
五色线　佚名　津逮秘书本
楚辞补注　洪兴祖　四部备要本
文选　李善注　胡克家刊本、又六臣注　四部丛刊本
文选古字通疏证　薛传均　小玲珑山馆丛书本
全上古三代秦汉三国六朝文　严可均辑　广雅书局本
陶靖节集　陶潜　陶澍注　商务印书馆排印本
庾子山集　庾信　倪璠注　湖北先正遗书本
王无功集　王绩　岱南阁丛书本
昌黎先生集　韩愈　四部备要本
持正文集　皇甫湜　四部丛刊本
天地阴阳交欢大乐赋　白行简　双梅景暗丛书本

后山诗注　陈师道　任渊注　四部备要本
滹南遗老集　王若虚　畿辅丛书本
魏伯子文集　魏际瑞　绂园书塾本
曝书亭集　朱彝尊　四部丛刊本
鲒埼亭集　全祖望　四部丛刊本
潜研堂文集　钱大昕　潜研堂全书本
思适斋集　顾广圻　春晖堂丛书本
鲁岩所学集　张宗泰　模宪堂本
晒书堂文集　郝懿行　东路厅署刊本
铁桥漫稿　严可均　四录堂本
第六弦溪文钞　黄廷鉴　后知不足斋丛书本
青学斋集　汪之昌　新阳汪氏刊本
师伏堂骈文　皮锡瑞　师伏堂丛书本
谭嗣同全集　三联书店排印本
太炎文录　章炳麟　章氏丛书本
文心雕龙注　刘勰　范文澜注　开明书店排印本
文心雕龙札记　黄侃　文化学社排印本
诗品注　钟嵘　陈延杰注　开明书店排印本
文镜秘府论　遍照金刚　日本影印本
文则　陈骙　石印宝颜堂秘笈本
诗话总龟　阮阅　四部丛刊本
文学说例　章炳麟　新民丛报第五、九、十五号
谈唐代的三国故事　一粟　文学遗产增刊十辑

文论十笺

程千帆
撰

上　辑

文学总略

（论文学之界义）

章炳麟

文学者，以有文字著于竹帛，故谓之文；论其法式，谓之文学[1]。凡文理、文字、义辞皆言文；言其采色发扬，谓之彣[2]。以作乐有阕[3]，施之笔札[4]，谓之章[5]。《说文》云："文，错画也，象交文。"[6]"章，乐竟为一章。""彣，䘩也。""彰，文彰也。"[7]或谓文章当作彣彰，则异议自此起[8]。《传》曰："博学于文。"[9]不可作彣。《雅》曰："出言有章。"[10]不可作彰。古之言文章者，不专在竹帛讽诵之间。孔子称尧舜"焕乎其有文章"[11]。盖君臣、朝廷、尊卑、贵贱之序，车舆、衣服、宫室、饮食、嫁娶、丧祭之分，谓之文[12]。八风从律，百度得数，谓之章[13]。文章者，礼乐之殊称矣。其后转移，施于篇什[14]。太史公记博士平等议曰："谨案：诏书、律令下者，文章尔雅，训辞深厚。"[15]此宁可书作彣彰邪[16]？独以五采彰施五色，有言黻，言黼，言文，言章者[17]，宜作彣彰。然古者或无其字，本以文章引伸[18]。今欲改文章为彣彰者，恶乎冲澹之辞[19]，而好华叶之语[20]，违书契记事之本矣[21]。孔子曰："言之无文，行而不远。"[22]盖谓不能举典礼，非欲苟润色也[23]。《易》所以有《文言》者，梁武帝以为文王作易，孔子遵而修之，故曰文言[24]，非矜其采饰也[25]。夫命其形质曰文，状其华美曰彣，指其起止曰章，道其素绚曰彰[26]，凡彣者必皆成文，凡成文者不皆彣[27]。是故搉论文学[28]，以文字为准，不以彣彰为准[29]。今举诸家之法，商订如左方[30]：

〔1〕 文学一词，先秦已有。《论语·先进篇》："文学子游、子夏。"《墨子·非命篇》："凡出言谈，由文学之为道也。"荀、韩诸子书亦有之，而其范围至广，盖一切学术或文化皆属焉。今此所指，则为文字著于竹帛之法式，其封域弇于先秦，而侈于近世抒情美文乃为文学之说。数语盖开宗明义也。

〔2〕 《说文》："彣，戫也。"段《注》："有部：'戫，有彣彰也。'是则有彣彰谓之彣，彣与文义别，凡言文章，皆当作彣彰，作文章者，省也。文训逪画，与彣义别。"又："彡，毛饰画文也。"徐铉曰："毛发绘饰之事。"彣从彡以表绘饰，故云采色发扬。

〔3〕 《说文》："阕，事也闭门也。"《礼记·文王世子》："有司告以乐阕。"郑《注》："阕，终也。"

〔4〕 《说文》："札，牒也。"《中庸》郑《注》："简、札、牒、毕，同物而异名。札，木简之薄小者也。"

〔5〕 《说文》："章，乐竟为一章，从音、十。十，数之终也。"

〔6〕 段《注》："错，当作逪。逪画者，这逪之画也。《考工记》曰：'青与赤谓之文。'逪画之一端也。逪画者，文之本义，彣彰者，彣之本义，义不同也。"

〔7〕 此释四名为义各别，彣彰义主绘饰，故非文学之本柢也。

〔8〕 段玉裁《说文解字注》之说，引见上。

〔9〕 《礼记·曲礼》孔《疏》："传谓传述为义，或亲承圣旨，或师儒相传。"《论语》即此类书，故谓之传也。引句见《雍也篇》。刘宝楠《论语正义》曰："博文者，《诗》、《书》、《礼》、《乐》，与凡古圣所传之遗籍是也。"吾友张涤华先生曰："案《论衡·正说篇》云：'《论语》者……宣帝下太常博士时，尚称书难晓，名之曰《传》。'又《汉书·平帝纪》云：'《传》不云乎："君子笃于亲，则民兴于仁。"'师古《注》：'以《论语》传圣贤之言，故为之《传》。'（案：为谓通用字。）此皆释《论语》所以名《传》之故，然犹未尽。考《论语》与《孝经》、《孟子》、《尔雅》皆汉代学

校诵习之书，文帝时尝立传记博士，（见赵岐《孟子题辞》。）故当时通谓之《传》。《孝经》等三书姑不论，兹就称《论语》为传者，更举数例如次：《汉书·宣帝纪》：'《传》曰：孝弟也者，其为仁之本与！'又《元帝纪》：'《传》不云乎：百姓有过，在予一人。'又《刘歆传》：'《传》曰：文、武之道，未坠于地。'又《东方朔传》：'《传》曰：时然后言，人不厌其言。'此并引《论语》而皆谓之《传》。（汉人征引《论语》直称书名者，为数反极少。）知章君此处，盖用汉人旧称。"

〔10〕 语见《诗·小雅·都人士篇》。《笺》曰："吐口言语，又有法度文章。"

〔11〕 见《论语·泰伯篇》。刘宝楠《正义》云："上世人质，历圣治之，渐知礼义，至尧、舜而后文治以盛。故《尚书》独载尧以来，自授时外，复作大章之乐。又《大戴礼·五帝德》言尧事云：'黄黼黻衣，丹车白马，伯夷主礼，夔教舞。'皆是立文垂制之略，可考见也。"

〔12〕《史记·礼书》："是以君臣、朝廷、尊卑、贵贱之序，下及黎庶车舆、衣服、宫室、饮食、嫁娶、丧祭之分，事有宜适，物有节文。"宜适节文，盖即礼也。

〔13〕《礼记·乐记》："八风从律而不奸，百度得数而有常。"《疏》："八风，八方之风也。律，谓十二月之律也。乐音象八风，其乐得其度，故八风十二月律应八节而至，不为奸慝也。八风者，《白虎通》云：'距冬至四十五日，条风至。条者，生也。四十五日明庶风至。明庶者，迎众也。四十五日清明风至。清明者，清芒也。四十五日景风至。景者，大也，言阳气长养也。四十五日凉风至。凉，寒也，阴气行也。四十五日阊阖风至。阊阖者，咸收藏也。四十五日不周风至。不周者，不交也，言阴阳未合化矣。四十五日广莫风至。广莫者，大莫也，开阳气也。'八节者，立春、春分、立夏、夏至、立秋、秋分、立冬、冬至。百度谓昼夜百刻。昏明昼夜不失其正，故度数有常也。"从律得数，所谓乐也。

〔14〕 陆德明《毛诗释文》："王者施教，统有四海，歌诗之作，非止一人。篇数既多，故以十篇编为一卷，名之为什。"此篇什之义。

〔15〕 原注："《儒林列传》。"语亦见《汉书》。颜《注》曰："尔雅，近正也。

言诏辞雅正而深厚也。”

〔16〕 意谓博士之议，文章以指诏书、律令，即由礼乐转移施于篇什者也。此故非主采饰，而亦称文章，则不得书作彣彰字也。邪，今通作耶。

〔17〕 《尚书·皋陶谟》：“以五采彰施于五色，作服。”《疏》引郑玄曰：“性曰采，施曰色，未用谓之采，已用谓之色。”《考工记》：“青与赤谓之文，赤与白谓之章，白与黑谓之黼，黑与青谓之黻。”

〔18〕 彣彰之于文章，乃后起字也。

〔19〕 《荀子·非十二子篇》：“神禫其辞。”杨倞《注》：“当为冲澹。”澹，今通作淡。

〔20〕 《论衡·超奇篇》：“且浅意于华叶之言，无根核之深。”

〔21〕 《易·系辞》：“上古结绳而治，后世圣人易之以书契。”故书契者，始于记事，非本以采饰也。

〔22〕 《春秋》襄二十五年《左传》记郑入陈，子产献捷于晋，晋不能难，引仲尼曰：“志有之：‘言以足志，文以足言。’不言，谁知其志？言之无文，行而不远。晋为伯，郑入陈，非文辞不为功，慎辞也。”

〔23〕 《传》载：“郑子产献捷于晋，戎服将事，晋人问陈之罪，对曰：‘昔虞阏父为周陶正，以服事我先王。我先王赖其利器用也，与其神明之后也，庸以元女大姬配胡公，而封诸陈，以备三恪，则我周之自出，至于今是赖，桓公之乱，蔡人欲立其出，我先君庄公奉五父而立之，蔡人杀之。我又与蔡人奉戴厉公，至于庄宣，皆我之自立。夏氏之乱，成公播荡，又我之自入。君所知也。今陈忘周之大德，蔑我大惠，弃我姻亲，介恃楚众，以凭陵我敝邑，不可亿逞。我是以有往年之告，未获成命，则有我东门之役。当陈隧者，井堙木刊。敝邑大惧不竞，而耻大姬。天诱其衷，启敝邑之心。陈其知罪，授手于我，用敢献功。’晋人曰：‘何故侵小？’对曰：‘先王之命，惟罪所在，各致其辟。且昔天子之地一圻，列国一同，（杜《注》：“一圻方千里，一同方百里。”）自是以衰。今大国多数圻矣。若无侵小，何以至焉？’晋人曰：‘何故戎服？’对曰：‘我先君武庄为平、桓卿士，城濮之役，文公布命曰：各复旧职。命我文公戎服辅王，以授楚捷，不敢废王命

故也。'士庄伯不能诘。"盖其对问之辞,悉征故实,据旧章,所谓举典礼也。《论语·宪问篇》:"东里子产润色之。"《广雅·释诂》:"润,饰也。"

〔24〕 陆德明《周易释文》:"《文言》,梁武帝云:'是文王所制。'"庞石帚先生曰:"案:此非谓文王作此《文言》也。谓此名为《文言》者,以《易》是文王所制。孔子赞《易》,因名《文言》也。宋以前无疑十翼者,陆氏语简,故此引而释之云尔。"

〔25〕 《周易》孔《疏》:"《文言》者,是夫子第七翼也。以乾坤其《易》之门户耶?其余诸卦及爻,皆从乾坤而出,义理深奥,故特作《文言》以开释之。庄氏云:'文谓文饰,以乾坤德大,故特文饰以为《文言》。'今谓夫子但赞明《易》道,申说《易》理,非是文饰华采,当谓释二卦之经文,故称《文言》。"

〔26〕 《论语·八佾篇》:"素以为绚兮。"刘氏《正义》曰:"素以为绚,当是白采用为膏沐之饰,如后世所用素粉矣。绚有众饰,而素则后加,故曰'素以为绚'。"

〔27〕 此谓文彣义别,而文者大名,彣者小名,举大则可以该小,举小故无以包大也。

〔28〕 《庄子·徐无鬼篇》:"可不谓有大扬搉乎?"《注》:"发挥商量也。"张涤华先生曰:"案搉与较同,故搉辜或作较辜,扬搉或作扬较。(亦作扬校。)搉较皆即约略之意。《文选·蜀都赋》:'请为左右扬搉而陈之。'善《注》引许慎《淮南子注》云:'扬搉,粗略也。'又《养生论》:'较而论之。'王念孙谓犹言约略论之。据此知《庄子·徐无鬼篇》之大扬搉,谓大略也。旧《注》释为发挥商量,殊误。此可参《读书杂志》。"

〔29〕 以上驳段氏说。

〔30〕 《说文》:"订,平议也。"本节正名,以下辨义。

《论衡·超奇》云[1]:"能说一经者为儒生,博览古今者为通人,采掇传书以上书奏记者为文人[2],能精思著文连结篇章者为鸿儒。"又曰:"州郡有忧,有如唐子高、谷子云之吏[3],出身尽思,竭笔牍之力，烦忧适有不解者哉[4]？”又曰：“长生死后[5]，州郡遭忧，无举奏之吏；以故事结不解，征诣相属[6]。文轨不尊[7]，笔疏不续也。岂无忧上之吏哉？乃其中文笔不足类也[8]。”又曰：“若司马子长、刘子政之徒，累积篇第，文以万数，其过子云、子高远矣，然而因成前纪，无胸中之造[9]。若夫陆贾、董仲舒[10]，论说世事，由意而出，不假取于外[11]，然而浅露易见[12]，观读之者犹曰传记[13]。阳城子长作《乐经》[14]，扬子云作《太玄经》[15]，造于助思[16]，极窅冥之深[17]，非庶几之才[18]，不能成也[19]。桓君山作《新论》[20]，论世间事，辩照然否；虚妄之言，伪饰之辞，莫不证定。彼子长、子云论说之徒，君山为甲[21]。自君山以来，皆为鸿眇之才[22]，故有嘉令之文[23]。”准此，文与笔非异途[24]。所谓文者，皆以善作奏记为主。自是以上，乃有鸿儒。鸿儒之文，有经传、解故、诸子[25]。彼方目以上第[26]，非若后人摈此于文学外[27]，沾沾焉惟华辞之守[28]，或以论说、记序、碑志、传状为文也[29]。独能说一经者，不在此列。谅由学官弟子，曹偶讲习，须以发策决科[30]。其所撰著，犹今经义而已[31]。是故遮列使不得与也[32]。

〔1〕《隋书·经籍志》杂家：“《论衡》二十九卷，后汉征士王充撰。”今存。《超奇》，其篇名也。

〔2〕《文心雕龙·书记篇》：“战国以前，君臣同书。秦汉立仪，始有表奏。王公国内，亦称奏书，迄至后汉，稍有名品，公府奏记，而郡将奏笺。”

〔3〕《汉书·鲍宣传》：“自成帝至王莽时，清名之士，沛郡则唐林子高，以明经饬行，显名于世，仕王莽，封侯，贵重，历公卿位，数上疏谏正，有忠直节。”又《谷永传》：“谷永，字子云，长安人也。少为长安小吏，后博学经书。建昭中，御史大夫繁延寿闻其有茂材，除补属，举为太常丞，数上疏言得失。”张涤华先生曰：“案唐林《汉书》无传。其事迹仅附见鲍宣、夏侯胜、王莽诸传，而皆未言其善奏记。谷永本传亦无善奏记之文。（唯《游侠·楼护传》有‘谷子云笔札为人信用’之语。）考

《论衡·效力篇》云:‘谷子云、唐子高章奏百上,笔有余力,极言不讳,文不折乏,非夫才知之人不能为也。’又《别通篇》云:‘若董仲舒、唐子高、谷子云、丁伯玉,策既中实,文说美善,博览膏腴之所生也。’此则唐、谷善奏记之征也。”

〔4〕 王引之《经传释词》:“适,犹是也。《吕氏春秋·胥时篇》曰:‘王子光见伍子胥而恶其貌,不听其说,而辞之曰,其貌适吾所甚恶也。’言是吾所甚恶也。刘歆《与扬雄书》曰:‘今圣朝留心典诰,发精于殊语,欲以验考四方之事,适子云攘意之秋也。’言是子云攘意之秋也。”

〔5〕 会稽周长生,在州为刺史任安举奏,在郡为太守孟观上书,事解忧除,州郡无事。亦见《超奇篇》。钱大昕《十驾斋养新录》、孙诒让《札迻》并云,长生名树,见《北堂书钞》引三国吴谢承《后汉书》。范晔《书》无传。

〔6〕 《说文》:“征,召也。”《玉篇》:“诣,至也。”举奏无吏,故朝廷屡召至而面诘之。

〔7〕 《汉书·贾山传》:“轨,事之大者也。”师古曰:“轨谓法度也。”文轨即文之法度矣。

〔8〕 不足与长生比类也。

〔9〕 《汉书·艺文志》六艺略春秋家:“《太史公》百三十篇。”即今《史记》。又诸子略儒家:“刘向所序六十七篇。”原注:“《新序》、《说苑》、《世说》、《列女传颂图》也。”诸书并自群籍采掇而成,非由意出而不假取于外也。

〔10〕 《汉志》儒家:“《陆贾》二十三篇。”又“《董仲舒》百二十三篇。”《隋志》春秋家:“《春秋繁露》十七卷,汉胶西相董仲舒撰。”又儒家:“《新语》二卷,陆贾撰。”

〔11〕 此所谓“胸中之造”也。

〔12〕 《四库总目·陆贾新语提要》曰:“今据其书论之,则大旨皆崇王道,黜霸术,归本于修身用人。其称引《老子》者,惟《思务篇》引‘上德不德’一语,余皆以孔子为宗,所援据多《春秋》、《论语》之文。汉儒自董仲舒外,未有如是之醇正也。”黄震《黄氏日钞》曰:“自孟子没

后，学圣人之学者，惟仲舒。其天资粹美，用意纯笃，汉唐诸儒，鲜其比者。使幸而及门于孔氏，亲承圣训，庶几四科之流亚欤！”是二子虽精于持论，而其旨仍衍儒言。王氏学不纯儒，意在订讹贬俗，一空常谈，故讥其浅露易见也。参见《南北文学不同论》笺引《史通・自叙篇》评《论衡》语。

〔13〕 此云传记，犹言短书，古制书体卑则策短。传者，专之假借字，专训六寸簿，并详后。

〔14〕 《隋志》经部乐类：“《乐经》四卷。”不著撰人。王谟、马国翰辑本均以为即子长作。应劭《风俗通义・姓氏篇》：“汉有谏议大夫阳成公衡。”桓谭《新论》：“阳城子张名衡，蜀郡人，为讲乐祭酒。（又别一引云：‘为典乐大夫。’）”

〔15〕 《汉书・扬雄传》：“雄好古乐道，其意欲求文章成名于后世，以为经莫大于《易》，故作《太玄》，用心于内，不求于外，于时人皆忽之，唯刘歆及范逡敬焉，而桓谭以为绝伦。”《汉志》儒家：“扬雄所序三十八篇。”原注：“《太玄》十九，《法言》十三，《乐》四，《箴》二。”《隋志》儒家：“《扬子太玄经》九卷。”又别本或作十卷。

〔16〕 孙诒让《札迻》：“助当为眇，形近而误。上文云：‘眇思自出于胸中’也。”眇妙古通用。

〔17〕 《淮南子・道应篇》：“西穷窅冥之党。”诸书或作窈冥、杳冥，并深邃之貌。

〔18〕 《易・系辞》：“颜氏之子，其殆庶几乎。”《疏》：“言圣人知几，颜氏亚圣，未能知几，但殆近庶几而已。”

〔19〕 《论衡・对作篇》：“阳城子张作《乐》，扬子云作《太玄》，是二经者，卓绝惊耳。”

〔20〕 《后汉书・桓谭传》：“桓谭，字君山，沛国相人也。博学多通，遍习五经，皆诂训大义，不为章句，能文章，尤好古学，数从刘歆、扬雄辨析疑异。性嗜倡乐，简易不修威仪，而喜非毁俗儒，由是多见排抵。著书言当世行事二十九篇，号曰《新论》。”《隋志》儒家：“《桓子新论》十七卷，后汉六安丞桓谭撰。”原书今佚。清严可均《全汉文》有

辑本三卷，孙冯翼《问经堂丛书》有辑本一卷。

〔21〕 甲者，十干之始为甲，犹言居首矣。《论衡·定贤篇》："世间为文者众矣，是非不分，然否不定，桓君山之论，可谓得实矣。论文以察实，则君山汉之贤人也。如君山得执汉平，用心与为论不殊旨矣。孔子不王，素王之业在于《春秋》。然则桓君山素丞相之迹存于《新论》者也。"又《案书篇》："仲舒之言道德政治，可嘉美也。质定世事，论说世疑，桓君山莫上也。故仲舒之文可及，而君山之论难追也。"意皆同。

〔22〕 《吕氏春秋·爱类篇》："名曰鸿水。"注："鸿，大也。"

〔23〕 《尔雅·释诂》："嘉，美也。"《诗·凯风》："我无令人。"《笺》："令，善也。"

〔24〕 辨义首文笔之论，此举《论衡》以明汉时文笔无别也。

〔25〕 解故者，《汉志》尚书家有《鲁故》二十五卷。师古曰："故者，通其指义也。"又有《大小夏侯解故》二十九篇，解故连文本之。黄以周《读〈汉书·艺文志〉》曰："汉儒注经，各守义例，故训传说，体裁不同。故训者，疏通其文义也；传说者，征引其事实也。故训之体，取法《尔雅》，传说之体，取法《春秋传》。"此云解故，则通指故训、传说。司马子长讫桓君山之作，汉、隋两《志》分隶诸科，具见前。

〔26〕 《唐书·选举志》："每问经十条，对策三道，皆通，为上第。"

〔27〕 《后汉书·赵壹传》："为乡党所摈。"李贤《注》："摈，斥也。"

〔28〕 《汉书·窦婴传》："魏其沾沾自喜耳。"王先谦《补注》："沾沾自喜，犹言诩诩自得。"《庄子·列御寇篇》："仲尼方且饰羽而画，从事华辞。"惟华辞之守者，若阮元之徒是也。其《书昭明太子文选序后》曰："昭明所选，名之曰文，盖必文而后选也，非文则不选也。经也，子也，史也，皆不可专名之为文也。故昭明《文选序》后三段，特明其不选之故，必沉思翰藻，始名之为文，始以入选也。"又曰："凡说经讲学，皆经派也；传志记事，皆史派也；立意为宗，皆子派也；惟沉思翰藻，乃可名之为文也。"所云翰藻，即是华辞。阮氏持狭义之文学观，详下。

〔29〕 此谓姚鼐之徒。姚氏《古文辞类纂》有论辨、书说、序跋、赠序、碑志、传状诸类，而所甄录，亦不及群经子史，与萧《选》同科。曾国藩《经史百家杂钞序》曰："近世一二知文之士，纂录古文，不复上及六经，以云尊经也。然溯古文所以立名之始，乃由屏六朝骈俪之文，而返之于三代两汉。今舍经而降以相求，是犹言孝者，敬其父祖，而忘其高曾；言忠者曰，我家臣耳，焉敢知国，将可乎哉？姚姬传氏撰次古文，不载史传，其说以为史多不可胜录也。然吾观其奏议类中，录《汉书》至三十八首，诏令类中，录《汉书》三十四首。果能屏诸史而不录乎？"盖又病姚氏之狭，而思所以广之者也。

〔30〕 《诗·何人斯》："谅不我知。"《笺》："谅，信也。"《汉书·黥布传》："乃率其曹偶亡之江中。"师古曰："曹，辈也。"《法言·学行篇》："或曰：'书与经同，而世不尚，治之可乎？'曰：'可。'或人哑然笑曰：'须以发策决科。'"《汉书·儒林传》："太常择民年十八以上，仪状端正者，补博士弟子。郡国县官有好文学，敬长上，肃政教，顺乡里，出入不悖，诣太常，得受业如弟子。一岁皆辄课，能通一艺以上，补文学掌故缺，其高弟可以为郎中。"盖汉时学优则仕，仕优则学之制如此。

〔31〕 顾炎武《日知录》："经义之文，流俗谓之八股，盖始于成化以后。股者，对偶名也。天顺以前，经义之文，敷衍传注，或对或散，初无定格。成化二十三年会试，乃以反正、虚实、浅深扇扇立格。八股之制，实始于此。"

〔32〕 《说文》："迾，遮也。"《礼记·玉藻》郑《注》作列。本节论魏晋以前，文与笔非异途。

自晋以降，初有文笔之分[1]。范晔自述其《后汉书》曰："文患其事尽于形，情急于藻，义牵其旨[2]，韵移其意，政可类工巧图绘，竟无得也[3]。手笔差易，文不拘韵故也[4]。"《文心雕龙》云："今之常言，有文有笔。有韵者，文也；无韵者，笔也[5]。"然《雕龙》所论列者，艺文之部，一切并包[6]。是则科分文笔，以存时论，故非以此为经界也[7]。昭明太子之序《文选》也，其于史籍，则云不同篇翰；其于诸子，则云不以能文为贵[8]。此为裒次总集，自成一家，体例适然，非不易之定论也[9]。《抱朴子·百家篇》曰[10]："陕见之徒[11]，区区执一，惑诗赋琐碎之文，而忽子论深美之言[12]。真伪颠倒，玉石混淆，同广乐于桑间[13]，均龙章于素质[14]。"斯可以箴矣[15]。且沉思孰若庄周、荀卿，翰藻孰若吕氏、淮南[16]？总集不摭九流之篇[17]，格于科律，固不应为之辞[18]。诚以文笔区分，《文选》所集，无韵者猥众[19]，宁独诸子？若云文贵其彣邪，未知贾生《过秦》、魏文《典论》，同在诸子，何以独堪入录[20]？有韵文中，既录汉祖《大风》之曲[21]，即《古诗十九首》亦皆入选[22]，而汉、晋乐府反有憖遗[23]。是其于韵文也，亦不以节奏低昂为主，独取文采斐然，足耀观览，又失韵文之本矣[24]。是故昭明之说，本无以自立者也[25]。

〔1〕《晋书·蔡谟传》："文笔议论，有集行于世。"史传言文笔始此。

〔2〕《文心雕龙·事类篇》："事类者，据事以类义，援古以证今者也。"又《体性篇》："事义浅深，未闻乖其学。"此义字即作事义解，谓用事不当，则反牵动其本旨，使郁而不明也。

〔3〕下云："常谓情志所托，故当以意为主，以文传意。以意为主，则其旨必见；以文传意，则其辞不流。然后抽其芬芳，振其金石耳。"即释上语，原略去。

〔4〕先师蕲春黄先生云："二句当作'手笔差易于文，不拘韵故也。'文字句绝，上脱于字。"范语见《宋书》本传中《狱中与诸甥侄书》。此论文笔别异并及其难易也。

〔5〕见《总术篇》。

〔6〕刘氏书前二十五篇，自《原道》、《征圣》而外，皆以文体标目，除论文笔而外，又有《宗经》、《正纬》、《史传》、《诸子》，是艺文之部，一切并包也。

〔7〕《孟子·滕文公篇》："夫仁政必自经界始。"赵岐《注》："经亦界也。"

黄先生《〈文心雕龙·总术篇〉札记》曰："案彦和云，文笔'别目两名自近代'。而其区叙众体，亦从俗而分文笔，自故《明诗》以至《谐隐》，皆文之属；自《史传》以至《书记》，皆笔之属。然彦和虽分文笔，而二者并重，未尝以笔非文而遂屏弃之。故兼赅众制，明其体裁，上下洽通，古今兼照，斯所以为笼圈条贯之书。"

〔8〕《文选序》历举不选群经、子、史之意，其言曰："姬公之籍，孔父之书，与日月俱悬，鬼神争奥，孝敬之准式，人伦之师表，岂可重以芟夷，加之剪截？老、庄之作，管、孟之流，盖以立意为宗，不以能文为本，今之所撰，又以略诸。若贤人之美辞，忠臣之抗直，谋夫之话，辩士之端，冰释泉涌，金相玉振，所谓坐狙丘，议稷下，仲连之却秦军，食其之下齐国，留侯之发八难，曲逆之吐六奇，盖乃事美一时，语流千载，概见坟籍，旁出子史，若斯之流，又亦繁博。虽传之简牍，而事异篇章，今之所集，亦所不取。至于记事之史，系年之书，所以褒贬是非，纪别同异，方之篇翰，亦已不同。若其赞论之综缉辞采，序述之错比文华，事出于沉思，义归乎翰藻，故与夫篇什，杂而集之。"

〔9〕《隋志》集部总集类叙曰："总集者，以建安之后，辞赋转繁，众家之集，日以滋广。晋代挚虞，苦览者之劳倦，于是采摘孔翠，芟剪繁芜，自诗赋各为条贯，合而编之，谓之《流别》。是后文集总钞，作者继轨，属辞之士，以为覃奥而取则焉。"此总集之作，所以囊括别集，采撅精英，其体例由来如此也。

〔10〕《隋志》杂家："《抱朴子·外篇》三十卷，葛洪撰。"别有内篇二十一卷，言神仙事，在道家。今均存。

〔11〕陕，今通作狭。

〔12〕《文心雕龙·诸子篇》："博明万事为子，适辨一理为论。"

〔13〕《史记·赵世家》："与百神游于钧天广乐，九奏万舞。"《礼记·乐记》："桑间、濮上之音，亡国之音也。"

〔14〕《文选》赵景真《与嵇茂齐书》："表龙章于裸埌。"李善《注》："龙，衮龙之服也。章，章甫之冠也。"

〔15〕原注："《世说·文学篇注》引《惠帝起居注》曰：'裴颀著二论以规虚

诞之弊，文辞精富。’此即《崇有》二论也。《世说》又言：‘王长史宿构精理，并撰其才藻，往与支（道林）语，叙致作数百语，自谓是名理奇藻。’又云，支道林通《庄子·渔父篇》：‘作七百许语，叙致精丽，才藻奇拔。’是皆名理之言，诸子之鼓吹也。而以精富才藻为目，足知晋时所谓翰藻，正在此类。”案此引《世说》以驳昭明但以文采为翰藻之说也。王、支事亦均见《文学篇》。

〔16〕 诸子书名理精湛，无过庄、荀；文辞美富，无过吕、刘。昭明若但以沉思翰藻为选文准绳，则此类正当入录，而乃屏之，可见总集之不及群经子史，固难以此为言也。

〔17〕 《汉志》诸子略：“儒家者流，盖出于司徒之官；道家者流，盖出于史官；阴阳家者流，盖出于羲和之官；法家者流，盖出于理官；名家者流，盖出于礼官；墨家者流，盖出于清庙之守；纵横家者流，盖出于行人之官；杂家者流，盖出于议官；农家者流，盖出于农稷之官。”所谓九流，即诸子也。

〔18〕 总集既据别集以成书，如《隋志》所说，则群经、子、史，本非在别集中，宜总集之不及；此其科律也。昭明不达此义，乃反以沉思翰藻为说，则是从而为之辞也。《孟子·公孙丑篇》：“岂徒顺之，又从为之辞。”赵《注》：“顺过饰非，就为之辞。”

〔19〕 《文选·魏都赋》李《注》引《广雅》曰：“猥，众也。”

〔20〕 文笔之分，或以有韵无韵为言，如刘说；或以文贵藻绘宫商，如范说。持衡萧《选》，则篇章既多无韵之作，诸子无彣者，间亦入录，是固未可云以文笔区分矣。《过秦》、《典论》在诸子者，《汉志》儒家：“《贾谊》五十八篇。”《文选》李《注》引应劭曰：“《过秦论》，贾谊书第一篇名也，言秦之过。”《隋志》儒家：“《典论》五卷，魏文帝撰。”其书今佚，《文选》载《典论·论文》，乃其诸篇之一。

〔21〕 《文选》《汉高祖歌》并《序》云：“高祖还过沛，留，置酒沛宫，悉召故人父老子弟佐酒，发沛中儿，得百二十人，教之歌。酒酣，上击筑自歌：‘大风起兮云飞扬，威加海内兮归故乡，安得猛士兮守四方。’”

〔22〕 《文选》载《古诗十九首》，李《注》：“并云《古诗》，盖不知作者。或云

枚乘，疑不能明也。”

〔23〕 以郭茂倩《乐府诗集》与《文选》相较，知所遗者多矣。《经传释词》：“慭，且也。哀十六《左传》：‘昊天不吊，不慭遗一老，俾屏余一人在位。’杜《注》曰：‘慭，且也。’（王肃《家语·终记篇》同。）”反有慭遗，犹言且反有遗。

〔24〕 有韵之文，基本在节奏，故以乐府为主，其次徒歌，其次吟诵之作。《文选》录及但资吟诵之《十九首》，而乐府反有慭遗，故曰失本。

〔25〕 原注：“《晋书·乐广传》：‘请潘岳为表，便成名笔。’《成公绥传》：‘所著诗、赋、杂笔十余卷。’《张翰传》：‘文笔数十篇行于世。’《曹毗传》：‘所著文笔十五卷。’《王珣传》：‘梦人以大笔如椽与之，既觉，语人曰：此当有大手笔事。俄而帝崩，哀策、谥议皆珣所草。’《南史·任昉传》：‘既以文才见知，时人云，任笔沈诗。’《徐陵传》：‘国家有大手笔，必命陵草之。’详此诸证，则文即诗赋，笔即公文，乃当时恒语。阮元之徒，猥谓俪语为文，单语为笔。任昉、徐陵所作，可云非俪语邪？”考文笔之名称，虽自晋已有，而其别异则迄清始明。阮元主学海堂，尝以此题课士，诸生梁国珍、刘天惠、侯康等，各为《文笔考》，其子阮福又拟《文笔对》，近世仪征刘先生申叔复作《文笔、诗笔、词笔考》，当代王利器、逯钦立诸君亦各有发挥，文畦笔畛，乃判然无余蕴矣。辜较文体，不外三耑：一者，文为诗赋，笔是公文，如上注举证是。二者，文有情采，笔无情采，如范晔说是。三者，文有韵，笔无韵，如刘勰说是。梁元帝《金楼子·立言篇》云：“屈原、宋玉、枚乘、长卿之徒，止于辞赋，则谓之文。至如不便为诗如阎纂，善为章奏如伯松，若此之流，泛谓之笔。吟咏风谣，流连哀思者，谓之文。笔退则非谓成章，进则不云取义，神其巧惠，笔端而已。至如文者，惟须绮縠纷披，宫徵靡曼，唇吻遒会，情灵摇荡。”刘君《中古文学史》云：“今以宋、齐、梁、陈各史传证之，知当时所谓笔者，非徒全任质素，亦非偶语为文，单语为笔也。盖当时世俗之文，有质直叙事，悉无浮藻者，如今本《文选》任昉弹刘整文所引刘寅妻范氏诣台诉词是也。亦有以语为文，无复偶词者，如齐世祖敕晋安

王子懋诸文是也。然史传诸云文笔、词笔，以及所云长于载笔，工于为笔者，笔之为体，统该符檄、笺奏、表启、书札，其弹事、议对之属，亦属于笔，史策亦然。凡文之偶而弗韵者，皆晋宋以来所谓笔类也。”凡此皆羽翼范书，同符章说，而不合于昭明《选序》之所论也。本节论自晋以降，虽有文笔之分，然昭明选集，非可据以为说。

近世阮元，以为孔子赞《易》，始著《文言》，故文以偶俪为主；又牵引文笔之说以成之[1]。夫有韵为文，无韵为笔，是则骈散诸体，一切是笔非文。借此证成，适足自陷[2]。既以《文言》为文，《序卦》、《说卦》又何说焉[3]？且文辞之用，各有体要[4]。《彖》、《象》为占繇，占繇故为韵语[5]；《文言》、《系辞》为述赞，述赞故为俪辞[6]；《序卦》、《说卦》为目录笺疏，目录笺疏故为散录[7]。必以俪辞为文，何缘十翼不能一致？岂波澜既尽，有所谢短乎[8]？盖人有陪贰，物有匹偶[9]。爱恶相攻，刚柔相易，人情不能无然，故辞语应以为俪[10]。诸事有综会待条牒然后明者，《周官》所陈，其数一二三四是也[11]。反是或引端竟末，若《礼经》、《春秋经》、《九章算术》者，虽欲为俪无由[12]。犹耳目不可只，而胸腹不可双。舍是二者，单复固恣意矣[13]。未有一用单者，亦未有一用复者[14]，顾张弛有殊耳[15]。文之名实未在是也；所以为古今者，亦未在是也[16]。

〔1〕 阮氏《文言说》曰：“许氏《说文》：‘直言曰言，论难曰语。’《左传》曰：‘言之无文，行而不远。’此何也？古人以简策传事者少，以口舌传事者多；以目治事者少，以口耳治事者多。故同为一言，转相告语，必有愆误，是必寡其词，协其音，以文其言，使人易于记诵，无能增改，且无方言俗语杂于其间，始能达意，始能行远，此孔子于《易》所以著《文言》之篇也。古人歌诗、箴铭、谚语，凡有韵之文，皆此道也。孔子于乾坤之言，自名曰文，此千古文章之祖也。为文章者，不务协音以成韵，修词以达远，使人易诵易记，而惟以单行之语，纵横恣肆，动

辄千言万字，不知此乃古人所谓直言之言，论难之语，非言之有文者也，非孔子之所谓文也。《文言》数百字，几于句句用韵，孔子于此发明乾坤之蕴，诠释四德之名，几费修词之意，冀达意外之言，不但多用韵，抑且多用偶，凡偶皆文也。于物，两色相偶而交错之，乃得名曰文，文即象其形也。然则千古之文，莫大于孔子之言《易》。孔子以用韵比偶之法，错综其言，而自名曰文。何后人之必欲反孔子之道，而自命曰文，且尊之曰古也？"按骈散之于文笔，非即一事，余杭、仪征二君论之已详。阮氏意在为声偶之文争正统，故援附《文言》为其论据之资，又于《文韵说》诸篇推而及于文笔之辨，一若丽辞即文，散录即笔者，故此谓为牵引也。文言非矜采饰，见前。

〔2〕 阮氏《文韵说》曰："福问曰：'《文心雕龙》云，今之常言，有文有笔。以为无韵者，笔也；有韵者，文也。据此则梁时恒言，有韵者乃可谓之文。而昭明《文选》所选之文，不押脚韵者甚多，何也。'曰：'梁时恒言所谓韵者，固指押脚韵，亦兼谓章句中之音韵，即古人所言之宫羽，今人所言之平仄也。八代不押韵之文，其中奇偶相生，顿挫抑扬，咏叹声情，皆有合乎音韵宫羽者，《诗》、《骚》而后，莫不皆然。是以声韵流变而成四六，亦只论章句中之平仄，不复有押脚韵也。四六乃有韵文之极致，不得谓之为无韵之文也。昭明所选不押脚韵之文，本皆奇偶相生，有声音者，所谓韵也。综而论之。凡文者，在声为宫商，在色为翰藻；韵者，即声音也；声音者，即文也。然则今人所便单行之文，极其奥折奔放者，乃古之笔，非古之文也。'"案元此言，可谓善辨。然韵之恒义，本指韵脚，句中声律，别得和称。故《文心雕龙·声律篇》云："异音相从谓之和，同声相应谓之韵。韵气一定，故余声易遣；和体抑扬，故遗响难契，属笔易巧，选和至难，缀文难精，而作韵甚易。"韵和对举，则彦和所指，专为韵脚可知。至若沈约《宋书·谢灵运传论》有"一简之内，音韵尽殊"之言。《答陆厥书》有"韵与不韵，复有精粗"之论。所指虽兼句中声律，而与刘说终殊，不得举以证成。是以驳阮不及此义。

〔3〕 《周易》孔《疏》："《序卦》者，文王既由六十四卦分为上下两篇，其先

后之次，其理不见。故孔子就上下二经，各序其相次之义。”又：“《说卦》者，陈说八卦之德业变化，及法象所为也。孔子以伏牺画八卦，后重为六十四卦，八卦为六十四卦之本。前《系辞》中略明‘八卦小成，引而伸之，触类而长之，天下之能事毕矣。’又曰：‘八卦成列，象在其中矣。因而重之，爻在其中矣。’又云：‘古者包牺氏之王天下也，仰则观象于天，俯则观法于地，观鸟兽之文，与地之宜，近取诸身，远取诸物，于是始作八卦，以通神明之德，以类万物之情。’然引而伸之，重三成六之意，犹自未明；仰观俯察，近身远物之象，亦为未见。故孔子于此，更备说重卦之由，乃八卦所为之象。”今考《文言》、《序卦》、《说卦》均在十翼中，乃独指《文言》为文，余无序、说之号，则阮氏之说，信属假圣经以自重也。

〔4〕《周书·毕命》：“辞尚体要。”伪孔《传》：“辞以理(阮元《校勘记》云：“按《正义》，当作‘以体’。”)实为要。”按此言体要云云，即后世文各有体之义。十翼各有体也。

〔5〕《周易》孔《疏》：“夫子所作《彖辞》，统论一卦之义，或说其卦之德，或说其卦之义，或说其卦之名。故略例云；‘《彖》者何也，统论一卦之体，明其所由之主。’”又：“十翼之中，第三翼总象一卦，故谓之大象。但万物之体，自然各有形象，圣人设卦以写万物之象，今夫子释此卦之所象，故言《象》曰。”闵二年《左传注》云：“繇，卦兆之占辞。”彖象占繇之体，旨隐微词，且期便于记诵，故多韵语。例详顾炎武《易音》、毛奇龄《易韵》。

〔6〕《周易》孔《疏》：“谓之《系辞》者，凡有二义：论字取系属之义，圣人系属此辞于爻卦之下，则上下二篇是也。文取系属之义，故字体从毄。(本作繫。阮元《校勘记》据钱本、宋本改。)又音为系者，取刚系之义，卦之与爻，各有其辞以释其义，则卦之与爻，各有刚系，所以音谓之系也。夫子本作十翼，申明上下二篇经文，《系辞》条贯义理，别自为卷。”系，繁体作繫，故《疏》云尔。述赞者，述其德业以形容之。《文选》录《汉书》纪、传诸赞，以“史述赞”标目，此用字所本，其体主阐扬涵蕴，故重比喻而多俪辞，文言用偶。阮氏《文言说》举列綦详，

《系辞》亦相仿佛也。

〔7〕 目录以统端绪，笺疏以详义旨，其事非韵语俪辞可胜，故《序卦》、《说卦》皆以散文为之。张涤华先生曰："案元李冶《敬斋古今黈》卷一云：'欧阳公不信《周易·系辞》，而于《序卦》则未尝置论。此盖孔子见古之《易》书，其诸卦前后相连，悉已如是，因而次第之以为目录云耳。'又清卢文弨《钟山札记》卷四云：'吾以为《易》之《序卦传》非即六十四卦之目录欤？《史》、《汉》诸序殆昉于此。'李、卢并谓《序卦》为目录，说与此同。或即章君所本。"

〔8〕 十翼者，上彖一，下彖二，上象三，下象四，上系五，下系六，文言七，说卦八，序卦九，杂卦十也。此驳阮氏《文言说》"千古之文，莫大于孔子之言《易》，孔子以用韵比偶之法，错综其言而自名曰文"之论。以为十翼之作，同出一人，何以或韵或骈或散，岂其才竭尽，不能画一乎？波澜，以文喻水也。陆机《文赋》："或沿波而讨源。"又："犹开流以纳泉。"皆与此类。谢亦短也。《论衡》有《谢短篇》。此用其字。

〔9〕 《诗·大雅·荡》："以无陪无卿。"毛《传》："无陪贰也。"《疏》："陪贰谓副贰。"《方言注》："耦，亦匹也。"通作偶。

〔10〕 《文心雕龙·丽辞篇》："造化赋形，支体必双，神理为用，事不孤立。夫心生文辞，运裁百虑，高下相须，自然成对。"黄先生《书后汉书论赞》曰："尚考文章之多偶语，固由便于讽诵，亦缘心灵感物，每有联想之能；庶事浩穰，常得齐同之致。或比方而愈憭，或反复以相明。兼以诸夏语文，单觭成义，斯所以句能成匹，语可同韵。是则联类之思，人类所同有；排比之文，吾族所独擅。论文体者，宜于此察也。"以此释刘、章说最明。

〔11〕 此言排比之辞有必然者。《周官》之书，条理密察，所陈多以名数排比。如《天官》"大宰之职，掌建邦之六典：一曰治典，二曰教典，三曰礼典，四曰政典，五曰刑典，六曰事典"之类是也。《庄子·天下篇》："以法为分，以名为表，以参为验，以稽为决，其数一二三四是也。百官以此相齿。"

〔12〕 此言单行之辞亦有必然者。《礼经》，今《仪礼》是。《九章算术》，

《四库提要》云："盖《周礼》保氏之遗法，汉张苍删补校正，而后人又有所附益也。"兹三书者，《礼经》所以明节文之委曲，《春秋》所以原一事之始终，《算术》则演推名数，皆引端而竟末，义属单行，故其文亦应以为散。

〔13〕《列子·周穆王篇》："游燕宫观，恣意所欲。"

〔14〕原注："案宋代以来，言文章者，皆谓俪语为俳。阮氏之论，亦发愤而作也。不悟宋人俪语亦自不少，苏轼《上皇帝书》，其著者也。曾巩《战国策序》、《移沧州疏》，其间俪语，与齐、梁人不殊，下者直如当时四六矣。其他类此者众，盖非简策之书而纯为单语者，世所鲜有。"

〔15〕《礼记·杂记》："一张一弛，文武之道也。"此承上文言不能一于单，亦不能一于复，大抵因人因时而各有所偏也。盖骈散之文，各有体要，汉、魏、六朝，由单趋复，唐宋以降，运复成单，大势如此，易地皆然。然自唐韩氏盛持古文之论，清阮氏起，复力反之，虽陷纷拿，亦判畦畛。近世阳湖李氏、湘乡曾氏，则又发为调和之说，以申阴阳之互相为用，奇偶之不可一齐，尤为通识。李兆洛《骈体文钞序》曰："天地之道，阴阳而已。奇偶也，方圆也，皆是也。阴阳相并俱生，故奇偶不能相离，方圆必相为用，道奇而物偶，气奇而形偶，神奇而识偶。孔子曰：'道有变动，故曰爻；爻有等，故曰物；物相杂，故曰文。'又曰：'分阴分阳，迭用刚柔。'故《易》六位而成章，相杂而迭用，文章之用，其尽于此乎？六经之文，班班具存。自秦迄隋，其体递变，而文无异名。自唐以来，始有古文之目，而目六朝之文为骈俪，而为其学者，亦自以为与古人殊路，既歧奇与偶为二，而于偶之中，又歧六朝与唐与宋为三。夫苟第较其字句，猎其影响而已。则岂徒二焉三焉而已，以为万有不同可也。"曾国藩《送周荇农南归序》曰："天地之数，以奇而生，以偶而成，一则生两，两则还归于一。一奇一偶，互为其用，是以无息焉。物无独，必有对。太极生两仪，倍之为四象，重之为八卦，此一生两之说也。两之所该，分而为三，爻而为万，万则几于息矣。物不可以终息，故还归于一。文字之

道，何独不然？六籍尚已。自汉以来，为文者莫善于司马迁。迁之文，其积句也皆奇，而义必相辅，气不孤申，彼有偶焉者存焉。其他善者，班固则毗于用偶，韩愈则毗于用奇，蔡邕、范蔚宗以下，如潘、陆、沈、任等比者，皆师班氏者也。茅坤所称八家，皆师韩氏者也。转相祖述，源远而流益分，判然若白黑之不类。于是刺议互兴，尊丹者非素，而六朝、隋、唐以来骈偶之文，亦以久王而将厌，宋代诸子，乃承其敝，而倡为韩氏之文，而苏轼遂称曰‘文起八代之衰’，非真其才之足以相胜。物穷则变，理固然也。”详览二人之言，推原大《易》，致憾偏畸，若合符节，而迹其所至，则李卒毗偶，曾卒毗奇，此亦张弛有殊之义也。自余相类之论，有包世臣《文谱》，朱一新《无邪堂答问》，王闿运《王志》，孙德谦《六朝丽指》等，学者可览观焉。

〔16〕 阮氏争文之名实，谓古文不得名文，又争文之古今，谓尤不当曰古，具见前引。本节专驳阮氏以声偶为文之说。

或举《论语》言辞达者，以为文之与辞，较然异职[1]。然则《文言》称文，《系辞》称辞，体格未殊，而题号有异，此又何也[2]？董仲舒云：“《春秋》文成数万。”兼彼经传，总称为文[3]。犹曰今文家曲说耳[4]。太史公亦云：“论次其文。”[5]又曰：“汉兴，萧何次律令，韩信申军法，张苍为章程，叔孙通定礼仪，则文学彬彬稍进。”[6]《艺文志》言：“秦燔灭文章，以愚黔首。”[7]文章者，谓经、传、诸子[8]。迁、固所称，半非偶俪之文也[9]。屈、宋、唐、景所作，既是韵文，亦多俪语[10]。而《汉书·王褒传》已有《楚辞》之目[11]。王逸仍其旧题，不曰楚文[12]。斯则韵语偶语，亦既谓之辞矣。《汉书·贾谊传》云：“以属文称于郡中。”其文云何？以为赋邪？《惜誓》载于《楚辞》，文辞不别[13]；以为奏记条议，适彼之所谓辞也[14]。《司马相如传》云：“景帝不好辞赋。”《法言·吾子》云：“诗人之赋丽以则。辞人之赋丽以淫。”[15]“或谓：‘君子尚辞乎？’曰：‘君子事之为尚[16]。事胜辞则伉；辞胜事则赋；事辞称则经。’”[17]以是见韵文偶语，并得称辞，无文辞之别也[18]。且文辞之称，若从其本以为部署[19]，则辞为口说[20]，文为文字。古者简帛重烦，多取记臆。故或用韵文，或用偶语。为其音节谐适，易于口记，不烦记载也[21]。战国纵横之士，抵掌摇唇，亦多积句，是则偶丽之体，适可称职[22]。乃如史官方策[23]，有《春秋》、《史记》、《汉书》之属，适当称为文耳[24]。由是言之，文辞之分，反覆自陷[25]，可谓大惑不解者矣[26]。

〔1〕 此节，原书与上节不分，盖推驳阮以及或说，今以所论别是一事，故为析之。或说，谓仪征刘君《文章原始》之论也，以同时相友善，故不斥言。《文章原始》曰："春秋之时，言词恶质，一语一词，必加修饰。《左传》曰：'言之无文，行而不远。'又曰：'非文辞不为功。'文辞，犹言文言也。"自注云："《说文》曰：'词，意内言外也。'是词与言同，文言即文饰之词也。孔子言词达而已，即不文饰之词也。言词达而已，不言文达而已，足证词与文不同，词非文也。"案《论语·卫灵公篇》："子曰：'辞，达而已矣。'"刘君盖本此立说。考苏轼《答谢民师书》云："孔子曰：'言之不文，行之不远。'又曰：'词，达而已矣。'夫言止于达，疑若不文。是大不然，求物之妙，如系风捕影，能使了然于心者，盖千万人而不一遇也，而能使了然于口乎？是之谓'词达'。词至于能达，则文不可胜用矣。"此论交举文词，亦可证二者初无大别。则此论宜来章公之驳也。《经传释词》："则犹而也。《荀子·荣辱篇》曰：'夫贵为天子，富有天下，是人情之所同欲也。然则从人之欲，则势不能容，物不能赡也。'《史记·封禅书》曰：'然则怪迂、阿谀、苟合之徒自此兴。'然则皆谓然而也。"

〔2〕 刘君文辞有别之论，仍出其乡先正阮氏父子。阮福《文笔对》曰："《孟子》曰：'说诗者，不以文害辞。'赵岐《注》曰：'文，诗之文章，所引以兴事也。辞，诗人所歌咏之辞。'是文者，音韵铿锵，藻采振发之称。辞特其句之近于文，而异乎直言者耳。"是其义也。阮氏之说，本用《文言》为依据，刘既更加推阐，故仍就十翼体格驳之。

〔3〕 《史记·太史公自序》："余闻董生曰：'《春秋》文成数万，其指数

千。’”裴氏《集解》：“张晏曰：‘《春秋》万八千字，当言减，而云成数，字误也。’骃谓太史公此辞是述董生之言。董仲舒自治《公羊春秋》，《公羊》经传凡有四万四千余字，不得如张议，但论经万八千字，便谓之误。”

〔4〕 经书自秦火后，有古今文之分。今文者，汉初诸师口授，写以隶书。古文出自孔壁，书体皆先秦之旧。其始惟篇目、文字有异，寖假而说制度，释义理，俱各不同。其争迄有清犹未已。钱大昕《跋春秋繁露》云：“董生治《公羊春秋》，故许叔重《五经异义》以《公羊》、《穀梁》为今文说，《左氏》为古文说。”章公主古文，治《左传》，故谓其言为曲说也。

〔5〕 见《太史公自序》。司马迁治古文《尚书》，故引其语以为证也。章公尝著《太史公古文尚书说》。

〔6〕 数语亦见《自序》。文学而赅律令、军法、章程、礼仪诸科，是汉初之义，犹先秦之旧也。

〔7〕 见《汉志序》。师古曰：“燔，烧也。秦谓人为黔首，言其头黑也。”

〔8〕 《史记·秦始皇本纪》载李斯《议》曰：“臣请史官非秦纪皆烧之，非博士所官职，天下有敢藏《诗》、《书》、百家语者，悉诣守尉杂烧之。制曰：‘可。’”《诗》、《书》者经，史记者传，百家语者诸子，是皆《汉志》所谓文章也。

〔9〕 班固《两都赋序》云：“大汉初定，日不暇给。至于武、宣之世，乃崇礼官，考文章，故言语侍从之臣，朝夕论思，日月献纳，而公卿大臣，时时间作。或以抒下情而通讽喻，或以宣上德而尽忠孝，抑亦《雅》、《颂》之亚也。故孝成之世，论而录之，盖奏御者千有余篇，而后大汉之文章炳焉与三代同风。”阮氏据此，谓班生之称文章，同于萧嗣，盖以偶俪为宗。故其《书文选序后》又曰：“自唐宋韩、苏诸大家以奇偶相生之文为八代之衰而矫之，于是昭明所不选者，反皆为诸家所取。其所著非经即子，非子即史，求其合于昭明《序》所谓文者，鲜矣。合于班孟坚《两都赋序》所谓文章者，更鲜矣。”斯乃胶执《赋序》，而罔顾《汉志》之言，故特称引以驳之也。

〔10〕《史记·屈原列传》：原"忧愁幽思，而作《离骚》。既死之后，楚有宋玉、唐勒、景差之徒者，皆好辞而以赋见称。"《汉志》诗赋略："《屈原赋》二十五篇，《唐勒赋》四篇，《宋玉赋》十六篇。"无景差作，惟今传王逸《楚辞章句·大招序》云："《大招》者，屈原之所作也，或曰景差，疑不能明也。"《唐勒赋》今银雀山出土汉简中有其残文，此就《史记》统举之。

〔11〕《王褒传》："褒，字子渊，蜀人也，能为《楚辞》。"考《史记·酷吏列传》云："买臣以《楚辞》与助俱幸。"则汉初已有此名。

〔12〕《楚辞章句序》云："屈原之辞，诚博远矣。"亦其一证。

〔13〕《汉志》诗赋略："《贾谊赋》七篇。"王逸《惜誓章句序》云："《惜誓》者，不知谁作也。或曰贾谊，疑不能明也。"洪兴祖《楚辞补注》引《汉书》本传《吊屈原赋》，谓"与此语意颇同"。故此定为谊作。

〔14〕彼，谓或说也。贾生他作如《陈政事疏》之类，皆奏记条议，信如或说，又不当得文称矣。

〔15〕李轨《法言注》："则，谓陈威仪，布法则。淫，谓奢侈相胜，靡丽相越，不归于正也。"

〔16〕李《注》："贵事实，贱虚辞。"

〔17〕李《注》："夫事功多而辞美少，则听声者伉其动也。事功省而辞美多，则赋颂者虚过也。事辞相称，乃合经典。"

〔18〕以上历举或说之所谓辞，古人有称文者；或说之所谓文，古人有称辞者，以破其论。

〔19〕张涤华先生曰："案《汉书·项籍传》云：'部署豪杰。'师古《注》：'分部而署置之也。'(《高帝纪》"部署诸将"句下注略同。)"

〔20〕仪征刘君《论文杂记》曰："《说文》辛部云：'辞，讼也。从𤔔。𤔔，犹理辜也。𤔔，理也。'又有𤕰字，下云：'籀文辞，从司。'是辞专指狱讼言，故与辜等字并列。此辞字之本义也。又《说文》司部下云：'词，意内而言外也，从司从言。'是词章、词藻诸字，皆作词而不作辞。而词字又训为语助，凡古籍言辞、文辞诸字，古者莫不作词，特秦、汉以降，误词为辞耳。《易·系辞释文》云：'辞，说也，辞本作词。'

《礼记·曲礼篇释文》并同。《周礼》大行人职云：'协辞命。'郑《注》云：'故书作叶词命。'《诗·大雅》云：'辞之辑矣。'《说文》引作'词之辑矣。'是词为古文，而辞字则系传写之误。其所以误词为辞者，则由辞字籀文作嗣，与词字之形相近，故因形近而相讹，实则字各一义，非古代通用之字也。"又自注云："《汉书·叙传音义》云：'词，古辞字。'是辞字古文当作词字之证。"

〔21〕 详阮氏《文言说》，前已引之。而章学诚《文史通义·诗教下》亦有类似之言，尤早于阮。见本书下卷。

〔22〕 《诗教上》曰："纵横之学，本于古者行人之官，观春秋之辞命，列国大夫，聘问诸侯，出使专对，盖欲文其言以达旨而已。至战国而抵掌揣摩，腾说以取富贵，其辞敷张而扬厉，变其本而加恢奇焉。"夫其扬厉敷张，恢廓声势，必以比譬之方，偶俪之体出之，乃能动听。今传《国策》，则其佳例。是古人口说之辞，反多偶俪，非必如或说之以文始若此也。

〔23〕 《仪礼·聘礼》："百名以上书于策，不及百名书于方。"郑《注》："策，简也。方，板也。"

〔24〕 《春秋》、《史》、《汉》，散行为多，而当其始有，即布方策，是古人笔述之文，反多单行，必非如或说之以辞始若此也。

〔25〕 《韩非子·难势篇》："人有鬻矛与盾者，誉其盾之坚，物莫能陷也；俄而又誉其矛曰，吾矛之利，物无不陷也。人应之曰，以子之矛，陷子之盾，何如？其人弗能应也。以为不可陷之盾，与无不陷之矛为名，不可两立也。"反复自陷，语意本此。

〔26〕 《庄子·天地篇》："大惑者，终身不解。"本节驳或人文辞异职之论，而于阮氏之说为或人所据者，亦连类及之。

或言学说文辞所由异者，学说以启人思，文辞以增人感[1]。此亦一往之见也。何以定之？凡云文者，包络一切著于竹帛而为言[2]。故有成句读文，有不成句读文[3]。兼此二事，通谓之文。局就有句读者[4]，谓之文辞。诸不成句读者，表谱之体，旁行邪上[5]，条件相分。会计则有簿录[6]，算术则有演草，地图则有名字[7]。不足以启人思，亦又无以增感。不得言文辞，非不得言文也[8]。诸成句读者，有韵无韵则分。诸在无韵，史志之伦，记大傀异事则有感[9]，记经常典宪则无感[10]。既不可齐一矣[11]。持论本乎名家，辨章然否，言称其志，未足动人[12]。《过秦》之伦，辞有枝叶[13]，其感人顾深挚[14]，则本之纵横家[15]。然其为论一也[16]。不可以感人者为文辞，不感者为学说。且文曲交化，其度无穷[17]。陆云论文，先辞后情，尚絜而不取悦泽[18]。此宁可以一概齐哉[19]？就言有韵，其不感人者亦多矣。《风》、《雅》、《颂》者，盖未有离于性情[20]；独赋有异[21]。夫宛转偯隐[22]，赋之职也。儒家之赋，意存谏诫。若荀子《成相》一篇[23]，其足以感人安在[24]？乃若原本山川，极命草木[25]，或写都会、城郭、游射、郊祀之状，若相如有《子虚》，扬雄有《甘泉》、《羽猎》、《长杨》、《河东》，左思有《三都》，郭璞、木华有《江》、《海》[26]，奥博翔实，极赋家之能事矣[27]。其专赋一物者，若孙卿有《蚕赋》、《箴赋》[28]，王延寿有《王孙赋》[29]，祢衡有《鹦鹉赋》[30]，侔色揣称[31]，曲成形相。嫠妇孽子读之不为泣[32]，介胄戎士咏之不为奋[33]。当其始造，非自感则无以为也；比文成而感亦替。斯不可以一端论[34]。又学说者，非一往不可感人。凡感于文言者[35]，在其得我心。是故饮食移味，居处缊愉者[36]，闻劳人之歌，心犹怕然[37]。大愚不灵，无所愤悱者[38]，睹眇论则以为恒言也[39]。身有疾痛，闻幼眇之音，则感慨随之矣[40]。心有疑滞，睹辨析之论，则悦怿随之矣[41]。故曰："发愤忘食，乐以忘忧。"[42]凡好学者皆然，非独仲尼也[43]。以文辞学说为分者，得其大齐[44]。审察之则不当[45]。

〔1〕 谢无量《中国大文学史》引西人戴昆西之言曰："文学之别有二：一属于知，一属于情。属于知者，其职在教；属于情者，其职在感。"斯盖远西之说云尔，而近人又多本之也。

〔2〕 包络犹包罗也。以有文字著于竹帛为文。此章君画疆之论，见

篇首。

〔3〕 句读者，黄先生《〈文心雕龙·章句篇〉札记》云："《说文》，'亅，有所绝止，亅而识之也。'假借为读，所谓句读之读也。凡一言之停顿者，用之，或作句投，或作句豆，或变作句度。其始皆但作亅耳。句之语原于乚。《说文》：'乚，钩识也，从反亅。'是乚亦所以为识别，与亅同义。章先生说。又转为句。《说文》曰：'句，曲也。'句之名，秦、汉以来，众儒为训诂者乃有之。此由讽诵经文，于此小顿，正用钩识之义。或谓句读二者之分，凡语意已完为句，语意未完，语气可停者，为读。此说无征于古。"今案，成句读文者，文字著于竹帛，而有文法上之组织者也。不成句读文者，但具单词只义者也。

〔4〕 《尔雅·释言》："局，分也。"

〔5〕 《梁书·刘杳传》："王僧孺被敕撰谱，访杳血脉所因，杳云：'桓谭《新论》云：太史三代世表，旁行邪上，并效周谱。以此而推，当起周代。'"梁玉绳《史记志疑》："今表有旁行而无邪上，久失其旧。"

〔6〕 《孟子·万章篇》："孔子尝为委吏矣。曰，会计当而已矣。"

〔7〕 本篇初稿《文学论略》云："此皆有名身而无句身。"

〔8〕 文者大名，文辞者小名。簿录以次，虽无句读，要皆文之属。

〔9〕 《周礼·春官·大司乐》："凡日月食，五岳崩，大傀异灾，令去乐。"郑《注》："傀犹怪也。"

〔10〕 《周礼·秋官·大司寇》："掌建邦之三典。"《注》："典，法也。"《书·益稷》："慎乃宪。"《传》："宪，法也。"

〔11〕 史志记事，有常有变。若名物制度是其常，则无由感人；若兴亡成败是其变，则足以感人也。

〔12〕 《国故论衡·论式篇》引《与人书》曰："文生于名，名生于形，形之所限者分，名之所稽者理。分理明察，谓之知文。"论以辨析为务，故必本名家，然辞达而已，未必足以动人也。

〔13〕 《礼记·表记》："天下无道，则辞有枝叶。"郑《注》："言有枝叶，是众虚华也。"

〔14〕 《国策·秦策》："顾争于戎狄。"《注》："顾，反也。"《诗·关雎》郑

《笺》:“挚之言至也。”

〔15〕 章学诚《诗教上》曰:“九流之学,出而用世,必兼纵横,所以文其质也。”又曰:“《过秦》、《王命》、《六代》、《辨亡》诸论,抑扬往复,诗人讽谕之旨。”章君《论式篇》曰:“晚周之论,内发膏肓,外见文采,其语不可增损。自贾谊已繁穰,其次渐与辞赋同流。”盖晚周纵横,出于《诗》教;汉世辞赋,又出纵横。《过秦》之属,颇事敷张,实上嗣纵横,而下开辞赋,故有足动人心目者。

〔16〕 此明有名家不感人之论,有纵横家感人之论,亦不可一齐。

〔17〕 《荀子·正论篇》:“聚人徒,立师学,成文曲。”章君《文始》曰:“文曲即文句。”黄先生《〈文心雕龙·章句篇〉札记》曰:“凡书言文曲(《荀子》),言曲折(《汉书·艺文志》),言曲度(傅毅《舞赋》),皆言声音于此稽止也。”

〔18〕 原注:“《与兄平原书》。”案今见本集。后情而不取悦泽,盖以形文为主,而以情文为次。

〔19〕 以上历举无韵之文,大分记叙、论说两类,而皆有可感人者,有不可感人者,以见文术变化之无穷也。

〔20〕 《诗大序》:“诗有六义焉:一曰风,二曰赋,三曰比,四曰兴,五曰雅,六曰颂。上以风化下,下以风刺上,主文而谲谏,言之者无罪,闻之者足戒。故曰风。以一国之事,系一人之本,谓之风。言天下之事,形四方之风,谓之雅。颂者,美盛德之形容,以其成功告于神明者也。”据此,风、雅、颂义皆主美刺,不离性情。

〔21〕 《文心雕龙·诠赋篇》:“赋者,铺也。铺采摛文,体物写志也。”其体盖亦参今人所谓客观描写,不专以性情为主。

〔22〕 《礼记·间传》:“大功之哭,三曲而偯。”郑《注》:“偯,声余,从容也。”《楚辞·悲回风》:“孰能思而不隐兮。”王《注》:“隐忧也。”

〔23〕 《汉书·艺文志》:“《孙卿赋》十篇。”今《荀子》书有《赋篇》、《成相篇》,不审即《汉志》所著录者否?杨倞《成相篇注》云:“《汉书·艺文志》谓之《成相杂辞》,盖亦赋之类也。”《荀子》,《汉志》在儒家,故曰儒家之赋。俞樾《诸子平议》云:“《礼记·曲礼篇》:‘邻有丧,舂

不相。'郑《注》曰:'相谓送杵声。'盖古人于劳役之事,必为讴歌以相劝勉,亦举大木呼邪许之比,其乐曲即谓之相。'请成相'者,即请成此曲也。《汉志》有《成相杂辞》,足征古有此体也。"

〔24〕《成相》之辞,皆极论治乱,以儆时王,了无篇什之美。

〔25〕枚乘《七发》:"于是使博辩之士,原本山川,极命草木。"《文选注》引赵岐《孟子注》曰:"命,名也。"

〔26〕《河东赋》载《汉书·扬雄传》,余并见《文选》。

〔27〕赋主铺陈,故奥博详实,即极其能事也。

〔28〕见《荀子·赋篇》。

〔29〕见《古文苑》。柳子厚有《憎王孙文》。旧《注》:"汉王延寿尝为《王孙赋》,有云:'颜状类乎老翁,躯体似乎小儿。'盖猴类而小者也。"

〔30〕见《文选》。

〔31〕谢惠连《雪赋》:"抽子秘思,骋子妍辞,侔色揣称,为寡人赋之。"

〔32〕谓无哀情。

〔33〕谓无壮美。

〔34〕文学之事,于己所以自抒所怀,于人所以引起同感。然己有文成而感随替者,则以所怀既宣,心情亦变也。人有览文而无所感者,则以处境各异,无动于中也。章学诚《文史通义·文理篇》云:"比如怀人见月而思,月岂必主远怀?久客听雨而悲,雨岂必有愁况?然而月下之怀,雨中之感,岂非天地至文,而欲以此感此怀,藏为秘密;或欲嘉惠后学,以谓凡对明月与听霖雨,必须用此悲感,方可领略,则适当良友乍逢,及新婚宴尔之人,必不信矣。"此论境遇心情,互为影响,感受之际,难可强同,可谓精矣。以上举有韵之文,虽为情性之风标,然其感人与否,乃无从胶执也。

〔35〕此云文言,犹文辞也。

〔36〕《大戴礼·曾子立孝篇》:"饮食移味,居处温愉。"卢《注》移味曰:"随所欲也。"《广雅·释诂》:"缊,饶也。"《说文》:"愉,乐也。"温愉即缊愉。

〔37〕《春秋》宣十五年《公羊传解诂》:"男女有所怨恨,相从而歌,饥者歌

其食，劳者歌其事。”《说文》：“怕，无为也。”此言境遇不同，则哀乐不能相感以通。龚自珍《与江居士笺》云：“陈饿夫之晨呻于九宾鼎食之前，则叱矣；愬寡女之夜哭于房中琴好之家，则谇矣。”亦犹夫此义也。

〔38〕《庄子·天地篇》：“大愚者，终身不灵。”《论语·述而篇》：“不愤不启，不悱不发。”朱《注》：“愤者，心求通而未得之意；悱者，口欲言而未能之貌。”

〔39〕《史记·货殖传》：“虽户说以眇论，终不能化。”《孟子·离娄篇》：“人有恒言。”此言贤愚各别，则知识不能相悦以解。

〔40〕《汉书·中山靖王胜传》：“来朝，天子置酒，胜闻乐声而泣。问其故，胜对曰：‘臣闻悲者不可为累欷，思者不可为叹息，故高渐离击筑易水之上，荆轲为之低而不食。雍门子一微吟，孟尝君为之于邑。今臣心结日久，每闻幼眇之声，不知涕泣之横集也。’”颜《注》：“幼眇，精微也。”

〔41〕《礼记·文王世子》：“是故其成也怿。”郑《注》：“怿，悦怿。”枚乘《七发》称楚太子有疾，吴客往问之，因说以音乐、滋味、游宴、校猎、观涛诸事，皆谢不能。客乃曰：“将为太子奏方术之士，有资略者，若庄周、魏牟、杨朱、墨翟、便蜎、詹何之伦，使之论天下之精微，理万物之是非，孔、老览观，孟子持筹而算之，万不失一，此亦天下要言妙道也。太子岂欲闻之乎？”于是太子据几而起曰：“涣乎，若一听圣人辩士之言，涊然汗出，霍然病已。”此虽说辞，要可证成章君之说矣。

〔42〕《论语·述而篇》：“叶公问孔子于子路，子路不对。子曰：‘女奚不曰：其为人也，发愤忘食，乐以忘忧，不知老之将至云尔？’”

〔43〕以上申论学说之事，明其理则可相悦以解，与文辞之事，同其境则能相感以通者，无殊。

〔44〕《列子·杨朱篇》：“百年者，寿之大齐。”齐，犹限也。

〔45〕本节论学说文辞异职之说，虽得其大齐，终不免一往之见。

如上诸说，前之昭明，后之阮氏，持论偏颇[1]，诚不足辩。最后一说，以学说文辞对立。其规模虽少广，然其失也，只以彣彰为文，遂忘文字。故学说不彣者，乃悍然摈诸文辞以外。惟《论衡》所说，略成条贯[2]。《文心雕龙》张之，其容至博；顾犹不知无句读文。此亦未明文学之本柢也。余以书籍得名，实冯傅竹木而起[3]。以此见言语文字，功不能齐。世人以经为常，以传为转，以论为伦[4]。此皆后儒训说，未必睹其本真。案经者，编丝缀属之称[5]，异于百名以下用版者[6]，亦犹浮屠书称修多罗[7]。修多罗者，直译为线，译义为经。盖彼以贝叶成书[8]。故用线联贯也；此以竹简成书，亦编丝缀属也[9]。传者，专之假借[10]。《论语》："传不习乎。"[11]鲁作"专不习乎。"[12]《说文》训专为六寸簿。簿即手版，古谓之忽[13]。书思对命，以备或忘[14]，故引伸为书籍记事之称。书籍名簿，亦名为专[15]。专之得名，以其体短，有异于经。郑康成《论语序》云："《春秋》二尺四寸，《孝经》一尺二寸，《论语》八寸。"[16]此则专之简策，当复短于《论语》，所谓六寸者也[17]。论者，古但作仑。比竹成册，各就次第，是之谓仑[18]。箫亦比竹为之[19]，故龠字从仑[20]。引伸则乐音有秩亦曰仑，"于论鼓钟"是也[21]；言说有序亦曰仑，"坐而论道"是也[22]。《论语》为师弟问答，乃亦略记旧闻，散为各条，编次成帙[23]，斯曰仑语[24]。是故绳线联贯谓之经，簿书记事谓之专，比竹成册谓之仑，各从其质以为之名，亦犹古言方策，汉言尺牍[25]，今言札记矣[26]。诸书不见题署者，亦往往从质名。太公之书而称《六弢》[27]，黄帝之书而称《九卷》[28]，直谓书囊有六[29]，拷帛有九也[30]。虽古之言肄业者，亦谓肄版而已[31]。《释器》云："大版谓之业。"书有篇第[32]，而习者移书其文于版[33]，故云肄业。《管子·宙合》云："退身不舍端。修业不息版。"[34]以是征之，则肄业为肄版明矣。凡此皆从其质以为名，所以别文字于语言也。其必为之别，何也？文字初兴，本以代声气[35]，乃其功用有胜于言者。言语仅成线耳，喻若空中鸟迹，甫见而形已逝[36]。故一事一义得相联贯者，言语司之。及夫万类坌集[37]，棼不可理[38]；言语之用，有所不周，于是委之文字。文字之用，足以成面，故表谱、图画之术兴焉[39]。凡排比铺张[40]，不可口说者，文字司之。及夫立体建形，向背同现，文字之用，又有不周，于是委之仪象。仪象之用，足以成体，故铸铜、雕木之术兴焉[41]。凡望高测深，不可图表者，仪象司之[42]。然则文字本以代言，其用则有独至。凡无句读文，皆文字之所专属也。以是为主。故论文学者，不得以兴会神旨为上[43]。昔者，文气之论，发诸魏文帝《典论》[44]，而韩愈、苏辙窃焉[45]。文德之论，发诸王充《论衡》[46]，杨遵彦依用之[47]，而章学诚窃焉[48]。气非窜突如鹿豕，德非委蛇如羔羊[49]，知文辞始于表谱、簿录[50]，则修辞立诚其首也[51]。气乎、德乎，亦末务而已矣[52]。

〔1〕《书·洪范》："无偏无陂。"《传》："陂，旧本作颇。"

〔2〕《论略》原稿云："《论衡》所说，略成条理，先举奏记为质，则不遗公牍矣。次举叙事、经说、诸子为言，则不遗历史与学说矣。有韵为文，人所共晓，故略而不论。杂文汉时未备，故亦不著。不言小说，或其意存鄙夷。不列典章，由其文有缺略。此则不能无失者也。"按原稿附表，有句读文中大分有韵无韵二类；无韵之文，更分学说、历史、公牍、典章、杂文、小说六科。详本书下卷《文赋》按语。

〔3〕冯，凭本字。以有文字著于竹帛，故谓之文；以有竹帛传此文字，则为书籍。

〔4〕《释名·释典艺》："经，径也，常典也，如径路无所不通，可常用也。传，传也，以传示后人也。论，伦也，有伦理也。"又《释书契》："传，转也。"《孔丛子·执节篇》："经者，取其常也，可常则为经矣。"《文心雕龙·史传篇》："传者，转也，转受经旨，以授于后。"盖汉以来义训皆如此。

〔5〕《说文》："经，织从丝也。""从丝"二字，段《注》据《太平御览》校补。从，即纵。从丝，今云经线。

〔6〕 古人作书不及百名，则就方版为之。其逾百名，非一版可尽，则以简策连书，编丝缀焉。见前引《聘礼》。《史记·孔子世家》："读《易》，韦编三绝。""韦"盖即"纬"字。今出土古简册甚多，皆以丝编，无以韦者也。故下文但云"编丝缀属"。

〔7〕 《魏书·释老志》："浮屠正号曰佛陀。"诸书或曰浮图、浮头，皆异译也。法云《翻译名义集》："修多罗，或修单兰，或修妒路，《西域记》名素怛览，旧曰修多罗，讹也。有五译：一翻经，二翻论，三翻法本，四翻线，五翻善语。"

〔8〕 段成式《酉阳杂俎》："贝多，汉翻为叶，贝多婆力义者，汉言叶树也。"彼教用以写经。故《宋史·天竺国传》载："僧道圆自西域还，得贝叶梵经四十夹。"

〔9〕 以上释经之本义。

〔10〕 《说文序》："假借者，本无其字，依声托事。"

〔11〕 见《学而篇》。

〔12〕 《经典释文叙录》："《论语》，汉兴，传者有三家：《鲁论语》者，鲁人所传，即今所行篇次是也。《齐论语》者，齐人所传，别有《问王》、《知道》二篇，凡二十二篇。《古论语》者，出自孔氏壁中，凡二十一篇，有两《子张》，安昌侯张禹受《鲁论》、《齐论》，择善而从，号曰《张侯论》，最后而行于汉世。后汉包咸、周氏，并为章句，列于学官。郑玄就《鲁论》张、包、周之篇章，考之齐、古，为之注焉。"《论语释文》"传不习乎"句下引郑《注》云："鲁读传为专。今从古。"

〔13〕 原注："今作笏。"《说文》："专，六寸簿也。"段《注》："《说文》无'簿'有'薄'。盖后人易'艸'为'竹'，以分别其字耳。六寸簿，盖笏也。曰部云：'曶，佩也。'无笏字。《释名》曰：'笏，忽也。君有命则书其上，备勿忘也。'徐广《车服仪制》曰：'古者贵贱皆执笏，即今手版也。'"

〔14〕 《礼记·玉藻》："史进象笏，书思对命。"郑《注》："思，所念思将以告君者也。对，所以对君者也。命，所受君命者也。书之于笏，为失忘也。"

〔15〕《尔雅·释器》:“大版谓之业。”《广雅·释诂》:“专,业也。”则专、版、业三文互训,皆书籍记事之称矣。

〔16〕《仪礼·聘礼疏》引郑玄《论语序》云:“《易》、《诗》、《书》、《礼》、《乐》、《春秋》,策皆一尺二寸,《孝经》谦半之。《论语》八寸策者,三分居一,又谦焉。”阮氏《校勘记》曰:“按《春秋序疏》云:‘郑玄注《论语》,以《钩命决》云:“《春秋》二尺四寸书之,《孝经》一尺二寸书之。”’故云:‘六经之策,皆称长二尺四寸。’然则此云一尺二寸,乃传写之误,当作二尺四寸。下云:‘孝经谦半之。’乃一尺二寸也。又云:‘《论语》八寸策者,三分居一,又谦焉。’谓《论语》八寸,居六经三分之一,比《孝经》又少四寸,故云又谦焉。《论衡·正说篇》:‘夫《论语》者,弟子共记孔子之言行,敕己之时甚多,数十百篇,以八寸为尺纪之,约省怀持之便也。以其遗非经传文,纪识恐忘,故但以八寸,不二尺四寸也。’”

〔17〕原注:“《汉艺文志》言刘向校中古文《尚书》,有一简二十五字者,而服虔注《左氏传》则云,古文篆书一简八字。盖二十五字者,二尺四寸之经也。八字者,六寸之传也。古官书皆长二尺四寸,故云二尺四寸之律。举成数言,则曰三尺法。经亦官书,故长如之;其非经律,则称短书。皆见《论衡》。”案《左传》服《注》引见《聘礼疏》,诸书载律亦二尺四寸者,如《盐铁论·诏圣篇》“二尺四寸之律,古今一也”。是。举成数言三尺者,如《汉书·杜周传》“君为天下决平,不循三尺法。”是。称短书者,如《论衡·谢短篇》“汉事未载于经,名为尺籍短书。”是。以上释传之本义。

〔18〕《说文》:“仑,思也。从亼、册。”段《注》:“龠下曰:‘仑,理也。’《大雅》毛《传》曰:‘论,思也。’论者,仑之假借,思犹鰓也。凡人之思,必依其理,伦、论字皆以仑会意,从亼、册者。聚集简册,必依其次第,求其文理。”仑,本作侖,故诸家之说如此。

〔19〕《庄子·齐物论》:“人籁则比竹是已。”《说文》:“箫,参差管乐。”段《注》:“《周礼·小师注》:‘箫,编小竹管,如今卖饴饧所吹者。’《周颂笺》同。”案古之箫,所谓排箫也,制与今异。

〔20〕《说文》:“龠,乐之竹管,三孔以和众声也。从品、侖。侖,理也。”

〔21〕句见《诗·大雅·灵台篇》。郑《笺》:“论之言伦也,声音之道与政通,故合乐以详之,于得其伦理乎鼓与钟也。”

〔22〕句见《周礼·考工记》。

〔23〕《说文》:“帙,书衣也。”

〔24〕以上释论之本义。

〔25〕《说文》:“牍,书版也。”《汉书·陈遵传》:“性善书,与人尺牍,主皆藏去以为荣。”案:去,即弆,古字通也。

〔26〕《说文》:“札,牒也。”《释名·释书契》:“札,栉也。编之如栉齿相比也。”案今人著述以札记称者至夥。

〔27〕《汉志》:“《周史六弢》六篇。”师古曰:“即今之《六韬》也。弢字与韬同也。”《隋志》:“《太公六韬》五卷,周文王师姜望撰。”

〔28〕原注:“今《灵枢经》,晋时称《鍼经》,汉末《伤寒论序》直称《九卷》。”鍼,古针字。

〔29〕《说文》:“弢,弓衣也。”意谓此所谓弢者,乃假弓衣之名以指书衣。

〔30〕《康熙字典》引《增韵》云:“可舒卷者曰卷,编次者曰帙。”《考工记》:“卷而抟之,欲其无迤也。”古籍有卷轴之制,《九卷》盖由此得名。

〔31〕《春秋》昭四年《左传》:“臣以为肄业及之也。”《广韵》:“肄,习也。”

〔32〕古人编书,率定篇第,以便稽检,防散佚,免错乱。《汉志》称刘向校书,“每一书已,辄条其篇目”,是也。

〔33〕原注:“学童习字用觚,觚亦版也。”书多非一时可尽,故逐日移写于版以习之。

〔34〕《管子》房玄龄《注》:“版,牍也。贤者虽复退身,终不舍其端操,不息修业,亦不息其版籍。”

〔35〕《易·乾文言》:“同声相应,同气相求。”孔《疏》:“同声相应者,若弹宫而宫应,弹角而角动是也。同气相求者,若天欲雨而础柱润是也。”案声气原谓语言,此用本义。

〔36〕言语甫闻而声已逝,与此同也。

〔37〕《汉书·司马相如传》:“坌入曾宫之嵯峨。”《注》:“坌,并也。”

〔38〕 棼，通作纷。

〔39〕 吾国文字，始于象形，其与图画，同源异流，要之皆所以表象也。言语以声音为用，故仅限于时间；文字以符号为用，故可及于空间。此其所以为胜也。

〔40〕 元稹《杜甫墓志铭》：“铺陈终始，排比声韵，大或千言，次犹数百。”张涤华先生曰：“案元好问《论诗绝句》云：‘排比铺张特一途。’语意与元稹文同，而字面与本篇合。章君盖用此。”

〔41〕 仪象者，科学所用机器也，其功用不独如文字之纪述，图画之摹绘而已，盖尤能以实体示人。文字虽及空间，然犹限于平面之抽象观念；若仗象所司，则扩至立体之具象事物，此其所以为尤胜也。

〔42〕 以上论言语、文字、仪象三者，各有其用，以人类文化之进步，而渐次发达焉。线、面、体云者，以几何学术语明之。

〔43〕 《论略》原稿云：“既知文有无句读有句读之分，而后文学之归趣可得言之。无句读者，纯得文称，文字之不共性也。有句读者，文而兼得辞称，文字语言之共性也。论文学者虽多就共性言，而必以不共性为其素质。”

〔44〕 《典论·论文》：“文以气为主，气之清浊有体，不可力强而致。”又：“徐幹时有齐气。”“孔融体气高妙，有过人者。”此所谓气，盖指人才性之所系也。

〔45〕 韩愈《答李翊书》：“气，水也；言，浮物也。水大而物之浮者大小毕浮，气之与言犹是也，气盛则言之长短与声之高下皆宜。”苏辙《上枢密韩太尉书》曰：“文者，气之所形，然文不可以学而能，气可以养而致。”详上所举，韩之所云，乃文章本身之气势，苏之所云，则为文可能之修养。虽三贤相承，亦略有殊异，要之皆本孟子“我知言，我善养吾浩然之气”之义而变化之也。

〔46〕 原注：“《论衡·佚文篇》：‘文德之操为文。’又云：‘上书陈便宜，奏记荐吏士，一则为身，二则为人。繁文丽辞，无文德之操，治身完行，徇利为私，无为主者。’”案此所谓德，盖谓凡为文者，当以“文质彬彬”为主。

〔47〕 原注："《魏书·文苑传》：'杨遵彦作《文德论》，以为古今辞人，皆负才遗行，浇薄险忌，惟邢子才、王元景、温子升，彬彬有德素。'"案杨《论》今佚，惟其意颇与《颜氏家训·文章篇》同。颜之言略曰："自古文人，多陷轻薄，每尝思之，原其所积。文章之体，标举兴会，发引性灵，使人矜伐，故忽于持操，果于进取。今世文士，此患弥切。一事惬当，一句清巧，神厉九霄，志凌千载，自吟自赏，不觉更有旁人。加以砂砾所伤，惨于矛戟，讽刺之祸，速乎风尘，深宜防虑，以保元吉。"此之所论，盖主文士当蓄道德，意与王亦异。

〔48〕 章氏《文史通义》有《文德篇》，已选在本书，详后。

〔49〕 《诗·召南·羔羊序》云："召南之国，化文王之政，在位者皆节俭正直，德如羔羊也。"又《诗》云："退食自公，委蛇委蛇。"毛《传》："委蛇，行可从迹也。"此用其语。二句云云。盖文士言气，多局就霆聋波涌之观；言德，多局就委随纡徐之致，要未能揣其本也。

〔50〕 张涤华先生曰："案文辞之兴，始于韵语，此中外所同。表谱、簿录之体，虽旁行邪上，三代已有，然未必早于邃古歌谣。章君此论，实有未安。注家之例，虽不破本文，然本书亦不甚拘此例。（如《文德篇注》即尝驳正实斋。）此等处似当附记数言。"

〔51〕 《易·乾文言》："修辞立其诚。"《文史通义·言公篇》释之曰："诚不必于圣人之极致，始足当于修辞之立也。学者有事于文辞，毋论辞之如何，其持之必有其故，而初非徒为文具者，皆诚也。有其故而修辞以副焉。是其求工于是者，所以求达其诚也。"

〔52〕 原注："案《文选序》云：'谋夫之话，辩士之端，虽传之简牍，而事异篇章。'此即语言文字之分也。然《选》例亦不一致，依史所载，荆卿《易水》，汉祖《大风》，皆临时触兴而作。岂尝先属草稿，亦与出话何异？而《文选》固录之矣。至于辞命，则有草创润色之功。（案《论语·宪问篇》："子曰：为命，裨谌草创之，世叔讨论之，行人子羽修饰之，东里子产润色之。"）苏、张陈说，度亦先有篇章，《文选》录《易水》、《大风》二歌，而独汰去辩说，亦自相钮吾矣。（案：钮吾，今通作龃龉。）士衡《文赋》云：'说炜晔而谲诳。'是亦列为文之一种，要于

修辞立诚有不至耳。”本节论文学之本柢在竹木，故当据作范畴。

《文选》之兴，盖依乎挚虞《文章流别》，谓之总集[1]。《隋书·经籍志》曰：“总集者，以建安之后，辞赋转繁，众家之集，日以孳广。晋代挚虞，苦览者之劳倦，于是芟剪繁芜，自诗赋下，各为条贯，合而编之，谓之《流别》。”[2]然则李充之《翰林论》、刘义庆之《集林》、沈约、丘迟之《集钞》，放于此乎[3]。《七略》惟有诗赋。及东汉，铭、诔，论辩始繁。荀勖以四部变古，李充、谢灵运继之[4]，则集部自此著[5]。总集者，本括囊别集为书[6]，故不取六艺、史传、诸子；非曰别集为文，其他非文也。《文选》上承其流，而稍入《诗序》[7]、史赞[8]、《新书》、《典论》诸篇，故不名曰《集林》、《集钞》，然已痟矣[9]。其序简别三部[10]，盖总集之成法；顾已迷误其本，以文辞之封域相格，虑非挚虞、李充意也[11]。《经籍志》别有《文章英华》三十卷，《古今诗苑英华》十九卷[12]，皆昭明太子撰，又以诗与杂文为异[13]。即明昭明义例不纯，《文选序》率尔之言[14]，不为恒则[15]。且总别集与他书经略不定[16]，更相阑入者多矣[17]。今以《隋志》所录总集相稽，自《魏朝杂诏》而下，迄《皇朝陈事诏》，凡十八家，百四十六卷[18]。自《上法书表》而下，迄《后周与齐军国书》，凡七家，四十一卷[19]。而《汉高祖手诏》，匡衡、王凤、刘隗、孔群诸家《奏事》，书既亡佚，复传其录[20]。然《七略》高祖、孝文诏策，悉在诸子儒家[21]；《奏事》二十卷，隶《春秋》[22]。此则总集有六艺、诸子之流矣。陈寿定诸葛亮故事，命曰《诸葛氏集》[23]。然其目录，有《权制》、《计算》、《训厉》、《综覈》、《杂言》、《贵和》、《兵要》、《传运》、《法检》、《科令》、《军令》诸篇。《魏氏春秋》言：“亮作《八务》、《七戒》、《六恐》、《五惧》，皆有条章，以训厉臣子。”[24]若在往古，则《商君书》之流[25]。而《隋志》亦在别集[26]，故知集品不纯[27]，选者亦无以自理[28]。阮元之伦，不悟《文选》所序，随情涉笔，视为经常，而例复前后错迕。曾国藩又杂钞经史百家。经典成文，布在方策[29]，不虞溃散，钞将何为[30]？若知文辞之体，钞选之业，广狭异途，庶几张之弛之，并明而不相害[31]。凡无句读文，既各以专门为业，今不亟论。有句读者，略道其源流利病，分为五篇[32]。非曰能尽，盖以备常文之品而已。其赠序、寿颂诸品，既不应法，故弃捐弗道尔[33]。

〔1〕 张涤华先生曰："案魏文帝撰徐、陈、应、刘诸人遗文为一集。（见《文选·与吴质书》）杜预亦有《善文》五十卷。（见《隋志》。两《唐志》作四十九卷。）并在挚氏之先，则总集非始于《文章流别》也。章君偶未照耳。"

〔2〕 《隋志》："《文章流别集》四十一卷，梁六十卷，《志》二卷，《论》二卷。"称梁若干卷者，《史通·古今正史篇》："初，太宗以梁、陈、齐、周、隋氏并未有书，乃命学士分修。书成，下于史阁，惟有十志，断为三十卷。太宗崩后，刊勒始成。其篇第虽编入《隋书》，其实别行，俗呼为《五代史志》。"《志》既托始于梁，故经籍著录，每以梁阮孝绪所撰《七录》校其见存，而称梁有若干卷，盖以示存佚之概也。

〔3〕 《隋志》："《翰林论》三卷，李充撰。梁五十四卷。《集林》一百八十一卷，宋临川王刘义庆撰。梁二百卷。《集钞》十卷，沈约撰。梁有《集钞》四十卷，丘迟撰，亡。"

〔4〕 《隋志》："（刘）歆总括群书，撮其旨要，著为《七略》：一曰集（案《汉志》作辑，字通。）略，二曰六艺略，三曰诸子略，四曰诗赋略，五曰兵书略，六曰术数略，七曰方技略。王莽之末，又被焚烧。光武中兴，明、章继轨，石室兰台，弥以充积。又于东观及仁寿阁集新书，校书郎班固、傅毅等典掌焉，并依《七略》而为书部，固又编之以为《汉书·艺文志》。两京大乱，扫地皆尽。魏氏代汉，秘书郎郑默始制《中经》。荀勖又因《中经》更著《新簿》，分为四部：一曰甲部，纪六艺及小学书；二曰乙部，有古诸子家、近世子家、兵书、兵家、术数；三曰丙部，有史记、旧事、《皇览簿》、杂事；四曰丁部，有诗赋、图赞、汲冢书。惠怀之乱，京华荡覆，渠阁文籍，靡有孑遗。东晋之初，渐更鸠聚，著作郎李充遂总没众篇之名，但以甲乙为次。自尔因循，无所变革。其后

中朝遗书，稍流江左。宋元嘉八年，秘书监谢灵运造《四部目录》。”

〔5〕《文史通义·文集篇》：“范、陈二史所次文士诸传，识其文章，皆云所著诗、赋、碑、箴、颂、诔若干篇，而不云文集若干卷，则文集之实已具，而文集之名犹未立也。自挚虞创为《文章流别》，学者便之。于是别聚古人之作，标为别集，则文集之名，实昉于晋代。荀勖《中经》有四部，诗赋、图赞与汲冢书归丁部，王俭《七志》以诗赋为文翰志，而介于诸子兵书之间，则集部之渐日开，而尚未居然列专目也。至阮孝绪撰《七录》，惟技术、佛、道分三类，而经典、纪传、子兵、文集之四录，已全为唐人经史子集之权舆，是集部著录，实昉于萧梁。”按四部之制，唐以前但云甲乙丙丁，唐以来乃名经史子集。集部之实，源于建安，成于《流别》，而类例则定于《七录》，故二章之言，初无乖牾也。可并参本书下卷所选《诗教下篇》。

〔6〕《易·坤》：“括囊，无咎，无誉。”孔《疏》：“括，结也。囊，所以贮物。”

〔7〕《文选》有《毛诗大序》一篇，经义之流也。

〔8〕《选》又有史论、史述赞二类，收班孟坚、干令升、范蔚宗、沈休文诸家之文，皆史之论赞也。

〔9〕《史记·太史公自序》：“申吕肖矣。”《集解》引徐广曰：“肖音痟。痟，犹衰微。”此谓萧《选》所及，略遍四部，以视刘、丘，划疆固已不严。

〔10〕谓经、子、史。

〔11〕《汉书·贾谊传》：“虑非顾行也。”颜《注》：“虑，大计也。”刘淇《助字辨略》：“大计犹大率。”总集源于别集，经、子、史者，别集所无，故总集不得有。昭明不审此意，乃以文辞之封域为言，故曰“迷误其本”。

〔12〕均见总集类。

〔13〕《文心雕龙》有《杂文篇》，论对问、七、连珠三体。又总述界义云：“详夫汉来杂文，名号多品，或典诰誓问，或览略篇章，或曲操弄引，或吟讽谣咏，总括其名，并归杂文之区。甄别其义，各入讨论之域。”是杂文有广狭二义，狭则惟兹三体，广则诗赋之外，皆入杂文，此用其广义。

〔14〕《论语·先进篇》：“子路率尔而对。”

〔15〕《尔雅·释诂》:“则,法也。”

〔16〕《说文》:“略,经略土地也。”《文选·吴都赋注》:“略,分界也。”

〔17〕《汉书·汲黯传》:“文吏绳以为阑出财物如边关。”应劭曰:“阑,妄也。”臣瓒曰:“无符传出入为阑也。”张涤华先生曰:“《汉书·成帝纪》云:‘虒上小女陈持弓闻大水至,走入横城门,阑入尚方掖门。’应劭云:‘无符籍妄入宫曰阑。’章君用阑入字,似可征引此纪以明之。若注所引《汲黯传》则曰阑出,不曰阑入也。”

〔18〕《隋志》:“《魏朝杂诏》二卷,《录魏、吴二志诏》二卷,《晋咸康诏》四卷,《晋朝杂诏》九卷,《录晋诏》十四卷,《晋义熙诏》十卷,《宋永初杂诏》十三卷,《宋孝建诏》一卷,《宋元嘉副诏》十五卷,《齐杂诏》十卷,《齐中兴二年诏》三卷,《后魏诏集》十六卷,《后周杂诏》八卷,《杂诏》八卷,《杂赦书》六卷,《陈天嘉诏草》三卷,《皇朝诏集》九卷,《皇朝陈事诏》十三卷。”今并佚。

〔19〕《隋志》:“《上法书表》一卷,《梁中表》十一卷,《杂露布》十二卷,《山公启事》三卷,《范宁启事》三卷,《梁、魏、周、齐、陈皇朝聘使杂启》九卷,《后周与齐军国书》二卷。”今并佚。

〔20〕《隋志》“《魏朝杂诏》”条下云:“梁有《汉高祖手诏》一卷,亡。”又“《梁中表》”条下云:“梁有《汉丞相匡衡、大司马王凤奏》五卷,《刘隗奏》五卷,《孔群奏》二十二卷,亡。”

〔21〕《汉志》诸子略儒家:“《高祖传》十三篇。”原注:“高祖与大臣述古语及诏策也。”又:“《孝文传》十一篇。”原注:“文帝所称及诏策。”今佚。

〔22〕《汉志》六艺略春秋家:“《奏事》二十篇。”原注:“秦时大臣奏事及刻石名山文也。”今佚。世传秦刻石诸文或在其中。

〔23〕《蜀志·诸葛亮传》附载《诸葛氏集目录》。其《序》称“臣寿等言,臣前在著作郎,侍中领中书监济北侯荀勖、中书令关内侯臣和峤,奏使臣定故蜀丞相诸葛亮故事。”云云,盖以集名出自寿定。

〔24〕见《亮传》裴《注》引。《隋志》:“《魏氏春秋》二十卷,孙盛撰。”今佚。

〔25〕《汉志》诸子略法家:“《商君》二十九篇。”原注:“名鞅,姬姓,卫后

也，相秦孝公。”其书今存。

〔26〕《隋志·别集类》：“《蜀丞相诸葛亮集》二十五卷。”今佚。

〔27〕考古人著书，重在学术流别，究其面目，多属一家之言，故纯而不驳。逮后学术日进，则成家者不多；文明日启，则操觚者日众。于是编缀之际，每就一人之所著述，荟萃为书，凡此之类，文翰最多。故《七略》诗赋，一变而为集部，惟以其中经涉既广，多与他书更相阑入，故校雠之法，于此亦最难施焉。《颜氏家训·勉学篇》云：“俗间儒士，不涉群书，经纬之外，义疏而已。吾初入邺，与博陵崔文彦交游，尝说《王粲集》中难郑玄《尚书》事，崔转为诸儒道之。始将发口，悬见排蹙，云：‘文集只有诗、赋、铭、诔，岂当论经书事乎？且先儒之中，未闻有王粲也。’崔笑而退，竟不以《粲集》示之。”此见早在六朝，集部之名实亦不能纯全也。

〔28〕理，分理也。总集出于别集，别集之品既不纯，则选总集者，又焉得分理之？

〔29〕《礼记·中庸》：“文武之道，布在方策。”

〔30〕此言总集之作，或缘芟剪繁芜，或恐别集溃散。经典既无溃散之惧，若但为广文辞封域计，则此两者广狭殊途，良无钞之必要也，曾《钞》本思所以广姚《纂》。详见原书序例。

〔31〕《礼记·杂记》：“一张一弛，文武之道也。”《中庸》：“万物并育而不相害，道并明而不相悖。”

〔32〕五篇者，《原经》、《明解故》、《论式》、《辨诗》、《正赍送》。

〔33〕曾国藩《书归震川文集后》曰：“盖古之知道者，不妄加毁誉于人，非特好直也。内之无以立诚，外之不足以信后世，君子耻焉。自周《诗》有《崧高》、《烝民》诸篇，汉有河梁之咏，沿及六朝，饯别之诗，动累卷帙，于是有为之序者。昌黎韩氏为此体特繁，至或无诗而徒有序，骈拇枝指，于义为已侈矣。熙甫则未必饯别，而赠人以序，有所谓贺序者，谢序者，寿序者，此何说也？”此于诸品之不应法，可谓详哉其言之。本节论文辞之体，钞选之业，广狭异途，且集品不纯，故论文学界义，不得据选家之言为说。

谨案：章先生讳炳麟，浙江余杭人。初名绛，字枚叔，号太炎，同治七年(1868)生。少师德清俞君，精研国故。值清政不纲，慨然有光复之志。光绪间，先后任《时务》、《昌言》诸报撰述，以言论激烈，见忌清廷，避祸台湾，寻游日本。光绪二十八年(1902)，发起中夏亡国二百四十二年纪念会于东京，以纪念亡明。旋返上海，创爱国学社，鼓吹革命排满，坐是系狱三年。民国既造，军阀纷争，先生不得行其志；旋复以反对袁世凯称帝被幽禁，袁死乃得释。自是不复问政。晚年讲学苏州，以民国二十五年(1936)逝世。先生之学，实集有清三百年朴学之大成。五经、四部，靡不综贯；六书、九流、尤所专精；段、王以下，未足相喻。所著《章氏丛书》三编，都数十种，有《自订年谱》及《自述学术次第》各一卷。欲知其德业之详者，可览观焉。

本篇初名《文学论略》，后更损益，易为今名，收入《国故论衡》。《论衡》三卷：上卷论小学，中卷论文学，下卷论诸子学，此中卷之首篇也。近綦江庞石帚先生(俊)尝为此书作《疏证》，甚精核，已刊行者，仅中下卷。本篇即用庞注，略有沾益，不更别白。后仿此。

章君《检论·征七略》曰："略者，封域之正名。"此作总论古今人所持文学界义，而订正之，故以《总略》为名也。夫文生于名，名生于形，欲审定其名之是非，当先识其形之弇侈。古昔文明初启，凡百典制，有司所存，胥得文称，所谓"博学于文"者也。自是以降，乃及竹帛，黄先生《〈文心雕龙·原道篇〉札记》云："文辞封略，本可弛张，推而广之，则凡书以文字，著之竹帛者，皆谓之文，非独不论有文饰与无文饰，抑且不论有句读与无句读，此至大之范围也。再缩小之，则凡有句读者皆为文，而不论其文饰与否。纯任文饰，固谓之文矣；即朴质简拙，亦不得不谓之文。此类所包，稍小于前，而经、传、诸子，皆在其笼罩。若夫文章之初，实先韵语，传久行远，实贵偶词；修饰润色，实为文章；敷文摛采，实异质言；则阮氏之言，良有不可废者。然则拓其疆宇，则文无所不包，揆其本原，则文实有专美。"据此，则自《论语》所称，迄阮氏所指，由广及狭，可得四科，今表之如次：

甲、文

（最广义）

乙、文章（施之竹帛）　礼乐（施之政事）

（较广义）

丙、有句读文　无句读文

（广　义）

内容：叙事之文　抒情之文　说理之文

外形：字（文字之学）　句（文法之学）　篇章（修辞之学）

丁、彣彰（今人所谓纯文学）

（狭义）

依上表可知文学一名，由混而析。章君所持，则较广之义。以文学得名，本由文字也。然征之载籍，则此四义，固尝各具其用，览者弗审其旨，则必扞格难通，此循诵前文，当加注意者一也。又设自行撰述，于此四义，固得任情择用，然亦必标举宗趣，庶来者无迷其途，此点检己作，当加注意者二也。不尔则道其所道，非吾所谓道，其不陷于缪葛者几希矣。

诗教上

（论文学与时代）

章学诚

周衰文弊，六艺道息〔1〕，而诸子争鸣〔2〕。盖至战国而文章之变尽〔3〕，至战国而著述之事专，至战国而后世之文体备。故论文于战国，而升降盛衰之故可知也。后世之文，奇衺错出而裂于道〔4〕，人知之；其源皆出于六艺，人不知也〔5〕。后世之文，其体皆备于战国，人不知〔6〕；其源多出于《诗》教〔7〕，人愈不知也〔8〕。知文体备于战国，而始可与论后世之文〔9〕；知诸家本于六艺，而后可与论战国之文〔10〕；知战国多出于《诗》教，而后可与论六艺之文；可与论六艺之文，而后可与离文而见道；可与离文而见道，而后可与奉道而折诸家之文也〔11〕。

〔1〕 贾谊《新书·六术篇》："《诗》、《书》、《易》、《春秋》、《礼》、《乐》六者之术，谓之六艺。"

〔2〕 《隋志》："自孔子没而微言绝，七十子丧而大义乖，学者离群索居，各为异说，至于战国，典文遗弃。"此所谓文弊道息也。韩愈《送孟东野序》曰："周之衰，孔子之徒鸣之，其声大而远。《传》曰：'天将以夫子为木铎。'其弗信矣乎！其末也，庄周以其荒唐之辞鸣；臧孙辰、孟轲、荀卿，以道鸣者也；杨朱、墨翟、管夷吾、晏婴、老聃、申不害、韩非、慎到、田骈、邹衍、尸佼、孙武、张仪、苏秦之属，皆以其术鸣。"此所谓诸子争鸣也。

〔3〕 史家以三家分晋迄秦一土宇为战国时代，刘向编其时游士之策谋，

题为《战国策》。其《序》云:“万乘之国七,千乘之国五,敌侔争权,盖为战国。”名疑昉此。

〔4〕《周礼·天官·宫正》:“去其淫怠与其奇衺之民。”《注》:“奇衺,谲觚非常。”《庄子·天下篇》:“后世之学者,不幸不见天地之纯、古人之大体,道术将为天下裂。”《文史通义·原道篇》:“道者,万事万物之所以然,而非万事万物之当然也。”此章氏之所谓道。

〔5〕《汉志》:“诸子十家,其可观者,九家而已。皆起于王道既微,诸侯力政。时君世主,好恶殊方。是以九家之术,蜂出并作,各引一端,崇其所善,以此驰说,取合诸侯。其言虽殊,譬犹水火相灭亦相生也。《易》曰:‘天下同归而殊途,一致而百虑。’今异家者,各推所长,穷知究虑,以明其指,虽有蔽短,合其要归,亦六经之支与流裔。”按诸子之学,皆出六经,《汉志》可谓详哉其言之,其实即申私学出于官学之意。实斋则更进论其文亦本于经也。

〔6〕案自来论文者,率云后世文体源于经典,如《文心雕龙·宗经篇》云:“故论、说、辞、序,则《易》统其首;诏、策、章、奏,则《书》发其源;赋、颂、歌、赞,则《诗》立其本;铭、诔、箴、祝,则《礼》总其端;记、传、盟、檄,(记盟二字从唐写本。)则《春秋》为根。并穷高以树表,极远以启疆,所以百家腾跃,终入环内者也。”《颜氏家训·文章篇》云:“夫文章者,原出五经:诏、命、策、檄,生于《书》者也;序、述、论、议,生于《易》者也;歌咏、赋诵,生于《诗》者也;祭祀、哀诔、生于《礼》者也;书、奏、箴、铭,生于《春秋》者也。”是其尤著者。近世姚《纂》曾《钞》序例,犹同此说。综而言之,盖其原则起乎五经,其体则备乎战代耳。

〔7〕《礼记·经解篇》:“入其国,其教可知也。其为人也,温柔敦厚,《诗》教也。”此《诗》教一词所本,然其义与章氏此之所指不同。

〔8〕《汉志》:“纵横家者流,盖出于行人之官。孔子曰:‘诵《诗》三百,使于四方,不能专对,虽多亦奚以为?’又曰:‘使乎使乎?’言其当权事制宜,受命而不受辞,此其所长也。”战国者,纵横之世,《诗》教者,纵横家之所本。详下。

〔9〕《论语·八佾篇》:“商也始可与言《诗》已矣。”何晏《集解》引包氏曰:“孔子言子夏能发明我意,可与共言《诗》。”

〔10〕诸家,谓战代诸子也。《文选序》云:“《老》、《庄》之作,《管》、《孟》之流,盖以立意为宗,不以能文为本。”然诸家虽无意为文,而文自高,故《文心雕龙·诸子篇》称:“研夫孟、荀所述,理懿而辞雅;管、晏属篇,事核而言练;列御寇之书,气伟而采奇;邹子之说,心奢而辞壮;墨翟、随巢,意显而语质;尸佼、尉缭,术通而文钝。鹖冠绵绵,亟发深言;鬼谷渺渺,每环奥义;情辨以泽,文子擅其能;辞约而精,尹文得其要。慎到析密理之巧,韩非著博喻之富,吕氏鉴远而体周,淮南汎采而文丽。”(案惟淮南为汉人所集。)观其褒多贬少,则知诸子之衣被辞流者远矣。

〔11〕折谓折中于道也。《史记·孔子世家》:“言六艺者,折中于夫子。”《索隐》引宋均云:“折,断也。中,当也。”《文心雕龙·原道篇》:“道沿圣以垂文,圣因文而明道。”章氏之意,盖谓前圣至道,载在六艺,逮乎战国,变为诸子。后世之文,又自出焉,此升降之大凡也。本节总论战国为古今文章升降之枢纽。

战国之文,其源皆出于六艺,何谓也〔1〕?曰:道体无所不该〔2〕,六艺足以尽之〔3〕。诸子之为书,其持之有故,而言之成理者〔4〕,必有得于道体之一端,而后乃能恣肆其说〔5〕,以成一家之言也〔6〕。所谓一端者,无非六艺之所该,故推之而皆得其本。非谓诸子果能服六艺之教,而出辞必衷于是也〔7〕。老子说本阴阳〔8〕,庄、列寓言假象〔9〕,《易》教也〔10〕。邹衍侈言天地〔11〕,关尹推衍五行〔12〕,《书》教也〔13〕。管、商法制,义存政典〔14〕,《礼》教也〔15〕。申、韩刑名,旨归赏罚〔16〕,《春秋》教也〔17〕。其他杨、墨、尹文之言〔18〕,苏、张、孙、吴之术〔19〕,辨其源委〔20〕,挹其旨趣,九流之所分部,《七录》之所叙论〔21〕,皆于物曲、人官得其一致〔22〕,而不自知为六典之遗也〔23〕。

〔1〕《经传释词》:“也,犹邪也。《颜氏家训》曰:‘北人呼邪为也。’盖二字

声本相近，故《大戴礼·五帝德篇》：'请问黄帝者，人邪，抑非人邪？'《乐记正义》引此，邪作也。"案：邪，今通作耶。

〔2〕《春秋》哀元年《穀梁传》："此该之变而道之也。"《注》："该，备也。"

〔3〕《史记·滑稽列传》引孔子曰："六艺于治一也：《礼》以节人，《乐》以发和，《书》以道事，《诗》以达意，《易》以神化，《春秋》以道义。"《庄子·天下篇》曰："《诗》以道志，《书》以道事，《礼》以道行，《乐》以道和，《易》以道阴阳，《春秋》以道名分。"《文心雕龙·宗经篇》曰："三极彝训，其书曰经。经也者，恒久之至道，不刊之鸿教也。故象天地，效鬼神，参物序，制人纪，洞性灵之奥区，极文章之骨髓者也。"此六艺尽该道体之义也。

〔4〕《荀子·非十二子篇》："其持之有故，其言之成理。"

〔5〕《说文》："恣，纵也。"《玉篇》："肆，放也。恣也。"

〔6〕司马迁《报任安书》："亦欲以究天人之际，通古今之变，成一家之言。"《典论·论文》："惟徐幹著论，成一家言。"

〔7〕《春秋》昭十六年《左传》："发命之不衷。"《注》："衷，当也。"《汉志》谓诸子者，六经之支与流裔，又以九流十家皆出王官，盖六经固王官之所掌耳。余杭章君《国故论衡·原学篇》云："九流皆出王官，及其发舒，王官所不能与，官人守要，而九流宣究其义，是以滋长。"此经子之所以违异类。

〔8〕《老子》："故常无，欲以观其妙；常有，欲以观其徼。此两者，同出而异名，同谓之玄。玄之又玄，众妙之门。"仪征刘君《国学发微》云："欲字作思字所字解，常无常有为对待之词，犹言常无所以观其妙，常有所以观其徼也。两者同出而异名，两即有无也。玄者，指有无未分之前言也。《易》言阴阳，即《老子》之有无，乃对待之词也。又言阴阳生于太极。太极者，即绝点之词也。《老子》以有无二字代阴阳，以玄字代太极，所谓真宰真空，即玄之义也。"他若"道生一，一生二，二生三，三生万物"之说，与《易》之太极、两仪亦同。故魏、晋人以《易》、《老》、《庄》为三玄，而王辅嗣以次，且并注数书，以会通其义矣。

〔9〕《史记·老庄申韩列传》:"庄子著书十余万言,大率寓言也。"《索隐》:"其书十余万言,率皆立主客,使之相对语,故云偶言。又音寓,寓,寄也。故《别录》云:'又作人姓名,使相与语。'是寄辞于其人,故《庄子》有《寓言篇》。"《汉志》有《列子》八篇,原注云:"名圄寇,先庄子,庄子称之。"高似孙《子略》曰:"太史公不传列子,如庄周所载许由、务光,迁犹疑之,所谓列御寇之说,独见于寓言耳。迁于此讵得不致疑邪?是书与《庄子》合者十七章,其间犹有浅近迂僻者,出于后人会粹而成之耳。"今传《列子》书,实魏晋间人伪作,今人马夷初《列子伪书考》以次,为之考辨者数家。吾友杨伯峻先生《列子集释》详著焉。《文史通义·易教篇》曰:"《易》之象也,《诗》之兴也,变化而不可方物矣。有天地自然之象,有人心营构之象。天地自然之象,《说卦》为天为圜诸条,约略足以尽之。人心营构之象,睽车之载鬼,翰音之登天,意之所至,无不可也。《易》象虽包六艺,与《诗》之比兴尤为表里。战国之文,深于比兴,即其深于取象者也。《庄》、《列》之寓言也,则触、蛮可以立国,蕉鹿可以听讼,此《易》教之所以范天下也。"

〔10〕以上证战国诸子之文有出《易》教者。

〔11〕《史记·孟荀列传》:"驺衍深观阴阳消息,而作怪迂之变,《终始》、《大圣》之篇,十余万言,其语闳大不经,必先验小物,推而大之,至于无垠。先序今以上至黄帝,学者所共述。大并世盛衰,因载其机祥度制,推而远之,至天地未生,窈冥不可考而原也。先列中国名山大川,通谷禽兽,水土所殖,物类所珍,因而推之,及海外,人之所不能睹。称引天地剖判以来,五德转移,治各有宜,而符应若兹,以为儒者所谓中国者,于天下乃八十一分居其一分耳。中国名曰赤县神州。赤县神州内自有九州,禹之序九州是也,不得为州数。中国外如赤县神州者九,乃所谓九州也。于是有裨海环之,人民、禽兽莫能相通者,如一区中者,乃为一州,如此者九。乃有大瀛海环其外,天地之际焉。其术皆此类也。"按《尚书·禹贡》始别中国为九州,《序》所谓"禹别九州,随山刊木,任土作贡"是也。《洪范》始

称五行，《经》所谓“一曰水，二曰火，三曰木，四曰金，五曰土。水曰润下，火曰炎上，木曰曲直，金曰从革，土爰稼穑”是也。驺子推而衍之，乃称大小九州，五德终始。《汉志》诸子略阴阳家有《邹子》四十九篇，《邹子终始》五十六篇。今佚。

〔12〕《史记·老庄申韩列传》：“老子居周，久之，见周之衰，乃遂去。至关，关令尹喜曰：‘子将隐矣，强为我著书。’于是老子乃著书上下篇而去。”《汉志》道家有《关尹子》九篇，原《注》云：“名喜，为关吏。老子过关，喜去吏而从之。”其书《隋志》已不载，今本则宋人孙定传之。胡应麟《四部正讹》云：“篇中字句体法，全仿释典成文，无论《庄》、《列》，即《鹖冠》至《亢仓》无有也，故吾尝疑五代间方外士掇拾柱下之余文，傅合竺乾之章旨，以成此书。”其《二柱篇》中有言五行者，皆二氏之说也。

〔13〕以上证诸子之文有出《书》教者。

〔14〕《史记·管晏列传》称管子之言曰：“仓廪实而知礼节，衣食足而知荣辱，上服度则六亲固，四维不张，国乃灭亡。”又《商君列传》述其立法理民之政甚详。考《礼记·礼运篇》云：“礼者，君之大柄也。所以别嫌明微，傧鬼神，考制度，别仁义，所以治政安君也。故政不正则君位危；君位危则大臣倍，小臣窃；刑肃而俗敝，则法无常；法无常而礼无列，礼无列，则士不事也。刑肃而俗敝，则民弗归也。是谓疵国。”是法家立制，通于儒家隆礼，皆所以纳民轨物，其源实出于《礼》教也。《史记正义》引《七略》，《管子》书在法家，《汉志》列道家，《隋志》仍还隶法家，《商君书》诸录皆在法家。

〔15〕以上证诸子之文有出《礼》教者。

〔16〕《史记·老庄申韩列传》：“申不害之学本于黄、老，而主刑名。著书二篇，号曰《申子》。韩非喜刑名法术之学，而归其本于黄、老。”其《赞》曰：“申子卑卑，施之于名实。韩子引绳墨，切事情，明是非，其极惨礉少恩，皆原于道德之意。”《汉书·元帝纪注》引《别录》云：“申子学号刑名。刑名者，循名责实，尊君卑臣，崇上抑下，合于六经也。”《史记·孔子世家》谓夫子之作《春秋》：“约其文辞而指博，

故吴，楚之君自称王，而《春秋》贬之曰子；践土之会，实召周天子，而《春秋》讳之曰‘天王狩于河阳’。推此类以绳当世贬损之义，后有王者，举而开之，《春秋》之义行，则天下乱臣贼子惧焉。”此《春秋》正名之义，赏罚之旨，战代刑名家言所从出也。

〔17〕 以上证诸子之文有出《春秋》教者。

〔18〕 诸子多称杨朱，而无其书，今《列子》有《杨朱篇》，或其遗说也。《汉志》墨家：“《墨子》七十一篇。”名家：“《尹文子》一篇。”《墨子》今存。今传《尹文子》则疑出依托。

〔19〕 《汉志》纵横家：“《苏子》三十篇。”又：“《张子》十篇。”今佚。兵书略兵权谋家：“吴《孙子兵法》八十二篇，图九卷。”师古曰：“孙武也。”今《孙子》盖即其书，然编次已非其旧。又：“齐《孙子》八十九篇，图四卷。”师古曰：“孙膑。”近年山东临沂汉墓中发现战国简书，有其遗文。吾友张震泽先生尝为之理董，行于世。又：“《吴起》四十八篇。”今佚。案苏秦、张仪、孙武、吴起，《史记》皆有传。

〔20〕 《礼记·学记》：“三王之祭川也，皆先河而后海，或源也，或委也。”郑《注》：“源，泉所出也；委，流所聚也。”

〔21〕 《隋志》：“普通中，有处士阮孝绪，博采宋、齐以来王公之家。凡有书记、参校官簿，更为《七录》：一曰经典录，二曰记传录，三曰子兵录，四曰文集录，五曰技术录，六曰佛录，七曰道录。”其书今佚，惟《序》存《广弘明集》中。

〔22〕 《礼记·礼器》：“人官有能也，物曲有利也。”孔《疏》：“人官有能也者，人居其官，各有所能：若司徒奉牛，司马奉羊，及庖人治庖，祝治樽俎是也。物曲有利也者，谓万物委曲，各有所利：若曲蘖利为酒醴，丝竹利为琴笙，皆自然有，其性各异也。”

〔23〕 《周礼·天官》：“太宰之职，掌建邦之六典：一曰治典，二曰教典，三曰礼典，四曰政典，五曰刑典，六曰事典。”此总论诸子之学各有所当，而其本根皆在王官也。本节论战国之文，皆源六艺。

战国之文，既源于六艺，又谓多出于《诗》教，何谓也？曰：战国者，纵横之世也。纵横之学，本于古者行人之官〔1〕。观春秋之辞命〔2〕，列国大夫聘问诸侯，出使专对，盖欲文其言以达旨而已〔3〕。至战国而抵掌揣摩〔4〕，腾说以取富贵〔5〕，其辞敷张而扬厉〔6〕，变其本而加恢奇焉〔7〕。不可谓非行人辞命之极也〔8〕。孔子曰："诵《诗》三百，授之以政，不达；使于四方，不能专对，虽多奚为？"〔9〕是则比兴之旨，讽喻之义〔10〕，固行人之所肄也。纵横者流，推而衍之，是以能委折而入情〔11〕，微婉而善讽也〔12〕。九流之学，承官曲于六典，虽或原于《书》、《易》、《春秋》，其质多本于《礼》教，为其体之有所该也〔13〕。及其出而用世，必兼纵横，所以文其质也〔14〕。古之文质合于一；至战国而各具之。质，当其用也，必兼纵横之辞以文之，周衰文弊之效也〔15〕。故曰：战国者，纵横之世也〔16〕。

〔1〕《周礼·秋官》："大行人掌大宾之礼，及大客之仪，以亲诸侯。小行人掌邦国宾客之礼籍，以待四方之使者。"

〔2〕《周礼》大行人："谕言语，协辞命。"郑《注》："六辞之命也。"贾《疏》："以辞命连言，明是太祝六辞之教命也。"《孟子·公孙丑篇》："我于辞命，则不能也。"赵《注》："辞言教命。"伪孙《疏》："以辞命人者，故谓之辞命。"案太祝六辞以事鬼神，则此二字，当据《孟子》之义为释。

〔3〕"言以足志，文以足言。""言之无文，行而不远。"语出《春秋》襄二十五年《左传》。详上《文学总略篇》注。

〔4〕《战国策·秦策》："苏秦说赵王于华屋之下，抵掌而谈。"《史记·苏秦列传》："秦得《周书阴符》，伏而读之，期年以出揣摩。"《集解》曰："《鬼谷子》有《揣摩篇》。"《索隐》引王劭曰："《揣情》、《摩意》，是《鬼谷》之二章句。"

〔5〕张涤华先生曰："《史记·司马相如传》：'腾茂实。'《索隐》：'腾驰茂盛之实也。'《汉书·叙传》：'诸子相腾。'师古《注》：'腾，驰也。'"

〔6〕敷与铺同，布也。扬厉者，《史记·乐书》："发扬蹈厉。"《集解》引王肃曰："厉，疾也。"

〔7〕《文选序》:“变其本而加厉。”《说文》:“恢,大也。”

〔8〕荀悦《汉纪》:“游说之本,生于使于四方,不辱君命。出境有可以安社稷,利国家,则专对解结。辞之绎矣,民之慕矣,以正行者,谓之辩智。其失之甚者,主于为诈,给徒众矣。”

〔9〕语见《论语·子路篇》。按末句原书作“虽多亦奚以为”。

〔10〕《汉书·礼乐志》:“欲以风谕众庶,其道无由。”颜《注》:“风,化也。”风,讽本字。

〔11〕《史记·李将军传》:“欲上书报天子军曲折。”颜《注》:“委曲而行回折。”

〔12〕《春秋》成十四年《左传》:“《春秋》之称,微而显,志而晦,婉而成章。”又昭三十一年《传》亦云:“《春秋》之称,微而显,婉而辨。”此用其字也。

〔13〕《春秋》昭二年《左传》:“韩宣子来聘,观书于太史氏,见《易象》与《鲁春秋》,曰:‘周礼尽在鲁矣。’”古之经典成文,悉在官守,析之则为六艺,统言则皆典礼,故宣子之言云尔,诸子之学,又出六艺,故云其质多本于《礼》教也。

〔14〕诸子之学,起于救时之弊,《淮南·要略》言之详矣。其论纵横家云:“晚世之时,六国诸侯,溪异谷别,水绝山隔,各自治其境内,守其分地,握其权柄,擅改政令,下无方伯,上无天子,力征争权,胜者为右,恃连与国,约重致,剖信符,结远援,以守其国家,持其社稷,故从横修短生焉。”诸子皆兼纵横,盖所以期其言之必可行也。

〔15〕文弊,谓六艺道息而诸子争鸣,文质遂分。

〔16〕本节论战国者,纵横之世,故其文尤多出于《诗》教。

后世之文,其体皆备于战国,何谓也?曰:子、史衰而文集之体盛,著作衰而辞章之学兴。文集者,辞章不专家,而萃聚文墨以为蛇龙之菹也〔1〕。后贤承而不废者,江河导而其势不容复遏也。经学不专家,而文集有经义〔2〕;史学不专家,而文集有传记;立言不专家〔3〕,而文集有论辨。后世之文集,舍经义与传记、论辨之三体〔4〕,

其余莫非辞章之属也。而辞章实备于战国，承其流而代变其体制焉[5]。学者不知，而溯挚虞所裒之《流别》[6]，甚且以萧梁《文选》举为辞章之祖也，其亦不知古今流别之义矣[7]。

〔1〕 原注："详见《文集篇》。"案其言曰："集之兴也，其当文章升降之交乎？古者，朝有典、谟，官存法令，风诗采之闾里，敷奏登之庙堂，未有人自为书，家存一说者也。自治学分途，百家风起，周、秦诸子之学，不胜纷纷，识者已病道术之裂矣。然专门传家之业，未尝欲以文名，苟足显其业，而可传授于其徒，则其说亦遂止于是，而未尝有参差庞杂之文也。两汉文章渐富，为著作之始衰；然贾生奏议，编入《新书》，相如辞赋，但记篇目，皆成一家之言，与诸子未甚相远；初未尝有汇次诸体，裒焉而为文集者也。自挚虞创为《文章流别》，学者便之，于是别聚古人之作，标为别集；而后世应酬牵率之作，决科俳优之文，亦泛滥横裂而争附别集之名。是诚刘《略》所不能收，班《志》所无可附，而所为之文，亦矜情饰貌，矛盾参差，非复专门名家之语无旁出也。"《孟子·滕文公篇》："驱龙蛇而放之菹。"赵《注》："菹，泽中生草者也。"

〔2〕 此指说经之文，非谓八股也。

〔3〕 原注："即诸子书也。"《春秋》襄二十四年《左传》："大上有立德，其次有立言，其次有立功。"孔《疏》："立言谓言得其要，理足可传，其身既没，其言尚存。老、庄、管、晏、杨、墨、孙、吴之徒，制作子书；屈原、宋玉、贾逵、扬雄、马迁、班固以后，撰集史传，及制作文章，使后世学习，皆是立言者也。"

〔4〕 《诗·蓼莪》："欲报之德。"《笺》："之，犹是也。"

〔5〕 《南齐书·文学传论》："若无新变，不能代雄。"此代变之义。

〔6〕 原注："挚虞有《文章流别传》。"案《隋志》，传当为集之误字。

〔7〕 本节论后世之文，其体皆备于战国。

今即《文选》诸体，以征战国之赅备[1]：京都诸赋[2]，苏、张纵横六国，侈陈形势之遗也[3]。《上林》、《羽猎》[4]，安陵之从田[5]，龙阳之同钓也[6]。《客难》、《解嘲》[7]，屈原之《渔父》、《卜居》[8]，庄周之惠施问难也[9]。韩非《储说》，比事征偶，连珠之所肇也[10]；而或以为始于傅毅之徒[11]，非其质矣。孟子问齐王之大欲，历举轻暖、肥甘、声音、采色[12]，七林之所启也[13]；而或以为创之枚乘[14]，忘其祖矣[15]。邹阳辨谤于梁王[16]，江淹陈辞于建平[17]，苏秦之自解忠信而获罪也[18]。《过秦》、《王命》、《六代》、《辨亡》诸论[19]，抑扬往复，《诗》人讽喻之旨，孟、荀所以称述先王，儆时君也[20]。淮南宾客[21]，梁苑辞人[22]，原、尝、申、陵之盛举也[23]。东方、司马，侍从于西京[24]；徐、陈、应、刘，征逐于邺下[25]，谈天、雕龙之奇观也[26]。遇有升沉，时有得失，畸才汇于末世[27]，利禄萃其性灵，廊庙山林[28]，江湖魏阙[29]，旷世而相感，不知悲喜之何从[30]。文人情深于《诗》、《骚》，古今一也[31]。

〔1〕 原注："挚虞《流别》，孔道《文苑》，今俱不传，故据《文选》。"案《隋志》总集类："《文苑》一百卷，孔逭撰。"赅同该。

〔2〕《文选》有班固《两都赋》，张衡《两京赋》、《南都赋》，左思《三都赋》。

〔3〕 苏、张之辞，具详《国策》。刘向《别录》曰："苏秦、张仪之属，生从横短长之说，左右倾侧。苏秦为从，张仪为横，横则秦帝，从则楚王，所在国重，所去国轻。"其大略也。

〔4〕《文选》有司马相如《上林赋》，扬雄《羽猎赋》，皆赋畋游之作。

〔5〕《战国策·楚策》："江乙说于安陵君曰：'君无咫尺之地，骨肉之亲，处尊位，受厚禄，一国之众，见君莫不敛衽而拜，抚委而服，何以也？'曰：'王过举而已。不然，无以至此。'江乙曰：'以财交者，财尽而交绝；以色交者，华落而爱渝。是以嬖女不敝席，宠臣不避轩。今君擅楚国之势，而无以深自结于王，窃为君危之。'安陵君曰：'然则奈何？'江乙曰：'愿君必请从死，以身为殉，如是必长得重于楚国。'曰：'谨受令。'三年而弗言。江乙复见曰：'臣所为君道，至今未效，君不

用臣之计，臣请不敢复见矣。'安陵君曰：'不敢忘先生之言，未得间也。'于是楚王游于云梦，结驷千乘，旌旗蔽日，野火之起也若云蜺，兕虎之嗥声若雷霆。有狂兕䍧（原作牂，从《校注》改）车依轮而至，王亲引弓而射，壹发而殪。王抽旃旄而抑兕首，仰天而笑曰：'乐矣，今日之游也，寡人万岁千秋之后，谁与乐此矣。'安陵君泣数行而进曰：'臣入则编席，出则陪乘，大王万岁千秋之后，愿得以身试黄泉，蓐蝼蚁，又何如得此乐而乐之。'王大悦，乃封坛为安陵君。"

〔6〕《魏策》："魏王与龙阳君共船而钓，龙阳君得十余鱼而涕下。王曰：'有所不安乎？如是，何不相告也？'对曰：'臣无敢不安也。'王曰：'然则何为出涕？'曰：'臣为王之所得鱼也。'王曰：'何谓也？'对曰：'臣之始得鱼也，臣甚喜，后得又益大，今臣直欲弃臣前之所得矣。今臣以凶恶而得为王拂枕席，今臣爵至人君，走人于庭，辟人于途，四海之内，美人亦甚多矣，闻臣之得幸于王也，必褰裳而趋王，臣亦犹曩臣之前所得鱼也，臣亦将弃矣，臣安能无涕出乎？'魏王曰："嘻！有是心也，何不相告也？'于是布令于四境之内曰：'有敢言美人者，族。'"

〔7〕《文选》东方朔《答客难》、扬雄《解嘲》，属设论类；宋玉《对楚王问》属对问类，《文心雕龙》总称对问。杂文篇曰："宋玉含才，颇亦负俗，始造《对问》，以申其志；放怀寥阔，气实使之。东方朔效而广之，名为《客难》，托古慰志，疏而有辨。扬雄《解嘲》，杂以谐谑，回环自释，颇亦为工。"盖此类之作，皆设为问答之辞，以舒愤懑之意，亦赋之支与流裔也。

〔8〕《渔父》设为与渔者问答之辞，《卜居》设为与太卜问答之辞，并见《楚辞》、《文选》。

〔9〕《庄子·秋水篇》："庄子与惠子游于濠梁之上，庄子曰：'鯈鱼出游，从容，是鱼乐也。'惠子曰：'子非鱼，安知鱼之乐？'庄子曰：'子非我，安知我不知鱼之乐？'惠子曰：'我非子，固不知子矣，子固非鱼矣，子之不知鱼之乐全矣。'庄子曰：'请循其本：子曰，女安知鱼乐云者，既已知吾知之，而问我，我知之濠上也。'"

〔10〕 原注："前人已有言及之者。"案陈懋仁《文章缘起注》曰："《北史·李先传》：'魏帝召先读《韩子·连珠论》（"论"字据《北史》补）二十二篇。'《韩子》即《韩非子》，书中有连语，先列其目，而后著其解，谓之连珠。据此则连珠已兆《韩非》。"今韩子书无连珠，而《内、外储说》体质相类，疑即《李先传》之所称也。

〔11〕 原注："傅元之言。"案：元本作玄，避清圣祖玄烨讳改。《艺文类聚》载傅玄《连珠序》曰："所谓连珠者，兴于汉章帝之世，班固、贾逵、傅毅三子受诏作之，而蔡邕、张华之徒又广焉。其文体辞丽而言约，不指说事情，必假喻以达其旨，而览者微悟，合于古诗讽兴之义。欲使历历如贯珠，易睹而可悦，故谓之连珠也。"《文选》载陆机《演连珠》五十首。

〔12〕 《孟子·梁惠王篇》："曰：'王之所大欲可得闻与？'王笑而不言。曰：'为肥甘不足于口与？轻暖不足于体与？抑为采色不足视于目与？声音不足听于耳与？便嬖不足使令于前与？王之诸臣皆足以供之，而王岂为是哉！'曰：'否，吾不为是也。'曰：'然则王之所大欲可知已。欲辟土地，朝秦楚，莅中国，而扶四夷也。以若所为，求若所欲，犹缘木而求鱼也。'"

〔13〕 洪迈《容斋随笔》："枚乘作《七发》，创意造端，丽词腴旨，上薄《骚》、些，故为可喜。其后继之者，如傅毅《七激》，张衡《七辩》，崔骃《七依》，马融《七广》，曹植《七启》，王粲《七释》，张协《七命》之类，规仿太切，了无新意。傅玄又集之以为《七林》，使人读未终篇，往往弃之几格。"《隋志》："《七林》十卷，梁十二卷，录二卷，卞景撰。梁又有《七林》三十卷，音一卷，亡。"案，引《御览》文部载傅玄《七谟序》云："傅子集古今七篇品之，署曰《七林》。"即容斋此之所指，《隋志》不著录。

〔14〕 《文心雕龙·杂文篇》："枚乘摛艳，首制《七发》，腴辞云构，夸丽风骇，盖七窍所发，发乎嗜欲，始邪末正，所以戒膏粱之子也。"《文选》所录，枚乘《七发》外，有曹植《七启》、张协《七命》二篇。

〔15〕 《春秋》昭十五年《左传》："数典而忘其祖。"

〔16〕《文选》有邹阳《狱中上书自明》一首。《汉书·邹阳传》曰:"阳以吴王不可说,去之梁,从孝王游。羊胜、公孙诡等疾阳,恶之于孝王。孝王怒,下阳吏,将杀之,阳乃从狱中上书奏孝王,立出之,卒为上客。"

〔17〕《文选》有江淹《诣建平王上书》一首。《梁书·江淹传》曰:"宋建平王景素好士。淹随景素在南兖州,广陵令郭彦文得罪,辞连淹,系州狱中,上书。景素览书,即日出之。"

〔18〕《国策·燕策》:"人有恶苏秦于燕王者曰:'武安君,天下不信人也,王以万乘下之,尊之于廷,示天下与小人群也。'武安君从齐来,而燕王不馆也,谓燕王曰:'臣,东周之鄙人也,见足下,身无咫尺之功,而足下迎臣于郊,显臣于廷。今臣为足下使,利得十城,功存危燕,足下不听臣者,人必有言臣不信,伤臣于王者。且臣之不信,是足下之福也,使臣信如尾生,廉如伯夷,孝如曾参,三者,天下之高行也,而以事足下,可乎?'燕王曰:'可。'曰:'有此,臣亦不事足下矣。且夫孝如曾参,义不离亲一夕宿于外,足下安得使之之齐。廉如伯夷,不取素飧,汙武王之义而不臣,辞孤竹之君,饿而死于首阳之山,廉如此者,何肯步行数千里,而事弱燕之危主乎?信如尾生,期而不来,抱梁柱而死,信至如此,何肯扬燕(燕下原有秦字,从《校注》删)之威于齐,而取大功乎哉?且夫信行者,所以自为也,非所以为人也;皆自覆之术,非进取之道也。三王代兴,五霸迭盛,皆不自覆也。君以自覆为可乎?则齐不益于营丘,足下不逾境,不窥于边城之外。且臣有老母于周,离老母而事足下,去自覆之术,而谋进取之道,臣之趣固不与足下合者,足下皆自覆之君也,仆者进取之臣也,所谓以忠信得罪于君者也。'燕王曰:'夫忠信又何罪之有也?'对曰:'足下不知也。臣邻家有远为吏者,其妻私人。其夫且归,其私者忧之。其妻曰:公勿忧也,吾已为药酒以待之矣。后二日,夫至,妻使妾奉卮酒进之,妾知其药酒也,进之则杀主父,言之则逐主母,乃阳僵弃酒。主父大怒而笞之。故妾一僵而弃酒,上以活主父,下以存主母也。忠至如此,然不免于笞,此以忠信得罪者

也。臣之事，实不幸而有类妾之弃酒也。'"

〔19〕 贾谊《过秦》以论秦过，班彪《王命》以讽隗嚣，曹冏《六代》以讽曹爽，陆机《辨亡》以论吴亡；皆力陈前代得失而资世鉴之名论也。并载《文选》。

〔20〕 原注："屈原上称帝喾，中述汤武，下道齐桓，亦是。"案此《史记》引淮南王安《离骚传》语也。《孟荀列传》曰："天下方务于合从连衡，以攻伐为贤，而孟轲乃述唐、虞、三代之德，是以所如不合。退而序《诗》、《书》，述仲尼之意，作《孟子》七篇。荀卿嫉浊世之政，亡国乱君相属，不遂大道，于是推儒、墨、道德之行事兴坏，序列著数万言而卒。"其详并具本书。项安世《家说》："贾谊之《过秦》，陆机之《辨亡》，皆赋体也。"此亦可与实斋之意相发。

〔21〕 《汉书·淮南列传》："淮南王安为人好书，招致宾客方术之士数千人，作为内书二十一篇，外书甚众。"《楚辞》有淮南小山《招隐士》一篇，王逸《章句序》曰："《招隐士》者，淮南小山之所作也。昔淮南王安博雅好古，招怀天下俊伟之士，自八公之徒，咸慕其德，而归其仁；各竭才智，著作篇章，分造辞赋，以类相从，故或称小山，或称大山，其义犹诗有小雅、大雅也。"《汉志》有《淮南王群臣赋》四十四篇，盖即小山、大山之属。《文选》录《招隐士》，直题淮南王安，误。

〔22〕 《史记·梁孝王世家》："孝王，窦太后少子也，爱之，赏赐不可胜道。于是孝王筑东苑，招延四方豪杰，自山以东游说之士，莫不毕至，齐人羊胜、公孙诡、邹阳之属。"《文选》录邹阳文，见前。

〔23〕 《史记·平原君列传》："平原君赵胜者，赵之诸公子也。诸子中胜最贤，喜宾客。宾客至者盖数千人。"又《孟尝君列传》："孟尝君名文，姓田氏，在薛招致诸侯宾客，及亡人有罪者，舍业厚遇之。以故倾天下之士。食客数千人，无贵贱一与文等。"又《春申君列传》："春申君者，楚人也，名歇，姓黄氏。是时齐有孟尝君，赵有平原君，魏有信陵君，方争下士，招致宾客，以相倾夺。春申君客三千余人，其上客皆蹑珠履。"又《信陵君列传》："魏公子无忌者，魏昭王少子，而魏安釐王异母弟也。昭王薨，安釐王即位，封公子为信陵君。公

子为人，仁而下士，士无贤不肖，皆谦而礼交之，不敢以其富贵骄士，士以此方数千里争往归之，致食客三千人。”贾谊《过秦论》曰：“齐有孟尝，赵有平原，楚有春申，魏有信陵，此四君者，皆明知而忠信，宽厚而爱人，尊贤重士，约从离衡。”

〔24〕 班固《两都赋序》：“言语侍从之臣，若司马相如、虞邱寿王、东方朔、枚皋、王褒、刘向之属，朝夕论思，日月献纳。”《史记·滑稽列传》：“褚先生曰：‘武帝时，齐人有东方生名朔，初入长安，诏拜以为郎，常在侧，侍中，数召至前谈语，人主未尝不说也。’”又《司马相如传》：“司马相如，蜀郡成都人也。客游梁，梁孝王令与诸生同舍。相如乃著子虚之赋。久之，蜀人杨得意为狗监，侍上，上读《子虚赋》而善之，曰：‘朕独不得与此人同时哉！’得意曰：‘臣邑人司马相如自言为此赋。’上惊、乃召问相如，相如曰：‘有是。然此乃诸侯之事，未足观也，请为天子游猎赋。’赋成，奏之，天子以为郎。尝从上至长杨猎。是时，天子方好自击熊、彘，驰逐野兽，相如上疏谏之，上善之。天子既美《子虚》之事，相如见上好仙道，因曰：‘上林之事，未足美也，尚有靡者。臣尝为《大人赋》未就，请具而奏之。’相如既奏大人之颂，天子大说，飘飘然有凌云之气，似游天地之间意。”《文选》录朔《答客难》、《非有先生论》，《汉书》本传亦有之，并云：“朔之文辞，此二篇最善。”相如文载《文选》者，《子虚》《上林》《长门》三赋、《谏猎书》、《喻巴蜀檄》、《难蜀父老》、《封禅文》。惟《长门赋》，《史》、《汉》本传无有，盖赝品也。辨详《日知录》及何焯《义门读书记》。

〔25〕 《魏志·王粲传》：“始文帝为五官中郎将，及平原侯植，皆好文学。粲与北海徐幹，字伟长，广陵陈琳，字孔璋，陈留阮瑀，字元瑜，汝南应玚，字德琏，东平刘桢，字公幹，并见友善。瑀以（建安）十七年卒，幹、琳、桢、玚，以二十二年卒。文帝与元城令吴质书曰：‘昔年疾疫，亲故多离其灾，徐、陈、应、刘，一时俱逝，痛可言邪！’”（末句据《文选》补）《续汉书·郡国志》，魏郡有邺城，魏所都也。邺下诸子之作，《文选》第录颇多，今不更详其篇目。

〔26〕《史记·田敬仲完世家》:“宣王喜文学游说之士,自如驺衍、淳于髡、田骈、接子、慎到、环渊之徒,七十六人,皆赐列第,为上大夫,不治而议论,是以齐稷下学士复盛,且数百千人。”又《孟荀列传》:齐有三驺子,其前驺忌,先孟子;其次驺衍,后孟子;驺奭者,亦颇采驺衍之术以纪文。故齐人颂曰:“谈天衍,雕龙奭。”《集解》引刘向《别录》曰:“驺衍之所言,五德终始,天地广大,书言天事,故曰谈天。驺奭修衍之文饰,若雕镂龙文,故曰雕龙。”

〔27〕《庄子·大宗师篇》:“畸人者,畸于人而侔于天。”《释文》引李《注》曰:“畸,奇异也。”《易·系辞》:“易之兴也,其当殷之末世,周之盛德邪!”

〔28〕《中说·礼乐篇》:“在山泽而有廊庙之志。”

〔29〕《吕氏春秋·开春论》:“中山公子牟谓詹子曰:‘身在江湖之上,心居魏阙之下,奈何?’”《注》:“魏阙,心下巨阙也。心下巨阙,言神内守也。一说:魏阙,象魏也。悬教象之法,浃日而收之,魏魏高大,故曰魏阙。”按语亦见《庄子·让王篇》,惟江河作江海。

〔30〕韩愈《祭田横墓文》:“事有旷百世而相感者,余不自知其何心。”

〔31〕《文心雕龙·辨骚篇》:“自《风》、《雅》寝声,莫或抽绪,奇文郁起,其《离骚》哉!”故论上世文学,必以《诗》、《骚》交举。战国之文,多出《诗》教;后世之文,复出战国,则其温柔敦厚之教,郁伊怆怏之怀,为后来所景慕者,非偶然矣。本节即《文选》诸体,详证后世之文,战国多兆其端。

至战国而文章之变尽,至战国而后世之文体备,其言信而有征矣〔1〕。至战国而著述之事专,何谓也?曰:古未尝有著述之事也。官师守其典章〔2〕,史臣录其职载。文字之道,百官以之治,而万民以之察〔3〕,而其用已备矣。是故圣王书同文以平天下〔4〕,未有不用之于政教典章,而以文字为一人之著述者也〔5〕。道不行而师儒立其教〔6〕,我夫子所以功贤尧、舜也〔7〕。然而“予欲无言”〔8〕,“无行不与”〔9〕,六艺存周公之旧典〔10〕,夫子未尝著述也〔11〕。《论语》记夫子之微言[12]，而曾子、子思俱有述作以垂训[13]，至孟子而其文然后闳肆焉[14]。著述至战国而始专之明验也[15]。春秋之时，管子尝有书矣[16]，然载一时之典章政教，则犹周公之有官礼也[17]，记管子之言行，则习管氏法者所缀集，而非管仲所著述也[18]。兵家之有《太公阴符》[19]，医家之有《黄帝素问》[20]，农家之有《神农》、《野老》[21]，先儒以为后人伪撰，而依托乎古人。其言似是，而推究其旨，则亦有所未尽也。盖末数小技，造端皆始于圣人[22]。苟无微言要旨之授受，则不能以利用千古也。三代盛时，各守人官物曲之世氏[23]，是以相传以口耳，而孔、孟以前，未尝得见其书也。至战国而官守师传之道废[24]，通其学者，述旧闻而著于竹帛焉。中或不能无得失，要其所自不容遽昧也[25]。以战国之文而述黄、农之说，是以先儒辨之文辞，而断其伪托也。不知古初无著述，而战国始以竹帛代口耳[26]，实非有所伪托也[27]。然则著述始专于战国，盖亦出于势之不得不然矣。著述不能不衍为文辞[28]，而文辞不能不生其好尚。后人无前人之不得已[29]，而惟以好尚逐于文辞焉，然犹自命为著述。是以战国为文章之盛，而衰端亦已兆于战国也[30]。

〔1〕 张衡《东京赋》："信而有征。"薛综《注》："征，验也。"

〔2〕 《说文》："官，吏事君也。从宀，从𠂤，𠂤犹众也。此与师同意。"《广雅·释诂》："师，官也。"盖古者政教不分，官师合一，故二者异名而同训。《礼记·曲礼》所谓"宦学事师"者也。余下详。

〔3〕 《易·系辞》："上古结绳而治，后世圣人易之以书契，百官以治，万民以察。"

〔4〕 《礼记·中庸》："车同轨，书同文。"又《大学》："国治而后天下平。"

〔5〕 原注："详见外篇《校雠略·著述先明大道论》。"案今本《文史通义》外篇无此，盖即《校雠通义·原道篇》也。其言曰："古无文字，结绳之治，《易》之书契，圣人明其用曰：'百官以治，万民以察。'夫为治为察，所以宣幽隐而达形名，盖不得已而为之，其用足以若是焉。斯已

矣。理大物博，不可殚也，圣人为之立官分守，而文字亦从而纪焉。有官斯有法，故法具于官；有法斯有书，故官守其书；有书斯有学，故师传其学；有学斯有业，故弟子习其业。官守学业皆出于一，而天下以同文为治，故私门无著述文字。后世文字，必溯源于六艺；六艺非孔氏之书，乃周官之旧典也。《易》掌太卜，《书》掌外史，《礼》在宗伯，《乐》隶司乐，《诗》领于太师，《春秋》存乎国史。夫子自谓述而不作，明乎官司失守，而师弟子之传业于是判焉。”

〔6〕《周礼·天官》：“师以贤得民，儒以道得民。”《注》：“师，诸侯师氏，有德行以教民者。儒，诸侯保氏，有六艺以教民者。”此非用其本义。

〔7〕《孟子·公孙丑篇》：“宰我曰：‘以予观于夫子，贤于尧、舜远矣。’”

〔8〕《论语·阳货篇》：“子曰：‘予欲无言。’”

〔9〕《论语·述而篇》：“吾无行而不与二三子者，是丘也。”《集解》引包氏曰：“我所为无不与尔共之者，是丘之心。”

〔10〕《文史通义·易教篇》曰：“六经皆史也。古人不著书，古人未尝离事而言理，六经皆先王之政典也。”亦即此义。

〔11〕《论语·述而篇》：“子曰：‘述而不作，信而好古，窃比于我老彭。’”故虽删定六经，而自无著述。

〔12〕《汉志》：“《论语》者，孔子应答弟子时人，及弟子相与言而接闻于夫子之语也。当时弟子各有所记，夫子既卒，门人相与辑而论纂，故谓之《论语》。”又曰：“昔仲尼没而微言绝。”李奇曰：“精微不显之言也。”师古曰：“精微要妙之言也。”张涤华先生曰：“案《文选》刘歆《让太常博士书》善《注》引《论语谶》云‘子夏六十四人共撰仲尼微言。’则《论语》即仲尼之微言。以释实斋此句，语意尤显。”

〔13〕《汉志》儒家：“《子思》二十三篇。”又：“《曾子》十八篇。”《礼记·中庸注》云：“孔子之孙子思作之。”或《子思》遗篇之一。《四库总目·大戴礼提要》云：“《艺文志》《曾子》十八篇久佚，是书犹存其十篇，自《立事》至《天圆》，篇题上悉冠以曾子者是也。”

〔14〕《庄子·天下篇》：“深闳而肆。”韩愈《进学解》：“先生之于文，可谓闳其中而肆其外矣。”

〔15〕 原注:“《论语》记曾子之没,吴起尝师曾子,则曾子没于战国初年,而《论语》成于战国之时明矣。”案:事见《论语·泰伯篇》及《史记·吴起传》。

〔16〕 原注:“《鬻子》、《晏子》,后人伪托。”案《汉志》儒家:“《晏子》八篇。”又道家:“《鬻子》二十二篇。”原注:“名熊,为周师,自文王以下问焉。”《鬻子》今佚,《晏子》今存。

〔17〕 今《管子》书多载当时立法理民之政。《汉书·食货志》曰:“太公为周立九府,太公退,又行之于齐。至管仲相桓公,通轻重之权。桓公遂用区区之齐,合诸侯,显伯名。”又《刑法志》曰:“齐桓公任用管仲,问行伯用师之道,管仲于是乃作内政而寓军令焉。其教已成,外攘夷狄,内尊天子,以安诸夏。”此其推本周室旧典以匡齐桓伯业之明征也。伯,今霸字。

〔18〕 原注:“或谓管仲之书不当称桓公之谥,阎氏若璩又谓后人所加,非《管子》之本文,皆不知古人并无私自著书之事,皆是后人缀辑。详《诸子篇》。”案阎说不见于《尚书古文疏证》及《潜邱札记》,未详所出。今传章氏书无《诸子篇》,《校雠通义·汉志诸子篇》亦未讨究及此,而其意颇见于《言公》及《述学驳文》。《言公篇》曰:“诸子思以其学易天下,语言文字,未尝私其所出也。先民旧章,存录而不为识别者,幼官弟子之篇,月令土方之训是也。(原注:“管子《地圆》,淮南《地形》,皆土训之遗。”)辑其言行,不必尽其身所论述者,管仲之述其身死后事,韩非之载其李斯驳议是也。《庄子》、《让王》、《渔父》之篇,苏氏谓之伪托,非伪托也,为庄氏之学者所附益尔。诸子之持之有故,言之成理者,固将推衍其学术而传之其徒焉。苟足显其术而立其宗,援述于前,与附衍于后者,未尝分居立言之功也。”《述学驳文》曰:“孔子未修《春秋》以前,并无诸子著书之事,如其有之,则夫子必从而讨论,不容绝不置于口也。其人有生孔子前者,如管子上溯太公之类,皆是后人撰辑,非其本人之所自为。”严可均《书管子后》:“近人编书目者,谓此书多言管子后事,盖后人附益者多。余不谓然,先秦诸子,皆门弟子或宾客或子孙撰

定，不必手定。”此与实斋之说正同。

〔19〕《战国策·秦策》：“苏秦得《太公阴符》之谋，伏而诵之，简练以为揣摩。”《汉志》不载。《隋志》有《太公阴谋》、《太公阴符钤录》、《太公金匮》、《太公兵法》、《太公伏符阴阳谋》、《太公三宫兵法》、《太公书禁忌立成集》、《太公枕中记》、《周书阴符》等，均在子部兵家。今并亡佚。

〔20〕皇甫谧《甲乙经序》：“《七略》、《艺文志》：《黄帝内经》十八卷。今有《鍼经》九卷，《素问》九卷，二九十八卷，即《内经》也。”

〔21〕《汉志》诸子略农家：“《神农》二十卷。”原注：“六国时诸子疾时怠于农业，道耕农事，托之神农。”师古曰：“刘向《别录》云：‘疑李悝及商君所说。’”又：“《野老》十七篇。”原注：“六国时，在齐楚间。”应劭曰：“年老居田野，相民耕种，故号野老。”

〔22〕《礼记·中庸》：“君子之道，造端乎夫妇。”孔《疏》释造端云：“初始造立端绪。”

〔23〕《孟子·告子篇》：“士无世官，官事无摄。”古皆世官，或以官为氏，故曰世氏也。

〔24〕《史记·历书》：“幽、厉之后，周室微，陪臣执政，史不记时，君不告朔，故畴人子弟分散。（《集解》引如淳曰：“家业世世相传为畴。《律》：年二十三传之畴官，各从其父学。”）或在诸夏，或在夷狄。”此所谓官守师传之道废也。《论语·微子篇》云：“太师挚适齐，亚饭干适楚，三饭缭适蔡，四饭缺适秦，鼓方叔入于河，播鼗武入于汉，少师阳、击磬襄入于海。”邢《疏》谓此章记“鲁哀公时礼坏乐崩，乐人皆去”。虽列国之事，固亦可推见王朝之大略焉。

〔25〕《太玄经》：“狂作昧。”《注》：“昧，迷也。”

〔26〕原注：“外史掌三皇五帝之书，及四方之志，与孔子所述六艺旧典，皆非著述一类，其说已见于前。”案《周礼·春官》：“外史掌四方之志，掌三皇五帝之书。”郑《注》谓前者“若晋之《乘》、楚之《梼杌》、鲁之《春秋》”。后者则“楚灵王所谓《三坟》、《五典》”是。

〔27〕此论但以释战国人著书，非所语于后世之伪书也。

〔28〕《校雠通义·汉志诗赋篇》曰:"古之赋家者流,原本《诗》、《骚》,出入战国诸子,虽其文逐声韵,旨存比兴,而深探本原,实能自成一子之学,与夫专门之书初无差别。"又《遗书·杂说》曰:"诸子仅工文辞,即后世文集之滥觞。"盖章氏为学,最重专门,故极推子书而薄文集;且谓古之辞赋,实有子风;后来子书,大类文集。篇什日富,则宗旨日衰。其针砭时俗,用意深远矣。俞樾《宾萌集自序》曰:"文集始于诸子,古之君子既没,而其徒撰次其行事与其文词,以传于后。后世人各有集,而不知其原出于诸子,于是集日以多,而文日以卑矣。"此亦足为章说佐证。

〔29〕《孟子·滕文公篇》:"予岂好辩哉,予不得已也。"古之作者,或如《孟子》所云:以"正人心,息邪说,距诐行,放淫辞";或如《史记》所云,以"明天人之际,通古今之变,成一家之言";或如《诗序》所云:"上以风化下,下以风刺上","哀窈窕,思贤才",皆所谓不得已也。

〔30〕著述始专,诸子争鸣,故文盛。后来景慕,妄事效颦,故文衰也。本节论至战国而著述之事乃专,总束上篇之论。

谨案:章学诚,字实斋,浙江会稽人,清乾隆三年(1738)生,嘉庆六年(1801)卒。性耽坟籍,不甘为章句之学,故独能于朴学风靡一世之日,自树一帜。其倡言立论,多发前人之所未发。大抵推原官礼,而有得于向、歆父子之传,故于古今学术,辄能条别而得其宗旨,虽其缜密繁博,或不逮休宁、高邮诸师远甚,然识足以甄疑似,明正变,提要挈纲,卓然有以见夫经、史、百家之支与流裔,而得其大原,则有非诸师所能谛言者。盖诸师精于覈,而实斋善于推;诸师审于析,而实斋密于综。当举世溺于"博学多识"之时,以"一以贯之"为天下倡,信乎其为豪杰之士也。所著书有《文史通义》、《校雠通义》、《史籍考》、《文集》、《方志》等十数种,《史籍考》今佚,余由近人刘承干汇刊为《章氏遗书》。而两《通义》其先已盛传于世。今人叶长青尝为之注,余此书抗战时期成于蜀中时,未见叶注,故与之颇有异同。幸览者察之。

《诗教》共上下两篇,盖《文史通义》中之名论也。上以论时会之升降,下以论体制之分合。余杭《总略》，横推之而极其广；会稽《诗教》，纵讨之而尽其深。厥义虽若不侔，而实互为表里者也。其下篇详在本书下卷。上篇主旨，则在甄明吾国道术公私，文章述作之迁变，以战代为其枢机。盖春秋以前，民智蔽塞，高文典册，巫史世传，述而不作，实其常理。故《荀子·荣辱篇》曰："循法则、度量、刑辟、图籍，不知其义，谨守其数，慎不敢损益也。父子相传，以持王公，是官人百吏之所以取禄秩也。"及夫王纲陵迟，诸侯力政，世卿之制，既遭弹射，秀杰之士，渐起民间。孔子历干七十二君，终无所遇，退而讲业洙泗。乃删《诗》、《书》，订《礼》、《乐》，赞《大易》，修《春秋》，取周室之旧典，授从游之徒众。一再传后，诸子之学遂极盛焉；后世之文，遂益繁焉。是知孔子以前，学在官守，孔子以后，学在私门，所谓功贤尧、舜者，殆谓此也。吾国文学与时代之关系，扬搉根极，惟此事为最著最要，学者不可不究心也。

若夫时运推移，质文递变，历祀之作，不恒厥体。自来论列，不外两端。或寻源而弃流，或崇今而蔑古，文学退化与文学进化之争以生焉。《国故论衡·辨诗篇》云："论辨之辞，综持名理，久而逾出，不专以文情贵，后生或有陵轹古人者矣。韵语代益凌迟，今遂涂地，由其发扬意气，故感慨之士擅焉。聪明思慧，去之则弥远。"考今不如古之论，为吾国文家之常谈，惟余杭先生此说，推本情性，视余为实。然亦有不尽然者，则以文学虽主性灵，而非此一端可尽，如陆云论文，"先辞后情，尚絜而不取悦泽"，则不可以一概齐。先生亦既举以破文辞异职之说矣，古人虽情性挚至，而文辞美富，未必即胜后人，此其一。又喜怒哀乐，古今所同，而其所以为喜怒哀乐者，则视环境而异，如悯农之情，诗人共具，而古或以荒年无食，今或以富岁谷贱，则其情志所托，各有攸殊，难言厚薄矣，此其二。他若《文心雕龙·才略篇》云："观夫后汉才林，可参西京；晋世文苑，足俪邺都。然而魏时话言，必以元封为称首；宋来美谈，亦以建安为口实。"此则以景慕前修，因发不如之叹，又非不易之论也。准此，知文学退化之说，未可尽信；至若进化之论，则近世文家尤多奉为科律。考《抱朴子·钧世篇》曰："《尚书》者，政事之集也。然未若近代之优文诏策、军书奏议之清富赡丽也。《毛诗》者，华彩之辞也，然不及《上林》、《羽猎》、《二京》、《三都》之汪濊博富也。若夫具论宫室，而奚斯路寝之颂，何如王生之赋灵光乎？同说游猎，而《叔畋》、《卢铃》之诗，何如相如之言上林乎？并美祭祀，而《清庙》、《云汉》之辞，何如郭氏《南郊》之艳乎？等称征伐，而《出车》、《六月》之作，何如陈琳《武军》之壮乎？古者事事醇素，今则莫不雕饰，时移世改，理自然也。若舟车之代步涉，文墨之改结绳，诸后作而善于前事，其功业相次千万者，不可缕举也，何以独文章不及古邪？"此主后世之文迈于前古，又早于今人矣。然自《诗》、《骚》以还，艾历千载，轶群绝伦之作，惊心动魄之篇，所谓江山如画，光景常新者，何代无之，必谓后来之作，既造极峰，则前修之辞，渐沦土芥，要亦未见天地之纯者也。

《易·系下》曰："穷则变，变则通，通则久。"文章之事，亦若是焉。知进化退化之说皆仅得其一端，然后可语于通变矣。所谓文章之通变者，内则系乎情志，外则系乎体裁。老庄告退，山川方兹，此通变之系乎情志者也。六义附庸，蔚为大国，此通变之系乎体裁者也。盖社会结构，与时进化；思想感情，随而变迁。人情每厌故而喜新，文章亦历久而生敝。当一意初用，一体初兴，作者莫不骋力高衢，自致英杰。及其要害既据，奇花已开，则来者争锋，自难齐量，势必别出机杼，乃可媲美前人，则《南齐书·文学传论》所谓"若无新变，不能代雄"也。情志之殊，基于生活之异，千变万化，通变之数，未可缕言。若体裁之变，则以顾宁人、焦里堂二君之言为最明切。顾氏《日知录》曰："《三百篇》之不能不降而《楚辞》，《楚辞》之不能不降而汉、魏，汉、魏之不能不降而六朝，六朝之不能不降而唐，势也。"此就声诗一体言之也。焦氏《易余籥录》曰："一代有一代之所胜，舍其所胜，以就其所不胜，皆寄人篱下者耳。余尝欲自楚骚以下，至明八股，撰为一集，汉则专取其赋，魏、晋、六朝至隋则专录其五言诗，唐则专录其律诗，宋专录其词，元专录其曲，明专录其八股，一代还其一代之所胜。然而未暇也。"（案焦氏谓"一代有一代之所胜"，欲"一代还其一代之所胜"，非八代后无古诗，唐后无律诗，宋、元后无词、曲之谓也，顾就其造极者举之耳。又八股功令之文，明人虽创其体，亦不得在文学之列。凡此皆当分别观之。）此就文词各体言之也。至情志之于体裁，其间参伍错综，尤极密切，故有体裁同而情志自异者，若词有婉约豪放之别是也；有情志同而体裁各殊者，若屈子赋《离骚》，文公歌《正气》是也。凡此之类，譬如器以贮水，此器既满，则必注而之他，惟其具通变之功，故能玉水方流，璇源圆折。亦犹琴笙悦耳，而丝竹不同；盘飧适口，而甘脆易味。故文章之道，与时递变，惟有异同可指，难以优劣为言，此文学与时代关系之通例，虽百世可知也。

南北文学不同论

（论文学与地域）

刘师培

夫声律之始，本乎声音[1]。发喉引声，和言中宫，危言中商，疾言中角，微言中徵、羽[2]。商、角响高，宫、羽声下[3]。高下既区，清浊旋别。善乎！《吕览》之溯声音也[4]，谓涂山歌于候人，始为南音；有娀谣乎飞燕，始为北声[5]。则南声之始，起于淮、汉之间；北声之始，起于河、渭之间[6]。故神州语言[7]，虽随境而区，而考厥指归[8]，则析分南北为二种[9]。陆法言有言："吴、楚之音时伤清浅，燕、赵之音多伤重浊。"[10]此则言分南北之确证也[11]。

〔1〕《尚书·舜典》："诗言志，歌永言，声依永，律和声。"伪孔《传》："声谓五声：宫、商、角、徵、羽；律谓六律、六吕，十二月之音气，言当依声律以和乐。"孔《疏》："《周礼》太师云：'文之以五声：宫、商、角、徵、羽。'言五声之清浊有五品，分之为五声也。又：'太师掌六律、六吕，以合阴阳之声。阳声：黄钟、大簇、姑洗、蕤宾、夷则、无射。阴声：大吕、应钟、南吕、林钟、仲吕、夹钟。'是六律、六吕之名也。"《文心雕龙·声律篇》："夫音律所始，本于人声者也。声含宫、商，肇自血气，先王因之以制乐歌。"按有句读文，皆可讽诵，抑扬抗坠，悉出自然。其后精研，乃益臻于细密，世人或以声律为有韵文所专属，非也。

〔2〕《韩非子·外储说右上》："教歌者，先揆以法，疾呼中宫，徐呼中徵。疾不中宫，徐不中徵，不可谓教。"

〔3〕《文心雕龙·声律篇》："商、徵响高，宫、羽声下。"黄先生《札记》曰：

"此二句有讹字，当云：'宫、商响高，徵、羽声下。'《周语》曰：'大不逾宫，细不逾羽。'《礼记·月令》郑《注》云：'凡声尊卑，取象五行，数多者浊，数少者清。'案宫数八十一，商数七十二，角数六十四，徵数五十四，羽数四十八。（详见《律历志》）是宫、商为浊，徵、羽为清，角清浊中。彦和此文为误无疑。"刘弘度丈《校释》云："黄引经典及郑《注》证原文有误，是也，其所改之句非也，当作'徵、羽响高，宫、商声下'。"案揆之音理，发声大而浊者必低下，细而清者必高亢，则诸说当以刘丈为最谛。本文虽欲矫《文心》之失，然其所改仍未当也。

〔4〕 章学诚《文史通义·繁称篇》："书名本全而为人偏举者，《吕氏春秋》有十二纪、八览、六论，而后人或称《吕览》。"

〔5〕 涂山以下四句，用《文心雕龙·乐府篇》语。《吕氏春秋·音初篇》："涂山氏之女乃令其妾候禹于涂山之阳，女乃作歌。歌曰：'候人兮猗！'实始作为南音。周公及召公取风焉，以为《周南》、《召南》。有娀氏有二佚女，为之九成之台，饮食必以鼓，帝令燕往视之，鸣若谥谥，二女爱而争搏之，覆以玉筐，少选发而视之，燕遗二卵，北飞，遂不反。二女作歌，一终曰：'燕燕往飞。'实始作为北音。"高《注》谓南音者，"南方国风之音"。北音者，"北国之音。"

〔6〕 俞樾《九九消夏录》："凡事皆言南北，不言东西，何也？盖自郑君说《禹贡》导山，有阳列阴列之名，而后世遂分为南北二条：南条之水江为大，北条之水河为大。西北之地皆河所环抱，东南之地皆江所环抱。南北之分，实江河大势使然，风尚因之异也。"

〔7〕 神州，东胜神州之简称，驺衍所以称中国也。详《诗教上》注引《史记》。

〔8〕 《文心雕龙·时序篇》："诗必柱下之旨归。"《隋志》有严遵《老子指归》十一卷。指归，盖谓旨要归趣也。

〔9〕 原注："大抵北方语言，河西为一种，则陕、甘是也；河北为一种，则山西、直隶（今河北）以及山东、河南之北境是也；河南为一种，则山东、河南及江苏、安徽北境是也。界乎南北之间者，则淮南为一种，则江苏、安徽之中部及湖北东境是也；汉南为一种，则湖北中部、西部及

四川东部是也。南方语言则分五种:金陵以东为一种,则江苏南境、浙江东北境是也;金陵以西为一种,则安徽南部及江西北部是也;湘、赣之间为一种,则湖南全省及江西南境是也;推之闽、广各为一种;广西、云、贵各为一种。然论大旨,则南音北音二种其大纲也。”

〔10〕 此陆氏《切韵序》之说也。原文作“吴、楚则时伤轻浅,燕、赵则多伤重浊”。

〔11〕 原注:“大抵时愈古则音愈浊,时愈后则音愈清;地愈北则音愈重,地愈南则音愈轻。”考《颜氏家训·音辞篇》云:“南方水土和柔,其音清举而切诣;北方山川深厚,其音沉浊而铫钝。”亦与陆说相似。夫文章之事,由情性生声音,由声音生文字,故论南北文学之不同,先陈其语言之有别也。本节论神州语言,自来有南北之异。

声能成章者谓之言,言之成章者谓之文〔1〕。古代音分南北〔2〕,河、济之间,古称中夏,故北音谓之“夏声”〔3〕,又谓之“雅言”〔4〕。江、汉之间,古称荆楚〔5〕,故南音谓之“楚声”〔6〕,或斥为“南蛮鴃舌”〔7〕。荀子有言:“君子居楚而楚,居夏而夏。”〔8〕夏为北音,楚为南音。音分南北,此为明征〔9〕。声音既殊,故南方之文亦与北方迥别〔10〕。大抵北方之地,土厚水深〔11〕,民生其间,多尚实际。南方之地,水势浩洋〔12〕,民生其际,多尚虚无。民崇实际,故所著之文,不外记事、析理二端。民尚虚无,故所作之文,或为言志、抒情之体。中国古籍,以六艺为最先,而《尚书》、《春秋》,记动记言,谨严简直〔13〕;《礼》、《乐》二经,例严辞约,平易不诬〔14〕。记事之文,此其嚆矢〔15〕。《大易》一书,索远钩深〔16〕,精义曲隐〔17〕,析理之作,此其权舆〔18〕。若夫兵、农标目,医、历垂书,炎、黄以降,著述浩繁〔19〕。然绳以著书之律,则记事、析理,实兼二长。此皆古代北方之文也〔20〕。惟《诗》篇三百〔21〕,则区判北南。《雅》、《颂》之诗,起于岐、丰〔22〕;而《国风》十五,太师所采,亦得之河、济之间〔23〕。故讽咏遗篇,大抵治世之诗,从容揄扬〔24〕;衰世之诗,悲哀刚劲〔25〕;记事之什,雅近《典》、

《谟》[26]。北方之文，莫之或先矣[27]。惟周、召之地，在南阳、南郡之间[28]。故二《南》之诗，感物兴怀，引辞表旨，譬物连类[29]。比兴二体，厥制益繁，构造虚词，不标实迹，与二《雅》迥殊。至于哀窈窕而思贤才[30]，咏《汉广》而思游女[31]，屈、宋之作，于此起源[32]。《鼓钟篇》曰："以雅以南。"非诗分南北之证欤[33]！

〔1〕《诗大序》："情发于声，声成文谓之音。"此推本其义也。

〔2〕原注："如《说苑·修文篇》言，舜以南风，纣以北鄙之音，互相不同。又《家语》言子路鼓瑟，有北鄙杀伐之声；而《左传》又言，楚钟仪鼓琴操南音，亦古代音分南北之证。"

〔3〕原注："《左传》襄二十九年。"案《传》略云："吴公子札来聘，请观于周乐，使工为之歌秦。曰：'此之谓夏声。夫能夏则大，大之至也，其周之旧乎？'"杜《注》："秦本在西戎汧陇之西，秦仲始有车马、礼乐，去戎夷之音，而有诸夏之声，故谓之夏声。及襄公佐周平王东迁，而受其地，故曰周之旧。"

〔4〕原注："《论语》言：'子所雅言。'雅即夏也。"案句见《述而篇》，云雅即夏者，以音近证之也。

〔5〕《说文》："荆，楚木也。"又："楚，丛木，一名荆。"《春秋》庄十年《左传注》："荆，楚本号。"《疏》："荆楚一木二名，故以为国号，亦得二名。"

〔6〕《汉书·礼乐志》："房中祠乐，高祖唐山夫人所作也。凡乐，乐其所生，礼不忘本，高祖乐楚声，故房中乐楚声也。"又《史记·项羽本纪》："夜闻汉军四面皆楚歌。"《正义》引师古云："楚人之歌也。"《隋志·楚辞类序》云："隋时有释道骞善读之，能为楚声，音韵清切，至今传《楚辞》者，皆祖骞公之音。"皆古者南北异音之证矣。

〔7〕原注："《孟子》。"案《孟子·滕文公篇》："今也，南蛮鴃舌之人，非先王之道。"

〔8〕《荀子·儒效篇》："君子居楚而楚，居越而越，居夏而夏，是非天性也，积靡使然也。"杨《注》："夏，中夏。靡，顺也。顺其积习，故能然。"荀悦《申鉴·时事篇》亦云："言有楚夏。"

〔9〕 原注："余杭章氏谓夏音即楚音，不知夏音乃华夏之音。汉族由西方入中国，以黄河附近为根据，故称北方曰华夏，而南方之地则古为荒服，安得被以华夏之称？不得以楚有夏水，而夏楚音近，遂以夏音即楚音也。章说非是。"案章君之论，见《检论·方言篇》。以声音训诂证史者，发自清儒，而近贤尤优为之。此虽佐证之一端，而欲考据精详，则非持此可尽。即如二君之说，以夏通雅，则为北音，以夏通楚，则为南音，其据音近为训一也，而违异若此，则学者当慎择焉。要之，史迹茫昧，书阙有间，信以传信，疑以传疑，于所不知，案而不断，亦寡过之一道也。《尚书·胤征》："明征定保。"伪孔《传》："征，证也。"

〔10〕《尔雅·释诂》："迥，远也。"

〔11〕《春秋》成六年《左传》："晋人谋去故绛，献子曰：'新田土厚水深，居之不疾，十世之利也。'"

〔12〕《淮南子·览冥篇》："往古之时，水浩洋而不息。"浩洋，大水貌也。

〔13〕郑玄《六艺论》："左史所记为《春秋》，右史所记为《尚书》，是以《玉藻》云：'动则左史书之，言则右史书之。'"《初学记》文部引《七略》曰："《尚书》，直言也。"韩愈《进学解》曰："《春秋》谨严。"

〔14〕六艺并举，惟乐经无闻。《汉书·艺文志》云："孔子曰：'安上治民，莫善于《礼》；移风易俗，莫善于《乐》。'二者相与并行，周衰俱坏，乐尤微眇，以音律为节，又为郑、卫所乱，故无遗法。"此二经同称者，盖据《周官》、《仪礼》以推之也。

〔15〕《庄子·在宥篇》："焉知曾、史之不为桀、跖嚆矢也。"《注》："嚆矢，矢之鸣者。"后世假作先声之义。

〔16〕《易·系辞》："探赜索隐，钩深致远，以定天下之吉凶，成天下之亹亹者，莫大乎蓍、龟。"

〔17〕《文心雕龙·征圣篇》："四象精义以曲隐。"又曰："虽精义曲隐，无伤其正言。"

〔18〕《尔雅·释诂》："权舆，始也。"《文心雕龙·宗经篇》："《易》惟谈天，入神致用。故《系》称旨远辞文，言中事隐。韦编三绝，固哲人之骊渊也。"

〔19〕 原注:“如兵家始于黄帝、鬼容区,农家始于神农,医家始于神农、黄帝及岐伯诸人,历学亦始于容成,皆见于《汉志》,实为上古之书。”按《汉志·兵书略》:“《黄帝》十六篇,图三卷。《鬼容区》三篇,图一卷。黄帝臣,依托。”《诸子略》:“《神农》二十篇,六国时诸子疾时怠于农业,道耕农事,托之神农。”《方技略》:“《泰始黄帝扁鹊俞拊方》二十三卷,《神农黄帝食禁》七卷,《黄帝三王养阳方》二十卷,《黄帝杂子步引》十二卷,《黄帝岐伯按摩》十卷,《黄帝杂子芝菌》十八卷,《黄帝杂子十九家方》二十一卷,《神农杂子技道》二十三卷。”《世本·作篇》:“容成造历。”《汉志·诸子略》有《容成子》十四篇,不言其造历事。

〔20〕 原注:“因古帝皆都北方,而南方则为苗族之地。”

〔21〕 《诗》有三百五篇,云三百篇者,举其成数以言之也。《论语·为政篇》:“《诗》三百,一言以蔽之,曰:‘思无邪。’”

〔22〕 郑玄《大、小雅谱》:“《小雅》、《大雅》者,周室居西都丰、镐时之诗也。”孔《疏》:“郑必须言周室居丰、镐者,以《国风》皆题诸国之名,知其国土所在,《雅》亦须显其号,并知天子所居之处也。《采薇》、《出车》以天子之命命将率,则文王时未称王也。则二《雅》各有未称王时作者,未称王时,则在岐周矣。而系之丰者,以其为《雅》诗者,即述天子之政,文王居丰乃称王,纵使在岐周时作,亦系之于丰也。厉王流于彘,王爵仍存,镐京尚在,故亦总云丰、镐焉。”《颂》诗据《谱》又在《雅》后,故总云起于岐、丰也。

〔23〕 《礼记·王制》:“岁二月,东巡守,至于岱宗,命大师陈诗以观民风。”郑《注》:“陈诗,谓采其诗而视之。”《汉志》:“古有采诗之官,王者所以观风俗,知得失,自考正也。”《春秋》宣十五年《公羊传解诂》:“男年六十,女年五十,无子者,官衣食之,使之民间求诗,乡移于邑,邑移于国,国以闻于天子。故王者不出牖户,尽知天下所苦,不下堂而知四方。”此古代采诗之大略。云得之河济者,《国风》之地望然也。

〔24〕 原注:“如《周颂》及《大雅》、《小雅》前半,《鲁颂》、《商颂》是。”班固

《两都赋序》:“或以抒下情而通讽谕,或以宣上德而尽忠孝,雍容揄扬,著于后嗣。”

〔25〕 原注:“如《小雅》中《出车》、《采芑》、《六月》,以及《秦风》诸篇,皆刚劲之诗也。而《小雅》、《大雅》之后半,则为悲哀之诗。”

〔26〕 原注:“如《七月篇》历叙风土人情,而《笃公刘》诸篇皆不愧诗史。”《史记·高帝纪》:“雅不欲属沛公。”《集解》引服虔曰:“雅,故也。”《典》、《谟》谓《尚书》,举偏以概全也。

〔27〕 《孟子·滕文公篇》:“北方之学者,未能或之先也。”此仿其词。

〔28〕 原注:“此《韩诗》说。予案《周南》言《汉广》,言《汝坟》,则周南之地,当在南阳、南郡之东。《召南》言汝沱,(帆案:此谓其《江有汜》篇中有‘江有沱’之句也。疑汝沱乃江沱之误。)则召南之地,当在南阳、南郡之西。盖文王兼牧荆、梁二州,故《国风》始于周、召。”案:《韩诗》者,汉初韩婴所传,《汉志》有《韩故》三十六卷,《韩内传》四卷,《韩外传》六卷,《韩说》四十一卷,今惟《外传》存。郑玄《周南、召南谱》谓:“周、召者,《禹贡》雍州岐山之阳地名。”则《毛诗》说。征之本诗,于义为短,故不用也。云文王兼牧荆、梁者。《谱》又云:“纣又命文王典治南国江、汉、汝旁之诸侯。”孔《疏》:“江、汉之城,即梁、荆二州,故《尚书注》云:‘南兼梁、荆。’”

〔29〕 《史记·邹阳传赞》:“邹阳辞虽不逊,然其比物连类,有足悲者。”张惠言《七十家赋钞序》:“引辞表旨,譬物连类。”

〔30〕 《诗大序》:“是以《关雎》乐得淑女以配君子,忧在进贤,不淫其色,哀窈窕,思贤才,而无伤善之心焉。是《关雎》之义也。”

〔31〕 《诗·周南·汉广》:“南有乔木,不可休息,汉有游女,不可求思。”《序》曰:“《汉广》,德广所及也。文王之道被于南国,美化行乎江、汉之域,无思犯礼,求而不可得也。”

〔32〕 刘君《文说·宗骚篇》曰:“感物兴怀,援情记兴,袅袅女萝,寄离忧于公子;森森佳树,望归来于王孙。比兴不乖乎六义,情思远绍乎二《南》。此《诗》教之正传也。”

〔33〕 原注:“《毛传》云:‘言为《雅》为《南》也,舞四夷之乐,大德广所及。’

又言：‘南夷之乐曰任。’盖以雅为中国之乐，以南为四夷之乐也。不知北方之诗谓之《雅》，雅者，北方之音也；南方之诗谓之《南》，南者，南方之音也。此音分南北之证。非以南夷之乐该四夷之乐也。”本节论上古南北文学之不同。

春秋以降，诸子并兴。然荀卿、吕不韦之书[1]，最为平实。刚志决理，輐断以为纪，其原出于古《礼经》[2]，则秦、赵之文也[3]。故河北、关西，无复纵横之士。韩、魏、陈、宋，地界南北之间，故苏、张之横放[4]，韩非之宕跌[5]，起于其间。惟荆楚之地，僻处南方。故老子之书，其说杳冥而深远[6]。及庄、列之徒承之[7]，其旨远，其义隐[8]，其为文也，纵而后反[9]，寓实于虚，肆以荒唐憰怪之词[10]，渊乎其有思，茫乎其不可测矣[11]。屈平之文[12]，音涉哀思，矢耿介，慕灵修[13]，芳草美人，托词喻物，志洁行芳，符于二《南》之比兴[14]。而叙事纪游，遗尘超物，荒唐谲怪，复与庄、列相同[15]。南方之文，此其选矣。又纵横之文，亦起于南[16]。故士生其间，喜腾口说。甚至操两可之说，设无穷之词，以诡辩相高[17]，故南方墨者，以坚白、同异之论相訾[18]。虽其学失传[19]，然浅察以衒词，纤巧以弄思[20]，习为背实击虚之法[21]，与庄、列、屈、宋之荒唐谲怪者，殆亦殊途同归乎[22]！观班固之志艺文也，分析诗赋，《屈原赋》以下二十家为一种[23]，《陆贾赋》以下二十一家为一种，《荀卿赋》以下二十五家为一种[24]。盖屈原、陆贾，籍隶荆南[25]。所作之赋，一主抒情，一主骋辞，皆为南人之作。荀卿生长赵土，所作之赋，偏于析理，则为北方之文[26]。兰台史册[27]，固可按也[28]。

〔1〕 荀、吕，《史记》各有传。《汉志》儒家：“《孙卿子》三十三篇。”即《荀子》。又杂家：“《吕氏春秋》二十六篇。”今皆存。

〔2〕 原注：“孔、孟之言亦最平易近人。”《庄子·天下篇》：“椎拍輐断，与物宛转。”郭庆藩《集释》引郭嵩焘曰：“輐断即下文魭断。郭象云：

'䴔断,无圭角也。'言䴔断之而已,不用锋棱,所以处事制物而与为宛转也。"《七十家赋钞序》:"刚志决理,輐断以为纪,内而不汙,表而不著,则荀卿之为也,其原出于《礼经》。"

〔3〕 荀子赵人,《吕氏春秋》则不韦为秦相时集宾客为之,故云秦、赵之文也。

〔4〕 原注:"苏秦为东周人,张仪为魏人。"案《史记》各有传。

〔5〕 原注:"非为韩人。"案《史记》有传。《汉志》法家:"《韩子》五十五篇。"今存。宕跌,或倒文作跌宕,宕与荡通。《后汉书·孔融传》:"跌荡放言。"李贤《注》:"跌荡,放纵也。"诸书或作涤荡、佚荡、骀荡,义并相近。

〔6〕 原注:"老子为楚国苦县人。"案《史记》有传。《汉志》道家有《老子》书四家,今本作二卷。

〔7〕 原注:"庄为宋人,列为郑人,皆地近荆楚者也。"案《史记》庄子有传,列子行事略见《别录》。《汉志》道家:"《庄子》五十二篇,《列子》八篇。"今传《列子》,则晋人依托,非先秦之旧也。

〔8〕 《易·系辞》:"其旨远,其辞文,其言曲而中,其事肆而隐。"

〔9〕 《七十家赋钞序》:"其质也华,然其文也,纵而后反。"

〔10〕 《庄子·天下篇》:"谬悠之说,荒唐之言。"又《齐物论》:"恢恑憰怪,道通为一。"

〔11〕 韩愈《答李翊书》:"俨乎其若思,茫乎其若迷。"刘君《论文杂记》云:"中国文学至周末而臻极盛,庄、列之深远,苏、张之纵横,韩非之排奥,荀、吕之平易,皆为后世文章之祖。"亦与此之所言互相发明。

〔12〕 《史记·屈原列传》:"屈原名平。"《汉志》:"《屈原赋》二十五篇。"今本惟王逸《楚辞章句》为最古。

〔13〕 《离骚》:"彼尧舜之耿介兮,既遵道而得路。"王《注》:"耿,光也,介,大也。"又:"指九天以为正兮,夫惟灵修之故也。"王《注》:"灵,神也。修,远也。能神明远见者,君德也,故以喻君。"

〔14〕 原注:"观《离骚经》、《九章》诸篇,皆以虚词喻实义,与二《雅》殊。"《史记·屈原列传》:"《国风》好色而不淫,《小雅》怨悱而不乱,若

《离骚》者，可谓兼之矣。其文约，其辞微，其志洁，其行廉。其志洁，故其称物芳；其行廉，故死而不容自疏。”（案据班固《离骚序》，此淮南王安《离骚传》文，而史公引之。）王逸《离骚经序》：“屈原既执履忠贞而被谗衺，忧心烦乱，不知所诉，乃作《离骚经》，依《诗》取兴，引类譬喻。故善鸟、香草，以配忠贞；恶禽、臭物，以比谗佞；灵修、美人，以媲于君；宓妃、佚女，以譬贤臣；虬、龙、鸾、凤，以托君子；飘风、云霓，以为小人。其辞温而雅，其义皎而朗。”

〔15〕 原注：故《史记》之论《楚辞》也，谓“蝉蜕秽浊之中，浮游尘埃之外，皭然泥而不滓。推此志也，虽与日月争光可也”。案此亦淮南王安《离骚传》文，所谓遗尘超物者也。《文心雕龙·辨骚篇》云：“至于托云龙，说迂怪，丰隆求宓妃，鸩鸟媒娀女，诡异之辞也。康回倾地，夷羿弹日，木夫九首，土伯三目，谲怪之谈也。”则其所谓荒唐谲怪者也。刘君《文说·宗骚篇》亦云：“瑰意奇行，超然高举。继马阆风，骖螭西极。溘埃风而上征，过江皋而延伫；顾下土而愁予，与佺期而为友，厌世之思，符于庄、列。”

〔16〕 原注：“如陈轸、黄歇之流是也。”案歇楚人，轸仕楚，不详何地人，皆无书传世，其行事、词令略见《国策》、《史记》。

〔17〕 刘向《别录》：“邓析者，郑人也，好刑名，操两可之说，设无穷之辞，当子产之世，数难子产为政。”《汉志》名家：“《邓析》二篇。”今传世者，疑为后人掇拾之本。

〔18〕 原注：“见《庄子》。”《公孙龙子·坚白论》：“坚与白为二，坚白与石不可为三。”此坚白之论。《庄子·天下篇》：“大同而与小同异，此之谓小同异；万物毕同毕异，此之谓大同异。”此同异之论，二者盖其时哲人常用为论题，故诸子书多及之。《荀子·修身篇》：“夫坚白、同异、有厚、无厚之察，非不察也。”《天下篇》亦云：“南方之墨者，苦获、已齿、邓陵子之属，俱诵《墨经》，而倍谲不同，相谓别墨。以坚白、同异之辩相訾，以觭偶不仵之辞相应。以巨子为圣人，皆愿为之尸。”足证此非仅形名一家之言。《吕氏春秋·审应篇注》：“訾，毁也。”

〔19〕 谓后世无习之者。

〔20〕 《文心雕龙·谐隐篇》:“纤巧以弄思,浅察以衒辞。”刘君盖以诡辩有类谐隐矣。

〔21〕 《孙子·虚实篇》:“兵之形背实而击虚。”

〔22〕 江瑔《读子卮言》云:“道家之言,半涉玄虚。老、庄、列、文之书,皆寄想于无何有之乡,神游于窎窅寥廓之地,眇然而莫得其朕,名家宗之。名家坚白异同之辩,以及鸡三足、卵有毛之说,多涉虚想。故惠施为名家之巨子,尝问道于庄周。尹文子亦名家之学。刘向谓其学本于黄、老。此名家出于道家之证也。”此所谓殊途而同归也。以上论战国诸子之文,以下辞赋。

〔23〕 原作二十五家。据《汉志》,《屈原赋》以下仅二十家,“五”字今删。

〔24〕 《校雠通义·汉志诗赋篇》:“《汉志》分艺文为六略,每略又各别为数种,每种始叙列为诸家,论辨流别,义至详也。惟诗赋一略区为五种,而每种之后,更无叙论,不知刘、班之所遗耶,抑流传之脱简邪?今观《屈原赋》二十五篇以下,共二十家,为一种。《陆贾赋》三篇以下,共二十一家,为一种。《孙卿赋》十篇以下,共二十五家,为一种。名类相同,而区种有别,当日必有其义例。今诸家之赋,十逸八九,而叙论之说,阙焉无闻,非著录之遗憾欤!”

〔25〕 原注:“贾亦楚人。”案《史》、《汉》俱有传。

〔26〕 刘君《论文杂记》曰:“写怀之赋,屈原以下二十家是也。骋词之赋,陆贾以下二十一家是也。阐理之赋,荀卿以下二十五家是也。写怀之赋,其源出于《诗经》;骋词之赋,其源出于纵横家;阐理之赋,其源出于儒、道两家。”余杭章君《国故论衡·辩诗篇》曰:“屈原言情。荀卿效物。陆贾赋不可见,其属有朱建、严助、朱买臣诸家,盖纵横之变也。”二君之说大类,然亦有所未尽,往余尝为《汉志诗赋略首三种分类遗意考》,究其义例,兹不更详。

〔27〕 《汉书·百官公卿表》:“御史大夫秦官,有两丞,秩千石,一曰中丞,在殿中兰台,掌图籍秘书。”《史通·古今正史篇》:“汉氏中兴,明帝以班固为兰台令史,诏撰《光武本纪》及诸列传、载记。又杨子山为

郡上计吏，献所作《哀牢传》，为帝所异，征诣兰台。斯则兰台之职，盖当时著述之所也。”

〔28〕 本节论战国南北文学之不同。

西汉之时，文人辈出。贾谊之文，刚健笃实，出于韩非[1]。晁错之文，辨析疏通，出于《吕览》[2]。而董仲舒、刘向之文，咸平敞通洞，章约句制，出于荀卿[3]。盖西汉北方之文，实分三体：或镕式经诰，褒德显容，其源出于《雅》、《颂》，颂赞之体本之[4]；或探事献说，重言申明，其源出于《尚书》，书疏之体本之[5]；或文朴语饰，不断而节，其源出于《礼经》，古赋之体本之[6]。又淮南之旨，虽近庄、列，然衡其文体，仍在荀、吕之间，亦非南方之文也[7]。若夫史迁之作，排奡雄奇[8]，书为记事，文则骋词[9]。而枚乘、司马相如，咸以词赋垂名[10]。然恢廓声势，开拓宦突[11]，殆纵横之流欤[12]。至于写物附意，触兴致情[13]，则导源楚《骚》，语多虚设。子云继作，亦兼二长[14]，例以文体，远北近南[15]。东京文士，彪炳史篇[16]，然章奏、书牍之文，咸通畅明达；虽属辞枝繁，然铨贯有序[17]。论辨之文亦然[18]。若词赋一体，则孟坚之作，虽近扬、马，然征材聚事，取精用弘[19]，《吕览》类辑之义也[20]。蔡邕之作似之[21]。平子之作，杰格拮摋，俶诡可观，荀卿《成相》之遗也[22]。王延寿之作似之[23]。即有自成一家言者，亦辞直义畅，雅懿深醇[24]。盖东汉文人，咸生北土；且当此之时，士崇儒术[25]，纵横之学，屏绝不观；《骚经》之文[26]，治者亦鲜。故所作之文，偏于记事、析理[27]，而骋辞、抒情之作，嗣响无人。惟王逸之文，取法《骚经》[28]。而应劭、王充，南方之彦[29]。故《风俗通》、《论衡》二书，近于诡辩[30]。殆南方墨者之支派欤。于两汉之文，别为一体。盖三代之时，文与语分。排偶为文，直言为语[31]。东汉北方之文，词多骈俪，语严句重[32]，乃古代之文也；南方之文，多属单行，语词浅显，乃古代之语也[33]。

〔1〕 谊，洛阳人，《史》、《汉》有传。《汉志》儒家：“《贾谊》五十八篇。”《隋志》：“梁有《贾谊集》四卷，亡。”案今略见于张天如辑《汉魏六朝百三名家集》，及严铁桥辑《全上古三代秦汉三国六朝文》。凡以下汉、魏、六朝诸家集无单刻行世者，视此。《易·大畜象》曰：“刚健笃实辉光，日新其德。”

〔2〕 错，颍川人，《史》、《汉》有传。《汉志》法家：“《晁错》三十一篇。”《隋志》：“梁有《晁错集》三卷，亡。”刘君《论文杂记》：“西汉之时，论辩书疏，不杂骈骊之词。或出语雄奇，如史迁、贾生之文出韩非；或行文平实，如晁错、刘向之文出《吕览》。”《文心雕龙·奏启篇》：“固以明允笃诚为本，辨析疏通为首。”

〔3〕 仲舒，广川人，《史》、《汉》有传。向，汉宗室，附见《汉书·楚元王传》。《汉志》儒家：“《董仲舒》百二十三篇，《刘向所序》六十七篇。”《隋志》：“《董仲舒集》一卷，梁二卷，《刘向集》六卷。”《七十家赋钞序》：“平敞通洞，博厚而中。”又：“章约句制，奡不可理。”

〔4〕 《文心雕龙·体性篇》：“典雅者，熔式经诰，方轨儒门者也。”又《颂赞篇》：“四始之至，颂居其极。颂者，容也，所以美盛德而述形容也。”

〔5〕 《文心雕龙·书记篇》：“圣贤言辞，总为《尚（原作一，从一本。）书》，《书》之为体，主言者也。”

〔6〕 原注：“如孔臧、司马迁、韩安国之赋是。”《文选·两都赋》李《注》引《孔臧集》曰：“臧，仲尼之后。”迁，龙门人。安国，梁城安人。《史》、《汉》有传。《汉志》：“《孔臧赋》二十篇，《司马迁赋》八篇。”《安国赋》未著录。《七十家赋钞序》：“刚志决理，輐断以为纪，内而不污，表而不著，则荀卿之为也，其原出于《礼经》，朴而饰，不断而节。及孔臧、司马迁为之，章约句制，奡不可理，其辞深而旨文，确乎其不颇者也。”

〔7〕 原注：“惟小山《招隐士篇》出于屈、宋。”案此篇王逸编入《楚辞》，是其体近屈、宋之证。

〔8〕 韩愈《荐士诗》：“横空盘硬语，妥贴力排奡。”

〔9〕 谓《史记》也。

〔10〕 《汉志》:“《枚乘赋》九篇,《司马相如赋》二十九篇。”《隋志》:“《司马相如集》一卷,梁有《枚乘集》二卷,亡。”乘,淮阴人,《汉书》有传。相如,蜀郡成都人,《史》、《汉》并有传。

〔11〕 《尔雅·释宫》:“东北隅谓之宧,东南隅谓之窔。”郝《疏》:“窔,别作突。”《汉书·叙传》云:“守突奥之荧烛。”应劭《注》引《尔雅》:“东南隅谓之突。”又或作宊。《御览》引舍人曰:“东方万物生,蛰虫必出,(必毕同。)无不由户突。”《七十家赋钞序》:“循有枢,执有庐,颉滑而不可居,开决宧突,而与万物都。其终也芴莫,而神明为之橐,则司马相如之为也。其源出于宋玉。”

〔12〕 原注:“如枚乘《七发》,相如《子虚赋》、《上林赋》,是也。”

〔13〕 原注:“如相如《长门赋》、《思大人》,枚乘《菟园赋》,是也。”案《思大人》当作《大人赋》,《长门赋》则后人伪作也。

〔14〕 原注:“如《羽猎赋》、《河东赋》,出于纵横者也。若《反离骚》诸作,则出于楚《骚》者也。”子云,扬雄字。雄,成都人,《汉书》有传。《隋志》:“《扬雄集》五卷。”

〔15〕 以上西汉,以下东汉。

〔16〕 《易·革》:“大人虎变,其文炳也。”《太玄经》:“彪如在天,文炳也。”

〔17〕 刘君《论文杂记》曰:“东汉文人,既与儒林分别,故文词古奥,远逊西京。”通明铨贯,此其由矣。

〔18〕 原注:“如班彪《王命论》、朱穆《崇厚论》是。”班彪,固之父,扶风安陵人,见《汉书·叙传》、《后汉书》本传。朱穆,南阳宛人,附《后汉书·朱晖传》。

〔19〕 《春秋》昭七年《左传》:“其用物也弘矣,其取精也多矣。”

〔20〕 《史记·吕不韦列传》:“不韦使其客人人著所闻,集论以为八览、六论、十二纪,二十余万言,以为备天地万物古今之事,号曰《吕氏春秋》。”以其成非一手,依类相从,故云类辑也。

〔21〕 邕,字伯喈,陈留圉人,《后汉书》有传。《隋志》:“《班固集》十七卷。《蔡邕集》十二卷。”

〔22〕 《成相》,见《文学总略篇》注。

〔23〕平子，张衡也，南阳西鄂人，《后汉书》有传。王延寿，字文考，一字子山，南阳宜城人，见《后汉书·文苑传》。《隋志》："《张衡集》十一卷。梁有《王延寿集》三卷，亡。"《七十家赋钞序》曰："张衡盱盱，块若有余，上与造物为友，而下不遗埃壒。虽然，其神也充，其精也苶。及王延寿、张融为之，杰格拮檄，钩孑菆牾，而俶诡可睹，其于宗也，无蜕也。"案刘君此篇，颇用张《序》词句，此则并其意而用之者。杰格拮檄，谓其文句之诘屈聱牙也。钩孑，即钩棘；钩牾，即龃龉；俶诡，奇异也。

〔24〕原注："如荀悦《申鉴》、王符《潜夫论》是。"案此云一家言，谓子书也。悦，字仲豫，颍川颍阴人，附《后汉书·荀淑传》。符，字节信，安定临泾人，《后汉书》有传。二书《隋志》皆在儒家。

〔25〕《后汉书·儒林传论》曰："自光武中年以后，干戈稍戢，专事经学，自是其风世笃焉。其服儒衣，称先王，游庠序，聚黉塾者，盖布之于邦域矣。"此其时士崇儒术之证。

〔26〕《离骚》称经，未详所始。王逸《章句序》已云："《离骚经》者，屈原之所作也。离，别也。骚，愁也。经，径也。言已放逐离别，中心愁思，犹依道径，以风谏君也。"洪兴祖《楚辞补注》曰："余按古人引《离骚》未有言经者，盖后世之士，祖述其词，尊之为经耳。非屈原意也，逸说非是。"洪氏谓经名非本有，其说甚当，然逸既据以作解，则在逸前已通行可知。

〔27〕原注："如《幽通》、《思玄》各赋，以及《申鉴》、《潜夫论》之文，皆析理之文也；若夫《两都》、《鲁灵光》各赋，则记事之文。"《幽通赋》，班固作；《思玄赋》，张衡作；《鲁灵光殿赋》，王延寿作。

〔28〕原注："王为南郡人。"案逸字叔师，《后汉书·文苑》有传。《隋志》："梁有《王逸集》二卷，亡。"今《楚辞》有逸作《九思》一篇。

〔29〕原注："劭为汝南人，充为会稽人。"案劭字仲远，见《后汉书·应奉传》。充字仲任，《后汉书》有传。

〔30〕《隋志》杂家："《论衡》二十九卷，王充撰。《风俗通义》三十一卷，应劭撰。"《史通·自叙篇》曰："儒者之书，博而寡要，得其糟粕，失其

菁华，而流俗鄙夫，贵远贱近，转滋（原作传兹，从《通释》改）牴牾，自相欺惑，故王充《论衡》生焉。民者，冥也，冥然罔知，率彼愚蒙，墙面而视，或讹音鄙句，莫究本源，或守株胶柱，动多拘忌，故应劭《风俗通》生焉。"《四库总目·风俗通义提要》曰："《后汉书》本传称：'撰《风俗通》以辨物类名号，识时俗嫌疑。'不知何以删去义字，或流俗省文，如《白虎通义》之称《白虎通》，史家因之欤？其书因事立论，文辞清辨，可资博洽，大致如王充《论衡》，而叙述简明，则胜充书之冗漫。"刘熙载《艺概》曰："王充《论衡》，独抒己见，思力绝人，虽时有激而近僻者，然不掩其卓诣。"

〔31〕 已详《文学总略篇》。

〔32〕 李商隐《韩碑》诗："语奇句重字难晓。"

〔33〕 刘君《论文杂记》曰："西汉之时，箴、铭、赋、颂，源出于文，论、辨、书、疏，源出于语。"其说亦与此相发明。本节论两汉南北文学不同。

建安之初[1]，诗尚五言。七子之作[2]，虽多酬酢之章[3]，然慷慨任气，磊落使才，造怀指事，不求纤密[4]，隐义蓄含，余味曲包[5]，而悲哀刚劲，洵乎北土之音[6]。魏、晋之际，文体变迁，而北方之士，侈效南文。曹植词赋，涂泽律切，忧远思深，其旨开于宋玉；及其弊也，则采择艳辞，纤冶伤雅[7]。嵇、阮诗歌，飘忽峻佚，言无端涯，其旨开于庄周；及其弊也，则宅心虚阔，失所指归[8]。左思诗赋，广博沉雄，慷慨卓越，其旨开于苏、张；及其弊也，则浮嚣粗犷，昧厥修辞[9]。北方文体，至此始淆[10]。又建安以还，文崇偶体；西晋以降，由简趋繁[11]。然晋初之文，羹元尚存[12]，雕几未极[13]。如杜预、荀勖、傅玄，咸吐辞简直[14]。若张华、潘岳、挚虞，始渐尚铺张[15]。三张、二陆，文虽遒劲，亦稍入轻绮矣。诗歌亦然。故力柔于建安，句工于正始[16]。此亦文体由北趋南之渐也[17]。江左诗文，溺于玄风，辞谢雕采，旨寄玄虚，以平淡之词，寓精微之理。故孙[18]、许[19]、二王[20]，语咸平典，由嵇、阮而上溯庄周[21]。此南文之别一派也。惟刘琨之作，善为凄戾之音，而出以清刚[22]；郭璞之作，佐以彪炳之词，而出以挺拔[23]。北方之文，赖以不坠[24]。

〔1〕 建安，东汉献帝年号。

〔2〕 七子者，鲁孔融文举，山阳王粲仲宣，东平刘桢公幹，广陵陈琳孔璋，北海徐幹伟长，汝南应玚德琏，陈留阮瑀元瑜。孔融《后汉书》有传，余六人并见《魏志·王粲传》。《隋志》："《孔融集》九卷，《阮瑀集》五卷，《徐幹集》五卷，《应玚集》一卷，《陈琳集》三卷，《刘桢集》四卷，《王粲集》十一卷。"

〔3〕 《易·系辞》："是故可与酬酢，可与祐神矣。"孔《疏》："酬酢，谓应对报答。"

〔4〕 《文心雕龙·明诗篇》："建安之初，五言腾踊。文帝、陈思，纵辔以骋节；王、徐、应、刘，望路而争驱。并怜风月，狎池苑，述恩荣，叙酣宴；慷慨以任气，磊落以使才；造怀指事，不求纤密之巧；驱辞逐貌，唯取昭晰之能。此其所同也。"

〔5〕 《文心雕龙·隐秀篇赞》："深文隐蔚，余味曲包。"案今本《隐秀篇》后半是伪作，《赞》则原本旧有。

〔6〕 原注："气度渊雅逊东汉，而魄力则过之。孔融、曹操之诗，尤为悲壮。"案曹氏沛国谯人。《诗品》云："曹公古直，甚有悲凉之句。"七子著籍亦有南人，而吐音皆同北土者，则以上有好者，下必有甚焉。且时际叔世，戎马生郊，自多慷慨磊砢之作耳。

〔7〕 植，字子建，《魏志》有传。《隋志》："《曹植集》三十卷。"《七十家赋钞序》："涂泽律节，莩蔽纷悦，则曹植之为也，其端自宋玉。浮华之学者相与尸之，率以变古。曹植则可谓才士矣。揹乎改绳墨，易规矩，则佞之徒也。"

〔8〕 嵇康，字叔夜，谯郡人，见《魏志·王粲传》。阮籍，字嗣宗，陈留尉氏人，并见《魏志·王粲传》、《晋书》本传。《隋志》："《阮籍集》十卷。《嵇康集》十三卷。"《文心雕龙·明诗篇》曰："正始明道，诗杂仙心。

何晏之徒，率多浮浅，唯嵇志清峻，阮旨遥深，故能标焉。”《七十家赋钞序》曰：“言无端崖，傲倪以为质，以天下为郛郭，入其中者，眩震而谬悠之，则阮籍之为也。其原出于庄周。”嵇、阮笃好老、庄之学，《晋书》、《世说》所载綦详。

〔9〕 左思，字太冲，齐国临淄人，《晋书·文苑》有传。《隋志》：“《左思集》二卷。”《诗教》上：“京都诸赋，苏、张纵横列国，侈陈形势之遗也。”今案太冲诸制，广博沉雄者，《三都赋》是矣；慷慨卓越者，《咏史》诗是矣。故此以诗赋交举也。

〔10〕 谓陈思以下，皆北人而效南文也。

〔11〕 原注：“凡晋人奏议之文，论述之文，皆日趋于偶，日趋于繁，与东汉殊。”《史通·叙事篇》论六代史家之作，谓其“大抵编字不只，捶句皆双，修短取均，奇偶相配。故应以一言蔽之者，辄足为二言；应以三句成文者，必分为四句。弥漫重沓，不知所裁。”盖骈俪之文，此病最多，熔裁之道，所当亟论也。

〔12〕 《礼记·乐记》：“大飨之礼，尚玄酒而俎腥鱼，大羹不和，有遗味者矣。”《史记·礼书》：“大羹元酒，所以防其淫侈，救其雕敝。”《集解》引郑玄曰：“大羹，肉湆不调以盐菜也。元酒，水也。”元，本作玄，避清讳改。

〔13〕 《礼记·郊特牲》：“凡漆雕几之美。”孔《疏》：“雕谓刻镂，几谓沂鄂，言以丹漆雕饰之以为沂鄂也。”

〔14〕 预，字元凯，京兆杜陵人。勖，字公曾，颍川颍阴人。玄，字休奕，北地泥阳人。《晋书》并有传。《隋志》：“《杜预集》十八卷，《荀勖集》三卷，亡。《傅玄集》十五卷。”

〔15〕 华，字茂先，范阳方城人。岳，字安仁，荥阳中军人。虞，字仲治，京兆长安人。《晋书》并有传。《隋志》：“《张华集》十卷。《潘岳集》十卷。《挚虞集》九卷。”

〔16〕 《晋书·张载传》：“载字孟阳，安平人。弟协字景阳，亢字季阳，同称三张。”又《陆机传》：“机字士衡，吴郡人。弟云字士龙，与机齐名，号二陆。”《隋志》：“《张载集》七卷。《张协集》三卷。《张杭集》

二卷,亡。(姚振宗《考证》云:“杭当为亢。”)《陆机集》十四卷。《陆云集》十二卷。”《文心雕龙·明诗篇》曰:“晋世群才,稍入轻绮,张、潘、左、陆,比肩诗衢。采缛于正始,力柔于建安;或析文以为妙,或流靡以自妍,此其大略也。”正始,魏齐王芳年号。

〔17〕 以上建安讫西晋,以下东晋。

〔18〕 原注:“孙绰。”案绰字兴公,太原中都人,附《晋书·孙楚传》。《隋志》:“《孙绰集》十五卷。”

〔19〕 原注:“许询。”案询,字玄度,高阳新城人,附见《陈书·文学传·许亨传》。《隋志》:“《许询集》三卷。”

〔20〕 原注:“王羲之,王献之。”案羲之,字逸少,琅琊临沂人,《晋书》有传。献之,字子敬,羲之子。《隋志》:“《王羲之集》九卷。《王献之集》十卷,亡。”

〔21〕 《世说新语·文学篇》注引《续晋阳秋》曰:“正始中,王弼、何晏好庄、老玄胜之谈,而世遂贵焉。故郭璞五言始会合道家之言而韵之。至过江,佛理尤盛,(按:‘至过江,佛理尤盛’七字原误在‘故郭璞五言始会合道家之言而韵之’十五字之前,今据文义乙正。)(许)询及太原孙绰,转相祖尚,又加以三世之辞,而《诗》、《骚》之体尽矣。询、绰并为一时文宗,自此作者悉化之。”《文心雕龙·明诗篇》曰:“江左篇制,溺乎玄风,嗤笑徇务之志,崇盛亡机之谈。”又《时序篇》曰:“自中朝贵玄,江左称盛,因谈余气,流成文体。是以世极迍邅,而辞意夷泰,诗必柱下之旨归,赋乃漆园之义疏。”《诗品序》曰:“永嘉时贵黄老,稍尚虚谈,于时篇什,理过其辞,淡乎寡味,爰及江表,微波尚传。孙绰、许询、桓(温)、庾(亮)诸公,诗皆平典,似《道德论》,建安风力尽矣。”《宋书·谢灵运传论》曰:“在晋中兴,玄风独扇,为学穷于柱下,博物止乎七篇,驰骋文辞,义殚乎此。自建武暨于义熙,虽比响联辞,波属云委,莫不寄言上德,托意玄珠,遒丽之辞,无闻焉尔。”以上并刘君所本。

〔22〕 原注:“孙楚、卢询之作亦然。”案琨,字越石,中山魏昌人。孙楚,字子荆,太原中都人。《晋书》并有传。询,谌之误。谌,字子谅,范阳

涿人,《晋书》附《卢钦》传。《隋志》:“《刘琨集》九卷。《孙楚集》六卷。《卢谌集》十卷。”《文心雕龙·才略篇》曰:“刘琨雅壮而多气,卢谌情发而理昭。”《诗品》曰:“晋太尉刘琨、中郎卢谌诗,其源出于王粲,善为凄戾之辞,自有清拔之气。”又序曰:“刘越石仗清刚之气。”

〔23〕 璞,字景纯,河东闻喜人,《晋书》有传。《隋志》:“《郭璞集》十七卷。”《文心雕龙·明诗篇》曰:“景纯仙篇,挺拔而为俊。”《诗品》曰:“郭璞诗彪炳可玩,始变永嘉平淡之体,故称中兴第一。”

〔24〕 本节论魏晋南北文学之不同。

晋、宋以降,文体复更。渊明之诗,仍沿晋派[1]。至若慧业文人[2],咸崇文藻,镵雕云风,模范山水[3]。自颜、谢诗文,舍奇用偶[4],鬼斧默运[5],奇情毕呈。句争一字之奇,文采片言之贵。情必极貌以写物,辞必穷力以追新[6]。齐、梁以降,益尚艳辞,以情为里,以物为表,赋始于谢庄[7],诗昉于梁武[8]。阴、何、吴、柳[9],厥制益工,研炼则隐师颜、谢,妍丽则近则齐、梁。子山继作,掩抑沉怨,出以哀艳之词[10],由曹植而上师宋玉。此又南文之一派也[11]。鲍照诗、文,义尚光大,工于骋势;然语乏清刚,哀而不壮[12]。大抵由左思而上效苏、张。此亦南文之一派也。梁、陈以降,文体日靡[13]。惟北朝文人,舍文尚质[14]。崔浩、高允之文,咸硗确自雄[15]。温子升长于碑版[16],叙事简直,得张、蔡之遗规[17]。卢思道长于歌词,发音刚劲,嗣建安之佚响[18]。子才、伯起,亦工记事之文[19]。岂非北方文体,固与南方文体不同哉?自子山、总持身旅北方[20],而南方轻绮之文,渐为北人所崇尚。又初明[21]、子渊[22],身居北土,耻操南音,诗歌劲直,习为北鄙之声[23]。而六朝文体,亦自是而稍更矣[24]。

〔1〕 陶渊明,字元亮,入宋更名潜,浔阳柴桑人,见《宋书·隐逸传》。《隋志》:“《陶潜集》九卷。”案陶诗兼平淡挺拔之长,故云然也。

〔2〕《南史·谢灵运传》:“得道应须慧业。”

〔3〕《文心雕龙·物色篇》:“诡势瓌声,模山范水。”

〔4〕颜延之,字延年,琅琊临沂人。谢灵运,陈郡阳夏人。《宋书》俱有传。《颜传》云:“延之与谢灵运齐名,江左称颜谢。”《隋志》:“《颜延之集》二十五卷。《谢灵运集》十九卷。”

〔5〕陆时雍《诗镜总论》:“诗至于宋,古之终而律之始也。体制一变,便觉声色俱开。谢康乐鬼斧默运,其梓庆之鐻乎。颜延年,代大匠斵而伤其手者也。”

〔6〕原注:“谢元晖亦然。”元晖,朓字,亦阳夏人,《南齐书》有传。(元,本作玄,避清讳改。)《隋志》:“《谢朓集》十二卷,《逸集》一卷。”陆机《文赋》:“立片言而居要,乃一篇之警策。”《文心雕龙·明诗篇》:“俪采百字之偶,争价一句之奇;情必极貌以写物,辞必穷力以追新。此近世之所竞也。”

〔7〕庄,字希逸,亦阳夏人,《宋书》有传。《隋志》:“《谢庄集》十五卷。”

〔8〕原注:“简文及元帝之诗亦然。”《隋志》:“《梁武帝集》二十六卷,《梁武帝诗赋集》二十卷,《梁武帝杂文集》九卷,《梁武帝别集目录》二卷,《梁武帝净业赋》三卷。《梁简文帝集》八十五卷。《梁元帝集》五十二卷。”又集部后叙曰:“梁简文之在东宫,亦好篇什。清辞巧制,止乎衽席之间;雕琢蔓藻,思极闺闱之内。后生好事,递相放习,朝野纷纷,号为宫体,流宕不已,讫于丧亡。陈氏因之,未能全变。”章公《国故论衡·辨诗篇》曰:“世言江左遗彦,好语玄虚,孙、许诸篇,传者已寡。陶潜皇皇,欲变其奏,其风力终不逮。玄言之杀,语及田舍;田舍之隆,旁及山川云物,则谢灵运为之主。然则《风》、《雅》道变,而诗又几为赋。颜延之与谢灵运,深浅有异,其归一也。自是至于沈约、丘迟,景物复穷。自梁简文帝初为新体,床笫之言,扬于大庭,讫陈、隋为俗。”

〔9〕原注:“阴铿、何逊、吴均、柳恽。”案铿,字子坚,武威姑臧人,《南史》附其父《子春传》。逊,字仲言,东海郯人。均,字叔庠,吴兴故鄣人,见《梁书·文学传》。恽,字文畅,河东解人,《梁书》有传。《隋志》:

“《柳恽集》十二卷，亡。《吴均集》二十卷。《何逊集》七卷。《阴铿集》一卷。”阴、何诸家，研炼妍丽，遂开新变之体，初盛唐人颇学之。

〔10〕 子山，庾信字也。信，南阳新野人，《周书》有传。《隋志》：“《庾信集》二十一卷。”《隋书·文学传序》曰：“徐陵、庾信，分路扬镳。其意浅而繁，其文匿而采，词尚轻险，情多哀思。格以延陵之听，盖亦亡国之音乎。”

〔11〕 原注：“惟范云、任昉，文诗渊懿；江总、沈约，亦无轻靡之辞，乃齐、梁文士之杰出者。”案云，字彦龙，南乡舞阴人。昉，字彦升，乐安博昌人。约，字休文，吴兴武康人。《梁书》并有传。总，字总持，济阳考城人，《陈书》有传。《隋志》：“《范云集》十一卷。《任昉集》三十四卷。《沈约集》一百一卷。《江总集》三十卷，《后集》二卷。”

〔12〕 鲍照，字明远，东海人，附《宋书·临川王道规传》。《隋志》：“《鲍照集》十卷。”《南齐书·文学传论》曰：“发唱惊挺，操调险急，雕藻淫艳，倾炫心魄，亦犹五色之有红紫，八音之有郑卫，斯鲍照之遗烈也。”《诗品》曰：“宋参军鲍照诗，贵状巧似，不避危仄，颇伤清雅之调，故言险俗者多以附照。”

〔13〕 原注：“至陈后主而极矣，即刘孝标、刘彦和、陆佐公之文，亦多清新之句。”案刘峻，字孝标，平原人。刘勰，字彦和，东莞莒人，见《梁书·文学传》。陆倕，字佐公，吴郡吴人，《梁书》附父《慧晓传》。《隋志》：“《陈后主集》三十九卷。《刘孝标集》六卷。《陆倕集》十四卷。刘勰《文心雕龙》十卷。”

〔14〕 《隋书·文学传序》曰：“江左宫商发越，贵于清绮；河朔词义贞刚，重乎气质。气质则理胜其词，清绮则文过其意。理深者，便于时用；文华者，宜于咏歌。此其南北词人得失之大较也。”

〔15〕 浩，字伯渊，清河人。允，字伯恭，渤海人。《魏书》并有传。《隋志》：“《高允集》二十一卷。”《崔浩集》未著录。《韩诗外传》：“丰膏不独乐，硗确不独苦。”硗确，土地瘠薄也，诸书或作墝埆，通。张涤华先生曰：“案‘硗确自雄’，张溥《百三家集·温侍读集题词》中语，刘君盖用此。”

〔16〕 杜甫《八哀诗》："干谒满其门，碑版照四裔。"称金石之文为碑版，盖自唐已然矣。

〔17〕 张、蔡，谓衡、邕也。温子升，字鹏举，太原人，《魏书·文苑》有传。《隋志》："《温子升集》三十九卷。"张鷟《朝野佥载》曰："温子升作《韩陵山寺碑》，庾信读而写其本。南人问信曰：'北方文字何如？'信曰：'惟有韩陵一片石堪共语。'"张涤华先生曰："案《魏书》、《北史》子升本传载：子升作《侯山祠堂碑文》，时称大才士。亦其长于碑版之证。"

〔18〕 原注："如《蓟北歌词》诸作是也。"卢思道，字子行，涿州人，《隋书》有传。《隋志》："《卢思道集》三十卷。"张涤华先生曰："案《隋书》、《北史》思道本传：'齐文宣帝崩，当时文士各作挽歌十首，择其善者而用之。魏收、阳休之、祖孝征等不过得一二首，惟思道独有八篇，故时人称为八米卢郎。（帆案：《困学纪闻·杂识篇》云："或谓米当为采。"何《注》云："见《猗觉寮杂记》。"）后以事免归。尝于蓟北怅然感慨，为五言诗见意，世以为工。周武帝平齐，追赴长安，与同辈阳休之等数人作《听蝉鸣篇》。思道所为，词意清切，为时人所重。新野庾信遍览诸同作者，而深叹美之。'又张溥《百三家集·卢武阳集题词》：'子行诗兼工七言。唐玄宗自蜀回，登勤政楼歌曰：庭前琪树已堪攀，塞北征人去未还。即卢《蓟北歌词》也。唐风近隋，卢、薛诸体，世尤宗尚。'此并思道长于歌词之证。"

〔19〕 原注："邢邵、魏收。"案子才，河间鄚人。伯起，巨鹿下曲阳人。《北齐书》并有传。《隋志》："《邢子才集》三十一卷。《魏收集》六十八卷。"《颜氏家训·文章篇》："邢子才、魏收俱有重名，时俗准的，以为师匠。"张涤华先生曰："案《史通·叙事篇》自注引王劭《齐志》：'时议恨邢子才不得掌兴魏之书怅快。'是子才工记事文之证。伯起有《后魏书》。李延寿论之曰：'勒成魏籍，婉而有章，繁而不芜，志存实录。'是伯起工记事文之证。"

〔20〕 庾信仕梁，聘于西魏，被留不遣，后入周。江总陈亡入隋，并见本传。

〔21〕 原注："沈炯。"案《陈书》本传：炯，字礼明，吴兴武康人。荆州陷后，为西魏所虏，入北。礼明，《南史》作初明，疑是。《隋志》："《沈炯前集》七卷，《后集》十三卷。"

〔22〕 原注："王褒。"案褒琅琊临沂人，《周书》有传。始仕梁，魏陷江陵，入北，继仕周。《隋志》："《王褒集》二十一卷。"

〔23〕 《春秋》庄十九年《左传注》："鄙，边邑也。"又同年《公羊传注》："鄙者，边垂之辞。"张涤华先生曰："案张溥《百三家集·沈侍中集题词》：'《劝进》三表，长声慷慨，绝类刘越石。《为陈太傅让表》义正辞壮，即阮嗣宗《上晋王笺》曷加焉。江南文体，入陈更衰。非徐仆射、沈侍中，代无作者。'又《周书》、《北史》王褒传：'褒曾作《燕歌行》，妙尽关塞寒苦之状。元帝及诸文士并和之。'又《百三家集·王司空集题词》：'今观子渊诗文，多《燕歌》类。建章楼阁，长安陵树，伤心久矣。'此并可证刘君之言。"

〔24〕 本节论南北朝南北文学之不同。

隋炀诗、文，远宗潘、陆，一洗浮荡之言，惟隶事研词，尚近南方之体[1]。杨、薛之作，间符隋炀，吐音近北，摛藻师南[2]。故隋、唐文体，力刚于颜、谢，采缛于潘、张，折衷南体北体之间，而别成一派[3]。唐初诗文，与隋代同，制句切响，言务纤密[4]。虽雅法六朝，然卑靡之音，于焉尽革。四杰既兴[5]，文体益恢，诗音益谐[6]。自是以降，虽文有工拙，然俳四俪六[7]，益趋浅弱。惟李、杜古赋，词句质素[8]；张、陆奏章，析理通明[9]。唐代文人，瞠乎后矣[10]。昌黎崛起北陲，易偶为奇[11]，语重句奇，闳中肆外。其魄力之雄，直追秦、汉，虽模拟之习未除，然起衰之功不可没也[12]。习之、持正、可之[13]，皆奉韩文为圭臬[14]，古质浑雄，唐代罕伦。子厚与昌黎齐名，然栖身湘、粤，偶有所作，咸则《庄》、《骚》，谓非土地使然欤[15]？若贞观以后[16]，诗律日严。然宋、沈之诗，以严凝之骨，饰流丽之词[17]，颂扬休明，渊乎盛世之音[18]。中唐以降，诗分南北[19]。少陵、昌黎，体峻词雄，有黄钟、大吕之音[20]。若夫高[21]、常[22]、崔[23]、李[24]，诗带边音，粗厉猛起[25]；张[26]、孟[27]、贾[28]、卢[29]，思苦语奇，缒幽凿险，皆北方之诗也。太白之诗，才思横溢，旨近苏、张[30]；温、李之诗，缘情托兴，谊符楚《骚》[31]；储、孟之诗，清言霏屑，源出道家[32]，皆南方之诗也。晚唐以还，诗趋纤巧，拾六代之唾余[33]，自郐以下，无足观矣[34]。

〔1〕《隋志》："《炀帝集》五十五卷。"《隋书·文学传序》："炀帝初习艺文，有非轻侧之论，及乎即位，一变其风。其《与越公书》、《建东都诏》、《冬至受朝诗》及《拟饮马长城窟》，并存雅体，归于典制；虽意在骄淫，而词无浮荡。故当时缀文之士，遂得依而取正焉。"

〔2〕杨素，字处道，弘农华阴人。薛道衡，字玄卿，河东汾阴人。《隋书》并有传。《隋志》："《杨素集》十卷。《薛道衡集》三十卷。"

〔3〕自三国分争，四海辐裂，典午驭宇，不旋踵又有八王、五胡之乱，遂成南北朝之局。其风尚学术，俱各不同，而文章之美，则南朝远胜，故北方之彦，颇效南文，然以气质各殊，终有淄渑之异。隋以北统混一寰宇，时会所趋，隋、唐作者，遂掩有南北之长矣。

〔4〕《唐书·文艺传》曰："高祖太宗，大难始夷，沿江左余风，絺句绘章，揣合低昂。"

〔5〕王勃，字子安，绛州龙门人；杨炯，华阴人；卢照邻，字升之，范阳人；骆宾王，义乌人；以文章齐名，称为四杰，见《唐书·文艺传》。《唐书·艺文志》："《骆宾王集》十卷。《卢照邻集》二十卷，又《幽忧子》三卷。杨炯《盈川集》三十卷。《王勃集》三十卷。"案：自唐以次诸家集，世多传本，今亦依史志略著其目以便稽检。

〔6〕六代文人，精研声病，至唐而骈俪进为四六，古诗变作律诗矣。

〔7〕柳宗元《乞巧文》："骈四俪六，锦心绣口。"孙德谦《六朝丽指》曰："骈体与四六异。四六之名，当自唐始，李义山《樊南甲集序》云：'作二十卷，唤曰《樊南四六》。'知文以四六为称，乃起于唐，而唐以前则未之有也。且《序》又申言之曰：'四六之名，六博格五四数六甲之取

也。'使古人早名骈文为四六，义山亦不必为之解矣。《文心雕龙·章句篇》虽言：'四字密而不促，六字格而非缓。'此不必即谓骈文。不然，彼有《丽辞》一篇，专论骈体，何以无此说乎？吾观六朝文中以四句作对者，往往只用四言，或以四字五字相间而出，至徐、庾两家，固多四六语，已开唐人之先，但非如后世骈文，全取排偶，遂成四六格调也。"此亦学者所不可不知。

〔8〕李白，字太白，生于碎叶，迁居绵州。杜甫，字子美，襄阳人。《唐志》："《李白草堂集》二十卷。《杜甫集》六十卷，《小集》六卷。"二公古赋今传者各数篇。《国故论衡·辨诗篇》云："赋盖先亡于诗，继隋而后，李白赋明堂，杜甫赋三大礼，诚欲为扬雄台隶，犹几弗及。世无作者，二家亦足以殿。"

〔9〕张说，字道济，又字说之。其先自范阳徙河南，更为洛阳人。陆贽，字敬舆，苏州嘉兴人。《唐书》并有传。《唐志》："《张说集》三十卷。《陆贽议论表疏集》十二卷，又《翰苑集》十卷。"

〔10〕《庄子·田子方篇》："夫子奔轶绝尘，而回瞠若乎后矣。"瞠，直视也。

〔11〕昌黎，韩愈，退之也，《唐书》有传。愈本南阳人，然以昌黎韩氏族盛，故每随称之。《唐志》："《韩愈集》四十卷。"

〔12〕苏轼《潮州韩文公庙碑》谓公"文起八代之衰"。盖自汉、魏以迄陈、隋之文，至公而一变，故云然也。

〔13〕李翱，字习之，陇西成纪人，《唐书》有传。皇甫湜，字持正，睦州新安人，《唐书》附《韩愈传》。孙樵，字可之，又字隐之，自称关东人，不知其籍何县也。《唐志》："《李翱集》十卷。《皇甫湜集》三卷。《孙樵经纬集》三卷。"

〔14〕孙樵《与王霖秀才书》曰："某尝得为文真诀于来无择，来无择得之于皇甫持正，皇甫持正得之于韩吏部退之。"翱则韩公侄婿，故其学悉以为归。陆倕《石阙铭》："陈圭置臬，瞻星揆地。"圭所以测日影，臬所以正四方也。详后《诗教下篇》注引《周礼》地官及《考工记》。

〔15〕此谓韩、柳之文有南北之异也。《唐书·柳宗元传》："宗元字子厚，其先盖河东人，后徙于吴。少精敏绝伦，为文章卓伟精致。既窜

斥，地又荒疠，因自放山泽间，其堙厄感郁，一寓诸文，仿《离骚》数十篇，读者咸悲恻。”《唐志》：“《柳宗元集》三十卷。”

〔16〕 贞观，唐太宗年号。

〔17〕 《唐书·文艺传》：“宋之问，字延清，汾州人。沈佺期，字云卿，相州内黄人。魏建安后迄江左，诗律屡变，至沈约、庾信，以音韵相婉附，属对精密，及之问、佺期，又加靡丽，回忌声病，约句准篇，如锦绣成文，学者宗之，号为沈宋。”《唐志》：“《沈佺期集》十卷。《宋之问集》十卷。”

〔18〕 此谓二人之诗，严凝流丽，犹上承隋氏，兼有南北之长，其后乃分南北也。《春秋》宣三年《左传》：“德之休明，虽小重也。”

〔19〕 唐诗分期，始于宋严羽《沧浪诗话》，大约以大历以前为盛唐，以还为中唐，次则晚唐。元杨士弘《唐音》，明高棅《唐诗品汇》，更于盛唐之上别增初唐。如刘君此下所举，则上至李杜，下至温李，皆属中唐，说亦颇与前人有异也。

〔20〕 黄钟、大吕，乐律之洪者也。张戒《岁寒堂诗话》引苏子由曰：“韩诗豪，杜诗雄。杜诗之雄，可以兼韩诗之豪。”韩盖从杜出也。

〔21〕 原注：“適。”案適，字达夫，沧州勃海人，《唐书》有传。《唐志》：“《高適集》二十卷。”

〔22〕 原注：“建。”案建，不知其字，里贯亦无可考。《唐志》：“《常建诗》一卷。”

〔23〕 原注：“灏。”案灏，汴州人，见《旧唐书·文苑传》。《唐志》：“《崔灏诗》一卷。”

〔24〕 原注：“颀。”案颀，不知其字，东川人。《唐志》：“《李颀诗》一卷。”

〔25〕 《礼记·乐记》：“粗厉猛起，奋末广贲之音作，而民刚毅。”

〔26〕 原注：“籍。”案籍，字文昌，和州乌江人，《唐书》附《韩愈传》。《唐志》：“《张籍诗集》七卷。”

〔27〕 原注：“郊。”案郊，字东野，湖州武康人，《唐书》附《韩愈传》。《唐志》：“《孟郊诗》十卷。”

〔28〕 原注：“岛。”案岛，字浪仙，范阳人。初为僧，名无本，后反初服，《唐

书》附《韩愈传》。《唐志》:"贾岛《长江集》十卷,又《小集》三卷。"

〔29〕 原注:"仝。"案仝,亦范阳人,号玉川子。《唐志》:"《玉川子诗》一卷。"

〔30〕 原注:"乐府则出《楚辞》。"又刘君《论文杂记》曰:"太白之诗,超然飞腾,不愧仙才,是为纵横家之诗。"亦即所谓旨近苏、张也。

〔31〕 温庭筠,本名岐,字飞卿,太原人。李商隐,字义山,怀州河内人,《唐书·文艺》并有传。《唐志》:"温庭筠《握兰集》三卷,又《金筌集》十卷,《诗集》五卷,《汉南真稿》十卷。李商隐《樊南甲集》二十卷,《乙集》二十卷,《玉溪生诗》三卷,又《赋》一卷,《文》一卷。"

〔32〕 储光羲,兖州人。孟浩然,襄州襄阳人,见《唐书·文艺传》。《唐志》:"《储光羲集》七十卷。《孟浩然诗集》三卷。"

〔33〕 《庄子·秋水篇》:"子不见夫唾者乎:喷,则大者如珠,小者如雾。"江淹诗:"咳唾成珠玉。"李白诗:"咳唾落九天,随风生珠玉。"元好问诗:"北人不拾江西唾。"唾余,犹言残膏剩馥矣。

〔34〕 《春秋》襄二十九年《左传》:"自郐以下无讥焉。"案《传》所载乃季札观乐事。无讥者,杜《注》云:"不复讥论之,以其微也。"本节论隋、唐南北文学之不同。

宋代文人,惟老苏之作,间近昌黎〔1〕。欧、曾之文,虽沉详整静,茂美渊懿,训辞深厚〔2〕,然平弱之讥,曷云克免〔3〕?岂非昌黎之文,固非南人所能效哉〔4〕?若东坡之文,出入苏、张、庄、老间,亦为南体〔5〕。苏门四子,更无论矣〔6〕。北宋诗体,初重西昆,派沿温、李〔7〕。苏诗精言名理,有东晋之风〔8〕。西江一体〔9〕,逋峭坚凝〔10〕,一洗凡艳,然雄厚之气,远逊杜、韩。岂非杜、韩之诗,亦非南人所克效与〔11〕?南宋诗、文,多沿古制。惟同甫、水心,文体纵横〔12〕,放翁、石湖,诗词淡雅〔13〕,然咸属南人。若真、魏之文,缜密端慤〔14〕,诚哉中流之砥柱矣〔15〕。

〔1〕 老苏,谓苏洵明允也,眉州眉山人,《宋史·文苑》有传。《宋史·艺

文志》:“《苏洵集》十五卷,又《别集》五卷。”

〔2〕 训辞句,太史公记《博士议》语也。见《文学总略篇注》。

〔3〕 欧阳修,字永叔,庐陵人。曾巩,字子固,建昌南丰人。《宋史》并有传。《宋志》:“《欧阳修集》五十卷,又《别集》二十卷,《六一集》七卷,《奏议》十八卷,《内外制集》十一卷,《从谏集》八卷。曾巩《元丰类稿》五十卷,又《别集》六卷,《续稿》四十卷。”二公之文,有得于阴柔之美,故与昌黎殊。

〔4〕 原注:“小苏之文,愈伤平弱;介甫文虽挺拔,然浑厚之气,亦逊昌黎。”案苏辙,字子由,洵次子。王安石,字介甫,抚州临川人。《宋史》并有传。《宋志》:“苏辙《栾城集》八十四卷,《应诏集》十卷,《策论》十卷,《均阳杂著》一卷。《王安石集》一百卷。”

〔5〕 苏轼,字子瞻,号东坡居士,洵长子,《宋史》有传。《宋志》:“《苏轼前、后集》七十卷,《奏议》十五卷,《补遗》三卷,《南征集》一卷,《词》一卷,《南省说书》一卷,《应诏集》十卷,《内外制》十三卷,《别集》四十六卷,《黄州集》二卷,《续集》二卷,《和陶诗》四卷,《北归集》六卷,《儋耳手泽》一卷。”刘熙载《艺概》曰:“东坡读《庄子》,叹曰:‘吾昔有见,口未能言。今见是书,得吾心矣。’后人读东坡文,亦当有是语。盖其过人处在说得出,不但见得到已也。”又刘君《论文杂记》曰:“子瞻之文,以粲花之舌,运捭阖之词,往复卷舒,一如意中所欲出;而属词比事,翻空易奇,纵横家之文也。”

〔6〕 《宋史·文苑传》:“黄庭坚与张耒、晁补之、秦观,俱游苏轼门,天下称为四学士。”案庭坚,字鲁直,洪州分宁人。耒,字文潜,楚州淮阴人。补之,字无咎,济州巨野人。观,字少游,一字太虚,扬州高邮人。并见《文苑传》。《宋志》:“《黄庭坚集》三十卷,《乐府》二卷,《外集》十四卷,《书尺》十五卷。《张耒集》七十卷,又《进卷》十二卷。《晁补之集》七十卷。《秦观集》四十卷。”

〔7〕 《蔡宽夫诗话》曰:“祥符、天禧之间,杨文公、刘中山、钱思公,专喜李义山,故昆体之作,翕然一变。”今传世者,有《西昆酬唱集》,皆一时唱和之作,专以藻丽为宗。所谓西昆者,杨亿《酬唱集序》云“取玉山

策府之名”也。

〔8〕 原注：“此出于道家，若欧、王之诗，于北宋亦为特出。”案刘熙载《艺概》曰：“东坡诗善于空诸所有，又善于无中生有，机括实自禅悟中得来。”东晋玄风，无间三教。二刘之言，盖有符节之合矣。

〔9〕 宋吕居仁作《江西诗派图》，自黄庭坚以下，列陈师道等二十五人，天水一朝，诗林风靡，至南宋之末，方回撰《瀛奎律髓》，乃定一祖三宗之说。一祖者，杜甫；三宗者，黄庭坚、陈师道、陈与义也。

〔10〕 《北史·文苑传》：“（温）子升不修容止，谓人曰：‘诗章易作，逋峭难为。’”《广韵》：“峬峭，好形貌。”

〔11〕 以上北宋，以下南宋。

〔12〕 陈亮，字同甫，婺州永康人。叶适，字正则，号水心，温州永嘉人。《宋史·儒林》有传。《宋志》：“《陈亮集》四十卷，又《外集》四卷。《叶适文集》二十八卷。”

〔13〕 陆游，字务观，晚岁人讥其颓放，因自号放翁，越州山阴人。范成大，字致能，号石湖，吴郡人。《宋史》并有传。《宋志》：“陆游《剑南续稿》二十一卷，又《渭南集》五十卷。范成大《石湖居士集》（卷亡），又《石湖别集》二十九卷，《石湖大全集》一百三十六卷。”原注：“一近张、苏，一近庄、列。”案近张、苏者，陈、叶之文；近庄、列者，陆、范之诗也。

〔14〕 真德秀，字景元，后更为景希，浦城人。魏了翁，字华父，邛州蒲江人，《宋史·儒林》并有传。倪燦《宋史·艺文志补》：“真德秀《西山文集》五十五卷。魏了翁《鹤山全集》一百十卷，《渠阳集》二十二卷。”

〔15〕 原注：“若夫东莱之文，稼轩之词，亦近纵横。朱子之文，雅近真、魏。”案吕祖谦，字伯恭，号东莱，寿州人，见《宋史·儒林传》。辛弃疾，字稼轩，历城人，《宋史》有传。朱熹，字元晦，一字仲晦，婺源人，见《宋史·道学传》。《宋志》：“《吕祖谦集》十五卷，又《别集》十六卷，《外集》五卷。《辛弃疾长短句》十二卷。《朱熹前集》四十卷，《后集》九十一卷，《续集》十卷，《别集》二十四卷。”《书·禹贡》：“导

河东至于砥柱。”《汉书·地理志注》曰：“砥柱在陕县东北。山在河中，形若柱也。”本节论宋代南北文学之不同。

金、元宅夏，文藻黯然。惟遗山之诗，则法少陵，存中州之正声[1]。子昂卑卑，非其匹也[2]。自元以降，惟别曲一端，区分南北[3]。若诗文诸体，咸依草坿木，未能自辟途辙，故无派别之可言。大抵北人之文，猥琐铺叙，以为平通，故朴而不文；南人之文，诘屈雕琢[4]，以为奇丽，故华而不实[5]。当明代中叶，七子之诗，雄而不沉[6]；归、茅之文，密而不茂[7]。至如明季几社、复社之英[8]，发为文章，咸感愤淋漓，悲壮苍凉，伤时念乱。音哀于子山，气刚于同甫。虽间失豪放，然南人之文，兼擅苏、张、屈、宋之长者，自此始也。明社既墟[9]，遗民佚士，睠怀故都[10]，或发绵渺之文[11]，或效轶荡之体[12]，咸有可观[13]。

〔1〕 元好问，字裕之，号遗山，太原秀容人，《金史》附其父德明传。钱大昕《补元史·艺文志》：“元好问《遗山集》四十卷，《诗集》二十卷。”遗山我国五七言体诗之巨匠。曾涤生选《十八家诗钞》，止于遗山，诚特识也。

〔2〕 赵孟頫，字子昂，宋宗室，宋亡仕元，《元史》有传。钱《补元志》：“赵孟頫《松雪斋集》十卷，《别集》一卷，《续集》一卷。”《史记·老庄申韩列传》：“申子卑卑。”《春秋》僖二十三年《左传注》：“匹，敌也。”

〔3〕 刘君《论文杂记》曰：“诗与乐分，然后诗中有乐府；乐府将沦，乃生词曲。曲分南北，自昔然矣。然南剧之调，多本于词，而北剧之调，鲜本于词，其故何哉？昔唐人祖孝孙有言：‘梁、陈旧乐，用吴、楚之音，周、齐旧乐，涉胡、戎之技。’乐分南北，分析昭然。而所谓音杂胡戎者，皆北方之乐也。自是以后，胡角之音，渐输中国。（《通志》曰：“古有胡角十曲。”即胡乐。）而隋炀之世，复有凉州、伊州、甘州、渭州四曲，由西域输华，而四夷之乐，析为九部，（如西凉、龟兹、天竺、康居之乐是。）播为声歌。夷乐之兴，自此始矣。隋、唐以降，北方之

乐，胡、汉杂淆，惟南方之地，古乐稍存。唐、宋之词虽失古音，然源出乐府，鲜杂夷乐之音。（大抵东晋以降，北方北乐之音多流入江南，与南方之乐歌相杂，故与秦、汉之音不同。）宋元以降，南剧起于南方，南方为古音仅存之地，以调之出于古乐府也，故其调亦多出于词。北剧起于北方，北方为胡乐盛行之地，故音杂胡乐，而其调鲜出于词。”此就历史言南北曲之异者也。魏际瑞《伯子论文》曰：“南曲如抽丝，北曲如轮枪；南曲如南风，北曲如北风；南曲如酒，北曲如水；南曲如六朝，北曲如汉、魏；南曲自然者，如美人淡妆素服，文士羽扇纶巾；北曲自然者，如老僧世情物价，老农晴雨桑麻；南曲情连，北曲情断；南曲圆滑，北曲劲涩；南曲柳颤花摇，北曲水落石出；南曲如珠落玉盘，北曲如金戈铁马；北曲步步桥高，南曲层层转落；北曲枯折见媚，南曲宛转归正；北曲似粗而深厚，南曲似柔而筋节；北白似生似呆，南白贵温贵雅。”此就风格言南北曲之异者也。

〔4〕 韩愈《进学解》：“诘屈聱牙。”《荀子·富国篇》：“《诗》曰：‘雕琢其章。’”

〔5〕 此谓其文虽不足道，而南北之别固存。

〔6〕 明弘治间，庆阳李梦阳献吉、武功康海德涵、鄠县王九思敬夫、信阳何景明仲默、吴县徐祯卿昌穀、历城边贡廷实、仪封王廷相子衡，最称作手，世称七才子。及嘉靖间，又有历城李攀龙于鳞、太仓王世贞元美、兴化宗臣子相、长兴徐中行子舆、兴国吴国伦明卿、临清谢榛茂秦、顺德梁有誉公实，共持文柄，世称后七子以别之。诸人中惟王廷相于《明史》自有传，余并见《文苑传》。《明史·艺文志》：“李梦阳《空同全集》六十六卷。康海《对山集》十九卷，《乐府》二卷。王九思《美陂集》十九卷，《乐府》四卷。何景明《大复集》六十四卷。徐祯卿《迪功集》十一卷。边贡《华泉集》四卷，《诗》八卷。王廷相《奏议》十卷，《家藏集》五十四卷。李攀龙《沧溟集》三十二卷，《白雪楼诗集》十卷。王世贞《弇州四部稿》一百七十四卷，（四部者，一赋，二诗，三文，四说。）《续稿》二百八十卷。梁有誉《比部集》八卷。徐中行《天目山人集》二十一卷，《诗》六卷。《宗臣诗集》十五卷。吴国伦《甔甀

洞稿》五十四卷,《雪楼集》二十七卷,《诗》十五卷。谢榛《四溟山人集》二十卷,《诗》四卷。”

〔7〕 归有光,字熙甫,昆山人。茅坤,字顺甫,归安人。《明史·文苑》并有传。《明志》:“《茅坤文集》三十六卷。归有光《震川集》三十卷,《外集》十卷。”

〔8〕 《明史·陈子龙传》:“陈子龙,字卧子,松江华亭人,与同邑夏允彝相负重名。允彝,字彝仲。是时东林讲席盛,苏州高才生张溥、杨廷枢等慕之,结文会,名复社。允彝与同邑陈子龙、徐孚远、王光承等,亦结几社相应和。”

〔9〕 《荀子·解蔽篇》:“此其所以丧九牧之地,而虚宗庙之因也。”《注》:“虚读为墟。”《汉书·贾谊传》:“凡十三岁而社稷为虚。”《注》:“虚谓丘虚。”案国亡则祭祀之所沦为丘墟也。

〔10〕 《离骚》:“国无人莫我知兮,又何怀乎故都。”刘向《九叹》:“思念郢路兮,还顾睠睠。”

〔11〕 原注:“如吴梅村之诗,毛西河之文是。”案吴伟业,字骏公,号梅村,太仓人。毛奇龄,字大可,学者称西河先生,萧山人。《清史稿·艺文志》:“《梅村集》四十卷,吴伟业撰。《西河集》一百八十九卷,毛奇龄撰。”自是以下诸人,其行迹略见《国朝先正事略》、《清史稿·列传》诸书。

〔12〕 原注:“如侯、魏之文,阎、万之诗是。”案侯方域,字朝宗,商邱人。魏禧,字冰叔,宁都人,与兄祥字善伯(后更名际瑞)、弟礼字和公齐名,而禧尤著。阎尔梅,字调鼎,沛县人。万斯大,字充宗,弟斯同,字季野,鄞县人。《清志稿》:“《魏叔子文集》二十二卷,《诗集》八卷,魏禧撰。《白耷山人诗集》十卷,文集二卷,阎尔梅撰。”侯方域《壮悔堂集》,《清志稿》未著录。万氏兄弟著述,今惟有关史学者盛传于世,集无闻焉。

〔13〕 原注:“大抵梨洲之文冗长,惟亭林诗文为最佳。船山之文,则又明文之杰出者矣。”案黄宗羲,字太冲,号梨洲,余姚人。顾炎武,初名绛,字宁人,号亭林,昆山人。王夫之,字而农,学者称船山先生,衡

阳人。《清志稿》:“《亭林文集》六卷,《诗集》五卷,《余集》一卷,顾炎武撰。《南雷文定前集》十一卷,《后集》四卷,《三集》三卷,《诗历》四卷,黄宗羲撰。《姜斋文集》十卷,《诗集》十八卷,王夫之撰。”本节论金、元、明南北文学之不同。

清代中叶,北方之士,咸朴僿蹇冗〔1〕,质略无文;南方文人,则区骈散为二体:治散文者,工于离合激射之法〔2〕,以神韵为主,则便于空疏,以子居、皋闻为差胜〔3〕;治骈文者,一以摘句寻章为主,以蔓衍炫俗〔4〕,或流为诙谐〔5〕,以稚威、容甫为最精〔6〕。若夫诗歌一体,或崇声律〔7〕,或尚修辞〔8〕,或矜风调〔9〕,派别迥殊。然雄健之作,概乎其未闻也〔10〕。故观乎人文,亦可以察时变矣〔11〕。

〔1〕 《集韵》:“僿,细碎也。”

〔2〕 包世臣《文谱》:“余尝以隐显、回互、激射说古文,然行文之法,又有奇偶、疾徐、垫拽、繁复、顺逆、集散。不明此六者,则于古人之文,无以测其意之所至,而第其诣之所极。垫拽、繁复者,回互之事;顺逆、集散者,激射之事;奇偶、疾徐,则行于垫拽、繁复、顺逆、集散之中,而所以为回互、激射者也。回互、激射之法备,而后隐显之义见矣。”

〔3〕 原注:“此所谓桐城派也,余咸薄弱。”案恽敬,字子居。张惠言,字皋闻。并武进人。《清志稿》:“《大云山房文稿》四卷,《二集》四卷,《言事》二卷,恽敬撰。《茗柯文集》五卷,张惠言撰。”自清初桐城方氏望溪以古文为天下倡,继起者,有刘大櫆、姚鼐诸人,皆同里贯,学者因称桐城派。其后阳湖诸子恽、张之徒,复衍桐城之学,而有阳湖派之名。其于桐城,盖有类于别子为祖。刘君此仍以桐城派称之,盖溯其所从出耳。

〔4〕 《后汉书·党锢传》:“诸所蔓衍,皆天下善士。”蔓衍犹绵延,此谓其徒逞危言而不饬也。

〔5〕 《汉书·东方朔传》:“颇复诙谐。”师古《注》:“诙,嘲戏也。”《文心雕龙·谐隐篇》:“谐之言皆也,辞浅会俗,皆悦笑也。”

〔6〕 原注:“稚威之文以力胜,容甫之文以韵胜,非若王、袁之矜小慧也。”案胡天游,字稚威,山阴人。汪中,字容甫,江都人。《清志稿》:“《石笥山房诗集》十一卷,《补遗》四卷,《文集》六卷,《补遗》一卷,胡天游撰。《述学内外篇》六卷,《诗集》六卷,汪中撰。”

〔7〕 原注:“如赵执信及后世扬州诗派是。”案赵字申符,号秋谷,益都人,尝著《声调谱》以究诗之平侧。《清志稿》:“《因园集》十三卷,赵执信撰。”

〔8〕 原注:“如宋琬之流是。”案宋字玉叔,号荔裳,莱阳人。《清志稿》:“《安雅堂诗》不分卷,《文集》四卷,《未刻稿》四卷,宋琬撰。”

〔9〕 原注:“前有施、王,后有袁枚,皆宗此派。”案施闰章,字尚白,号愚山,宣城人。王士祯,字贻上,号阮亭,新城人。袁枚,字子才,号简斋,钱塘人。《清志稿》:“《学余堂文集》二十八卷,《诗集》五十卷,《外集》二卷,施闰章撰。《带经堂全集》九十二卷,王士祯撰。《小仓山房文集》三十卷,《诗集》三十一卷,《外集》七卷,袁枚撰。”

〔10〕 《庄子·天下篇》:“概乎皆尝有闻者也。”

〔11〕 《易·贲象》:“观乎天文,以察时变,观乎人文,以化成天下。”本节论清代南北文学之不同。

谨案:刘先生名师培,后易名光汉,字申叔,江苏仪征人。曾祖文淇,祖毓崧,伯父寿曾,父贵曾,当有清道、咸、同、光之时,俱以经术名东南,尤精《左氏传》,成一家之学。先生以清德宗光绪十年(1884)生,幼而英特,既承家学,益自发舒,而立著书,已凌轹乾、嘉诸老。始与先师蕲春黄君同充北京大学教授,旋君以经术弗逮,即北面执弟子礼终身,其为名辈推服如此。著述宏富,单篇持论,多载《国粹学报》中;又有《左庵集》八卷,然皆早岁之作;其于《周官》、《礼经》、《左传》均有专研之书,生前未尝流布。民国八年(1919)以疾卒。后十余年,南桂馨氏始裒集诠次为《刘申叔遗书》,汪旭初先生序之,其术业乃大显于世焉。

本文为先生所著《南北学派不同论》之一篇,原载光绪三十一年(1905)《国粹学报》,今人许文雨《文论讲疏》曾载之。今亦为增补。《南北学派不同总论》曰："中国群山，发源葱岭，蜿蜒而东趋。黄河以北为北干，江河之间为中干，大江以南为南干。盖两山之间必有川，则两川之间亦必有山。中国古代舟车之利甫兴，而交通未广，故人民轻去其乡，狉狉榛榛，或老死不相往来。《礼记·王制篇》有云：'广谷大川，民生其间者易俗。'盖五方地气，有寒暑燥湿之不齐，故民群之习尚，悉随其风土为转移。（观《史记·货殖传》、《汉书·地理志》及王船山《黄书·宰制篇》，可见。）俗字从人，由于在下者之嗜欲也。风字训教，由于在上者之教化也。汉族初兴，肇基西土，沿黄河以达北方，故古帝宅居，悉在黄河南北。三代之时，学术兴于北方，而大江以南无学。魏、晋以后，南方之地，学术日昌，致北方学者，反瞠乎其后，其故何哉？盖并、青、雍、豫，古称中原，文物声名，洋溢蛮貊，而江、淮以南，则为苗蛮之窟宅。及五胡构乱，元魏凭陵，虏马南来，胡氛暗天，河北、关中，沦为左衽，积时既久，民习于夷。而中原甲姓，避乱南迁，冠带之民，萃居江表，流风所被，文化日滋，其故一也。又古代之时，北方之地，水利普兴，殷富之区，多沿河水，故交通日启，文学易输。后世以降，北方水道淤为民田；（如河南、山东古代各水道，今皆不存，惟有故道耳。）而荆、吴、楚、蜀之间，得长江之灌输，人文蔚起，迄于南海不衰，其故二也。故就近代之学术观之，则北逊于南；而就古代之学术观之，则南逊于北。盖北方之地，乃学术发源之区也。"案如上所说，敷理举统，探原于山川之位置，推本乎民族之融合，于以见南北风俗之有异，古今趋向之不同，可谓善矣。顾犹有二端，为论文学与地域之关系所当知者，谨更为推衍之。

其一，则吾华文学之方舆色彩，虽分南北为二种，然此仅就其大较言之，若细加区分，则南北二种之中，又各有其殊异。如《国风》十五，太师所采，得之河济之间，所谓北方之文也。而《左传》载季札观乐于鲁，听声知政，各有不同。班书《地理志》证以山川之险夷，始有符节之合，其略曰："秦地于禹贡时夸雍梁二州，《诗·风》兼秦、豳两国，其民有先王遗风，好稼穑，务本业，故豳诗言农桑衣食之本甚备。（师古曰："谓《七月》之诗。"）天水陇西，山多林木，民以板为室屋，及安定、北地、上郡、西河，皆迫近戎狄，修习战备，高上气力，以射猎为先，故秦诗曰：'在其板屋。'（《小戎》）又曰：‘王于兴师，修我甲兵，与子偕行。’（《无衣》）及《车辚》、《四载》、《小戎》之篇，皆言车马田狩之事。吴札观乐，为之歌秦，曰：‘此之谓夏声。夫夏则能大，大之至也，其周旧乎？’河内本殷之旧都，周既灭殷，分其畿内为三国，《诗·风》邶、鄘、卫国是也。邶以封纣子武庚。鄘，管叔尹之。卫，蔡叔尹之。以监殷民，谓之三监。三监畔，周公诛之，尽以其地封弟康叔，故邶、鄘、卫之诗相与同风。邶诗曰：‘在浚之下。’（《凯风》）《鄘》曰：‘在浚之郊。’（《干旄》）《邶》又曰：‘亦流于淇。’（《泉水》）‘河水洋洋。’（师古曰：“今邶诗无此句。”案盖涉下引卫诗而衍。）《鄘》曰：‘送我淇上。’（《桑中》）‘在彼中河。’（《柏舟》）《卫》曰：‘瞻彼淇奥。’（《淇奥》）‘河水洋洋。’（《硕人》）故吴公子札聘鲁，观周乐，闻邶、鄘、卫之歌，曰：‘美哉，渊乎！吾闻康叔之德如是，是其卫风乎？’河东土地平易，有盐铁之饶，本唐尧所居，《诗·风》唐、魏之国也。其民有先王遗教，君子深思，小人俭陋，故唐诗《蟋蟀》、《山枢》、《葛生》之篇曰：‘今我不乐，日月其迈。’（《蟋蟀》）‘宛其死矣，它人是愉。’（《山有枢》）‘百岁之后，归于其居。’（《葛生》）皆思奢俭之中，念死生之虑。吴札闻唐之歌，曰：‘思深哉，其有陶唐氏之遗民乎？’魏国，亦姬姓也，在晋之南河曲，故其诗曰：‘彼汾一曲。’（《汾沮洳》）‘寘诸河之侧。’（《伐檀》）吴札闻魏之歌，曰：‘美哉，沨沨乎！以德辅此，则明主也。’郑国，今河南之新郑，土狭而险，山居谷汲，男女亟聚会，故其俗淫。郑诗曰：‘出其东门，有女如云。’（《出其东门》）又曰：‘溱与洧，方涣涣兮，士与女，方秉简兮，恂讦且乐，惟士与女，伊其相谑。’（《溱洧》）此其风也。吴札闻郑之歌，曰：‘美哉，其细已甚，民弗堪也，是其先亡乎！’陈国，今淮阳之地，周武王封舜后妫满于陈，是为胡公，妻以元女大姬，妇人尊贵，好祭祀，用史巫，故其俗巫鬼。陈诗曰：‘坎其击鼓，宛丘之下，亡冬亡夏，值其鹭羽。’（《宛丘》）又曰：‘东门之枌，宛丘之栩，彼仲之子，婆娑其下。’（《东门之枌》）此其风也。吴札闻陈之歌曰：‘国无主，其能久乎？’齐地，《诗·风》齐国是也。临菑名营丘，故齐诗曰：‘子之营兮，遭我乎峱之间兮。’（师古曰：“齐国风《营》诗之辞也，《毛诗》作还，《齐诗》作营。”案：今《毛诗》题及文二营字均作还。《传》曰：“还，便捷之貌。”）又曰：‘俟我于著乎而。’（《著》）此亦其舒缓之体也。吴札闻齐之歌，曰：‘泱泱乎大风也哉，其太公乎，国未可量也。'"凡此所论，虽与刘君有巨细之异，而实为其先驱，不可不加之意矣。

其二，刘君之诂风俗二字，以上之教化，下之嗜欲为言，亦取义于《地理志》。今按班氏之言曰："凡民函五常之性，而其刚柔缓急，音声不同，系水土之风气，故谓之风；好恶取舍，动静无常，随君上之情俗，故谓之俗。"应劭《风俗通义自序》则曰："风者，天气有寒暖，地形有阴阳，泉水有美恶，草木有刚柔；俗者含血之类，象而生之。千里不同风，百里不同俗。"斯又推本《汉志》而加详者也。准此二者，证以《国风》之各别，则知文学中方舆色彩，细析之，犹有先天后天之异。所谓先天者，即班氏之所谓风，而原乎自然地理者也。所谓后天者，即班氏之所谓俗，而原乎人文地理者也。前者为其根本，后者尤多蕃变，盖虽山川风气为其大齐，而政教习俗时有熏染；山川终古若是，而政教与日俱新也。凡刘君所论文学南北之异，执此以绳，无不可解。若夫近世以来，科学转精，交通日便，禹域之内，秦、越一家，瀛海之中，夷、夏相望，截长补短，尤便曩时，是必爱而知其恶，憎而知其善。乃能汲彼醴泉，挹吾悬圃。如不辨玉石，但知稗贩，徒以"异国情调"夸世骇俗，则必有类寿陵余子之学步邯郸，未得国能，又失故步；殆难有助于我国文学之发展矣。

抑犹有进者，吾国学术文艺，虽以山川形势、民情风俗，自古有南北之分，然文明日启，交通日繁，则其区别亦渐泯。东晋以来，南服已非荒徼；五代以后，中华更无割据。故学术文艺虽或有南北之分，然其细已甚，与先唐大殊。刘君此论，重在阐明南北之始即有异，而未暇陈说其终则渐同，古则异多同少，异中见同；今则同多异少，同中见异。此其今古之殊，亦论吾华文学发展之地理因素所不可忽者也。且地理区分，于文学之发展，固不失为重要之因素，然实非决定性之条件。刘君此论，于我国文学南北之殊，强调过甚，遂若舍此一端，即无以解释周、秦以次文运之变迁，此亦一往之见。今诵此篇，于斯种种，固不可不分别观之也。

文　德

（论文学与道德）

章学诚

凡言义理，有前人疏而后人加密者，不可不致其思也。古人论文，惟论文辞而已矣[1]。刘勰氏出，本陆机氏说而昌论文心[2]；苏辙氏出，本韩愈氏说而昌论文气[3]，可谓愈推而愈精矣。未见有论文德者[4]，学者所宜深省也。夫子尝言"有德必有言"[5]，又言"修辞立其诚"[6]。孟子尝论知言养气，本乎集义[7]。韩子亦言"仁义之途"，"诗、书之源"[8]。皆言德也。今云未见论文德者，以古人所言，皆兼本末，包内外，犹合道德文章而一之[9]；未尝就文辞之中，言其有才，有学，有识，又有文之德也[10]。凡为古文辞者，必敬以恕。临文必敬[11]，非修德之谓也[12]。论古必恕，非宽容之谓也[13]。敬非修德之谓者，气摄而不纵，纵必不能中节也[14]。恕非宽容之谓者，能为古人设身而处地也[15]。嗟乎！知德者鲜[16]，知临文之不可无敬恕，则知文德矣[17]。

〔1〕《春秋》襄二十七年《左传》："宋人享赵文子，叔向为介，司马置折俎，礼也。仲尼使举是礼也，以为多文辞。"又二十五年《左传》引孔子"非文辞不为功"语，已见《文学总略篇》注。是自孔子以来，即论文辞，故《史记·孔子世家》亦称《春秋》"约其文辞而指博"也。

〔2〕陆机《文赋序》："余每观才士之所作，窃有以得其用心。"《文心雕龙·序志篇》："夫文心者，言为文之用心也。昔涓子《琴心》，王孙

《巧心》，心哉美矣，故用之焉。”

〔3〕 详《文学总略篇》注。

〔4〕 按文德一词，起源甚古。《易·大畜象》曰：“君子以懿文德。”襄二十七年《左传》曰：“兵之设久矣，所以威不轨而昭文德也。”《论语·季氏篇》：“故远人不服，则修文德以来之。”凡此皆指文教德化而言，无与文学。王充《论衡》、杨遵彦《文德论》，始稍稍及之，然命意亦与本篇有别。又《文心雕龙·原道篇》云：“文之为德也大矣，与天地并生者何哉！”则指文之表象，亦与诸家不同。余杭章君斥实斋为攘窃，则以其皆小同异之伦也。俱详后案语。

〔5〕 《论语·宪问篇》：“子曰：‘有德者必有言，有言者不必有德。’”邢《疏》：“有德者必有言者，德不可以无言亿中，故必有言也。有言者不必有德者，辩佞口给，不必有德也。”

〔6〕 《易·乾文言》文，详《文学总略篇》注。夫子，孔子也。云夫子所言者，孔颖达《周易正义》论夫子十翼云：“十翼之辞，以为孔子所作，先儒更无异论。”《文言》在十翼中也。

〔7〕 《孟子·公孙丑篇》：“我知言，我善养吾浩然之气。其为气也，至大至刚，以直养而无害，则塞于天地之间。其为气也，配义与道，无是馁也，是集义所生者，非义袭而取之也。”

〔8〕 韩愈《答李翊书》：“行之乎仁义之途，游之乎《诗》、《书》之源，无迷其途，无绝其源，终吾身而已矣。”

〔9〕 《日知录》曰：“典、谟、爻、象，此二帝、三王之言也，《论语》、《孝经》，此夫子之言也，性与天道亦不外乎是。故曰：‘有德者必有言。’善夫，游定夫之言曰：‘不能文章，而欲闻性与天道，譬犹筑数仞之墙，而浮埃聚沫以为基，无是理矣。’后之君子于下学之初，即谈性道，乃以文章为小技，而不必用力，然则夫子不曰‘其旨远，其辞文’乎？不曰‘言之不文，行而不远’乎。”案顾氏此语，乃为明代讲学家而发，故侧重蓄道德者当先能文章。若在今日，心画心声，每失其真，能文章者似尤当先蓄道德，然其终极，必合道德文章而一之。实斋此言，固不易之论也。

〔10〕《唐书·刘知幾传》:“礼部尚书郑惟忠尝问:‘自古文士多,史才少,何邪?’对曰:‘史有三长:才、学、识,世罕兼之,故史才少。夫有学无才,犹愚贾操金,不能殖货;有才无学,犹巧匠无楩柟,弗能成室;(《旧唐书》此下有“犹须好是正直”一句。)善恶必书,使骄君贼臣知惧,此为无可加者。’时以为笃论。”案就狭义言,则文与史分,就广义言,则史亦文之一体,三长之要,固无间文史也。

〔11〕《礼记·曲礼》:“临文不讳。”孔《疏》:“临文,谓礼执文行事时也。”案此犹云行文。

〔12〕《论语·宪问篇》:“修己以敬。”《孟子·离娄篇》:“陈善闭邪谓之敬。”是敬之古义在修德也。

〔13〕《论语·里仁篇》:“夫子之道,忠恕而已矣。”邢《疏》:“恕谓忖己度物也。”又《卫灵公篇》:“子贡问曰:‘有一言而可以终身行之者乎?’子曰:‘其恕乎? 己所不欲,勿施于人。’”《字典》于此文下引朱《注》云:“恕非宽假之谓。”疑实斋所本也。然核检朱氏《四书集注》无此说,存之以俟更考。

〔14〕《礼记·中庸》:“喜怒哀乐之未发谓之中,发而皆中节谓之和。”《乐记》:“大乐与天地同和,大礼与天地同节。”所谓和与节者,随其时,如其分也。为文者,检束心气,审慎情理,庶几随物赋形,当机树义,而无过不及之病。

〔15〕宽容者,必以人有误失,从而宽容之;若推己及人,则其是非有不可卒定者,亦无所用其宽容也。论古之士,惟不能设身处地,故成见孔多,争议日出,此孙卿所以著《解蔽》之篇也欤。

〔16〕《论语·卫灵公篇》:“子曰:‘由,知德者鲜矣。’”此用其语。

〔17〕本节论敬恕为文德之要。

昔者,陈寿《三国志》纪魏而传吴、蜀〔1〕,习凿齿为《汉晋春秋》,正其统矣〔2〕。司马《通鉴》仍陈氏之说〔3〕,朱子《纲目》又起而正之〔4〕。“是非之心,人皆有之”〔5〕。不应陈氏误于先,而司马再误于其后,而习氏与朱子之识力偏居于优也。而古今之讥《国志》与《通鉴》者，殆于肆口而骂詈，则不知起古人于九原[6]，肯吾心服否邪！陈氏生于西晋，司马生于北宋，苟黜曹魏之禅让[7]，将置君父于何地？而习与朱子，则固江东南渡之人也，惟恐中原之争天统也[8]。诸贤易地则皆然[9]，未必识逊今之学究也[10]。是则不知古人之世，不可妄论古人文辞也。知其世矣，不知古人之身处，亦不可以遽论其文也[11]。身之所处，固有荣辱、隐显、屈伸、忧乐之不齐，而言之有所为而言者，虽有子不知夫子之所谓[12]，况生千古以后乎，圣门之论恕也，"己所不欲，勿施于人"。其道大矣。今则第为文人论古，必先设身，以是为文德之恕而已尔[13]。

〔1〕 殿本《三国志·目录考证》："史家之例，帝曰本纪，臣曰列传，始自马迁，述于班固，《晋书》则以十六国为载纪，历代未之有改也。惟《三国志》既无本纪之称，并无列传之目，不别异吴、蜀以他称，统名之曰《三国志》，然则陈寿之意亦可见矣。今《考证》悉遵寿原书例，不书纪传等字。"按陈寿以正统与魏，盖缘晋乃承魏而来，寿仕于晋，则不得不尊晋以及魏。《廿二史札记·论三国志书法》及下引《提要》皆详之矣。若就目录而论，则曹氏称"帝"，刘氏称"主"，吴惟权称"主"，余皆名之，其用心固不难求索。然并无"纪""传"之文，《考证》已明言之，实斋此语微误。

〔2〕 《隋志》："《汉晋阳秋》四十七卷，习凿齿撰。"《晋书·习传》："凿齿著《汉晋春秋》，起汉光武，终于晋愍帝。于三国之时，蜀以宗室为正统，魏武虽受汉禅晋，尚为篡逆，至文帝平蜀，乃为汉亡，而晋始兴焉。"《史通·探赜篇》云："凿齿以魏为伪国者，盖定邪正之途，明顺逆之理耳。"又《直书篇》亦称为"近古之遗直"，其书今佚。春秋或作阳秋者，晋简文太后讳阿春，时人避之而改也。见朱彝尊《经义考·拟经篇》引周密说。

〔3〕 《通鉴》于《汉献帝纪》后即续以《魏文帝纪》。黄初二年附论曰："三代以前，海内诸侯何啻万国，有民人社稷者，通谓之君。合万国而君之，立法度，班号令，而天下莫敢违者，乃谓之王。王德既衰，强大之

国，能帅诸侯以尊天子者，则谓之霸。故自古天下无道，诸侯力争，或旷世无王者，固亦多矣。秦焚书坑儒。汉兴，学者始推五德生胜，以秦为闰位，在木火之间，霸而不王，于是正闰之论兴矣。臣今所述，止于叙国家之兴衰，著生民之休戚，便观者自择其善恶得失，以为劝戒，非若《春秋》立褒贬之法，拨乱世反诸正也。正闰之际，非所敢知，然天下离析之际，不可无岁时日月以识事之先后。据汉传于魏，而晋受之；晋传于宋，以至于陈，而隋取之；唐传于梁，以至于周，而大宋承之，故不得不取魏、宋、齐、梁、陈、后梁、后唐、后晋、后汉、后周年号，以纪诸国之事，非尊此而卑彼，有正闰之辨也。昭烈之于汉，虽云中山靖王之后，而族属疏远，不能纪其世数名位，是非难辨，故不敢以光武及晋元帝为比，使得绍汉氏之遗统也。”

〔4〕 朱熹《感兴》诗曰：“晋史自帝魏，后贤盍更张。”故其依《资治通签》以为《纲目》，即退曹氏为魏主，改以昭烈帝备嗣献帝，而书“昭烈皇帝章武元年”。刘友益《纲目书法》云：“大书章武何？绍昭烈于高、光也。魏篡立，吴割据，昭烈亲中山靖王之裔，名正言顺，舍此安归？《纲目》揭章武之元，而大书之，然后正闰顺逆各得其所，故曰：统正于下，而人道定矣。”（原注：“本习凿齿《汉晋春秋》。”）

〔5〕 《孟子·告子篇》：“是非之心，人皆有之，是非之心，智也。”又《公孙丑篇》：“无是非之心，非人也，是非之心，智之端也。”

〔6〕 《礼记·檀弓》：“赵文子与叔誉观乎九原，文子曰：‘死者如可作也，吾谁与归！’”郑《注》：“作，起也。”

〔7〕 《说文》：“黜，贬下也。”

〔8〕 原注：“此说前人已言。”案朱彝尊《陈寿论》云：“《纲目》纪年，以章武接建安，而后得统之正。然百世之下可尔，其在当时，蜀入于魏，魏禅于晋，寿既仕晋，安能显尊蜀以干大戮乎？”《四库总目·三国志提要》：“其书以魏为正统，至习凿齿作《汉晋春秋》，始立异议。自朱子以来，无不是凿齿而非寿。然以理而论，寿之谬万万无辞；以势而论，则凿齿帝汉顺而易，寿欲帝汉逆而难。盖凿齿时晋已南渡，其事有类乎蜀，为偏安者争正统，此孚于当代之论者也。寿则身为晋武

之臣，而晋武承魏之统，伪魏是伪晋矣，其能行于当代哉？此犹宋太祖篡立近于魏，而北汉、南唐迹近于蜀，故北宋诸儒，皆有所避，而不伪魏。高宗以后，偏安江左，近于蜀，而中原魏地，全入于金，故南宋诸儒乃纷纷起而帝蜀。此皆当论其世，未可以一格绳也。"王应麟《困学纪闻》："三国鼎峙，司马公《通鉴》以魏为正统，（原注："本陈寿。"）朱子《纲目》以蜀汉为正统。（原注："本习凿齿。"）"翁元圻《注》引王穀塍云："宋艺祖以受禅开基，《通鉴》自不得以魏为篡；高宗以宗枝再造，《纲目》自不得以蜀为伪，读二书者当论其世。"四库馆臣及王氏皆与实斋同时，原注云前人已言，疑指朱氏说。

〔9〕《孟子·离娄篇》："禹、稷、颜子，易地则皆然。"

〔10〕《唐书·选举志》："明经之别，有五经，有三经，有二经，有学究一经。"学究之名本此，世通以指鄙儒。

〔11〕《孟子·万章篇》："以友天下之善士为未足，又尚论古之人。诵其诗，读其书，不知其人，可乎？是以论其世也，是尚友也。"设身处地之说，盖即本孟子此义而推之也。

〔12〕《礼记·檀弓》："有子问于曾子曰：'问丧于夫子乎？'曰：'闻之矣。丧欲速贫，死欲速朽。'有子曰：'是非君子之言也。'曾子曰：'参也闻诸夫子也。'有子又曰：'是非君子之言也。'曾子曰：'参也与子游闻之。'有子曰：'然，然则夫子有为言之也。'曾子以斯言告于子游，子游曰：'甚哉！有子之言似夫子也。昔者，夫子居于宋，见桓司马自为石椁，三年而不成。夫子曰：若是其靡也，死不如速朽之愈也。死之欲速朽，为桓司马言之也。南宫敬叔反，必载宝而朝。夫子曰：若是其货也，丧不如速贫之愈也。丧之欲速贫，为敬叔言之也。'曾子以子游之言告于有子，有子曰：'然，吾固曰：非夫子之言也。'曾子曰：'子何以知之？'有子曰：'夫子制于中都，四寸之棺，五寸之椁，以斯知不欲速朽也。昔者夫子失鲁司寇，将之荆，盖先之以子夏，又申之以冉有，以斯知不欲速贫也。'"

〔13〕本节论文德之恕。

韩氏论文，迎而拒之，平心察之[1]。喻气于水，言为浮物[2]。柳氏之论文也，不敢轻心掉之，怠心易之，矜气作之，昏气出之[3]。夫诸贤论心论气，未即孔、孟之旨，及乎天人性命之微也[4]。然文繁而不可杀[5]，语变而各有当。要其大旨，则“临文主敬”一言以蔽之矣[6]。主敬则心平而气有所摄，自能变化从容以合度也。夫史有三长，才、学、识也。古文辞而不由史出，是饮食不本于稼穑也[7]，夫识，生于心也；才，出于气也；学也者，凝心以养气，炼识而成其才者也。心虚难恃，气浮易弛，主敬者，随时检摄于心气之间，而谨防其一往不收之流弊也。夫缉熙敬止，圣人所以成始而成终也[8]。其为义也广矣。今为临文检其心气，以是为文德之敬而已尔[9]。

〔1〕 韩愈《答李翊书》：“迎而拒之，平心而察之，其皆醇也，然后肆焉。”

〔2〕 亦见《答李翊书》，详《文学总略篇》注。

〔3〕 柳宗元《答韦中立论师道书》：“吾每为文章，未尝敢以轻心掉之，惧其剽而不留也；未尝敢以怠心易之，惧其弛而不严也；未尝敢以昏气出之，惧其昧没而杂也；未尝敢以矜气作之，惧其偃蹇而骄也。”

〔4〕 《易·说卦》：“昔者圣人之作《易》也，将以顺性命之理。是以立天之道，曰阴与阳；立地之道，曰柔与刚；立人之道，曰仁与义。”《汉书·董仲舒传》：“《春秋》之中，视前世已行之事，以观天人相与之际，甚可畏也。”儒者之旨，在乎以人法天，故自来皆以天人性命为道之所存。故《中庸》云：“天命之谓性，率性之谓道。”

〔5〕 《春秋》僖二十二年《公羊传》：“《春秋》词繁而不杀者，正也。”何休《解诂》：“杀，省也。”

〔6〕 《论语·为政篇》：“子曰：‘《诗》三百，一言以蔽之，曰：思无邪。’”

〔7〕 前人论文，皆言本经，而《文史通义·易教篇》云：“六经皆史也。古人不著书，古人未尝离事而言理，六经皆先王之政典也。”是此云文辞出史，史已包经，与古亦不悖也。

〔8〕 《诗·大雅·文王》：“穆穆文王，于缉熙敬止。”毛《传》：“穆穆，美也。缉熙，光明也。”

〔9〕《文史通义》别有《史德篇》,立说相类。其略曰:“史所贵者义也,而所具者事也,所凭者文也。孟子曰:‘其事则齐桓、晋文,其文则史。’义则夫子自谓窃取之矣。非识无以断其义,非才无以善其文,非学无以练其事。犹未足以尽其理也。能具史识者,必知史德。德者何?谓著书者之心术也。盖欲为良史者,当慎辨于天人之际,尽其天而不益以人也。尽其天而不益以人,虽未能至,苟允知之,亦足以称著述者之心术矣。”此皆至精之论,学者不可不致其思也。本节论文德之敬。

谨案:自王充发文德之论,一再传后,而有章氏此篇,后出转精,可谓无余蕴矣。今细绎之,则诸家之说,各有所重:若《论衡》所言,盖以文之外形内情,要当符会。世风日漓,则言多过实;夸诞日甚,而文转无功。其义似取之《论语》及《法言》。《论语·雍也篇》云:“质胜文则野,文胜质则史。文质彬彬,然后君子。”《法言·吾子篇》云:“或问:‘君子尚辞乎?’曰:‘君子事之为尚。事胜辞则伉,辞胜事则赋,事辞称则经。足言足容,德之藻矣。’”文质之说,盖以三代异尚,而玄圣折中,其义非专论文学,若事辞之说,则扬子本孔氏而推衍之,当汉赋大行,劝百风一之际,以箴砭时尚者也。其云“称则经”,即“彬彬”之谓也;其言“足言足容”,即《左传》引孔子“言以足志,文以足言”之谓也。夫惟如是,乃能文义密附,内外一致,得其本然,而无诬妄。实斋所谓“尽其天而不益以人”之说,亦从此而生,其义深矣。然《论语》主文质彬彬;《法言》虽主事辞相称,复谓事之为尚;逮《论衡》乃专斥繁文丽辞为无文德之操,而不复有病质之言者,则以自战代以还,文胜已久,反于淳朴,实为要图,故二贤皆以此为说耳。至杨遵彦、颜之推之所论,则以古今才士,虽有高文,罕见至德,故缀翰之徒,当以道德文章并重。《论语·学而篇》云:“弟子入则孝,出则悌,谨而信,泛爱众,而亲仁,行有余力,则以学文。”此道德为先文章为末之说。顾炎武《与友人书》云:“《宋史》言,刘忠肃每戒子弟曰:‘士当以器识为先,一命为文人,无足观矣。’仆自读此一言,便绝应酬文字,所以养其器识,而不堕于文人也。”(案刘挚,字莘老,谥忠肃。)又《日知录》云:“《诗》云:‘巧言如簧,颜之厚矣。’而孔子亦曰：‘巧言令色，鲜矣仁。’又曰：‘巧言乱德。’夫巧言不但言语，凡今人所作诗、赋、碑、状，足以悦人之文，皆巧言之类也。不能不足以为通人。夫惟能之而不为，乃天下之大勇也，故夫子以刚、毅、木、讷为近仁。学者所用力之途，在此不在彼矣。”此为文章必折衷于道德之说，又可补杨、颜之所未及者也。

前乎章氏之论，略如上述，持较本篇，则其异同可得言焉。盖王充之所谓文德，则形文情文之宜称也；杨遵彦之所谓文德，则作者道德文章之当并重也；实斋之所谓文德，则临文态度之必敬以恕也。而其要归，则“修辞立其诚”一语足以括之。《中庸》曰：“诚者，天之道也；诚之者，人之道也。诚者不勉而中，不思而得，从容中道，圣人也。诚之者，择善而固执之者也。”又曰：“唯天下至诚为能尽其性；能尽其性，则能尽人之性；能尽人之性，则能尽物之性。”又曰：“诚者，物之终始，不诚无物，是故君子诚之为贵。诚者，非自成己而已也，所以成物也。”凡此皆言哲理，而其道通乎艺事。夫从容中道，则文质彬彬，而无过与不及之病矣。诚而有物，则言行如一，而无巧言乱德之失矣。尽人成物，则临文必恕矣；择善固执，则临文必敬矣。此余杭章君论文，所以标斯语为宗也。魏文帝尝叹文人类多不护细行，鲜能以名节自立。扬子《法言》以言为心声，书为心画，盖盎面现背，有不可掩者。其影响小者及乎个人，大者及乎国族。有志斯文者，恶可不立诚慎始，以聿修厥德哉！

质　性

（论文学与性情）

章学诚

前人尚论情文相生[1]，由是论家喜论文情，不知文性实为元宰[2]。离性言情，珠亡椟在[3]，撰质性篇[4]。

〔1〕《世说新语·文学篇》："孙子荆除妇服，作诗以示王武子。王曰：'未知文生于情，情生于文，览之凄然，增伉俪之重。'"

〔2〕《庄子·养生主篇》："古者谓是帝之县解。"《释文》："县，音玄。"《老子》："有真宰足以制万物。"《庄子·齐物论》："若有真宰而特不得其眹。"《文心雕龙·神思篇》："使玄解之宰，寻声律而定墨。"盖用《老》、《庄》。此云元宰，又用《文心》，犹云心之主也。元作玄者，避清讳故。昔贤论文，情性不别，如《文心·情采篇》云："三曰情文，五性是也。"又云："文质附乎性情。"又云："文采所以饰言，而辩丽本于情性。"皆其证也。此以情性分言，盖以为情者，性之所形；性者，情之质也，故曰质性。

〔3〕《韩非子·外储说左上》："楚人有卖其珠于郑者，为木兰之柜，缀以珠玉，饰以玫瑰，辑以翡翠。郑人买其椟而还其珠。此可谓善卖椟，不可谓善鬻珠也。"

〔4〕《韩非子·难言篇》："捷敏便给，繁于文采，则见以为史；殊释文学，以质性言，则见以为鄙。"质性字本此。《楚辞·远游》："质菲薄而无因兮。"王逸《注》："质性鄙陋，无所因也。"又《七谏·初放》："言语讷譅兮，又无强辅。"王逸《注》："言己质性忠信，不能巧利辞令，言语讷

钝，复无强友党辅。”亦皆以质性字连文。本节序。

《洪范》三德，正直协中，刚柔互克[1]，以剂其过与不及[2]。是约天下之心知血气，聪明、才力，无出于三者之外矣。孔子之教弟子，不得中行，则思狂狷，是亦三德之取材也[3]。然而乡愿者流，貌似中行，而讥狂狷，则非三德所能约也。孔、孟恶之为德之贼，盖与中行、狂、狷，乱而为四也[4]。乃人心不古，而流风下趋，不特伪中行者，乱三为四；抑且伪狂、伪狷者流，亦且乱四而为六；不特中行不可希冀，即求狂、狷之诚然，何可得邪[5]？孟子之论知言，以为生心发政，害于其事[6]。吾盖于撰述诸家，深求其故矣。其曼衍为书[7]，本无立言之旨，可弗论矣。乃有自命成家，按其宗旨，不尽无谓；而按以三德之实，则失其本性，而无当于古人之要道，所谓似之而非也[8]。学者将求大义于古人，而不于此致辨焉，则始于乱三而六者，究且因三伪而亡三德矣。呜呼！质性之论，岂得已哉[9]？

〔1〕《尚书·洪范》：“三德：一曰正直，二曰刚克，三曰柔克。平康正直。强弗友刚克，燮友柔克；沉潜刚克，高明柔克。”《疏》：“此三德者，人君之德张弛有三也：一曰正直，言能正人之曲使直；二曰刚克，言刚强而能立事；三曰柔克，言和柔而能治。既言人主有三德，又说随时而用之：平安之世，用正直治之；强御不顺之世，用刚能治之；和顺之世，用柔能治之。既言三德张弛随时而用，又举天地之德，以喻君臣之交：地之德，沉深而柔弱矣，而有刚，能出金石之物也；天之德，高明刚强矣，而有柔，能顺阴阳之气也，以喻臣道虽柔，当执刚以正君；君道虽刚，当执柔以纳臣也。”案章氏此篇，重在质性之辨，以为正直即中行，（故云协中。）刚即狂，柔即狷，故不用《疏》义也。

〔2〕《说文》：“剂，齐也。”《论语·先进篇》：“师也过，商也不及。过犹不及。”

〔3〕《论语·子路篇》：“子曰：‘不得中行而与之，必也狂狷乎？狂者进

取，狷者有所不为也。’”邢《疏》：“中行，行能得其中者也。狂者进取，于善道知进而不知退；狷者守节无为，应进而退也。二者俱不得中，而性恒一。欲得此二人者，以时多进退，取其恒一也。”《汉书·杨王孙传》：“昔仲尼称不得中行，则思狂狷。”

〔4〕《论语·阳货篇》：“子曰：‘乡原，德之贼也。’”原，愿本字。《孟子·尽心篇》：“万章问曰：‘孔子在陈，曰，盍归乎来，吾党之小子，狂简，进取不忘其初。孔子在陈，何思鲁之狂士？’孟子曰：‘孔子不得中道而与之，必也狂狷乎？狂者进取，狷者有所不为也。孔子岂不欲中道哉，不可必得，故思其次也。’‘敢问何如斯可谓狂矣？’曰：‘如琴张、曾皙、牧皮者，孔子之所谓狂矣。’‘何以谓之狂也？’曰：‘其志嘐嘐然。曰：古之人，古之人，夷考其行，而不掩焉者也。狂者又不可得，欲得不屑不絜之士而与之，是獧也。（案：獧同狷。）是又其次也。孔子曰：过我门而不入我室，我不憾焉者，其惟乡原乎？乡原，德之贼也。’曰：‘何如斯可谓之乡原矣？’曰：‘何以是嘐嘐也，言不顾行，行不顾言，则曰：古之人，古之人。行何为踽踽凉凉，生斯世也，为斯世也，善斯可矣。阉然媚于世者，是乡原也。’万子曰：‘一乡皆称原人焉，无所往而不为原人，孔子以为德之贼，何哉？’曰：‘非之无举也，刺之无刺也，同乎流俗，合乎汙世，居之似忠信，行之似廉絜，众皆悦之，自以为是，而不可与入尧、舜之道，故曰，德之贼也。孔子曰：恶似而非者。恶莠恐其乱苗也，恶佞恐其乱义也，恶利口恐其乱信也，恶郑声恐其乱乐也，恶紫恐其乱朱也，恶乡原恐其乱德也。君子反经而已矣，经正则庶民兴，庶民兴，斯无邪慝矣。’”（此章旧有错简。俞樾《古书疑义举例·简策错乱例》云：“《孟子·乡原章》：‘曰何以是嘐嘐也，言不顾行，行不顾言，则曰：古之人，古之人，行何为踽踽凉凉。’按此三十字当在‘其志嘐嘐然’之下，‘夷考其行’之上。‘曰何以是嘐嘐也’，万章问也。‘言不顾行’以下，孟子答也。狂者言行不相顾，每以古人之行为隘小而非笑之。‘则曰古之人古之人行何为踽踽凉凉’，此狂者讥古人之词。及考其所为，实未能大过古人，故曰‘夷考其行而不掩者也’。此三十字误移在后，而前文止存

‘曰古之人古之人’七字，乃烂脱之未尽也，可借以考见其旧也。”今当据以订正。）

〔5〕 此谓不特乡愿可乱中行，且狂狷亦分真伪，故缀文之士，尤当立诚。《论语·阳货篇》：“子曰：‘古者民有三疾，今也或是之亡也。古之狂也肆，今之狂也荡；古之矜也廉，今之矜也忿戾；古之愚也直，今之愚也诈而已矣。’”狂肆，狂也；狂荡，则伪狂也；矜廉，狷也；忿戾，则伪狷也。《论语·子路篇》：“子曰：‘刚、毅、木、讷，近仁。’”《礼记·经解篇》引孔子曰：“温柔敦厚，《诗》教也。”又曰：“《诗》失之愚。”则愚而直者，其于中行亦庶几近之；若愚而诈者，则乡愿之流也。此盖本孔子之意而推衍之。

〔6〕 《孟子·公孙丑篇》：“公孙丑问曰：‘敢问夫子恶乎长？’曰：‘我知言，我善养吾浩然之气。’‘何谓知言？’曰：‘诐辞知其所蔽，淫辞知其所陷，邪辞知其所离，遁辞知其所穷。生于其心，害于其政；发于其政，害于其事。圣人复起，必从吾言矣。’”

〔7〕 《庄子·天下篇》：“以卮言为曼衍。”司马彪《注》：“曼衍，无极也。”

〔8〕 《文史通义·辨似篇》曰：“人藏其心，不可测度也；言者心之声，善观人者，观其所言而已矣。人不必皆善，而所言未有不托于善也；善观人者，察其言善之故而已矣。夫子曰：‘始吾于人也，听其言而信其行，今吾于人也，听其言而观其行。’恐其所言不出于意之所谓诚然也。夫言不由中，如无情之讼，辞穷而情易见，非君子之所患也。学术之患，莫患乎同一君子之言，同一有为之言也。求其所以为言者，咫尺之间，而有霄壤之判焉，似之而非也。”案《辨似》论其迹，《质性》原其心，二者互为表里，其义一也。

〔9〕 本节论辨三伪，存三德，为立言之首要。

《易》曰：“言有物而行有恒。”〔1〕《书》曰：“诗言志。”〔2〕吾观立言之君子，歌咏之诗人，何其纷纷邪〔3〕？求其物而不得也，探其志而茫然也，然而皆曰：吾以立言也，吾以赋诗也。无言而有言，无诗而有诗，即其所谓物与志也。然而自此纷纷矣〔4〕。

〔1〕《易·家人象》:"君子以言有物而行有恒。"王弼《注》:"君子以言必有物,而口无择言;行必有恒,而身无择行。"

〔2〕见今本《尚书·舜典》。孔《疏》:"作诗者自言己志,则《诗》是言志之书。"

〔3〕《广雅·释训》:"纷纷,众也。"

〔4〕白居易《与元九书》:"自登朝来,年齿渐长,阅事渐多。每与人言,多询时务;每读书史,多求理道。始知文章合为时而著,歌诗合为事而作。"《日知录》:"文之不可绝于天地间者,曰明道也,纪政事也,察民隐也,乐道人之善也。"案二家之说,所重未必尽同,要以为文当具此物此志,而不作无病之呻为主,与章氏意合。本节论言中无物之弊。

有志之士,矜其心,作其意,以谓吾不漫然有言也。学必本于性天[1],趣必要于仁义,称必归于《诗》、《书》[2],功必及于民物[3],是尧、舜而非桀、纣[4],尊孔、孟而拒杨、墨[5]。其所言者,圣人复起,不能易也[6]。求其所以为言者,宗旨茫然也。譬如《彤弓》、《湛露》奏于宾筵,闻者以谓肄业及之也[7]。或曰:宜若无罪焉[8]!然而子莫于焉执中[9],乡愿于焉无刺也。惠子曰:"走者东走,逐者亦东走。东走虽同,其东走之情则异。"[10]观斯人之所言,其为走之东欤?逐之东欤?是未可知也。然而自此又纷纷矣[1]。

〔1〕性天谓性与天道。《论语·公冶长篇》:"夫子之言性与天道,不可得而闻也。"

〔2〕《礼记·乐记》:"要其节奏。"《注》:"要,犹会也。"仁、义、《诗》、《书》并举,见《文德篇》注引韩愈《答李翊书》。

〔3〕张载《西铭》:"民吾同胞,物吾与也。"

〔4〕《庄子·大宗师》:"与其誉尧而非桀也,不如两忘而化其道。"

〔5〕《孟子·滕文公篇》:"能言拒杨、墨者,圣人之徒也。"

〔6〕《孟子·滕文公篇》:"杨、墨之道不息,孔子之道不著。是邪说诬民,充塞仁义也。吾为此惧。闲先圣之道,距杨、墨,放淫辞,邪说者不

得作。作于其心，害于其事，作于其事，害于其政，圣人复起，不易吾言矣。”

〔7〕《春秋》文四年《左传》：“卫灵武子来聘，公与之宴，为赋《湛露》及《彤弓》，不辞，又不答赋，使行人私焉。对曰：‘臣以为肄业及之也。昔诸侯朝正于王，王宴乐之。于是赋《湛露》，则天子当阳，诸侯用命也。诸侯敌王所忾而献其功，王于是乎赐之彤弓一，彤矢百，玈弓矢千，以觉报宴。今陪臣来继旧好，君辱贶之，其敢干大礼以自取戾。’”

〔8〕《孟子·离娄篇》：“公明仪曰：‘宜若无罪焉。’”此用其语。

〔9〕《孟子·尽心篇》：“孟子曰：‘杨子取为我，拔一毛而利天下，不为也。墨子兼爱，摩顶放踵，利天下为之。子莫执中，执中为近之。执中无权，犹执一也，所恶执一者，为其贼道也，举一而废百也。’”伪孙奭《疏》：“杨、墨放荡，子莫执一。圣人量时，不取此术，孔子行止，唯义所在者也。”

〔10〕《韩非子·说林篇》：“慧子曰：（卢文弨校曰：“慧惠同。”）‘狂者东走，（王先慎校曰：“赵本狂作往。”）逐者亦东走，其东走虽同，其所以东走之为则异。’故曰：同事之人，不可不审察也。”

〔11〕本节论貌似中行，实则乡愿之弊。

豪杰者出，以谓吾不漫然有言也，吾实有志焉[1]。物不得其平则鸣也[2]。观其称名指类[3]，或如《诗》人之比兴[4]，或如说客之谐隐[5]，即小而喻大[6]，吊古而伤时，嬉笑甚于裂眦[7]，悲歌可以当泣[8]，诚有不得已于所言者。以谓贤者不得志于时，发愤著书，以自表见也[9]。盖其旨趣不出于《骚》也[10]。吾读《骚》人之言矣：“纷吾有此内美，又重之以修能。”[11]太史迁曰：“余读《离骚》，悲其志。”又曰：“明道德之广崇，治乱之条贯。其志洁，其行廉，皭然泥而不滓，虽与日月争光，可也。”[12]此贾之所以吊屈，而迁之所以传贾也[1]。斯皆三代之英也[14]。若夫托于《骚》以自命者，求其所以牢骚之故[15]，而茫然也。嗟穷叹老，人富贵而己贫贱也，人高第而己摈落也,投权要而遭按剑也[16],争势利而被倾轧也。为是不得志,而思托文章于《骚》、《雅》,以谓古人之志也;不知中人而下[17],所谓"齐心同所愿,含意犹未伸"者也[18]。夫科举擢百十高第[19],必有数千贾谊痛哭以吊湘江,江不闻矣;吏部叙千百有位,必有盈万屈原搔首以赋《天问》[20],天厌之矣[21]。孟子曰:"有伊尹之志则可,无伊尹之志则篡也。"[22]吾谓牢骚者,有屈、贾之志则可,无屈、贾之志则鄙也。然而自命为《骚》者,且纷纷矣[23]。

〔1〕《诗大序》:"诗者,志之所之也,在心为志,发言为诗。情动于中,而形于言,言之不足,故嗟叹之;嗟叹之不足,故永歌之;永歌之不足,不知手之舞之,足之蹈之也。"是此物即此志。以志为诗,则言有物矣。

〔2〕韩愈《送孟东野序》:"凡物不得其平则鸣。"

〔3〕《易·系辞》:"其称名也小,其取类也大。"《史记·屈原列传》亦云:"其称文小而其指极大,举类迩而见义远。"

〔4〕《文心雕龙·比兴篇》:"比者,附也;兴者,起也;附理者,切类以指事;起情者,依微以拟议。起情故兴体以立,附理故比例以生;比则畜愤以斥言,兴则环譬以托讽。盖随时之义不一,故《诗》人之志有二也。"

〔5〕《文心雕龙·谐隐篇》:"谐之言皆也,辞浅会俗,皆悦笑也。昔齐威酣乐,而淳于说甘酒;楚襄宴集,而宋玉赋好色;意在微讽,有足观者。及优旃之讽漆城,优孟之谏葬马,并谲辞饰说,抑止昏暴。是以子长编史,列传《滑稽》,以其辞虽倾回,意归义正也。隐者,谲也,遁辞以隐意,谲譬以指事也。昔还社求拯于楚师,喻眢井而称麦曲;叔仪乞粮于鲁人,歌佩玉而呼庚癸;伍举刺荆王以大鸟,齐客讥薛公以海鱼;庄姬托辞于龙尾,臧文谬书于羊裘。隐语之用,被于纪传。大者兴治济身,其次弼违晓惑,盖意生于权谲,而事出于机急,与夫谐辞,可相表里者也。"

〔6〕《汉书·李广传赞》:"谚曰:'桃李不言,下自成蹊。'此言虽小,可以喻大。"

〔7〕《史记·项羽本纪》:“头发上指,目眦尽裂。”

〔8〕乐府古辞《悲歌行》:“悲歌可以当泣,远望可以当归。”宋祁《笔记》:“柳子厚云:‘嘻笑之怒,甚于裂眦,长歌之哀,过于恸哭。’信文之险语。”案柳语见《对贺者》。

〔9〕司马迁《报任安书》:“盖西伯拘而演《周易》;仲尼厄而作《春秋》;屈原放逐,乃赋《离骚》;左丘失明,厥有《国语》;孙子膑脚,《兵法》修列;不韦迁蜀,世传《吕览》;韩非囚秦,《说难》、《孤愤》。《诗》三百篇,大底圣贤发愤之所为作也。此人皆意有所郁结,不得通其道,故述往事,思来者。”见,现本字。

〔10〕《史记·屈原列传》:“屈原,名平,楚之同姓也。为楚怀王左徒,博闻强志,明于治乱,娴于辞令,王甚任之。上官大夫与之同列,争宠,而心害其能,因谗之,王怒而疏屈平。屈平疾王听之不聪也,谗谄之蔽明也,邪曲之害公也,方正之不容也,故忧愁幽思而作《离骚》。《离骚》者,犹离忧也。夫天者,人之始也;父母者,人之本也。人穷则反本,故劳苦倦极,未尝不呼天也;疾痛惨怛,未尝不呼父母也。屈平正道直行,竭忠尽智,以事其君,谗人间之,可谓穷矣;信而见疑,忠而被谤,能无怨乎?屈平之作《离骚》,盖自怨生也。”屈子发愤,卒以自沉,斯狷之至矣。故举以概其余,而曰旨趣不出于《骚》。

〔11〕《离骚》句。朱骏声《离骚补注》:“能,态之假借字。”案能、态古字通。《九章·怀沙》:“非俊疑杰,固庸态也。”《论衡·累害篇》引作“能”。又《招魂》:“姱容修态。”即此“修能”也。

〔12〕均见《史记》本传。

〔13〕《史记》屈原、贾谊同传,盖史公以二人之心迹相类也。《贾传》云:“天子议以为贾生任公卿之位,绛、灌、东阳侯、冯敬之属尽害之,乃短贾生,于是天子后亦疏之,不用其议,乃以贾生为长沙王太傅。贾生既辞往行,闻长沙卑湿,自以寿不得长,又以谪去,意不自得。及度湘水,为赋以吊屈原。”赋文载传。

〔14〕《礼记·礼运》:“孔子曰:‘大道之行也,与三代之英。’”此三代盖泛

指往古，非必夏、商、周。

〔15〕《汉书·扬雄传》："又旁《惜诵》以下至《怀沙》一卷，名曰《畔牢愁》。"宋祁曰："萧该按牢字旁著水，晋直作牢。韦昭曰：'浶，骚也。'"是二字音近义同，今通以指不平之鸣矣。

〔16〕《史记·苏秦列传》："韩王勃然作色，攘臂瞋目，按剑仰天太息。"

〔17〕《论语·雍也篇》："中人以上，可以语上也；中人以下，不可以语上也。"

〔18〕二句《古诗十九首》之文，见《文选》。原诗"犹"作"俱"，当据正。

〔19〕唐时取士，科目甚多，故曰科举。宋用括帖，明、清用八股考试，亦仍其名。其得中者谓之及第。名列前茅者，则称高第。

〔20〕王逸《天问章句序》："《天问》者，屈原之所作也。何不言问天，天尊不可问，故曰《天问》也。屈原放逐，忧心愁悴，彷徨山泽，经历陵陆，嗟号昊旻，仰天叹息。见楚有先王之庙，及公卿祠堂，图画天地山川神灵，琦玮僪佹，及古贤圣怪物行事，周流罢倦，休息其下，仰见图画，因书其壁，呵而问之，以渫愤懑，舒泻愁思。"

〔21〕《论语·雍也篇》："夫子矢之曰：'予所否者，天厌之，天厌之。'"

〔22〕《孟子·尽心篇》："公孙丑曰：'伊尹曰：予不狎于不顺，放太甲于桐，民大悦。太甲贤，又反之，民大悦。贤者之为人臣也，其君不贤，则固可放与。'孟子曰：'有伊尹之志则可，无伊尹之志则篡也。'"

〔23〕本节论似狷实伪之弊。

有旷观者从而解曰：是何足以介也〔1〕。吾有所言，吾以适吾意也。人以吾为然，吾不喜也；人不以吾为然，吾不愠也〔2〕。古今之是非，不欲其太明也；人我之意见，不欲其过执也，必欲信今垂后，又何为也？有言而启人争，不如无言之为愈也〔3〕。是其宗旨，盖欲托于庄周之齐物也〔4〕。吾闻庄周之言曰"内圣外王之学，暗而不明"也；"百家往而不反，道术将裂"也〔5〕。"寓言十九，卮言日出"〔5〕。然而稠适上遂，充实而不可以已〔7〕，则非无所持，而漫为达观以略世事也[8]。今附庄而称达者，其旨果以言为无用欤？虽其无用之说可不存也，即其无用之说，将以垂教欤？则贩夫皂隶[9]，亦未闻其必蕲有用也[10]。豕腹饕饕[11]，羊角戢戢[12]，何尝欲明古今之是非，而执人我之意见也哉？怯之所以胜勇者，力有余而不用也；讷之所以胜辩者，智有余而不竞也[13]。蛟龙战于渊，而蚓蚁不知其胜负；虎豹角于山，而狌狸不知其强弱，乃不能也，非不欲也。以不能而托于不欲，则夫妇之愚可齐上智也[14]。然而遁其中者又纷纷矣[15]。

〔1〕《后汉书·马援传》："介介独恶是耳。"《注》："介介，犹耿耿也。"

〔2〕《论语·学而篇》："人不知而不愠，不亦君子乎？"《说文》："愠，怒也。"

〔3〕《广雅·释言》："愈，贤也。"《匡谬正俗》："愈，胜也。"《淮南子·说山篇》："人无言而神，有言者则伤。"实斋语似本之。

〔4〕《庄子·齐物论》郭《注》曰："夫自是而非彼，美己而恶人，物莫不皆然，故是非虽异，而彼我均也。"夫物我两忘，则不齐为齐；法执既破，则自适其适。庄生消摇，曳尾自喻，斯狂之至矣。故亦举以概其余，而谓托旨于齐物也。

〔5〕《庄子·天下篇》："内圣外王之道，暗而不明，郁而不发，天下之人，各为其所欲焉以自为方。悲夫！百家往而不反，必不合矣。后世之学者，不幸不见天地之纯，古人之大体，道术将为天下裂。"

〔6〕二语见《寓言篇》。郭《注》云："寄之他人，则十言而九见信。"又云："夫卮满则倾，空则仰，非持故也。况之于言，因物随变，惟彼之从，故曰日出。日出，谓日新也。"

〔7〕《天下篇》："芴漠无形，变化无常，死与生与，天地并与，神明往与，芒乎何之，忽乎何适，万物毕罗，莫足以归。古之道术有在于是者。庄周闻其风而悦之，以谬悠之说，荒唐之言，无端崖之辞，时恣纵而不傥，不以觭见之也。以天下为沈浊，不可与庄语，以卮言为曼衍，以重言为真，以寓言为广。独与天地精神往来，而不敖倪于万物，不谴是非，以与世俗处。其书虽瑰玮，而连犿无伤也，其辞虽参差，而諔

诡可观。彼其充实，不可以已，上与造物者游，而下与外死生无终始者为友。其于本也，弘大而辟，深闳而肆。其于宗也，可谓稠适而上遂矣。虽然，其应于化而解于物也，其理不竭，其来不蜕，芒乎昧乎，未之尽者。”

〔8〕 道家之学，无为而无不为，或但见其消极，盖一往之见也，即如上引《天下篇》文，乃庄子自道其道。王夫之《庄子解》谓其：“以不离于宗之天人自命，而谓内圣外王之道皆自此出。”是也。余杭章君之教人也，亦谓当“玩老、庄之大体，识经、史之宏规”。然则道之与儒，其理相成，其非中无所持，漫为达观之流，益信矣。

〔9〕 《春秋》昭七年《左传》：“人有十等，下所以事上，上所以共神也。故王臣公，公臣大夫，大夫臣士，士臣皂，皂臣舆，舆臣隶，隶臣僚，僚臣仆，仆臣台。”

〔10〕 《庄子·齐物论》：“予恶乎知夫死者不悔其始之蕲生乎?”蕲，今通作祈，求也。

〔11〕 《春秋》文十八年《左传》：“缙云氏有不才子，贪于饮食，冒于货贿，天下之民，谓之饕餮。”《杜注》：“贪财为饕，贪食为餮。”财食分言，盖非二字初义，故此仍以饕餮为贪食也。

〔12〕 《诗·小雅·无羊》：“尔羊来思，其角濈濈。”《传》：“聚其角而息，戢戢然。”《释文》：“濈，亦作戢。”

〔13〕 《老子》：“大勇若怯。”又云：“大辩若讷。”《庄子·齐物论》：“大勇不忮。”又云：“大辩不言。”胥此所本也。

〔14〕 《礼记·中庸》：“夫妇之愚，可以与知焉。及其至也，虽圣人亦有所不知焉。”

〔15〕 本节论似狂实伪之弊。

《易》曰：“一阴一阳之谓道。”[1]阳变阴合，循环而不穷者[2]，天地之气化也。人秉中和之气以生，则为聪明睿智；毗阴毗阳[3]，是宜刚克柔克，所以贵学问也[4]。骄阳沴阴[5]，中于气质，学者不能自克，而以似是之非为学问，则不如其不学也。孔子曰：“不得中行而与之，必也狂狷乎。狂者进取，狷者有所不为。”庄周、屈原，其著述之狂、狷乎。屈原不能以身之察察，受物之汶汶[6]，不屑不洁之狷也。庄周独与天地精神相往来，而不傲睨于万物，进取之狂也。昔人谓庄、屈之书，哀乐过人。盖言性不可见，而情之奇至如庄、屈，狂狷之所以不朽也。乡愿者流，托中行而言性天，剽伪易见[7]，不足道也。于学见其人，而以情著于文，庶几狂狷可与乎[8]。然而命《骚》者鄙，命庄者妄。狂狷不可见，而鄙且妄者，纷纷自命也。夫情本于性也，才率于气也，累于阴阳之间者，不能无盈虚消息之机[9]。才情不离乎血气，无学以持之，不能不受阴阳之移也。陶、舞、愠、戚[10]，一身之内，环转无端而不自知。苟尽其理，虽夫子愤乐相寻[11]，不过是也。其下焉者，各有所至，亦各有所通。大约乐至沈酣而惜光景，必转生悲[12]；而忧患既深，知其无可如何，则反为旷达。屈原忧极，故有轻举、远游、餐霞、饮瀣之赋[13]；庄周乐至[14]，故有后人不见天地之纯、古人大体之悲，此亦倚伏之至理也[15]。若夫毗于阴者，妄自期许，感慨横生，贼夫《骚》者也。毗于阳者，猖狂无主，动称自然，贼夫庄者也[16]。然而亦且循环未有已矣[17]。

〔1〕《系辞》语。

〔2〕《史记·高祖本纪》：“三王之道若循环，终而复始。”

〔3〕《庄子·在宥篇》：“人大喜耶？毗于阳；大怒耶？毗于阴。阴阳并毗，四时不至，寒暑之和不成，其反伤人之形乎？”

〔4〕学问变化气质，有补偏救弊之功也。

〔5〕《庄子·大宗师》：“阴阳之气，有沴其心。”《汉书·五行志注》：“沴，害也。”

〔6〕《楚辞·渔父》：“屈原曰：‘吾闻之：新沐者，必弹冠；新浴者，必振衣。安能以身之察察，受物之汶汶者乎？宁赴湘流，葬于江鱼之腹中，安能以皓皓之白，而蒙世俗之尘埃乎？’”

〔7〕《史记·货殖列传》：“攻剽椎埋。”剽谓劫取也。

〔8〕 此言中行本于性，狂狷根乎情。文性既不易得，则文情之真者，亦有取焉耳。

〔9〕 《易·丰象》："日中则昃，月盈则食。天地盈虚，与时消息，而况于人乎？"

〔10〕 《礼记·檀弓》："人喜则斯陶，陶斯咏，咏斯犹，犹斯舞，舞斯愠，愠斯戚，戚斯叹，叹斯辟，辟斯诵矣。"

〔11〕 见《文学总略篇》注引《论语》。

〔12〕 《史记·滑稽列传》："乐极生悲。"

〔13〕 《楚辞·远游》："悲时俗之迫阨兮，愿轻举而远游。"又："餐六气而饮沆瀣兮，漱正阳而含朝霞。"案《渔父》、《远游》诸篇，世多以为非屈子之作，然实斋于此，初不措意。《文史通义·说林篇》曰："庄周《让王》、《渔父》诸篇，辨其为真为赝，屈原《招魂》、《大招》之赋，争其为玉为差。固矣夫！文士之见也。"盖其平日持言公之义，故立论基此。今之君子，或斥其考证之疏，则非知章氏者矣。

〔14〕 《庄子》外篇有《至乐》。郭《注》："忘欢而后乐足，乐足而后身存。将以为有乐耶？而至乐无欢，将以为无乐也，而身以存而无忧。"此其大旨也。

〔15〕 《老子》："祸兮福所倚，福兮祸所伏。"

〔16〕 《论语·先进篇》："贼夫人之子。"邢《疏》："贼，害也。"

〔17〕 本节剖判性情，而侧重于伪狂、伪狷之辨。

谨案：此篇庐江何氏钞本题《庄骚》，萧山王氏编目题《性情》，通行本则作《质性》。王宗炎复章氏书云："《质性》篇题欲改《文性》，亦似未安，不如竟题《性情》乃得。(原注："质性二字，亦近生撰。")忧至乐至者，情也，毗阴毗阳者，性也。能性其情则利贞，即狂、狷之进于中行，似与尊著命意较合。"据此，知当日命篇，颇费斟酌。盖其论既发人之所未发，则求题署之醒豁，亦较难耳。今细绎大旨，虽在性以驭情，中行以驭狂、狷，欲学者之去三伪，存三德，而尤侧重伪狂、伪狷之辨，盖此二者为人之所易忽，而厥害尤烈耳。标举质性，所谓反身而诚，二字出韩非书，《楚辞注》复遵用之，亦非如王氏复书中所谓“近生撰”者，后之览者，勿事更张可矣。

前篇论文德，已甚精微，若此篇则尤为揣本之谈。盖德者表象，性者本根，判其文以敬恕，尤不若判其心以诚伪也，然诚伪之判，昔人即以为难，元好问《论诗绝句》云：“心画心声总失真，文章宁复见为人。高情千古《闲居赋》，争信安仁拜路尘。”盖其一例。至昆山顾氏则申孟子知言之旨，《日知录》曰：“末世人情弥巧，文而不惭，固有朝赋《采薇》之篇，而夕有捧檄之喜者。苟以其言取之，则车载鲁连，斗量王蠋矣。曰：是不然。世有知言者出焉，则其人之真伪，即以其言辨之，而卒莫能逃也。《黍离》之大夫，始而摇摇，中而如噎，既而如醉，无可奈何而付之苍天者，真也。汨罗之宗臣，言之重，辞之复，心烦意乱，而其词不能以次者，真也。栗里之征士，淡然若忘于世，而感愤之怀，有时不能自止，而微见其情者，真也。其汲汲于自表暴而为言者，伪也。《易》曰：‘将叛者其辞惭，中心疑者其辞枝，失其守者其辞屈。’《诗》曰：‘盗言孔甘，乱是用餤。’夫镜情伪，屏盗言，君子之道，兴王之事，莫先乎此。”案知言之说，孟子原与养气连言，其论浩然之气，谓：“至大至刚，以直养而无害，则塞于天地之间。”又谓：“配义与道，无是馁也，是集义所生者，非义袭而取之。”是养气乃能知言，集义乃能养气。又谓：“行有不慊于心则馁。”是存诚乃能集义，此其究竟义也。故《中庸》曰：“至诚之道，可以前知。”盖惟诚乃明，庶几即微而知著也。由斯而言，则知言之与修辞，文性之与文德，虽或有人我之分，内外之别，一是皆以立诚为本矣。

《文史通义》又有《辨似》、《针名》、《砭异》三篇，立论亦均与本篇相发。《辨似篇》前已略引，《针名篇》曰：“好名之人，务揣人情之所向，不必出于中之所谓诚然也，风尚循环，如春兰秋菊之互相变易，而不相袭也。人生其间，才质所优，不必与之适合也。好名者，则必屈曲以徇之，故于心术多不可问也。学问之道，与人无忮忌，而名之所关，忮忌有所必至也；学问之道，与世无矫揉，而名之所在，矫揉有所必然也。故好名，德之贼也。”《砭异篇》曰：“古人于学求其是，未尝求异于人也。夫子曰：‘俭，吾从众。泰也，虽违众，吾从下。’圣人方且求同于人也，有时而异于众，圣人之不得已也。天下有公是，成于众人之不知其然而然也，圣人莫能异也。贤智之士，深求其故，而信其然；庸愚未尝有知，而亦安于然。而负其才者，耻与庸愚同其然也，则故矫其说，以谓不然。凡求异于人者，由于内不足也，自知不足，而又不胜其好名之心，斯欲求异以加人，而人亦卒莫为所加也。内不足不得不矜于外，实不至不得不鹜于名，又人情之大抵类然也。以人情之大抵类然，而求异者，固亦不免出此，则求异者，何尝异人哉？特异于坦荡之君子尔。”如上所论，前者姝姝为同，则好名以趣时，乡愿之流也；后者察察为异，则好名以矫说，伪狂、伪狷之流也。其不衷于立诚之旨一也。故实斋俱贬之。

下　辑

文　赋

（论制作与体式）

陆　机

余每观才士之所作，窃有以得其用心〔1〕。夫放言遣辞，良多变矣〔2〕，妍蚩好恶〔3〕，可得而言。每自属文〔4〕，尤见其情〔5〕，恒患意不称物，文不逮意〔6〕。盖非知之难，能之难也〔7〕。故作《文赋》，以述先士之盛藻〔8〕，因论作文之利害所由，他日殆可谓曲尽其妙〔9〕。至如操斧伐柯，虽取则不远〔10〕；若夫随手之变，良难以辞逮。盖所能言者，具于此云〔11〕。

〔1〕《论语·述而篇》："窃比我于老彭。"邢《疏》："不敢显言，故云窃。"《文心雕龙·原道篇》："心生而言立，言立而文明，自然之道也。"故论作文之道，必首及用心。

〔2〕《汉书·吴王濞传》："诛罚良重。"颜《注》："良，实也，信也。"

〔3〕《说文》："妍，慧也。"《释名》："蚩，痴也。"《后汉书·赵壹传》："孰知辨其蚩妍。"

〔4〕《汉书·兒宽传》："善属文。"《注》："属，缀也。"（兒，今作倪。）

〔5〕黄先生云："此言观他文既知其用意，自作文则知之愈切。"

〔6〕《文心雕龙·神思篇》："方其搦翰，气倍辞前；暨乎篇成，半折心始。何则？意翻空而易奇，言征实而难巧也。"《文选》五臣《注》李周翰曰："体属于物，患意不似物；文出于意，患词不及意也。"

〔7〕《尚书·说命》："非知之艰，行之维艰。"文学之事，能重于知，不知而

能者有之矣，不能而知，盖难言也。曹植《与杨德祖书》曰：“有南威之容，乃可以论于淑媛；有龙泉（泉，本作渊；唐人避唐高祖讳改。）之利，乃可以议于断割。”即知寓于能之义。士衡此赋所以独绝者，亦以其能文也。

〔8〕《文选》李善《注》：“孔安国《尚书传》曰：‘藻，水草之有文者。’故以喻文焉。”黄先生云：“先士盛藻，即前云才士所作。”

〔9〕五臣《注》吕向曰：“谓赋成之后，异日观之，乃委曲尽其妙道矣。”俞正燮《文选注书后》曰：“其说难通，盖本文系‘谓他日殆可曲尽其妙’谓字传写者倒之耳。本文言赋之所陈，知之非难，而己之才力难副，存此妙旨，冀他日曲而验之，如沈休文言‘如曰不然，以俟来哲’也。”黄先生云：“‘谓’字是羡文，此言今以能为难，他日庶几能之耳。”案吕说牵强，诚如俞氏所谓难通，学者从俞说或本师说可耳。

〔10〕《诗·豳风·伐柯》：“伐柯伐柯，其则不远。”《传》：“柯，斧柄也。”《疏》：“执柯以伐柯，比而视之，旧柯短则如其短，旧柯长则如其长，其法不在远也。”

〔11〕《文心雕龙·序志篇》：“按辔文雅之场，环络藻绘之府，亦几乎备矣。但言不尽意，圣人所难，识在瓶管，何能矩矱。”与此同意。盖文章之事，神思为贵，大匠能与人以规矩，不能使人巧也。本节赋序。

伫中区以玄览〔1〕，颐情志于《典》、《坟》〔2〕；遵四时以叹逝〔3〕，瞻万物而思纷〔4〕；悲落叶于劲秋，嘉柔条于芳春〔5〕；心懔懔以怀霜，志眇眇而临云〔6〕；咏世德之骏烈，诵先人之清芬〔7〕；游文章之林府〔8〕，嘉丽藻之彬彬〔9〕；慨投篇而援笔，聊宣之乎斯文〔10〕。

〔1〕《说文》：“伫，久立也。”《老子》：“涤除玄览。”河上公《注》：“心居玄冥之处，览知万物，故谓之玄览。”中区，谓宇宙之中也。

〔2〕《易·颐》：“颐，贞吉。”《疏》：“颐，养也。”《春秋》昭十二年《左传》：“是能读《三坟》、《五典》。”《疏》引孔安国《尚书序》云：“伏羲、神农、黄帝之书，谓之《三坟》，言大道也；少昊、颛顼、高辛、唐、虞之书，谓

之《五典》，言常道也。”此以通指古籍。

〔3〕 士衡别有《感时》、《叹逝》二赋。

〔4〕 李善曰：“遵，循也。循四时而叹其逝往之事，揽视万物盛衰，而思虑纷纭也。”

〔5〕 《文心雕龙·物色篇》曰：“春秋代序，阴阳惨舒，物色之动，心亦摇焉。是以献岁发春，悦豫之情畅；滔滔孟夏，郁陶之心凝；天高气清，阴沈之志远；霰雪无垠，矜肃之虑深。岁有其物，物有其容，情以物迁，辞以情发。”《诗品序》曰：“若乃春风春鸟，秋月秋蝉，夏云暑雨，冬月祁寒，斯四候之感诸诗者也。”所言与陆《赋》若合符节矣。

〔6〕 李善曰：“怀霜、临云，言高洁也。《舞赋》：‘气若浮云，志如秋霜。’”

〔7〕 士衡祖逊，父抗，并吴名臣。唐太宗《晋书·陆机传论》所谓“祖考重光，羽楫吴运，文武奕叶，将相连华。”是也。其集中《祖德》、《述先》二赋，即式怀先德之作。故庾信《哀江南赋序》曰：“陆机之辞赋，先陈世德。”

〔8〕 李周翰曰：“林府，谓多如林木，富如府库也。”

〔9〕 李善曰：“包咸《论语注》曰：‘彬彬，文质相半之貌。’”

〔10〕 先士盛藻，诵习既久，作文利害，渐有征知，因投置往篇，援笔而自抒所见也。本节造赋之由。

其始也，皆收视反听，耽思旁讯〔1〕，精骛八极，心游万仞〔2〕。其致也，情曈昽而弥鲜，物昭晣而互进〔3〕；倾群言之沥液，漱六艺之芳润〔4〕；浮天渊以安流，濯下泉而潜浸〔5〕。于是沉辞怫悦，若游鱼衔钩而出重渊之深〔6〕；浮藻连翩，若翰鸟缨缴而坠曾云之峻〔7〕。收百世之阙文，采千载之遗韵〔8〕；谢朝华于已披，启夕秀于未振〔9〕；观古今于须臾，抚四海于一瞬〔10〕。

〔1〕 李善曰：“收视反听，言不视听也。耽思旁讯，静思而求之也。毛苌《诗传》曰：‘耽，乐之久。’《广雅》曰：‘讯，问也。’”《史记·商鞅列传》：“反听之谓聪，内视之谓明。”《文心雕龙·神思篇》：“陶钧文思，

贵在虚静，疏瀹五脏，澡雪精神。”亦谓求静为运思之初步，盖惟不扰于物，乃能体物也。张涤华先生曰：案耽与湛通。《小雅·常棣》：“和乐且湛。”《释文》：“湛又作耽。”《中庸》湛亦作耽。《汉书·成帝纪赞》：“湛于酒色。”师古《注》：“湛读曰耽。”《文选·答宾戏》：“湛道德。”善《注》：“湛读如耽。”并其证。湛沈古今字。（段玉裁谓耽湛皆假借字，本字当作媅。）《汉书·司马相如传》：“湛思庞洪。”师古《注》：“湛读如沈。沈，深也。”故耽又与沈通。《文选·西京赋》：“大厦耽耽。”薛综《注》：“耽耽，深邃之貌也。”《史记·陈涉世家》：“涉之为王沈沈者。”《集解》引应劭曰：“沈沈，宫室深邃之貌也。”是其证。据此，知耽思即沈思，犹言深思也。李《注》引毛《传》释耽字未明切。

〔2〕 李善曰：“精，神爽也。八极、万仞，言高远也。《淮南子》曰：‘八纮之外，乃有八极。’包咸《论语注》曰：‘七尺曰仞。’”《淮南子·原道篇》：“鹜恍忽。”《注》：“鹜，驰也。”《文心雕龙·神思篇》：“寂然凝虑，思接千载；悄焉动容，视通万里。”心神虚静，则思无不通，理无不浃，无复时空之限制也。

〔3〕 李善曰：“《尔雅》曰：‘致，至也。’《埤苍》曰：‘曈昽，欲明也。’《说文》曰：‘昭晰，明也。’”此谓宇宙物象，以虚静之心神驭之，则视焉而明，择焉而精，无复平庸杂乱之患。

〔4〕 群言，谓诸子百家。六艺，谓六经也。袁守定《占毕丛谈》：“陈同甫在太学论作文之法曰：‘不用古人句，只用古人意。’此即昌黎所谓‘师其意不师其词’也。为文直录书籍，则人讥之为稗贩，言其如负贩子也；亦曰胥钞，言其如钞写吏也。《文赋》云：‘倾群言之沥液，漱六艺之芳润。’必如此乃为食古而化。”姚鼐《古文辞类纂序》：“神、理、气、味者，文之精也；格、律、声、色者，文之粗也。然苟舍其粗，则精者亦胡以寓焉。学者之于古人，必始而遇其粗，中而遇其精，终则御其精者，而遗其粗者。”案姚氏所论为文八法，虽与本篇有殊，然倾沥液，漱芳润，仍是遗粗御精之旨，可参证也。

〔5〕 李善曰：“《剧秦美新》曰：‘盈塞天渊之间。’《楚辞》曰：‘使江水兮安流。’《毛诗》曰：‘洌彼下泉，浸彼苞稂。’”黄先生曰：“二句须联沈辞

以下解之，喻隐者能显之，扬者能抑之。”

〔6〕 李善曰：“怫悦，难出之貌。”此谓文思自隐以之显也。

〔7〕 李善曰：“联翩，将坠貌。王弼《周易注》曰：‘翰，高飞也。’《说文》曰：‘缴，生丝缕也。’谓缕系矰矢而以弋射。”曾，层本字。此谓文思由扬而之抑也。或隐或显，或扬或抑，文术多门，初无定致，运用之妙，存乎一心。此以鱼、鸟喻辞藻，而以钓、弋喻思虑之为用也。

〔8〕 《论语·卫灵公篇》：“子曰：‘吾犹及史之阙文也。’”遗韵，犹云流风余韵。张云璈《选学胶言》以声韵之韵释之，非也。《周书·王褒庾信传赞》：“王褒庾信，奇才秀出，牢笼于一代，由是朝廷之人，闾阎之士，莫不忘味于遗韵，眩精于末光。”句式正同，可以为证。此云，阙文遗韵，即下文所云未启之夕秀耳。

〔9〕 《文选·琴赋注》：“披，开也。”《左传》文十六年《注》：“振，发也。”五臣《注》张铣曰：“朝华已披，谓古人已用之意，谢而去之；夕秀未振，谓古人未述之旨，开而用之。”黄先生曰：“收百世之阙文四句，言通变也。”

〔10〕 《文选·北征赋》：“聊须臾以婆娑。”《注》：“须臾，少时也。”胡绍瑛《文选笺证》曰：“一瞬与上须臾对，瞬犹息也。”此谓文章构思之时，博采古今四海，及其御精遗粗，则须臾一瞬，玄珠已复在握，不劳多及也。本节论构思之况。

然后选义按部，考辞就班[1]；抱景者咸叩，怀响者毕弹[2]。或因枝以振叶，或沿波而讨源[3]；或本隐以之显，或求易而得难[4]；或虎变而兽扰，或龙见而鸟澜[5]；或妥帖而易施，或岨峿而不安[6]。罄澄心以凝思，眇众虑而为言[7]，笼天地于形内，挫万物于笔端[8]，始踯躅于燥吻，终流离于濡翰[9]。理扶质以立干，文垂条而结繁[10]，信情貌之不差，故每变而在颜[11]，思涉乐其必笑，言方哀而已叹[12]，或操觚以率尔，或含毫而邈然[13]。

〔1〕 袁守定《占毕丛谈》：“凡构思之始，众妙纷呈，茫无统纪，必择其意贯

气属，应节而不杂者，属而为文，陆平原所谓‘选义按部，考辞就班’也。”

〔2〕 五臣《注》吕延济曰：“谓物有抱光景者，必以思叩触之而求文理，物有怀音响者，必以思弹击之以发文意。”吾友殷石臞先生曰：“黄先生云：‘二句言应有之谊，皆无所遗。’愚意盖谓天地间一切有色有声者，皆可供资取也。”按二说皆通。

〔3〕 《文心雕龙·附会篇》：“凡大体文章，类多枝派，整派者依源，理枝者循干。是以附辞会义，务总纲领，驱万途于同归，贞百虑于一致；使众理虽繁，而无倒置之乖，群言虽多，而无棼丝之乱；扶阳而出条，顺阴而藏迹；首尾周密，表里一体。此附会之术也。”案上句由本及末，下句由末及本。此及下共八句，义皆一正一反。

〔4〕 隐则难，显则易，隐显、难易，文思之通塞系焉，文术之高下形焉。

〔5〕 李善曰：“《周易》曰：‘大人虎变，其文炳也。’扰，驯也。《庄子》曰：‘君子尸居而龙见。’大波曰澜。”胡绍煐《文选笺证》曰：“按澜之言涣散也。本书《洞箫赋注》：‘澜漫，分散也。’连言为澜漫，单言曰澜。此言龙见而鸟散也。”案二语喻文章之辞义，或本根既立，而枝叶悉归循附，或本根虽具，而枝叶仍属支离。旧解似皆未谛。张涤华先生引其先师衡阳刘君（豢龙）说云：“善《注》：‘大波曰澜，如鸟在波澜之中。’按上变、扰、见三字皆动词，则澜不应为名词。《释名·释水》：‘风行水波成文曰澜。澜，连也。波体转流，相及连也。’此言如鸟之相连，方与上三字例解相合。”又申之曰：“按澜或作涟。《说文》：‘涟，澜或从连。’《诗·魏风·伐檀》：‘河水清且涟猗。’《尔雅·释水注》引作澜。毛《传》云：‘风行水成文曰涟。’段玉裁云：‘古阑连同音，故澜涟同字。’据此则鸟澜即鸟涟，风行水成文曰涟。亦即谓其文相连也。诸旧解皆未谛。”案：予本胡绍煐说释澜为散，盖亦以为动词。

〔6〕 李善曰：“妥帖，易施貌。王逸《楚辞序》曰：‘义多乖异，事不妥帖。’岨峿，不安貌。《楚辞》曰：‘圜凿而方枘兮，吾固知其钼铻而难入。’”二句上以喻发抒之易，下以喻部勒之难，启后竭情多悔，率意寡尤之

论,方成珪《文选集成》曰:“以上十句皆选义考辞之事,即发明序中放言遣词良多变意。”

〔7〕 李善曰:“《周易》曰:‘神也者,妙万物而为言者也。’”殷石臞先生曰:“二句即昭明《选序》所谓事出沈思也。”

〔8〕 《说文》:“挫,折也。”万象森列,惟心澄言妙者得以役之。

〔9〕 李周翰曰:“踯躅,不进貌。”李善曰:“流离,津液流貌。毛苌《诗传》曰:‘濡,渍也。’《汉书音义》韦昭曰:‘翰,笔也。’”《文心雕龙·原道篇》:“雕琢情性,组织辞令。”情性有赖于雕琢,辞令有待于组织,此其所以始而踯躅,终乃流离也。

〔10〕 李善曰:“言文之体,必须以理为本。垂条,以树喻也。”吕延济曰:“质犹本根也。为文之理,必先扶持本根,乃立其干,谓先树理,次择词也,故如垂条而结叶繁茂也。”范晔《狱中与诸甥侄书》:“常谓情志所托,故当以意为主,以文传意。以意为主,则其旨必见;以文传意,则其辞不流;然后抽其芬芳,振其金石耳。”《文心雕龙·情采篇》:“故情者,文之经;辞者,理之纬;经正而后纬成,理定而后辞畅。此立文之本源也。”又《附会篇》:“夫才量学文,宜正体制,必以情志为神明,事义为骨髓,辞采为肌肤,宫商为声气,然后品藻玄黄,摛振金玉,献替可否,以裁厥中。斯缀思之恒数也。”

〔11〕 殷石臞先生曰:“此谓诚中形外,表里如一也。”案亦即《诗序》所谓“情动于中而形之言”。

〔12〕 《文心雕龙·夸饰篇》:“谈欢则字与笑并,论蹙则声共泪偕。”

〔13〕 李善曰:“觚,木之方者,古人用之以书,犹今之简也。《急就章》曰:‘急就奇觚。’《论语》曰:‘子路率尔而对。’毫,谓笔毫也。王逸《楚辞注》曰:‘锐毛为毫也。’《毛诗》曰:‘听者藐藐。’毛苌曰:‘藐藐然不入。’”此谓为文构思,虽有常轨,而成文迟速,则无定程。《文心雕龙·神思篇》:“若夫骏发之士,心总要术,敏在虑前,应机立断。覃思之人,情饶歧路,鉴在疑后,研虑方定。”是其大较也。本节论谋篇之始,部署意辞之事。

伊兹事之可乐[1]，固圣贤之所钦[2]，课虚无以责有，叩寂寞而求音[3]，函绵邈于尺素，吐滂沛乎寸心[4]。言恢之而弥广，思按之而逾深[5]；播芳蕤之馥馥[6]，发青条之森森；粲，风飞而猋竖；郁，云起乎翰林[7]。

〔1〕 李周翰曰："伊，维也。兹事，谓文章也。"

〔2〕 《典论·论文》："盖文章经国之大业，不朽之盛事。年寿有时而尽，荣乐止乎其身，二者必至之常期，未若文章之无穷。是以古之作者，寄身于翰墨，见意于篇籍，不假良史之辞，不托飞驰之势，而声名自传于后。故西伯幽而演《易》，周旦显而制《礼》，不以隐约而忽务，不以康乐而加思。"圣贤所钦，殆此谓也。

〔3〕 《说文》："课，试也。"李善曰："《春秋说题辞》曰：'虚生有形。'《淮南子》曰：'寂寞，音之主也。'"袁守定《占毕丛谈》："凡拈题之始，心与理冥，略无所睹，思之则出，深思则愈出，陆平原所谓'课虚无以责有，叩寂寞而求音'也。"黄先生曰："二句极状用意之精微。"

〔4〕 李善曰："毛苌《诗传》曰：'函，含也。'"五臣《注》刘良曰："绵邈，远也。滂沛，大也。"《古诗》："呼童烹鲤鱼，中有尺素书。"

〔5〕 李善曰："杜预《左氏传注》曰：'恢，大也。'"《文心雕龙·才略篇》："陆机才欲窥深，辞务索广，故思能入巧，而不制繁。"即为此语发。殷石臞先生曰："四句谓尺素虽短，而含义则多；寸心虽小，而吐辞则巨。故能广言以传久行远，深思以穷理尽性也。"

〔6〕 《说文》："蕤，草木华垂貌。"

〔7〕 吕向曰："粲然如风飞飙立，郁然如云起翰林。飙，疾风。竖，立也。翰，笔也。言林者，华盛貌。"猋同飙。案郭璞《游仙诗》："灵妃顾我笑，粲然启玉齿。"《文心雕龙·原道篇》："夫以无识之物，郁然有彩。"盖粲有明丽之意，郁有美盛之意也。二句皆以一字领下全句，读时当作一顿。下云："俯，寂寞而无友；仰，寥廓而莫承。"又云："思，风发于胸臆；言，泉流于唇齿。"皆同。《离骚》云："来，吾道夫先路。"是士衡所本也。本节总赞文德。

体有万殊，物无一量[1]，纷纭挥霍，形难为状[2]。辞程才以效伎，意司契而为匠[3]。在有无而僶俛，当浅深而不让[4]。虽离方而遁圆，期穷形而尽相[5]。故夫夸目者尚奢，惬心者贵当[6]，言穷者无隘[7]，论达者唯旷[8]。诗缘情而绮靡[9]，赋体物而浏亮[10]，碑披文以相质[11]，诔缠绵而凄怆[12]，铭博约而温润[13]，箴顿挫而清壮[14]，颂优游以彬蔚[15]，论精微而朗畅[16]，奏平彻以闲雅[17]，说炜晔而谲诳[18]。虽区分之在兹，亦禁邪而制放[19]；要辞达而理举，故无取乎冗长[20]。

〔1〕 李善曰："文章之体，有万变之殊，中众物之形，无一定之量也。"案此言文体之殊途，由于物象之有别；风格之屡迁，由于情志之无方。李《注》明而未融。

〔2〕 李善曰："纷纭，乱貌。挥霍，疾貌。"

〔3〕 《广雅·释诂》："程，量也。"李善曰："众辞俱凑，若程才效伎，取舍由意，类司契为匠。《老子》曰：'有德司契。'"黄先生曰："二句与理扶质二言相发明裨补。"

〔4〕 李善曰："《毛诗》曰：'何有何无，僶俛求之。'《论语》：'子曰：当仁不让于师。'"案《诗·谷风》原作黾勉，犹强勉也。又《谷风》上言："就其深矣，方之舟之；就其浅矣，泳之游之。"即此文浅深字所由出。辞之有无，意之深浅，所当黾勉而不让也。

〔5〕 李善曰："方圆谓规矩也，言文章在有方圆规矩也。"何焯《义门读书记》曰："二句盖亦张融所谓文无定体，以有体为常也。"按《南齐书·张融传》载其《门律自序》曰："夫文岂有常体，但以有体为常。"何盖指此。张涤华先生曰："案士衡言离方遁圆，实谓游于方圆之外，不拘泥乎规矩，以期文之穷形尽相。善《注》未合。"

〔6〕 李善曰："其事既殊，为文亦异。故欲夸目者，为文尚奢；欲快心者，为文贵当。惬，犹快也。"此意《文心雕龙》屡见。《章表篇》曰："然恳恻者辞为心使，浮侈者情为文使。繁约得正，华实相胜，唇吻不滞，则中律矣。"《哀吊篇》曰："隐心而结文则事惬，观文而属心则体奢。"

《定势篇》曰:“桓谭称:‘文家各有所慕,或好浮华而不知实核,或美众多而不见要约。’陈思亦云:‘世之作者,或好烦文博采,深沈其旨者;或好离言辨白,(白,当作句。)分毫析厘者。所习不同,所务各异。’”《知音篇》曰:“夫篇章杂沓,质文交加。知多偏好,人莫圆该。慷慨者逆声而击节,酝藉者见密而高蹈,浮慧者观绮而跃心,爱奇者闻诡而惊听。”

〔7〕 黄先生曰:“‘无’当作‘唯’”。

〔8〕 李善曰:“言其(案疑二字当乙转。)穷贱者,立说无非湫隘;其论通达者,发言唯存放旷。”于光华《文选集评》曰:“以上十二句承物无一量。”

〔9〕 李善曰:“诗以言志,故曰缘情。绮靡,精妙之言。”王闿运《王志》曰:“诗,承也,持也。承人心理而持之,以风上化下,使感于无形,动于自然。故贵以词掩意,托物寄兴,使吾志曲隐而自达,闻者激昂而欲赴。其所不及设施而可见施行,幽窈旷朗,抗心远俗之致,亦于是达焉。非可快意骋辞,自仗其偏颇,以供世人之喜乐也。自周以降,分为五七言,皆贤人君子不得志之所作。晋人浮靡,用为谈资,故入以玄理;宋、齐游宴,藻绘山川,梁、陈巧思,寓言闺闼;皆知情不可放,言不可肆,婉而多思,寓情于文,虽理不充周,犹可讽诵。唐人好变,以《骚》为《雅》,直指时事,多在歌行,览之无余,文犹足艳。韩、白不达,放弛其词,下逮宋人,遂成俳曲。近代儒生,深讳绮靡,乃区分奇偶,轻诋六朝,不解缘情之言,疑为淫哇之语。其原出于毛、郑,其后成于里巷,故《风》、《雅》之道息焉。”案辨章众体,始于《典论》,迄《文心》而极详赡,本篇十体之说,则其中权也。《文心》原书具在,觇理至明,不更征引。惟《王志》答陈复心问,则纯释士衡之说,故以附李《注》焉。

〔10〕 李善曰:“赋以陈事,故曰体物。浏亮,清明之称也。”《王志》:“赋者诗之一体,即今谜也,亦隐语而使人喻谏。夫圣人非不能切戒臣民,君子非不敢直忤君相。刑伤相继,政俗无裨,故不为也。庄论不如隐言,故荀卿、宋玉赋因作矣。汉代大盛,则有相如、平子之

流，以讽其君；太冲、安仁，发摅学识，用兼《诗》、《书》，其文烂焉。要本隐以之显，故托体于物，而贵清明也。”

〔11〕 李善曰：“碑以叙德，故文质相半。”《王志》：“碑始于庙碑，文则始墓道，以文述事，而不可以事为主。相质者，饰质也。”黄先生曰：“碑是颂体，而当叙事，故文其表而质存于里。”

〔12〕 李善曰：“诔以陈哀，故缠绵凄怆。”

〔13〕 李善曰：“博约，谓事博文约。铭以题勒示后，故博约温润。”《王志》：“铭记一类也，言欲博，典欲约。”案二家说博约异旨，以李为长。

〔14〕 李善曰：“箴以讥刺得失，故顿挫清壮。”《王志》：“箴当从耳听，故尚顿挫。”《国故论衡·辨诗篇》：“箴之为体，备于扬雄诸家，其语长短不齐，陆机所谓顿挫清壮者，有常则矣。”

〔15〕 李善曰：“颂以褒述功美，以辞为主，故优游彬蔚。”吕向曰：“彬蔚，华盛貌。”《王志》：“后世之颂，皆应制赞人之文，故贵优游，不可妄誉。”以上有韵之文，诗之支流，专主华饰。

〔16〕 李善曰：“论以评议臧否，以当为宗，故精微朗畅。”《王志》：“是非不决，论以明之，故必探其精微，使朗然而晓。”刘熙载《艺概》：“《文赋》云：‘论精微而朗畅。’精微以意言，朗畅以辞言。精微者，不惟其难，惟其是；朗畅者，不惟其易，惟其达。”

〔17〕 李善曰：“奏以陈情叙事，故平彻闲雅。”《王志》：“奏施君上，故必气平理彻。”

〔18〕 《文心雕龙·论说篇》：“凡说之枢要，必使时利而义贞；进有契于成务，退无阻于荣身。自非谲敌，则唯忠与信。披肝胆以献主，飞文敏以济辞，此说之本也。而陆氏直称‘说炜晔以谲诳’，何哉？”李善曰：“说以感物为先，故炜晔谲诳。”《王志》：“说当回人之意，改已成之事，谲诳之使反于正，非尚诈也。”案士衡所论，惟谲诳一语，见讥刘勰，余则世无间言。王氏谓非尚诈，陈义甚精，信陆氏功臣也。以上皆无韵之文，单行直叙。《文心雕龙·定势篇》：“是以括囊杂体，功在铨别，宫商朱紫，随势各配。章表奏议，则准的乎典雅；赋

颂歌诗，则羽仪乎清丽；符檄书移，则楷式于明断；史论序注，则师范于核要；箴铭碑诔，则体制于宏深；连珠七辞，则从事于巧艳。此循体而成势，随变而立功者也。”说亦与此相类，可为参证。

〔19〕 黄先生曰：“邪指意言，放指辞言。禁邪制放，诸体所同。”《隋书·文学传序》曰：“梁自大同之后，雅道沦缺，渐乖典则，争驰新巧。其意浅而繁，其文匿而彩，词尚轻险，情多哀思。格以延陵之听，盖亦亡国之音乎！”六代末流之弊，数语足以尽之。禁邪制放之论，殆亦洞烛机先者也。

〔20〕 李善曰：“文颖《汉书注》曰：‘冗，散也。’”《文心雕龙·熔裁篇》：“若术不素定，而委心逐辞，异端丛至，骈赘必多。”此无取冗长之理也。于光华《集评》引方氏云：“以上十四句承体有万殊。”按陆云《与兄书》云：“兄文章之高远绝异，不可复称言，然犹皆欲微多。”《世说新语·文学篇》注引《文章传》，张华谓机曰：“人之作文，患于不才；至子为文，乃患太多也。”《文心·熔裁篇》亦称：“至如士衡才优，而缀辞尤繁。”是士衡虽知辞达之理，终遗繁冗之讥。盖亦“非知之难，能之难也”。本节论文辞体式。

其为物也多姿，其为体也屡迁〔1〕，其会意也尚巧，其遣言也贵妍〔2〕。暨音声之迭代，若五色之相宣〔3〕，虽逝止之无常，固崎锜而难便〔4〕。苟达变而识次，犹开流以纳泉〔5〕；如失机而后会，恒操末以续颠〔6〕。谬玄黄之袟叙〔7〕，故淟涊而不鲜〔8〕。

〔1〕 李善曰：“万物万形，故曰多姿。文非一则，故曰屡迁。”

〔2〕 《周书·王褒庾信传赞》：“原夫文章之作，本乎情性。覃思则变化无方，形言则条流遂广。虽诗赋与奏议异轸，铭诔与书论殊途，而撮其指要，举其大柢，莫若以气为主，以文传意。考其殿最，定其区域。摭六经、百氏之英华，探屈、宋、卿、云之秘奥。其调也尚远，其旨也在深，其理也贵当，其辞也欲巧。然后莹金璧，播芝兰，文质因其宜，繁约适其变。权衡轻重，斟酌古今，和而能壮，丽而能典，焕乎若五

色之成章，纷乎犹八音之繁会。夫然，则魏文所谓通才，足以备体矣；士衡所谓难能，足以逮意矣。”案赋序云：“非知之难，能之难也。”故赞云尔。

〔3〕　李善曰：“言音声迭代而成文章，若五色相宣而为绣也。《尔雅》曰：‘暨，及也。’又曰：‘迭，更也。’《论衡》曰：‘学士文章，其犹丝帛之有五色之功。’杜预《左氏传注》曰：‘宣，明也。’”黄先生云：“后来范、沈声律之论，皆滥觞于此，实已尽其要妙也。”《文心雕龙·声律篇》：“左碍而寻右，末滞而讨前，则声转于吻，玲玲如振玉；辞靡于耳，累累如贯珠矣。”黄先生《札记》云：“此与士衡音声迭代五色相宣之说同恉。究其治之之术，亦用口耳而已，无他缪巧也。记室云：‘清浊通流，口吻调利。’盖亦有寻讨之功焉，非得之自然也。”

〔4〕　李善曰：“言虽逝止无常，唯情所适，以其体多变，固崎锜难便也。逝止，犹去留也。崎锜，不安貌。《楚辞》曰：‘嵚岑崎锜。’”黄先生曰：“二句必联下文义乃见。言音声无常，惟达变者能调之也。”

〔5〕　李善曰：“言其易也。”沈约《宋书·谢灵运传论》：“夫五色相宣，八音协畅，由乎玄黄、律吕，各适物宜。欲使宫羽相变，低昂舛节，若前有浮声，则后须切响。一简之内，音韵尽殊；两字之中，轻重悉异。妙达此旨，始可言文。”此衍达变识次之论者。

〔6〕　李善曰：“言失次也。”《文心雕龙·声律篇》：“凡声有飞沉，响有双叠，双声隔字而每舛，叠韵杂句而必睽。（杂，当作离。）沉则响发而断，飞则声飏不还。并辘轳交往，逆鳞相比；迂其际会，则往蹇来连。其为疾病，亦文家之吃也。”此衍失机后会之说者。

〔7〕　“袟”，六臣本作“秩”。黄先生曰：“未释袟，当本作秩耳。”

〔8〕　李善曰：“言音韵失宜，类绣之玄黄谬叙，故涣涊浊垢，而不鲜明也。《礼记》曰：‘朱绿之，玄黄之，以为黼黻文章。’《楚辞》曰：‘切涣涊之流俗。’王逸曰：‘涣涊，浊垢也。’”案：自《文赋》而后，声律之说日盛，及永明中而有四声八病之条。为文章者，几乎动辄得咎矣。钟嵘《诗品序》尝评之曰：“王元长创其首，谢朓、沈约扬其波。三贤咸贵公子孙，幼有文辨。于是士流景慕，务为精密，襞积细微，转相凌架。

故使文多拘忌,伤其真美。”黄先生《〈文心雕龙·声律篇〉札记》亦云:“为文须论声律,其说始于魏、晋之际,而遗文粲然可见者,惟士衡《文赋》数言。细审其旨,盖谓文章音节,须令谐调,本之《诗序》情发于声成文为音之说,稽之《左氏》琴瑟专一谁能听之之言,故非士衡所创获也。其后范蔚宗自谓识宫商,别清浊,能适艰难,济轻重,遂乃讥诃古今文人,谓其多不全了此处。(案见范晔《狱中与诸甥侄书》。)沈约作《宋书》,于《谢灵运传》后为《论》云:‘灵均以来,此秘未睹,或暗与理合,匪由思至。’其说勇于自崇,而皆忘士衡导其先路,所以来韩卿之讥也。(案指陆厥《与沈约书》。)详文章原于言语,疾徐高下,本自天倪。宣之于口而顺,听之于耳而调,斯已矣。典乐教胄子以诗歌,成均教国子以乐语,斯并文贵声音之明诠。观夫虞、夏之籍,姬、孔之书,诸子之文,辞人之作,虽高下洪细,判然有殊,至于便籀诵,利称说者,总归一揆。亦何必拘拘于浮切,断断于宫徵,然后为贵乎?自声律之论兴,拘者则留情于四声八病,矫之者则务欲隳废之,至于佶屈蹇吃而后已,斯皆未为中道。善乎钟记室之言曰:‘文制本须讽读,不可蹇碍,但令清浊通流,口吻调利,斯为足矣。’斯可谓晓音节之理,药声律之拘。”本节论文贵意巧辞妍,而音声尤当谐适。

或仰逼于先条,或俯侵于后章〔1〕;或辞害而理比,或言顺而义妨〔2〕;离之则双美,合之则两伤〔3〕。考殿最于锱铢,定去留于毫芒〔4〕,苟铨衡之所裁,固应绳其必当〔5〕。

〔1〕 李善曰:“条,科条也。凡为文之体,先后皆须意别,不能者,则有此累。”《文心雕龙·章句篇》:“章句在篇,如茧之抽绪,原始要终,体必鳞次。启行之辞,逆萌中篇之意;绝笔之言,追媵前句之旨。故能外文绮交,内义脉注,跗萼相衔,首尾一体。若辞失其朋,则羁旅而无友;事乖其次,则飘寓而不安。是以搜句忌于颠倒,裁章贵于顺序。斯固情趣之指归,文笔之同致也。”

〔2〕 李善曰："《周易》曰：'比，辅也。'"上二句专论章句之排比，此二句则兼指辞义之权衡。《文心雕龙·总术篇》："或义华而声悴，或理拙而文泽。"与此义同。盖辞义俱莹，内外匀称，斯为佳文也。张涤华先生曰："案《汉书·刘歆传》：'比意合力。'师古《注》：'比，合也。'此谓有理合而辞有疵病音。善《注》释比为辅，亦未合。"

〔3〕 此谓文章之道，割爱为难。仰逼俯侵，辞害义妨，非此章句辞义之不佳也，直以首尾未能一贯，内外未能交融，故不妥帖。斯则必当割析，方得全美耳。

〔4〕 李善曰："《汉书音义》曰：'下功曰殿，上功曰最。'郑玄《礼记注》曰：'八两为锱。'《汉书》曰：'黄钟之一籥容千二百黍，重十二铢。'然百黍重一铢也。《答宾戏》曰：'锐思毫芒之内。'《音义》曰：'芒，稻芒。毫，兔毫。'"案此极言去取之精。

〔5〕 李善曰："《声类》曰：'铨所以称物也。'《汉书》曰：'衡，平也。平，轻重也。'《尚书》曰：'惟木从绳则正。'"按此二语总束上文，谓文章苟在铨衡，则以至当为主，不可自护其短也。本节论定去留。文术一。

或文繁理富，而意不指适〔1〕，极无两致，尽不可益〔2〕。立片言而居要，乃一篇之警策〔3〕。虽众辞之有条，必待兹而效绩〔4〕，亮功多而累寡，故取足而不易〔5〕。

〔1〕 黄先生曰："适，当也。读为适莫之适。"音狄。《文心雕龙·情采篇》："采滥辞诡，则心理愈翳。"文以意为主，说已见前。

〔2〕 李善曰："言其理既极而无两致，其言又尽而不可益。"

〔3〕 李善曰："以文喻马也。言马因警策而弥骏，以喻文资片言而益明也。《论语》：'子曰：片言可以折狱。'曹子建《应诏诗》曰：'仆夫警策。'郑玄《周礼注》曰：'警，敕戒也。'"刘良曰："犹以策击马，得其警动。"俞正燮《文赋注书后》曰："说亦难通，策即文句，警策即指片言，今文意揣摩家所谓提挈警句也。谓之警者，居要能立；谓之策者，篇本编册也。《文选》傅毅《舞赋》：'仆夫正策。'曹植《应诏诗》：'仆夫

警策。'潘岳《西征赋》:'发阌乡而警策。'合此四策,注《文选》者同之,不知彼三策道途仆御之马鞭,此云一篇之策文。策,警句,各不相涉。此赋此段无取喻意,忽出一马鞭,于文为不辞矣。"《文心雕龙》有《隐秀篇》,纪昀《评》曰:"陆平原云:'一篇之警策。'其秀之谓乎?"吕氏童蒙训:"杜诗云:'语不惊人死不休。'所谓惊人语,即警策也。文章无警策,则不足以传世,盖不能竦动世人。但晋、宋间人专致力于此,故失于绮靡,而无高古气味。"

〔4〕 李善曰:"必待警策之言以效其功也。"

〔5〕 《尔雅·释诂》:"亮,信也。"黄先生曰:"不易,不可改易也。"篇中有警策语,则功多累寡,功多则言可以足志,文可以足言;累寡则不必更易也。本节论立警策。文术二。

或藻思绮合,清丽千眠〔1〕,炳若缛绣,凄若繁弦〔2〕,必所拟之不殊,乃闇合乎曩篇〔3〕。虽杼轴于余怀,怵他人之我先〔4〕;苟伤廉而愆义,亦虽爱而必捐〔5〕。

〔1〕 李善曰:"千眠,光色盛貌。"

〔2〕 李善曰:"《说文》曰:'缛,繁彩色也。'又:'绣,五色彩备也。'蔡邕《琴赋》曰:'繁弦既抑,雅音复扬。'"

〔3〕 闇,同暗。曩篇,谓先士之盛藻也。人同此心,心同此理,江山物色,千古常新,暗合曩篇,盖有之矣。

〔4〕 李善曰:"杼轴,以织喻也。虽出自己情,惧他人先已也。《毛诗》:'杼柚其空。'"《释文》:"《说文》云:'杼,盛纬器。'柚,本又作轴。"袁守定《占毕丛谈》:"凡得好句,当下转自疑,恐其经人道过,陆平原所谓'虽杼轴于余怀,怵他人之我先'也。"

〔5〕 《说文》:"捐,弃也。"《文心雕龙·指瑕篇》:"又制同他文,理宜删革,若排人美辞,(排,当作掠。)以为己力,宝玉大弓,终非其有,全写则揭箧,傍采则探囊。"按陈言务去,亦非容易,因革之数,惟去甚泰耳。参后《模拟篇》案语。本节论戒雷同。文术三。

或苕发颖竖，离众绝致[1]，形不可逐，响难为系[2]。块孤立而特峙，非常音之所纬[3]；心牢落而无偶，意徘徊而不能揥[4]。石韫玉而山辉，水怀珠而川媚[5]，彼榛楛之勿翦，亦蒙荣于集翠[6]。缀《下里》于《白雪》，吾亦济夫所伟[7]。

〔1〕 李善曰："苕，草之苕也。言作文利害，理难俱美。或有一句同乎苕发颖竖，离于众辞，绝于致思也。《孙卿子》曰：'蒙鸠为巢，系之苇苕。'《小雅》曰：'禾穗谓之颖。'"黄先生《补文心雕龙·隐秀篇》曰："意有所重，明以单辞，超越常音，独标苕颖，则秀生焉。"

〔2〕 李善曰："《鹖冠子》曰：'影之随形，响之应声。'言方之于影，而形不可逐；譬之于声，而响难系也。"

〔3〕 李善曰："文之绮丽，若经纬相成，言斯句既佳，块然立而特峙，非常音之所能纬也。"

〔4〕 李善曰："牢落，犹辽落也。言思之，心牢落而无偶；揥之，意徘徊而未能也。《说文》曰：'揥，取也。'或为禘。禘犹去也。"(胡克家《文选考异》云："两禘字并当作褫，五臣本可据。")洪颐煊《读书丛录》："揥本摘字，依注当作擿，说文：'擿，摘取也。'与所引《说文》义合。"并通。二语盖指通篇不称之苦。一二秀句，独拔篇中，反视余文，悉成词费也。故下即论蒙荣集翠之理。

〔5〕 李善曰："虽无佳偶，因而留之，譬若水石之藏珠玉，山川为之辉媚也。《孙卿子》曰：'玉在山而草木润，渊生珠而崖不枯。'"

〔6〕 《广雅·释木》："木丛生曰榛。"《荀子·劝学篇》："问楛者，勿告也。"《注》："楛，滥恶也。"《诗·召南·甘棠》："勿翦勿伐。"《传》："翦，去也。"《说文》："翠，青羽雀也。"榛楛恶木，若佳禽来集，则人亦不翦伐之；喻篇有秀句，则余文亦连类而佳也。以上四句同意。《文心雕龙·熔裁篇》曰："夫美锦制衣，修短有度，虽玩其采，不倍领袖。巧犹难繁，况在乎拙。而《文赋》以为'榛楛勿翦'，'庸音足曲'，其识非不鉴，乃情苦芟繁也。"黄先生《札记》云："此段极论文之不宜繁，自是正论。然士衡所云：'榛楛勿翦，蒙荣集翠。'亦有此一理。古人文

伤繁者，不仅士衡一人，阅之而不以繁为病者，必由有新意清气以弥缝之也。”

〔7〕 李善曰：“言以此庸音而偶彼佳句，譬以《下里》鄙曲，缀于《白雪》之高唱，吾虽知美恶不伦，然且以益夫所伟也。宋玉《笛赋》曰：‘师旷为《白雪》之曲。’《说文》曰：‘伟，犹奇也。’”宋玉《对楚王问》：“客有歌于郢中者，其始曰《下里》、《巴人》，国中属而和者数千人；其为《阳阿》、《薤露》，国中属而和者数百人；其为《阳春》、《白雪》，国中属而和者不过数十人。是以其曲弥高，其和弥寡。”本节论济庸音。文术四。

或托言于短韵，对穷迹而孤兴〔1〕，俯，寂寞而无友；仰，寥廓而莫承〔2〕。譬偏弦之独张，含清唱而靡应〔3〕。

〔1〕 李善曰：“短韵，小文也。言文小而事寡，故曰穷迹。迹穷而无偶，故曰孤兴。”

〔2〕 李善曰：“言事寡而无偶，俯求之，则寂寞而无友；仰应之，则寥廓而无所承。”

〔3〕 李善曰：“言累句以成文，犹众弦之成曲。今短韵孤起，譬偏弦之独张，弦之独张，含清唱而无应，韵之孤起，蕴丽则而莫承也。毛苌《诗传》曰：‘靡，无也。’”案自此以下五节，皆论行文之病，而以音乐为喻。本节论文小事寡，则前后失应。文病一。

或寄辞于瘁音，言徒靡而弗华〔1〕，混妍蚩而成体，累良质而为瑕〔2〕。象下管之偏疾，故虽应而不和〔3〕。

〔1〕 李善曰：“瘁音，谓恶辞也。靡，美也，言空美而不光华也。班固《汉书赞》曰：‘纤微、憔悴之音作而民思忧。’薛君《韩诗章句》曰：‘靡，好也。’”案此当以《文心雕龙·风骨篇》释之。彼文云：“故辞之待骨，如体之树骸；情之含风，犹形之包气。结言端直，则文骨成焉；意气

骏爽，则文风清焉。若丰藻克赡，风骨不飞，则振采失鲜，负声无力。是以缀虑裁篇，务盈守气，刚健既实，辉光乃新。”此云瘁音，即“风骨不飞”、“负声无力”之谓也。靡言，即“丰藻克赡”之谓也，弗华，即“振采失鲜”之谓也。救之之道，惟在守气。韩公所谓“气盛则言之长短与声之高下皆宜”也。

〔2〕 李善曰：“妍谓言靡，蚩谓瘁音，既混妍蚩以成体，翻累良质而为瑕也。《礼记》曰：‘玉，瑕不掩瑜。’郑玄曰：‘瑕，玉之病也。’”《风骨篇》又云：“夫翚翟备色，而翾翥百步，肌丰而力沈也。鹰隼乏采，而翰飞戾天，骨劲而气猛也。文章才力，有似于此，若风骨乏采，则鸷集翰林；采乏风骨，则雉窜文囿。唯藻耀而高翔，固文笔之鸣凤也。”案士衡但论瘁音靡言之病，而彦和更申徒具气骨，亦非至文之理，其说尤精。又前云榛楛勿翦蒙荣集翠者，盖瑜足掩瑕，故相济无害；此云妍蚩相混良质为瑕者，则瑕足累瑜，故必改始佳。此其分别甚微而至要，学者宜于此察也。

〔3〕 李善曰：“其音既瘁，其言徒靡，类乎下管，其声偏疾。升歌与之间奏，虽复相应，而不和谐。杜预《左氏传注》曰：‘象，类也。’《礼记》曰：‘升歌清庙，下管象。’王肃《家语注》曰：‘下管，堂下吹管。象，武舞也。’”本节论言靡无骨，则辞义不谐。文病二。

或遗理以存异，徒寻虚以逐微〔1〕，言寡情而鲜爱，辞漂浮而不归〔2〕。犹弦幺而徽急，故虽和而不悲〔3〕。

〔1〕 李谔《上隋高祖革文华书》：“自魏三祖更尚文辞，江左齐梁，其弊弥甚。遂复遗理存异，寻虚逐微，竞一韵之奇，争一字之巧。连篇累牍，不出月露之形，积案盈箱，惟是风云之状。”案如谔之说，则士衡此之所指，乃魏、晋以来新奇浮靡之文。《文心雕龙·议对篇》云：“若不达政体，而舞笔弄文，支离构辞，穿凿会巧，空骋其华，固为事实所摈；设得其理，亦为浮辞所埋矣。”《风骨篇》云：“跨略旧规，驰骛新作，虽获巧意，危败亦多。”《定势篇》云：“自近代辞人，率好诡巧。

原其为体，讹势所变，厌黩旧式，故穿凿取新。然密会者以意新得巧，苟异者以失体成怪。旧练之才，则执正以驭奇；新学之锐，则逐奇而失正。"《序志篇》云："去圣久远，文体解散；辞人爱奇，言贵浮诡。饰羽尚画，文绣鞶帨，离本弥甚，将遂讹滥。"说皆与此相发。

〔2〕 寡情鲜爱，缘多浮滥之辞；漂浮不归，缘无循附之术。李善曰："不归，谓不归于实也。"

〔3〕 李善曰："《说文》曰：'幺，小也。'许慎《淮南子注》曰：'鼓琴循弦谓之徽。'"李周翰曰："托思于物，必有至情爱好之者，然后形之于言也。若遗其理要，存于小异，务为虚饰，以逐微细，言而寡情，情复少爱，（帆案：寡情即是少爱，此说迂曲。）则浮辞漂荡，不归于事实矣。亦由弦小而调急，虽声和谐，则躁烈而不悲也。"古人论乐，以悲为美，故云尔也。本节论文偏浮诡，则无挚至之情。文病三。

或悲放以谐合，务嘈嗽而妖冶，徒悦目而偶俗，固声高而曲下[1]。寤《防露》与桑间，又虽悲而不雅[2]。

〔1〕 吕延济曰："嘈嗽，浮艳声。或有奔驰放纵其思，以求和合；务成嘈嗽之声，以为美丽，悦目偶俗而已。（案李善曰："《广雅》曰：'耦，谐也。'耦偶古字通。"）此声之虽高而曲下者。"案声高指其调言，曲下指其品言也。

〔2〕 吕延济曰："寤，觉也。"李善曰："谢灵运《山居赋》曰：'楚客放而《防露》作。'《礼记》曰：'桑间、濮上之音，亡国之音也。'"盖《防露》逐臣之曲，桑间亡国之音，皆哀而且伤，不合中道，故云悲而不雅。雅，正也。梁元帝《金楼子·立言篇》云："吟咏风谣，流连哀思者，谓之文。"《北齐书·文苑传论》云："江左梁末，弥尚轻险，始自储宫，刑乎流俗，杂惉懘以成音，故虽悲而不雅。"此皆足证士衡之说也。张涤华先生曰：案杨慎《丹铅杂录》卷十云："《文赋》：'寤《防露》与桑间，又虽悲而不雅。'《注》引东方朔《七谏》谓'楚客放而《防露》作'，（帆案：李《注》引谢灵运《山居赋》此句，用修以为《七谏》，盖误记耳。）此

说谬矣。若指楚客即为屈原,屈原忠谏放逐,其辞何得云不雅?《防露》与桑间为对,则为淫曲可知。谢庄《月赋》:'徘徊《房露》,惆怅《阳阿》。'《注》:'《房露》,古曲名。'房与防通。以《房露》对《阳阿》,又可证其非雅曲也。《拾翠集》引王彪之《竹赋》云:'上承霄而防露,下漏月而来风。庇清谈于幕下,影嬥歌于帷中。'盖楚人男女相悦之曲,有《防露》,有《鸡鸣》,如今之《竹枝》。《东坡志林》亦云然。则《竹枝》之来亦古矣。《诗》云:'野有蔓草,零露漙兮。有美一人,清扬婉兮。邂逅相遇,适我愿兮。'以此推之,《防露》之意可知。"善《注》实甚牵强。用修此说足以纠之。本节论文伤淫侈,则无雅正之德。文病四。

或清虚以婉约,每除烦而去滥〔1〕,阙大羹之遗味,同朱弦之清氾。虽一唱而三叹,固既雅而不艳〔2〕。

〔1〕 陆云《与兄书》曰:"兄《丞相箴》小多,不如《女史》清约耳。"知当时评文,自有此语。除烦去滥者,谓翦截浮词,而无芜秽也。

〔2〕 李善曰:"作文之体,必须文质相半,雅艳相资。今文少而质多,故既雅而不艳,比之大羹而阙其遗味,方之古乐而同清氾,言质之甚也。余味谓乐羹皆古,不能备其五声五味,故曰有余也。《礼记》曰:'清庙之瑟,朱弦而疏越,一唱而三叹,有遗音者矣。大飨之礼,大羹不和,有遗味者矣。'郑玄曰:'朱弦,练朱弦也,练则声浊。越,瑟底孔。画疏之,使声迟也。唱,发歌句也。三叹,三人从而叹之。大羹,肉湆不调以盐菜也。遗,犹余也。'然大羹之有余味,以为古矣,而又阙之,甚之辞也。"本节论文过质实,而无富当艳之美。文病五。

若夫丰约之裁,俯仰之形,因宜适变,曲有微情〔1〕。或言拙而喻巧,或理朴而辞轻〔2〕,或袭故而弥新,或沿浊而更清〔3〕,或览之而必察,或研之而后精〔4〕,譬犹舞音赴节以投袂,歌者应弦而遣声〔5〕。是盖轮扁所不得言〔6〕,亦非华说之所能精〔7〕。

〔1〕 丰约指文辞之简繁，俯仰指文辞之位置，凡此皆属随手之变，运用存乎一心，故曲折而有微妙之情也。

〔2〕 此当加修改之功者。《文心雕龙·神思篇》："若情数诡杂，体变迁贸，拙辞或孕于巧义，庸事或萌于新意，视布于麻，虽云未费，（费，当作贵。）杼轴献功，焕然乃珍。"是其义也。

〔3〕 此已得通变之道者。《庄子·知北游》："万物一也，其所美者为神奇，其所恶者为臭腐。臭腐复化为神奇，神奇复化为臭腐，故曰：通天下一气耳。"因故而更新，因浊而更清，盖以此理也。

〔4〕 此总束上文，谓其曲变微情，有一览即知者，有精研乃得者。

〔5〕 李善曰："王粲《七释》曰：'邪睨鼓下，亢音赴节。'《左氏传》曰：'投袂而起。'杜预曰：'投，振也。'"张铣曰："文入妙理，譬如善舞者趁节举袖，善歌者与弦相应，遣合其声如一也。"

〔6〕 《庄子·天道篇》："轮扁曰：'斫轮，徐则甘而不固，疾则苦而不入。不徐不疾，得之于手，而应于心。口不能言，有数存焉于其间。臣不能以喻臣之子，臣之子亦不能受之于臣。'"

〔7〕 李善曰："王充《论衡》曰：'徒能华说之效。'"华说犹美言耳。前既略陈文术文病诸端，本节复申随手之变良难辞逮之旨，盖示学者以不可拘牵也。

普辞条与文律，良余膺之所服[1]，练世情之常尤，识前修之所淑[2]，虽濬发于巧心，或受欰于拙目[3]。彼琼敷与玉藻[4]，若中原之有菽[5]，同橐籥之罔穷，与天地乎并育[6]，虽纷蔼于此世，嗟不盈于余掬[7]。患挈瓶之屡空，病昌言之难属[8]，故踸踔于短垣，放庸音以足曲[9]；恒遗恨以终篇，岂盈怀而自足？惧蒙尘于叩缶，顾取笑乎鸣玉[10]。

〔1〕 辞条即文律，谓为文之法式也。六臣皆以音律说文律，非也。《说文》："膺，胸也。"李善曰："《礼记》曰：'子曰：回得一善则拳拳服膺，不失之矣。'"

〔2〕 李善曰："《缠子》：董无心曰：'罕得事君子，不识世情。'尤，非也。《楚辞》曰：'謇吾法乎前修兮，非时俗之所服。'淑，善也。"李周翰曰："简练时人之常过，乃识前贤之所美也。"案《文心雕龙·通变篇》引桓谭云："予见新进丽文，美而无采，及见刘、扬言辞，常辄有得。"与此同意。

〔3〕 李善曰："言文之难，不能无累，虽复巧心濬发，或于拙目受蚩。岾，笑也，岾与蚩同。"黄先生曰："濬发二句，言有文实巧而不为世俗所重者。李《注》未谛。"薛传均《文选古字通疏证》："按阮嗣宗《咏怀》诗：'嗷嗷今自蚩。'《说文》云：'嗤，笑也。嗤与蚩同。'盖嗤从蚩字得声，故通用也。《说文》无岾字，当是蚩之误。《说文》蚩字下云：'蚩，戏笑也。'蚩蚩皆从㞢得声，故通。今岾字从山者，山字即㞢字之讹。"此谓赏会之难，虽先士茂制亦或不免于见嗤也。

〔4〕 敷借为蓴，与华同。华，古音敷也。详许巽行《文选笔记》。李善曰："琼敷玉藻，以喻文也。"

〔5〕 李善曰："《毛诗》曰：'中原有菽，庶人采之。'毛苌曰：'菽，藿也。'"黄先生曰："中原有菽，喻易采。"张涤华先生曰："案《晋书·凉·武昭王传》云：'经史道德，若采菽中原，勤者多获。'知采菽之语，六朝人习用。此二句言琼敷玉藻之文，勤学者本不难致；亦犹中原有菽，庶人皆易采得之也。详朱珔《文选集释》。"

〔6〕 李善曰："《老子》曰：'天地之间，其犹橐籥乎？'河上公曰：'橐籥中空虚，故能育声气也。'王弼曰：'橐，排橐。籥，乐器。'"案此谓前修所淑，随手可采，终古无绝。

〔7〕 李善曰："《毛诗》曰：'终朝采绿，不盈一掬。'毛苌曰：'绿，王刍。两手曰掬。'"李周翰曰："纷蔼，谓繁多也。"黄先生曰："以上六句，言世间自有佳文，而佳者实鲜也。"

〔8〕 李善曰："《左氏传》曰：'虽有挈瓶之智，守不假器。'《论语》曰：'回也屡空。'《尚书》：'帝曰：禹亦昌言。'王逸《楚辞注》曰：'属，续也。'"黄先生曰："挈瓶自喻，昌言谓古之佳文。"（案《左传》杜《注》："挈瓶，汲者，喻小智。"）

〔9〕 李善曰："《庄子》曰：'夔谓蚿曰：吾以一足踸踔而行，尔无如矣。'《尔雅》曰：'庸，常也。'"黄先生曰："踸踔于短垣，言为才分所限。"

〔10〕 李善曰："缶，瓦器而不鸣，更蒙之以尘，故取笑乎鸣玉之声也。《文子》曰：'蒙尘而欲无眯，不可得也。'李斯《上书》曰：'击瓮叩缶。'"案鸣玉犹鸣球。《尚书·益稷谟》："戛击鸣球。"《传》："球，玉磬也。"叩缶，秦人之俗乐，以自喻。鸣球，先王之雅奏，以喻前修。黄先生云："以上八句，言古人之文既鲜佳者，己之文亦复然，即此见士衡之谦虚。前云：'恒患意不称物，文不逮意，非知之难，能之难。'此节与彼文相应。"本节论文事之匪易。

若夫应感之会，通塞之纪〔1〕，来不可遏，去不可止〔2〕。藏若景灭〔3〕，行犹响起〔4〕。方天机之骏利，夫何纷而不理〔5〕。思，风发于胸臆；言，泉流于唇齿〔6〕。纷葳蕤以馺遝，唯毫素之所拟〔7〕，文徽徽以溢目，音泠泠而盈耳〔8〕。及其六情底滞，志往神留〔9〕，兀若枯木，豁若涸流〔10〕，览营魂以探赜，顿精爽而自求〔11〕，理翳翳而愈伏，思乙乙其若抽〔12〕。是以或竭情而多悔，或率意而寡尤〔13〕，虽兹物之在我，非余力之所戮〔14〕。故时抚空怀而自惋，吾未识夫开塞之所由〔15〕。

〔1〕 李善曰："《周易》曰：'不出户庭，知通塞也。'"《礼记·月令注》："纪，会也。"

〔2〕 李善曰："《庄子》曰：'其来不可却，其去不可止。'"

〔3〕 景影古今字。

〔4〕 《论语·述而篇》："用之则行，舍之则藏。"《集解》引孔曰："言可行则行，可止则止。"《尚书·大禹谟》："惠迪吉，从逆凶，惟影响。"《传》："吉凶之报，若影之随行，响之应声，言不虚。"

〔5〕 李善曰："《庄子》：蚿曰：'今予动吾天机。'司马彪曰：'天机，自然也。'"

〔6〕 《论衡·超奇篇》："实诚在胸臆，文墨著竹帛。"即此意。

〔7〕 李善曰："葳蕤，盛貌。馺遝，多貌。毫，笔也。缣曰素。"

〔8〕　吕向曰："徽徽溢目，文章盛也。泠泠盈耳，音韵清也。"案此上所谓率意而寡尤。

〔9〕　李善曰："仲长子《昌言》曰：'喜、怒、哀、乐、好、恶，谓之六情。'《国语》曰：'夫人气纵则底，底则滞。'韦昭曰：'底，著也。滞，废也。'"留亦有滞义。《吕氏春秋·圜道篇》："一不欲留。"《注》："留，滞。"《史记·自序》："太史公留滞周南。"亦其证。

〔10〕　吕延济曰："兀若枯木，思不动也。豁若涸流，思之竭也。谓豁然空虚，涸而无水。"张涤华先生曰："《文选·游天台山赋》：'兀同体于自然。'《注》：'兀，无知之貌也。'"

〔11〕　李善曰："《楚辞》曰：'营魂而升遐。'（案营亦魂也。见《老子注》。）《周易》曰：'探赜索隐，钩深致远。'《左氏传》：乐祁曰：'心之精爽，是谓魂魄。'"

〔12〕　李善曰："《方言》曰：'翳，奄也。'乙，难出之貌。《说文》曰：'阴气尚强，其出乙乙然。'"胡绍煐《文选笺证》曰："《史记·律书》：'乙者，言万物生轧轧也。'《礼记·月令注》：'乙之言轧轧也。'并读乙同轧。盖古音转借。或作札，《古诗》：'札札鸣机杼。'（鸣，今本作弄。）是也。此作乙乙，犹存古音古义。"案此上所谓竭情而多悔。

〔13〕　李善曰："《左氏传》：赵武曰：'范会言于晋国，竭情无私。'《淮南子》曰：'人轻小害，至于多悔。'《论语》：子曰：'言寡尤。行寡悔。'包曰：'尤，过也。'"二句总束上文。

〔14〕　李善曰："言文之不来，非予力之所并。《国语》曰：'戮力一心。'贾逵曰：'戮力，并力也。'"兹物谓文，文思开塞，时系天机，故或非力之所能及。

〔15〕　《集韵》："惋，惊叹也。"李善曰："开谓天机骏利，塞谓六情底滞。"案《文心雕龙·神思篇》云："故思理为妙，神与物游。神居胸臆，而志气统其关键；物沿耳目，而辞令管其枢机。枢机方通，则物无隐貌；关键将塞，则神有遁心。"亦极论开塞之理，嗣更申言守静致虚，即所以调节文心，已见前引，而《养气篇》言之尤备。其略云："且夫思有利钝，时有通塞。沐则心覆，且或反常；神之方昏，再三愈黩。是

以吐纳文艺，务在节宣，清和其心，调畅其气，烦而即舍，勿使壅滞。意得则舒怀以命笔，理伏则投笔以卷怀，逍遥以针劳，谈笑以药倦，常弄闲于才锋，贾余于文勇，使刃发如新，凑理无滞。虽非胎息之迈术，斯亦卫气之一方也。”是开塞之由，虽莫识于一时，而虚静之境，当养之于平日，庶几临文效绩，可以寡愆矣。本节论文思之通塞。

伊兹文之为用，固众理之所因〔1〕，恢万里而无阂，通亿载而为津〔2〕；俯贻则于来叶，仰观象乎古人〔3〕；济文、武于将坠，宣风声于不泯〔4〕；涂无远而不弥，理无微而不纶〔5〕；配沾润于云雨，象变化乎鬼神〔6〕；被金石而德广，流管弦而日新〔7〕。

〔1〕《文心雕龙·体性篇》：“夫情动而言形，理发而文见，盖沿隐以至显，因内而符外者也。”

〔2〕《小尔雅·广言》：“阂，限也。”《说文》：“津，渡也。”黄先生曰：“恢万里句，言所传者广；通亿载句，言所行者久。”

〔3〕贻则来叶，谓垂范后世。观象古人，谓取法前修。李善曰：“叶，世也。《幽通赋》曰：‘终保己而贻则。’《尚书》曰：‘予欲观古人之象。’”

〔4〕李善曰：“《论语》：子贡曰：‘文、武之道，未坠于地。’《尚书·毕命》曰：‘章善瘅恶，树之风声。’《毛诗》曰：‘靡国不泯。’毛苌曰：‘泯，灭也。’”

〔5〕李善曰：“《法言》曰：‘弥纶天地之事，记久明远者，莫如书。’《周易》曰：‘《易》与天地准，故能弥纶天地之道。’王肃曰：‘弥纶，缠裹也。’”

〔6〕李周翰曰：“文德可以养人，故配沾润于云雨；出幽入微，故象变化乎鬼神。”

〔7〕李善曰：“金，钟鼎也。石，碑碣也。言文之善者，可被之金石，施之乐章。《吴越春秋》：乐师谓越王曰：‘君王德可刻之于金石，声可托之于管弦。’《毛诗序》曰：‘《汉广》，德广所及也。’《周易》曰：‘日新之谓盛德也。’”《文心雕龙·原道篇》：“爰自风姓，暨于孔氏，玄圣创

典，素王述训，莫不原道心以敷章，研神理而设教；取象乎《河》、《洛》，问数乎蓍、龟；观天文以极变，察人文以成化。然后能经纬区宇，弥纶彝宪，发辉事业，彪炳辞义。故知道原圣以垂文，圣因文而明道，旁通而无滞，日用而不匮。”与此略同。本节总赞文用。

谨案：《晋书·陆机传》：“机字士衡，吴郡人也。祖逊，吴丞相。父抗，吴大司马。机少有异才，文章冠世，伏膺儒术，非礼不动。抗卒，领父兵为牙门将。年二十四而吴灭，退居旧里，闭门勤学，积有十年。至太康末，与弟云俱入洛，太傅杨骏辟为祭酒。惠帝即位，迁太子洗马著作郎，历吴王晏郎中令，迁尚书兵部郎，转殿中郎，寻为赵王伦相国参军，封关中侯，进中书郎。伦诛，坐徙边。遇赦，成都王颖表为平原内史。太安初，颖与河间王颙起兵讨长沙王乂，假机后将军河北大都督，败于河桥。孟玖谮于成都王颖，机与弟云及从弟耽并诛。（魏主曹奂景元二年，即公元261年生，晋惠帝太安二年，即公元303年卒。）机天才秀逸，辞藻宏丽。张华尝谓之曰：‘人之为文，常患才少，而子更患其多。’弟云尝与书曰：‘君苗见兄文，辄欲烧其笔砚。’后葛洪著书，称机文‘犹玄圃之积玉，无非夜光焉。五河之吐流，泉源如一焉。其弘丽妍赡，英锐漂逸，亦一代之绝乎？’其为人所推服如此。”

《隋志》载机集十四卷，今通行者，有《汉魏六朝百三名家集》本，《小万卷楼丛书》本，《四部丛刊》本。萧《选》颇录机文，《文赋》亦在焉。今笺以李善《注》为主，参以五臣及诸家之说。刘氏《文心》，与之笙磬同音，故录其足资参证者尤备云。

臧荣绪《晋书》曰：“机天才绮练，当时独绝，妙解情理，心识文体，故为《文赋》。”盖单篇持论，综核文术，简要精确，伊古以来，未有及此篇者也，观其辞锋所及，凡命意、遣辞、体式、声律、文术、文病、文德、文用，莫不包罗，可谓纳须弥于芥子者已。诸端随文发义，略可了然；神而明之，是在学者。惟体式之异，今古攸殊，而临文必先定体，则为不易之理。本卷既以制作标目，是宜略加阐发，庶进论文辞之道，更无惑焉。

考体式之辨，乃学文始基。故吴讷《文章辨体》云：“文章以体制为先，精工次之。失其体制，虽浮声切响，抽黄对白，不可谓之文矣。”征之载籍，文体之论，莫先魏文《典论》。其《论文篇》云：“奏、议宜雅，书、论宜理，铭、诔尚实，诗、赋欲丽。”事属草创，辨析尚简。及士衡此作，已较恢廓。晋挚虞《文章流别》及梁任昉《文章缘起》出，始有专论文体之书。而挚书今残，就佚文考见者，惟颂、诗、七、赋、箴、铭、诔、碑、哀辞、哀策、图谶、设论诸体。任书今传者，或谓唐张读所补，或疑明陈懋仁所伪，要非原文。八十五题之别，盖未为先梁之旧也。乃刘彦和作《文心雕龙》，前二十五篇自《原道》、《征圣》而外，则有《宗经》、《正纬》、《辨骚》、《明诗》、《乐府》、《铨赋》、《颂赞》、《祝盟》、《铭箴》、《诔碑》、《哀吊》、《杂文》、《谐隐》、《史传》、《诸子》、《论说》、《诏策》、《檄移》、《封禅》、《章表》、《奏启》、《议对》、《书记》诸目，皆关文体。昭明《文选》，界义较严，群经、子、史，悉不入录，而分有赋、诗、骚、七、诏、册、令、教、策问、表、上书、启、弹事、笺、奏记、书、移书、檄、对问、设论、辞、序、颂、赞、符命、史论、史述赞、论、连珠、箴、铭、诔、哀文、碑文、墓志、行状、吊文、祭文，共三十八类，又详于刘。其制名杂碎重叠，世之讥弹者，不乏其人。然以甄录既佳，流布尤广，故后来师厥成规者，亦代有之。若宋李昉《文苑英华》、姚铉《唐文粹》、吕祖谦《宋文鉴》，元苏天爵《元文类》，明程敏政《明文衡》，皆号为善本者也。至明吴讷为《文章辨体》，徐师曾为《文体明辨》，则纲目苛细，尤胜齐、梁，竟达百余体，分析之繁，至是遂极。穷则变，变则通，而有清姚、曾之法兴焉。姚氏《古文辞类纂》分类凡十有三：曰论辨，曰序跋，曰奏议，曰书说，曰赠序，曰诏令，曰传状，曰碑志，曰杂记，曰箴铭，曰赞颂，曰辞赋，曰哀祭。曾氏《经史百家杂钞》分门三：曰著述，曰告语，曰记载。门各有类：著述三类，则论著、辞赋、序跋是也；告语四类，则诏令、奏议、书牍、哀祭是也；记载四类，则传志、叙记、典志、杂记是也。近世言文者，率以二家类例为宗，亦以其执简驭繁，较易考论耳。余杭章君往为《文学论略》，病近世言文学者，陈义过弇，乃本修辞立诚之训，推广封域，及于无句读文，尝列为一表，以言包络，则广于《文心》；以言条秩，则胜于吴、徐。今之衡文体者，设能折衷其说，亦庶几近之矣。（原表今附于次。）

原夫文体之辨析，盖有三难：一者，体式之孳乳，与日俱新，如词、曲、戏剧之属，先梁所无，则依挚、任、刘、萧之分类，势难归纳；二者，观念之锢蔽，贤者不免，如小说、青词之类，或近鄙俚，或近迷妄，前者姚、曾不取，后者《提要》不收；三者，体义之混淆，自来即尔，如《西清诗话》载介甫讥东坡《醉白堂记》为韩白优劣论，东坡斥介甫《虔州学记》为学校策，虽相诋诃，要亦实情。即此之故，不惟综览前文之不易，抑亦厘定已作而为难。近人乃多有主依西人之法，以用代体为标准，而区文为说理、记事、抒情之三类者。此在吾国，宋真德秀著《文章正宗》，分辞令、议论、记事、诗歌四类。宋祁《笔记》论汉代作家，谓"贾谊善言治，晁错善言兵，董仲舒善推天人，司马迁叙事，相如、扬雄文章，刘向父子博洽"。杨慎《丹铅录》释之云："迁者纪事之文，董者说理之文，马、扬者游说讽谏之文。"钱大昕《与友人书》亦谓文有四用：曰明道、经世、阐幽、正俗。皆大略相近。此虽划分周浃，无所不包，而其病则过嫌阔疏，使人无从取法。昔张融《门律序》有文无常体有体为常之说，引已见前。而金王若虚《滹南遗老集》亦云："或问：文章有体乎？曰：无。又问：无体乎？曰：有。然则果何如？曰：定体则无，大体须有。"二君之论，可谓通方之谈。学者苟能多诵名篇，知文章虽无定体，而以有体为常，则制作之顷，虽神明变化，终合规矩准绳。斯为善矣。

诗教下

（论内容与外形）

章学诚

或曰：若是乎，三代以后，六艺惟《诗》教为至广也。敢问文章之用，莫盛于《诗》乎[1]？曰：岂特三代以后为然哉？三代以前，《诗》教未尝不广也。夫子曰："不学《诗》，无以言。"[2]古无私门之著述，未尝无达衷之言语也[3]。惟托于声音，而不著于文字[4]，故秦人禁《诗》、《书》[5]，《书》阙有间[6]，而《诗》篇无有散失也[7]。后世竹帛之功，胜于口耳；而古人声音之传，胜于文字。则古今时异，而理势亦殊也[8]。自古圣王以礼、乐治天下，三代文质，出于一也[9]。世之盛也，典章存于官守，礼之质也；情志和于声诗，乐之文也[10]。迨其衰也，典章散，而诸子以术鸣。故专门治术，皆为官礼之变也；情志荡，而处士以横议[11]，故百家驰说，皆为声诗之变也[12]。战国之文章，先王礼、乐之变也[13]。然而独谓《诗》教广于战国者，专门之业少，而纵横腾说之言多；后世专门子术之书绝[14]，而文集繁，虽有醇驳高下之不同[15]，其究不过自抒其情志。故曰：后世之文体皆备于战国，而《诗》教于斯可谓极广也。学者诚能博览后世之文集，而想见先王礼、乐之初焉，庶几有立而能言[16]，可以与闻学《诗》、学《礼》之训矣[17]。

〔1〕 此承上篇所论，设为问答之辞，以更推阐之也。

〔2〕 《论语·季氏篇》："陈亢问于伯鱼曰：'子亦有异闻乎？'对曰：'未也。

尝独立，鲤趋而过庭，曰：“学《诗》乎？”对曰：“未也。”“不学《诗》，无以言。”鲤退而学《诗》。他日又独立，鲤趋而过庭，曰：“学《礼》乎？”对曰：“未也。”“不学《礼》，无以立。”鲤退而学《礼》。闻斯二者。’”

〔3〕《说文》：“衷，亵衣也。”假借为中。达衷，犹言达胸中之意。

〔4〕文字以代声气，故于语言为后起。已详《文学总略篇》。

〔5〕《史记·秦始皇本纪》：“三十四年，始皇置酒咸阳宫，博士齐人淳于越进曰：‘臣闻殷、周之王千余岁，封弟子功臣，自为枝辅。今陛下有海内，而子弟为匹夫。卒有田常六卿之臣，无辅拂，何以相救哉？事不师古而能长久者，非所闻也。’始皇下其议，丞相李斯曰：‘五帝不相复，三代不相袭，各以治。非其相反，时变易也。今陛下创大业，建万世之功，固非愚儒所知。且越言乃三代事，何足法也。异时诸侯并争，厚招游学；今天下已定，法令出一，百姓当家则力农工，士则学习法令辟禁。今诸生不师今而学古，以非当世，惑乱黔首，禁之便。臣请史官非秦纪皆烧之，非博士官所职，天下有敢藏《诗》、《书》、百家语者，悉诣守尉杂烧之；有敢偶语《诗》、《书》，弃市；以古非今者，族。令下三十日不烧，黥为城旦，所不去者，医药、卜筮、种树之书，若欲有学法令，以吏为师。’制曰：‘可。’”

〔6〕《史记·五帝本纪赞》：“《书》缺有间矣。”《正义》：“言古文《尚书》缺失，其间多矣。”《汉志·六艺略》：“《书》之所起远矣。至孔子纂焉。上断于尧，下讫于秦，凡百篇，而为之序，言其作意。秦燔书禁学，济南伏生独壁藏之。汉兴，亡失，求得二十九篇。武帝末，鲁共王坏孔子宅，欲以广其宫，而得古文《尚书》及《礼记》、《论语》、《孝经》，凡数十篇，皆古文也。孔安国者，孔子后也，悉得其书，以考二十九篇，得多十六篇。”此《书》阙有间之大略也。

〔7〕《汉志·六艺略》：“孔子纯取周诗，上采殷，下取鲁，凡三百五篇。遭秦而全者，以其讽诵，不独在竹帛故也。”

〔8〕此阮元《文言说》所本。阮《说》见《文学总略篇》。

〔9〕案出于一者，谓其时政教文质重轻，皆如其分，非谓三代无等差也。虞、夏、商、周各有所胜，则《礼记·表记》详之矣。

〔10〕《礼记·乐记》:“屈伸俯仰,缀兆舒疾,乐之文也。”又:“中正无邪,礼之质也。”此用其语。

〔11〕《孟子·滕文公篇》:“圣王不作,诸侯放恣,处士横议,杨朱、墨翟之言盈天下。”

〔12〕原注:“名、法、兵、农、阴阳之类,主实用者,谓之专门治术。其初各有职掌,故归于官,而为礼之变也。谈天、雕龙、坚白、同异之类,主虚理者,谓之百家驰说,其言不过达其情志,故归于诗,而为乐之变也。”

〔13〕原注:“六艺为官礼之遗,其说亦详外篇《校雠略》中《著录先明大道论》。”案其说已略引于《诗教上篇》注。

〔14〕原注:“伪体子书,不足言也。”江瑔《读子卮言·论子部之沿革兴废》曰:“古之著书,必持之有故,言之成理,卓然一家言,而后可以名曰子书。唐、宋以后,诸子道衰,类书繁起,钞胥是务,剿袭相因,亦褎然列名于子部之中。子书之体不明,先民之绪遂湮。无惑乎诸子百家之学,响沉景绝于后世,而缀学汲古之士,所以侙然而惧也。古之学术,曰道,曰器。道者,形而上;器者,形而下。形而下者,有形;形而上者,无形。诸子百家之学,寄想于无朕,役志于无涯。显之家国天下之大,隐之身心性命之微,皆纯然为无形之学。故其为道,诚为百学之冠,下视彼纷纷者,均无足以攀其肩。惟昔在古代,天地秘藏,钥之未启,至周、秦之际,诸子乃逐浪奔澓,砦石鬅沙,扶舆旁薄,坌然兴起,开古今未有之奇观。然吾国学术之盛,莫过于周、秦,而吾国学术之衰,亦自周、秦始。盖盛极难继,理则然也。”

〔15〕《说文》:“醇,不浇酒也。”《玉篇》:“驳,马色不纯也。”以喻纯粹与否。

〔16〕原注:“学问有主即是立,不尽如朱子所谓肌肤筋骸之束而已。”案《论语·泰伯篇》:“立于礼。”朱《注》:“礼以恭敬辞逊为本,而有节文度数之详,可以固人肌肤之会,筋骸之束。故学者之中,所以能卓然自立,而不为事物之所摇夺者,必于此而得之。”章氏所指

即此。

〔17〕 本节论《诗》教之广，异世所同，而战国尤盛之理。

学者惟拘声韵之为诗；而不知言情达志，敷陈讽喻，抑扬涵泳之文，皆本于《诗》教。是以后世文集繁，而纷纭承用之文，相与沿其体，而莫由知其统要也[1]。至于声韵之文，古人不尽通于《诗》，而后世承用诗赋之属，亦不尽出六义之教也[2]。其故亦备于战国。是故明于战国升降之体势，而后礼、乐之分可以明；六艺之教可以别；七略九流、诸子百家之言，可以导源而浚流；两汉、六朝、唐、宋、元、明之文，可以畦分而塍别[3]；官曲术业[4]、声诗辞说、口耳竹帛之迁变，可坐而定矣[5]。

〔1〕 文学之事，因物喻志，随类赋形，辞意参伍，变化至繁。若仅执一而论其流别，则不免拘虚之见。如诗者，其意主于抒情，其辞必须有韵，然亦有抒情而无韵者，有用韵而不抒情者，是当分别观之，乃尽其道。自来论文，拘执外形者多，故章氏力矫其失，而昌言《诗》教之广焉。

〔2〕 六义之教，谓《诗》教也。《诗大序》："诗有六义焉：一曰风，二曰赋，三曰比，四曰兴，五曰雅，六曰颂。"亦见《周礼》太师。

〔3〕 《说文》："田五十亩曰畦。"又："塍，稻中畦也。"

〔4〕 《礼记·儒行》："营道同术。"《注》："术，业也。"

〔5〕 坐定，言其易也。《晋书·石季龙载记》："不烦一旅之师，而坐定梁、益。"本节总论论文不拘形貌，乃能明其统要。

演畴皇极，训、诰之韵者也[1]，所以便讽诵，志不忘也。六象赞言，爻、系之韵者也[2]，所以通卜、筮，阐幽元也[3]。六艺非可皆通于诗也。而韵言不废，则谐音协律，不得专为《诗》教也。传记如《左》、《国》[4]，著说如《老》、《庄》[5]，文逐声而遂谐，语应节而遽协[6]，岂必合《诗》教之比兴哉？焦贡之《易林》[7]，史游之《急就》[8]，经部韵言之不涉于诗也[9]。《黄庭经》之七言，《参同契》之断字[10]，子术韵言之不涉于诗也[11]。后世杂艺百家，诵拾名数[12]，率用五言七字，演为歌诀，咸以取便记诵，皆无当于诗人之义也[13]。而文指存乎咏叹，取义近于比兴，多或滔滔万言，少或寥寥片语，不必谐韵和声，而识者雅赏其为《风》、《骚》遗范也[14]。故善论文者，贵求作者之意指，而不可拘于形貌也[15]。

〔1〕《尚书·洪范》："天乃锡禹洪范九畴。"伪孔《传》："洪，大。范，法也。言天地之大法。"《正义》："乃赐禹大法九类。"又："五曰建用皇极。"伪孔《传》："皇，大。极，中也。凡立事当用大中之道。"《正义》："凡所立事，王者所行，皆是无得过与不及，当用大中之道也。"演畴者，《正义》云："此经开源于首，覆更演说，非复一问一答之势，必是箕子自为之也。"训、诰者，《书》体之名，若《伊训》、《大诰》之类。《洪范》是箕子举天锡大法告之武王，亦其属也。吾国经籍韵读之研讨，自明陈第发其端，厥后顾炎武、毛奇龄、段玉裁诸君著书，皆有增益修饰，及江有诰氏著《诗经韵读》、《群经韵读》、《楚辞韵读》、《先秦韵读》四书，然后四部古书，悉了然矣。今就章氏举例，于江书中各录一例，其详具在原书。《洪范》："而康而色，曰予攸好德，汝则锡之福，时人斯其为皇之极。"色、德、福、极，同在之部。

〔2〕六象，谓卦之六爻。《系辞》云："八卦成列，象在其中矣，因而重之，爻在其中矣。"盖八卦始作，每卦三爻，虽有万物之象，其变通之理，犹自未备，故因此八卦而更重之，卦有六爻，遂重为六十四。于是发挥旁通，无微不纶矣。彖、象、系辞之属，则以演赞卦义，明其吉凶者也。屯卦："六二，迍如邅如，乘马班如。"邅、班，同在元部。其彖曰："屯：刚柔始交而难生，动乎险中大亨贞，雷雨之动满盈，天造草昧，宜建侯而不宁。"生、贞、盈、宁，同在耕部。其象有曰："六二之难，乘刚也，十年乃字，反常也。"刚、常，同在阳部。《系辞》："君子之道，或出或处，或默或语。"处、语，同在鱼部。

〔3〕《礼记·曲礼》:“龟为卜,筴为筮。卜、筮者,先圣王之所以使民信时日,敬鬼神,畏法令也;所以使民决嫌疑,定犹与也。”《易·说卦》:“昔者,圣人之作《易》也,幽赞于神明而生蓍。”此所谓阐幽玄也。元本作玄,已见前。

〔4〕《左传》用韵者,如隐十一年:“山有木,工则度之;宾有礼,主则择之。”度、择,同在鱼部。《国语》用韵者,如《越语》:“不乱民功,不逆天时,五谷稑熟,民乃蕃滋,君臣上下,交得其志。”时、滋、志,同在之部。

〔5〕《老子》用韵者,如二章:“故有无相生,难易相成,长短相形,高下相倾。”生、成、形、倾,同在耕部。《庄子》用韵者,如《人间世》:“天下有道,圣人成焉,天下无道,圣人生焉。方今之时,仅免刑焉。”成、生、刑,同在耕部。

〔6〕《史通·称谓篇》:“意好奇而辄为,文逐韵而便作。”此仿其语。

〔7〕《隋志》:“《易林》十六卷,焦赣撰。”贡赣古通。晁公武《郡斋读书志》:“其书每卦变六十四,综四千九十六首,皆为韵语,与《左氏传》载‘凤凰于飞,和鸣锵锵’、《汉书》所载‘大横庚庚,予为天王’之语绝相类。岂古之卜者各有此等书邪?”

〔8〕《汉志》:“《急就》一篇,元帝时黄门令史游作。”《郡斋读书志》:“书凡三十二章,杂记姓名、诸物、五官等字,以教童蒙。《急就》者,谓字之难知者,缓急可就而求焉。”陈振孙《直斋书录解题》:“其文多古语、古字、古韵,有足观者。”按全书皆韵语。

〔9〕《易林》,诸书目或入经部易类,或入子部五行术数类,《急就》则均入经部小学类。

〔10〕《旧唐书·经籍志》道家类:“《老子黄庭经》一卷。”五行类:“《周易参同契》二卷,魏伯阳撰。”二书传世者异本颇多,而皆用韵。

〔11〕王世贞《艺苑卮言》:“延寿(案焦贡字)《易林》、伯阳《参同》,虽以数术为书,要之,皆四言之懿,《三百》遗法耳。”案此特就体制言,故所论不及章氏之精到。

〔12〕颜师古《匡谬正俗》:“拾者,犹言一一拾取。”

〔13〕 此论韵文有不出《诗》教者。

〔14〕 此论无韵之文有出《诗》教者。

〔15〕 本节承上,详证声韵之文,古不尽通于诗。

《传》曰:“不歌而诵谓之赋。”〔1〕班氏固曰:“赋者,古《诗》之流。”〔2〕刘氏勰曰:“六艺附庸,蔚为大国。”〔3〕盖长言咏叹之一变〔4〕,而无韵之文可通于诗者,亦于是而益广也。屈氏二十五篇,刘、班著录,以为《屈原赋》也〔5〕。《渔父》之辞,未尝谐韵,而入于赋,则文体承用之流别,不可不知其渐也〔6〕。文之敷张而扬厉者,皆赋之变体;不特附庸之为大国,抑亦陈完之后,离去宛邱故都,而大启疆宇于东海之滨也〔7〕。后世百家杂艺,亦用赋体为拾诵〔8〕,盖与歌诀同出六艺之外矣。然而赋家者流,犹有诸子遗意,居然自命一家之言者,其中又各有其宗旨焉;殊非后世诗赋之流,拘于文而无其质,茫然不可辨其流别也。是以刘、班诗赋一略,区分为五类;而屈原、陆贾、荀卿,定为三家之学也〔9〕。马、班二史于相如、扬雄诸家之著赋,俱详载于列传,自刘知幾以还,从而抵排非笑者〔10〕,盖不胜其纷纷矣〔11〕。要皆不为知言也。盖为后世文苑之权舆,而文苑必致文采之实迹。以视范史而下,标文苑而止叙文人行略者,为远胜也〔12〕。然而汉廷之赋,实非苟作,长篇录入于全传,足见其人之极思,殆与贾疏、董策为用不同,而同主以文传人也〔13〕。是则赋家者流,纵横之派别,而兼诸子之余风,此其所以异于后世辞章之士也〔14〕。故论文于战国而下,贵求作者之意指,而不可拘于形貌也〔15〕。

〔1〕 《汉志·诗赋略》:“《传》曰:‘不歌而诵谓之赋,登高能赋,可以为大夫。’”按《毛诗·鄘风·定之方中传》云:“故建邦能命龟,田能施命,作器能铭,使能造命,升高能赋,师旅能誓,山川能说,丧纪能诔,祭祀能语。君子能此九者,可谓有德音,可以为大夫。”无“不歌而诵谓之赋”一句,颇疑《汉志》“《传》曰”二字,当在此句之下,志首此语,继

乃引毛《传》以明之耳。《文心雕龙·诠赋篇》:“刘向明不歌而颂。”(明上原有云字,盖衍文,颂诵通。)则《志》文此句盖《七略》引向说也。

〔2〕 班固《两都赋序》:“或曰:赋者,古《诗》之流也。”

〔3〕 《文心雕龙·诠赋篇》:“赋也者,受命于诗人,拓宇于《楚辞》也。于是荀况《礼》、《智》,宋玉《风》、《钓》,爰锡名号,与诗画境,六义附庸,蔚成大国。”六义,章氏引作六艺,涉笔之误也。

〔4〕 《礼记·乐记》:“故歌之为言也,长言之也。说之,故言之;言之不足,故长言之;长言之不足,故嗟叹之;嗟叹之不足,不知手之舞之,足之蹈之也。”

〔5〕 《汉志·诗赋略》:“《屈原赋》二十五篇。”云刘、班者,班固《汉志》本于刘歆《七略》也。

〔6〕 《渔父》之辞,非无韵者,特不通篇皆然耳。如“举世皆浊我独清,众人皆醉我独醒。”清、醒,同在耕部。“圣人不凝滞于物,而能与世推移。世人皆浊,何不淈其泥而扬其波?众人皆醉,何不铺其糟而歠其醨?何故深思高举,自令放为?”移、波、醨、为,同在歌部。是其例也。章氏此说,其意甚是,举证则非,盖疏于小学耳。

〔7〕 《史记·田敬仲完世家》:“陈完者,陈厉公佗之子也。完生,周太史过陈,陈厉公使卜完,卦得观之否,是谓观国之光,利用宾于王,此其代陈有国乎?不在此而在异国乎?非此其身也,在其子孙。若在异国,必姜姓。宣公十一年,杀其太子御寇,御寇与完相爱。恐祸及己,完故奔齐,桓公使为工正。完卒,谥为敬仲。敬仲之如齐,以陈字为田氏,(其后)行阴德于民,由此田氏得齐众心,宗族益强,民思田氏。(及田)太公乃迁(齐)康公于海上,食一城以奉其先祀。与魏文侯会于浊泽,求为诸侯。魏文侯乃使使言周天子及诸侯,请立齐相田和为诸侯,周天子许之。康公之十九年,田和立为齐侯,列于周室。”

〔8〕 原注:“窦氏《述书赋》,吴氏《事类赋》,医家药性赋,星卜命相术业赋之类。”《四库提要》子部艺术类:“《述书赋》二卷,唐窦臮撰。案张彦远《法书要录》称:‘臮作《述书赋》,精穷旨要,详辨秘义。’今观其赋,

品题叙述，皆极精核。”又类书类：“《事类赋》三十卷，宋吴淑撰并自注。类书始于《皇览》，其联而为赋者，则自淑始。淑本徐铉之婿，学有渊源，又预修《太平御览》、《文苑英华》两大书，见闻尤博，故赋既工雅，又注与赋出自一手，事无舛误，故传诵至今。”

〔9〕 原注：“说详外篇《校雠略》中《汉志诗赋论》。”案即今《校雠通义·汉志诗赋篇》。《汉志》诗赋分屈赋、陆赋、荀赋、杂赋、歌诗五种。《校雠通义》尝论当日必有其区别，已引于《南北文学不同论》注。《汉志诗赋篇》又曰：“古之赋家者流，原本《诗》、《骚》，出入战国诸子，假设问对，庄、列寓言之遗也；恢廓声势，苏、张纵横之体也；排比谐隐，韩非《储说》之属也；征材聚事，《吕览》类辑之义也。虽其文逐声韵，旨存比兴，而深探本原，实能自成一子之学，与夫专门之书，初无差别。故其叙列诸家之所撰述，多或数十，少仅一篇，列于文林，义不多让，为此志也。然则三种之赋，亦如诸子之各别为家，而当时不能尽归一例者耳。岂若后世诗赋之家，裒然成集，使人无从辨别者哉?”又《遗书·立言有本篇》亦曰：“史学本于《春秋》。专家著述，本于《官礼》，辞章泛应，本于《风诗》，天下之文，尽于是矣。子有杂家，杂于众，不杂于己，杂而犹成其家者也。文有别集，集亦杂也，杂于体，不杂于指，集亦不异于诸子也。故诸子杂家，与文集中之具本旨者，皆著述之事，立言之选也。”

〔10〕 韩愈《进学解》：“抵排异端。”又《答李翊书》：“其观于人，不知其非笑之为非笑也。”

〔11〕 《史通·载文篇》：“夫观夫人文，以化成天下；观乎国风，以察兴亡。是知文之为用，远矣，大矣。是以虞帝思理，夏后失御，《尚书》载其元首、禽荒之歌。郑庄至孝，晋献不明，《春秋》录其大隧、狐裘之什。其理说而切，其文简而要，足以惩恶劝善，观风察俗者矣。若马卿之《子虚》、《上林》，扬雄之《甘泉》、《羽猎》，班固《两都》，马融《广成》，喻过其体，词没其义，繁华而失实，流宕而忘返，无裨劝奖，有长奸诈，而前后《史》、《汉》，皆书诸列传，不其谬乎?”此章氏所指。

〔12〕 据今存史籍言之，范晔《后汉书》始著《文苑列传》之目，入传者，间载其文辞。嗣后诸史，则不载文者多，亦以多不胜载耳。

〔13〕 《汉书·贾谊传》载《陈政事疏》、《请封建子弟疏》、《谏封淮南四子疏》。《董仲舒传》载《对贤良策》三首。

〔14〕 刘熙载《艺概》曰："古人一生之志，往往于赋寓之。《史记》、《汉书》之例，赋可载入列传，所以使读其赋者，即知其人也。"又曰："《鹏赋》为赋之变体，(按《鹏赋》，贾谊作，载《史》、《汉》本传。)即其体而通之，凡能为子书者，于赋皆足自成一家。"此赞成章说者。

〔15〕 本节举赋为例，明其演变之繁，以申论文自战国而下，尤贵求作者意指之理。

盖文拘形貌之弊，至后世文集而极矣。盖编次者之无识，亦缘不知古人之流别、作者之意指，不得不拘貌而论文也〔1〕。集文虽始于建安〔2〕，而实盛于齐、梁之际。古学之不可复，盖至齐、梁而后荡然矣〔3〕。范、陈、晋、宋诸史，所载文人列传，总其撰著，必云诗、赋、碑、箴、颂、诔若干篇，而未尝云文集若干卷〔4〕。则古人文字散著篇籍，而不强以类分，可知也。孙武之书，盖有八十二篇矣〔5〕，而阖闾以谓子之十三篇吾既得而见，是《始计》以下十三篇〔6〕，当日别出独行，而后世始合之明征也。韩非之书，今存五十五篇矣，而秦王见其《五蠹》、《孤愤》，恨不得与同时〔7〕，是《五蠹》、《孤愤》，当日别出独行，而后世始合之明征也。《吕氏春秋》自序，以为良人问十二纪〔8〕，是八览、六论未尝入序次也〔9〕。董氏《清明》、《玉杯》、《竹林》之篇，班固与《繁露》并记其篇名〔10〕，是当日诸篇未入《繁露》之书也〔11〕。夫诸子专家之书，指无旁及，而篇次犹不可强绳以类例，况文集所裒，体制非一，命意各殊，不深求其意指之所出，而欲强以篇题形貌相拘哉〔12〕？

〔1〕 后世文集，悉用体分，故云然也。

〔2〕 原注："魏文撰徐、陈、应、刘文为一集，此文集之始。挚虞《流别》，犹其后也。"魏文帝《与吴质书》："徐、陈、应、刘，一时俱逝，痛何言邪？顷撰其遗文，都为一集。"

〔3〕 原注："挚虞《流别集》，乃是后人辑前人。人自为集，自齐之《王文宪集》始，而昭明《文选》，又为总集之盛矣。"案：《三国志·诸葛亮传》载陈寿所定《诸葛氏集目录》，其名虽集，而实是子书。《艺文类聚》载曹植《文章序》云："余少而好赋，所著繁多，删定别撰为前录七十八篇。"自定其文，又不以集名，盖体式初兴，尚无定称耳。任昉撰《王文宪(俭)集序》云："是用缀辑遗文，永贻世范，所撰《古今集记》、《今书七志》，为一家言，不列于集。"《南史·张融传》云："融文集数十卷，行于世，自名其集为《玉海》。"王、张同时，盖其时集部乃大著耳。若夫魏文所撰，初不以名其书，而《隋志》所载汉集，又皆后人编次，则其事实显于魏、晋以来。《隋志》云："别集之名，盖汉东京之所创也"。此在当日或有所据，今苦不能详矣。

〔4〕 如《后汉书·张衡传》云："所著诗、赋、铭、七言、《灵宪》、《应间》、《七辩》、《巡诰》、《悬图》，凡三十二篇。"

〔5〕 原注："说详外篇《校雠略》中《汉志兵书论》。"今本《校雠通义·汉志兵书篇》曰："《孙武兵法》八十二篇。《注》：'图九卷。'此兵书权谋之首条也。按《史记·孙武列传》：'阖闾谓孙武曰：子之十三篇，吾尽观之矣。'阮孝绪《七录》：'孙子兵法三卷，十三篇为上卷，又有中下二卷。'然则杜牧谓魏武削其数十万言为十三篇者，非也。盖十三篇为经语，故进之于阖闾，其余当是法度名数，有如形势、阴阳、技巧之类，不尽通于议论文词。十三篇之自为一书，在阖闾时已然，而《汉志》仅记八十二篇之总数，此亦所以益滋后人之惑矣。"案章氏此说，实本王应麟《困学纪闻》，其语略同，不更录。阮孝绪语，《史记·孙武传正义》引。杜牧语，见所撰《孙子序》。

〔6〕 《始计》，今十三篇之首篇。

〔7〕 《史记·韩非列传》："作《孤愤》、《五蠹》、《内、外储说》、《说林》、《说难》，十余万言。人或传其书至秦，秦王见《孤愤》、《五蠹》之书，曰：

‘寡人得见此人，与之游，死不恨矣。’”

〔8〕《吕氏春秋·序意》：“维秦八年，岁在涒滩，秋，甲子朔。朔之日，良人问十二纪。”十二纪者，《孟春纪》、《仲春纪》、《季春纪》、《孟夏纪》、《仲夏纪》、《季夏纪》、《孟秋纪》、《仲秋纪》、《季秋纪》、《孟冬纪》、《仲冬纪》、《季冬纪》。

〔9〕八览者，《有始览》、《孝行览》、《慎大览》、《先识览》、《审分览》、《审应览》、《离俗览》、《恃君览》。六论者，《开春论》、《慎行论》、《贵直论》、《不苟论》、《似顺论》、《士容论》。

〔10〕《汉书·董仲舒传》：“《玉杯》、《繁露》、《清明》、《竹林》之属，复数十篇，十余万言，皆传于后世。”师古《注》：“皆其所著书名。”

〔11〕《玉海》引《中兴馆阁书目》：“今《繁露》中有《玉杯》、《竹林》二篇。”又云：“《繁露》之名，先儒未有释者。案《逸周书·王会解》：‘天子南面立，绕（原作绝，据本书校改。）无繁露。’《注》云：‘冕之所垂也，有联贯之象。’《春秋》属辞比事。仲舒立名，或取诸此。”

〔12〕古人著书，始以竹木，继用缣帛，物既质重，故皆可单篇别行。观汉、隋两《志》之所著录，略可知矣。后世楮墨之便，远迈前古，非合多篇为一书，虑不能传久行远。文集炽盛，此亦一因矣。本节论文拘貌之弊，至后世文集而极。

赋先于诗〔1〕，骚别于赋〔2〕，赋有问答发端，误为赋序〔3〕，前人之议《文选》，犹其显然者也。若夫《封禅》、《美新》、《典引》，皆颂也。称符命以颂功德、而别类其体为符命〔4〕，则王子渊以圣主得贤臣而颂嘉会，亦当别类其体为主臣矣〔5〕。班固次韵，乃《汉书》之自序也〔6〕，其云“述《高祖纪》第一”、“述《陈项传》第一”者，所以自序撰书之本意。史迁有作于先，故已退居于述尔〔7〕。今于史论之外〔8〕，别出一体为史述赞；则迁书自序，所谓“作《五帝纪》第一”、“作《伯夷传》第一”者，又当别出一体为史作赞矣〔9〕。汉武诏策贤良，即策问也，今以出于帝制，遂于策问之外，别名曰诏〔10〕。然则制策之对，当离诸策而别名为表矣〔11〕。贾谊《过秦》，盖《贾子》之篇目也〔12〕，因陆机《辨亡》之论规仿《过秦》[13]，遂援左思"著论准《过秦》"之说，而标为论体矣[14]。魏文《典论》，盖犹桓子《新论》、王充《论衡》之以论名书耳，《论文》，其篇目也。今与《六代》、《辨亡》诸篇同次于论，然则昭明自序所谓："老、庄之作，管、孟之流，立意为宗，不以能文为本。"其例不收诸子者，岂以有取斯文，即可裁篇题论，而改子为集乎[15]？七林之文，皆设问也，今以枚生发问有七，而遂标为"七"[16]，则《九歌》、《九章》、《九辩》，亦可标为"九"乎[17]？《难蜀父老》，亦设问也，今以篇题为难，而别为"难"体，则《客难》当与同编，而《解嘲》当别为"嘲"体，《宾戏》当别为"戏"体矣[18]。《文选》者，辞章之圭臬[19]，集部之准绳[20]，而淆乱芜秽[21]，不可殚诘[22]；则古人流别，作者意指，流览诸集，孰是深窥而有得者乎[23]？集人之文，尚未得其意指，而自裒所著为文集者，何纷纷邪？若夫总集别集之类例，编辑撰次之得失，今古详略之攸宜[24]，录选评钞之当否，别有专篇讨论，不尽述也[25]。

〔1〕 章氏《永清县志·文征序例》曰："赋乃六义之一，其体诵而不歌，而刘《略》所收，篇第倍蓰于诗，于是赋冠前，诗歌杂体反附于后，以致萧《选》以下，奉为一定章程，可谓失所轻重矣。"

〔2〕 吴子良《林子偶谈》曰："太史公曰：《离骚》者，遭忧也。离训遭，骚训忧。屈原以此命名，其文则赋也。故班固《艺文志》有《屈原赋》二十五篇。梁昭明集《文选》，不并归赋门，而别名之曰骚。后人沿袭皆以骚称，可谓无义。"按屈、宋诸作，初无总称，《九歌》、《九辩》、《九章》之歌、辩、章诸字，说者以为乐章之名，是矣。而宋玉《风赋》、《高唐赋》、《神女赋》、《登徒子好色赋》，则皆曰赋。又文中自名其作者：《九辩》曰："自压桉而学诵。"《九章·悲回风》曰："窃赋诗之所明。"曰诵(颂)曰诗，则与《三百篇》同名矣。若《楚辞》之称，则始见《史记·酷吏传》，非先秦固有，故《汉志》直以为赋。要之，局言则《楚辞》与赋有别；通言则赋亦可赅《楚辞》；至骚非文体之名，则无可疑者耳。

〔3〕 苏轼《志林》:“宋玉《高唐》、《神女赋》,自‘王曰唯唯’以前,皆赋也,而统谓之序,大可笑也。相如赋首有子虚、乌有、亡是三人论难,岂亦序邪?”又《答刘沔书》辞意略同。王观国《学林》:“傅武仲《舞赋》,宋玉《高唐赋》、《神女赋》、《登徒子好色赋》,本皆无序,昭明编《文选》,各析其赋首一段为序。此四赋皆记楚襄王答问之语,盖借意也,故皆有‘唯唯’之文。昭明误认‘唯唯’之文为赋序,遂析其词。观国按,司马长卿《子虚赋》,托乌有先生,亡是公为言,扬子云《长杨赋》,托翰林主人、子墨客卿为言,二赋皆有‘唯唯’之文,是以知之。傅武仲、宋玉四赋本皆无序,昭明因其赋皆有‘唯唯’之文,遂误析为序也。”

〔4〕《文选》符命类载司马相如《封禅文》、扬雄《剧秦美新》、班固《典引》三篇,于光华《评注》引董景真云:“帝王之兴,必有符命,盖以祥瑞之征,符于天命也。”三篇之文,《文心雕龙》归之封禅一类。故其《封禅篇》云:“相如《封禅》,蔚为唱首。及扬雄《剧秦》,班固《典引》,事非镌石,而体因纪禅。”

〔5〕《文选》颂类有王褒《圣主得贤臣颂》。《易·乾文言》:“亨者,嘉之会。”又曰:“嘉会足以合礼。”

〔6〕《史记·自序》及《汉书·叙传》中,皆以数言述其每篇作意及先后次序。《文选》载《汉书》述《高纪》、《成纪》、《韩、彭、英、卢、吴传》者三篇,而标目为史述赞。次韵者,谓《史记·自序》亦间用韵,后以次前也。《梁书·周兴嗣传》:“次韵王羲之千字。”次韵二字出此。

〔7〕《论语·述而篇》:“子曰:‘述而不作。’”邢《疏》:“此记仲尼著述之谦也。作者之谓圣,述者之谓明。”

〔8〕《文选》有史论类。

〔9〕《汉书·叙传》师古《注》曰:“自‘皇矣汉祖’以下诸叙,皆班固自论撰《汉书》意,此亦依放《史记》之叙目耳。史迁则云:为某事作某本纪、某列传。班固谦不言然,而改言述,盖避作者之谓圣,而取述者之谓明也。但后之学者,不晓此为《汉书》叙目,见有述字,因谓此文追述《汉书》之事,乃呼为‘《汉书》述’,失之远矣。挚虞尚有此惑,其余曷

足怪乎？”案：据颜说，知《文选》盖沿《文章流别》之误。

〔10〕《文选》有诏类及策问类，《贤良诏》入诏类。

〔11〕蔡邕《独断》：“汉天子正号曰皇帝，其言曰制诏，其命令一曰策书，二曰制书，三曰诏书，四曰戒书。”又云：“凡群臣上书于天子者，有四名：一曰章，二曰奏，三曰表，四曰驳议。”此汉时公文书制之大略。《文心雕龙·议对篇》云：“对策者，应诏而陈政，即议之别体也。”以此推之，则策问者，或策之别体。盖策问之与对策，其时非岁以为常，故不列于公文之中，而萧《选》归类，遂亦不能得当也。

〔12〕原注：“今传贾氏《新书》，首列《过秦》上下二篇，此为后人辑定，不足为据。《汉志》：‘《贾谊》五十八篇。’又：‘赋七篇。’此外别无论著，则《过秦》乃《贾子》篇目明矣。”

〔13〕陆《论》亦载《文选》。

〔14〕原注：“左思著论之说，须活看，不可泥。”案左思语见所撰《咏史》诗。《吴志·阚泽传》云：“孙权问书传篇赋何者为美，泽欲讽喻以明治乱，因对贾谊《过秦论》最善。”是以论名《过秦》，不始晋人。或者此篇初亦尝别出独行，人辄为加题论字，以便称说耳。张涤华先生曰：“案魏文帝《典论》云：‘余观贾谊《过秦论》，发周、秦之得失，通古今之滞义，洽以三代之风，润以圣人之化，斯可谓作者矣。’此与《吴志·阚泽传》所云‘《过秦论》最善’，并在左思之前。则知论字绝非萧《选》所加，亦非援《咏史》诗而标为论体矣。《汉书·贾谊传赞》及《文选》班固《典引》亦称《过秦》为论。实斋盖未之深考也。”

〔15〕四部之书，经与史为近，子与集为近，盖官学私学之分耳。说详拙著《言公通义》。章氏《杂说篇》曰：“诸子仅工文辞，即后世文集之滥觞。”《过秦》、《典论》之入《文选》，此或亦消息之一端也。

〔16〕见《诗教上篇》注。

〔17〕《文选》此三篇入骚类。

〔18〕设问，当作设论。《文选》东方朔《答客难》、扬雄《解嘲》、班固《答宾戏》，皆入设论类。司马相如《难蜀父老》，旧本在檄类，流俗本有析

出此篇，别题难类者，非昭明之旧。章氏误据俗本为说，斯其疏也。

〔19〕《周礼·地官》大司徒：“以土圭之法，测土深，正日景，以求地中。”《注》：“土圭所以致四时日月之景也。”《疏》：“案土人职云：‘土圭尺有五寸。’”又《考工记》匠人：“置槷以县，眡以景，为规识日出之景与日入之景。”《注》：“槷，古文臬假借字，于所平之地中央树八尺之臬，以悬正之，眡之以为景，将以正四方也。《尔雅》曰：‘在墙谓之杙，在地谓之臬。’”

〔20〕《汉书·律历志》：“权与物钧而生衡，衡运生规，规圆生矩，矩方生绳，绳直生准，准正则平衡而钧权矣，是为五则。规者，所以规圆器械令得其类也；矩者，所以矩方器械令不失其形也；规矩相须，阴阳位序，圆方乃成。准者，所以揆平取正也；绳者，上下端直，经纬四通也；准绳连体，衡权合德，百工由焉，以定法式。”

〔21〕《离骚》：“哀众芳之芜秽。”洪兴祖《补注》曰：“芜，荒也。秽，恶也。”

〔22〕《广雅·释诂》：“殚，尽也。”

〔23〕以上当与《文学总略篇》论《文选》者参看。

〔24〕《尔雅·释言》：“攸，所也。”

〔25〕本节论《文选》义例之失，兼致慨后世文集之多。

谨案：文学之事，作者授之，读者受之，而所资以授受者，则作品也。析论作品，则外形内容两端可以括之。散文、骈文、韵文，文学之外形也；抒情、叙事、说理，文学之内容也。取最适合之内容，表之以最恰当之外形，使作者读者之授受皆无遗憾，斯尽文学之能事。然其间有未易言者：一则作者之才性，时有偏长；一则意辞之繁变，难拘成格。如王粲、徐幹长于辞赋，陈琳、阮瑀长于书疏，此体式之偏长也，应玚和而不壮，刘桢壮而不密，此风格之偏长也。凡此利弊，初难自知；援牍之时，何能尽合？则其未易言明矣。又如史以叙事，而马迁以抒悲愤之情；诗以抒情，而宋贤每多议论之作；则《典论》、《文赋》、《流别》、《雕龙》以次，相意以定体者，固不足以尽之。墨守成规，徒形扞格，其未易言益明矣。

夫才性之异同，情辞之变化，既如此其不居，故作者读者之授受，亦非一往无碍，而文意无定向，文体有定形，论文之家，遂不得不执简驭繁，以形貌为准。末流之弊，极于不顾古人之流别，作者之意旨，而立言之道，亦因以不尊，此所以来章氏之讥也。若余杭章君《答人书》云："来书疑仆所论，只问形式，不论精神。夫文辞之体甚多，而形式各异，非求之形式，则彼此无以为辨；形式已定，乃问其精神耳。非能脱然于形式也。"则又以近世论家，偏主精神，尽废形式，驯至文章流别，无可遵循。救僿以忠，因有兹说。二章之言，相反相成，学者所尤当致意。盖文章之用，因内符外，心生而言立，言立而文明，故必缘情树体，即体成用。以形貌论文虽不可废，而亦当参稽作者意旨，深窥历祀流别，以求折中，庶尽其道，非谓形貌可弗论也。论人之文，且当如此，则自作可知。学者诚知此理，则应酬牵率之作，决科俳优之文，故饰情貌，徒为尘点者，可以屏而不为，亦庶几实斋所谓有立而能言耳。

- 无句读文
  - 图书
  - 表谱
  - 簿录　簿录与表谱殊者，以不皆旁行缀系故。
  - 算草
- 有句读文
  - 有韵文
    - 赋颂　无韵之颂即入符命类、述序类中。
    - 哀诔　祭文附此。
    - 箴铭　无韵之铭即入款识类中。
    - 占繇　如《周易》、《易林》、《太玄》、《灵棋》之属。
    - 古今体诗
    - 词曲
  - 无韵文
    - 学说
      - 诸子　九流及近世科学诸说并附于此。
      - 疏证　凡随文解义及著书考古者皆属此。
      - 平议　如《史通》、《文心雕龙》及一切文评史评之属。
    - 历史
      - 纪簿　《尚书》帝典之类皆属此。
      - 编年
      - 纪事本末
      - 国别史　如《国语》之属。
      - 地志
      - 姓氏书
      - 行状
      - 别传
      - 杂事　报章中纪事亦属此。
      - 款识　如鼎、彝、碑、志之属。
      - 目录　书目之无说者，别入簿录科。
      - 学案
    - 公牍
      - 诏诰　《尚书》、《康诰》、《酒诰》之类亦属此。
      - 奏议　《尚书》谟训之类亦属此。
      - 文移
      - 判批
      - 告示　一切教令皆属此。
      - 诉状
      - 录供
      - 履历
      - 契约　如条约、地契、引帖之属。其私立者即入书札类中。
    - 典章
      - 书志　如正史各志及《通典》、《通考》之属。
      - 官礼　如《周礼》、《六典》、《会典》之属。
      - 律例
      - 公法
      - 仪注　如《仪礼》、《江都集礼》、《书仪》之属。其经学家专门说礼者，即入疏证类中。
    - 杂文
      - 符命　如封禅、告天、《剧秦》、《典引》之属，不皆有韵。
      - 论说　连珠之类亦属此。
      - 对策
      - 杂记
      - 述序
      - 书札　私订契约不关公牍者亦属此。
    - 小说　文言俗语诸体均属之。

模　拟

（论模拟与创造）

刘知幾

夫述者相效，自古而然。故列御寇之言理也，则凭李叟[1]；扬子云之草《玄》也，全师孔公[2]。符朗则比迹于庄周[3]，范晔则参踪于贾谊[4]。况史臣注记[5]，其言浩博，若不仰范前哲，何以贻厥后来[6]？盖模拟之体，厥途有二：一曰貌同而心异，二曰貌异而心同[7]。

〔1〕 刘向《别录》："列子者，郑人，盖有道者也。其学本于黄帝、老子。"《史记·老子传》："老子姓李名耳，盖百有六十余岁，或言二百余岁，以其修道而养寿也。"《孟子·梁惠王篇》赵《注》："叟，长老之称。"《文选》赵至《与嵇茂齐书》："昔李叟入秦，及关而叹。"

〔2〕 《汉书·扬雄传》："时雄方草《太玄》，有以自守，泊如也。"《太玄》拟孔子之赞《易》，见《文学总略篇》注。

〔3〕 《晋书·苻坚载记》："苻朗，字元达，坚之从兄子也。性宏达，神气爽迈，幼怀远操，不屑时荣。著《苻子》数十篇，行于世，亦老、庄之流也。"《隋志》："《苻子》二十卷。"浦起龙《史通通释·古今正史篇附记》："前秦之姓，《晋书·载记》曰：'蒲洪以其孙坚初生，背有草付臣又土之文，改姓苻。'而《世说·识鉴篇注》引车频《秦书》曰：'蒲洪诈称谶文，改姓符，言己当王，应符命也。坚生，背赤色隐起若篆文。'其说与《晋书》异。愚案：车频言征符命背篆，不言何文，而频即前秦时人，则姓当为符，宜可信。《晋书》后出，草付五字，自别有本，亦安

知非竹付之讹邪？世徒以国史为正，然频书幸留片羽，孝标亦在唐前，讵不足当互证之资邪？附记之，亦足广异家也。”

〔4〕 范晔《狱中与诸甥侄书》：“既造《后汉》，转得统绪，详观古今著述及评论，殆少可意者。吾杂传论，皆有精意深旨，既有裁味，故约其词句。至于《循吏》以下，及六夷诸序论，笔势纵放，实天下之奇作，其中合者，往往不减《过秦篇》。尝共比方班氏所作，非但不愧之而已。”

〔5〕 《广雅·释诂》：“注，诖识也。”字一作註。《一切经音义》引《通俗文》：“记物曰註。”杜预《春秋序》：“诸所记注，多违旧章。”

〔6〕 《诗·大雅·文王有声》：“诒厥孙谋。”《传》：“诒犹传也。”今通作贻。

〔7〕 《通释》：“貌犹文也，心犹实也。”本节论为文不废模拟之理，及其二途。

何以言之？盖古者列国命官，卿与大夫为别，必于国史所记[1]，则卿亦呼为大夫，此《春秋》之例也[2]。当秦有天下，地广殷、周，变诸侯为帝王，目宰辅为丞相[3]。而谯周撰《古史考》，思欲摈抑马《记》，师放孔《经》[4]。其书李斯之弃市也[5]，乃云：“秦杀其大夫李斯。”[6]夫以诸侯之大夫，名天下之丞相，以此而拟《春秋》，所谓貌同而心异也[7]。

〔1〕 杜预《春秋序》：“《春秋》者，鲁史记之名也。《周礼》有史官，掌邦国四方之事，达四方之志。诸侯亦各有国史。《孟子》曰：‘楚谓之《梼杌》，晋谓之《乘》，而鲁谓之《春秋》，其实一也。’”

〔2〕 《春秋》隐二年：“无骇帅师入极。”杜《注》：“无骇，鲁卿。”孔《疏》：“《春秋》之例，卿乃见《经》。今名书于《经》，《传》称司空，故知无骇是鲁卿。诸名书于《经》，皆是卿也，故于此一注，以下不复言之。又《王制》云：‘上大夫卿。’则卿亦大夫也，故注多以大夫言卿。下注云：‘裂繻，纪大夫。’如此之类，皆是卿也，其名见于《传》，而注云大夫者，则其爵真大夫也。”

〔3〕 目犹称也。《春秋》隐元年《穀梁传》:"以其目君。"范《注》:"目君,谓称郑伯。"《汉书·百官公卿表》:"丞相秦官,金印紫绶,掌承天子,助理万机。"

〔4〕 《隋志》:"《古史考》二十五卷,晋义阳亭侯谯周撰。"今佚,有章宗源辑本。《蜀志》本传:"周字允南,耽古笃学,诵读典籍,精研六经,凡所著述撰定:《法训》、《五经论》、《古史考》之属百余篇。"《晋书·司马彪传》:"谯周以司马迁《史记》书周、秦以上,或采俗语百家之书,不专据正经,周于是作《古史考》二十五篇,皆凭旧典,以纠迁之谬误。"放,今通作仿。

〔5〕 《释名·释丧制》:"市死曰弃市。市,众所聚,与众人共弃之也。"

〔6〕 《史记·秦本纪》:"二世皇帝三年冬,赵高为丞相,竟按李斯杀之。"其详在《李斯列传》。

〔7〕 本节貌同心异之例一。

当春秋之世,列国甚多,每书他邦,皆显其号,至于鲁国,直云我而已〔1〕。如金行握纪〔2〕,海内大同,君靡客主之殊〔3〕,臣无彼此之异,而干宝撰《晋纪》〔4〕,至天子之葬,必云:"葬我某皇帝。"〔5〕且无二君〔6〕,何我之有?以此而拟《春秋》,又所谓貌同而心异也〔7〕。

〔1〕 如《春秋》隐八年:"我入祊。"桓十八年:"葬我君桓公。"庄九年:"我师败绩。"皆其例也。

〔2〕 金行指晋,盖五行之德,始终相次之说也。《晋书·五行志》:"白者金行。"《文选》陆机《皇太子宴玄圃宣猷堂有令赋诗》:"素灵承祐。"李善《注》:"晋金行曰素。程猗《说石图》曰:'金者,晋之行也。'"《七略》云:"邹子有五德终始,言土德从所不胜,木德继之,金德次之,火德次之,水德次之。"《史记·秦始皇本纪》云:"始皇推终始五德之传,以为周得火德,秦代周德,从所不胜,方今水德之始。"以此推之,汉当为土德,魏当为木德,晋当为金德。然史家所记,则汉火德,魏土德,初不尽据五行之次,盖亦随宜依托,以示天命攸归耳。握纪,

谓为帝也。《隋志序》曰:“先圣据龙图,握凤纪,南面以君天下。”李百药《封建论》曰:“陛下握纪御天,膺期启圣。”

〔3〕《尔雅·释言》:“靡,无也。”

〔4〕《隋志》:“《晋纪》二十三卷,干宝撰。”今佚,有汤球、黄奭辑本。《晋书》本传:“宝字令升。中兴草创,未置史官,王导上疏,宜建立国史,撰集帝纪。元帝纳焉。宝于是始领国史,著《晋纪》,自宣帝迄于愍帝,五十三年,凡二十卷。奏之。其书简略而能婉,咸称良史。”《史通·载言篇》:“昔干宝议撰晋史,以为宜准丘明。”又《二体篇》:“干宝著书,盛誉丘明。”又《序例篇》:“令升先觉,远述丘明。”其书益效法《春秋左传》而失之拘者也。

〔5〕按《文选·晋纪总论注》引《晋纪》云:“镇东大将军诸葛诞贰于我。”又《世说新语·贤媛篇注》引云:“(王)经正直,不忠于我。”亦皆干氏仿《春秋》称我之证。

〔6〕且,一作但。通释云:“疑当作岂。”岂,古时字。

〔7〕本节貌同心异之例二。

狄灭二国,君死城屠。齐桓行霸,兴亡继绝〔1〕。《左传》云:“邢迁如归,卫国忘亡。”〔2〕言上下安堵〔3〕,不失旧物也〔4〕。如孙皓暴虐〔5〕,人不聊生〔6〕,晋师是讨,后予相怨〔7〕。而干宝《晋纪》云:“吴国既灭,江外忘亡。”〔8〕岂江外安典午之善政〔9〕,同归命之未灭乎〔10〕?以此而拟《左氏》,又所谓貌同而心异也〔11〕。

〔1〕《论语·尧曰篇》:“兴灭国,继绝世,举逸民,天下之民归心焉。”《尚书大传》:“古者诸侯始受封,必有采地。其后子孙虽有罪黜,其采地不黜,使子孙贤者守之,世世以祠其始受封之人,此之谓‘兴灭国,继绝世’。”

〔2〕《春秋》闵元年《左传》:“狄人伐邢,管敬仲言于齐侯曰:‘戎狄豺狼,不可厌也。诸夏亲昵,不可弃也。宴安酖毒,不可怀也。《诗》云:“岂不怀归?畏此简书。”简书,同恶相恤之谓也。请救邢以从简

书。'齐人救邢。"又二年《传》:"狄人伐卫,卫懿公及狄人战于荧泽,卫师败绩,遂灭卫。卫之遗民男女七百有三十人,益之以共滕之民为五千人,立戴公以庐于曹。齐侯使公子无亏帅车三百乘,甲士三千人,以戍曹。""僖之元年,齐桓公迁邢于夷仪。二年,封卫于楚丘。邢迁如归,卫国忘亡。"

〔3〕《史记·田单列传》:"愿无虏掠吾族家妻妾,令案堵。"张涤华先生曰:"案《汉书·高帝纪》云:'吏民皆按堵如故。'应劭曰:'按,次第。堵,墙堵。'师古曰:'言不迁动也。'按堵,《汉纪》作安堵,《史记》作案堵,并通。盖即安居之义。"

〔4〕《春秋》哀元年《左传》:"祀夏配天,不失旧物。"《注》:"物,事也。"

〔5〕《吴志·孙皓传》:"皓字元宗,权孙,和子也。孙休薨,遂迎立皓。既得志,粗暴骄盈,多忌讳,好酒色,大小失望。"

〔6〕《战国策·秦策》:"百姓不聊生。"《注》:"聊,赖也。"

〔7〕《尚书·仲虺之诰》:"东征西夷怨,南征北狄怨。曰:'奚独后予?'"

〔8〕江外,犹言江表,谓吴境也。

〔9〕《蜀志·谯周传》:"周书板示(文)立曰:'典午忽兮,月酉没兮。'典午者,谓司马也,月酉者,谓八月也。"

〔10〕《吴志·孙皓传》:"太康元年诏曰:'孙皓穷迫归降,前诏待之以不死,今皓垂至,意犹愍之,其赐号为归命侯。'"

〔11〕本节貌同心异之例三。

春秋诸国皆用夏正,鲁以行天子礼乐,故独用周家正朔[1]。至于书"元年春王正月"者,年则鲁君之年,月则周王之月[2]。如曹、马受命[3],躬为帝王,非是以诸侯守藩[4],行天子班历[5]。而孙盛魏、晋二《阳秋》[6],每书年首,必云:"某年春帝正月。"夫年既编帝纪,而月又列帝名,以此而拟《春秋》,又所谓貌同而心异也[7]。

〔1〕《尚书大传》:"夏以孟春月为正,殷以季冬月为正,周以仲冬月为正。"《史记·历书》:"夏正以正月,殷正以十二月,周正以十一月。"

《尚书·甘誓》："怠弃三正。"《释文》引马融云："建子、建丑、建寅，三正也。"《日知录》云："三正之名，见于《甘誓》，其来尚矣。《微子之命》曰：'统承先王，修其礼物。'则知杞用夏正，宋用殷正，若朝觐会同，则用周之正朔。其于本国，自用其先王之正朔也。"案春秋诸国，其用三正，参差不一，先儒多有考订。然古之王者，易姓受命，则必改正朔，以示维新，故三王不相袭耳。《礼记·明堂位》："成王以周公为有勋劳于天下，命鲁公世世祀周公以天子之礼乐，是以鲁君孟春乘大路，载弧韣旂，十有二旒，日月之章，祀帝于郊，配以后稷。天子之礼也。"

〔2〕 原注："考《竹书纪年》始达此义，而自古说《春秋》者，皆妄为解释也。"案《竹书纪年》今本经后人窜乱，不足据信。朱右曾、王国维所辑古本，亦丛碎之余。惟杜预《春秋左氏经传集解后序》云："其纪年篇起自夏、殷、周，皆三代王事，无诸国别也。唯特纪晋国，起自殇叔，次文侯、昭侯，以至曲沃庄伯，皆用夏正建寅之月为岁首，编年相次。"(《隋志·古史类序》略同。)今本有称"元年春正月"者，而无王字，盖以非用周正，则王字无所附丽，或子玄见本亦是如此。其说盖以明周时诸国，所奉正朔不一其制：若鲁者，年则鲁君之年，月则周王之月；若晋者，年则晋君之年，月则夏王之月。时在周世，则鲁可称王正月，晋不得称王正月，以此相证成耳。云自古说春秋皆妄释者，《春秋》隐元年："元年，春，王正月。"《左传》："元年，春，王周正月。"杜《注》："言周以别夏、殷。"《通释》云："误解始此，愚尝论之，《春秋》系正于王者，别鲁于天子，非别周于夏令也，是侯国之史法也。"

〔3〕 魏，曹氏。晋，司马氏。《尚书·咸有一德》："克享天心，受天明命。"

〔4〕 《周书·职方》："方千里曰王圻。其外方五百里为侯服，又其外方五百里为甸服，又其外方五百里为男服，又其外方五百里为采服，又其外方五百里为卫服，又其外方五百里为蛮服，又其外方五百里为夷服，又其外方五百里为镇服，又其外方五百里为藩服。"《注》："藩服，屏四境也。"《周礼》职方氏同。

〔5〕 《春秋》襄二十六年《左传》:"班荆相与食。"《注》:"班,布也。"今通作颁。

〔6〕 《隋志》:"《魏氏春秋》二十卷,孙盛撰。"又:"《晋阳秋》三十二卷,迄哀帝,孙盛撰。"今佚,亦有汤、黄二家辑本。《晋书》本传:"盛字安国,笃学不倦,自少至老,手不释卷。著《魏氏春秋》、《晋阳秋》。"《三国志·魏志·武帝纪》裴《注》云:"凡孙盛制书,多用《左氏》以易旧文。嗟乎!后之学者将何取信哉?"亦同子玄之论。

〔7〕 本节貌同心异之例四。

五始所作,是曰《春秋》[1];三《传》并兴,各释经义[2]。如《公羊传》屡云:"何以书,记某事也。"[3]此则先引经语,而继之以释辞,势使之然,非史体也。如吴均《齐春秋》[4],每书灾变,亦曰:"何以书,记异也。"夫事无他议,言从已出,辄自问而自答者,岂是叙事之理者邪?以此而拟《公羊》,又所谓貌同而心异也[5]。

〔1〕 《春秋》隐元年《公羊传》:"元年,春,王正月。元年者何?君之始年也。春者何?岁之始也。王者孰谓?谓文王也。曷为先言王而后言正月?王正月也。何言乎王正月?大一统也。公何以不言即位?成公意也。"《穀梁》隐元年《疏》:"何休注《公羊》,取《春秋纬·黄帝受图》,立五始:以元者,气之始;春者,四时之始;王者,受命之始;正月者,政教之始;公即位者,一国之始。五者同日并见,相须而成。"

〔2〕 《汉志·春秋家序》:"周室既微,载籍残缺。仲尼思存前圣之业,以鲁周公之国,礼文备物,史官有法,故与左丘明观其史记,据行事,仍人道,因兴以立功,败以成罚,假日月以定历数,借朝聘以正礼乐。有所褒讳贬损,不可书见,口授弟子。弟子退而异言。丘明恐弟子各安其说,以失其真,故论本事而作《传》,明夫子不以空言说《经》也。及末世口说流行,故有公羊、穀梁、邹、夹之《传》。四家之中,公羊、穀梁立于学官,邹氏无师,夹氏未有书。"范宁《穀梁传序》:"凡传以通经为主,经以必当为理。夫至当无二,而三传殊说,安得不弃其

所滞，择善而从乎？《左氏》艳而富，其失也巫；《穀梁》清而婉，其失也短；《公羊》辩而裁，其失也俗。若能富而不巫，清而不短，裁而不俗，则深于其道者也。”

〔3〕 如隐三年：“‘日有食之。’何以书？记异也。”又六年：“‘秋七月。’此无事，何以书？《春秋》虽无事，首时过则书。首时过则何以书？《春秋》编年，四时具，然后为年。”某，本作其，从何义门及浦氏《通释》校改。

〔4〕 《隋志》：“《齐春秋》三十卷，梁奉朝请吴均撰。”今佚。《南史·文学传》：“吴均，字叔庠，好学有俊才，梁武帝诏为待诏著作，累迁奉朝请。先是，均将著史以自名，欲撰齐书，求借齐起居注及群臣行状，武帝不许，遂私撰《齐春秋》奏之。”

〔5〕 本节貌同心异之例五。《通释》：“作议论之文可一用之，史法则非体。”

且《史》、《汉》每于列传首书人名字，至传内有呼字处，则于传首不详〔1〕。如《汉书·李陵传》称：“陇西任立政至匈奴招陵〔2〕，陵字立政曰：‘少公，归易耳。’”〔3〕夫上不言立政之字，而辄言字立政曰少公者，此省文从可知也。至令狐德棻《周书》〔4〕，于《伊娄穆传》首云：“伊娄穆，字奴干。”既而续云：“太祖字之曰：‘奴干，作仪同，面向我也。’”〔5〕夫上书其字，而下复曰字，岂是事从简易，文去重复者耶？以此而拟《汉书》，又所谓貌同而心异也〔6〕。

〔1〕 不，本作已，据浦校改。

〔2〕 以上五字，浦据《汉书》补。

〔3〕 《汉书·李广传》附《陵传》：“昭帝立，大将军霍光、左将军上官桀辅政，素与陵善，遣陵故人陇西任立政等三人俱至匈奴招陵。立政曰：‘咄，少卿良苦，霍子孟、上官少叔谢女。’陵曰：‘霍与上官无恙乎？’立政曰：‘请少卿来归故乡，毋忧富贵。’陵字立政曰：‘少公，归易耳，恐再辱，奈何？’”

〔4〕《旧唐书·经籍志》:"《后周书》五十卷,令狐德棻撰。"今存。

〔5〕《周书·伊娄穆传》:"伊娄穆,字奴干,弱冠为太祖内亲信,以机辩见知,常侍左右。尝入白事,太祖望见,悦之,字之曰:'奴干,作仪同,面见我矣。'于是拜车骑大将军、仪同三司。"《后汉书·邓骘传》:"延平元年,拜骘车骑将军,仪同三司。仪同三司,(复四字,据《东观汉记》。)始自骘也。"案三司者,谓太尉、司徒、司空。太尉,古之司马也。

〔6〕本节貌同心异例六。《通释》云:"此曰'字之',即史家所称不名之义也,不得云复。"

昔《家语》有云:"苍梧人娶妻而美,以让其兄。虽为让,非让道也。"[1]又扬子《法言》曰:"士有姓孔字仲尼。其文是也,其质非也。"[2]如向之诸子所拟古作,其殆苍梧之让,姓孔字仲尼者欤?盖语曰:"世异则事异,事异则备异。"[3]必以先王之道,持今世之人,此韩子所以著《五蠹》之篇,称宋人有守株之说也[4]。世之述者,锐志于奇[5],喜编次古文,撰叙今事;而巍然自谓五经再生,三史重出[6],多见其无识者矣[7]。

〔1〕《孔子家语·六本篇》:"苍梧娆娶妻而美,让与其兄。让则让矣,然非礼之让矣。"

〔2〕《法言·吾子篇》:"或曰:'有人焉,曰(曰字疑涉上而衍)云姓孔而字仲尼,入其门,升其堂,伏其几,袭其裳,则可谓仲尼乎?'曰:'其文是也,其质非也。'"

〔3〕二语见《韩非子·五蠹篇》。"备异"原文作"备变"。

〔4〕《五蠹篇》又云:"宋人有耕者,田中有株,兔走触株,折颈而死,因释其耒而守株,冀复得兔。兔不可复得,而身为宋国笑。今欲以先王之政,治当世之民,皆守株之类也。"

〔5〕《汉书·礼乐志》:"锐志武功。"师古曰:"锐,利也。言一意进求,若兵刃之锐利。"

〔6〕《广韵》:"巍,高大貌。"《十驾斋养新录》:"《续汉书·郡国志》:'今录中兴以来郡县改异,及《春秋》、三史会同征伐地名。'三史,谓《史记》、《汉书》、《东观记》也。《吴志·吕蒙传注》引《江表传》:'权谓蒙曰:孤统军以来,省三史诸家兵法,大有益。'又《孙峻传注》引《吴书》:'留赞好读兵书及三史。'《晋书·傅休奕传》:'撰论三史故事,评断得失。'《隋书·经籍志》有'《三史略》二十九卷,吴太子太傅张温撰。'皆指此。自唐以来,《东观记》失传,乃以范蔚宗书当三史之一。"案陈汉章《史通补释》于《书事》篇"异于三史之所书"句下释云:"此三史即上所引《国语》、《左传》、《史记》,观下列《后汉书》之迂诞诡越,可知三史非《史记》及两《汉书》,与他处不同。"门人程君章灿曰:"陈氏以为《史通》两称三史至少有《史记》及两《汉书》,《左传》、《国语》及《史记》二说。此处之三史不可能包括《后汉书》,颇疑其为后说也。刘氏于兹篇上文列举模例十三例,其中从晋已降效《春秋》者三例(孙盛、干宝、吴均模拟《公羊传》);晋以前模拟《春秋》者仅一例。(谯周。周亦入晋,亦可视为从晋已降者。)从晋已降效《左传》者八例(干宝二例,裴子野三例,王劭二例,萧方等一例);效《汉书》者一例(令狐德棻)。是则自魏已前亦有效五经者,而从晋已降则效三吏者甚多,刘氏魏已前多效三史,晋已降喜学五经之说,盖亦大略之区分,不可拘执。"

〔7〕以上总论貌同心异之模拟为不足取。

惟夫明识之士则不然。何则?其所拟者,非如图画之写真,熔铸之象物,以此而似也。其所以为似者,取其道术相会,义理玄同〔1〕,若斯而已。亦犹孔父贱为匹夫〔2〕,栖皇放逐〔3〕,而能祖述尧、舜,宪章文、武〔4〕,亦何必居九五之位〔5〕,处南面之尊〔6〕,然后谓之连类者哉〔7〕?

〔1〕《老子》:"知者不言,言者不知。塞其兑,闭其门,挫其锐,解其纷,和其光,同其尘,是谓玄同。"左思《魏都赋》:"世笃玄同,奚遽不能与之

踵武而齐其风。”吕延济《注》：“玄同，犹大同也。”

〔2〕《春秋》桓十年《左传》：“匹夫无罪。”《注》：“庶人夫妻相匹，其名既定，虽单亦匹，故通谓匹夫匹妇。”

〔3〕《汉书·叙传》：“是以圣哲之治，棲棲皇皇。”师古曰：“不安之意也。”栖棲同。《说文》：“放，逐也。”

〔4〕《礼记·中庸》：“仲尼祖述尧、舜，宪章文、武。”

〔5〕《易·乾》：“九五，飞龙在天，利见大人。”王《注》：“龙德在天，则大人之路亨也。夫位以德兴，德以位叙，以至德而处盛位，万物之睹，不亦宜乎？”孔《疏》：“夫位以德兴者，位谓王位，以圣德之人能兴王位也。德以位叙者，谓有圣德之人得居王位，乃能叙其盛德。若孔子虽有圣德，而无其位，是德不能以位叙也。”

〔6〕《论语·雍也篇》：“雍也可使南面。”何晏《集解》引包氏曰：“可使南面者，言任诸侯可使治国政也。”（据皇本。）

〔7〕本节论模拟不必貌似。

盖《左氏》为书，叙事之最。自晋已降，景慕者多，有类效颦，弥益其丑〔1〕。然求诸偶中，亦可言焉〔2〕。盖君父见害，臣子所耻〔3〕，义当略说，不忍斥言〔4〕。故《左传》叙桓公在齐遇害，而云：“彭生乘公，公薨于车。”〔5〕如干宝《晋纪》叙愍帝殁于平阳，而云：“晋人见者多哭。贼惧，帝崩。”〔6〕以此而拟《左氏》，所谓貌异而心同也〔7〕。

〔1〕《庄子·天运篇》：“西施病心而矉，其里之丑人见而美之，归亦捧心而矉。其里之富人见之，坚闭门而不出。贫人见之，挈妻子而去之走。彼知矉美，而不知矉之所以美。”矉，颦之借字。

〔2〕以下貌异心同之例凡七，皆效法《左传》者也。

〔3〕《汉书·苏武传》：“臣事君，犹子事父也。”故古者皆以君父、臣子连言。

〔4〕《春秋》僖五年《穀梁传》：“目晋侯斥杀。”《注》：“斥，指斥也。”

〔5〕原脱一公字，浦据《传》文增。《春秋》桓十八年：“夏四月丙子，公薨

于齐。”杜《注》:“不言戕,讳之也。”《传》:“公会齐侯于泺,遂及文姜如齐,齐侯通焉。公谪之,以告。夏四月丙子,享公,使公子彭生乘公,公薨于车。”杜《注》:“彭生多力,拉公干而杀之。”

〔6〕《晋书·愍帝纪》:“(建兴)四年八月。刘曜逼京师,内外断绝。十一月,帝出降。五年冬十月,刘聪出猎,令帝行车骑将军,戎服执戟为前导。百姓聚而观之,故老或欷歔流涕,聪闻而恶之。聪后因大会,使帝行酒洗爵;反而更衣,又使帝执盖,晋臣在座者多失声而泣。尚书郎辛宾抱帝恸哭,为聪所害。十二月戊戌,帝遇弑,崩于平阳。”按《史通》引书有已佚者,则取今存诸籍比证之,其或今之所无,则阙焉。下仿此。

〔7〕本节貌异心同之例一。

夫当时所记或未尽,则先举其始,后详其末,前后相会,隔越取同[1]。若《左氏》成七年,郑获楚钟仪以献晋;至九年,晋归钟仪于楚以求平。其类是也[2]。至裴子野《宋略》[3],叙索虏临江[4],太子劭使力士排徐湛[5]、江湛僵仆,于是始与劭有隙。其后三年,有徐、江[6]为元凶所杀事[7]。以此而拟《左氏》,亦所谓貌异而心同也[8]。

〔1〕案一事或分在数年,或互见数传,此编年、纪传二体之短,后来之纪事本末体,即所以济其穷也。

〔2〕《左传》成七年:“秋,楚子重伐郑,师于汜,诸侯救郑。郑共仲、侯羽军楚师,囚郧公钟仪献诸晋。晋人以钟仪归,囚诸军府。”《注》:“为九年晋侯见钟仪张本。”又九年:“晋侯观于军府,见钟仪,问之曰:‘南冠而絷者谁也?’有司对曰:‘郑人所献楚囚也。’使税之,召而吊之,再拜稽首。范文子曰:‘君盍归之,使合晋楚之成?’公从之,重为之礼,使归求成。”《注》:“为下十二月晋楚结成张本。”

〔3〕《隋志》:“《宋略》二十卷,梁通直郎裴子野撰。”今佚。《梁书·本传》:“子野,字几原。初,子野曾祖松之,宋元嘉中受诏续修何承天《宋史》,未及成而卒。子野尝欲继成先业,及齐永明末,沈约所撰

《宋书》既行，子野更删撰为《宋略》二十卷，其叙事评论多善。约见而叹曰：'吾弗逮也。'"许嵩《建康实录》尝引其文，犹可窥豹一斑。

〔4〕 《北史·叙传》："南北分隔，南书谓北为索虏，北书指南为岛夷。"案今《宋书》有《索虏传》，《魏书》有《岛夷传》。

〔5〕 徐湛，何义门及浦二田俱改江湛，非是。

〔6〕 徐江，万历本作徐湛，何、浦二家改江湛，亦非。

〔7〕 《宋书·江湛传》："江湛，字徽渊。（《南史》渊作深，避唐高祖讳改。）上大举北伐，举朝为不可，唯湛赞成之。索虏（《南史》作魏太武）至瓜步，遣使求昏，上召太子劭以下集议，众并谓宜许，湛曰：'戎狄无信，许之无益。'劭怒谓湛曰：'今三王在阨，讵宜苟执异议。'声色甚厉。坐散，俱出。劭使班剑及左右推之，殆将侧倒。上将废劭，使湛具诏草。劭之入弑也，湛直上省，闻叫噪之声，乃匿旁小屋中。劭遣收之。舍吏绐云：'不在此。'兵士即杀舍吏，乃得湛之。湛之（《南史》无上二之字。）据窗受害，意色不挠。"《通释》："本传及《徐湛之传》俱无同受排仆之文。虽《裴略》不得见，而历考时事，知是《史通》衍文也。"案《宋书·元凶劭传》载劭语曰："不斩江湛、徐湛之，无以谢天下。"又载劭弑文帝事略云："张超之等数十人拔刀径上合殿，上其夜与尚书仆射徐湛之语，至旦，烛犹未灭。超之手行弑逆，并杀湛之。劭进至合殿，太祖已崩，遣人于崇礼闱杀吏部尚书江湛。"盖二人同为劭所恶，又同时见害，其名复同，颇易混淆。（上引湛传两"湛之"字可证。）此文徐湛下或夺之字。浦氏云："历考时事，知是衍文。"然二人事既相类，时亦相同，《宋书》二传虽无同受排仆之文，然不得据谓《宋略》亦无此说，故不宜辄改易《史通》之文也。

〔8〕 本节貌异文同之例二。

凡列姓名，罕兼其字，苟前后互举，则观者自知。如《左传》上言羊斟，则下曰叔牂[1]；前称子产，则次见国侨[2]。其类是也。至裴子野《宋略》亦然。何者？上书桓玄，则下有敬道[3]；后叙殷铁，则先著景仁[4]。以此而拟《左氏》，又所谓貌异而心同也[5]。

〔1〕 一作子臧，何、浦二氏据《传》文校正。《左传》宣二年："郑公子归生受命于楚，伐宋，宋华元御之。将战，华元杀羊食士，其御羊斟不与。及战，曰：'畴昔之事，子为政，今日之事，我为政。'与入郑师，故败，华元逃归，见叔牂，（《注》："叔牂，羊斟也。"）曰：'子之马然也。'对曰：'非马也，其人也。'"

〔2〕 《左传》襄八年："郑子国、子耳侵蔡，获蔡司马公子燮。郑人皆喜，唯子产不顺。"此子产见《传》之始。又二十二年："晋人征朝于郑，郑使少正公孙侨对。"《注》："公孙侨，子产。"此侨见《传》之始。其在一篇之中而名字互见者，如昭六年，"楚公子弃疾如晋，过郑，郑罕虎、公孙侨、游吉，从郑伯以劳诸柤，见子皮如上卿，以马六匹；见子产以马四匹；见子大叔以马二匹"。《传》文中类此者尚多，惟但称"公孙侨"，或自名曰'侨'，无称"国侨"者。《困学纪闻》云："古者孙以王父字为氏。（成十五年《公羊传》文。）子产，子国之子，（襄八年及十年《左传》注。）《国语》谓公孙成子，《左传》谓公孙侨。（原注："子产之子始为国氏。"案名国参。）致堂作《子产传》曰国侨，非也。"《通释》据此："疑国字当作曰字，以配'下曰叔牂'之句。"案《左氏》昭四年："子产作丘赋。浑罕曰：'国氏其先亡乎？'"《后汉书・王充等传论》："国子流遗爱之体。"《文心雕龙・才略篇》："国侨以修辞捍郑。"皆以子产为国氏，此盖传家追言，后人沿用，子玄亦从众为称耳。（参《纪闻》翁《注》。）浦说非也。

〔3〕 桓玄，字敬道，温之孽子，《晋书》有传，惟此事于今无征。

〔4〕 《宋书・刘湛传》："湛与殷景仁素款，及俱被时遇，猜隙渐生。湛党刘敬文父成未悟其机，诣景仁求郡，敬文遽往谢湛曰：'老父悖耄，遂就殷铁干禄。'"《南史・范泰传》："泰卒，议赠开府，殷景仁曰：'泰素望未重，不可。'王弘抚棺哭曰：'君生平重殷铁，今以此为报。'"案殷景仁《宋书》、《南史》并有传，惟无殷铁之名。

〔5〕 本节貌异心同之例三。《通释》云："《左氏》叙一人，名封字谥，传中错出，读者苦之，必斟、牂、产、侨之为拟，窃谓非是。"《文史通义・繁称篇》亦云："尝读《左氏春秋》，而苦其书人名字不为成法也。夫幼

名，冠字，五十以伯仲，死谥，周道也。（案此见《礼记·檀弓》。）此则称于礼文之言，非史文述事之例也。《左氏》则随意杂举而无义例，且名、字、谥、行以外，更及官、爵、封邑焉。一篇之中，错出互见，苟非注释相传有授受，至今不识为何如人也。是以后世文史莫不钻仰《左氏》，而独于此不复相师也。"说与浦同。

《左氏》与《论语》有叙人酬对，苟非烦词积句，但是往复唯诺而已〔1〕，则连续而说，去其"对曰"、"问曰"等字〔2〕。如裴子野《宋略》云："李孝伯问张畅曰〔3〕：'卿何姓？'曰：'姓张。''张长史乎？'"〔4〕以此而拟《左氏》、《论语》，又所谓貌异而心同也〔5〕。

〔1〕《礼记·曲礼》："必慎唯诺。"《释文》："应辞也。"

〔2〕俞樾《古书疑义举例·两人之辞而省曰字例》："一人之辞自为问答，则用曰字；乃有两人问答因语气相承，诵之易晓，而曰字从省不书者，如《论语·阳货篇》：'子曰："由也，女闻六言六蔽矣乎？"对曰："未也。""居，吾语女。"''居'吾语女'，乃夫子之言，而即承'对曰未也'之下，无'子曰'字。'子曰："食夫稻，衣夫锦，于女安乎？"曰："安。""女安则为之。"''女安则为之'，乃夫子之言，而即承'曰安'之下，无'子曰'字。"案此例古书恒有。俞君所举，尚有《孟子》、《檀弓》，而不及《左传》。今补一事如次：宣十二年，"还无社与司马卯言，号申叔展。叔展曰：'有麦麹乎？'曰：'无。''有山麹穷乎？'曰：'无。''河鱼腹疾奈何？'曰：'目于眢井而拯之。''若为茅绖，哭井则已。'"

〔3〕曰字据何义门、卢抱经校补。

〔4〕《南史·张邵传》附《畅传》："畅于城上与魏尚书李孝伯语，孝伯问：'君何姓？'答曰：'姓张。'孝伯曰：'张长史。'畅曰：'君何得见识？'孝伯曰：'君声名远闻，足使我知。'因言说久之。"《宋书·畅传》则无问姓之语，均与裴《略》小异。

〔5〕本节貌异心同之例四。

善人君子，功业不书，见于应对，附彰其美。如《左传》称楚武王欲伐随[1]。熊率且比曰："季梁在，何益？"[2]至萧方等《三十国春秋》[3]，说朝廷闻慕容儁死，曰："中原可图矣。"桓温曰："慕容恪在，其忧方大。"[4]以此而拟《左氏》，又所谓貌异而心同也[5]。

〔1〕 旧作隋，浦据《传》校改。

〔2〕 《左传》桓六年："楚武王侵随，使薳章求成焉。随人使少师董成。斗伯比言于楚子曰：'少师侈，请羸师以张之。'熊率且比曰：'季梁在，何益？'斗伯比曰：'以为后图，少师得其君。'"

〔3〕 《隋志》："《三十国春秋》三十一卷，梁湘东世子萧万等撰。"姚振宗《隋书经籍志考证》云："万当为方，因俗书萬为万而误。"今佚。《梁书·本传》："方等，字实相，世祖长子也。少聪敏，有俊才，注范晔《后汉书》未就，所撰《三十国春秋》及《静住子》行于世。"方等，诸书或无等字，误。释氏有《方等经》，名盖取诸此。

〔4〕 《晋书·慕容暐载记》："慕容恪，字玄恭，幼而谨厚，深沉有大度。初，建邺闻(慕容)儁死，曰：'中原可图矣。'桓温曰：'慕容恪尚存，所忧方为大耳。'"

〔5〕 本节貌异心同之例五。

夫将叙其事，必预张其本，弥缝混说[1]，无取睠言[2]。如《左传》称叔辄闻日食而哭。昭子曰："子叔其将死乎！"秋八月，叔辄卒[3]。至王劭《齐志》[4]，称张伯德梦山上挂丝，占者曰："其为幽州乎？"秋七月，拜为幽州刺史[5]。以此而拟《左氏》，又所谓貌异而心同也[6]。

〔1〕 《春秋》僖二十六年《左传》："弥缝其阙。"《老子》："故混而为一。"《注》："混，合也。"

〔2〕 《诗·大东》："睠言顾之。"《传》："睠，反顾也。"睠，今通作眷。

〔3〕 《左传》昭二十一年："秋七月，壬午，朔，日有食之。公问于梓慎曰：'是何物也？祸福何为？'对曰：'二至、二分，日有食之，不为灾。日月之行

也，分，同道也；至，相过也。其他月则为灾，阳不克也，故常为水。’于是叔辄哭日食，昭子曰：‘子叔将死，非所哭也。’八月，叔辄卒。”

〔4〕《隋志》：“《齐志》十卷，王劭撰。”今佚。《隋书》本传：“劭，字君懋。高祖受禅，授著作佐郎，母忧去职，在家著《齐书》。时制禁私撰史，为内史侍郎李元操所奏。上怒，遣使收其书，览而悦之，于是拜著作郎。初，撰《齐志》为编年体二十卷，复为《齐书》纪传一百卷及《平贼记》三卷，或文词鄙野，或不轨不物，骇人视听，大为有识所嗤鄙。”案君懋之书，见菲时流，子玄为之不平，略见后《叙事篇》。

〔5〕《北齐书·张亮传》：“亮，字伯德，武定初，拜太中大夫。薛琡曾梦亮于山上持丝，以告亮，且占之曰：‘山上丝，幽字也，君其为幽州乎？’数月，亮出为幽州刺史。”与《劭志》亮自梦小异，所谓传闻异辞也。

〔6〕本节貌异心同之例六。

盖文虽缺略，理甚昭著，此丘明之体也。至如叙晋败于邲，先济者赏，而云：“中[1]军下军争舟，舟中之指可掬。”[2]夫不言攀舟乱[3]，以刃断指，而但曰舟指可掬，则读者自睹其事矣。至王劭《齐志》，述高季式破敌于韩陵，追奔逐北[4]，而云：“夜半方归，槊血满袖。”[5]夫不言奋槊深入，击刺甚多，而但称槊血满袖，则闻者亦知其义矣。以此而拟《左氏》，又所谓貌异而心同也[6]。

〔1〕中，原作上，据《传》文校改。

〔2〕《左传》宣十二年叙晋楚邲之战，晋人之败状，略云：“楚人出陈，遂疾进师，车驰卒奔，乘晋车。桓子不知所为，鼓于军中曰：‘先济者有赏。’中军下军争舟，舟中之指可掬也。”

〔3〕乱上，浦云：“恐脱扰字。”

〔4〕《荀子·议兵篇》：“遇敌处战则必北。”《注》：“北，败走也。北者，乖背之名，故以败走为北也。”

〔5〕《北齐书·神武纪》记帝破尔朱兆事云：“乃于韩陵为圆阵，连牛驴以塞归道，于是将士皆有死志。合战，大破之，高季式以七骑追奔，度

野马冈，与兆遇。高昂望之，不见，哭曰：‘丧吾弟矣。’夜久，季式还，血满袖。”省槊字。《说文》：“槊，矛也。”《一切经音义》引《埤苍》：“矛长一丈八尺曰槊。”

〔6〕 本节貌异心同之例七。案此即所谓用晦之术也，详后《叙事篇》。

大抵作者自魏以前，多效三史；从晋已降，喜学五经。夫史才文浅而易模，经文意深而难拟，既难易有别，故得失亦殊。盖貌异而心同者，模拟之上也；貌同而心异者，模拟之下也〔1〕。然人皆好貌同而心异，不尚貌异而心同者，何哉？盖鉴识不明，嗜爱多僻，悦夫似史，而憎夫真史。此子张所以致讥于鲁侯，有叶公好龙之喻也〔2〕。袁山松云〔3〕：“书之为难也有五〔4〕：烦而不整，一难也；俗而不典，二难也；书不实录，三难也；赏罚不中，四难也；文不胜质，五难也。”夫拟古而不类，此乃难之极者，何为独阙其目乎？呜呼！自子长以还，似皆未睹斯义。后来明达，其鉴之哉〔5〕！

〔1〕 韩愈《答刘正夫书》：“或问，为文宜何师？必谨对曰：宜师古圣贤人。曰：古圣贤人所为书具存，辞皆不同，宜何师？必谨对曰：师其意，不师其辞。”可与此参证。

〔2〕 《文选·天监三年策秀才文注》引《庄子》佚文：“子张见鲁哀公，哀公不礼。去曰：‘君之好士，有似叶公子高之好龙也。叶公好龙，室屋雕文，尽以写龙。于是天龙闻而下之，窥头于牖，施尾于堂。叶公退走，失其魂魄，五色（别引或作五情，或作五神）无主。是叶公非好真龙也，好夫似龙而非龙也。今君之好士也，好夫似士而非士者也。’”

〔3〕 《晋书·袁瑰传》附《山松传》：“山松少有才名，博学有文章，著《后汉书》百篇。”《隋志》：“《后汉书》九十五卷，本一百卷，晋秘书监袁山松撰。”今佚，有姚之骃辑本。山松，或误合并为崧字，非也。

〔4〕 书谓史籍。孔颖达《尚书正义序》：“夫书者，人君辞诰之典，右史记言之策。”后世之史，自班氏以次，多以书名，盖取法《尚书》也。

〔5〕 以上总论学古当取心遗貌，而恨昔人于此未详。

谨案:《唐书》本传:“刘子玄,名知幾,以玄宗讳嫌,(按谓玄宗名隆基,基幾音近也。)故以字行。年十二,父藏器为授古文《尚书》,业不进。父怒,楚督之。及闻为诸兄讲《春秋左氏》,冒往听,退辄辨析所疑,叹曰:‘书如是,儿何怠。’父奇其意,许授《左氏》。逾年遂通览群史,擢进士,累迁凤阁舍人,兼修国史。中宗时,擢太子率更令。会天子西迁,子玄自乞留东都三年。或言子玄身史臣而私著述,驿召至京,领史事,迁秘书监。时宰相韦巨源、纪处讷、杨再思、宗楚客、萧至忠,皆领监修。子玄病长官多,意尚不一,而至忠数责论次无功,又仕偃蹇,乃奏记求罢去。因为至忠言五不可。(案见《史通·忤时篇》。)至忠得书怅惜,不许。楚客等恶其言诋切,谓诸史官曰:‘是子作书,欲置吾何地。’始子玄修《武后实录》,有所改正,而武三思等不听。自以为见用于时,而志不遂,乃著《史通》四十九篇,讥评今古。徐坚读之,叹曰:‘为史氏者,宜置此座右也。’”以唐高宗龙朔元年(661)生,玄宗开元九年(721)卒。

《四库提要》云:“此书成于景龙四年,凡内篇十卷,三十九篇,外篇十卷,十三篇。其内篇《体统》、《纰缪》、《弛张》三篇,有录无书。考本传已称‘著《史通》四十九篇’。则三篇之亡,在修《唐书》以前矣。内篇皆论史家体例,辨别是非,外篇则述史籍源流,及杂评古人得失。子玄于史学最深,又领史职凡三十年,更历书局亦最久,其贯穿今古,洞悉利病,实非后人之所及。”案是书自明李维桢、郭孔延以次,为之评注者数家,惟浦起龙二田《史通通释》后出转精,盛行于世,然其疏解颇蹈时文家习气,是一巨累,而所笺注间亦舛误,故近世为之补正者,自象山陈伯弢先生以次,又数家,今并缀其要以著于篇。

文之将史,源合流分,而史必待文,乃效其绩。故子玄此书虽言史法,而榷论文术,时有善言。本书择尤录其二篇,亦所以令学者通文史之邮,破拘虚之见也。即如文事模拟,作者或讳言,子玄独能于数百载之上,分别形神,判剖同异,斯岂非卓绝之识者哉!窃谓欲明模拟与创造之关系,必就三事言之,一者学习之程度,二者事理之异同,三者模拟与创造之界说。

所谓学习之程度者,凡人为文,时有后先,术有深浅,机有利钝,心有智愚。其在初学，始入文囿，回翔歧路，靡所适从，势非取法前修，无以正其涂辙。故炼字安章之道，命意取材之方，莫不绳武往制，以期肤功克奏，是即所谓模拟也。及学习既久，成效渐生，不特篇章字句，可以操纵自如；即情思体势，亦堪积储自立，而一己之精神面目出焉，是即所谓创造也。故初学而不事模拟，则不得其门而入。《玉海》引朱晦庵云："古人作文，多模仿前人，学之既久，自然纯熟。"王壬秋《王志》云："夫神寄于貌，遗貌何由得神。优孟去其衣冠，直一优孟耳。不学古何能入古乎？古之名篇乃自相袭，由近而远，正有阶梯，譬之临书，当须池水尽墨。至其浑化，在自运耳。"即其义也。至若学之既久，而犹不名一家，则又无以自立。宋子京《笔记》云："文章必自吾家，然后可传不朽。若体规画圆，准矩作方，终为人之臣仆。"顾亭林《日知录》云："近代文章之病，全在模仿。（案此指明王、李之徒，主文必秦、汉，诗必盛唐者。）即使逼肖古人，已非极诣，况遗其神理而得其皮毛乎！效《楚辞》者必不如《楚辞》，效《七发》者必不如《七发》，盖其意中先有一人在前，既恐失之，而其笔力复不能自遂，此寿陵余子学步邯郸之说也。"即其义也。准斯而谈，则非模拟不能得为文之术，非创造不能成一家之言。模拟者，初学之始基；创造者，成学之盛业，姚姬传《刘海峰先生八十寿序》云："为文章者，有所法而后能，有所变而后大。"曾涤生《鸣原堂论文》云："以脱胎之法教初学，以不蹈袭教成人。"可谓通方之谈矣。然而文之功候，系于才性学力，得失迟速，难可一齐，何时尚是初学，何时已自名家，则虽在作者，亦难臆断。如士衡有谢华启秀、怵人我先之论，退之有辞必己出、陈言务去之说，而二公拟古诸作，有持较前文，悉同矩矱者，（如陆氏《辨亡论》之学《过秦论》，《拟古诗》之学《十九首》，韩氏《进学解》之学《答客难》，《送穷文》之学《逐贫赋》，其例孔多。）岂其皆少作欤？抑古人言行之不符耶？此学者所当深思也。

所谓事理之异同者，古今文化，代有递嬗；后先事物，叠为损益。其间或古具而今同，或古无而今有；或古之所异，而今则为常；或古别有义，而今失其旨。凡此之类，其变甚繁，故为文之时，道亦不一。黄先生《文心雕龙·通变篇札记》云："古人之文，有能变者，有不能变者；有须因袭者，有不可因袭者，在人斟酌用之。大抵初学作文，于摹拟昔文，有二事当知：第一，当取古今相同之情事而试序之；第二，当知古今情事有相殊者，须斟酌而为之。必于古今同异之理，名实分合之源，旁及训故文律，悉能谙练，然后拟古无优孟之讥，自作无刻楮之诮。此制文之要术也。”其昧然泥古者，刘子玄、顾亭林、章实斋皆尝讥之。详在下二篇。其犷然谋新者，则如《丹铅总录》所言：“刘勰云：‘灼灼状桃花之鲜，依依尽杨柳之貌，虽复思经千载，将何易夺？’（案此《文心雕龙·物色篇》语。）信哉其言。试以灼灼舍桃而移之他花，依依去柳而著之别树，则不通矣。近日诗流，试举其一二，不曰莺啼，而曰莺呼；不曰猿啸，而曰猿泪；蛇未尝吟，而曰蛇吟；蛩未尝嘶，而曰蛩嘶；厌桃叶蓁蓁，而改曰桃叶抑抑，桃叶可云抑抑乎？厌鸿雁嗷嗷，而强云鸿雁嘈嘈，鸿雁可云嘈嘈乎？”此谓语文之客观规律，文辞之传统形象不可妄改也。又裴度《与李习之书》云：“昔人有见小人之违道者，耻与之同形貌、共衣服，遂思倒置眉目，反易冠带以异之；不知其倒之反之非也，虽失于小人，亦异于君子矣。”晋公此书，乃为唐世争骈散者而发，而其说圆融，固亦足以针砭世之因噎废食者，幸无忽焉。

所谓模拟与创造之界说者，今欲平兹争议，则当先执主其说者而讯之，究竟何谓模拟，何谓创造？所谓模拟，果步趋古昔，一成不变乎？所谓创造，果毫无因袭，皆由中出乎？若然，则模拟之至，盖字句意义、格律神气，一切同乎前人，读者固无需此类作品，即作者亦不贵乎有之也；创造之至，盖格律神色，一切异乎他人，读者固无从了解，抑且一人之作，当篇篇有殊，时时有异也。凡此揆以恒理，知其不然。是则常人所指，但以今作与古作，或己作与他作相较，而第其心貌之离合，合多离少，则曰模拟；合少离多，则曰创造，故非绝对之论也。仪征刘君《文史通义·言公篇书后》云：“章学诚《文史通义·言公篇》谓：古人之言所以为公，未尝矜于文词，私为己有，立说至精。夫《论语》立言，恒本古语；大戴集礼，半出贾、荀，前人论之已详。又古器铭文，语多相似，起止之词，述而不作，则又同体之文，沿袭承用，略加窜点，便成新裁。即诗歌之体，亦复旨别语同。观《柏舟》互见于《邶》、《鄘》，《扬水》叠赓于《周》、《郑》。盖发端之词，递沿成语，故不期其符而自符。厥后孟德作歌，或采《郑风》之语，或断《小雅》之章，盖言以明志，义各有当，不必词尽己出也。”盖文化有持续，思想有连类，任何文学作品，不能不受前人之影响，自亦不免与后人以影响。云模拟者，每就承受之迹，显而易见言。云创造者，每就因袭之况，隐而难知言。此又以界说不明，遂使争议繁兴之一因也。

夫为文之道，不外心貌二端，子玄论模拟，据此为说，是矣。然细析之，则形貌复可分为二事：一者字句，二者篇章。心神复可分为三事：一者情志，二者神思，三者风格。文家学古，率兼数途，而终皆陶冶鼓铸，自成面目。其运用之妙，存乎一心，又有难以质言者。前引士衡怵人我先之语，退之辞必己出之言，世人以为难，然设学者由此悟入，则思过半矣。

叙　事

（修辞示例）

刘知幾

夫史之称美者，以叙事为先[1]。至若书功过，记善恶，文而不丽[2]，质而非野[3]，使人味其滋旨[4]，怀其德音[5]，三复忘疲[6]，百遍无斁[7]，自非作者曰圣[8]，其孰能与于此乎[9]？

〔1〕《说文》："史，记事者也。从又持中。中，正也。"吴大澂《说文古籀补》："史，记事者也，象执简形。古文中作，无作中者。推其意，盖以中当作，即之省形。册为简策本字。持中，即持册之象也。"王国维《释史》考证尤详。

〔2〕《法言·君子篇》："文丽用寡，长卿也。"

〔3〕《论语·雍也篇》："质胜文则野。"

〔4〕《史记·殷本纪》："（伊尹）以滋味说汤，致于王道。"《礼记·学记》："虽有佳肴，弗食不知其旨也。"《注》："旨，美也。"

〔5〕《诗·大雅·皇矣》："帝度其心，貊其德音。"

〔6〕《论语·先进篇》："南容三复白圭。"《集解》引孔云："南容读《诗》至此，三反复之。"

〔7〕《诗·葛覃》："为绨为绤，服之无斁。"毛《传》："斁，厌也。"

〔8〕《礼记·乐记》："故知礼、乐之情者能作，识礼、乐之文者能述。作者之谓圣，述者之谓明。明、圣者，述、作之谓也。"《文心雕龙·征圣篇》："夫作者曰圣，述者曰明。"

〔9〕本节论叙事匪易。

昔圣人之述作也，上自《尧典》[1]，下终获麟[2]，是为"属词比事"之言，"疏通知远"之旨[3]。子夏曰："《书》之论事也，昭昭然若日月之代明。"[4]扬雄有云："说事者莫辩乎《书》，说理者莫辩乎《春秋》。"[5]然则意复深奥[6]，诰训成义[7]；微显阐幽，婉而成章[8]；虽殊途异辙，亦各有美焉[9]。谅以师范亿载[10]，规模万古，为述者之冠冕，实后来之龟镜[11]。既而马迁《史记》、班固《汉书》，继圣而作，抑其次也。故世之学者，皆先曰五经，次云三史。经史之目，于此分焉[12]。

〔1〕《汉志·尚书家序》："《书》之所起远矣，至孔子纂焉，上断于尧，下讫于秦。"伪孔安国《尚书序》："古者伏羲氏之王天下也，始画八卦，造书契，以代结绳之政，由是文籍生焉。"《春秋左氏传》曰："楚左史倚相能读《三坟》、《五典》、《八索》、《九丘》，即谓上世帝王遗书也。先君孔子生于周末，睹史籍之烦文，惧览者之不一，遂乃定礼、乐，明旧章，删诗为三百篇，约史记而修《春秋》，赞《易》道以黜《八索》，述职方以除《九丘》，讨论《坟》、《典》，断自唐、虞以下，讫于周，芟夷烦乱，翦截浮辞，举其宏纲，撮其机要，足以垂世立教，典、谟、训、诰、誓、命之文凡百篇。"今《尚书》首《虞书·尧典》。《疏》云："《尧典》虽曰唐事，本以虞史所录，末言舜登庸由尧，故追尧作《典》，非唐史所录，故谓之《虞书》也。"

〔2〕《春秋》哀十四年："春，西狩获麟。"《公羊传》："麟者，仁兽也，有王者则至，无王者则不至。有以告者曰：'有麕而角者。'孔子曰：'孰为来哉！孰为来哉！'反袂拭面，涕沾袍。颜渊死，子曰：'噫！天丧予。'子路死，子曰：'噫！天祝予。'西狩获麟，孔子曰：'吾道穷矣。'《春秋》何以始乎隐？祖之所逮闻也。何以终乎哀十四年？曰：备矣。"案《春秋经》，《公》、《穀》止哀十四年，《左氏》止哀十六年；《传》则《公》、《穀》亦止哀十四年，《左氏》止哀二十七年。《左氏》十四年《经》"西狩获麟"。杜《注》云："麟者，仁兽，圣王之嘉瑞也。时无明王，出则遇获。仲尼伤周道之不兴，感嘉瑞之无应，故因鲁《春秋》而

修中兴之教，绝笔于获麟之一句，所感而作，固所以为终也。”又十六年《经》：“孔丘卒。”《注》云：“孔子作为《春秋》，终于获麟之一句。《公羊、穀梁经》是也。弟子欲记圣师之卒，故采鲁史记以续夫子之《经》，而终于此，丘明因随而作《传》，终于哀公。从此已下，无复《经》矣。”

〔3〕《礼记·经解》：“疏通知远，《书》教也，属辞比事，《春秋》教也。”《疏》：“疏通知远《书》教也者，《书》录帝王言诰，举其大纲，事非繁密，是疏通；上知帝皇之世，是知远也。属辞比事《春秋》教也者，属，合也；比，近也。《春秋》聚合会同之辞，是属辞；比次褒贬之事，是比事也。”

〔4〕《尚书·大传》：“子夏读《书》毕，见夫子，夫子问焉，曰：‘子何为于《书》?’对曰：‘《书》之论事也，昭昭若日月之明，离离若参辰之错行。上有尧舜之道，下有三王之义。商所受于夫子者，志之，弗敢忘也。’”

〔5〕《法言·寡见篇》：“或问：‘五经有辩乎?’曰：‘惟五经为辩。说天者莫辩乎《易》，说事者莫辩乎《书》，说体者莫辩乎《礼》，说志者莫辩乎《诗》，说理者莫辩乎《春秋》。舍斯，辩亦小矣。’”

〔6〕则犹而也。见《文学总略篇》注。

〔7〕此二句赞《尚书》。《孔丛子·居卫篇》载子思曰：“《书》之意兼复深奥，训诰成义，古人所以为典雅也。”此用其语。案《文心雕龙·宗经篇》：“《书》实记言，而训诂茫昧，通乎《尔雅》，则文意晓然，故子夏叹《书》，昭昭若日月之明，离离若星辰之行，言昭灼也。”此节亦参用《宗经》辞意，以下随文疏之。

〔8〕此二句赞《春秋》。《春秋》成十四年《左传》：“《春秋》之称，微而显，志而晦，婉而成章。”杜预《春秋序》：“其微显阐幽，裁成义类者，皆据旧例而发义指，行事以正褒贬。”又云：“为例之情有五：一曰微而显，二曰志而晦，三曰婉而成章，四曰尽而不汙，五曰惩恶而劝善。”《宗经篇》亦云：“《春秋》辨理，一字见义，其婉章志晦，谅以邃矣。”

〔9〕《宗经篇》：“《尚书》则览文如诡，而寻理即畅；《春秋》则观辞立晓，而

访义方隐。此圣人之殊致，表里之异体者也。”

〔10〕《法言·学行篇》：“务学不如务求师，师者，人之模范。”此师范连文之义。《后汉书·杨赐传》：“师范之功，昭于内外。”

〔11〕《北史·长孙绍远传》：“扬搉而言，足为龟镜。”

〔12〕本节论叙事之作经史分途。

尝试言之，曰：经犹日也，史犹星也。夫杲日流景[1]，则列星寝耀[2]；桑榆既夕[3]，而辰象粲然[4]。故《史记》之文，当乎《尚书》、《春秋》之世也，则其言浅俗，涉乎委巷[5]，垂翅不举[6]，𢡟籥无闻[7]。逮于战国已降，去圣弥远，然后能露其锋颖[8]，倜傥不羁[9]。故知人才有殊，相去若是，较其优劣，讵可同年[10]？自汉已降，几将千载。作者相继，非复一家。求其善者，盖亦无几矣。夫班、马执简[11]，既五经之罪人[12]；而晋、宋杀青[13]，又三史之不若，譬夫王、霸有别，粹、驳相悬[14]，才难，不其甚乎[15]？

〔1〕《说文》：“杲，明也，从日在木上。”《诗·卫风·伯兮》：“杲杲出日。”

〔2〕《广雅·释诂》：“寝，藏也。”《法言·学行篇》：“视日月而知众星之蔑也。”此与同意。

〔3〕《淮南子·天文篇》：“日西垂，景在树端，谓之桑榆。”《注》：“言其光在桑榆树上也。”

〔4〕古以日、月、星为三辰，辰又或专指北极。此则通言星宿也。

〔5〕《礼记·檀弓》：“是委巷之礼也。”《注》：“委，曲也。曲巷，犹言陋巷。”

〔6〕《后汉书·冯异传》：“始虽垂翅回谿，终能奋翼黾池。”《注》：“以鸟为喻。”

〔7〕《礼记·乐记》：“则无怗𢡟之音矣。”郑《注》：“怗𢡟，敝败不和貌。”《诗·邶风·简兮传》：“籥，六孔。”《后汉书·郎𫖮传注》、《边让传注》同。《尔雅·释乐释文》：“籥，三孔也。”《周礼·笙师注》、《礼记·少仪注》等同。是籥有六孔、三孔之别，要之是管乐也。

〔8〕《史记·平原君列传》:“平原君曰:‘夫贤士之处世也,譬若锥之处囊中,其末立见。’毛遂曰:‘臣乃今日请处囊中耳,使遂蚤得处囊中,乃颖脱而出,非特其末见而已。’”

〔9〕《说文》:“倜傥,不羁也。”

〔10〕《说文》:“讵,犹岂也。”贾谊《过秦论》:“试使山东之国,与陈涉度长,絜大,比权,量力,则不可同年而语矣。”

〔11〕《春秋》襄二十五年《左传》:“大史书曰:‘崔杼弑其君。’崔子杀之。其弟嗣书而死者二人。其弟又书,乃舍之。南史氏闻大史尽死,执简以往,闻既书矣,乃还。”此云执简,犹作史也。

〔12〕《孟子·告子篇》:“孟子曰:‘五霸者,三王之罪人也,今之诸侯,五霸之罪人也。’”

〔13〕《后汉书·吴祐传》:“父恢欲杀青简以写经书。”《注》:“杀青者,以火炙简令汗,取其青易书,不复蠹,谓之杀青,亦谓汗简。义见刘向《别录》也。”案今传《别录》诸篇多有“以杀青可缮写”之文。《御览》文部引《风俗通》云:“刘向《别录》曰‘杀青’者,直治竹作简书之耳。新竹有汗,善朽蠹,凡作简者,皆于火上炙干之。陈楚间谓之汗,汗者,去其汁也。吴越曰杀,杀亦治也。向为孝成皇帝校书籍二十余年,皆先书竹,为易刊定,可缮写者,以上素也。由是言之,杀青者竹,斯为明矣。今东观书,竹、素也。”

〔14〕《荀子·王霸篇》:“故曰,粹而王,驳而霸。”

〔15〕《论语·泰伯篇》:“孔子曰:‘才难,不其然乎?’”此用其语。本节明经史之递降。然子玄以尊经而崇古,谓《史记》、《汉书》不若《尚书》、《春秋》,殆未识随时之义,不可从也。

然则人之著述,虽同自一手,其间则有善恶不均,精粗非类[1]。若《史记》之《苏》、《张》[2]、《蔡泽》等传,是其美者;至于《三、五本纪》、《日者》、《太仓公》、《龟策传》,固无所取焉[3]。又《汉书》之帝纪、《陈》、《项》[4]诸篇,是其最也;至于《淮南王》、《司马相如》、《东方朔传》,又安足道哉[5]?盖绘事以丹素成妍[6],帝京以山水为助[7]。

故言媸者，其史亦拙；事美者，其书亦工。必时乏异闻，世无奇事，英雄不作，贤俊不生，区区碌碌[8]，抑惟恒理。而责史臣显其良直之体[9]，申其微婉之才，盖亦难矣[10]。

〔1〕 陆厥《与沈约书》云："《长门》、《上林》殆非一家之赋，《洛神》、《池雁》，便成二体之作。孟坚精整，《咏史》无亏于东主；平子恢富，《羽猎》不累于凭虚；王粲《初征》，他文未能称是；杨修敏捷，《暑赋》弥日不献。率意寡尤，则事促乎一日，翳翳愈伏，而理赊于七步。一人之思，迟速天悬；一家之文，工拙壤隔。"子玄于此更申其理，而谓史文工拙，系于史事之美恶，其说尤进。盖与今之为文者重视主题、题材之理相近。

〔2〕 之字据浦校增。苏，指苏秦。张，指张仪。

〔3〕 《史记·自序》："太史公曰：'余述历黄帝以来，至大初而讫，百三十篇。'"《集解》："骃案：《汉书音义》曰：'十篇缺，有录无书。'(案《汉志》同。)张晏曰：'迁没之后，亡《景纪》、《武纪》、《礼书》、《乐书》、《兵书》、《汉兴以来将相年表》、《日者列传》、《三王世家》、《龟策列传》、《傅、靳、蒯列传》。(案《史通·古今正史篇》："十篇未成，有录而已。张晏《汉书注》云：十篇迁殁后亡失，此说非也。")元、成之间，褚先生补缺，作《武帝纪》、《三王世家》、《龟策》、《日者列传》，言辞鄙陋，非迁本意也。'"《索隐》："案《景纪》取班《书》补之，《武纪》专取《封禅书》，《礼书》取荀卿《礼论》，《乐书》取《礼·乐记》，《兵书》亡，不补，略述律而言兵，遂分历述以次之。《三王系家》(案系本作世，避唐太宗讳改。)空取其策文以续此篇，何率略且重，非当也。《日者》不能记诸国之同异，而论司马季主。《龟策》直太卜所得占龟兆杂说，而无笔削功，何芜鄙也?"又司马贞《补史记·三皇本纪》自注云："太史公作《史记》，宜应上自开辟，下迄当代，以为一家之首尾。今阙三皇，而以《五帝本纪》为首，然君臣之始，教化之先，既论古史，不合全阙。今作《三皇本纪》，虽复浅近，聊补阙云。"据此，《三皇本纪》、《日者》、《龟策》二传，皆出补撰，而子玄一以系之《史记》而不别白者，亦

自有说。《史通·鉴识篇》云："张晏云：迁殁后亡《龟策》、《日者》传，褚先生补其所缺，言辞鄙陋，非迁本意。案迁所撰《五帝本纪》、《七十列传》，（案《史记》称《仲尼弟子列传》。）称虞舜见阨，遂匿空而出；宣尼既殂，门人推奉有若。其言之鄙，又甚于兹。安得独罪褚生，而全宗马氏也！"是其杂举，惟以明《太史公书》之瑕瑜不掩，非不知诸篇之出补作也。

〔4〕 陈，指陈胜。项，指项羽。

〔5〕 《通释》云："其中多靡文故。"案其说略见《诗教下篇》注引《史通·载文篇》。傅玄《书事篇》云："观孟坚《汉书》，实命世奇作，及与陈宗、尹敏、杜抚、马严撰《中兴纪传》，其文曾不足观，岂拘于时乎？何不类之甚也。"此说亦与子玄之论相发。

〔6〕 盖，原作岂，从顾千里校改。《论语·八佾篇》："绘事后素。"《集解》引郑曰："绘，画文也，凡绘画先布众色，然后以素分布其间，以成其文。"

〔7〕 裴松之《上三国志注表》："绘事以众色成文，蜜蜂以兼采为味。"此仿其语。

〔8〕 《汉书·楚元王传》："岂谓区区之礼哉？"师古曰："区区，谓小也。"《史记·酷吏传》："九卿碌碌奉其官。"本字当作逯逯。《说文》："随从也。"

〔9〕 《春秋》昭十二年《左传》："左史倚相趋过。王曰：'是良史也。'"《论语·卫灵公篇》："子曰：'直哉史鱼！'"又《史通·载文篇》亦云："方驾南、董，俱称良直。"盖后来称美古之史官，必以良直为目，亦不限倚相、史鱼也。

〔10〕 本节论叙事之文，其美恶与所叙相关。

故扬子有云："《虞、夏之书》浑浑尔〔1〕；《商书》灏灏尔〔2〕；《周书》噩噩尔〔3〕；下周者，其书憔悴乎！"〔4〕观丘明之记事也，当桓、文作霸〔5〕，晋、楚更盟〔6〕，则能饰彼词句，成其文雅；及王室大坏，事益纵横，则春秋美辞几乎翳矣〔7〕。观子长之叙事也，自周以往，言所不该，其文阔略[8]，无复体统；自秦、汉以下，条贯有伦，则焕炳可观[9]，有足称者[10]。至若荀悦《汉纪》[11]，其才尽于十帝[12]；陈寿《魏书》[13]，其美穷于三祖[14]。触类而长[15]，他皆若斯[16]。

〔1〕 李轨《注》："深大。"

〔2〕 李《注》："夷旷。"

〔3〕 李《注》："不阿借也。"

〔4〕 今《法言》作"其书谯乎？"李《注》："下周者秦，言酷烈也。"《音义》云："旧本皆作谯，《诗传》云：'谯，杀也。'故《注》云'酷烈'。"案谯杀、憔悴，音近义通。数语见《法言・问神篇》。

〔5〕 《白虎通・号篇》："霸者，伯也，行方伯之职，会诸侯，朝天子，不失人臣之义，故圣人与之。"又云："霸犹迫也，把也，迫胁诸侯，把持其政。"《论语・宪问篇》："管仲相（齐）桓公，霸诸侯，一匡天下。"《国语・周语》："襄王十六年，立晋文公，二十一年，以诸侯朝于衡雍，且献楚捷，遂为践土之盟，于是乎始霸也。"自来古籍论桓、文霸业者甚多，不可悉举。

〔6〕 《春秋》襄二十七年："秋七月，辛巳，豹及诸侯之大夫盟于宋。"《传》："晋、楚争先，（杜《注》："争先歃血。"）晋人曰：'晋固为诸侯盟主，未有先晋者也。'楚人曰：'子言晋、楚匹也，若晋常先，是楚弱也；且晋、楚狎主诸侯之盟也久矣，（《注》："狎，更也。"）岂专在晋？'叔向谓赵孟曰：'诸侯归晋之德只，非归其尸盟也。子务德，无争先。'乃先楚人。"

〔7〕 此谓《左传》。

〔8〕 《后汉书・钟离意传》："今宜先清府内，且阔略远具细微之愆。"《广雅・释诂》："阔，疏也。"阔略犹言疏略矣。

〔9〕 《论语・泰伯篇》："焕乎其有文章。"《集解》："焕，明也。"《说文》："炳，明也。"

〔10〕 此谓《史记》。

〔11〕 《隋志》："《汉纪》三十卷，荀悦撰。"今存。《后汉书・荀淑传》："子悦，字仲豫，累迁秘书监侍中。（献）帝好典籍，常以班固《汉书》文

繁难省，乃令悦依《左氏传》体以为《汉纪》三十篇，诏尚书给笔札，辞约事详，论辩多美。”

〔12〕 西汉凡十二世。子玄之意盖谓平帝以还，政归新莽，王室如毁，王室坏则美辞翳，故云才尽十帝。

〔13〕 即今《三国志·魏志》也。常璩《华阳国志·后贤志》：“吴平后，(陈)寿乃鸠合国史，著魏、蜀、吴三《书》，六十五篇，号曰《三国志》。”周中孚《郑堂札记》：“《三国志》，大名也。《魏书》、《蜀书》、《吴书》，小名也。《蜀书·杨戏传》云：‘戏以延熙四年著《季汉辅臣赞》，其所颂述，今多载于《蜀书》。’又《董允传注》论陈氏立《夏侯玄传》，亦曰《魏书》总名此卷云《诸夏侯、曹传》。此其证也。但自来引者，俱曰《魏志》、《蜀志》、《吴志》，岂因大名而改称欤?”案《唐书·经籍志》以《魏志》入正史，《蜀志》、《吴志》入伪史，是三者本可别行也。

〔14〕 三祖，武帝操，文帝丕，明帝叡也。《诗品》：“曹公古直，甚有悲凉之句。叡不如丕，亦称三祖。”《文心雕龙·乐府篇》：“魏之三祖，气爽才丽。”齐王芳以次，政归司马氏，故史家亦无以起其文。

〔15〕 《易·系辞》：“引而伸之，触类而长之，天下之能事毕矣。”

〔16〕 本节举证以申前说。

夫识宝者稀〔1〕，知音盖寡〔2〕。近有裴子野《宋略》、王劭《齐志》。此二家者，并长于叙事，无愧古人；而世人议者，皆雷同誉裴〔3〕，而共诋王氏。夫江左事雅，裴笔所以专工；中原迹秽，王文由其屡鄙〔4〕。且几原务饰虚辞〔5〕，君懋志存实录〔6〕。此美恶所以为异也。设使丘明重出，子长再生，记言于贺六浑之朝〔7〕，书事于侯尼于之代〔8〕，将恐辍毫栖牍，无所施其德音。而作者安可以今方古，一概而论得失〔9〕?

〔1〕 《尹文子·大道篇》：“魏之田父得玉径尺，不知其玉也，以告邻人，邻人绐之曰：‘怪石也。’归而置之庑下，明照一室，怪而弃之于野。”《太

平御览》引《阙子》："宋之愚人得燕石于梧台之东，归而藏之，以为大宝。周客闻而观焉，掩口而笑曰：'此特燕石也，与瓦甓不殊。'"《文心雕龙·知音篇》："魏氏以夜光为怪石，宋客以燕砾为宝珠。形器易征，谬乃若是；文情难鉴，谁曰易分？"

〔2〕《吕氏春秋·本味篇》："伯牙鼓琴，钟子期听之。方鼓琴而志在太山，钟子期曰：'善哉乎鼓琴，巍巍乎若太山。'少选之间，而志在流水，钟子期又曰：'善哉乎鼓琴，汤汤乎若流水。'钟子期死，伯牙终身不复鼓琴。"《文选》曹丕《与吴质书》："昔伯牙绝弦于钟期，痛知音之难遇。"《文心雕龙·知音篇》："知音其难哉！音实难知，知实难逢。逢其知音，千载其一乎？"

〔3〕《礼记·曲礼》："毋雷同。"郑《注》："雷之发声，物无不同时应者。人之言当各由己，不当然也。"

〔4〕自五马南迁，衣冠文物皆萃于南，所以为雅。中原迹秽，则下文所谓"杂种称制，充牣神州"是也。

〔5〕《史记·司马相如传赞》："相如虽多虚辞滥说。"

〔6〕《汉书·司马迁传赞》："自刘向、扬雄，皆称迁有良史之材，服其善叙事理，辨而不华，质而不俚，其文质，其事核，不虚美，不隐恶，故谓之实录。"

〔7〕《北齐书·神武纪》："齐高祖神武皇帝姓高名欢，字贺六浑，渤海蓨人也。世仕慕容氏，慕容败，归魏。神武既累世北边，故习其俗，遂同鲜卑。"

〔8〕侯尼于，万历本作士尼，何校作俟尼干，黄本作士于尼，皆非是，盖侯误作俟，又误作士；于误作干，又颠倒耳。《北史·齐本纪》："显祖文宣皇帝讳洋，字子进。武明太后初孕帝，每夜有赤光照室，太后私怪之，及产，命之曰侯尼于，鲜卑言有相子也。"

〔9〕本节以近代史籍为例明史文史事之相关。若夫文章之道，尤贵能征材聚事，取精用弘，盖亦人所习知也。

夫叙事之体，其流甚多，非复片言所能觇缕[1]。今辄区分类聚[2]，定为三篇，列之于下[3]。

〔1〕《玉篇》："覙缕，委曲也。"覼字误作覙。一作罗缕。
〔2〕《易·系辞》："方以类聚，物以群分。"
〔3〕本节论叙事之体，其大要盖有三端。以上序论。

夫国史之美者，以叙事为工；而叙事之工者，以简要[1]为主。简之时义大矣哉[2]！历观自古，作者权舆[3]，《尚书》发踪[4]，所载务于寡事[5]；《春秋》变体[6]，其言贵于省文[7]。斯盖淳浇殊致，前后异迹。然则文约而事丰，此述作之尤美者也[8]。

〔1〕一无要字。纪昀曰："简而能要，乃非苟简，无要字则语意不完。"
〔2〕《易·豫彖》："豫之时义大矣哉！"《疏》："夫立卦之体，各象其时，时有屯夷，事非一揆，故爻来适时，有凶有吉。"
〔3〕《尔雅·释诂》："权舆，始也。"《广韵》："造衡自权始，造车自舆始。"
〔4〕《史记·萧相国世家》："至如萧何，发踪指示。"
〔5〕《史通·六家篇》："原夫《尚书》之所记也。若君臣相对，辞旨可称，则一时之言，累篇咸载。如言无足纪，语无可述，虽脱略而观者不以为非。"盖记言之体，偶有述事，皆以明其所言，故曰务于寡事。
〔6〕变记言为记事也。参《南北文学不同论》注引《玉藻》。
〔7〕《春秋说题辞》："孔子作《春秋》，一万八千字。"以此字数述二百四十余年之行事，自非省文不为功矣。
〔8〕本节论文约事丰为述作之尤美。

始自两汉，迄乎三国，国史之文，日伤烦富。逮晋已降，流宕逾远[1]。寻其冗句，摘其烦词，一行之间，必谬增数字；尺纸之内，恒虚费数行。夫聚蚊成雷，群轻折轴[2]，况于章句不节[3]，言词莫限，载之兼两[4]，曷足道哉[5]？

〔1〕 宕同荡。

〔2〕 《汉书·中山靖王胜传》:“夫众煦漂山,聚蚊成雷。”又:“众口铄金,积毁销骨,丛轻折轴。”案《国策》、《淮南》均有类似语。

〔3〕 《文心雕龙·章句篇》:“夫设情有宅,置言有位,宅情曰章,位言曰句。故章者,明也;句者,局也。”

〔4〕 《后汉书·吴祐传》:“此书若成,则载之兼两。”《尚书·牧誓序疏》:“《风俗通》说:‘车有两轮,故称为两,犹履有两只,亦称为两。’”《文选·西京赋》:“鬻者兼赢。”薛综《注》:“兼,倍也。”

〔5〕 本节论古经近史繁简之利钝。

盖叙事之体,其别有四:有直纪其才行者,有唯书其事迹者,有因言语而可知者,有假赞论而自见者。至如古文《尚书》〔1〕,称帝尧之德,标以“允恭克让”〔2〕;《春秋左传》,言子太叔之状,目以“美秀而文”〔3〕。所称如此,更无他说,所谓直纪其才行者。又如《左氏》载申生为骊姬所谮,自缢而亡〔4〕;班史称纪信为项籍所围,代君而死〔5〕。此则不言其节操,而忠孝自彰,所谓唯书其事迹者。又如《尚书》称武王之罪纣也,其誓曰:“焚炙忠良,刳剔孕妇。”〔6〕《左传》记栾书之论楚也〔7〕,其词曰:“荜路蓝缕,以启山林。”〔8〕此则才行事迹,莫不阙如,而言有关涉,事便显露,所谓因言语而可知者。又如《史记·卫青传》后,太史公曰:苏建常责大将军不荐贤待士〔9〕。《汉书·孝文纪》末,其《赞》曰:“吴王诈病不朝,赐以几杖。”〔10〕此则纪之与传〔11〕,并所不书,而史臣发言,别出其事,所谓假赞论而自见者〔12〕。然则才行、事迹、言语、赞论,凡此四者,皆不相须〔13〕,若兼而毕书,则其费尤广〔14〕。但自古经史,通多此颣〔15〕,能获免者,盖十无一二〔16〕。

〔1〕 《隋志·书家序》:“初,汉武帝时,鲁恭王坏孔子旧宅,得其末孙惠所藏之书,字皆古文。孔安国以今文校之,并依古文开具篇第,合成五十八篇,又为作《传》,谓之《尚书》古文之学,而未得立。后汉扶风杜

林传古文《尚书》，同郡贾逵为之作《训》，马融作《传》，郑玄亦为之《注》。然其所传唯二十九篇，又杂以今文，非孔旧本，自余绝无师说。至东晋，豫章内史梅赜始得安国之《传》奏之。”《四库总目·阎若璩古文尚书疏证提要》：“古文《尚书》较今文多十六篇，魏、晋以来绝无师说。东晋之初，其书始出，乃增二十五篇。初犹与今文并立，自陆德明据以作《释文》，孔颖达据以作《正义》，遂与伏生二十九篇混合为一。唐以来虽疑经惑古如刘知幾之流，亦以《尚书》一家列之《史通》，未言古文之伪。自吴棫始有异议，朱子亦稍疑之。吴澄诸人，相继抉摘，其伪益彰。明梅鷟始参考诸书，证其剽剟，而见闻较狭，搜采未周。至若璩乃引经据古，一一陈其矛盾之故，古文之伪乃大明。”

〔2〕《尚书·尧典》：“曰若稽古帝尧，曰放勋，钦明文思安安，允恭克让，光被四表，格于上下。”

〔3〕《春秋》襄三十一年《左传》：“北宫文子相卫襄公以如楚。过郑，文子入聘。子羽为行人，冯简子与子太叔逆客，事毕而出，言于卫侯曰：‘子产之从政也，择能而使之，冯简子能断大事，子太叔美秀而文，公孙挥能知四国之为。’”案此则乃传述北宫文子之语，当入下因言语而可知一类。子玄盖偶失照也。

〔4〕《春秋》僖四年《左传》：“初，晋献公欲以骊姬为夫人，卜之，不吉；筮之，吉。公曰：‘从筮。’立之。生奚齐，其娣生卓子。及将立，奚齐既与中大夫成谋。姬谓太子（申生）曰：‘君梦齐姜，必速祭之！’太子祭于曲沃，归胙于公。公田，姬置诸宫六日。公至，毒而献之。公祭之地，地坟；与犬，犬毙；与小臣，小臣亦毙。姬泣曰：‘贼由太子。’太子奔新城，公杀其傅杜原款。或谓太子：‘子辞，君必辩焉。’太子曰：‘君非姬氏，居不安，食不饱。我辞，姬必有罪。君老矣，吾又不乐。’曰：‘子其行乎？’太子曰：‘君实不察其罪，被此名也以出，人谁纳我？’十二月戊申，缢于新城。”

〔5〕《汉书·高帝纪》：“三年夏四月，项羽围汉荥阳。五月，将军纪信曰：‘事急矣，臣请诳楚，可以间出。’于是陈平夜出女子东门二千余人，

楚因四面击之。纪信乃乘王车，黄屋左纛，曰：'食尽，汉王降楚。'楚皆呼万岁，之城东观，以故汉王得以数十骑出西门遁。羽见纪信，问汉王安在？曰：'已出，去矣。'羽烧杀信。"

〔6〕 见《周书·泰誓》。《疏》："《殷本纪》云：'纣为长夜之饮，时诸侯或叛，妲己以为罚轻，纣欲重刑，乃为熨斗，以火烧之然，使人举，辄烂其手，不能胜。纣怒，乃更为铜柱，以膏涂之，亦加于炭火之上，使有罪者缘之，足滑，跌坠火中。纣与妲己以为大乐，名曰炮烙（按烙当作格。见俞樾《诸子平议》。）之刑。'是纣焚炙之事也。皇甫谧《帝王世纪》云：'纣剖比干妻以视其胎。'即引此为刳剔孕妇也。"

〔7〕 栾书各本皆作隋会，据《传》改。《通释》云："二人皆称武子，所以误也。"此自是子玄之疏。《史通》类此者尚众也。

〔8〕 《春秋》宣十二年《左传》："栾武子曰：'楚自克庸以来，其君无日不讨国人而训之，于民生之不易，祸至之无日，戒惧之不可以怠；任军，无日不讨军实而申儆之，于胜之不可保，纣之百克而卒无后；训之以若敖、蚡冒，荜路蓝缕，以启山林。'"杜注："若敖，蚡冒，皆楚之先君。荜路，柴车。蓝缕，敝衣。言此二君勤俭以启土。"

〔9〕 《史记·卫将军骠骑传赞》："太史公曰：苏建语余曰：'吾尝责大将军至尊重，而天下之贤大夫毋称焉，愿将军观古名将所招选择贤者，勉之哉！'大将军谢曰：'自魏其、武安之厚宾客，天子常切齿。彼亲附士大夫，招贤，绌不肖者，人主之柄也。人臣奉法遵职而已，何与招士？'骠骑亦放此意，其为将如此。"《通释》："按其文全出苏建口语，史公运之为赞，事举而传文省矣。"

〔10〕 《通释》："此本《史记》纪中正文，班氏取以为《赞》，又一运化省笔之法。"

〔11〕 浦本作传之与纪，校云："传纪二字旧倒。"案子玄此先纪后传，乃据史体为序，非以前举《卫传》、《文纪》为序也。不必改。

〔12〕 案《春秋》三《传》间载史氏之论，若《左氏》称"君子曰"者，即其事也。自《太史公书》以次，莫不继轨。其始论赞无别，后则以散录为论，韵语为赞，时或论赞兼施，要皆系于每篇之后。《史通·论赞

篇》云："史之有论，善欲事无重出，文省可知，及后来赞语之作，多录纪、传之言，其有所异，唯加文饰而已。"此则前后异迹，失其初意者矣。盖马、班之论，大率以一二琐事点缀全篇，即微知著，而其人之善恶是非可以概见。后史识此者少，故或复述前文，或空加褒贬，皆无当也。惟唐、宋古文家所为碑志、传状，尚有用《史》、《汉》之法者，可参证焉。

〔13〕《诗·皇矣笺》："须，待也。"

〔14〕原注："近史纪、传欲言人居哀毁损，则先云至性纯孝；欲言人昼夜观书，则先云笃志好学；欲言人赴敌不顾，则先云武艺绝伦；欲言人下笔成篇，则先云文章敏速。此则既述才行，又彰事迹也。如《穀梁传》云：'骊姬以酖为酒，药脯以毒，献公田来，("公田来"各本作"公曰奚来。"诸家据《传》文校改。)骊姬曰：世子已祀，故致福于君。君将食，("君将食"，各本作"将食之"，诸家据《传》文校改。)骊姬跪曰：食自外来者，不可不试也。覆酒于地而地坟，以脯与犬，犬毙。骊姬下堂而啼，呼("呼"字据《传》增)曰：天乎！天乎！国，(国上各本或有"吾君之"三字，诸家据《传》文删。)子之国也，子何迟乎为君。'又《礼记》云：'阳门之介夫死，司城子罕哭之，哀。晋人之觇宋者，反报于晋侯曰：阳门之介夫死，而子罕哭之哀，而民说，殆不可伐也。'此则既书事迹，又载言语也。又近代诸史，人有行事美恶，皆已具其纪、传中，续以赞论，重述前事，此则才行事迹，纪、传已书，赞论又载也。"

〔15〕《通释》："此九字一本混入注中。"案万历本亦然，今从浦氏校本。原注："《公羊》、《穀("羊穀"二字，据何、顾、卢三家校增)梁传》、《新序》、《说苑》、《战国策》、《楚汉春秋》、《史记》，迄于皇家所撰《五代史》皆有之。"《老子》："夷道若纇。"《释文》引简文《注》："纇，疵也。"

〔16〕原注："唯左丘明、裴子野、王劭无此也。"本节论叙事四体。

又叙事之省，其流有二焉：一曰省句，二曰省字。如《左传》宋华耦来盟，称其先人得罪于宋。鲁人以为敏[1]。夫以钝者称敏[2]，则明贤达所嗤，此为省句也。《春秋经》曰："陨石于宋五。"〔3〕夫闻之陨，视之石，数之五〔4〕。加以一字太详，减其一字太略，求诸折中，简要合理，此为省字也〔5〕。其有反于是者：若《穀梁》〔6〕称：郄克眇，季孙行父秃，孙良夫跛。齐使跛者逆跛者，秃者逆秃者，眇者逆眇者〔7〕。盖宜除跛者以下字，但云各以其类逆〔8〕。必事加再述，则于文殊费，此为烦句也。《汉书·张苍传》云："年老口中无齿。"盖于此一句之内去"年"及"口中"可矣〔9〕。夫此六文成句，而三字妄加，此为烦字也〔10〕。然则省句为易，省字为难，洞识此心〔11〕，始可言于史矣。苟句尽余剩，字皆重复，史之烦芜，职由于此〔12〕。

〔1〕《春秋》文十五年《左传》："宋华耦来盟，公与之宴，辞曰：'君之先臣督得罪于宋殇公，名在诸侯之策。臣承其祀，其敢辱君？'鲁人以为敏。"

〔2〕原注："鲁人，谓钝人也。《礼记》中已有注解。"《礼记·檀弓》："容居，鲁人也。"注："鲁，鲁钝也。"子玄盖指此。《左氏》此文《疏》亦云："鲁人，鲁钝之人。"

〔3〕此僖十六年《经》。

〔4〕《公羊传》："曷为先言贾而后言石。贾石记闻，闻其磌然，视之则石，察之则五。"贾同陨。

〔5〕陈骙《文则》："文简而理周，斯得其简也。读之有疑阙焉，非简也，疏也。《春秋》书曰：'陨石于宋五。'《公羊传》曰：'闻其磌然，视之则石，察之则五。'《公羊》之义，《经》以三字尽之，是简之难也。"即本子玄之意而敷衍之。

〔6〕各本俱作《公羊》，据引《传》文，知是《穀梁》之误，今据浦校改。

〔7〕《春秋》成元年《穀梁传》："季孙行父秃，晋郤克眇，卫孙良夫跛，曹公子手偻，同时而聘于齐。齐使秃者御秃者，使眇者御眇者，使跛者御跛者，使偻者御偻者。萧同侄子处台上而笑之。闻于客，客不说而去，相与立胥闾而语，终日不解。齐人有知之者，曰：'齐之患必自此始矣。'"又成二年《公羊传》："前此，晋郤克与臧孙许同时而聘于齐。萧同侄子者，齐君之母也，踊于棓而窥客，则客或跛或眇，于是使跛

者迓跛者，使眇者迓眇者。二大夫出，相与踦闾而语，移日，然后相去。齐人皆曰：‘患之起必自此始。’”参较二传，《公》略《穀》详，知子玄所引是《穀梁》，非《公羊》也。

〔8〕“逆”下原有“者”字，据顾、浦校删。

〔9〕案《汉书》云：“苍免相后，口中无齿，食乳。”无“年老”字。《史记·苍传》则云：“苍之免相后，老，口中无齿，食乳。”无“年”字。此或子玄所见《汉书》不同今本，或偶误以《史记》为《汉书》，而《史记》古本有“年”字，皆不可考。

〔10〕魏际瑞《与子弟论文》：“昔人论《史记·（当作《汉书》）张苍传》有‘年老口中无齿’句，宜删曰：‘老无齿。’《公羊传》（当作《穀梁传》）‘齐使跛者逆跛者，秃者逆秃者，眇者逆眇者’宜删云：‘各以其类逆。’简则简矣，而非《公羊》、史迁（当作《穀梁》、孟坚）之文，又于神情特不生动。”案文章无论叙事、记言、说理、抒情，皆有必须重叠乃尽者，子玄此论，乃以六代史籍之繁复杂沓，有激而言，固不得视为恒规也。

〔11〕《汉书·司马相如传》注：“洞，彻也。”

〔12〕《尔雅·释诂》：“职，常也。”本节论叙事烦省二途之别。

盖饵巨鱼者，垂其千钧，而得之在于一筌〔1〕；捕高鸟者，张其万罝，而获之由于一目〔2〕。夫叙事者，或虚益散辞，广加闲说，必取其所要，不过一言一句耳。苟能同夫猎者、渔者，鸟、鱼〔3〕既执，而罝、钓必收，其所留者，唯一筌、一目而已；则庶几骈枝尽去〔4〕，而尘垢都捐〔5〕；华逝而实存〔6〕，滓去而渖在矣〔7〕。嗟呼！能损之又损，而玄之又玄〔8〕。轮扁所不能语斤，伊挚所不能言鼎也〔9〕。

〔1〕《庄子·外物篇》：“任公子为大钩巨缁，（缁，当作纶。）五十犗以为饵，蹲乎会稽，投竿东海，旦旦而钓，期年不得鱼。已而大鱼食之，牵巨钩、錎没而下，骛扬而奋鬐，白波若山，海水震荡，声侔鬼神，惮赫千里。”又曰：“筌者所以在鱼，得鱼而忘筌。”《文选·江赋注》：“筌，

捕鱼之器,以竹为之。”此与钓不同,特互文以见义耳。

〔2〕《淮南子·说山篇》:“有鸟将来,张罗而待之,得鸟者,罗之一目也。今为一目之罗,则无时得鸟矣。”此反用之。《尔雅·释器》:“兔罟谓之罝。”此借用为网毕之义。

〔3〕鸟鱼二字据纪昀评增。

〔4〕骈枝,诸本作胼胝,据王惟俭校改。《庄子·骈拇篇》:“骈拇枝指,出乎性哉,而侈于德。”

〔5〕《庄子·逍遥游》:“是其尘垢秕糠,将犹陶铸尧、舜者也。”《释文》:“尘垢,犹染汙。”

〔6〕《魏志·邢颙传》:“采庶子之春华,忘家丞之秋实。”

〔7〕《说文》:“滓,淀也。渖,汁也。”

〔8〕《老子》:“玄之又玄,众妙之门。”又:“损之又损,以至于无为,无为而无不为。”

〔9〕《文心雕龙·神思篇》:“伊挚不能言鼎,轮扁不能语斤,其微矣乎?”轮扁见《文赋》注。云语斤者,兼用郢人事。《庄子·徐无鬼篇》:“郢人垩漫其鼻端若蝇翼,使匠石斫之,匠石运斤成风,听而斫之,尽垩而鼻不伤。”《吕氏春秋·本味篇》:“汤得伊尹,祓之于庙;明日,设朝而见之。说汤以至味曰:‘鼎中之变,精妙微纤,口弗能言,志弗能喻。’”《史记·殷本纪》:“伊尹名阿衡,阿衡欲干汤而无由,乃为有莘氏媵臣,负鼎俎以滋味说汤,致于王道。或曰:伊尹处士,汤使人聘之,五反,然后肯往。”《索隐》:“《孙子兵书》:‘伊尹名挚。’孔安国亦曰:‘伊挚。’然解者以阿衡为官名。《书》曰:‘惟嗣王弗惠于阿衡。’一曰保衡,皆伊尹之官号,非名也。”本节论史文尚简之必要与不易。以上第一篇,论叙事尚简。

夫饰言者为文,编文者为句;句积而章立,章积而篇成〔1〕。篇目既分,而一家之言备矣。古者,行人出境,以词令为宗;大夫应对,以言文为主〔2〕。况乎列以章句,刊之竹帛,安可不励精雕饰〔3〕,传诸讽诵者哉〔4〕?自圣贤述作,是曰经典,句皆《韶》、《夏》〔5〕,言尽琳、琅[6]，秩秩德音[7]，洋洋盈耳[8]。譬夫游沧海者，徒惊其浩旷；登泰山者，但嗟其峻极[9]。必摘以尤最[10]，不知何者为先。然章句之言，有显有晦。显也者，繁辞缛说，理尽于篇中；晦也者，省字约文，事溢于句外[11]。然则晦之将显[12]，优劣不同，较可知矣[13]。

〔1〕《论衡·正说篇》："文字有意以立句，句有数以连章，章有体以成篇。"《文心雕龙·情采篇》："文采所以饰言，而辩丽本于情性。"又《章句篇》："夫人之立言，因字而生句，积句而成章，积章而成篇。"

〔2〕《春秋》襄三十一年《左传》："郑国将有诸侯之事，子产乃问四国之为于子羽，且使多为辞令，与裨谌乘以适野，使谋可否，而告冯简子，使断之，事成，乃授子太叔使行之，以应对宾客，是以鲜有败事。"行人、言文均见前。

〔3〕《汉书·宣帝纪》："厉精更始。"厉励同。《文心雕龙·情采篇》："庄周云：'辩雕万物。'谓藻饰也。"

〔4〕《周礼·春官》："以乐语教国子：兴，道，讽，诵，言，语。"郑《注》："倍文曰讽，以声节之曰诵。"

〔5〕《周礼·春官》："以乐舞教国子：舞《云门》，《大卷》，《大咸》，《大磬》，《大夏》，《大濩》，《大武》。"郑《注》："《大磬》，舜乐也，言其德能绍尧之道也。《大夏》，禹乐也，禹治水傅土，言其德能大中国也。"磬，《论语》、《乐记》并作韶。

〔6〕《尚书·禹贡》："厥贡惟球、琳、琅玕。"伪孔《传》："球、琳皆玉名。琅玕，石而似玉。"《尔雅·释地》："西北之美者，有昆仑之球、琳、琅玕焉。"

〔7〕《诗·秦风·小戎》："厌厌良人，秩秩德音。"《传》："厌厌，安静也。秩秩，有知也。"

〔8〕《论语·泰伯篇》："子曰：'师挚之始，《关雎》之乱，洋洋乎盈耳哉。'"

〔9〕《孟子·尽心篇》："孟子曰：'孔子登东山而小鲁，登泰山而小天下。故观于海者难为水，游于圣人之门者难为言。'"此用其意。

〔10〕襄二十六年《左传注》："尤，甚也。"《汉书·宣帝纪》："课殿最以

闻。"《注》:"最,凡要之首也。"

〔11〕《春秋》五例,有志晦之说,见前。

〔12〕张涤华先生曰:"孙经世《补经传释词》云:'将犹与也。《说苑·辨物篇》:赐欲知死人有知将无知也。言有知与无知也。《汉书·施雠传》:乃遣子临分将门人张禹等从雠问。言遣子临分与门人张禹等也。'"

〔13〕本节论史贵用晦。

夫能略小存大,举重明轻,一言而巨细咸该,片语而洪纤靡漏。此皆用晦之道也。古昔文义〔1〕,务却浮词。《虞书》云:"帝乃殂落,百姓如丧考妣。"〔2〕《夏书》云:"启呱呱而泣,予不子。"〔3〕《周书》称:"前徒倒戈,血流漂杵。"〔4〕《虞书》云:"四罪而天下咸服。"〔5〕此皆文如阔略,而语实周赡。故览之者初疑其易,而为之者方觉其难。固非雕虫小技〔6〕所能斥非其说也〔7〕。

〔1〕古昔,本作昔古,从顾校乙。

〔2〕《虞书·舜典》:"二十有八载,帝乃殂落,百姓如丧考妣。三载,四海遏密八音。"伪孔《传》:"殂落,死也。考妣,父母。言百官感德思慕。"

〔3〕《虞书·益稷》:"启呱呱而泣,予弗子,惟荒度土功。"伪孔《传》:"启,禹子也。禹治水,过门不入,闻启泣声,不暇子名之,以大治度水土之功故。"子玄引此,以《虞书》为《夏书》,当由叙禹事而误记也。

〔4〕《周书·武成》:"受率其旅若林,会于牧野,罔有敌于我师,前徒倒戈,攻于后以北,血流漂杵。"伪孔《传》:"纣众服周仁政,无有战心,前徒倒戈,自攻于后以北者。血流漂舂杵,甚之言。"《孟子·尽心篇》:孟子曰:"尽信书,则不如无书。吾于《武成》,取二三策而已矣。仁人无敌于天下,以至仁伐至不仁,而何其血之流杵也?"

〔5〕《舜典》:"流共工于幽州,放驩兜于崇山,窜三苗于三危,殛鲧于羽山,四罪而天下咸服。"伪孔《传》:"皆服舜用刑当其罪。"

〔6〕《法言·吾子篇》:"或问:'吾子少而好赋?'曰:'然,童子雕虫篆

刻。'"《北史·李浑传》:"尝谓魏收曰:'雕虫小技,我不如卿。国典朝章,卿不如我。'"

〔7〕 斥非,浦氏引《庄子·逸篇》:"绋讴所生,必于斥苦。"以为当作斥苦,纪评乙作非斥。案《后汉书·孔融传》:"拟斥乘舆。"注:"斥,指也。"斥非犹云指责,谓后世史家不得指摘《尚书》之阔略耳。《史通·探赜篇》:"终不能别有异同,忤非其议。"斥非其说,忤非其议,句法意义正同,可证。本节证《尚书》之用晦。

既而丘明受《经》〔1〕,师范尼父〔2〕。夫《经》以数字包义,而《传》以一句成言〔3〕,虽繁约有殊,而隐晦无异。故其纲纪而言邦俗也〔4〕,则有士会为政。"晋国之盗奔秦。"〔5〕"邢迁如归,卫国忘亡。"〔6〕其款曲而言人事也〔7〕,则有"使妇人饮之酒,以犀革裹之,比及宋,手足皆见。宋人醢之"〔8〕。"萧溃〔9〕,师人多寒,王抚而勉之〔10〕。三军之士,皆如挟纩。"〔11〕斯皆言近而旨远,辞浅而义深〔12〕,虽发语已殚〔13〕,而含意未尽。使夫读者望表而知里,扪毛而辨骨,睹一事于句中,反三隅于字外〔14〕,晦之时义不亦大哉〔15〕!

〔1〕 受本作授,据浦校改。

〔2〕 《礼记·檀弓》:"鲁哀公诔孔子曰:'天不遗耆老,莫相余位焉。呜呼哀哉!尼父。'"郑《注》:"尼父,因其字以为之谥。"

〔3〕 杜预《春秋序》:"《春秋》虽以一字为褒贬,然皆须数句以成言,非如八卦之爻,可错综为六十四也。固当依《传》以为断。"此摹其语,申其义,以明《经》、《传》之繁约有别也。

〔4〕 《诗·大雅·棫朴》:"勉勉我王,纲纪四方。"《笺》:"以网罟喻为政,张之为纲,理之为纪。"

〔5〕 《春秋》宣十六年《左传》:"晋侯请于王,以黻冕命士会将中军,且为太傅,于是晋国之盗逃奔于秦。羊舌职曰:'吾闻之,禹称善人,不善人远,此之谓也。'"

〔6〕 详上《模拟篇》注。

〔7〕《后汉书·光武纪》:“文叔少时谨信,与人不款曲。”款曲或作“款洽”,犹言周至也。

〔8〕此《左传》庄十二年记宋万弑其君闵公,而奔陈,陈人诱执归宋之文。

〔9〕《传》此下有“申公巫臣曰”句。

〔10〕《传》王下有“巡三军”三字。抚,《传》作拊,通用字也。

〔11〕此《左传》宣十二年记楚子伐萧之文。杜《注》“皆如挟纩”云:“言悦以忘寒。”《小尔雅·广服》:“纩,绵也,絮之细者曰纩也。”挟纩犹云衣绵。

〔12〕杜预《春秋序》:“若夫制作之文,所以章往考来,情见乎辞。言高则旨远,辞约则义微,此理之常,非隐之也。”案杜以理言,刘以文言,略有出入。

〔13〕《广雅·释诂》:“殚,尽也。”

〔14〕《论语·述而篇》:“举一隅,不以三隅反,则不复也。”邢《疏》:“凡物有四隅,举一则三隅从可知。学者当以三隅反类一隅以思之。”

〔15〕本节证《左氏》之用晦。

洎马、班二史〔1〕,虽多谢五经,必求其所长,亦时值斯语。至若高祖亡萧何,“如失左右手”。〔2〕汉兵败绩,“睢水为之不流”。〔3〕董生“乘马三年,不知牝牡”。〔4〕翟公之门,“可张雀罗”。〔5〕则其例也〔6〕。

〔1〕《文选·东京赋》薛《注》:“洎,及也。”

〔2〕《史记·淮阴侯传》:“信数与萧何语,何奇之。信度何等已数言上,上不我用,即亡,何闻信亡,不及以闻,自追之。有人白上曰:‘丞相何亡。’上大怒,如失左右手。”

〔3〕《史记·项羽纪》:“项王乃西从萧,晨击汉军而东,至彭城,日中,大破汉军。汉军皆走,相随入穀、泗水。杀汉卒十余万人。汉卒皆南走山,楚又追击,至灵壁东睢水上。汉军却,为楚所挤,多杀汉卒十余万人,皆入睢水,睢水为之不流。”《春秋》庄十一年《左传》:“凡师大崩曰败绩。”杜《注》:“师徒挠败,若沮岸崩山,丧其功绩,故曰败绩。”

〔4〕 董生，董先生也。赵翼《廿二史札记》："古时先生二字，或称先，或称生。《史记·晁错传》：'错初学于张恢先所。'《汉书》则云：'初学于张恢生所。'一称先，一称生。颜《注》云：'皆先生也。'是古时先生或称先，或称生，不必二字并称。"《太平御览》刑法部引《汉书》，称董子"十年不窥园圃；乘马三年，不知牝牡"与《史通》合。今本《史记·儒林传》但云："盖三年董仲舒不观于舍园。"《汉书·本传》则云："盖三年不窥园。"皆无乘马事。或唐、宋人所见《汉书》有乘马事而今本佚之也。

〔5〕 《汉书·汲、郑列传赞》："下邽翟公为廷尉，宾客填门；及废，门外可张爵罗。后复为廷尉，客欲往，翟公大署其门曰：'一生一死，乃知交情；一贫一富，乃知交态；一贵一贱，交情乃见。'"爵，古雀字。

〔6〕 本节证《史》、《汉》之用晦。

自兹已降，史道凌夷[1]。作者芜音累句[2]，云蒸泉涌[3]。其为文也，大抵编字不只，捶句皆双，修短取均，奇偶相配。故应以一言蔽之者[4]，辄足为二言；应以三句成文者，必分为四句；弥漫重沓，不知所裁[5]。是以处道受责于少期[6]，子升取讥于君懋[7]，非不幸也[8]。

〔1〕 《汉书·成帝纪》："帝王之道，日以凌夷。"师古曰："陵，丘陵也。夷，平也。言其颓替若丘陵之渐平也。又曰凌迟，亦言如丘陵之逶迟稍卑下也。"

〔2〕 《宋书·谢灵运传论》："虽清辞丽句，时发乎篇，而芜音累气，固亦多矣。"

〔3〕 《文选》刘峻《广绝交论》："细缊相感，雾涌云蒸。"《文选序》："冰释泉涌，金相玉振。"

〔4〕 "之"字据浦校增。《论语·为政篇》："子曰：'诗三百，一言以蔽之，曰：思无邪。'"

〔5〕 《论语·公冶长篇》："子在陈曰：'归与！吾党之小子，狂简，斐然成

章，不知所以裁之。’”

〔6〕 处道旧作承祚，浅人妄改。又或误祚为作。今并据浦校改正。原注：“《魏书·邓哀王传》曰：‘容貌姿美。’裴松之曰：‘一类之言，而分以为三，亦叙属之一病也。’”卢文弨曰：“元注：容貌姿美，裴松之以为一类之言分为三句，谓容也、姿也、貌也。”案此文今见《三国志·魏志·邓哀王传》裴《注》。《隋志》：“《魏书》四十八卷，晋司空王沈撰。”今佚。《晋书》本传：“王沈字处道，典著作，与荀𫖮、阮籍共撰《魏书》，多为时讳，未若陈寿之实录也。”《宋书·裴松之传》：“松之，字少期，上使注陈寿《三国志》，松之鸠集传记，增广异闻，既成，奏上，上善之曰：‘此为不朽矣。’”上，谓宋文帝。张涤华先生曰：“案裴松之本字世期，此唐人避太宗讳改。”

〔7〕 原注：“王劭《齐志》曰：‘时议恨邢子才不得掌兴魏之书怅快，温子升亦若此，而撰《永安记》，率是支（支，本作六，据浦校改）言。’”子升见《南北文学不同论》注，君懋见《模拟篇》注。《隋志》史部地理类：“魏《永安记》三卷，温子升撰。”《唐书·艺文志》作“永安故事”。其书盖记魏孝庄帝永安纪元三年中尔朱氏之乱，亦史书之流，故王劭得据以弹射。姚氏《隋志·考证》云：“此三年中洛下大乱，子升皆亲历其事，此殆所记事迹，当入杂史，不知本志何以列之于此。”其说是也。

〔8〕 本节证近史之不能用晦。

盖作者言虽简略，理皆要害〔1〕，故能疏而不遗，俭而无阙。譬如用奇兵者〔2〕，持一当百〔3〕，能全克敌之功也。若才乏隽颖，思多昏滞，费词既甚〔4〕，叙事才周。亦犹售铁钱者〔5〕，以两当一〔6〕，方成贸迁之价也〔7〕。然则《史》、《汉》以前，省要如彼；《国》、《晋》已降〔8〕，烦碎如此。必定其妍媸，甄其善恶。夫读古史者，明其章句，皆可咏歌〔9〕；观近史者，悦其绪言〔10〕，直求事意而已。是则一贵一贱，不言可知。无假推扬，而其理自见矣〔11〕。

〔1〕 《汉书·西南夷传》：“大司农豫调谷，积要害处。”师古曰：“要害者，

在我为要，于敌为害也。”

〔2〕《史记·田单列传》：“太史公曰：‘兵以正合，以奇胜。善之者，出奇无穷，奇正还相生，如环之无端。’”《集解》引魏武帝曰：“先出合战为正，后出为奇也。正者当敌，奇兵击不备。”

〔3〕《史记·苏秦列传》：“以韩卒之勇，一人当百，不足言也。”此秦说韩王之词，亦见《国策》。

〔4〕《礼记·曲礼》：“礼不妄说人，不辞费。”

〔5〕《后汉书·公孙述传》：“述废铜钱，置铁官钱。”注：“置铁官以铸钱。”史传言铁钱始此。

〔6〕《南史·到溉传》：“溉为建安太守，(任)昉以诗赠之，求二衫段，云：‘铁钱两当一，百代易名实，(案代易二字原误倒，据《御览》乙正。)为惠当及时，无待秋凉日。’”盖当时有此语。

〔7〕《尚书·益稷谟》：“懋迁有无化居。”《汉书·食货志》：“楙迁有无。”师古曰：“楙与茂同，勉也。言劝勉天下，迁易有无，使之交足。”贸、懋、楙、茂，并通。

〔8〕原注：“《国》谓《三国志》，《晋》谓《晋书》也。”

〔9〕此云咏歌，犹前言讽诵，变文避复耳。

〔10〕刘峻《重答刘秣陵沼书》：“绪言余论，蕴而莫传。”绪亦余也。

〔11〕本节论用晦之高下，系于作者之才思。以上第二篇论叙事用晦。

昔文章既作，比兴由生。鸟兽以媲贤愚，草木以方男女。诗人骚客，言之备矣〔1〕。洎乎中代〔2〕，其体稍殊。或拟人必以其伦〔3〕，或述事多比于古〔4〕。当汉氏之临天下也〔5〕，君实称帝，理异殷、周；子乃封王，名非鲁、卫〔6〕。而作者犹谓帝家为王室〔7〕，公辅为王臣〔8〕；盘石加建侯之言〔9〕，带河申俾侯之誓〔10〕。而史臣撰录，亦同彼文章，假托古词，翻易今语。润色之滥，萌于此乎〔11〕？

〔1〕详《南北文学不同论》注。

〔2〕谓汉以来。

〔3〕《礼记·曲礼》:“拟人必于其伦。”

〔4〕此谓叙事失真,由于妄饰。上世比兴仅及动植自然之属,而止于抒情之文。中代已降,则比拟及于古人古事,而并达乎叙事之史,遂开妄饰之渐焉。

〔5〕《春秋》哀七年《穀梁传》:“《春秋》有临天下之言焉。”《集解》:“临者,抚有之也。”

〔6〕殷、周共主皆称王,其子姓以公、侯、伯、子、男五等爵封之。及汉承秦制,称共主为帝,其子姓乃有封王者。此其与汉异制之大略也。《白虎通·号篇》:“德合天地者称帝,仁义合者称王,别优劣也。《礼记·谥法》曰:‘德象天地称帝,仁义所生称王。’”《公羊》成八年何休《解诂》略同。然此皆汉儒训说,非其本真也。

〔7〕《周书·微子之命》:“率由典常,以蕃王室。”字亦见《左传》,皆指周室。汉史用王室者,如《汉书·叙传》:“克伐七国,王室以定。”《后汉书·邓禹传》:“委远时柄,忠劳王室。”是其例也。亦有用帝室者,如《后汉书·袁安传》“袁公、窦氏之间,乃情帝室”是。

〔8〕《易·蹇》:“王臣蹇蹇,匪躬之故。”字亦见《诗经》,皆指周臣。汉史用王臣者,如《后汉书·袁安传》:“引义雅正,可谓王臣之烈。”亦有用帝臣者,如《汉书·叙传》:“蹇蹇帝臣,匪躬之故。”则直用《易》语而改王为帝也。公辅者,谓大官。《汉书·孔光传》云:“光凡为御史大夫、丞相各再,壹为大司徒、太傅、太师,历三世居公辅位。”

〔9〕《易·屯》:“初九,磐桓,利居贞,利建侯。”孔《疏》释“利建侯”云:“宜建立诸侯。”《史记·文帝纪》:“高帝封王子弟地,犬牙相制,此所谓盘石之宗也。”《索隐》:“言其国如盘石。”《荀子·富国篇》:“安于盘石。”注:“盘石,盘薄大石也。”磐盘字通用。

〔10〕誓,旧作称,据浦校改。《诗·鲁颂·閟宫》:“乃命鲁公,俾侯于东。”《笺》:“乃策命伯禽,使为君于东。”《史记·高祖功臣年表》载封爵之誓曰:“使河如带,泰山若厉,国以永宁,爰及苗裔。”应劭曰:“国家欲使功臣传祚无穷。带,衣带也。厉,砥石也。河当何时如衣带?山当何时如砥石?言如带、砺,国乃绝也。”

〔11〕 本节论妄饰始于汉人。

降及近古，弥见其甚。至于诸子短书[1]，杂家小说[2]，论逆臣则呼为问鼎[3]；称臣寇则目以长鲸[4]；邦国初基，皆云草昧[5]；帝王兆迹，必号龙飞[6]。斯并理兼讽喻，言非指斥，异乎游、夏措词[7]，南、董显书之义也[8]。如魏收《代史》[9]，吴均《齐录》[10]，或牢笼一世，或苞举一家，自可申不刊之格言[11]，弘至公之正说[12]。而收称刘氏纳贡，则曰：来献百牢[13]；均叙元日临轩[14]，必云：朝会万国[15]。夫以吴征鲁赋，禹计涂山，持彼往事，用为今说，置于文章则可，施于简册则否矣[16]。

〔1〕 《论衡·谢短篇》："汉事未载于经，名为尺籍短书。"古者简策有长短之异，其详具《文学总略篇》。

〔2〕 《汉志·杂家序》曰："杂家者流，盖出于议官，兼儒、墨，合名、法，知国体之有此，见王治之无不贯，此其所长也。及荡者为之，则漫羡而无所归心。"又《小说家序》曰："小说家者流，盖出于稗官，街谈巷语，道听涂说者之所造也。孔子曰：'虽小道，必有可观者焉，致远恐泥，是以君子弗为也。'然亦弗灭也。闾里小知者之所及，亦使缀而不忘。如或一言可采，此亦刍荛狂夫之议也。"

〔3〕 《春秋》宣三年《左传》："楚子伐陆浑之戎，遂至于雒，观兵于周疆。定王使王孙满劳楚子，楚子问鼎之大小轻重焉。"杜《注》："示欲逼周取天下。"

〔4〕 《春秋》宣十二年《左传》："古者明王伐不敬，取其鲸鲵而封之，以为大戮。"《注》："鲸鲵大鱼，以喻不义之人。"《疏》引裴渊《广州记》云："鲸鲵长百尺，雄曰鲸，雌曰鲵。"《吴都赋》："长鲸吞航。"

〔5〕 《易·屯象》："天造草昧，宜建侯而不宁。"王《注》："屯者，天地造始之时也。造物之始，始于冥昧，故曰草昧也。处造始之时，所宜之善，莫善建侯也。"

〔6〕 见《模拟篇》注。

〔7〕《困学纪闻》:"《史记·孔子世家》:'文辞有可与人共者,至于为《春秋》,笔则笔,削则削,子夏之徒不能赞一辞。'《曹子建与杨德祖书》:'昔尼父之文辞与人通流,至于制《春秋》,游、夏之徒乃不能措一辞。'《李善注》引《史记》曰:'子游、子夏之徒不能赞一辞。'今本无子游二字。"案此云游、夏措辞者,即《史记》所云"可与人共",子建所云"与人通流"也。《论语·先进篇》:"文学:子游、子夏。"是二人长于文辞。

〔8〕《春秋》襄二十五年:"夏五月,乙亥,齐崔杼弑其君光。"《传》:"大史书曰:'崔杼弑其君。'崔子杀之。其弟嗣书而死者二人,其弟又书,乃舍之。南史氏闻大史尽死,执简以往,闻既书矣,乃还。"《注》:"《传》言齐有直史,崔杼之罪所以闻。"又宣二年:"秋九月乙丑,赵盾弑其君夷皋。"《传》:"赵穿攻灵公于桃园,宣子未出山而复。大史书曰:'赵盾弑其君。'以示于朝。宣子曰:'不然。'对曰:'子为正卿,亡不越境,反不讨贼,非子而谁?'宣子曰:'乌乎!"我之怀矣,自诒伊戚。"其我之谓矣。'孔子曰:'董狐,古之良史也,书法不隐。赵宣子,古之良大夫也,为法受恶;惜也,越境乃免。'"

〔9〕即今《魏书》也。《隋志》:"《后魏书》一百三十卷,后齐仆射魏收撰。"梁章钜《浪迹丛谈》:"《魏书·道武纪》:'天兴元年,群臣言,国家万世相承,启基云代,应以代为号。帝下诏,宜仍先以号为魏。'似当时改号称代,帝实不从。而《崔浩传》又云:'昔太祖道武皇帝,应天受命,开拓洪业,诸所制置,无不循古,以始封代土,后为魏,故代魏兼用,犹彼殷商。'则与《本纪》之言不应。今考太武二年《始平公造象记》云:'暨于大代。'又太和七年《孙秋生造象记》首亦题'大代',而修中岳庙碑于'大代'又凡两见。又延昌三年《司马景和妻墓志铭》首题'魏代',皆与《崔浩传》合,则恐《本纪》疏矣。"据此,知子玄此称代史,盖仍北朝之旧耳。《北齐书·魏收传》:"收字伯起,与温子升、邢子才齐誉,世称三才,仕魏入齐。"

〔10〕即《齐春秋》,已见《模拟篇》。

〔11〕扬雄《答刘歆求方言书》:"是悬诸日月不刊之书也。"《魏志·崔琰

传》："盖闻盘于游田，《书》之所戒，鲁隐观鱼，《春秋》讥之，此周、孔之格言，二经之明义。"

〔12〕 仲长统《昌言》："人主临之以至公。"

〔13〕《春秋》哀七年《左传》："夏，公会吴于鄫，吴来征百牢，子服景伯对曰：'先王未之有也。'吴人曰：'宋百牢我，鲁不可以后宋。'景伯曰：'周之王也，制礼，上物不过十二。今弃周礼，而曰必百牢，亦唯执事。'吴人弗听，乃与之。"《魏书·世祖纪》："太平真君十一年，十二月，甲申，义隆（宋文帝）使献百牢，贡其方物。"又《岛夷传》："义隆遣黄延年朝于行宫，献百牢。"

〔14〕《晋书·礼志》："《咸宁注》：先正一日，有司各宿设，夜漏未尽十刻，群臣集到，庭燎起火，上贺，起谒报。又贺皇后。还从云龙东华门入，诣东阁下便坐。漏未尽七刻，百官及受贽郎官以下至计吏皆入，立其次，其陛卫者，如临轩仪。漏未尽五刻，谒者、仆射、大鸿胪各奏群臣就位定。漏尽，侍中奏外办。皇帝出，钟鼓作，百官皆拜伏。太常导皇帝升御座，钟鼓止，百官起，大鸿胪跪奏请朝贺。"历代礼制，颇有因革，齐制未必与晋同，举此以见其概云尔。

〔15〕《春秋》哀七年《左传》："禹合诸侯于涂山，执玉帛者万国。"《注》："诸侯执玉，附庸执帛。"吴均语今无考。

〔16〕 本节论事之妄饰。

亦有方以类聚〔1〕，譬诸昔人。如王隐称〔2〕：诸葛亮挑战，冀获曹咎之利〔3〕；崔鸿称〔4〕：慕容冲见幸，为有龙阳之姿〔5〕。其事相符，言之谠矣〔6〕。而卢思道称〔7〕：邢邵丧子不恸，自东门吴以来，未之有也〔8〕；李百药称〔9〕：王琳雅得人心，虽李将军恂恂善诱，无以加也〔10〕。斯则虚引古事，妄足庸音〔11〕，苟矜其学，必辨而非当者矣〔12〕。

〔1〕《易·系辞》："方以类聚，物以群分。"

〔2〕《隋志》："《晋书》八十六卷，本九十三卷，今残缺，晋著作郎王隐撰。"

今佚。《晋书》本传："隐字处叔，太兴初，令撰晋史，后以著作郎虞预谤，免归于家，贫无资用，书遂不就，乃依征西将军庾亮于武昌。亮供其纸笔，书乃得成，诣阙上之。"

〔3〕《史记·项羽纪》："项王谓大司马曹咎曰：'谨守成皋，汉欲挑战，慎勿与战。'汉果数挑战，楚军不出，使人辱之。大司马怒，渡兵汜水，半渡，汉击之，大破楚军，皆自刭。"案王隐书今无考，而《魏志注》及《世说新语·方正篇注》并引孙盛《晋阳秋》云："诸葛亮寇于郿，据渭水南，亮挑战，遗高祖巾帼，欲以激怒，冀获曹咎之利。"隐、盛并时，或同据故记也。

〔4〕《隋志》："《十六国春秋》一百卷，魏崔鸿撰。"今佚，有汤球《辑补》。《魏书·崔光传》："子鸿，字彦鸾，弱冠便有著述之志，以刘渊、石勒、慕容儁、苻健、慕容垂、姚苌、慕容德、赫连屈子、张轨、李雄、吕光、乞伏国仁、秃发乌孤、李暠、沮渠蒙逊、冯跋等，并因世故，跨僭一方，各有国书，未有统一，乃撰《十六国春秋》，因其旧记，时有增损褒贬焉。"

〔5〕龙阳见《诗教上》注。汤球《十六国春秋辑补·前秦录》云："初，坚之灭燕，二十五年，(原注："当作'太和五年。'称晋年也。'二十'乃'太和'之误。")冲姊为清河公主，年十四，有殊色，坚纳之，宠冠后庭。冲年十二，亦有龙阳之姿，坚又幸之。姊弟专宠，宫人莫进。长安中歌之曰：'一雌复一雄，双飞入紫宫。'咸惧为乱。王猛切谏，坚乃出冲。"《晋书》载记亦云："苻坚灭燕，慕容冲姊为清河公主，年十四，有殊色，坚纳之，宠冠后宫。冲年十二，亦有龙阳之姿，坚又幸之。姊弟专宠。长安歌之曰：'一雌复一雄，双飞入紫宫。'"盖即据崔书也。

〔6〕《文选·典引注》："说，直言也。"又《东都赋注》引《字林》："说，美言也。"

〔7〕卢思道，字子行，《隋书》有传，不言其撰史，惟《隋志》载其"《知己传》一卷"。今佚。《史通·杂述篇》曰："普天率土，人物弘多，求其行事，罕能周悉，则有独举所知，编为短部，若戴逵《竹林名士》，王粲《汉末英雄》，萧世诚(案诚当作諴)《怀旧志》，卢子行《知己传》。此

之谓小录者也。”据此，则下文或在《知己传》中也。

〔8〕《战国策·秦策》：“梁人有东门吴者，其子死而不忧，其相室曰：‘公之爱子也，死而不忧，何也？’东门吴曰：‘吾尝无子，无子之时不忧，今与无子时同也，奚忧焉。’”《北齐书·邢邵传》亦云：“邢邵，字子才，养孤子恕，慈爱特深。在兖州，有都信云恕疾，便忧之，颜色贬损。及卒，痛悼虽甚，不再哭。其高情达识，开遣滞累，东门吴以还，所未有也。”当是本思道《知己传》。张涤华先生曰：“案章宗源《隋书经籍志考证》引胡应麟《甲乙剩言》云：‘余从都下得隋卢思道《知己传》二卷，上自伊尹，下至六代。由君相、父子、妻子、友朋，以及神鬼、禽畜，涉及知己者，皆录。’据此，知《知己传》所包甚广，不限于友朋。尤可证邵事当即在《传》内。”

〔9〕《唐志》：“《北齐书》五十卷，李百药撰。”《旧唐书》本传：“百药，字重规，为儿童时多疾病，故以百药为名。贞观元年，受诏修定五礼及律令，撰《齐书》。”

〔10〕《论语·子罕篇》：“颜渊喟然叹曰：‘夫子循循然善诱人。’”《汉书·李广传赞》：“李将军恂恂如鄙人，口不能出辞；及死之日，天下知与不知，皆为流涕。彼其中诚信于士大夫也。谚曰：‘桃李不言，下自成蹊。’此言虽小，可以喻大。”又《传》载程不识语曰：“李将军极简易，其士亦佚乐，甘为之死。”《北齐书·王琳传》：“琳，字子珩，刑罚不滥，轻财爱士，得将卒之心。少任将帅，屡经丧乱，雅有忠义之节。及败，为陈军所执，吴明彻欲全之，而其下将领多琳故吏，争来致请，并相资给。明彻由是忌之，故及于难。当时田夫野老，知与不知，莫不为之歃歔流泣，观其诚信感物，虽李将军之恂恂善诱，殆无以加焉。”

〔11〕陆机《文赋》：“放庸音以足曲。”

〔12〕刘孔延评云：“子才丧孤不恸，何异于吴，王琳会葬千人，（案亦见本传。）李广不啬，岂为虚引故事？”此不然子玄之说者，本节论人之妄饰。

昔《礼记·檀弓》，工言物始[1]。夫自我作故[2]，首创新仪[3]；前史所刊，后来取证。是以汉初立辖[4]，孟坚所书[5]；鲁始为髽，丘明是记[6]；河桥可作，元凯取验于《毛诗》[7]；男子有笄，伯支远征于《内则》[8]。即其事也。案裴景仁《秦记》称[9]：苻坚方食，抚盘而诟[10]。王劭《齐志》述：洛干[11]感恩，脱帽而谢。及彦鸾撰以新史，重规删其旧录，乃易抚盘以推案[12]，变脱帽为免冠[13]。夫近世通无案食，胡俗不施冠冕，直以事不类古，改从雅言[14]，欲令学者何以考时俗之不同，察古今之有异[15]？

〔1〕 友人杨明照先生云："《梁书·处士何胤传》：'胤曰：《檀弓》两卷，皆言物始。'"《困学纪闻》："《礼记》于礼之变皆曰始。'孔氏之不丧出母，自子思始也。''士之有诔，自此始也。''邾娄复之以矢，盖自战于升陉始也。''鲁妇人之髽而吊也，自败于台鲐始也。''帷殡非古也，自敬姜之哭穆伯始也。'（案以上见《檀弓》。）'庙有二主，自桓公始也。''丧慈母，自鲁昭公始也。''下殇用棺衣，自史佚始也。'（以上见《曾子问》。）'庭燎之百，由齐桓公始也。''大夫之奏肆夏，由赵文子始也。''大夫强而君杀之，义也，由三桓始也。''公庙之设于私家，非礼也，由三桓始也。'（以上见《郊特牲》。）'元冠紫緌，自鲁桓公始也。''朝服之以缟也，自季康子始也。'（以上见《玉藻》。）'夫人之不命于天子，自鲁昭公始也。''宦于大夫者之为之服也，自管仲始也。'（以上见《杂记》。）《左氏传》：'始用六佾。'（见隐五年。）'晋于是始墨。'（见僖三十三年。）'始厚葬。''始用殉。'（以上见成二年。）'鲁于是乎始髽。'（见襄四年。）'魏绛于是乎始有金石之乐。'（见襄十一年。）'始用人于亳社。'（见昭十年。）'鲁于是始尚羔。'（见定八年。）亦记礼之变也。孔子恶始作俑者，始之不谨，末流不胜其弊。刘懋撰器物造作之始为《物祖》，刘孝孙、房德懋集经史为《事始》，（原注："冯鉴《续事始》，朱绘撰《事原》，高承增益为《事物纪原》。）然所载乃事物之始，不足以垂训戒。"案据此，则工言物始不止《檀弓》矣。礼以制表，制以物显，故记物之始，即示礼之变也。

〔2〕《国语·鲁语》:“哀姜至,公使大夫宗妇觌用币,宗人夏父展曰:‘非故也。’公曰:‘君作故。’”韦昭《注》:“言君所作则为故事。”

〔3〕《广雅·释诂》:“创,始也。”《国语·周语注》:“创,造也。”

〔4〕《广雅·释器》:“槥,棺也。”又:“辖,铙也。”《方言注》:“辖,车轴头也。”二字本义各别。《文选·颜延年阳给事诔》:“路无归辖。”李《注》:“《汉书·王恢传》曰:‘辖车相望。’又高祖令曰:‘士卒从军死者。为辖归其具。’应劭曰:‘辖,小棺也。’服虔曰:‘辖与槥古字通。’”浦校改辖为槥,盖但据本义,未审通假也。

〔5〕孟坚,本作子长,据浦校改。《汉书·高帝纪》:“八年十一月,令士卒从军死者为辖,归县,县给衣衾棺葬具。”《史记》无此文,故浦改子长为孟坚。

〔6〕《春秋》襄四年《左传》:“邾、莒伐鄫,臧纥救鄫,败于狐鲐,(狐,《檀弓》作台,音胡。)国人从丧者皆髽,鲁于是乎始髽。”《注》:“髽,麻发合结也,丧多不能备凶服。”《左传》男女合言,《檀弓》但言妇人髽,小异。

〔7〕《晋书·杜预传》:“预,字元凯,以孟津渡险,请建河桥于富平津。议者以为殷、周所都,历圣贤而不作者,必不可立故也。预曰:‘造舟为梁,则河桥之谓也。’及桥成,帝从百僚临贺,举觞属预。”《诗·大雅·大明》:“造舟为梁,不显其光。”《传》:“天子造舟,诸侯维舟,大夫方舟,士特舟。”《疏》:“天子造舟至特舟,皆《释水》文。李巡曰:‘比其舟而渡曰造舟,中央左右相维持曰维舟,并两船曰方舟,一舟曰特舟。’孙炎曰:‘造舟,比舟为梁也。维舟,连四舟也。’然则造舟者,比船于水,加板于上,即今之浮桥。故杜预云:‘造舟为梁,则河桥之谓也。’维舟以下,则水上浮而行之,但船有多少为等差耳。”

〔8〕《魏书·刘芳传》:“芳字伯文,(文,《北史》作支。)北徙,通直常侍。王肃之来奔也,宴于华林,肃语次曰:‘古者妇人有笄,男子则无。丧服,男子冠而妇人笄。’芳曰:‘冠尊,故夺其笄称也,非男子无笄。《礼·内则》称:“子事父母,鸡初鸣,栉纚,笄总。”男子有笄明矣。’肃以为然,时人号为刘石经。”《内则》郑《注》:“笄,今簪也。”

〔9〕《隋志》："《秦记》十一卷，宋殿中将军裴景仁撰。"今佚。《宋书·沈昙庆传》："昙庆为徐州刺史，景仁助戍彭城，本伧人，多悉戎荒事。昙庆使撰《秦记》十卷，叙苻氏僭伪本末。"

〔10〕《广雅·释诂》："询，骂也。"询与诟同。

〔11〕万历本洛干上有父纥二字，一本父作受，兹据浦校删。

〔12〕《说文》："案，几属。"《方言》："案，陈、楚、宋、魏之间谓之槁，自关东西谓之案。"《礼记·礼器注》："禁，如今方案，隋长局足，高三寸。"《说文》："槃，承槃也。"（今作盘，俗作柈。）《广雅·释器》："盂谓之槃。"颜师古《急就篇注》曰："有足曰案，无足曰槃。"此二者之别也。案食盛行于两汉。《汉书·外戚传》："许后亲奉案上食。"《后汉书·逸民·梁鸿传》："妻为具食，举案齐眉。"《盐铁论·取下篇》："垂拱持案而食。"皆其证。盘则行于魏晋以来。《晋书·乐志》："杯柈舞，按太康中，天下为晋世宁舞，矜手以按杯柈，反覆之。"周处《阳羡风土记》："元日造五辛盘。"《齐书·崔祖思传》："祖思启陈政事曰：'宋武节俭过人，张妃五盏盘，桃花米饭。"皆其证。汤球《十六国春秋辑补·前秦录》云："坚率步骑二万，讨姚苌于北地。苌众危惧，人有渴死者。俄而雨降于苌营，营中水三尺，周营百步之外，寸余而已。于是苌军大振。坚方食，去案怒曰：'天其无心，何故降泽贼营？'"《晋书·苻坚载记》亦云："坚讨姚苌，苌军渴，有死者，俄而降苌雨营三尺，营外寸余而已，苌军大振。坚方食，去案怒曰：'天何故降泽贼营？'"盖即据崔书也。

〔13〕《说文》："冠，絭也，所以絭发，弁冕之总名也。"《春秋》昭元年《左传》："弁冕，冠也。"《疏》："冠者，首服之总名。"《说文》："冃，小儿、蛮夷头衣也。"《汉书·隽不疑传注》："冒，所以覆冒其首。"（今作帽。）此二者之别也。华族以冠为常服。《战国策·秦策》："布衣之怒，亦免冠徒跣以头抢地耳。"《汉书·张释之传》："文帝免冠谢。"又《贡禹传》："为河南令，以职事为府官责，免冠谢。"皆其证。殊族则以帽为常服。《后汉书·耿秉传》："秉出白山击车师。车师有后王、前王。后王安得惶恐，走出门，脱帽抱马足降。"《魏志·裴潜

传》："潜为代郡太守，时乌丸王及其大人凡三人各自称单于，专制郡事。潜单车入郡，抚之以静。单于以下，脱帽稽颡。"皆其证。今则华族亦戴帽，而冠制废矣。王氏《齐志》语今无考，惟《北齐书·万俟普传》亦云："子洛，字受洛干，有战功，高祖亲扶上马，洛干免冠谢曰：'愿出死力。'"或本君懋也。

〔14〕《论语·述而篇》："子所雅言，《诗》、《书》执礼，皆雅言也。"《集解》引孔曰："雅言，正言也。"又引郑曰："读先王典法，必正言其音。"是雅言本指音读，子玄此则推而及于事制耳。

〔15〕余杭章君《文学说例》云："夫惟官号、地望，著于标题，施于传志、谱录者，必用今名，而废弃、外来、新造之语皆不得代。故崔鸿易抚盘以推案，百药变脱帽为免冠，物非所有，饰从雅言，见讥于子玄矣。今之言者，非拥旄、剖符之率，而亟言击节；处髡首、辫发之俗，而自述抽簪，此之宜绝，亦文辞之恒例也。若乃雅俗称名，新故杂用，是宁有厉禁邪？"案此说视子玄为胜矣。本节论物之妄饰。

又自杂种称制[1]，充牣神州[2]，事异诸华[3]，言多丑俗。至如翼犍魏昭成原讳[4]，黑獭周文本名，而伯起革以他语，德棻阙而不载[5]。盖龙降[6]、蒯聩[7]，字之蚩也[8]；重耳、黑臀[9]，名之鄙也[10]。旧皆列以三史，传诸五经，未闻后进谈讲[11]，别加刊定。况齐丘之犊[12]，彰于载谶[13]；河边之狗，著于谣咏[15]。明如日月，难为盖藏。此而不书，何以示后？亦有氏姓本复，减省从单[15]。或去"万纽"而留"于"[16]，或止存"狄"而除"厍"[17]，求诸自古，罕闻兹例[18]。

〔1〕《后汉书·度尚传》："杂种诸蛮。"又《马融传》："杂种诸羌。"丘迟《与陈伯之书》："姬汉旧邦，无取杂种。"《汉书·王陵传》："今太后称制。"又《淮南厉王传》："出入警跸，称制，自作法令。"《独断》："制者，王者之言，必为法制也。"

〔2〕《文选》颜延年《赭白马赋》："知函夏之充牣。"李《注》引苏林曰："充牣，喻多也。"如淳曰："牣，满也。"

〔3〕 诸华犹言诸夏。《周书·武成》:“华夏、蛮貊。”伪孔《传》:“冕服采章曰华,大国曰夏。”《疏》:“冕服采章,对披发左衽则为有光华也。《释诂》云:‘夏,大也。’故大国曰夏,华夏,谓中国也。”《左传》襄四年:“诸华必叛。”闵元年:“诸夏亲昵。”

〔4〕 昭成,本作道武,据《魏书》改。原,本作所,据浦校改。《一切经音义》引《通俗文》:“以刀去阴曰犍。”是命名之至丑者矣。案今湖南犹有此语,转读若线,如阉鸡曰线鸡是也。

〔5〕 案《魏书·序纪》:“帝讳什翼犍。”道武帝则讳珪,子玄偶误记耳。《周书·文帝纪》:“帝宇文氏,讳泰,字黑獭。”是二史皆无所讳,子玄谓革以他语,阙而不载者,余嘉锡《四库提要辨证》云:“详其语意,盖谓常称名之处,则阙而不载,如所谓‘贺拔公虽死,宇文讳尚存’者,本当作宇文黑獭耳。”

〔6〕 龙本作庞,据《左传》校改。案《说文》:“庞,石大也。”“龙,犬之多毛者。”义别,此以同声通用。

〔7〕 龙降,高阳氏才子八恺之一,见《左传》文十八年。蒯聩,卫灵公太子名,见《公羊传》及《史记·卫世家》。(浦氏以为卫庄公名,误。)又古剑士名,见《史记·刺客传》。案龙降、蒯聩,皆叠韵字。古人制名,多有双声叠韵者。

〔8〕 《埤苍》:“胮肛,腹胀也。”《广韵》:“胀大也。”韩愈《赠张籍诗》:“形躯顿胮肛。”龙降盖其异文。《说文》:“顡,头蔽顡。”段《注》:“蔽顡,叠韵字,盖古语也。《集韵》曰:‘头痴。’钱氏大昕曰:‘春秋战国人名有蒯聩,疑即此蔽顡。’”是龙降训腹大,蒯聩训头痴,故云蚩也。

〔9〕 重耳,晋文公名,屡见《左传》及《史记·晋世家》。黑臀,晋成公名,见《左传》宣三年及《史记·晋世家》。《国语·周语》:“单襄公曰:‘吾闻成公之生也,其母梦神规其臀以墨,曰:使有晋国。’”

〔10〕 《春秋》桓六年《左传》:“九月,丁卯,子同生。公问名于申繻,对曰:‘名有五:有信,有义,有象,有假,有类。以名生为信,以德命为义,以类命为象,取于物为假,取于父为类。不以国,不以官,不以山川,不以隐疾,不以畜牲,不以器币。周人以讳事神,名终将讳之。

故以国则废名，以官则废职，以山川则废主，以畜牲则废祀，以器币则废礼。晋以僖侯废司徒，宋以武公废司空，先君献、武废二山，是以大物不可以命。'"《疏》引郑玄云："隐疾，衣中之疾也，谓若黑臀、黑肱矣。疾在外者，虽不得言，尚可指摘，此则无时可辟。俗语云：'隐疾难为医。'"孔则举《诗》："如有隐忧。"以隐为痛，谓"以疾痛为名，则不详之甚，故以为辟不详"。今不从。辟避，古今字也。前引《国语》注云："臀，尻也。"黑臀，今人亦有之，盖皮肤色素过多之所致，疑成公生而黑臀，其母讳之，故托诸梦以解之也。古称目有二瞳子曰重明(《淮南子》)，曰重瞳(《史记》)，颐丰下垂曰重颐(韩诗薛君章句)，则重耳或耳边生有疣赘之属，以此制名，故云鄙也。

〔11〕《论语·先进篇》："子曰：'先进于礼乐，野人也。后进于礼乐，君子也。'"

〔12〕齐丘二字，旧讹愁山，之字或讹定，浦据下原注改。

〔13〕原注："杜台卿《齐记》载谶云'首牛西入谷，逆犊上齐丘'也。"余嘉锡云："按此谓翼犍。"胡应麟《四部正讹》："世率以谶、纬并论，二书虽相表里，而实不同。纬之名所以配经；谶则皆托古圣贤以名其书，与纬体制迥别。盖其说尤妄诞，故隋禁之后永绝。"《隋书·杜台卿传》："台卿，字少山，撰《齐记》二十卷，行于世。"《隋志》缺载，今佚。

〔14〕原注："王劭《齐志》载谣云'獾獾头团圞，河中狗子破尔莞'也。"余嘉锡云："按此谓黑獭。"案亦见《言语篇》原注。谣辞亦类寓言，诸史五行志多载之。

〔15〕郑樵《通志·氏族略序》云："三代之前，姓氏分而为二：男子称氏，妇人称姓。氏所以别贵贱，贵者有氏，贱者有名无氏。古之诸侯诅辞，多曰：坠命亡氏，踣其国家。以明亡氏则与夺爵失国同，可知其为贱也。故姓可呼为氏，氏不可呼为姓。姓所以别婚姻，故有同姓、异姓、庶姓之别。氏同姓不同者，婚姻可通，姓同氏不同者，婚姻不可通。三代以后，姓氏合而为一，皆所以别婚姻，而以地望明贵贱。"《魏书·官氏志》："自古天子立德，因生以赐姓，胙之土而命

之氏。诸侯则以家与谥。官有世功，则有宦族，邑亦如是。姓则表其所由生，氏单记族所自出。其大略然也。至于或自所居，或以国号，或用官爵，或用事物，虽缘时不同，俱其义矣。（案以上胥本王符《潜夫论·志氏姓篇》。）魏氏本居朔壤，地远俗殊，赐姓命氏，其事不一。初，安帝统国诸部，有九十九姓，至献帝时，七分国人，使诸兄弟各摄领之，乃分其氏，自后兼并他国，各有本部，部中别族为内姓焉。年世稍久，互以改易，兴衰存灭，盖有之矣。"此氏姓源流及北朝制度之大概也。《通鉴释例》："魏之群臣出代北者，皆复姓，孝文迁洛，改为单姓，史患其烦，皆从后姓。"案北朝氏姓有改有不改，其改者俱详《魏书·官氏志》。

〔16〕　此句旧讹作"去万纽而留千"，或"去万而留千"，浦据史校改。《魏书·官氏志》："勿忸于氏，后改为于氏。"陈毅《疏证》曰："《唐书·宰相世系表》有萬纽于氏。按萬勿古声本通，纽与忸亦声通，是《唐表》万纽于即《志》之勿忸于矣。萬，本或作万。《广韵》十虞引《志》作万忸于。二十五愿称虏姓有万纽于，万纽于之为万忸于，犹《孝庄纪》万俟丑奴，《嚈哒国传》作萬俟丑奴也。万当依《广韵》读如墨，与《正韵》勿读为没之声相近。"

〔17〕　浦云："如作存扶而除乞，亦可。旧作存扶而除厚，非。"《官氏志》："乞扶氏后改为扶氏。"《疏证》曰："《尔朱荣传》有乞扶莫于。按扶当为伏，音之轻重也。《晋书，乞伏国仁载记》云：'有一小儿，乞伏部老父养为子，年十岁，号曰乞伏可汗。'国仁本书亦有传。又《高宗纪》有乞佛成龙，乞佛亦乞伏声之变。《陆真传》正作乞伏成龙。"《志》又云："厍狄氏后改为狄氏。"《疏证》曰："《姓解》三：厍作库。《广韵》四十祃亦有厍字，音昌舍切。《能改斋漫录·纪事篇》辨库厍二字，谓北朝复姓库狄之库，音赦，引库狄峙、库狄伏连，及《广韵》厍，始夜切，因谓本无厍字，后人除一点以为厍别。其说是也。"吾友周一良先生云："厍狄之姓，自来皆谓当读为赦，无上边一点。然近年所出北齐库狄回洛墓志盖及斛律夫人志盖皆作库，未省去一点，则作厍及读赦之说，或竟是后人强为区别耶？"

〔18〕 本节论名氏、谣谶之妄饰。

昔夫子有云："文胜质则史。"〔1〕故知史之为务，必籍于文。自五经以降，三史而往，以文叙事，可得言焉。而今之所作，有异于是。其立言也，或虚加练饰，轻事雕采〔2〕；或体兼赋颂，辞类俳优〔3〕。文非文，史非史，譬夫龟兹〔4〕造室，杂以汉仪〔5〕；而刻鹄不成，反类于鹜者也〔6〕。

〔1〕 见《论语·雍也篇》。《集解》引包云："史者，文多而质少。"邢《疏》："言文多胜于质，则如史官也。"

〔2〕 《文心雕龙·情采篇》："庄周云：'辩雕万物。'谓藻饰也。韩非云：'艳采辩说。'谓绮丽也。绮丽以艳说，藻饰以辩雕，文辞之变，于斯极矣。"此用其意。

〔3〕 《汉书，枚皋传》："皋不通经术，诙笑类俳倡，为赋颂，好嫚戏。自言为赋不如相如。又言为赋乃俳，见视如倡。自悔类倡也。"又《东方朔传赞》："朔口谐倡辩，不能持论，诙达多端，不名一行，应谐似优，不穷似智，正谏似直，秽德似隐，依隐玩世，诡时不逢，其滑稽之雄乎？"

〔4〕 龟兹，各本均作乌孙，陈汉章《史通补释》据《汉书·西域传》校改。

〔5〕 《汉书·西域传》："龟兹王治宫室，作徼道周卫，如汉家仪，外国胡人皆曰：'驴非驴，马非马，若龟兹王所谓赢也。'"此作乌孙者，盖涉与上言乌孙公主女事而误。赢，今骡字。

〔6〕 《后汉书·马援传》载其《诫子侄书》曰："龙伯高敦厚周慎，口无择言，谦约节俭，廉公有威，吾爱之重之，愿汝曹效之。杜季良豪侠好义，忧人之忧，乐人之乐，清浊无所失，父丧致客，数郡毕至，吾爱之重之，不愿汝曹效也。效伯高不得，犹为谨敕之士，所谓刻鹄不成尚类鹜者也。效季良不得，陷为天下轻薄子，所谓画虎不成反类狗者也。"本节总论叙事失真之弊。以上第二篇，论叙事贵真。

谨案：诵习此篇，先有二事当知：一者，子玄虽以叙事题篇，而所举三条，实修辞之要道，即说理、抒情之作，亦当以是为衡，初不限于叙事一体也；二者，书为心画，心总要术，约句准章，其法孔多，非此三者即足尽之，兹则但举成文，以资隅反也。（下举《古文十弊篇》以概行文之病，义亦同此。）若夫文中持论，或有漏略；昔贤之说，可相发明者，并举而辩之如次，亦郑君笺《诗》，“如有不同，即下己意”之义也。

甲、尚简。六代史籍，云蒸泉涌，殽乱芜秽，不可殚诘，故子玄于此，首标简要之谈，其砭俗之义深矣。《文赋》论十体而总云：“要辞达而理举，故无取乎冗长。”是前修行文贵简，又不特史籍为然。顾加之权度，尚有可商论者二端：其一则文有繁简，其理非一。《表记》曰：“虞、夏之文，不胜其质；商、周之质，不胜其文。”质文之变，涉及文字，故上世多简，而后世多繁。陈骙《文则》云：“刘向载泄冶之言曰：‘夫上之化下，犹风靡草。东风，则草靡而西；西风，则草靡而东。在风所由，而草为之靡。’此用三十二言而意方显。及观《论语》曰：‘君子之德，风；小人之德，草。草上之风必偃。’此减泄冶之言半，而意亦显。又观《书》曰：‘尔维风，下民维草。’此复减《论语》九言，而意愈显。”此繁简之系乎时世者也。至于文章取裁，有小有大，为繁为简，亦或于此区分。方苞《答孙以宁书》云：“古之晰于文律者，所载之事，必与其人之规模相称。太史公传陆贾，其分奴婢装资，琐琐者皆载焉。若《萧、曹世家》，而条举其治绩，则文字虽增十倍，不可得而备矣。故尝见义于《留侯世家》曰：‘留侯所从容与上言天下事甚众，非天下所以存亡，故不著。’此明示后世缀文之士从详略虚实之权度也。”此繁简之系乎题材者也。又若人之性分，禀受不齐，或强弱殊形，或刚柔异气，则其为文也，亦各有差焉。《文心雕龙·熔裁篇》云：“精论要语，极略之体，游心窜句，极繁之体，谓繁与略，随分所好。士衡才优，而缀辞尤繁；士龙思劣，而雅好清省。”此繁简之系乎性分者也。是故不可以多寡而第高下。其二则一意求简，不能无失。《日知录》云：“齐人有一妻一妾而处室者，其良人出，则必餍酒肉而后反。其妻问所与饮食者，则尽富贵也。其妻告其妾曰：‘良人出，则必餍酒肉而后反，问其与饮食者，尽富贵也，而未尝有显者来，吾将瞷良人之所之也。’‘有馈生鱼于郑子产，子产使校人畜之池，校人烹之，反命曰：始舍之，圉圉焉，少则洋洋焉，悠然而逝。子产曰：得其所哉！得其所哉！’此必须重叠而情事乃尽。此《孟子》文章之妙，使入《新唐书》，于齐人，则必曰：‘其妻疑而瞯之。’于子产，则必曰：‘校人出而笑之。’两言而已矣。”此太简则有欠生动之失也。（参前注引魏际瑞《论文》评子玄讥《公羊》、《汉书》一节。）《容斋随笔》云：“《史记，卫青传》：‘校尉李朔，校尉赵不虞，校尉公孙戎奴，各三从大将军获王，以千三百户封朔为涉轵侯，以千三百户封不虞为随成侯，以千三百户封戎奴为从平侯。’《汉书》但云：‘校尉李朔、赵不虞、公孙戎奴，各三从大将军，封朔为涉轵侯，不虞为随成侯，戎奴为从平侯。’比于《史记》，五十八字中省二十三字，然不若《史记》朴赡可喜。”洪氏所论是矣。而以省文略得侯所由，及封侯户数，致乖情实，尤其失处，则太简则有遗事实之失也。李耆卿《文章精义》云：“唐代宗时，有晋州男子郇谟者，上三十字条陈利害，一字是一件事，如团字是团练使之类。谟自知，他人不知也。”此太简则有难清晰之失也。黄震《黄氏日钞》云：“苏子由《古史》改《史记》多有不当，如《樗里子传》，《史记》曰：‘母，韩女也，樗里子滑稽多智。’《古史》曰：‘母，韩女也，滑稽多智。’似以母为滑稽矣。然则樗里子三字其可省乎？《甘茂传》，《史记》曰：‘甘茂者，下蔡人也，事下蔡史举，学百家之说。’《古史》曰：‘下蔡史举，学百家之说。’似史举自学百家矣。然则事之一字，其可省乎？以是知文不可以省字为工。字而可省，太史公省之久矣。”此太简则有不通顺之失也。明此二者，庶知文伤烦芜，固属一病；刻意求简，亦非必佳。缀文之徒，折中至当，要须斟酌题材，审定性分，秉《左传》“言以足志，文以足言”之说，《论语》“辞达而已”之言，为之准的，则自能左右逢源，丰约适度，而不至如《日知录》所讥“繁简之论兴而文亡”矣。

乙、用晦。详本篇所论用晦之义，乃承尚简而来，故其斥前史之不能用晦，仍以有伤烦芜为说，审所弹射，略可了然。盖自子玄视之，用晦不啻为致简之一术。顾就文辞之全而论，则用晦之道，犹有胜义，非特有裨于简要已也。夫心智感通，厥端有二：在作者曰表见，在读者曰赏会。表见而无微弗至，赏会而无远弗弥，斯尽其能事矣。然无微弗至，非繁而不杀之谓也；无远弗弥，非凿而无当之谓也。盖《诗》之六义，其用有三：直陈曰赋，曲喻曰比曰兴。虽并行不悖，而法式不同。故文或以详尽为贵，或以婉约为能，读者亦必随分领会，乃尽其道。孟氏所谓“以意逆志”也。既知文有曲直之异，则可明晦之为用，舍致文于简括之途外，尤在达意以含蓄之语焉。刘彦和之言曰：“情在词外曰隐。”（张戒《岁寒堂诗话》引《文心雕龙·隐秀篇》。今本此篇残阙，复经后人窜补，无此语。）以文心灵妙，变化无方，其限于书语，有不得尽言者，则必借表象以出之，《易传》所谓“曲中肆隐”者是也。其揆之事理，有不欲尽言者，则必赖曲指以明之，庄生所谓“谬悠荒唐”者是也。故比兴之体，昔人以为最尊，以其尤足达至深之情，传不尽之意也。杨慎《谭苑醍醐》云：“‘辞，达而已矣。’恐人溺于辞而忘躬行也。浅陋者借之。《易传》、《春秋》，孔子之特笔。其言玩之若近，寻之益远；陈之若肆，研之益深，天下之至文也，岂止达而已哉！夫意有浅言之而不达，深言之乃达者；详言之而不达，略言之乃达者；正言之而不达，旁言之乃达者；俚言之而不达，雅言之乃达者。故东周、西汉之文最古，而其能道人意中事最彻。今以浅陋为达，是乌知达哉？”斯言于文家用晦之理，可谓明其真谛。或者不知其理，于用事稍多，造语较约者，则群起而非之，不知此或正其善于表见之处也。且作者读者，各有职责。作者之职责，在求表见之充分与完整，其方术时直时曲，或显或隐，固非读者所能干预。读者之职责，在求赏会之正确与精密，其程度有深有浅，见智见仁，亦非作者所能指点。必欲锲舟胶柱，以齐不齐，斯曲士之见矣。若夫胸无真宰，意本平庸，徒文浅陋以艰深，施虎皮于羊质，格以用晦之例，则必在绳之外。子曰：“索隐行怪，后世有述焉，吾弗为之矣。”

丙、贵真。论文贵真，当先辨情理之真与事理之真，亦犹用晦必明致曲存诚，不侔于索隐行怪也。何谓情理之真？由心生想，由想生象，故实感有所不至，则缘幻梦出之；常情有所不然，则以假设表之。此虽于事或阂，而于情则通。文辞有此，斯可以达不达之心，传不传之意，锡以嘉名，是为夸饰。如《世说》之“枕流漱石”，《别赋》之“心折骨惊”，此用字之诡异也。《诗》言“曾不容刀”，《书》称“怀山襄陵”，此表象之甚泰也。《长恨》之传，则太真登仙，《还魂》之记，则丽娘复活，此述事之恢奇也。然世之善读书者，未闻以其不实为病也。昔《孟子》之论《诗》也，谓“说《诗》者不以文害辞，不以辞害志，以意逆志，是为得之”。（见《万章篇》。）王弼之论《易》

也，亦称“言者所以明象，得象而忘言；象者所以存意，得意而忘象。是故存言者，非得象者也；存象者，非得意者也”。（见《易略例·明象章》。）懿此两贤之言，所施虽不同哉，其揆则一。至若汤若士之序《还魂》曰：“自非通人，恒以理相格耳。第云理之所必无，安知情之所必有邪？”则抉发文心，直抒妙义，尤为深切明白矣。若事理之真，则以人事比拟，必于其伦，词语引申，必衷其义。又凡名物制度，古今有异，中外不同，施于文辞，自非人所共喻，必以此时此地，从宜从俗为主。其悖于此者，是曰妄饰，以格之文律，亦违于立诚也。盖情理属于形上，能知其旨意，自可恢万里而无碍，通亿载而为津；事理属于形下，不加以铨别，奚以考形名之不同，审制度之有异？是二者之所由分矣。间尝循览前修之论妄饰，尚有可补《史通》所未及者数事，兹分述之：六代已降，代语猥多，呼仲尼以龙蹲，斥高祖以隆准，虽近诡异，亦避熟俗，偶然用之，尚无不可。至如魏际瑞《论文》有云：“人以文字就质于人，称曰正之；忽念政者正也，改称曰政；又念正者必须删削，乃曰削政；又念斧斤所以削也，转曰斧正；又念善斧斤者莫如郢人，易曰郢正，且或卑称曰郢；而最奇者，以为孔子笔削《春秋》，而《春秋》绝笔于获麟，遂曰麟郢。愈文而愈不通，令人绝倒。”此则匪夷所思矣。是代语之不可妄饰一也。又官名地名，代有因革，或实同而名异，或实异而名同，令典昭彰，未可妄易。文士以求雅避熟，偶于吟咏，施以古名，理固非宜，而累尚小；至碑志、史传，所以征信后世者，必从今制，不尔则于理甚乖。何孟春《余冬序录》云：“今人称人姓，必易以世望；称官，必用前代职名；称府州县，必用前代郡邑名；欲以为异，不知文字间著此，何益于工拙。李姓者称陇西公，杜曰京兆，王曰琅琊，郑曰荥阳，以一姓之望而概众人，可乎？官职、郡邑之建置，代有沿革，今必用前代名号而称之，后将何所考焉？此所谓于理无取，而事复有碍者也。”《日知录》亦云：“以今日之地为不古，而借古地名；以今日之官为不古，而借古官名，皆文人所以自盖其浅陋也。”此专名之不可妄饰二也。再如文章体制，与时递变，官府文书之属，尤多今古之殊，笔札所施，最忌模古。昔东坡为《表忠观碑》，取赵抃请修表忠观原奏施以点窜，《文史通义·古文公式篇》评之曰：“史家记事记言，因袭成文，原有点窜涂改之法。苏氏此碑，虽似钞缮成文，实费经营裁制也。第文辞可以点窜，而制度则必从时，此碑首‘臣抃言’三字，篇末‘制曰可’三字，恐非宋时奏议上陈，诏旨下达之体，而苏氏意中揣摩秦本纪‘丞相臣斯昧死言’及‘制曰可’等语太熟，则不免如刘知幾之所讥‘貌同而心异’矣。夫不察文辞义例，而惟以古雅为徇，则‘臣抃言’三字，何如‘岳曰于’三字之更古；‘制曰可’三字，何如‘帝曰俞’三字之更古。舍唐、虞而法秦、汉，未见其能好古也。”是体式之不可妄饰三也。总上所论，文辞贵真，固为不易之理，然必知有情事二者之异。情理之中，虽有若无稽者，而实不害其为真；事理之中，虽或似有据者，而亦可定其为妄。明乎此，则其去取亦断可知矣。

古文十弊

（文病示例）

章学诚

余论古文辞义例〔1〕，自与知好诸君书凡数十通，笔为论著，又有《文德》、《文理》、《质性》、《黠陋》、《俗嫌》、《俗忌》诸篇〔2〕，亦详哉其言之矣。然多论古人，鲜及近世。兹见近日作者所有言论与其撰著，颇有不安于心〔3〕。因取最浅近者，条为十通。思与同志诸君相为讲明〔4〕。若他篇所已及者，不复述，览者可互见焉。此不足以尽文之隐〔5〕；然一隅三反〔6〕，亦庶几其近之矣〔7〕。

〔1〕 古文及古文辞之称，所以别于六代以还骈俪之文，即散文也。言义例者，杜预《春秋序》云："左丘明受经于仲尼，以为经者，不刊之书也。故《传》或先《经》以始事，或后《经》以终义，或依《经》以辩理，或错《经》以合异，随义而发。其发以言例，皆经国之常制，周公之垂法，史书之旧章。仲尼从而修之，以成一经之通体。其微显阐幽，裁成义类者，皆据旧例而发义，指行事以正褒贬，诸称'书'、'不书'、'先书'、'故书'、'不言'、'不称'、'书曰'之类，皆所以启新旧，发大义，谓之变例。然亦有史所不书，即以为义者，此盖《春秋》新意，故《传》不言凡，曲而畅之也。其《经》无义例，因行事而言，则《传》直言其归趣而已，非例也。"盖所谓义者，制法以垂世；所谓例者，依义以发凡。亦或变文言义法。《史记·十二诸侯年表序》云："孔子明王道，干七十余君，莫能用。故西观周室，论史记旧闻，兴于鲁而次《春秋》，上记隐，下迄哀公之获麟，约其文辞，治其繁重，以制义法。"是

也。后世古文家以为文章本于经术，故喜言之。方苞《书史记货殖列传后》云：“《春秋》之制义法，自太史公发之，而后之深于文者亦具焉。义，即《易》之所谓言有物也；法，即《易》之所谓言有序也。义以为经，而法律之，然后为成体之文。”则论之最著者也。

〔2〕 论文书具详《遗书·文集》，篇多，不悉举。《文德》以下五篇，见《文史通义》，惟《俗忌》今不传，或即《砭俗》之原名。

〔3〕 案实斋于同时作者少所许可，以下所条十事，必皆确有其人，今苦不能悉也。

〔4〕 《后汉书·班超传》：“平陵人徐幹素与超同志。”又《刘陶传》：“所与交友，必也同志。”据此，知同志盖汉时恒语，至今沿用之。

〔5〕 《尔雅·释诂》：“隐，微也。”《汉书·杜周传赞注》：“微，谓微妙。”

〔6〕 隅反，见《叙事篇》注引《论语》。

〔7〕 本节序。

一曰：凡为古文辞者，必先识古人大体，而文辞工拙又其次焉。不知大体，则胸中是非不可以凭；其所论次〔1〕，未必俱当事理；而事理本无病者，彼反见为不然，而补救之，则率天下之人而祸仁义矣〔2〕。有名士投其母氏行述〔3〕，请大兴朱先生作志〔4〕，叙其母之节孝，则谓：乃祖衰年病废卧床〔5〕，溲便无时〔6〕。家无次丁〔7〕。乃母不避秽亵，躬亲薰濯〔8〕。其事既已美矣。又述乃祖于时蹙然不安〔9〕。乃母肃然对曰：“妇年五十，今事八十老翁〔10〕，何嫌何疑？”〔11〕呜呼！母行可嘉，而子文不肖甚矣〔12〕。本无芥蒂〔13〕，何有嫌疑？节母既明大义，定知无是言也。此公无故自生嫌疑，特添注以斡旋其事〔14〕，方自以为得体；而不知适如冰雪肌肤〔15〕，剜成疮痏〔16〕，不免愈濯愈痕瘢矣〔17〕。人苟不解文辞，如遇此等，但须据事直书，不可无故妄加雕饰。妄加雕饰，谓之剜肉为疮〔18〕。此文人之通弊也〔19〕。

〔1〕 《史记·五帝本纪赞》：“余并论次，择其言尤雅者。”《楚辞·九叹·

苦思篇》王《注》:"次,第也。"《文选·东京赋》薛《注》:"次,比也。"

〔2〕《淮南子·时则篇》:"天子亲率三公、九卿、大夫。"《注》:"率,使也。"

〔3〕行述或称行状。《古文辞类纂序》云:"传状虽原于史氏,而义不同。刘先生(海峰)云:古之为达官名人传者,史官职之,其人既稍显,即不当为之传,为之行状,上史氏而已。"古之妇德,载在彤史,故女子亦得有行述也。

〔4〕实斋《朱先生墓志铭》:"先生讳筠,字竹君,一字美叔,学者称为笥河先生,乾隆癸酉举人,甲戌进士,历官翰林编修,侍读学士,安徽、福建学政。"《古文辞类纂序》:"志者,识也。或立石墓上,或埋之圹中,古人皆曰志。为之铭者,所以识之之辞也;然恐人观之不详,故又为序。世或以石立墓上曰碑,曰表,埋乃曰志,及分志铭二之,独呼前序曰志者,皆失其义。"

〔5〕《经传释词》:"乃犹其也。《书·多士》曰:'尔乃尚有尔土,尔乃尚宁干止。'尔乃,尔其也。"《周礼·小司徒·注》:"废疾,谓癃病也。"

〔6〕《素问·奇病论》:"有癃者,一日数十溲。"《注》:"溲,小便也。"

〔7〕《史记·历书》:"丁者,言万物之丁壮也。"《文选》旧题李陵《答苏武书》李《注》:"丁年,谓丁壮之年也。"故男子成年亦云成丁。家无次丁,谓其家男子惟乃祖一人。

〔8〕《尔雅·释诂》:"躬,身也。"《仪礼·士昏礼注》:"躬,犹亲也。"《汉书·刘向传》:"躬亲节俭。"

〔9〕蹙通作戚,忧也。《孟子·梁惠王篇》:"疾首蹙頞。"《注》:"蹙頞,愁貌。"

〔10〕《广雅·释亲》:"翁,父也。"

〔11〕古者男女授受不亲,八岁则异席而坐,异坐而食。命士之礼,父子异宫。故此引乃母语以自解。《礼记·曲礼》:"夫礼者,所以定亲疏,决嫌疑,别同异,明是非也。"汉光武帝《报冯异诏》曰:"将军之于国家,恩犹父子,何嫌何疑,而有惧意。"

〔12〕不肖故训有二:《论衡·自然篇》:"至德纯渥之人,禀天气多,故能则天,自然无为。禀气薄少,不遵道德,不似天地,故曰不肖。不肖

者，不似也。”此一说也。《说文》：“肖，骨肉相似也。不似其先，故曰不肖。”《意林》引《风俗通》：“生子鄙陋，不似父母，故曰不肖。”此又一说也。

〔13〕《汉书·贾谊传》：“细故蒂芥，何足以疑。”师古曰：“蒂芥，小鲠也。”叠韵连绵字，故又倒文作芥蒂。《风俗通》：“何不芥蒂于其胸腹，而割裂之哉？”

〔14〕《楚辞·天问》：“斡维焉系？”戴震《注》：“斡，以制旋转也。”《广雅·释诂》：“斡，转也。”《淮南子·天文篇》：“帝张四维，运之以斗。”《汉书·天文志》：“北斗七星，所谓‘旋玑玉衡，以齐七政’。（案见《书·尧典》。）斗为帝车，运于中央，临制四海，分阴阳，建四时，均五行，移节度，定诸纪，皆系于斗。”盖北斗七星，柄随四时以斡旋，其象最著，故借以喻人事周旋也。

〔15〕《庄子·逍遥游》：“藐姑射之山，有神人居焉。肌肤若冰雪，绰约若处子。”

〔16〕张衡《西京赋》：“所好生毛羽，所恶成疮痏。”《汉书·薛宣传注》引《三苍》：“痏，疮也。”

〔17〕瘢，今通作疤。

〔18〕聂夷中《悯农诗》：“医得眼前疮，剜却心头肉。”此借用之。

〔19〕本节论剜肉为疮之弊。

二曰：《春秋》书内，不讳小恶[1]。岁寒知松柏之后彫[2]；然则欲表松柏之贞，必明霜雪之厉，理势之必然也。自世多嫌忌，将表松柏，而又恐霜雪怀惭，则触手皆荆棘矣[3]。但大恶讳，小恶不讳，《春秋》之书内事，自有其权衡也[4]。江南旧家，辑有宗谱[5]。有群从先世[6]，为子聘某氏女[7]。后以道远家贫，力不能婚，恐失婚时[8]，伪报子殇[9]，俾女别聘；其女遂不食死，不知其子故在。是则守贞殉烈，两无所处[10]；而女之行事，实不愧于贞烈，不忍泯也[11]。据事直书，于翁诚不能无歉然矣。第《周官》媒氏禁嫁殇[12]，是女本无死法也。《曾子问》：娶女有日，而其父母死，使人致命女氏。《注》谓：恐失人嘉会之时[13]。是古有辞婚之礼也。今制:婿远游三年无闻,听妇告官别嫁[14]。是律有远绝离婚之条也。是则某翁诡托子殇,比例原情,尚不足为大恶,而必须讳也。而其族人动色相戒,必不容于直书。则匿其辞曰:"书报幼子之殇,而女家误闻以为婿也。"夫千万里外无故报幼子殇,而又不道及男女婚期,明者知其无是理也,则文章病矣。人非圣人,安能无失。古人叙一人之行事,尚不嫌于得失互见也[15]。今叙一人之事,而欲顾其上下左右前后之人皆无小疵,难矣!是之谓八面求圆,又文人之通弊也[16]。

〔1〕《春秋》隐十年《公羊传》:"《春秋》录内而略外。于外,大恶书,小恶不书;于内,大恶讳,小恶书。"何休《解诂》:"于内大恶讳,于外大恶书者,明王者起,当先自正,内无大恶,然后乃可治诸夏大恶,因见臣子之义,当先为君父讳大恶也。内小恶书,外小恶不书者,内有小恶,适可治诸夏大恶,未可治诸夏小恶,明当先自正然后正人。小恶不讳者,罪薄耻轻。"

〔2〕《论语·子罕篇》:"子曰:'岁寒,然后知松柏之后彫也。'"彫,同凋。

〔3〕《方言》:"草木刺人,江湘之间谓之棘。"《后汉书·冯异传注》:"荆棘,榛梗之谓。"

〔4〕权衡,详《诗教下篇》注引《汉书·律历志》。

〔5〕黄汝成《日知录集释》引赵氏(翼)曰:"《南史》,王僧孺被命撰谱,而不知谱所自起,以问刘杳。杳曰:'《桓谭新论》云:太史公《三代世表》,旁行斜上,并效《周谱》,以此而推,当起于周代也。'按《周礼》:'小史奠世系,辨昭穆。'是谱学之起于周无疑。汉高祖起布衣,故不重氏族,然汉邓氏已有《官谱》,应劭有《氏族》一篇,王符《潜夫论》亦有《氏姓》一篇。至魏九品中正法行,于是权归右姓,有司选举,必稽谱牒,故官有世胄,谱有世官,于是谱学兴焉。"

〔6〕《尔雅·释亲》:"父之世父、叔父为从祖祖父,父之世母、叔母为从祖祖母。"《注》:"从祖而别,世统异故。"《疏》:"解所以称从之理也。从祖而别,继世分宗,其统各异。"案《左传》昭五年《注》:"从,顺也。"又

二十八年《注》:“从,随也。”祖之兄弟配偶顺随祖父母以得名,故曰从祖祖父、从祖祖母,下及父辈、平辈、子辈皆然。《礼记·丧服小记》云:“别子为祖,继别为宗。”五世而迁,亲疏递降,故云“从”耳。此言群从,当是指从兄弟辈。

〔7〕《礼记·内则》:“聘则为妻。”《注》:“聘,问也。”《荀子·富国篇注》:“聘,问名也。”犹今言订婚矣。《春秋》宣六年《公羊传》:“使勇士某者。”《解诂》:“某者,本有姓氏,记传者失之。”

〔8〕《毛诗·召南·摽有梅序疏》:“《礼记》云:‘二十曰弱冠。’又曰:‘冠,成人之道。成人,乃可为人父矣。’《丧服传》曰:‘十九至十六为长殇。’礼,子不殇父,明男二十为初娶之端。又《礼记》曰:‘女年十五许嫁而笄。’以十五为成人,许嫁不为殇,明女十五为初昏之始矣。王肃述毛曰:‘前贤有言,丈夫二十不敢不有室,女子十五不敢不事人。’谯周亦云。是故男自二十以至三十,女自十五以至二十,皆得以嫁娶,先是则速,后是则晚矣。”

〔9〕《仪礼·丧服注》:“殇,男女未冠笄而死,可哀伤者。”(伤,本作殇,据《校勘记》改。)

〔10〕守贞,谓夫死不嫁;殉烈,谓夫死自尽。今皆非其情,故曰“两无所处”。

〔11〕《广雅·释诂》:“泯,灭也。”

〔12〕《周礼·地官·媒氏》:“禁嫁殇者。”郑《注》:“殇,十九以下未嫁而死者,生不以礼相接,死而合之,是亦乱人伦者也。郑司农云:嫁殇者,谓嫁死人也。今时娶会是也。”贾《疏》:“不言殇娶者,举女,男可知也。”案殇嫁之俗,或称冥婚;殇娶则抱主成婚,守望门寡者是。此皆陋俗,故礼禁之。

〔13〕《礼记·曾子问》:“曾子问曰:‘昏礼,既纳币,有吉日,女之父母死,则如之何?’孔子曰:‘婿使人吊,如婿之父母死,则女之家亦使人吊。父丧称父,母丧称母,父母不在,则称伯父世母。婿已葬,婿之伯父致命女氏曰:某之子有父母之丧,不得嗣为兄弟,(案《尔雅·释亲》:“妇之党为婚兄弟,婿之党为姻兄弟。”郭《注》:“古者皆谓婚

姻为兄弟。”邢《疏》即引此文为证。)使某致命,女氏许诺而弗敢嫁,礼也。婿免丧,女之父母使人请婿,弗取,而后嫁之,礼也。女之父母死,婿亦如之。’”注:“必致命者,不敢以累年之丧,使人失嘉会之时。”《仪礼·士昏礼疏》引郑玄《三礼目录》云:“昏礼于五礼属嘉礼。”故此云嘉会也。嘉会字出《周易》,见《诗教下》注。

〔14〕《大清律例》:“期约已过五年,无过不娶,及夫逃亡,三年不还者,并听经官告给执照,别行改嫁。”

〔15〕如《汉书·司马迁传赞》曰:“迁据《左氏》、《国语》,采《世本》、《战国策》,述《楚汉春秋》,接其后事,讫于大汉,其言秦、汉详矣。至于采经摭传,分散数家之事,甚多疏略,或有牴牾。亦其涉猎者广博,贯穿经传,驰骋古今,上下数千年间,斯已勤矣。又其是非颇缪于圣人,论大道,则先黄、老而后六经;序游侠,则退处士而进奸雄;述货殖,则崇势利而羞贫贱,此其所蔽也。然自刘向、扬雄皆称迁有良史之材,服其善序事理,辨而不华,质而不俚,其文质,其事核,不虚美,不隐善,故谓之实录。呜呼!以迁之博物洽闻,不能以知自全,既陷极刑,幽而发愤,书亦信矣。(师古曰:“言其《报任安书》自陈己志信不谬。”)迹其所以自伤悼,《小雅·巷伯》之伦。夫唯大雅,既明且哲,以保其身,难矣哉!”此据迁之行事著书以论其人,其得失不稍讳者也。自余史传类此者众。盖古之君子,其论人也,爱而知其恶,恶而知其善。故《荀子·正名篇》所谓“以仁心说,以学心听,以公心辨”者,往往于故书雅记遇之。

〔16〕本节论八面求圆之弊。

三曰:文欲如其事,未闻事欲如其文也。尝见名士为人撰志,其人盖有朋友气谊,志文乃仿韩昌黎之志柳州也〔1〕。一步一趋〔2〕,惟恐其或失也。中间感叹世情反复,已觉无病费呻吟矣〔3〕。末叙丧费出于贵人,及内亲竭劳其事〔4〕。询之其家,则贵人赠赙稍厚〔5〕,非能任丧费也。而内亲则仅一临穴而已〔6〕,亦并未任其事也。且其子均长成,非若柳州之幼子孤露〔7〕,必待人为经理者也〔8〕。诘其何为失实至此？则曰：“仿韩志柳墓终篇有云：‘归葬费出观察使裴君行立。’又：‘舅弟卢遵，既葬子厚，又将经纪其家。’附记二人，文情深厚，今志欲似之耳。”余尝举以语人，人多笑之。不知临文模古，迁就重轻，又往往似之矣。是之谓削趾适屦〔9〕，又文人之通弊也〔10〕。

〔1〕 韩愈《柳子厚墓志铭》载本集。子厚尝为柳州刺史，故称柳柳州。

〔2〕 《庄子·田子方篇》：“颜渊问于仲尼曰：‘夫子步，亦步；夫子趋，亦趋；夫子驰，亦驰；夫子奔逸绝尘，而回瞠若乎后矣。’”

〔3〕 《诗·大雅·板》：“民之方殿屎。”《传》：“殿屎，呻吟也。”《尔雅·释训疏》引孙炎云：“人愁苦呻吟之声也。”云无病费呻吟者。《柳子厚墓志》有云：“呜呼！士穷乃见节义。今夫平居里巷相慕悦，酒食游戏相征逐，诩诩强笑语以相取下，握手出肺腑相示，指天日涕泣，誓生死不相背负，真若可信，一旦临小利害，仅如毛发比，反眼若不相识；落陷阱，不一引手救，反挤之，又下石焉者，皆是也。”此退之以子厚笃于友道，力为刘梦得流播州一事道地，梦得遂得改刺连州，故临文感矣。若无其情事，而妄作感叹之言，则所谓“皮之不存，毛将焉附”者矣。

〔4〕 古者男子主外，女子主内，故诸侯称夫人曰内主，(《春秋》昭三年《左传》。)卿大夫称嫡妻曰内子，(《春秋》僖二十四年《左传注》。)或兼妻妾皆曰内人，(《礼记·檀弓注》。)妻子戚属因亦称内亲，即《尔雅·释亲》之妻党也。

〔5〕 《仪礼·既夕礼》：“知死者赠，知生者赙。”又“既赙”《注》：“赙之言补也，助也。货财曰赙。”

〔6〕 《诗·秦风·黄鸟》：“临其穴。”《笺》：“穴，谓冢圹中也。亲临其圹。”

〔7〕 嵇康《与山巨源绝交书》：“少加孤露，母兄见骄。”《孟子·梁惠王篇》：“幼而无父曰孤。”《楚辞·涉江注》：“露，暴也。”幼而丧父，无所庇荫，故曰孤露。

〔8〕 《荀子·正名篇》：“道也者，治之经理也。”后世假作纪纲处分之义。云柳州幼子孤露必待经理者，《志》云：“子厚有子男二人，长曰周六，

始四岁；季曰周七，子厚卒乃生；女子二人，皆幼。”

〔9〕《魏志·明帝纪注》引《魏略》载帝《露布》曰：“刖趾适屦，刻骨伤肌。”《广雅·释器》：“屦，履也。”

〔10〕 本节论削趾适屦之弊。

四曰：仁智为圣，夫子不敢自居〔1〕；瑚琏名器，子贡安能自定〔2〕？称人之善，尚恐不得其实；自作品题〔3〕，岂宜夸耀成风耶？尝见名士为人作传，自言：“吾乡学者，鲜知根本。惟余与某甲〔4〕，为功于经术耳〔5〕。”所谓某甲，固有时名，亦未见必长经术也。作者乃欲援附为名，高自标榜〔6〕，恧矣〔7〕！又有江湖游士〔8〕，以诗著名，实亦未足相副也〔9〕。然有名实远出其人下者，为人作诗集序，述人请序之言曰：“君与某甲齐名。某甲既已弁言〔10〕，君乌得无题品？”夫齐名本无其说，则请者必无是言。而自诩齐名〔11〕，借人炫己，颜颊不复知忸怩矣〔12〕。且经援服、郑〔13〕，诗攀李、杜〔14〕，犹曰高山景仰〔15〕。若某甲之经，某甲之诗，本非可恃；而犹借为名，是之谓私署头衔〔16〕，又文人之通弊也〔17〕。

〔1〕《论语·述而篇》：“子曰：‘若圣与仁，则吾岂敢，抑为之不厌，诲人不倦，则可谓云尔已矣。’”《孟子·公孙丑篇》：“昔者，子贡问于孔子曰：‘夫子圣矣乎？’孔子曰：‘圣则吾不能，我学不厌而教不倦也。’子贡曰：‘学不厌，智也；教不倦，仁也。仁且智，夫子既圣矣。’夫圣，孔子不居。”

〔2〕《论语·公冶长篇》：“子贡问曰：‘赐也何如？’子曰：‘女，器也。’曰：‘何器也？’曰：‘瑚、琏也。’”《集解》引包氏曰：“瑚、琏，黍稷之器，夏曰瑚，殷曰琏，周曰簠簋。宗庙之器贵者。”

〔3〕 李白《上韩荆州书》：“一经品题，便作佳士。”品题犹《世说》云题目，今云评论矣。

〔4〕《日知录》：“《史记·万石君传》：‘长子建，次子甲，次子乙，次子庆。’

甲乙非名也，失其名而假以名之也。《韩安国传》：‘蒙狱吏田甲。’《张汤传》：‘汤之客田甲。’《汉书·高五王传》：‘齐宦者徐甲。’《严助传》：‘闽越王弟甲。’疑亦同此。《任安传》：‘某子甲何不来乎?’《三国志注》：许攸呼魏太祖小字曰：‘某甲，卿不得我，不得冀州也。’《左传》文十四年：‘齐公子元不顺，懿公之为政也，终不曰公，曰夫己氏。’《注》：‘犹言某甲。’”原注：“《文选·为齐明帝让宣城郡公表》：‘谨附某官某甲奉表以闻。’《宣德皇后令》：‘今遣某位某甲等。’”

〔5〕《汉书·东平思王传》：“今闻王改行自新，尊修经术。”经术犹言经学耳。

〔6〕《后汉书·党锢列传》：“海内希风之流，遂共相摽搒。”《注》：“摽搒，犹相称扬也。搒与榜，古字通。”案摽亦通标。惠氏《补注》引胡三省曰：“立表以示人曰摽，揭书以示人曰榜。标榜，犹言表揭也。”

〔7〕《说文》：“恧，惭也。”

〔8〕江湖一词，本指隐逸而言，后来则以斥叔世下流，貌为高雅，而奔走权门，以谋衣食者。亦犹风流本谓言止之高华，而后来乃以目浪子之淫媟也。

〔9〕《汉书·礼乐志注》：“副，称也。”

〔10〕弁，冠冕之属。弁戴人首，亦犹序置书前也。

〔11〕《说文》：“诩，大言也。”

〔12〕《国语·晋语》：“晋平公欲杀竖襄。叔向曰：‘君其必速杀之，勿令远闻君忸怩颜。’乃趣赦之。”《注》：“忸怩，惭貌。”实斋《黜陋篇》云：“观后世文集，应人请而为传志，则多叙其请之之人，且详述其请之之语。偶然为之，固无伤也。黠于好名而陋于知意者，序人请乞之辞，故为敷张扬厉以谀己也，一则曰：‘吾子道德高深，言为世楷，不得吾子为文，死者目不瞑焉。’再则曰：‘吾子文章学问，当代宗师，苟得吾子一言，后世所征信焉。’已则多方辞让，人又搏颡固求。凡斯等类，皆入文辞，于事毫无补益，而借人炫己，何其厚颜之甚耶!”可与此条参证。

〔13〕《后汉书·儒林传》：“服虔，字子慎，河南荥阳人也。少以清苦建

志，入太学受业，有雅才，善著文论，作《春秋左氏传解》，又以《左传》驳何休之所驳汉事六十条。”又《郑玄传》：“玄，字康成，北海高密人也。造太学受业，师事京兆第五元，先始通《京氏易》、《公羊春秋》、《三统历》、《九章算术》，又从同郡张恭祖受《周官》、《礼记》、《左氏春秋》、《韩诗》、《古文尚书》。以山东无足问者，乃西入关，事扶风马融。在门下三年不得见，日夜寻诵，未尝怠倦。会融集诸生考论图纬，闻玄善算，乃召见。玄因从质诸疑义，问毕，辞归。融喟然谓门人曰：‘郑生今去，吾道东矣。’及党事起，被禁锢，遂隐修经业，闭门不出。时任城何休好《公羊》学，遂著《公羊墨守》、《左氏膏肓》、《穀梁废疾》。玄乃发《墨守》，针《膏肓》，起《废疾》。休见而叹曰：‘康成入吾室，操吾矛以伐我乎？’”

〔14〕 元稹《杜子美墓志铭》：“予读诗至杜子美，而知大小之有所总萃焉。盖所谓上薄《风》、《雅》，下该沈、宋，言夺苏、李，气吞曹、刘，掩颜、谢之孤高，杂徐、庾之流丽，尽得古今之体势，而兼人人之所独专。诗人已来，未有如子美者。是时，山东人李白亦以文奇取胜，时人谓之李、杜。予观其壮浪纵恣，摆去拘束，模写物象，及乐府歌词，诚亦差肩于子美矣。至若铺陈终始，排比声韵，大或千言，次犹数百。词气豪迈，而风调清深；属对律切，而脱弃凡近，则李尚不能历其藩翰，况堂奥乎？”《旧唐书·文苑传》云：“自后属文者，以稹论为是。”案自唐以来，李、杜并称，韩退之诗云：“李杜文章在，光焰万丈长。”又云：“勃兴得李杜，万类困凌墓。”初无轩轾也。盖李极高明，而杜道中庸；极高明，故难摹，道中庸，则易学。后人之抑李扬杜，理或在斯。然二公之诗，甄微立极一也。稹之所论，岂其然欤？

〔15〕 《诗·小雅·车辖》：“高山仰止，景行行止。”《笺》：“古人有高德者，则慕仰之，有明行者，则而行之。”

〔16〕 封演《封氏闻见记》：“官衔之名，盖兴近代。当是选曹补受，顺存资历，闻奏之时，先具旧官名品于前，次书拟官于后，使新旧相衔不断，故曰官衔，亦曰头衔。所以名为衔者，如人口衔物取其连续之意，又如马之有衔以制其首，前马已进，后马续来，相次不绝者，古

人谓之衔尾相属，即其义也。”

〔17〕 本节论私署头衔之弊。

五曰：物以少为贵，人亦宜然也。天下皆圣贤，孔、孟亦弗尊尚矣。清言自可破俗，然在典午，则滔滔皆是也〔1〕。前人讥《晋书》列传同于小说〔2〕，正以采掇清言〔3〕，多而少择也。立朝风节〔4〕，强项敢言〔5〕，前史侈为美谈〔6〕。明中叶后〔7〕，门户朋党〔8〕，声气相激，谁非敢言之士〔9〕？观人于此，君子必有辨矣。不得因其强项申威〔10〕，便标风烈〔11〕。理固然也。我宪皇帝〔12〕澄清吏治〔13〕，裁革陋规，整饬官方〔14〕，惩治贪墨〔15〕，实为千载一时〔16〕。彼时居官，大法小廉〔17〕，殆成风俗。贪冒之徒〔18〕，莫不望风革面〔19〕。时势然也〔20〕。今观传、志、碑、状之文，叙雍正年府、州、县官〔21〕，盛称杜绝馈遗〔22〕，搜除积弊，清苦自守，革除例外供支。其文洵不愧于循吏传矣〔23〕。不知彼时逼于功令〔24〕，不得不然。千万人之所同，不足以为盛节。岂可见奄寺而颂其不好色哉〔25〕？山居而贵薪木，涉水而宝鱼虾，人知无是理也。而称人者乃独不然。是之谓不达时势，又文人之通弊也〔26〕。

〔1〕 《后汉书·郑太传》载太语曰：“孔公绪清谈高论，嘘枯吹生。”《魏志·钟繇传注》引《魏略》载曹丕报繇书曰：“至于荀公之清谈，孙权之妩媚，执书嗢噱，不能离手。”是则清谈实起建安，及正始中，何晏、王弼之徒主持风会，弃经术而尚玄言，蔑礼法而崇放达，自是以后，士林以此相高，故及晋而大盛焉。其详具在《世说新语》及《国志》、《晋书》，亦称清言。《晋书·乐广传》：“广善清言。”是其例也。典午见《模拟篇》注。《论语·微子篇》：“滔滔者，天下皆是也。”《集解》引孔曰：“滔滔，周流之貌。”

〔2〕 《史通·采撰篇》：“晋世杂书，谅非一族。若《语林》、《世说》、《幽明录》、《搜神记》之徒，其所载或诙谐小辩，或神鬼怪物。其事非圣，扬

雄所不观；其言乱神，宣尼所不语。皇朝新撰《晋史》，多采以为书。夫以干（宝）、邓（粲）之所粪除，王（沈）、虞（预）之所糠秕，持为逸史，用补前传，此何异魏朝之撰《皇览》，梁世之修《遍略》，务多为美，聚博为功，虽取悦于小人，终见嗤于君子矣。”案四家所著《晋史》今皆不传。

〔3〕《诗·周南·芣苢》：“薄言采之。”《传》：“采，取也。”又：“薄言掇之。”《传》：“掇，拾也。”

〔4〕《论语·公冶长篇》：“赤也束带立于朝，可使与宾客言也。”《魏志·王凌传评》：“王凌风节格尚。”《魏书·高允传》：“高生所乏者，矫矫风节耳。”

〔5〕《后汉书·酷吏传》：“董宣为洛阳令。湖阳公主苍头白日杀人，宣格杀之。主诉帝，帝使宣叩头谢主，宣不从，强使顿之，宣两手据地，终不肯俯。主曰：‘文叔为白衣时，藏亡匿死，吏不敢至门，今为天子，威不能行一令乎？’帝笑曰：‘天子不与白衣同。’因敕强项令出，赐钱三十万。”

〔6〕《南齐书·王俭传》：“子房之遇汉后，公达之逢魏君，史籍以为美谈，君子称其高义。”

〔7〕《诗·长发》：“昔在中叶。”《传》：“叶，世也。”

〔8〕《管子·明法篇》：“治国无法，则民朋党。”《离骚》王《注》：“朋，犹党也。”又：“党，朋也。”《御览》引《六韬》：“友之友谓之朋，朋之朋谓之党。”盖通言则同，对言则异也。

〔9〕《四库总目·钦定明臣奏议提要》：“有明一代，惟太祖以大略雄才，混一海内，一再传后，风气渐移。朝廷所趋，大致乃与南宋等。故二百余年之中，士大夫所敷陈者，君子置国政而论君心，一札动至千万余言，有如策论之体；小人舍公事而争朋党，一事或至数十疏，全为讦讼之词。迨其末流，弥增诡薄。非惟小人牟利，即君子亦不过争名。台谏哄于朝，道学哗于野。人知其兵防吏治之日坏，不知其所以坏者，由阁臣、奄竖为之奥援；人知阁臣、奄竖之日讧，不知其所以讧者，由门户朋党为之煽构。盖宋人之弊，犹不过议论多而成功少，

明人之弊，则直以议论亡国而已矣。”此当时“门户朋党声气相激”之概略也。

〔10〕 《史通·辨职篇》：“强项申威，所不能及。”

〔11〕 《汉书·元帝纪赞》：“号令温雅，有古之风烈。”

〔12〕 即清世宗爱新觉罗·胤禛。

〔13〕 《世说新语·德行篇》：“陈仲举登车揽辔，有澄清天下之志。”

〔14〕 《春秋》成十八年《左传》：“官不易方。”《国语·晋语》：“官方定物。”《注》：“方，常也。”官方即为官之典常矣。

〔15〕 《春秋》昭十四年《左传》：“贪以败官为墨。”《注》：“墨，不絜之称。”絜与洁通。

〔16〕 袁宏《三国名臣序赞》：“夫万载一期，有生之通途，千载一遇，贤智之嘉会。”

〔17〕 《礼记·礼运》：“大臣法，小臣廉，官职相序，君臣相正，国之肥也。”

〔18〕 《左传》襄四年及文十八年《注》并云：“冒，贪也。”按贪冒即贪墨。冒墨一声之转，故昧冒一作昧墨。

〔19〕 阮籍《为郑冲劝晋王笺》：“望风震服。”《易·革》：“小人革面。”王《注》：“小人变面以顺上。”

〔20〕 《孟子·公孙丑篇》：“虽有知慧，不如乘势，虽有镃基，不如待时。”时势连文本此。考清世宗御宇之初，即迭颁严旨，整饬吏治，杜绝货贿。其先六部皆有陋规，名曰部费，凡各省题奏，部费不入，不能结案。至世宗亦下诏严禁，官方为之一整。其他惩治贪墨诸诏谕，《东华录》亦多载之。《四库全书》收《世宗宪皇帝圣训》三十六卷，《上谕内阁》一百五十九卷，《朱批谕旨》三百六十卷。其《圣训提要》云：“世宗宪皇帝励精图治，日昃不遑，为万世永赖之计，故理繁治剧，而不避其烦；廑一夫不获之心，故虑远防微，而不遗于细。且癸卯践祚以前，侍圣祖仁皇帝之日长，上则政教之条制，刑赏之权衡，闻之最悉；下则百度之利弊，万物之情伪，知之最深。”盖胤禛固有清一英主也。

〔21〕 雍正，世宗年号。

〔22〕《小尔雅·广诂》:"杜,塞也。"《广雅·释诂》:"馈,遗也。遗,送也。"《周礼·玉府注》:"古者致物于人,尊之则曰献,通行曰馈。"案馈遗叠韵字。遗,音未。

〔23〕《诗·静女笺》:"洵,信也。"《史记》始有《循吏传》,后史多沿之。《索隐》云:"谓奉法循理之吏也。"

〔24〕《史记·儒林传序》:"太史公曰:'余读《功令》,至于广厉学官之路,未尝不废书而叹也。'"《索隐》:"学者课功,著之于令,即今之《学令》是也。"今以通指政教号令矣。

〔25〕《诗·巷伯序笺》:"寺人,内小臣也。"《疏》:"寺人亦奄人。"《匡谬正俗》:"寺人者,内小臣在壶闱庭寺之中,谓阉人耳。"《广韵》:"阉,男无势精闭者。"古有宫刑,犯者即以为内臣,所以防淫佚也。嵇康《与山巨源绝交书》:"岂可见黄门而称贞哉?"黄门,亦奄寺也,此袭其语意。

〔26〕本节论不达时势之弊。

六曰:史既成家,文存互见〔1〕。有如《管晏列传》〔2〕,则勋详于《齐世家》〔3〕;张耳分题,而事总于《陈馀传》〔4〕。非惟命意有殊,抑亦详略之体所宜然也〔5〕。若夫文集之中,单行传记〔6〕,凡遇牵联所及,更无互著之篇〔7〕。势必加详,亦其理也。但必权其事理〔8〕,足以副乎其人,乃不病其繁重耳。如唐平淮西,韩《碑》归功裴度,可谓当矣〔9〕。后中谗毁,改命于段文昌〔10〕。千古为之叹惜〔11〕。但文昌徇于李愬〔12〕,愬功本不可没,其失犹未甚也。假令当日无名偏裨〔13〕,不关得失之人,身后表阡〔14〕,侈陈淮西功绩,则无是理矣。朱先生尝为编修蒋君撰《志》,中叙国家前后平定准回要略,则以蒋君总修《方略》,独力勤劳。书成身死,而不得叙功故也〔15〕。然《志》文雅健,学者慕之,后见某中书舍人死,有为作家传者〔16〕,全袭《蒋志》原文〔17〕。盖其人尝任分纂数月,于例得列衔名者耳,其实于书未寓目也〔18〕。是与无名偏裨居淮西功,又何以异?而文人喜于摭事〔19〕,几等军吏攘功[20]，何可训也！是之谓同里铭旌[21]。昔有夸夫，终身未膺一命[22]，好袭头衔；将死，遍召所知，筹计铭旌题字。或徇其意，假借例封、待赠、修职、登仕诸阶[23]。彼皆掉头不悦。最后有善谐者，取其乡之贵显，大书勋阶，师保、殿阁、部院、某国、某封、某公同里某人之柩[24]，人传为笑。故凡无端而影附者，谓之同里铭旌，不谓文人亦效之也。是又文人之通弊也[25]。

〔1〕 成家，谓立言有本，非徒以剽窃为功。互见，谓详略相殊，期能尽事理之实。

〔2〕 《史记·伯夷列传索隐》："列传者，谓叙列人臣事迹，令可传于后世，故曰列传。"

〔3〕 《史记·管晏列传赞》："太史公曰：'吾读管氏《牧民》、《山高》、《轻重》、《九府》，及《晏子春秋》，详哉其言之也。既见其著书，欲观其行事，故次其传。至其书世多有之，是以不论，论其轶事。'"然管相桓公，晏相景公，春秋时齐国之政，以此二君为最懿。故《齐太公世家》仍详著管、晏之勋烈焉。

〔4〕 《史记》张耳、陈馀同传，耳传在前，仅叙其娶外黄富人女事，百余言而已，以下即入馀传，凡耳、馀起兵、叛秦、降汉、背汉诸端，皆在焉。此缘二人始末牵涉极多，不易分叙耳。而其后陈馀既为汉斩，耳降汉，立为赵王。耳薨，子敖嗣，尚鲁元公主，被诬谋反，其客贯高为之辩雪诸端，亦叙之馀传中，则以牵连所及，不暇更张。故云事总于《陈馀传》也。《史通·列传篇》："传之为体，大抵相同，而述者多方，有时而异，如二人行事，首尾相随，则有一传兼书，包括令尽，若陈馀、张耳，合体成篇是也。"此实斋所本。

〔5〕 命意，谓视其事理之重轻，与夫于其人关系之深浅，以为铨配也。《论语·宪问篇》："其然，岂其然乎？"皇《疏》："然，如此也。"《史通·二体篇》论《史》、《汉》纪传之体云："若乃同为一事，分在数篇，断续相离，前后屡出，于《高纪》则云语在《项传》，于《项传》则云事具《高纪》。此其所以为短也。"实斋《史学别录例议》则曰："纪传之书，类

例易求，而大势难贯，而知幾谓一事分出，或著事详某传，或标互见某篇，不胜繁琐，以为弊也。不知马、班创例，已不能周，后史相沿，皆其显而易见者耳。倘使通核全书，悉用其例，则不至于纪传互殊，前后矛盾，如校勘诸家所纠击者矣。”揽二说足以明互见之用矣。

〔6〕《文史通义·传记篇》：“传记之书，其流已久，盖与六艺先后杂出。古人文无定体，经史亦无分科。《春秋》三家之《传》，各记所闻，依《经》起义，虽谓之记可也。《礼经》二戴之《记》，各传其说，附《经》而行，虽谓之传可也。其后支分派别，到于近代，始以录人物者，区之为传，叙事迹者，区之为记。然如虞预《妒记》、《襄阳耆旧记》之类，叙人何尝不称记？《龟策》、《西域》诸传，述事何尝不称传？”故此以传记连言。案《隋志》载《襄阳耆旧记》，《唐志》作《襄阳耆旧传》，是亦二字同义之证。

〔7〕《校雠通义·互著篇》：“班、马列传家法，人事有两关者，则详略互载之，如子贡在《仲尼弟子》为正传，其入《货殖》，则互见也。《儒林传》之董仲舒、王吉、韦贤，既次于经师之篇，而别有专传。盖以事义标篇，人名离合其间，取其发明而已。”此传记互著之义也。

〔8〕《礼记·月令注》：“称锤曰权。”《墨子·大取篇》：“于所体之中而权轻重之谓权。”

〔9〕唐淮西蔡州地，自吴少诚割据，历少阳及其子元济，三十余年，至宪宗元和十年，丞相裴度始讨平之。事详《唐书·宪宗纪》、裴度、吴少诚等《传》。韩愈《平淮西碑》叙诸人勋劳，以度为主帅，故尤致意。姚范评其文曰：“自元和九年用兵淮蔡，至十年而始平。其间命将出师，攻城降卒，俱非一时事，亦非尽命裴度后事也。而序皆类之若一时事者，盖序所以耸唐宪奋武耆功，申命伐叛之威，裴度以宰相宣慰，君臣协谋，亦应特书著度之威，而主威益隆。此《江汉》、《常武》之义也。于以见保大定功，绥驭震垒之谋。若详著入蔡禽一叛臣，其于唐宗威德替矣。此公表所云‘《诗》、《书》之文，各有品章条贯’者也。”此可与实斋之意相发明。

〔10〕《唐书·韩愈传》：“元和十二年八月，宰臣裴度为淮西宣慰处置使

兼彰义军节度使，请愈为行军司马。淮蔡平，十二月还朝，以功授刑部侍郎，仍诏愈撰《平淮西碑》。其辞多叙裴度事。时先入蔡州擒吴元济。李愬功第一，愬不平之。愬妻出入禁中，因诉碑辞不实，诏令磨愈文，命翰林学士段文昌重撰文勒石。"案段《碑》今载《唐文粹》。韩《碑》亦本不没愬功，特以体制所关，叙属略与诸将等，未特著之耳，以其时情事论之，自以愬功居首。其实具见《通鉴·宪宗纪》，文繁不录。

〔11〕 如李商隐《韩碑诗》云："公之斯文若元气，先时已入人肝脾。汤盘孔鼎有述作，今无其器存其辞。"江端友《韩碑诗》云："淮西功业冠吾唐，吏部文章日月光。千载断碑人脍炙，不知世有段文昌。"皆足略见后人之论者也。

〔12〕 《春秋》文十一年《左传》："国人弗徇。"《注》："徇，顺也。"

〔13〕 《汉书·冯奉世传》："典属国任立、护军都尉韩昌为偏裨。"《春秋》襄三十年《左传》："令尹之偏。"《注》："偏，佐也。"《汉书·项籍传》："籍为裨将。"《注》："裨，相辅助也。"

〔14〕 《说文》新附："路东西为陌，南北为阡。"《汉书·成帝纪注》："阡陌，田间道也。"后人立石墓道，亦曰表阡。欧阳修《泷冈阡表》："惟我皇考崇公卜吉于泷冈之六十年，其子修始克表于其阡。"

〔15〕 《四库总目·御定平定准噶尔方略提要》："乾隆三十七年大学士傅恒等恭撰奏进，凡分三编。考准噶尔部落，系出元阿鲁台，译语转音，故称厄鲁特。太祖高皇帝时，尝遣使入贡。世祖章皇帝时，锡以封爵，迨噶尔丹肆其豕心，侵扰喀尔喀诸部，圣祖仁皇帝亲讨平之。其侄策妄阿拉布坦先与噶尔丹构衅，跳出西遁，跧伏伊犁，后生息渐蕃，稍为边患。由我圣祖仁皇帝、世宗宪皇帝，屡申挞伐，泽旺阿拉布坦之子噶尔丹策凌，震我天声，始戢锋受命。后达瓦齐戕噶尔丹策凌之子喇嘛达尔札属，拥众自立，部曲不附，准噶尔遂大乱。是书前编五十四卷，所记自康熙三十九年七月乙未，至乾隆十七年九月壬申，即详述其源起也。嗣杜尔伯特台吉策凌、策凌乌巴什、辉特台吉、阿睦尔撒纳等，先后来归，吁请天讨。特命六师，分

行两道，五月而定伊犁，俘达瓦齐于图尔满。既而阿睦尔撒纳豺狼反噬，旋见函颅，波罗尼都、霍集占枭獍齐鸣，亦随献馘。天山南北，桴鼓不鸣。是书正编八十五卷，所纪自乾隆十八年十一月甲戌，至二十五年三月戊申，即备录其始末也。至续编三十三卷，则乾隆二十五年三月庚戌以后，至三十年八月乙亥，凡一切列戍开屯，设居定赋，规画久远之制，与讨定乌什，及绝域诸蕃占风纳贶者，咸载焉。”朱筠《编修蒋君墓志铭》：“君讳雍植，字秦树，辛巳以二甲第一人赐进士，改庶吉士，充《平定准噶尔方略》馆纂修官，总裁诸公皆倚重之，令总办《方略》一书。君早起坐书室，夕烧膏以继，书成，而君之精殆销亡于此矣。书既上，同修者皆得优叙，而君名以卒不与。馆中诸公欲如故侍读杨公述曾赠衔例为之请，已而未果。”

〔16〕《隋志》史部载汉、魏、六朝家传二十九部。谢灵运《山居赋》：“国史以载前纪，家传以申世模。”今宗谱中传记亦称家传。

〔17〕《广雅·释诂》：“袭，因也。”

〔18〕《春秋》僖二十八年《左传》：“得臣与寓目焉。”《注》：“寓，寄也。”

〔19〕《小尔雅·广诂》：“摭，拾也。”

〔20〕《周礼·夏官·大司马》：“军吏载旗。”《注》：“军吏，诸军帅也。”《春秋·穀梁》成五年《传注》：“攘，盗也。”

〔21〕《吾学录》：“《周礼·春官·司常》：‘大丧共铭旌。’近代用绛帛粉书，借衔题写，曰某官某公之柩，另纸书题者姓名，粘于旌下，大敛后，悬以竹杠，依灵右，葬时去杠及题姓名，以旌加于柩上。”

〔22〕《楚辞·天问》：“鹿何膺之。”《注》：“膺，受也。”《论语·先进篇》：“赐不受命。”皇《疏》引王弼云：“命，爵命也。”

〔23〕《大清会典》：“凡覃恩予封者，辨其官之任与其级，列其应封者之名氏存故而题焉。本身为授，曾祖父母、祖父母、父母及妻，存者为封，殁者为赠。若貤封，各以其情请焉。得旨，则停其妻与身之封而予之。”此例封之义。又：“凡官事死者，皆赠以衔。凡赠衔之等十有八，皆视其官之职以为差。”此待赠之义，又《则例》：“顺治初

年，定覃恩及三年考满，例统封赠，一品至五品皆授以诰命，六品至七品皆授以敕命，正八品修职郎，从八品修职佐郎，正九品登仕郎，从九品登仕佐郎。”此修职、登仕之义。阶，官阶也。

〔24〕 师保者，若太师、少师、太保、少保是也。殿阁者，若武英殿、文渊阁之大学士是也。部院者，若吏部、户部之尚书、侍郎，翰林院之侍读，都察院之御史是也。某国某封者，若某国公、某国侯是也。皆高官也。吴乔《围炉诗话》云：“今人作诗，动称盛唐，曾在苏州见一家举殡，其铭旌曰：‘皇明少师文渊阁大学士申公间壁豆腐店王阿奶之灵柩。’可以移赠诸公。”盖当时有此笑谈也。

〔25〕 本节论同里铭旌之弊。

七曰：陈平佐汉，志见社肉[1]；李斯亡秦，兆端厕鼠[2]。推微知著[3]，固相士之元机[4]；搜闲传神[5]，亦文家之妙用也。但必得其神志所在，则如图画名家，颊上妙于增毫[6]。苟徒慕前人文辞之佳，强寻猥琐以求其似[7]，则如见桃花而有悟[8]，遂取桃花作饭[9]，其中岂复有神妙哉[10]？又近来学者，喜求征实，每见残碑、断石、余文、剩字，不关于正义者，往往借以考古制度，补史阙遗。斯固善矣。因是行文贪多务得[11]，明知赘余非要，却为有益后世，推求不惮辞费[12]。是不特文无体要[13]，抑思居今日而欲备后世考征，正如董泽矢材，可胜既乎[14]？夫传人者，文如其人；述事者，文如其事，足矣。其或有关考征，要必本质所具；既或闲情逸出，正为阿堵传神[15]。不此之务，但知买菜求增[16]，是之谓画蛇添足[17]，又文人之通弊也[18]。

〔1〕 《史记·陈丞相世家》：“陈丞相平者，阳武户牖乡人也。里中社，平为宰，分肉食甚均。父老曰：‘善，陈孺子之为宰。’平曰：‘嗟乎！使平得宰天下，亦如是肉矣。’”

〔2〕 《史记·李斯列传》：“李斯者，楚上蔡人也。年少时，为郡小吏，见吏

舍厕中鼠食不洁，近人、犬，数惊恐之。斯入仓，观仓中鼠食积粟，居大庑之下，不见人、犬之忧。于是李斯乃叹曰：'人之贤不肖，譬如鼠矣，在所自处耳。'乃从荀卿学帝王之术。学已成，欲西入秦，辞于荀卿曰：'斯闻得时无怠，今万乘方争时，游者主事。今秦王欲吞天下，称帝而治，此布衣驰骛之秋也。处卑贱之位，而计不为者，此禽鹿视肉，人面而能强行者耳。故垢莫大于卑贱，而悲莫甚于穷困。久处卑贱之位、困苦之地，非世而恶利，自托于无为，此非士之情也。故斯将西说秦王矣。'"

〔3〕《魏志·臧洪传》："又不能原始见终，睹微知著。"

〔4〕《荀子·非相篇》："相人，古之人无有也，学者不道也。"《汉志》有《相人》二十四卷，是其事盖起于战国。《文选·东京赋》薛《注》："玄，神也。"《管子·七法篇》注："机者，发内而动外，为近而成远，不疾而连，不行而至，见其为之，不知其所以为。"元机即玄机，避清讳改。

〔5〕《尔雅·释诂》："闲，隙也。"

〔6〕《世说新语·巧艺篇》："顾长康画裴叔则，颊上益三毛。人问其故，顾曰：'裴楷俊朗有识具，正此是其识具。看画者寻之，定觉益三毛如有神明，殊胜未安时。'"

〔7〕《史记·司马相如列传》："委琐龌龊。"《索隐》引孔文祥云："委琐，细碎。"猥委同。

〔8〕《五灯会元》："志勤禅师初在沩山，因见桃花悟道。有偈曰：'三十年来寻剑客，几回落叶又抽枝。自从一见桃花后，直到如今更不疑。'"其后王安石诗云："若见桃花生圣解，不疑还自有疑心。"近世李慈铭别署桃花圣解庵，皆用此事。

〔9〕苏轼《东坡志林》："世人见古德见桃花悟道者，争颂桃花，便将桃花作饭五十年，转没交涉。"此实斋用意所本。

〔10〕本节分两层：以上论搜闲传神，非可滥用，以下论考古摭逸，与文殊途。

〔11〕韩愈《进学解》："贪多务得，细大不捐。"

〔12〕《汉书·贾谊传》："谁惮而久不为此。"《注》："惮，畏难也。"辞费见

《叙事篇》注。案自乾嘉考据之风盛而文章亦受其影响。一者，如实斋此之所举，以考据所得阑入文章，而文章弊其体格；二者，以为精考据即能文章，而文章遂若附庸。彼时为然，于今尤烈。不知考据重知，则能寓于知，故涉览愈博者，其断制愈精，文章重能，则知寓于能，故才力愈高者，其识见愈远，此二事固非一途也。

〔13〕 体要见《文学总略篇》注。

〔14〕 《春秋》宣十二年《左传》："楚熊负羁囚知罃，知庄子以其族反之。厨武子御，下军之士多从之。每射，抽矢菆纳诸厨子之房。（《注》："菆，好箭，房，箭舍。"）厨子怒曰：'非子之求，而蒲之爱，（《注》："蒲，杨柳，可以为箭。"）董泽之蒲，可胜既乎？（《注》："董泽，泽名。既，尽也。"《疏》："言用之不尽也。"）'知季曰：'不以人子，吾子其可得乎？吾不可以苟射故也。'射连尹襄老，获之，遂载其尸，射公子穀臣，囚之，以还。"

〔15〕 《世说新语·巧艺篇》："顾长康画人，或数年不点目睛。人问其故，顾曰：'四体妍蚩，本无关于妙处，传神写照，正在阿堵中。'"焦竑《焦氏笔乘》续集："史言：王衍口不言钱，家人欲试之，以钱绕床，不能行，但云：'举却阿堵物。'世遂以阿堵为钱矣。然顾恺之云：'传神写照，正在阿堵中。'殷浩见佛经云：'理亦应在阿堵上。'桓温止新亭，大陈兵卫，呼谢安、王坦之，欲于坐害之。谢目卫士曰：'安闻诸侯有道，守在四邻，明公何须壁间置阿堵辈？'一以为眼，一以为经，一以为兵士，岂可指定言之？自是当时谚语，如今所谓此物云耳。"

〔16〕 皇甫谧《高士传》："司徒侯霸遣严子道奉书严光，子道求报书，光口授之，嫌少，光曰：'买菜乎？求益也？'"也耶通。

〔17〕 《战国策·齐策》："人有遗其舍人一卮酒者，舍人相谓曰：'数人饮此，不足以遍，请画地为蛇，蛇先成者独饮之。'一人曰：'吾蛇先成。'举酒而起曰：'吾能为之足。'及其为之足，而后成人夺之酒而饮之，曰：'蛇固无足，今为之足，是非蛇也。'"

〔18〕 本节论画蛇添足之弊。

八曰：文人固能文矣，文人所书之人，不必尽能文也。叙事之文，作者之言也。为文为质，惟其所欲，期如其事而已矣。记言之文，则非作者之言也，为文为质，期于适如其人之言，非作者所能自主也。贞烈妇女，明《诗》习《礼》[1]，固有之矣。其有未尝学问[2]，或出乡曲、委巷[3]；甚至佣妪、鬻婢，贞节孝义，皆出天性之优。是其质虽不愧古人，文则难期于儒雅也[4]。每见此等传记，述其言辞，原本《论语》、《孝经》，出入《毛诗》、《内则》[5]。刘向之《传》[6]，曹昭之《诫》[7]，不啻自其口出[8]，可谓文矣。抑思善相夫者[9]，何必尽识鹿车、鸿案[10]？善教子者，岂皆熟记画荻、丸熊[11]？自文人胸有成竹[12]，遂致闺修皆如板印[13]。与其文而失实，何如质以传真也？由是推之，名将起于卒伍[14]，义侠或奋闾阎[15]，言辞不必经生，记述贵于宛肖[16]。而世有作者，于斯多不致思，是之谓优伶演剧[17]。盖优伶歌曲，虽耕氓、役隶[18]，矢口皆叶宫商[19]，是以谓之戏也。而记传之笔，从而效之，又文人之通弊也[20]。

〔1〕 宋玉《登徒子好色赋》："扬《诗》守《礼》，终不过差。"

〔2〕 《孟子·滕文公篇》："吾他日未尝学问，好驰马试剑。"

〔3〕 《庄子·胠箧篇》："所以立宗庙、社稷，治邑屋、州闾、乡曲者。"又《秋水篇》："曲士不可以语于道。"《释文》引司马《注》："曲士，乡曲之士也。"乡曲，犹言乡里。唐长安有韦曲、杜曲，宋人称巷陌或曰坊曲，皆以为分别界域之名也。委巷见《叙事篇》注。

〔4〕 孔安国《尚书序》："汉室龙兴，旁求儒雅。"《荀子·荣辱篇》："君子安雅。"《注》："雅，正也。正而有美德者谓之雅。"

〔5〕 《汉志·诗类》序云："又有毛公之学，自谓子夏所传。"《汉书·儒林传》："毛公，赵人，治《诗》，为河间献王博士。"今本《诗经》，即毛公之传也。《内则》，小戴《礼记》之一篇，《疏》引郑玄《三礼目录》云："《内则》者，以其记男女居室，事父母、舅姑之法，闺门之内，轨仪可则，故曰《内则》。"

〔6〕《汉志》儒家著录《刘向所序》六十七篇，内有《列女传》。《隋志》：“《列女传》十五卷，刘向撰，曹大家注。”《汉书·楚元王传》：“向以为王教由内及外，自近者始，故采取《诗》、《书》所载贤妃、贞妇，兴国显家，可法则；及孽嬖乱亡者，序次为《列女传》八篇，以戒天子。”其书今存。

〔7〕《隋志》：“《曹大家女诫》一卷。”《后汉书·列女传》：“扶风曹世叔妻者，同郡班彪之女也，名昭，字惠班，一名姬，博学高才。世叔早卒，有节行法度，和帝数召入宫，令皇后诸贵人师事焉。号曰大家。作《女诫》七篇，有助内训。”今存。

〔8〕《尚书·秦誓》：“人之彦圣，其心好之，不啻若自其口出，是能容之。”《一切经音义》引《苍颉篇》云：“不啻，多也。”

〔9〕《汉书·百官公卿表注》引应劭曰：“相者，助也。”

〔10〕《后汉书·列女传》：“渤海鲍宣妻者，桓氏之女也，字少君，宣尝就少君父学。父奇其清苦，故以女妻之，装送资贿甚盛。宣不悦，谓妻曰：‘少君生富骄，习美饰，而吾实贫贱，不敢当礼。’妻曰：‘大人以先生修德守约，故使贱妾侍执巾栉，既奉承君子，唯命是从。’宣笑曰：‘能如是，是吾志也。’妻乃悉归侍御服饰，更着短布裳，与宣共挽鹿车归乡里；拜姑礼毕，提瓮出汲。修行妇道，乡邦称之。”又《逸民传》：“梁鸿，字伯鸾，扶风平陵人也。同县孟氏有女，状肥丑而黑，力举石臼，择对不嫁，至年三十。父母问其故，女曰：‘欲得贤如梁伯鸾者。’鸿闻而聘之。女求作布衣、麻屦，织作筐缉绩之具。及嫁，始以装饰入门。七日而鸿不答。妻乃跪床下请曰：‘窃闻夫子高义，简斥数妇，妾亦偃蹇数夫矣。今而见择，敢不请罪。’鸿曰：‘吾欲裘褐之人，可与隐深山者耳。今乃衣绮缟，傅粉墨，岂鸿所愿哉？’妻曰：‘以观夫子之志耳。妾自有隐居之服。’乃更为椎髻，著布衣，操作而前。鸿大喜曰：‘此真梁鸿妻也。能奉我矣。’字之曰德曜，名孟光。居有顷，至吴依大家皋伯通，居庑下，为人赁舂。每归，妻为具食，不敢于鸿前仰视，举案齐眉。伯通察而异之，曰：‘彼佣能使其妻敬之如此，非凡人也。’乃方舍之于家。”

〔11〕《宋史·欧阳修传》:“修四岁而孤,母郑,守节自誓,亲诲之学。家贫,至以荻画地学书。”《新唐书·柳仲郢传》:“仲郢,字谕蒙,母韩,善训子,仲郢幼嗜学,尝丸熊胆,使夜咀咽以助勤。”

〔12〕苏轼《画竹记》述文同与可之言曰:“画竹必先得成竹于胸中,执笔熟视,乃见其所欲画者,急起从之,振笔直遂,以追其所见,如兔起鹘落,少纵则逝矣。”晁冲之《赠杨克一学文与可画竹求诗》:“与可画竹时,胸中有成竹。”

〔13〕《尔雅·释宫》:“宫中之门,小者谓之闺。”《文选·思玄赋》旧《注》:“修,善也。”闺修,犹言妇德矣。

〔14〕《周礼·地官·小司徒》:“五人为伍,五伍为两,四两为卒,五卒为旅,五旅为师,五师为军。”《礼记·燕义》:“合其卒伍。”

〔15〕《史记·游侠列传》:“闾巷之侠,修行砥名,声施于天下,莫不称贤。”张衡《西京赋》:“便旋闾阎。”薛《注》:“闾,里门也。阎,里中门也。”

〔16〕吴昌莹《经词衍释》:“宛,犹若也,宛与若义相同。或言宛然,或言若然,或言宛若,其义一也。《诗》:‘宛其死矣,他人是愉。’言若其死也。”

〔17〕《国语·齐语注》:“优笑,俳倡也。”《春秋》襄六年《左传注》:“优,调戏也。”《国语·周语注》:“伶,司乐官。”《说文》:“戏,三军之偏也。”《国语·晋语注》:“戏,角力也。”《尔雅·释诂》:“戏,谑也。”《荀子·非十二子篇注》:“剧,繁多也。”又《解蔽篇注》:“剧,嚣烦也。”《汉书·扬雄传注》:“剧,亦疾也。”古者优伶之为,以调笑歌舞为主,其事纷纭挥霍。后世戏剧之义,盖由此引申。

〔18〕《史记·秦始皇本纪》引贾谊《过秦论》:“甿隶之人。”《集解》引如淳曰:“甿,古氓字,民也。”

〔19〕《法言·五百篇》:“圣人矢口而成言。”《注》:“矢,正也。”《广雅·释诂》:“矢,直也。”叶,同协。《尚书·尧典》伪孔《传》:“协,合也。”

〔20〕曾国藩《茗柯文编叙》曰:“叙述朋旧,状其事迹,动称卓绝,若合古来名德、至行,备于一身,譬之画师写真,众美毕具,而于其所图之

人，固不肖也。”其论足与此相发。本节论优伶演剧之弊。

九曰：古人文成法立；未尝有定格也。传人适如其人，述事适如其事，无定之中，有一定焉。知其意者，旦暮遇之[1]；不知其意，袭其形貌，神弗肖也[2]。往余撰《和州故给事成性志传》[3]，性以建言著称，故采录其奏议[4]。然性少遭乱离[5]，全家被害[6]，追悼先世，每见文辞；而《猛省》之篇，尤沉痛可以教孝，故于终篇全录其文。其乡有知名士赏余文，曰：“前载如许奏章，若无《猛省》之篇，譬如行船，鹢首重而舵楼轻矣[7]。今此婁尾[8]，可谓善谋篇也。”余戏诘云[9]：“设成君本无此篇，此船终不行耶？”盖塾师讲授《四书》文义[10]，谓之时文[11]，必有法度以合程式[12]。而法度难以空言，则往往取譬以示蒙学[13]。拟于房室，则有所谓间架、结构；拟于身体，则有所谓眉目、筋节[14]；拟于绘画，则有所谓点睛、添毫；拟于形家，则有所谓来龙、结穴[15]。随时取譬，习陋成风。然为初学示法，亦自不得不然，无庸责也。惟时文结习深锢肠腑，进窥一切古书、古文，皆此时文见解，动操塾师启蒙议论，则如用象棋枰布围棋子，必不合矣。是之谓井底天文[16]，又文人之通弊也[17]。

〔1〕《庄子·齐物论》：“万世之后，而一遇大圣，知其解者，是旦暮遇之也。”《史记·五帝本纪赞》：“非好学深思，心知其意，固难为浅见寡闻道也。”

〔2〕陆深《金台记闻》载元人郝经《与友论文法书》曰：“古之为文，法在文成之后，辞由理出，文自辞生，法以文著，相因而成者也。非先求法而作之也。后世之为文也则不然，先求法度，然后措辞以求理，若握杼轴，求人之丝枲而织之。经营比次，络绎接续，以求端绪，未措一辞，钤制夭阏，惟恐其不工而无法。故法在文成之前，以理从辞，以辞从文，以文从法，资于人而无我，是以愈工而愈不工，愈有法而愈无法。”其说尤明。

〔3〕 今载《遗书》本《和州志》中。

〔4〕《传》之所载有《陈海寇郑成功形势疏》等八篇，并云："章疏大者凡数十上，皆切实有当利病。"

〔5〕《诗·小雅·四月》："乱离瘼矣。"《传》："离，忧也。"

〔6〕 明崇祯乙亥，农民起义军占领和州，性全家死焉，亦见《和州志》本传。

〔7〕《淮南子·本经篇》："龙舟鹢首，浮吹以娱，此遁于水也。"《注》："鹢，大鸟也。画其像于船头也。"《方言》："船首谓之阁闾，或谓之艗艏。"《注》："鹢，鸟名也，今江东贵人船前作青雀。是其像也。"

〔8〕 苏轼《仇池笔记》："苏鹗云：以酒巡匝为婪尾，一作蓝尾。侯白《酒律》谓酒巡匝，末座者连饮三杯，为婪尾酒。"胡仔《苕溪渔隐丛话》前集引《缃素杂记》云："苏鹗《演义》云：'今人以酒巡匝为啉尾，即再命其爵也。云：南朝有异国，进贡蓝牛，其尾长三丈。一云：蓝颖水牛，其尾三丈。时人放之，以为酒令，今两盏，从其简也。此皆非正。行酒巡匝，即重其盏，盖慰劳其得酒在后也。又啉云者，贪也。谓处于座末，得酒最晚，腹痒于酒，既得酒巡匝，更贪婪之，故曰啉尾，啉字从口，是明贪婪之意，此说近之。'余观宋景文公《守岁》诗云：'迎新送故只如此，且尽灯前婪尾杯。'又云：'稍倦持螯手，犹残婪尾觞。'又东坡《寒食》诗云：'蓝尾忽惊新火后，遨头要及浣花前。'乐天《寒食》诗云：'三杯蓝尾酒，一碟胶牙饧。'乃用蓝字，盖婪蓝一也。"洪迈《容斋四笔》略同，不具引。《方言》："尾，梢也。尽也。"《广雅·释诂》："尾，后也。"此犹今云结尾耳。

〔9〕《说文》："诘，问也。"

〔10〕《尔雅·释诂》："门侧之堂谓之塾。"《礼记·学记》："古之教者，家有塾。"《疏》："此明学之所在。《周礼》：百里之内，二十五家为闾，同共一巷。巷首有门，门边有塾，谓民在家之时，朝夕出入，恒受教于塾。"

〔11〕《四库提要·四书类序》曰："《论语》、《孟子》，旧各为帙，《大学》、《中庸》，旧《礼记》之二篇，其编为《四书》，自宋淳熙始。其悬为令

甲，则自元延祐复科举始。古来无是名也。”又《后案》云：“案《四书》至元延祐中用以取士，而阐明理道之书，遂渐为弋取功名之路。至明永乐中，《大全》出而捷径开，（案指明成祖命翰林学士纂修之《四书大全》，有明一代用以取士者。）八比盛而俗学炽。科举之文，名为发挥经义，实则发挥注意，不问经义何如也。且所谓注意，又不甚究其理，而惟揣测其虚字语气，以备临文之摹拟，并不问注意何如也。”顾炎武《生员论》曰：“国家之所以取生员，而考之以经义、论策、表判者，欲其明六经之旨，通当世之务也。今以书坊所刻之义，谓之时文。五尺童子，能诵数十篇，而小变其文，即可以取功名，而钝者至白首而不得遇。老成之士，既以有用之岁月销磨于场屋之中；而少年捷得之者，又易视天下国家之事，以为人生之所以为功名者，惟此而已。故败坏天下之人才，夫然后寇贼奸宄得而乘之，敌国外侮得而胜之。苟以时文之功用之于经史乃当世之务，则必有聪明俊杰、通达治体之士，起于其间矣。”览此可知前代以时文取士之大略及弊害。

〔12〕《尚书·大禹谟》：“罔失法度。”《管子·明法篇》：“法者，天下之程式也。”此谓时文作法，国有定制，学者必遵而行之。

〔13〕《论语·雍也篇》：“能近取譬，可谓仁之方也已。”《易·序卦》：“蒙者，蒙也，物之稚也。”郑《注》：“蒙，幼小之貌。”

〔14〕《素问·至真要大论注》：“大关节，膝也。”

〔15〕操相宅相墓之术者，世称形家。《汉志·数术略·形法序》云：“形法者，大举九州之势，以立城郭、室舍形，人及六畜骨法之度数、器物之形容，以求其声气贵贱吉凶。”是其所本也。山脉为龙，墓址为穴，盖形家之语如此。钱谦益《再答杜苍略书》：“读班、马之书，辩论其同异，当知其大关键，来龙何处，结局何处，手中有手，眼中有眼，一字一句，龙脉历然。”此前人以形家术语论文之可见者也。

〔16〕《群书治要》引《尸子·明堂篇》：“日之能烛远，势高也。使日在井中，则不能烛十步矣。”又《广篇》：“自井中视星，所见（见字本作视，孙星衍据《类聚》、《御览》引改，下望字同）不过数星；自丘上以望，

则见其始出也。(也字孙据《类聚》、《御览》增。)又见其人,非明益也,势使然也。"并此所本。

〔17〕 案此弊亦始明人,包世臣《再与杨季子论文书》云:"自前明诸君子泥子瞻'文起八代之衰'之言,遂斥《选》学为别裁伪体,良以应德、顺甫、熙甫诸君,心力悴于八股,一切诵读,皆为举业之资,遂取八家下乘,横空起议,照应钩勒之篇,以为准的。小儒眯目,前邪后许,而精深闳茂,反在屏弃。"可见八股之流毒矣。应德,唐顺之字。顺甫,茅坤字。熙甫,归有光字。三人皆古文家。本节论井底天文之弊。

十曰:时文可以评选,古文经世之业〔1〕,不可以评选也〔2〕。前人业评选之,则亦就文论文可耳。但评选之人,多非深知古文之人。夫古人之书,今不尽传。其文见于史传〔3〕。评选之家,多从史传采录。而史传之例,往往删节原文,以就隐括〔4〕,故于文体所具,不尽全也〔5〕。评选之家,不察其故,误谓原文如是,又从而为之辞焉〔6〕。于引端不具〔7〕,而截中径起者,诩谓发轫之离奇〔8〕;于刊削余文,而遽入正传者,诧为篇终之崭峭〔9〕。于是好奇而寡识者,转相叹赏,刻意追摹。殆如《左氏》所云:"非子之求,而蒲之觅"矣〔10〕。有明中叶以来,一种不情不理,自命为古文者,起不知所自来,收不知所自往,专以此等出人思议,夸为奇特〔11〕,于是坦荡之途生荆棘矣〔12〕。夫文章变化,侔于鬼神,斗然而来〔13〕,戛然而止〔14〕,何尝无此景象?何尝不为奇特?但如山之岩峭,水之波澜,气积势盛,发于自然。必欲作而致之,无是理矣〔15〕。文人好奇,易于受惑,是之谓误学邯郸〔16〕,又文人之通弊也〔17〕。

〔1〕 《庄子·齐物论》:"春秋经世,先王之志,圣人议而不辩。"此谓古文为经世之业,盖指其推本六经,足以明道致用而言。

〔2〕 挚虞撰《文章流别》,有《集》,有《志》,有《论》,是评议兼施之祖;其评

而不选者，如《诗品》是；选而不评者，如《文选》是；此征之见存，其体例较然可知者也。时文可评选者，其用在弋功名，选之可示人以风会。古文不可评选者，其志在成家言，选之恐失厥面目，是以有别也。

〔3〕 如《文选》所录，载正史者有百二十余首，盖古之史书，有文以传人之例，而集部未兴，单篇别出，亦易于括囊也。参看《诗教下篇》。

〔4〕《荀子·大略篇》："示诸檃括。"注："檃括，矫揉木之器也。"亦作隐括。何休《公羊序》："故遂隐括使就绳墨焉。"《史记·司马相如列传》云："无是公言上林及子虚言云梦所有甚众，故删取其要。"此史家自道其删节载文也。

〔5〕 此就选家取材史传而言。若其所据与史传不同，则参稽之际，亦复详略互见，且选家亦自有增删，皆读者所不可忽者也。俞正燮《文选自校本跋》曰："《文选》见于史策者，极多，选家例有甄别增删。其本有视他增多者，《西都赋》视《汉书》多'众流之隈，汧流其西'。《东都赋》诗视《汉书》多'嘉祥阜兮集皇都'。司马子长《报任少卿书》视《汉书》多'太史公牛马走司马迁再拜言'十二字。东方朔《答客难》视《汉书》多'传曰天下无害灾'二十七字。盖昭明得他本增入者。《景福殿赋注》引薛综《东京赋注》曰：'高昌、建成，二观名也。'有注而赋文无此二观，今所得后汉宫殿图亦无此二观，则赋文昭明删之。《九章·涉江》删去'乱曰'以下五十九字。钟士季《檄蜀文》，《魏志》'亦无及也，其详择利害，自求多福'，今《文选》'亦无及也'下删'其详择……'九字。任彦昇《为褚蓁让代兄袭封表》，《注》云：'此表与集详略不同，疑是稿本，词多冗长。'《奏弹刘整》，《注》云：'昭明删此文太略，故详引之，令与弹相应也。'是亦昭明删之，而李崇贤复补。唐僧《辨正论·九箴篇》引《古诗》曰：'服食求神仙，多为药所误，不如饮美酒，被服纨与素。寄与世上人，道士慎莫作。'《文选》《古诗十九首》无'寄语'十字，亦昭明删之。（案此十字，乃二氏相攻，僧徒妄加，以诽道流者，绝非古诗之文，理初信之，疏矣。）其以意存者，王子渊《圣主得贤臣颂》，刘孝标《重答刘秣陵书》，颂与书正文皆不见，盖

古人仅传其序引。其增改字者，据《注》则颜延年《宋文皇后哀册文》依用宋文帝加八字，陆佐公《石阙铭》依用梁武帝改十四字。《刻漏铭》依用梁武帝改一字，沈约改二字。然则《文选》不当以拘牵原稿评说是非也。其中本为昭明所改移者，曹子建《与吴质书》，《注》引别题言：'昭明移墨翟不好伎，置和氏无贵矣下，与季重之书相应也。'朱浮《与彭宠书》，《注》云：'《后汉书》载此事，《东观汉记》亦载此书，大义虽同，辞旨全别，盖录事者取舍有详略矣。'录有取舍，选亦必有取舍，校者详其异同，以见古人之趣，非有彼此是非之见。凡书皆然，况其为文辞选集本邪？"

〔6〕《孟子·公孙丑篇》："古之君子，其过也，如日月之食，民皆见之，及其更也，民皆仰之。今之君子，岂徒顺之，又从为之辞。"

〔7〕《荀子·非相篇注》："端，首也。"

〔8〕《离骚》："朝发轫于苍梧兮。"洪氏《补注》："《战国策》：'陛下尝轫车于赵矣。'轫，止车之木，将行则发之。"《汉书·邹阳传》："轮囷离奇。"《注》："离奇，委曲盘戾貌。"

〔9〕崭同巉，峭同陗。《广韵·释诂》："高也。"

〔10〕"觅"，据《传》当作"爰"，引见前。

〔11〕往阅某短书，载明季一士人上时相书，其起四句云："尚何言哉！天下能文者莫如我，知文者莫如足下，尚何言哉！"评选家末流之弊，盖至如此，惜忘其书名。

〔12〕《论语·述而篇》："子曰：'君子坦荡荡。'"《集解》引郑氏曰："坦荡荡，宽广貌。"

〔13〕《后汉书·窦融传注》："斗，峻绝也。"

〔14〕《尚书·益稷谟》："戛击鸣球。"马、郑《注》并云："栎也。"《后汉书·马融传注》："戛，敔也，形如伏兽，背上有二十七刻，以木，长尺，栎之所以止乐。"

〔15〕陈师道《后山诗话》："扬子云之文，好奇而卒不能奇也，故思苦而词艰。善为文者，因事以出奇，江河之行，顺下而已，至其触山赴谷，风搏物激，然后尽天下之变。子云惟好奇，故不能奇也。"可与此相

参证。

〔16〕《庄子·秋水篇》:“子独不闻夫寿陵余子之学行于邯郸欤?未得国能,又失其故行矣,直匍匐而归耳。”

〔17〕本节论误学邯郸之弊。

谨案:《荀子·劝学篇》曰:“《诗》、《书》故而不切,《春秋》约而不速,《礼》、《乐》法而不说。”此论五经之利钝也。范宁《穀梁传序》曰:“《左氏》艳而富,其失也巫;《穀梁》清而婉,其失也短;《公羊》辩而裁,其失也俗。”此论三传之得失也。经传之书,不以能文为本,而后来是则是效,尚有长短进退于其间,况乎缀翰裁篇,以情信词巧为事者哉?故自《典论》、《文赋》以下,诠品作者,标举篇章,优劣既分,瑕瑜不掩。逮及六朝,彦和立《指瑕》之篇,休文著八病之说,则为文之道,以免疵累为要,理亦大昭于世矣。唐、宋以降,短书繁兴,小则一字之微,大则立言之体,蚩点所及,无间贤愚。若《滹南辨惑》,遍弹四部,《汪文纠谬》,专摘一家,是其尤著者也。

夫为文章者,欲求免于用字、造句之失,则当习文字、文法之学;求免于谋篇、安章之失,则当习修辞之学。此世人所共喻,无俟覼缕。至若意义之舛误,则如此篇所论,或缘才短而学疏,或缘识陋而德薄;其为负累,视篇章句字之失,又不可同日而言,实斋所举,多属此种。如削趾适屦,误学邯郸,则才之短也;八面求圆,井底天文,则学之疏也;剜肉为疮,识之陋也;私署头衔,德之薄也。四者于文,乃属至要。《文德》一篇,言之已精,兹加析论,则学者才之主,德为识所归。何则?性发智愚,本乎自然;学问浅深,存于人力。或优游而自得,或黾勉以程功。其难易既殊,斯高下有别。故才学俱全者,固为双美,若不能兼,宁使乏才,不可废学。盖无才而劬于学者,刻鹄不成尚类乎鹜,无学而徒恃才者,画虎不成反类乎犬。高明多为鬼瞰,而大器可以晚成。故曰:学者才之主也。识生于心,所以甄疑似,别同异,事义昭晰,泾渭分明,斯于文也,和理在中,孚尹旁达,足以去瑕纇矣。然识之为务,断制居先,苟其不慎,必流偏颇。实斋谓不知古人大体,则胸中是非不可以凭;若申言之,则虽识大体,明是非,而无德以辅之,则转足陷于“言伪而坚”之境,如古之神奸巨憝,智足以拒谏,辩足以饰非者，其智虑、识度每非恒人所及，斯其明证。《荀子·正名篇》云："以仁心说，以公心辩。"岂非示人以虽具卓识，必有明德以济之哉？故曰：德为识所归也。学以御才，德以董识，意义之失，或者可免。是以合外内言之，欲求免于文病，小而检点字句，大而淬厉身心，必先豫之以学以德。子曰："德之不修，学之不讲，是吾忧也。"举重明轻，斯言不我欺矣。

复次，士衡论天机利钝，谓"或竭情而多悔，或率意而寡尤。"率意寡尤，则不烦绳削而自合；竭情多悔，势必待刊改而后工。文章天成，妙手偶得，自非上智，孰能语斯？是则常人之为，必待雕琢，亦理之固然也。《文心雕龙·神思篇》曰："枢机方通，则物无隐貌，关键将塞，则神有遁心。是以陶钧文思，贵在虚静。疏瀹五脏，澡雪精神，积学以储宝，酌理以富才，研阅以穷照，驯致以绎辞，此盖驭文之首术，谋篇之大端。"又继论修饰曰："拙辞或孕于巧义，庸事或萌于新意，视布于麻，虽云未贵，(贵，原作费，此从张松孙本。)杼轴献功，焕然乃珍。"斯明示学者为文，事前当有修养，事后尤贵点窜也。故有一字之易，化臭腐为神奇；一事之讹，变康庄为荆棘。书记所载，难更仆数。其间又或由一己之寻究，或出友朋之切磋。杜公《偶题》曰："文章千古事，得失寸心知。"准此而言，则增损改删，似当以己所权量，为最适当。然亦有情之方昏，再三愈騃者，亦有敝帚自珍，不知其恶者，则借镜他人，不可废焉。曹子建《与杨德祖书》云："世人之著述，不能无病，仆尝好人讥弹其文，有不善者，应时改定。昔丁敬礼常作小文，使仆润饰之。仆自以才不过若人，辞不为也。敬礼谓仆：'卿何所疑难，文之佳恶，吾自得之。后世谁相知定吾文者耶？'吾尝叹此达言，以为美谈。"曹、丁之言，可谓有兼听之聪，兼覆之怀者。益以少陵之说，则知改文之事，由人由己，之二途者，殆互为胜劣，未可偏执。故介甫之"春风又绿"，永叔之"环滁皆山"，齐己拜一字之师，无本定推敲之句，皆艺府之美谈，后人所景慕矣。

唐代进士行卷与文学

程千帆 撰

一　问题的提出

关于唐代的进士科举，两《唐书》、《通典》、《册府元龟》、《文献通考》、《唐会要》诸书已经记载得相当详备。但这些著述大都详于这种制度的叙述和评价，而对基于这种制度而形成的一些风尚，则较少涉及。例如我们在这里所准备加以研究的行卷问题，除《文献通考》曾一引项安世说之外，其余的书里就几乎没有正面地提到过。徐松《登科记考》是研究唐代科举的专门名著，但限于体例，对行卷这种风尚也没有系统地加以探讨。

其次，关于唐代进士科举和文学的关系，前人虽曾经发表过一些零星的见解，而从事较为深入的研究，则实始于当代的学者们。陈寅恪、冯沅君等人，对于这个问题，都有所论列。① 但在他们已经发表的专书或论文中，也还没有全面地论及行卷这种风尚与文学发展的关系问题。

个人年来涉猎文史，鸠集了一些有关这些问题的资料，因而大致明白

---

①　请看下列文献。陈寅恪：《唐代政治史述论稿》中篇，《政治革命及党派分野》(1944 年)；《韩愈与唐代小说》(《哈佛亚细亚学报》Harvard Journal of Asiatic Studies 第一卷第一期，1936 年；译文载《国文月刊》第五十七期，1947 年)；《元白诗笺证稿》第一章，《长恨歌》(1955 年)；《读〈莺莺传〉》(《历史语言研究所集刊》第十本，1948 年；又见《元白诗笺证稿》第四章《艳诗及悼亡诗》附录)；施子愉：《唐代科举制度与五言诗之关系》(《东方杂志》第四十卷第八号，1944 年)；李嘉言：《词之起源与唐代政治》(《文艺复兴》中国文学研究号上，1948 年；又见《古诗初探》，1957 年)；冯沅君：《唐传奇作者身分的估计》(《文讯》第九卷第四期，1948 年)；刘开荣：《唐代小说研究》第一章《传奇小说勃兴三大因素——古文运动、科举制度及佛教影响》(1947 年)；张长弓：《唐宋传奇作者暨其时代》(1951 年)。此外，日本铃木虎雄曾撰《唐之考试制度与诗赋》一文，由张我军译载 1929 年 3 月 30 日天津《益世报》附刊，未见。

了唐代进士行卷是怎么一回事，并且进一步认识到，对于唐代文学发展起着积极的促进作用的，并非进士科举制度本身，而是在这种制度下所形成的行卷这一特殊风尚。今试将管见述论如次，以求教于对进士科举与文学的关系这个问题已经进行过专门研究的诸位先生和文学史工作者。由于试图将曾在 7 至 9 世纪的我国选举史以及文学史上不但存在过而且十分盛行的这种特殊风尚重现在读者面前，举证不免繁琐；同时，由于现存文献及个人水平的限制，立论也不免粗疏。这就希望大家严加指正，继续讨论，以期这个对于唐代文学研究说来并非无关重要的问题，获得较为圆满的解决。

二　行卷之风的由来

所谓行卷，就是应试的举子将自己的文学创作加以编辑，写成卷轴，在考试之前送呈当时在社会上、政治上和文坛上有地位的人，请求他们向主司即主持考试的礼部侍郎推荐，[①]从而增加自己及第的希望的一种手段。这也就是一种凭借作品进行自我介绍的手段；而这种手段之所以能够存在和盛行，则是和当时的选举制度分不开的。

原来，唐代科举考试的试卷是不糊名的。[②] 因为不糊名，所以某年某科有谁参加考试、哪本试卷属于谁，都是公开的。这就使得主试官除了评阅试卷之外，还有参考甚至于完全依据举子们平日的作品和誉望来决定

---

① 唐初的科举考试，本由考功员外郎主持，从开元二十四年(736)以后，才改由礼部侍郎主持，并成为定制。偶尔由其他官员主持，则称为“权知贡举”，表示是一种特殊情况。关于由考功员外郎改归礼部侍郎主持的缘由，据《唐摭言》卷一《进士归礼部》门的记载，是因为“庭议以省郎位轻，不足以临多士，乃诏礼部侍郎专之矣”。刘肃《大唐新语》卷十《厘革篇》所记同，盖即《唐摭言》所本，惟礼部误作吏部。

② 关于唐、宋时代科举考试由不糊名而糊名的情况，详见顾炎武《日知录》卷十七“糊名”条及黄汝成《集释》。唐制，举子在礼部通过考试后，称为选人，他们还要在吏部通过一场释褐试，才能担任官职。武后时，曾“敕吏部糊名考选人判，以求才彦”(《旧唐书・刘宪传》)。“策贤良方正，诏吏部尚书李景谌糊名校复”(《新唐书・张说传》)。随后又“以为非委任之方，罢之”(《新唐书・选举志》)。这都是属于吏部考试选人，而非属于礼部考试举子的事。所以顾炎武特地指出：“糊名已用之选人，而未尝用之贡举。”有些著作，如吕思勉《隋唐五代史》第二十章第五节《选举》上及陈登原《国史旧闻》卷二十七第三百二十七条“科举关防”都将礼部试终唐之世未尝糊名与吏部试在武后时一度糊名混为一谈，是不对的。

去取的可能；也使得应试者有呈献平日的作品以表现自己和托人推荐的可能；也使得主试官的亲友有代他搜罗人才，加以甄别录取的可能。洪迈《容斋四笔》卷五“韩文公荐士”条云：

> 唐世科举之柄，专付之主司，仍不糊名。又有交朋之厚者为之助，谓之通榜。故其取人也，畏于讥议，多公而审。亦有胁于权势，或挠于亲故，或累于子弟，皆常情所不能免者。若贤者监之则不然，未引试之前，其去取高下，固已定于胸中矣。

这段话比较扼要地指出了在试卷不糊名这种制度之下出现的种种情况。我们知道，唐代的科举制度是由魏、晋的九品中正制嬗变而来的，而九品中正制的举人，虽然往往是极不公正的，却同时也是公开的而非秘密的。唐代的科举考试采取了试卷不糊名的方式，使主试官得以审查应试者平素在学业上的表现，可能是九品中正制遗留下来的影响。另外，将自己的作品送请有地位、有学问的人看，希望得到他们的揄扬或教益，这也原是古已有之的。① 不过到了唐代，文士们更利用了这种办法来为争取进士登第服务。这就使之形成一种风尚，有别于通常的投送卷轴，而且出现了行卷这个专称。

助长行卷之风的，主要是那些在社会上、政治上、文坛上有地位的人，还有那些与主试官关系特别密切，因而可与之通榜，即共同决定录取举子的名单的人。王定保《唐摭言》卷八《通榜》门载有四个例子，其中最突出的一个是宣宗大中十年(856)郑颢知贡举，竟托崔雍为榜。崔雍提出名单以后，这位主司又一无更改，即行公布。在一般情况下是通榜的人可以参

---

① 试举一个有名的例子。《世说新语·文学篇》：“钟会撰《四本论》始毕，甚欲使嵇公一见，置怀中既定，畏其难，怀不敢出，于户外遥掷，便面急走。”（末句，有些本子作“便回急走”，《太平御览》卷三百六十五及卷三百九十四引作“面便走”，我初以为，别本均较可通。后日本村上哲见教授赐告：“这四字还是以通行本为妥。《汉书·张敞传》有‘以便面拊马’句，颜师古注云：‘便面，所以障面、盖扇之类也。不欲见人，以此自障面，则得其便，亦曰屏面。’”村上教授的意见是正确的。谨著于此，并表谢意。）

与机密，决定及第人的名单和名次，如钱易《南部新书》癸卷所云：

> 贞元末，许孟容为给事中，权文公任春官，时称权、许。进士可不，二公未尝不相闻。

凡是接受了举子呈献行卷的人，他们既可直接推荐于主试官，也可间接推荐于通榜者；而有力的推荐者，在某种程度上也就成了通榜者了。举子们将行卷投给他们，以求赏识，是很自然的。

但试卷不糊名和主试官及其通榜者可以依据举子们平日的成就与声望决定其去取这些事实，只能解释行卷的风尚何以能够存在，而不能充分地解释它何以十分盛行。因此，有必要继续指出：第一，行卷的风尚是和当时贡举诸科目中出路最好因而最受重视的进士科紧密地联系着的；而第二，它又是和进士科的去取以文词优劣为标准紧密地联系着的。

唐代贡举分为制科和常科，而常科之中，主要的又只有进士、明经两科。制科，据说是以待非常之才的，名目既极为繁多，每年或设或否，情况又极不一致。所以一般人所趋赴的，仍然集中在常科方面。常科之中，进士、明经两科虽然并列，而两者地位的高下和及第的难易，却大不相同。《唐摭言》卷一《散序进士》门云：

> 进士科始于隋大业中，盛于贞观、永徽之际。① 缙绅虽位极人臣，不由进士者，终不为美，以致岁贡常不减八九百人。其推重谓之"白衣公卿"，又曰"一品白衫"；其艰难谓之"三十老明经，五十少进士"。

进士科的举子还在穿着白麻衣去行卷或应试的时候，已被人推重，认为将来可以位至公卿，官居一品；而明经科的举子则无人对他们寄以这种厚

---

① 《元白诗笺证稿》第一章《长恨歌》云："唐代科举之盛，肇于高宗之时，成于玄宗之代，而极于德宗之世。"主要的也是指进士科而言，较《唐摭言》所说为精确、全面。

望。三十岁明经及第，就算是老明经了；而五十岁进士及第，却还要算少进士。这些谚语正非常形象地指出了这两种科目在唐人心目中的价值相差是多么远。

行卷的风尚只是和进士科而不是和明经科联系着，一方面当然是因为明经科很容易考取，无需乎费事去进行这种紧张的闱外活动；另一方面，也因为明经科的考试内容是以帖经为主，及第的关键在于熟悉经书，而经书之熟悉与否，是无从用行卷这种方式来表现的，因此，应明经举的人自然也就没有必要行卷了。《学津讨原》本康骈《剧谈录》卷下“元相国谒李贺”条云：

> 元和中，进士李贺善为歌篇，韩文公深所知重，于缙绅之间，每加延誉，由此声华藉甚。时元相国稹年老①，以明经擢第，亦攻篇什，常愿结交贺。一日，执贽造门。贺揽刺不容，遽令仆者谓曰：“明经擢第，何事来看李贺？”相国无复致情，惭愤而退。

考元稹以十五岁明经及第，事在德宗贞元九年(793)，②那时李贺才四岁。“事之不实，无庸详辨。”③但这个虚构的故事不仅反映了当时社会重进士轻明经的情况，同时也反映了应明经举或从明经科出身的人，一般是不以诗文为贽去进谒他人，即不从事于行卷的④；如果这样做了，就可能因为违反常情而被奚落一场，如这个故事中所描绘。事实上，我们也还没有在文献中看到应明经举的人从事行卷的事例。

---

① 按：“老”，当作“少”，观下文自明。

② 本书所举列的曾经应明经、进士等科举的人及其登第年份，均据《登科记考》，以下不再一一注明。

③ 朱自清《李贺年谱》(《清华学报》第10卷第4期，1935年)语。参岑仲勉《唐史余沈》卷三“李贺与元稹”条。

④ 唐人所谓“执贽”、“投贽”或“贽谒”，也就是行卷。如范摅《云溪友议》卷中“中山诲”条：“襄阳牛相公……尝投贽于刘补阙禹锡，对客展卷，飞笔涂窜其文。”曾慥《类说》卷十一载《芝田录》：“卢君出牧衢州，有一士投贽。公开卷，阅其文十篇。”《唐摭言》卷六，《公荐》门：“吴翰林融为侍御史，出官峡中，(卢)延让时薄游荆渚，贫无卷轴，未遑贽谒。”皆可为证。

赵彦卫《云麓漫钞》卷八云：

> 唐之举人，先借当世显人以姓名达之主司，然后以所业投献。逾数日又投，谓之温卷。如《幽怪录》、《传奇》等皆是也。盖此等文备众体，可以见史才、诗笔、议论。至进士则多以诗为贽，今有唐诗数百种行于世者，是也。

这是一条为诸家所共同引用过的资料。它告诉了我们唐人用传奇小说行卷这个重要事实。但其所叙述的某些方面则殊嫌含混，有待订正，因为它既没有将举子们纳省卷与投行卷这两种不同的事实区别开来，也没有将无论是纳省卷或投行卷都主要是应进士科的举子的特有风尚而与明经科并无关系这一事实指陈出来。如文献所昭示，当时进士到礼部应试（即所谓省试，礼部属尚书省）之前，除了上面所谈到的要向有地位的人投行卷之外，还要向主试官纳省卷。（称为省卷，因为是向尚书省所属官府——礼部交纳的。它又称公卷，则对行卷系献给私人的而言。）两者的内容可能一样，对象却有区别。孙望校本元结《元次山集》卷十《〈文编〉序》：

> 天宝十二年，漫叟以进士获荐，名在礼部。会有司考校旧文，作《文编》纳于有司。……侍郎杨公见《文编》，叹曰："以上第污元子耳，有司得元子是赖。"……明年，有司于部堂策问群士，叟竟在上第。

《唐摭言》卷十二《自负》门：

> 刘允章侍郎主文年，榜南院曰："进士纳卷，不得过三轴。"刘子振闻之，故纳四十轴。

《南部新书》甲卷：

> 李景让典贡年，有李复言者，纳省卷，有《纂异》一部十卷。榜出

曰:“事非经济,动涉虚妄,其所纳仰贡院驱使官却还。”复言因此罢举。

这都是纳省卷的事例。所以胡震亨《唐音癸签》卷十八“进士科故实”条说:

举子麻衣通刺,称乡贡,由户部关礼部,各投公卷;亦投行卷于诸公卿间,旧尝投今复投者,曰温卷。礼部例得采名望收录。

又考《旧唐书·韦陟传》云:

曩者,有司取与,皆以一场之善登其科目,不尽其才。陟先责旧文,仍令举人自通所工诗笔,先试一月,知其所长,然后依常式考核。片善无遗,美声盈路。

韦陟以礼部侍郎知贡举,事在天宝元年(742)。① 纳省卷的风尚可能即由此而形成。这种风尚的消失,则在宋初,见范镇《东斋纪事》卷三所载:

初举人居乡,必以文卷投贽先进。自糊名后,其礼浸衰。贾许公为御史中丞,②又奏罢公卷,而士子之礼都亡矣。

这些资料将省卷、行卷之别表示得很分明,但《云麓漫钞》所云,“先借当世显人以姓名达之主司”,似指投行卷而言,“然后以所业投献(于主司)”,又似指纳省卷而言,就不够清楚了。又如前所说,无论是纳省卷或投行卷,都只是进士科举子的事。(进士及第以后,再举制科的人,也有继续向当世显人行卷的,那可以说是进士行卷之风的延长。)而据《云麓漫钞》语意,似乎无论什么科的举子,都曾以传奇小说来行卷,惟独进士才多以诗行卷,这也和现存其它文献所提供的事实不合。赵彦卫这段文字曾经引起

① 据《登科记考》卷九。

② 贾昌朝尝以右谏议大夫权御史中丞,嘉祐元年(1056),进封许国公,见《宋史》本传。

过某些研究者的误解，①因而我们在接触到这个问题的时候，不能不附带加以辨明。至于行卷与省卷虽然并行不悖，但由于省卷成千累百地集中于主司一人，其势不能尽阅，结果反而成了具文。举子所重，仍在向显人投献行卷这一方面，这也是可以从传世文献中涉及省卷者极少，而涉及行卷者甚多这个现象推断出来的。

既然行卷的风尚是和进士科举紧密地联系着，而这种联系又基于进士登第与否的关键在于文词的优劣，那么，考察一下进士科考试项目的情况，对于行卷之风的了解，就很有必要了。关于这个问题，史籍记载得相当详细，而赵翼《陔余丛考》卷二十八“进士”条所述则较为扼要，今录如下：

> 唐初制，试时务策五道，帖一大经，经、策全通为甲第。策通四，帖过四以上为乙第。永隆二年，以刘思立言进士惟诵旧策，皆无实材，乃诏进士试杂文二篇，通文律者然后试策。此进士试诗、赋之始。开元二十五年诏：“进士以声韵为学，多昧古今，自今加试大经十帖。”建中二年，中书舍人赵赞权知贡举，又以箴、论、表、赞代诗、赋。大和八年，仍复诗、赋。此唐一代进士试艺之大略也。

惟赵氏所言，也颇有疏误，首先是误以为试杂文即系试诗、赋②；其次是误

---

①　参前举冯沅君先生文。

②　和赵翼同样误以为试杂文即试诗、赋的，还有叶梦得，其《避暑录话》卷下云：“永隆后进士始先试杂文二篇，初无定名。《唐书》自不记诗、赋所起，意其自永隆始也。”《唐音癸签》卷十八“进士科故实”条及今人岑仲勉《隋唐史》卷下《唐史》第十八节《进士科抬头之原因及其流弊》所说亦同此误。《太平广记》卷一百七十八载卢言《卢氏杂说》则说进士试诗、赋，始于文宗开成三年(838)高锴知贡举，内出《霓裳羽衣曲赋》、《太学创置石经》诗作试题。错误更其明显。又杭世骏《道古堂文集》卷八，《〈唐律类笺〉序》云：“稽唐科举之制……凡试必有诗，凡诗必用排律，然犹兼以他文也。至元和八年，始专以诗、赋取士，于是排律与律赋遂为举场必擅之技。”如上所述，进士本来只试策论和帖经，后来才加上杂文，试杂文部分，又逐渐变为专试诗、赋，所以并非“凡试必有诗”，而“兼以他文”。杭氏不仅把这一事实弄颠倒了，而且又误记《新唐书·选举志》“大和八年，礼部复罢进士议论，而试诗、赋”之文，以大和为元和，以复试诗、赋为始专试诗、赋。《选举志》所载，原来就不正确，杭氏不加订正，又复错上加错，未免失之粗疏。

以为自德宗建中二年(781)赵赞奏罢诗、赋以后,直至文宗大和八年(834)才恢复。徐松《登科记考》卷二“永隆二年”条按语云:

> 杂文两首,谓箴、铭、论、表之类。开元间始以赋居其一,或以诗居其一,亦有全用诗、赋者,非定制也。杂文之专用诗、赋,当在天宝之季。

据王应麟《玉海》卷二百三及二百四,《辞学指南》所载高宗显庆四年(659)进士试《关内父老迎驾表》、《贡士箴》,玄宗开元十一年(723)试《黄龙颂》,开元十四年(726)试《考功箴》,开元二十六年(738)试《拟孔融〈荐祢衡表〉》等例,及《旧唐书·玄宗纪》“天宝十三载”条所载:

> 上御勤政楼,试四科制举人,策外加试诗、赋各一首。制举加诗、赋,自此始也。

可知进士科举加试文词,早在永隆二年(681)以前即偶有之,而刘思立的奏请,则使它进一步地制度化了。又经过几十年的演变,才由任试包括诗、赋在内的各体杂文,逐渐转为只试诗、赋,[①]而且还影响到制科也加进了这一新的考试项目。这都证明上引徐松的话是正确的。《登科记考》卷十一“建中二年”条按语又云:

> 次年进士试《学官箴》,是罢诗、赋自三年始。第不知复于何年用诗、赋。考《文苑英华》载贞元四年试《曲江亭望慈恩寺杏园花发》诗,大约贞元之初,即复旧制。故大和间礼部奏言“国初以来试诗、赋,中间或暂改更,旋即仍旧”是也。

---

① 前举吕思勉书认为早期所谓杂文不包括诗、赋在内,不合事实,观《登科记考》所载历年试题自明。

这也比赵翼据《新唐书·选举志》所说曾罢诗、赋五十余年为合于事实。弄清楚这些细节对研究行卷问题是很重要的。因为最初杂文所包者广，这才使行卷之文也可相应地具备众体，逐渐发展到古诗、律诗、词赋、骈文、散文、小说等无所不有。在不成文地规定杂文只试诗、赋后，由于行卷之文可备众体已经形成一个传统，也就没有因考试内容的更动而有改变。同时，因为从7世纪80年代开始，在进士科举的考试项目中增加了杂文（在8世纪中叶以来则专指诗、赋）后，进士考试就始终以文词为中心内容，几乎没有中断过，因而举子们用以表现自己文学才能的行卷之风也没有中断过，直到宋初为止。这都显示了行卷这种风尚和考试内容的关系十分密切。

文词在进士科考试中是后来增加的项目，可是它很迅速地就压倒了试策和帖经，而成了最重要的即决定去取的部分。杜佑《通典》卷十七载赵匡《举选议》云：

进士者，时共羡之。主司褒贬，实在诗、赋，务求巧丽，以此为贤。

就是指的这种情形。正由于此，所以进士科后来也称为词科。事实上，考试既以文词为主，以测验记诵之学为目的的帖经已经变成可有可无，于是在天宝初年，就出现了“作诗赎帖”的通融办法。赵贞信校注本封演《封氏闻见记》卷三《贡举》门：

举司帖经，多有聱牙、孤绝、倒拔、筑注之目，文士多于经不精，至有白首举场者，故进士以帖经为大厄。天宝初，达奚珣、李岩相次知贡举，进士文名高而帖落者，时或试诗放过，谓之赎帖。

《太平广记》卷一百七十九“阎济美”条载温庭筠《乾𦠆子》云：

（阎济美）具前白主司曰：“某早留心章句，不工帖书，必恐不及格。”主司曰：“可不知礼闱故事，亦许诗赎。”……某又遽前白主司曰：

“侍郎开奖劝之路，许作诗赎帖，未见题出。”主司曰：“赋《天津桥望洛城残雪》诗。”

前者记叙赎帖所由起，后者则是晚唐的一个实例。这说明了，早在玄宗时代，进士取舍就以文词为主，更不用说其后变本加厉的种种情况了。

总之，由于进士科出路比其他科目都好，所以竞争就特别激烈；由于进士科考试重在文词，其录取又要采平日誉望作为重要参考，所以举子们用来表现自己的创作水平乃至于见识和抱负的行卷，就特别重要。在一般情况下，举子们没有不努力提高自己的文学修养，以期写出较好的作品，并用它们来行卷，从而打动当世显人的心的。这样，行卷的风尚在客观上就不能不对唐代的文学发展起着较广泛和较长远的推动作用。

今传行卷故事见于唐人小说、杂记的，绝大多数出于中、晚唐。但这种风尚的兴起则必然在永隆二年(681)进士加试杂文成为制度以后，安、史之乱以前。薛用弱《集异记》所叙王维借岐王的力量行卷于公主事，显然不足据信，[①]但这种依托，却不失为唐人认为行卷之风出现较早的旁证。

行卷这一风尚的由来，大概如此。

---

① 如赵殿成《右丞年谱》及陈贻焮《王维生平事迹初探》(《文学遗产》增刊六辑)，对此都存而不论，汪辟疆先生校录《唐人小说》下卷所载《集异记》，“王维”条按语论此事也说：“薛氏此文，或即摭拾传闻，不定根于事实。”

三　行卷之风的具体内容

社会风尚总是在较长时期中形成，并且逐渐使其自身具备丰富而具体的内容的，在唐代进士科举制度之下所形成的种种风尚也不在例外。由于这种种风尚内容所具有的丰富性与具体性，甚至在当时就使人感到有必要写一部专书来加以介绍，为初次赴举的人提供一些方便。《新唐书·艺文志》卷三及《宋史·艺文志》卷七都在子部小说家类著录了卢光启所撰《初举子》，就是这样一部书。孙光宪《北梦琐言》卷四记其写作缘起云：

> 卢相光启，先人服刑。尔后弟兄修饰赴举，因谓亲知曰："此乃开荒也。"然其立性周谨，进取多途，著《初举子》一卷，即进取诸事。皆此类也。

《容斋续笔》卷十三"贻子录"条则据五代时佚名所著《贻子录》中的《修进》一章，对这部早已亡佚的书的内容有简略的介绍：

> 咸通年中，卢子期著《初举子》一卷，细大无遗。就试三场，避国讳、宰相讳、主文讳。士人家小子弟忌用熨斗时把帛，虑有拽白之嫌。烛下写试无误笔，即题其后云："并无揩、改、涂、乙、注。"如有，即言字数，其下小书名。同年小录，是双隻先辈各一人分写。宴上，长少分双隻相向而坐。元以东为上，傔以西为首。给、舍、员外、遗、补，多来

突宴，东先辈不迁，而西先辈避位。及吏部给春关牒，便称前乡贡进士。

可能是由于南宋时代行卷之风久已不存，洪迈据《修进》章摘录《初举子》的内容时，独没有涉及这一部分。这是很可惜的。但关于行卷的具体情况，散见各书的还有一些，今略加整比，叙述如次。

唐代进士一般是在正月考试，二月放榜。[①] 因此投献行卷多数是在头一年秋天就开始进行。初次到长安(或洛阳)应试的外地举子们，往往事先就做好一些卷轴，随身携带，进京备用。(国学生徒准备应进士科举的，自然一般就在国学西监所在地长安及东监所在地洛阳准备。)如韩愈《昌黎先生集》卷四，《赠崔立之评事》有云：

崔侯文章苦敏捷，高浪驾天输不尽。曾从关外来上都，随身卷轴车连轸。朝为百赋犹郁怒，暮作千诗转遒紧。

崔立之是德宗贞元三年(787)进士登第的。此诗所写，可能是他第一次赴试的情况。但由于进士科录取名额很少，每年不过三十人左右，登第非常艰难，一举成名的几乎是绝无仅有，落第的人每年都非常之多。这些人为了争取时间，准备下一次应考，便往往在京城里留下来，(其必须回家乡去的，也往往在春季落第还乡之后，又在当年秋天赶回京城来。)从事一些活动，其中很主要的一项，就是准备新的行卷。[②]《南部新书》乙卷云：

长安举子，自六月以后，落第者不出京，谓之过夏。多借静坊、庙院及闲宅居住，作新文章，谓之夏课。……七月后，投献新课。……人为语曰："槐花黄，举子忙。"

---

① 据《〈登科记考〉叙例》。

② 关于唐代进士科之贵重、举子及第之不易、落第后之艰难及每年忙于准备新的行卷等各种情况，请参看拙稿《王摩诘〈送綦毋潜落第还乡〉诗跋》，载《古典诗歌论丛》。

李肇《国史补》卷下“叙进士科举”条云：

> 退而肄业，谓之过夏；执业而出，谓之夏课。

《唐摭言》卷一《述进士下篇》引《国史补》此文，于“夏课”下注云：“亦谓之秋卷。”夏是指其撰卷之时，秋则指其行卷之时。（至于不留京而回乡里的人，其从事于夏课即秋卷之撰作，自然也大略相似。）

投卷的地点，主要是在京城长安，其次则是在偶然也设置考场的东都洛阳。因为它们既是考场所在，也是显宦、名人集中的所在。但也有因为特殊原因而在外地投献行卷的。如张固《幽闲鼓吹》云：

> 丞相牛公应举，知于頔相之奇俊也，特诣襄阳求知。

阮阅《诗话总龟》前集卷二十五引李颀《古今诗话》云：

> 邵安石，连州人。高湘侍郎南迁归朝，途经连江，安石以所业投之，遂见知，同至辇下。湘知贡举，安石擢第。

从以上所引《南部新书》及《国史补》中可以知道，行卷以每年更新为正常。（这自然也并不排斥在新卷中编入部分旧作。）这种更新，对于举子们创作水平的提高，显然起着促进作用。王谠《唐语林》卷二，《文学》门引刘禹锡所云，就是一个例证：

> 牛丞相奇章公初为诗，务奇特之语，至有“地瘦草丛短”之句。明年，秋卷成，呈之，乃有“求人气色沮，凭酒意乃伸”。益加能矣。明年乃上第。

这种更新还有利于在创作中吸收新的题材，表示自己对于某些新事物的看法。《国史补》卷中“晋公祭王义”条云：

裴晋公为盗所伤刺，隶人王义扞刃死之。公乃自为文以祭，厚给其妻子。是岁，进士撰《王义传》者，十有二三。

此事亦见《南部新书》戊卷，称“是岁，进士撰《王义传》者三之二”，则为数更多。又《全唐诗》卷五百十一张祜《〈孟才人叹〉序》，述才人殉情事后，续云：

进士高璩登第年宴，传于禁伶。明年秋，贡士文多以为之目。大中三年，遇高于由拳，哀话于余，聊为兴叹。

这两个事例正好说明了许多举子在撰文行卷时，是重视那些激动人心的新鲜题材的，以这种作品行卷，当然也就比较易于收到引人注目的效果。至如《南部新书》庚卷云：

裴说应举，只行五言诗一卷。至来年秋，复行旧卷。人有讥者。裴曰：“只此十九首苦吟，尚未有人见知，何暇别行卷哉？”咸谓知言。

则可见全行旧卷乃是一种不寻常的举动，容易引起非难，非有待于解释不可了。

行卷所用的纸张、写卷的书法与行款也都有需要注意的地方。李商隐《樊南文集》卷八《与陶进士书》云：

昨又垂示《东岗记》等数篇，不惟其词彩奥，大不宜为冗慢无势者所窥见，且又厚纸谨字，如贡大诸侯、卿士及前达有文章积学者，何其礼甚厚而所与之甚下耶？

据此可知，进士行卷所用纸张应当厚实，字迹必须端正。又《昌黎先生集》卷十七《与陈给事书》有云：

> 并献近所为《复志赋》已下十首为一卷，卷有标轴。《送孟郊序》一首，生纸写，不加装饰，皆有揩字、注字处。急于自解而谢，不能俟更写，阁下取其意而略其礼可也。

廖莹中注引邵博《邵氏闻见录》：“唐人有生纸，有熟纸，所谓妍妙辉光者，其法不一。生纸非有丧故不用。退之云，《送孟郊序》用生纸，急于自解不暇择耳。”韩愈以贞元八年（792）登进士第，这封信写于贞元十九年（803），[①]所以并非进士求知之作，但文中所叙及的一些风尚，如卷子应有标轴，应加装饰，不应用生纸，不应揩、注，我们可以想像得到，也正是进士行卷时所应当遵守的。《学津讨原》本宋程大昌《演繁露》卷七“唐人行卷”条云：

> 唐人举进士必行卷者，为缄轴录其所著文以献主司也。[②] 其式见李义山集《〈新书〉序》（卷七），曰：治纸工率一幅以墨为边准（今俗呼解行也），用十六行式（言一幅解为墨边十六行也），率一行不过十一字（此式至本朝不用）。

这是九世纪中叶的记载，可见行卷的行款，到后来也有一定的规格了。

关于对每一个人每一次应当投献多少卷轴，每卷应当包括多少内容，是没有一定的。陈鹄《西塘集耆旧续闻》卷八云：

> 后唐明宗公卿大僚皆唐室旧儒，其时进士贽见前辈，各以所业，只投一卷至两卷，但于诗、赋、歌篇、古调之中，取其最精者投之。行

---

① 陈给事，指陈京。据《四部丛刊》本韩集，《与陈给事书》题下樊汝霖注云：“（贞元）十九年，京迁给事中。”考韩愈在本年冬即贬阳山，是此书只能作于贞元十九年陈迁给事中以后，韩贬阳山以前。

② 唐代进士行卷，有向礼部衙门投纳省卷（公卷）及向当世显人投献行卷两种，已详前。行卷之称，自然也可包括投纳省卷在内。但《演繁露》此处解释行卷，只提及献给主司的省卷，而没有提到更重要的献给显人的行卷，是不够确切的。

两卷者号曰两行，谓之多矣。故桑魏公只行五首赋，李相愚只行五首诗，便取大名，以至大位，岂必以多为贵哉？

这里所述的虽是五代故事，其风尚则是唐代的延长。（前举《南部新书》载裴说只行五言诗十九首一卷，可证。）而《唐摭言》卷十二《自负》门则有当时有人行卷以多为贵因而受到嘲弄的记载：

薛保逊好行巨编，自号金刚杵。大和中，贡士不下千余人。公卿之门，卷轴填委，率为阍媪脂烛之费。因之平易者曰："若薛保逊卷，即所得倍于常也。"

这些记录都说明了行卷的轴数及文字的篇数多少虽可任意，但却贵精而不贵多。如皮日休以《皮子文薮》十卷二百篇作为行卷，杜牧曾行诗一卷，有一百五十篇，①在当时恐怕也要算得多的了。

这种闱外活动的目的既在于引起别人对自己文才的重视，而竞争的对手有时又多至千人，"公卿之门，卷轴填委"，要使作品受到赏识，是不大容易的。针对着这种情况，举子们便在编辑行卷时，特别注意第一篇的安排，把自己（或者别人）认为最好的、最容易引人注目的作品放在最前面，使人展开卷轴立即可以看到，称为卷首。如《北梦琐言》卷七载陈咏逸事：

其诗卷首有一对语云："隔岸水牛浮鼻渡，傍溪沙鸟点头行。"京兆杜光庭先生谓曰："先辈佳句甚多，何必以此为卷首？"颖川曰："曾为朝贵见赏，所以刻于首章。"②都是假誉求售使然也。

---

① 今传《皮子文薮》为行卷之文，是萧涤非先生首先注意到的，见其校本《文薮》的《前言》。杜牧献诗数字，见《樊川文集》卷十六《献诗启》。

② "刻"，当是"列"之误字。虽然雕版印刷技术在8世纪中叶之前已经发明（见美国富路特《关于一件新发现的最早印刷品的初步报告》及胡道静注文，载《书林》，1980年第3期），但在整个唐代尚未普遍使用，而且行卷必须写得规矩（所谓"谨字"），无论就物质条件或贽谒礼仪来说，都没有用刻本的卷子去向显人投献的可能。中华书局重排《云自在龛丛书》本失校。

就是行卷者有意识地安排卷首的一个例子。卷首的安排是否妥当，对行卷的效果是有影响的。《幽闲鼓吹》云：

> 白尚书应举，初至京，以诗谒顾著作。顾睹姓名，熟视白公曰："米价方贵，'居'亦弗'易'。"乃披卷。首篇曰："咸阳原上草，一岁一枯荣。野火烧不尽，春风吹又生。"即嗟赏曰："道得个语，'居'即'易'矣。"因为之延誉，声名大振。

《国史补》卷上"崔颢见李邕"条云：

> 崔颢有美名，李邕欲一见，开馆待之。及颢至，献文，首章曰："十五嫁王昌。"邕叱起曰："小子无礼！"乃不接之。

白居易这首题为《赋得古原草送别》的诗，头四句恰如其分地表现了自己生气蓬勃、不畏困难、坚持进取的心情，因而顾况一看就改变了他最初对于这个青年人多少有些轻视和嘲弄的态度。至于崔颢，他尽管有些可作行卷首篇的较好作品，可惜错选了那首卖弄风情、出词轻薄的《王家少妇》①，就引起了李邕的不满。这些逸事，正说明了举子行卷非特别注重卷首的安排不可。

前引《初举子》曾载举子试卷中一律要避国讳、宰相讳、主文讳，而对于每个人来说，还得要避自己的家讳。《南部新书》丙卷云：

> 凡进士入试，遇题目有家讳（谓之文字不便），即托疾，下将息状来出，云："牒某忽患心痛，请出试院将息，谨牒如的。"

可以推想，在行卷中，国讳、宰相讳、主文讳和家讳也都是要避的，而且，还

---

① 《王家少妇》全文如下："十五嫁王昌，盈盈入画堂。自矜年最少，复倚婿为郎。舞爱《前溪》绿，歌怜《子夜》长。闲来斗百草，度日不成妆。"见《全唐诗》卷一百三十。

得再加上一条，即避投献行卷的对象，也就是某一位显人的家讳。辛文房《唐才子传》卷十“褚载”条：

> 文德中，刘子长出镇浙西，行次江西。时陆威侍郎犹为郎吏，亦寓于此。载缄二轴投谒，误以子长之卷面贽于威。威览之，连见数字触家讳。威瞿然，载愕错，白以大误，寻谢以长笺，略曰：“曹兴之图画虽精，终惭误笔；殷浩之矜持太过，翻达空涵。”①威激赏而终不能引拔，竟流落而卒。

可见这一从六朝以来就形成了的与人交际应避其家讳的风尚，在行卷时也是必须恪守的。如其不慎而触犯了它，便要产生严重的后果。

《太平广记》卷一百五十五“李固言”条载《蒲录记传》云：

> 元和七年，许孟容以兵部侍郎知举。固言访中表间人在场屋之近事者，问以求知游谒之所。（未详姓氏）斯人且以固言文章甚有声称，必取甲科，因绐之曰：“吾子须首谒主文，仍要求见。”固言不知其误之，则以所业径谒孟容。孟容见其著述甚丽，乃密令从者延之，谓曰：“举人不合相见，必有嫉才者。”使诘之。固言遂以实对。孟容许第固言于榜首，而落其教者姓名，乃遣秘焉。②

这条资料说明，举子是不可以私下向主试官直接行卷的（向礼部衙门公开投纳省卷当然不在此限），而是必须通过显人的推荐，才能使主司注意他以至于录取他。向显人们行卷虽无限制，可是政治局势和文章风会却是有变迁的，这就使得举子们必须注意选择对象，行卷于那些在社会上、政治上、文坛上有地位、有权势、的确可以帮助自己及第成名的人。刘崇远《金华子杂编》卷上云：

---

① 以上亦见《唐摭言》卷十一《恶分疏》门。

② 《旧唐书·许孟容传》：“（元和）四年，拜京兆尹……改兵部侍郎，俄以本官权知贡举，颇抑浮华，选择才艺。”可与此条所载故事互证。

崔起居雍，甲族之子，少高令闻，举进士，擢第之后，蔼然清名闻于时，与郑颢同为流品所重。举子公车得游历其门馆者，则登第必然矣。时人相语为崔、郑世界。虽古之龙门，莫之加也。

又佚名《玉泉子》云：

李德裕以己非由科第，恒嫉进士举者。及居相位，权要束手。德裕尝为藩府从事日，同院李评事以词科进，适与德裕官同。时有举子投文轴，误与德裕。举子既误，复请之曰："其文轴当与及第李评事，非与公也。"由是，德裕志在排斥。

这两件事，都可以看出行卷必须郑重选择对象。崔雍既尝与郑颢通榜，则行卷于崔，及第的机会自然较多。李德裕既非进士词科集团中的人物，和知贡举的人也因缘较少，就比较难以向主司推荐，那位举子因而也就不愿意向他投卷了。《北梦琐言》卷三云：

唐李固言，生于凤翔庄墅，雅性长厚，未习参谒。始应进士举，舍于亲表柳氏京第。诸柳昆仲率多戏谑，以相国不谙人事，俾习趋揖之仪。俟其磬折，密于乌巾上帖文字云："此处有屋僦赁。"相国不觉。及出，朝士见而笑之。许孟容守常侍，朝中鄙此官，号曰貂却①，固不能为人延誉也。相国始以所业求知，谋于诸柳。诸柳与导行卷去处。先令投谒许常侍。相国果诣骑省。高阳公惭谢曰："某官绪极闲冷，不足发君子声采。虽然，已藏之于心。"又睹乌巾上文字，知其朴质。无何，来年许公知礼闱，李相国居状头及第。是知诸柳之戏谑，足致陇西之速遇也。

---

① 按：貂郤二字无义，却当是脚之坏字。《粤雅堂丛书》本《南部新书》辛卷云："开元以后鄙常侍，拜此官者，朝中谓之貂脚也。"(《学津讨原》本《南部新书》亦误作貂却)可证。《容斋四笔》卷十五"官称别名"条云："唐人好以它名标榜官称……侍中为大貂，散骑常侍为小貂。"或者当时侍中亦称貂头，故常侍亦称貂脚。

这个故事很可能是前引《蒲录记传》所载故事的传文异辞。它从反面说明了投卷是应当赶热门的。《太平广记》卷一百八十“牛锡庶”条载《逸史》记牛行卷于萧昕事，所述略同，可以参看。再则行卷对象，不止一人，其投献先后，也有关系。诸柳要李固言首先到冷官许孟容处，也正是一种开玩笑的做法。而计有功《唐诗纪事》卷五十六“雍陶”条云：

唐诗人最重行卷，陶首篇上裴度，或云耿沣行卷首篇上第五琦，遂指二子为邪正。虽然，方琦未有衅时，上诗亦何足多怪？

则向谁行卷，不只是要考虑那些对象的地位、身份，而且其政治面貌也应当在考虑之列了。《唐摭言》卷十五“旧话”条载“卷头有眼”之语，原注：“投谒必其地也。”也就是说，行卷必须注意选择对象。

行卷的情态，略见于马端临《文献通考》卷二十九《选举考》二“举士”条引江陵项氏之说：

王公大人，巍然于上，以先达自居，不复求士。天下之士，什什伍伍，戴破帽，骑蹇驴，未到门百步，辄下马，奉币刺，再拜以谒于典客者，投其所为文，名之曰求知已。如是而不问，则再如前所为者，名之曰温卷。如是而又不问，则有执贽于马前，自赞曰“某人上谒”者。

举子们求知(求知己)亦即行卷、温卷的过程，大致即如项安世所说。他所描绘的举子们那种卑躬屈节的情态，以及王公大人们高高在上的情形，自然比比皆是，但也并非没有凭仗真才实学行卷的举子和怜才爱士的显人，否则，我们也就难以解释唐代进士科举制度何以曾经产生过许多有气节、有学问、有贡献的人物这一历史事实了。[①] 对于这一记载可以加以补充的是：第一，行卷以求知己这种手段，对于唐人来说，既用之于登第之前，

---

① 对唐代这个封建大帝国有重要贡献的人物，有不少是进士科出身的，略见《樊川文集》卷十二《上宣州高大夫书》。

也用之于登第之后。之前是为了争第，(进士登第后复应制科举，或不应进士举而专应制科举者，其行卷求知，也可归入此类。)之后是为了求官，故后者可以说是前者的沿用和发展。今传唐人文献，两者并存。当我们研究行卷问题的时候，既要加以区别，也要注意到两者目的虽异，手段则同，从而可以利用关于登第后行卷的若干材料，来印证和补充登第前行卷的某些情况，如前举韩愈集中所载行卷忌用生纸书写等事，即其一例。第二，在求知己的时候，由于不一定会被接见，即使被接见了，也未见得能够畅所欲言，所以往往另外准备一封书信，连同行卷一并投献。这封信除了表达自己希望被赏识、提拔的愿望之外，往往还将所献文字，加以扼要的介绍，以唤起对方的注意。如杜牧《樊川文集》卷十六《上知己文章启》云：

> 某少小好为文章，伏以侍郎，文师也，是敢谨贡七篇，以为视听之污。伏以元和功德，凡人尽当歌咏记叙之，故作《燕将录》；往年吊伐之道，未甚得所，故作《罪言》；自艰难来始，卒伍佣役辈多据兵为天子、诸侯，故作《原十六卫》；诸侯或恃功不识古道，以至于反侧叛乱，故作《与刘司徒书》；处士之名，即古之巢、由、伊、吕辈，近者往往自名之，故作《送薛处士序》；宝历大起宫室，广声色，故作《阿房宫赋》；有庐终南山下，尝有耕田著书志，故作《望故园赋》。虽未能深窥古人，得与揖让笑言，亦或的的分其状貌矣。

这封信写于大和元年(827)杜牧进士登第以后①，所以它也并非用来求举的，但书题仍称某侍郎为知己，其写法与一般应进士科伴随着行卷的上书没有什么不同，仍可推知。(这种介绍也有以行卷的序文的形式出现的，如下文所引皮日休的《〈文薮〉序》。)第三，首次求知，一定要投行卷，这在唐人记载中似乎没有例外，至于其后的温卷，却并非如赵彦卫、项安世之

① 据缪钺《杜牧之年谱》(《浙江大学文学院集刊》第一、二集，1941 年)，《罪言》作于大和八年(834)。这封信里介绍了这篇文章，那么它最早也只能作于同年，上距杜牧进士及第，已经有七年了。

说，非得隔几天再送一次文轴不可。王辟之《渑水燕谈录》卷九云：

> 国初袭唐末士风，举子见先达，先通笺刺，谓之请见；既与之见，他日再投启事，谓之谢见；又数日再投启事，谓之温卷。或先达以书谢，或有称誉，即别裁启事，委曲叙谢，更求一见。

这是沿袭唐末的宋初风尚，礼仪似更繁复。但其言温卷只投启事，则证以柳宗元《河东先生集》卷三十六所载《上权补阙温卷决进退启》，中唐时代就可以如此。此启题为温卷，其中虽然非常详尽宛转地表达了自己求知的愿望，但丝毫没有涉及同时又向权再投一次行卷的事情。《北梦琐言》逸文卷二载："唐光化中，苏拯……与考功郎中苏璞初叙宗党。……拯既执贽，寻以启事温卷。"所叙情况亦同。由此可知，温卷的作用主要是再度提醒一下受卷的显人，请他对自己加以关心和注意，请其不要忽略了前次的行卷，所以既可以随信再投一次卷，也可以只再上一封信，[①]总之，温卷是行卷的延长，同样是求知己活动的不可缺少的部分，但并非全然是行卷的重复。

最后，谈一下行卷时穿着的服装问题。在我国封建社会里，服装也是用来标志人们社会、政治地位的一种手段。唐人很重视服章[②]，统治阶级的衣服及身上的佩饰的物质、颜色、式样，都依据地位的高下，做出了明文规定。关于这些，史籍所载很详，无须复述。在这种制度之下，还在应举而没有进入仕途的乡贡进士或两监生徒，一般穿的都是白色的粗麻布衣。所以前引《唐摭言》说当时社会上称他们为"一品白衫"、"白衣公卿"，一品、公卿，指将来可能达到的地位，白衣(衫)则是未及第之前穿来行卷和应考的衣服。在礼部主持的进士考试及第之后，再通过吏部的关试，就可以做官了，所以关试也称为释褐试。也就是说，通过了这场考试，才可以释褐，即把白粗麻布衣脱下来。《北梦琐言》卷三云：

---

① 萧涤非先生在《文薮》的《前言》中说："假如落第，那么第二年就再献，叫做'温卷'。"其说与今传唐、宋文献所载都不相同，未详所本。

② 参《容斋随笔》卷一"唐人重服章"条。

唐相国刘公瞻，其先人讳景，本连州人，少为汉南郑司徒掌笺札，因题商山驿侧泉石。荥阳奇之，勉以进修，俾前驿换麻衣，执贽之后，致解荐，擢进士第。

薛能尚书镇郓州，见举进士者必加礼异。李勋尚书先德为衙前将校，八座方为客司小子弟，亦负文藻，潜慕进修，因舍归田里，未逾岁，服麻衣，执所业于元戎。

唐郑愚尚书，广州人，雄才奥学，擢进士第，扬历清显，声称烜然，而性本好华，以锦为半臂。崔魏公铉镇荆南，荥阳除广南节制，经过，魏公以常礼延遇。荥阳举进士时，未尝以文章及魏公门。此日，于客次换麻衣，先贽所业。魏公览其卷首，寻已，赏叹至三四，不觉曰："真销得锦半臂也。"

又《唐摭言》卷十二"设奇沽誉"条云：

咸通中，郑愚自礼部侍郎镇南海，时崔魏公在荆南，愚著锦袄子半臂袖卷谒之，公大奇之。会夜饮更衣，宾从间窃谓公曰："此应是有，惭不称耳。"既而复易之红锦，尤加焕丽，众莫测矣。

刘景和李勋的例子证明，举子行卷，必须着麻衣；而郑愚的例子，虽然两书所载各异，(《北梦琐言》是说他虽然爱着锦半臂，但向崔铉行卷时，仍然换了麻衣，而《唐摭言》则说他就穿着锦半臂对崔投卷。)但认为按照当时风尚，即使及第多年、官位很高的人，如果要向先达行卷，也仍然应当像没有及第的举子一样穿白麻衣，才合乎礼仪，则是一致的。至于应试时也要穿白麻衣，则《全唐诗》卷五百四十四刘得仁《陈情上知己》诗："刻骨搜新句，无人悯白衣。"及《唐摭言》卷四《与恩地旧交》所载刘虚白试杂文日，在帘前献给主考的诗："二十年前此夜中，一般灯烛一般风。不知岁月能多少，犹着麻衣待至公。"可以为证。

凡是举子们行卷及应试时穿过的白麻衣，在他们及第以后，就被还没有考取的举子要去，作为一种吉利的兆头。《唐音癸签》卷十八《诂笺》三

“进士科故实”条云：

> 《摭言》云：“进士及第后知闻，或遇未及第时题名处，则为添前字。”故唐人登第诗有“曾题名处添前字，送出城人乞旧衣”之句。乞衣，亦见张籍诗。① 当时下第举子丐利市，猥习可悯笑者。

乞衣这种迷信的举动诚然是“可悯笑”的，但它里面却隐藏着唐代进士科出路特好，竞争激烈这个历史事实。

以上，就是我们今天所能考见的行卷这一风尚的具体内容。

① 此处所引《唐摭言》，见卷三《慈恩寺游赏赋咏杂纪》。“乞旧衣”的“衣”字，《雅雨堂丛书》本及《学津讨原》本《唐摭言》均误作“诗”，系后人不了解唐代风俗而妄改。惟《癸签》及《全唐诗》卷七百九十六所引《唐摭言》为不误。张籍诗，指其《送李馀及第后归蜀》一篇，中有“十年人咏好诗章，今日成名出举场。归去惟将新诰牒，后来争取旧衣裳”诸句，见《全唐诗》卷三百八十五。

四　举子及显人对待行卷的态度及其与文学发展的关系

举子们用怎样的态度去行卷，所谓当世显人又用怎样的态度对待那些投来的作品，对于行卷能否促进文学的发展是有关系的，因而也是我们所应当加以考察的。

就坏的方面说，从唐代进士行卷的逸事中，的确可以发现一些笑话奇谈。如曾慥《类说》卷十一载《芝田录》云：

> 卢君出牧衢州，有一士投贽。公开卷，阅其文十篇，皆公所制也，密语曰："非秀才之文。"①对曰："某苦心夏课，知己不一，非假手也。"公曰："此某所为文，兼能暗诵否？"客词穷，吐实曰："得此文，无名姓，不知是员外撰述。"惶惧求去。公曰："此虽某所制，亦不示人，秀才但有之。"留连厚恤。比去，问其听之，曰："汴州梁尚书也，是某亲丈人，须住旬日。"公曰："大梁尚书乃亲表，与君若是内戚，即某与君合是至

① 秀才在唐代有两种意义：一是常科的一种。《通典》卷十五云："大唐贡士之法……其常贡之科有秀才，有明经，有进士。……初，秀才科等第最高。贞观中，有举而不第者，坐其州长，由是废绝。"《封氏闻见记》卷三《贡举》门云："初，明经取通两经，先帖文，乃按章疏试墨策十道；秀才试方略策三道；进士试时务策五道。……其后举人惮于方略之科，为秀才者殆绝，而多趋明经、进士。"二是进士的通称。《国史补》卷下"叙进士科举"条云："进士为时所尚久矣……通称谓之秀才。"中唐以来，秀才科久不存在，故一般文献中所称秀才均系指应进士科举的人。赵翼《陔余丛考》卷二十八"秀才"条谓："唐时凡举子皆称秀才。"然应明经等常科举及专应制科举的人，都无秀才之称，其说实误。这里是作第二义用，后同。

> 亲。此说想又妄耳。”其人战灼若无所容。公曰：“不必如此。前时恶文及大梁亲表，一时奉献。”

又《唐诗纪事》卷四十七“李播”条云①：

> 播以郎中典蕲州，有李生携诗谒之。播曰：“此吾未第时行卷也。”李曰：“顷于京师书肆百钱得此，游江淮间，二十余年矣。欲幸见惠。”播遂与之，因问何往。曰：“江陵谒卢尚书。”播曰：“公又错也，卢是某亲表。”李惭悚失次，进曰：“诚若郎中之言，与荆南表丈，一时乞取。”再拜而出。

这两个记载也可能是一事而传闻异辞，不过如后者所述，则那个文偷公脸皮显得更厚一些而已。这些文献还告诉了我们另外一个事实，即行卷以求知己，虽然主要是为了成名，但其末流也有借此打抽丰(打秋风)即敛财的。举进士而及第，自然有比较好的前途；但累试不第，乃是常事，因而多数人在经济上不免要发生困难。赵匡在《举选议》中就曾经谈到“羁旅往来，縻费实甚，非唯妨阙正业，盖亦隳其旧产，未及数举，索然已空”的情况，认为是进士科举十弊之一。由于这种情况具有相当的普遍性，所以举子们行卷的时候，一方面固然希望对方在功名上予以提拔，另一方面也希望对方在经济上予以资助；而显人们在这两方面都加以考虑和酬应，就往往成为不可避免的了。《幽闲鼓吹》云：

> 丞相牛公应举，知于頔相之奇俊也，特诣襄阳求知。住数月，两见，以海客遇之，牛公怒而去。去后，忽召客将问曰：“累日前有牛秀才，发未？”曰：“已去。”“何以赠之？”曰：“与之五百。”“受之乎？”曰：“掷之于庭而去。”于公大恨，谓宾佐曰：“某盖事繁有阙违者。”立命小

---

① 《太平广记》卷二百六十一“李秀才”条记此事特详，当即《纪事》所本。云出《大唐新语》，但今本刘肃《大唐新语》无其文。

将赍绢五百、书一函，追之，曰："未出界，即领来；如已出界，即送书信。"小将于界外追及。牛公不启封，揖回。

牛僧孺这种傲兀不屑的态度，在当时大概是很突出的，因而被人当做美谈；反过来，正证明一般被视为海客的举子们，只要打发五百钱，便也够了。但是，不论窃他人之文行卷，或以自己之文行卷，如其用意在于获得举粮，即经济上的施舍，那么，和行卷这种风尚最初形成时所具有的意义和作用，距离就已相当辽远。《唐音癸签》卷二十六《谈丛》二云：

唐士子应举，多遍谒藩镇、州郡丐脂润，至受厌薄不辞。……至所干投行卷，半属谰词，概出赝剿，若小说所称"百钱买自书铺"，"并荆南表丈一时乞取"者，真堪令人捧腹。

唐代应进士科举的士子们当中，是夹杂着一些文偷、文丐的。对于那样一些人来说，胡震亨的谴责不算过分。

其次，在行卷中标新立异，引人注意，大概是当时举子们所共同努力、希望达到的目标。但是，文学作品，无论就主题、题材、语言、风格哪一方面来说，标新立异都是，而且也只能是一种手段，一种为作者的思想、感情服务的手段。新与异，是不能脱离作者对客观事物的理解、感受和反映而产生的。如果不能站在正确或比较正确的立场上去关心和注意社会生活、自然现象，而一味地为新与异而去追求新与异，结果就必然要丧失掉好作品所必须具备的思想性，同时也必然会丧失掉好作品所同样不可或缺的艺术性了。因为，如我们所熟知，思想性乃是真正的艺术性这一概念中的必要因素。唐代某些举子正由于对这个根本问题的认识和实践都具有很大的片面性，所以其行卷便也为后人提供了一些悲剧性的笑柄。《北梦琐言》卷七云：

唐卢延让业诗，二十五举，方登一第。卷中有句云："狐冲官道过，狗触店门开。"租庸张濬亲见此事，每称赏之。又有"饿猫临鼠穴，馋犬舐鱼砧”之句，为成中令汭见赏。又有“栗爆烧毡破，猫跳触鼎翻”句，为王先主建所赏。尝谓人曰：“平生投谒公卿，不意得力于猫儿、狗子也。”人闻而笑之。

又同书卷十云：

唐咸通中，前进士李昌符有诗名，久不登第。常岁卷轴，怠于装修，因出一奇，乃作《婢仆诗》五十首，于公卿间行之。有诗云：“春娘爱上酒家楼，不怕归迟总不留。推道那家娘子卧，且留教住待梳头。”又云：“不论秋菊与春花，个个能噇空肚茶。无事莫教频入库，一名闲物要些些。”诸篇皆中婢仆之讳。浃旬，京城盛传其诗篇，为妳妪辈怪骂腾沸，尽要掴其面。是年登第。

这样一些作品，显然是作者“失体成怪”、“逐奇失正”①的结果。它们既有人写作，也有人欣赏，又正说明了那些人思想感情的空虚和庸俗。范文澜《中国通史简编》第三编第二章第七节《晚唐的政治》曾将这类作品作为当时科举“风气极坏”的证据，是正确的。

像以上所揭示的进士们行卷时的种种态度，当然不可能对文学的发展有任何积极的推动作用。所幸的是，在那个历史时代里，多数的举子并不是像卢、李二人那种依靠描写猫狗、嘲弄婢仆来标新立异、哗众取宠的“诗”人，其中也尽有以严肃的态度从事写作，企图在作品中表达自己进步的政治、社会观点，体现较高的艺术水平，并且就用这样一些作品去行卷求知的。前面提到过的皮日休所著《文薮》，就是一个很典型的例子。在《〈文薮〉序》中，这位曾经参加过黄巢起义军的作家，对这部集子作了如下的自我介绍：

咸通丙戌中，日休射策不上第，退归州东别墅，编次其文，复将贡

① 借用《文心雕龙·定势篇》语。

于有司。发箧丛萃，繁如薮泽，因名其书曰《文薮》焉。比见元次山纳《文编》于有司，侍郎杨公浚见《文编》，叹曰："上第，污元子耳。"斯文也，不敢希杨公之叹，希当时作者一知耳。赋者，古诗之流也。伤前王太佚，作《忧赋》；虑民道难济，作《河桥赋》；念下情不达，作《霍山赋》；悯寒士道壅，作《桃花赋》。《离骚》者，文之菁英者，伤于宏奥，今也不显《离骚》，作《九讽》。文贵穷理，理贵原情，作《十原》。太乐既亡，至音不嗣，作《补〈周礼·九夏歌〉》。两汉庸儒，贱我《左氏》，作《〈春秋〉决疑》。其余碑、铭、赞、颂、论、议、书、序，皆上剥远非，下补近失，非空言也。……古风诗，编之文末，俾视之，粗俊于口也。亦由食鱼遇鲭，持肉偶臊。《皮子世录》著之于后，亦《太史公自序》之意也。凡二百篇，为十卷，览者无诮焉。

关于《文薮》的思想价值和艺术价值，当代学者们所写专文及文学史已经有所论列，近在耳目，因此这里无须重复。我们应当注意的是，如序文中所明白表示的，皮日休并没有为了迎合当时的黑暗政治而写一些风花雪月和离奇古怪的诗文，用来行卷，以求及第；反之，他却是利用行卷这一方式来宣传自己所持有的进步观点，抨击其所不满和反对的种种不合理的社会现实的。另一个同样具备典型性的例子是罗隐的《谗书》，其自序云：

《谗书》者何？江东罗生所著之书也。生少时，自道有言语，及来京师七年，寒饥相接，殆不似寻常人。丁亥年春正月，取其所为书，诋之曰："他人用是以为荣，而予用是以为辱；他人用是以富贵，而予用是以困穷。苟如是，予之书乃自谗耳。"目曰《谗书》。卷轴无多少，编次无前后，有可以谗者，则谗之，亦多言之一派也。而今而后，有诮予以哗自矜者，则对曰："不能学扬子云寂寞以诳人。"

陈鸿墀《全唐文纪事》卷一百十八载此文，加按语云：

隐集内所上书启，尝以《谗书》上郑尚书，上蕲州裴员外，上太常房博士，上秘监韦尚书，可谓汲汲于遇合矣。唐世士子，温卷求知，即贤者不免如是。

陈氏只注意到了罗隐也和其他举子一样地向许多显人行卷，却没有注意到他是用怎样的一种作品去行卷，更没有注意到序文中所说的，由于用《谗书》这样的作品去行卷，已经招致了“辱”和“困穷”的后果，可是这位作家仍然坚持“有可以谗者，则谗之”的不屈不挠的斗争精神。因此，陈氏当然也就不能对这一事实作出公平的评价，而有“贤者不免”之叹了。应当知道，罗隐十年不第，正是他以《谗书》这种使当时统治阶级，特别是当权者感到头痛的文章行卷所造成的。在他已活到七十六岁高龄的时候，另一位诗人罗衮曾写诗送他说：“平日时风好涕流，《谗书》虽盛一名休。”①倒是一语破的地说出了事情的真相。鲁迅在《小品文的危机》②一文中曾经指出：

唐末诗风衰落，而小品放了光辉。但罗隐的《谗书》，几乎全部是抗争和愤激之谈；皮日休和陆龟蒙自以为隐士，别人也称之为隐士，而看他们在《皮子文薮》和《笠泽丛书》中的小品文，并没有忘记天下，正是一塌胡涂的泥塘里的光彩和锋铓。

被鲁迅先生誉为“泥塘里的光彩和锋铓”的三部著作，就有两部可以确定是曾经用来行卷的。这就证明了一个事实：在唐代某些作家的手中，行卷不只是猎取功名富贵的敲门砖，同时也是一种公然宣传自己的进步思想、发抒自己健康感情的手段，同时也就是向反动势力、黑暗社会进行合法斗争的武器。当然，这样一来，这个猎取功名富贵的工具有时就不免反而成为自己所设置的通向功名富贵的道路上的障碍物了。

除了像这样一些在思想水平方面显得很突出的少数例子之外，唐代

① 据汪德振《罗隐年谱》。

② 载《南腔北调集》。

进士以具有较高的艺术水平的作品从事行卷的，为数就更多。这些作品，往往也采取了标新立异以引人注意的手段，但因为其手段是遵循着而不是违反着艺术的法则而使用的，其所表现的新和异便也成为一种使读者感到喜悦的收获了。这里不妨举一个例子。张籍《送海客归旧岛》云：

海上去应远，蛮家云岛孤。竹船来桂府，山市卖鱼须。入国自献宝，逢人多赠珠。却归春洞口，斩象祭天吴。

方回《瀛奎律髓》卷四“风土类”选了这首诗，并加评语云：

唐以诗、赋试进士，先以诗为行卷。如此等语，或本无其人，姑为是题，以写殊异之景，故皆新怪可观，如送流人、寄边将之类，皆是也。

我们就《张司业集》加以考究，的确如方回所说，这类以异地风光及流人、边将为主题的诗篇，在集中占了一定的数量，而且有的还写得很诚挚动人。这种现象，不仅是出现在张集里，也出现在与之同时齐名的王建的诗集里。宋代所保存的有关唐朝进士科举的文物与史料，远较今日为丰富；宋人对于其时行卷这种风尚，自然也远较我们所知为多（这一点，下文还要谈到），因而方回认为这类诗篇，乃是故为新异、用以行卷求知之作，应当是可信的。至于它们之所以“可观”，则是由于在那个时代的现实生活里，中国与南海的交通相当发达，人们对那些异域风土虽非完全陌生，却又并不那么熟悉，所以这些即使并非依据诗人们直接生活体验而写出来的作品，其中具有的浪漫情调、地方色彩，也还是很有吸引力的，大家也对之采取了欢迎的态度。而统治阶级内部斗争（它有时也反映了人民与统治阶级的斗争）及边疆地区民族冲突的频繁，又必然会经常有人获罪流放和带兵出征，这也就是以送流人、寄边将为题的作品的社会基础。因此，这一类作品，虽然也是用来行卷的，而且往往是“新怪”的，可是它们并非完全脱离现实，以致陷于空洞无物，荒诞无稽。就艺术角度看，其中有些也不失为好诗。如李怀民《重订中晚唐诗主客图》卷上曾选录张籍的《送蛮客》、《送南迁客》、《送南客》、《岭外逢故人》①、《送海客归旧岛》、《送新罗使》、《赠海东僧》、《送流人》、《没蕃故人》、《征西将》、《送防秋将》、《老将》、《渔阳将》、《送边使》、《出塞》、《送安西将》等，王建的《南中》、《送流人》、《送人游塞上》、《塞上逢故人》、《塞上》等；又王士禛《唐人万首绝句选》卷五曾选录张籍的《送蜀客》、《蛮中》、《蛮州》等，都是这类作品比较出色、受到后代选家一定程度的重视的证据。这些作品的思想性显然不特别强，但由于诗人们写作的态度是严肃的，并且达到一定的“可观”的艺术水平，因而它们虽然未必能像《文薮》和《谗书》那样能够使祖国文学史增加耀眼的光辉，可也不是对于构成唐代诗歌的丰富多彩毫无补益。

因此，我们可以说，行卷对于文学发展有无促进作用，就举子们这方面说，要取决于他们的写作态度是否严肃，作品是否能够在客观上达到一定的思想水平和艺术水平。这也就是说，要针对具体的人和作品，加以具体分析，不能一概而论。

再就当世显人这方面说，他们如何对待举子们行卷也很重要，如果能够认真地提携后进，选拔真才，那么，就会给文学的发展带来好处；反之，自然也无从产生有益的后果。

唐代那些在社会上、政治上、文坛上有地位的人，对待举子们行卷的态度，同样是形形色色的。《唐摭言》卷十二《轻佻》门云：

> (郑)光业弟兄共有一巨皮箱，凡同人投献，辞有可嗤者，即投其中，号曰“苦海”。昆季或从容用资谐戏，即命二仆舁“苦海”于前，人阅一编，靡不极欢而罢。

这个苦海里当然会有些写猫儿、狗子之类的可笑作品，但多数恐怕还是一些仅仅是幼稚朴拙、质量低劣的诗文，将它们不加区别地一概作为笑料，甚至对投献来的行卷连看也不看，就任凭看门的女仆拿去当废纸卖掉赚

---

① 据下孝萱《张籍简谱》(《安徽史学通讯》1959年第四、五期合刊)，诗人平生不曾到过岭外，也足证此类诗篇之出于拟作。

钱，如前引同书所载，都显然不是在高位的人所应有的谨重严肃的态度。一方面，有这种取笑举子的显人；另一方面，自然也就有鄙视显人的举子。李商隐《与陶进士书》云：

> 已而被乡曲所荐，入求京师，又亦思前辈达者固已有是人矣，有则吾将依之。系鞋出门，寂寞往返其间，数年，卒无所得，私怪之。而比有相亲者曰："子之书，宜贡于某氏，某氏可以为子之依归矣。"即走往贡之，出其书，乃复有置之而不暇读者，又有默而视之不暇朗读者，又有始朗读而中有失字坏句不见本义者。进不敢问，退不能解，默默已已，不复咨叹。故自大和七年后，虽尚应举，除吉凶书及人凭倩作笺、启、铭、表之外，不复作文。文尚不复作，况复能学人行卷耶？

冯浩《〈樊南文集〉详注》曾说作家那一段形容受卷者的话"讥消太毒"。但如果真正遇上了这种人，无论行卷文字作得多么好，也不会受到欣赏，是肯定的。像这样一些以嘲笑举子行卷为乐的人以及对文学并无所知的人，虽然由于其本身社会地位较高，而招致了某些进士向之投卷，他们却不可能对于呈献来的作品加以正确的评论与推荐，从而使得真正有才能的作者获得在当时应有的声名和前途，并鼓励其继此以后创作出更多更好的作品来。

但是，也有许多居高位的人，特别是文坛上的前辈，是爱才的，愿意提拔新生力量的。他们一旦发现了优秀的行卷，便不遗余力地加以推荐。这种事例也不少。《金华子杂编》卷下云：

> 中朝盛时，名重之贤，指顾即能置人羽翼。朱庆馀之赴举也，张水部一为其发卷于司文，遂登第也。

《唐诗纪事》卷四十六"朱庆馀"条对此事记载更详：

> 庆馀遇水部郎中张籍知音，索庆馀新旧篇什，留二十六章，置之

怀袖而推赞之。时人以籍重名，皆缮录讽咏，遂登科。庆馀作《闺意》一篇以献曰："洞房昨夜停红烛，待晓堂前拜舅姑。妆罢低声问夫婿，画眉深浅入时无？"籍酬之曰："越女新妆出镜心，自知明艳更沉吟。齐纨未足人间贵，一曲菱歌敌万金。"由是朱之诗名流于海内矣。

又《南部新书》甲卷云：

项斯始未为闻人，因以卷谒江西杨敬之。杨甚爱之，赠诗云："几度见诗诗总好，及观标格过于诗。平生不解藏人善，到处逢人说项斯。"未几，诗达长安，斯明年登上第。

据席启寓《百家唐诗》本《项斯诗集》所载张洎写的序文，这位后起之秀也和朱庆馀一样为张籍所赏识，所以郑薰赋诗，有"项斯逢水部，谁道不关情"之句。此外，在唐代一些著名作家的文集中，还保存得有答复行卷举子的信件，这些信件一般是用鼓励、勖勉的语气来写的。如《河东先生集》卷三十三《答贡士沈起书》云：

得所来问，志气盈牍，博我以风、赋、比、兴之旨；仆之朴呆专鲁，而当惠施、钟期之位，深自恧也。又览所著文，宏博中正，富我以琳琅珪璧之宝甚厚；仆之狭陋蚩鄙，而膺东阿、昭明之任，又自惧也。乌可取识者欢笑，以为知己羞？进越高视，仆所不敢，然特枉将命，猥承厚贶，岂得固拒雅志，默默而已哉？谨以所示，布露于闻人，罗列乎坐隅，使识者动目，闻者倾耳，几于万一，用以为报也。嗟乎！仆尝病兴寄之作，堙郁于世，辞有枝叶，荡而成风，益用慨然。间岁兴化里萧氏之庐，睹足下《咏怀》五篇，仆乃拊掌愜心，吟玩为娱。告之能者，诚亦响应。今乃有五十篇之赠，其数相什，其功相百，览者叹息，谓予知文。此又足下之赐也。幸甚！幸甚！

这位沈起，不过是唐德宗贞元时代千百个应进士科举的文士之一，从他后来没没无闻看来，也不见得有特别出众的才能。可是，在当时已负盛名的散文家和诗人柳宗元对待这个普通的行卷者，却非常热情，既肯定了他的成绩，又表示愿意对之尽力加以帮助。这自然不能不使许多人闻风兴起。至于像吴武陵之推荐杜牧，那种爱才之心就更其突出。《唐摭言》卷六《公荐》门记其事云：

> 崔郾侍郎既拜命于东都试举人，三署公卿皆祖于长乐传舍。冠盖之盛，罕有加也。时吴武陵任太学博士，策蹇而至。郾闻其来，微讶之，乃离席与言。武陵曰："侍郎以峻德伟望，为明天子选才俊，武陵敢不薄施尘露。向者，偶见太学生十数辈，扬眉抵掌，读一卷文书，就而观之，乃进士杜牧《阿房宫赋》。若其人，真王佐才也。侍郎官重，必恐未暇披览。"于是搢笏朗宣一遍。郾大奇之。武陵曰："请侍郎与状头。"郾曰："已有人。"曰："不得已，即第五人。"郾未遑对。武陵曰："不尔，即请此赋。"郾应声曰："敬依所教。"既即席，白诸公曰："适吴太学以第五人见惠。"或曰："为谁？"曰："杜牧。"众中有以牧不拘细行间之者。郾曰："已许吴君矣。牧虽屠沽，不能易也。"

《樊川文集》卷十三《投知己书》曾说："大和二年，小生应进士举。[①] 当其时，先进之士，以小生行可与进、业可益修，喧而誉之、争为知己者，不啻二十人。"吴武陵肯定就是其中的一个。后进之士向先达行卷以求知己，那是常情；至于先达之士争为后进的知己，那就只能算是异数了。

除了揄扬和推荐之外，也还有文坛前辈对呈献来的行卷指出缺点，加以修改的事例。《北梦琐言》卷六云：

---

① 《杜牧之年谱》"大和元年"条："本集卷九《唐故平卢军节度巡官陇西李府君墓志铭》，牧之自叙云：'大和元年举进士及第。乡贡上都，有司试于东都。'按《旧唐书》卷十七上《文宗纪》：'大和元年七月，敕今年权于东都置举。'盖大和二年进士科提前于元年秋在东都考试，此于唐制为变例。考试虽在元年，而科名则仍当属二年，故本集卷十三《投知己书》云：'大和二年，小生应进士举。'而《郡斋读书志》亦谓牧之大和二年进士及第也。"

> 薛许州能，以诗道为己任，还刘得仁卷有诗云："百首如一首，卷初如卷终。"讥刘不能变态。

薛能是一位成就并不太高，却又很狂妄的诗人。① 但就刘得仁流传下来的缺乏变化、比较单调的作品来看，则我们不得不承认他所提的意见是相当正确的，因而对作者是有帮助的。范摅《云溪友议》卷中"中山诲"条云：

> 襄阳牛相公赴举之秋……尝投贽于刘补阙禹锡。对客展卷，飞笔涂窜其文，且曰："必先辈未期至矣。"然拜谢砻励，终为怏怏乎。历廿余载，刘转汝州，陇西公镇汉南，枉道驻旌旄。信宿，酒酣，直笔以诗喻之。刘公承诗意，方悟往年改张牛公文卷，因戒子弟咸元、承雍等曰："吾立成人之志，岂料为非。……汝辈修进守忠为上也。"《席上赠汝州刘中丞》，襄州节度牛僧孺诗曰："粉署为郎四十春，今来名辈更无人。休论世上升沉事，且斗尊前见在身。珠玉会应成咳唾，山川犹觉露精神。莫嫌恃酒轻言语，曾把文章谒后尘。"《奉和牛尚书》，汝州刺史刘禹锡："昔年曾忝汉朝臣，晚岁空余老病身。初见相如成赋日，后为丞相扫门人。追思往事咨嗟久，幸喜清光语笑频。犹有当时旧冠剑，待公三日拂埃尘。"牛公吟和诗，前意稍解，曰："三日之事，何敢当焉？"（宰相三朝后主印，所以升降百司也。）于是移宴竟夕，方整前驱也。

这个故事的主要部分，即后段两人相遇赋诗赠答部分，颇有舛误，所以有人目之为"瞎说"。② 但刘禹锡进士及第在贞元九年（793），而牛僧孺则在贞元二十一年，亦即顺宗永贞元年（805）。刘本是牛的前辈，仅就牛行卷于刘，而刘"飞笔涂窜其文"这一点来说，完全是可能的。如果不是过分自负的人（如《云溪友议》中所描写的牛僧孺），大概只会对这一能给自己的

---

① 参《容斋随笔》卷七"薛能诗"条，及《唐才子传》卷七"薛能"条。

② 见《唐史余沈》卷三"牛僧孺枉道过汝"条。参敬堂《关于刘禹锡生平的一些问题》（《山西师范学院学报》1960年第4期）及卞孝萱《刘禹锡年谱》"大和八年"条。

创作水平的提高带来好处的、虽然不很客气的举动，感激地加以接受。

正因为行卷于人，有时可以得到指点，收到提高自己创作水平的功效，所以偶尔也有举子向举子行卷的事例。一个举子，自己还没有登第，当然也就没有援引别人的可能。可是，如果这个人的创作成就是人们所公认的，那么，行卷于他，就可以在写作方面得到一些帮助，因而也是人所乐为的。《唐摭言》卷五《切磋》门云：

> 吴融，广明、中和之际，久负屈声，虽未擢科第，同人多贽谒之如先达。有王图，工词赋，投卷凡旬月，融既见之，殊不言图之臧否，但问图曰："更曾得卢休信否？何坚卧不起，惜哉！融所得，不如也。"休，图之中表，长于八韵，向与子华同砚席，晚年抛废，归镜中别墅。

这个故事表明，晚唐著名的诗人吴融便曾经以自己创作上的成就，在还没有进士及第的时候，获得了有人把他当成先达、向他行卷的荣誉。而他却很谦虚，认为自己不如王图的表兄弟卢休，以卢休放弃了应试和王图没够得到卢休的指点为可惜。吴融的态度自然也给予了王图以鼓励。

举子向举子行卷，以及前面叙述过的已经及第为官的人有时也向人行卷，乃是举子向显人行卷这一风尚的延伸，而其目的也大致相同或相似。

从以上的历史事实中可以知道，当时还没有成名的举子（也就是作家），通过行卷这种方式，结识了某些爱才而又能文的前辈，经过他们的诱导、鼓励、培养和提拔，有的人既取得了功名，也提高了写作能力，有的人尽管在考场中失败了，可是并不妨碍他们在文学创作方面有所收获。虽然毫无疑问地对于举子们说来，前者才是目的，而后者则不过是为前者服务的手段，但后者在文学发展上所产生的客观效果，是我们研究文学史时所不应当忽视的。

因此，我们同样可以说，行卷对于文学的发展有无促进作用，就当世显人这方面说，要取决于他们如何对待投来的行卷，是热情地通过种种方式帮助那些后进呢，还是对他们采取种种傲慢的鄙视和轻薄的嘲弄的态度。这也同样要作具体分析,不能一概而论。

以严肃认真的态度来行卷的举子和以同样的态度对待投来的行卷的显人,在唐代历朝都有。对于当时文学的发展起了促进作用的,也正是他们。

五　前人论唐代文学与进士科举的关系诸说的得失

前人论到唐代文学与进士科举之间的关系这个问题时，主要是就以诗取士对于诗的成就有无影响这个角度来谈的。严羽《沧浪诗话·诗评》云：

> 或问："唐诗何以胜我朝？"唐以诗取士，故多专门之学，我朝之诗所以不及也。

王嗣奭《管天笔记》外编《文学》门亦云：

> 唐人以诗取士，故无不工诗。竭一生精力，千奇万怪，何所不有？

王说全同严羽。郭绍虞先生不以严说为然，所著《〈沧浪诗话〉校释》争辩说：

> 案此说亦时人习见之论。李之仪《德循诗律甚佳》诗云："唐人好诗乃风俗，语出工夫各一家。"（《姑溪居士文集》卷七）蔡绦《西清诗话》云："唐人以诗为专门之学。"沧浪此语当本此。但李、蔡二人之说，尚无语病，正可看出唐、宋学术风气之不同。沧浪本此而谓由于以诗取士之故，即不免稍偏。故后人多不主其说。如王世贞《艺苑卮言》云："人谓唐人以诗取士，故诗独工，非也。凡省试诗类鲜佳者，如

钱起《湘灵》之诗，亿不得一；李肱《霓裳》之制，万不得一。”杨慎《升庵诗话》云：“诗之盛衰，系于人之才与学，不因上之所取也。唐人所取，五言八韵之律。今所传省题诗，多不工。今传世者，非省题诗也。”①钱振锽《摘星说诗》云：“天生一种诗人，决不为朝廷取士不取士所累。”斯言得之。

正如王世贞等人对于严羽的看法有些不同的意见一样，我们对于王世贞等人所持有的论点，也觉得颇有可以商榷的地方。

恩格斯曾经指出：“政治、法权、哲学、宗教、文学、艺术等的发展是以经济发展为基础的。但是，它们又都互相影响并影响到经济基础。实际上并不是只有经济状况才是积极的原因，而其余一切都不过是消极的结果。不，这里始终是由在经济必然性基础上发生的交互作用归根到底为自己开拓道路。”②进士等科举既然是李唐皇朝为了重新配备统治阶级的内部力量，抵制和排斥魏、晋、南北朝的门阀制度，提拔自己所需要的官员而采取的一种政治措施，而特别贵重的进士科用诗、赋来考试和用各种各样的文章来行卷又是基于这种措施而产生的制度和风尚，那么，它们之间不互相影响是不可能的。既然是以诗取士，诗成了取士的必要手段，则这种手段归根到底也不能不既为应进士举的人开拓道路，也同时为应进士举所必要作的诗本身开拓道路，无论这道路是好的还是坏的。

恩格斯还曾经说过：“凡表面上是由偶然性起作用的地方，这种偶然性本身始终是服从于内部的、隐密的法则的。全部问题仅在于要发现这些法则。”③一个伟大作家的诞生，一种文学样式的隆盛，有时似乎是偶然的；然而这些现象却都不能不是在我们所已知或未知的客观历史法则之下的必然产物。因此，钱振锽的“天生一种诗人……”那种充满唯心主义和形而上学色彩的说法，显然为我们今天所无法接受。杨慎引胡唐说，认

① 按此处所引杨说，见《升庵诗话》卷四“胡唐论诗”条载胡语。杨云：“余深服其言。”故郭先生不复加以分别。

② 《致亨·施塔尔肯堡》，《马克思恩格斯文选》第二卷，第505页。

③ 《费尔巴哈与德国古典哲学的终结》，《马克思恩格斯文选》第二卷，第389页。

为"诗之盛衰，系于人之才与学"。这见解比钱氏高明一些，但他却把个人的才学与整个社会环境割裂开来，好像唐代统治阶级的政治措施，特别是进士科举这种直接影响到每个诗人政治生命的措施，对于他们并无若何关系，而个人的才学竟可以在真空中发展一样，这也是既不符合事实，也不符合历史法则的。王世贞指出了省试诗没有出色的作品，这倒是千真万确的。但这种现象只能证明省试诗给整个唐诗积存了许多糟粕，而完全不能证明以诗取士与唐人工诗没有关系。在这个问题上，王世贞和一切反对严羽论点的人一样，恰恰忽略了一件明摆在眼前的历史事实，即唐人以诗取士的诗，是由两个部分组成的，一篇应考时当场作的省试诗和一卷或多卷绝大多数是经过举子们自己精心创作和编辑的省卷和行卷之作。如果讨论唐人工诗是否与以诗取士有关这个问题，而离开了这一基本事实，那是很难得出正确的结论的。因为这样一来，历史事实既被忽视，历史法则也就随着被掩盖了起来。

文学史实告诉我们，省试诗确实是唐诗中的糟粕，是进士科举制度给唐代文学带来的消极影响。就今存省试诗以及举子们拟作的同类作品看来，其题材和主题主要是颂圣、咏史、写景、赋物之类；而且无论做的是什么题目，都还有一条必须遵守的不成文规则，那就是不许骂题，不许做反面文章。而在形式上，虽然它还没有发展到像明、清时代的八股文那样公式化，却也已经产生了一些清规戒律，如一定要用五言排律，一般只能用六韵，有时还要限韵之类。阮阅《诗话总龟》后集卷三十一载《丹阳集》云：

> 省题诗自成一家，非他诗比也。首韵拘于见题，则易于牵合；中联缚于法律，则易于骈对；非若游戏于烟、云、月、露之形，可以纵横在我者也。王昌龄、钱起、孟浩然、李商隐辈，皆有诗名，至于作省题诗，则疏矣。王昌龄《四时调玉烛》诗云："祥光长赫矣，佳号得温其。"钱起《巨鱼纵大壑》诗云："方快吞舟意，尤殊在藻嬉。"孟浩然《骐骥长鸣》诗云："逐逐怀良驭，萧萧顾乐鸣。"李商隐《桃李无言》诗云："夭桃花正发，秾李蕊方繁。"此等句，儿童无异。以此知省题诗自成一家也。

所谓“自成一家”的标志，即内容上的为文造情和外形上的拘牵程式。这样就基本上排除了省试诗中出现好作品的可能性。就以被王世贞誉为“亿中无一”的钱起《湘灵鼓瑟》而论，在唐诗中，并不是什么杰作，甚至在这位诗人的作品中，也算不上杰作；但由于它是在考场中产生的，在同类作品中便显得很突出，甚至于有人不惜妄造神怪之说，来加以宣扬了。①《唐诗纪事》卷二十“祖咏”条云：

> 有司试《终南山望余雪》诗，咏赋云：“终南阴岭秀，积雪浮云端。林表明霁色，城中增暮寒。”四句，即纳于有司。或诘之。咏曰：“意尽。”

此事又见《南部新书》乙卷。其所以出名，不只是因为祖咏不肯为文造情，将只适宜于用两韵的五绝来表现的内容硬拉长用五排去表现，也因为这首小诗中出现了一种对省试诗说来是十分生疏的讽喻，虽然这种讽喻也还是非常委婉的。钱起和祖咏的例子，并不足以证明省试诗中可以出现思想性、艺术性较高的作品，而且恰恰相反，证明了连这种并不十分好的诗都会被人认为是难得的佳作，那么，省试诗的水平之低下，也就可想而知了。

文廷式《纯常子枝语》卷三十九云：

---

① 《旧唐书·钱徽传》：“父起，天宝十年登进士第。起能五言诗。初从乡荐，寄家江湖。常于客舍月夜独吟，遽闻人吟于庭曰：‘曲终人不见，江上数峰青。’起愕然，摄衣视之，无所见矣。以为鬼怪，而志其一十字。起就试之年，李時所试《湘灵鼓瑟》诗题中有青字。起即以鬼谣十字为落句。時深嘉之，称为绝唱，是岁登第。”（《登科记考》卷九云：“李時当作李麟。”）诗的全文是：“善鼓云和瑟，常闻帝子灵。冯夷空自舞，楚客不堪听。苦调凄金石，清音入杳冥。苍梧来怨慕，白芷动芳馨。流水传湘浦，悲风过洞庭。曲终人不见，江上数峰青。”见《全唐诗》卷二百三十八。鲁迅先生在其《且介亭杂文》二集《题未定草》（七）中，对此诗曾有扼要的分析和恰如其分的评价。

> 今之律赋，唐时盖谓之甲赋。① 权德舆《答柳冕书》云：“近者，祖习绮靡，过于雕虫。俗谓之甲赋、律诗，俪偶对属。”又舒元舆《论贡举书》云：“今之甲赋、律诗，皆是偷折经诰，侮圣人之言。”

这条笔记用意虽在于说明甲赋之即律赋，但所举两证却恰好证明了：即使是进士词科集团中人，也并不认为省试诗、赋有什么价值。特别值得注意的是权德舆的意见。他是贞元时代最著名的主司，曾知贡举数次。② 其言如此，正可见得在他的心目中，那些只讲究“俪偶对属”的甲赋、律诗，是并不能如实地反映举子们的创作水平的，更不用说他们的思想、气度了。李观是当时的古文名家之一，他于贞元八年（792）进士及第。《李元宾文集》卷六载其《帖经日上侍郎书》云：

> 昨者，奉试《明水赋》、《新柳》诗。平生也，实非甚尚；是日也，颇亦极思。侍郎果不以嫫夺妍，不以瑕废瑜，获邀福于一时，小子不虚也。而以帖经为本，求以过差去留，观去冬十首之文，不谋于侍郎矣，岂一赋一诗足云乎哉！十首之文，去冬之所献也，有《安边书》、《汉祖斩白蛇剑赞》、《报弟书》、《邠、宁、庆三州飨军记》、《谒文宣王庙文》、《大夫种碑》、《项籍碑》、《请修太学书》、《吊韩弁没胡中文》等作，上不罔古，下不附今，直以意到为辞，辞讫成章。中最逐情者，有《报弟书》一篇。不知侍郎尝览之耶？未尝览之耶？

如果从权德舆与舒元舆的言论中还只能看出他们对于省试诗、赋的轻视，那么李观这封信就正好补充了他们所没有说出而事实上却是大家所共有

① 周中孚《郑堂札记》卷一：“唐人称应试之赋为甲赋，盖因令甲所颁，故有此称，以别于居恒所作古赋。皇甫持正所谓‘即为甲赋，不得不作声病文也’（见《答李生第二书》）。按：末句引文据本集及《唐摭言》卷五《切磋》门所载此书，当作“既为甲赋矣，不得称不作声病文也。”

② 参两《唐书》权传、《全唐文》卷六百十一杨嗣复《〈权文公集〉序》及《昌黎先生集》卷三十《唐故相权公墓碑》。

的意见，即行卷之作对于了解举子们的文学才能以及其他各方面来说，都远比省试闱中临时凑合的一赋一诗为重要。可见省试诗即使在德宗时代，也就是进士科举极盛的时代，就已经被人认为是“告朔之饩羊”，对于进士及第与否，可能都不发生多大作用了。（前引《唐摭言》记载崔郾当主考，还没有进行考试，就已经内定了状头，在吴武陵的极力推荐下，又事先决定杜牧为第五人，更可见正式考试时的一诗一赋真不过是走过场而已。）①这也正是它本身固有的特质，即为文造情与拘牵程式所决定的。因此，我们说，省试诗、赋虽然也是文学在进士科举的影响之下给自己开拓的一条道路，但更应当着重地说，这可是一条走不通的绝路。

至于行卷之作，则是文学在进士科举的影响之下给自己开拓的另一条道路。这条道路，与前者比较起来，基本上是广阔的、有前途的。虽然我们今天已经无法完全考出现存唐人诗、文、小说等中有哪一些作品曾经用来行卷，但就所已知的材料来说，除去其中拟作的省试诗、赋以及少数描写猫、狗，嘲弄婢、仆的无聊文字之外，以之和我们所能见到的省试之作相比较，都要好得多。它们好就好在可以较自由地选择题材和主题，可以较自由地发挥自己的社会、政治思想和文艺思想，可以有较富裕的时间来从事艺术构思，可以用较多的篇章、较大的篇幅以及各种各样的文体来充分显示自己的思想、感情、才能和风格。通过行卷这样一种特殊的风尚，来自四面八方的举子们就有可能向某些人直接地显示自己在创作上的成绩，并通过这样一种活动，在一定范围内和某种程度上，同时表达自己所理解的人民对于生活的要求和愿望，以及他们对于统治阶级的不满和批判。而这一些，都是在省试闱中必须严格按照统治阶级的政治观点和美学观点，还必须按照一定的程式去写作，必须在一个晚上的短短的几个时辰之内完卷，又只准依据一定的题目做一赋一诗等重重限制之下，所绝对

① 当然，个别进士以在考场中的试卷为主司所赏识，因而及第，也是有的。如《唐摭言》卷五《以其人不称才，试而后惊》门云：“黎逢气貌山野，及第年，初场后至，便于帘前设席。主司异之，诮其生疏，必谓文词称是；专令人伺之，句句来报。初闻云：‘何人徘徊？’曰：‘亦是常言。’既而将及数联，莫不惊叹，遂擢为状元。”便是一个罕见的例子。

做不到的。就这些情况来说,行卷之作与省试诗、赋,乃是暂时统一在进士科举这个母体中的对立物。它们之会一分为二,也属势所必至,理有固然。在以上几章中,曾从不同的角度举出过一些行卷文字的篇目,虽然没有对那些作品细加分析和评论,然而其中有些是唐代文学中优秀的和进步的作品则是很清楚的。这也就是行卷之风对于当时文学发展起了推动作用的证据。因此,我们认为:严羽和王嗣奭的说法,其病在于笼统,在于没有明确地指出唐人以诗取士,虽然其中也包括省试之诗,但实际上更重在行卷之诗,尽管从表面上看,省试是国家正式规定的制度,而行卷则不过是一种社会流行的风尚;所以唐人虽因以诗取士而工诗,但其工是由于行卷,而不由于省试。《唐音癸签》卷二十七《谈丛》三云:

> 唐试士初重策,兼重经,后来觭重诗、赋。中叶后,人主至亲为披阅,翘足吟咏所撰,叹惜移时。或复微行,咨访名誉,袖纳行卷,予阶缘。士益竞趋名场,殚工韵律。诗之日盛,尤其一大关键。

胡震亨以省试之作与行卷之作相提并论,虽然还不能区分其轻重,但已较严羽所说为密,更不同于王世贞、胡唐、钱振锽等之悍然断定唐诗之盛与以诗取士无关,完全违反了上层建筑之间必然会发生交互作用,并且归根结底要为自己开拓道路这一客观法则。在诸旧说中,恐怕这要算最接近于事实的了。

作为衡量进士应否及第的手段,行卷之作重于省试之作,是它们本身的优劣所决定的,已如上所分析。还有一个必须加以补充的重要事实,则是行卷可以显示每个举子在文学领域内的专长,这也是省试所无法做到的。我国文学具有非常丰富多彩的样式。唐代文体虽然还没有后来那么多,但甲赋、律诗(五排)并不足为其代表,则是无可争辩的事实。正因为这样,以举子而兼作家的唐代知识分子就不能不一方面从事于甲赋、律诗(五排)的练习以应付省试;另一方面,又各自按照自己所擅长的文体从事创作。行卷既在于炫耀文才以求知己,每个人的专长也就很自然地会通过这一渠道表现出来。《太平广记》卷一百八十“宋济”条载卢言《卢氏杂说》云：

唐德宗微行①，一日夏中至西明寺。时宋济在僧院过夏，上忽入济院……问曰："作何事业？"兼问姓、行。济云："姓宋，第五，应进士举。"又曰："所业何？"曰："作诗。"

如前引《南部新书》及《国史补》等所记当时习俗，宋济正是落第以后，为了准备新的行卷，才借西明寺的房屋过夏的。唐宪宗在已经知道他是应进士举之后，还问他"所业何"，宋济则回答是"作诗"，可见当时举子都各有所业。但省试的甲赋、律诗既然是每一个人都要考的，因而也就没有另作选择的可能，则宪宗所问，自是属于省试诗、赋以外的文学体制，也就是每个人对之具有专长、准备用来行卷的文字了。《唐摭言》卷十二《自负》门：

卢延让业癖涩诗。吴翰林虽以赋卷擢第，然八面受敌，深知延让之能。延让始投贽，卷中有《说诗》一篇，断句云："因知文赋易，为下者之乎。"子华笑曰："上门恶骂来！"

又《剧谈录》卷下"元相国谒李贺"条：

自大中、咸通之后，每岁试春官者千余人。其间章句有闻，亹亹不绝。如何植、李玫、皇甫松、李孺犀、梁望、毛涛、贝庥、来鹄、贾随以文章著美；温庭筠、郑渎、何涓、周铃、宋耘、沈驾、周繁以词赋标名；贾岛、平曾、李陶、刘得仁、喻坦之、张乔、剧燕、许琳、陈觉以律诗流传；张维、皇甫川、郭郱、刘延辉以古风擅价。皆苦心文华，厄于一第。

将这两条资料和唐宪宗与宋济的对话合看，则唐时进士对于文学样式各有专攻，而这往往又通过行卷显示出来的情态，就更为明显。（当然这也

① 《登科记考》卷十八云："误宪宗为德宗。"

并不排斥由于举子们在文学创作上是多面手，因而行卷中的作品也兼备各种样式这种情况，如上举杜牧得第是由于以《阿房宫赋》行卷，而他又曾以诗行卷，皮日休以《文薮》行卷，其中不仅有骚、赋、诗、文各体，而且有经学、史学方面的著作。）同时，进士科举对于文学发展的积极影响主要是由于行卷之风，也就同样地更为明显了。

从以上的讨论看来，我们可以这样说：唐代进士科举对于文学肯定是发生过影响的。就省试诗、赋这方面说，它带来的影响是坏的，是起着促退作用的；就行卷之作这方面说，它也带来过一部分坏影响，但主流是好的，是起着促进作用的。以下试就唐代三种最有代表性的文学样式——诗歌、古文、传奇小说，通过各种不同的角度，进一步地对此加以更具体的疏通证明。

六　行卷对唐代诗歌发展的影响

现在，让我们仍从诗歌谈起。在现存唐人诗作中，可以考知其曾被作者用来行卷的还有一些。但最集中地反映了唐人行卷诗的面貌的，则是一部在编辑过程和去取宗旨都发生过异说、引起过争论的唐诗总集——《唐百家诗选》。基于这一情况，通过对这部书的探究来说明唐代诗人行卷之作的价值以及行卷这种风尚对唐代诗歌发展的影响，是比较合适的。

王安石《〈唐百家诗选〉序》云：

> 余与宋次道同为三司判官时，次道出其家藏唐诗百余编，委余择其精者。次道因名曰《百家诗选》。废日力于此，良可悔也。虽然，欲知唐诗者，观此足矣。

这篇短文是说明这部总集来历的第一手资料，它又载于《临川文集》卷八十四，措词也没有任何含混的地方。然而由于如《四库全书总目提要》卷一百八十六所说："是书去取，绝不可解"，所以"自宋以来，疑之者不一，曲为解者亦不一"。即以宋人诸异说之涉及编辑过程者而论，则王先谦刊本晁公武《郡斋读书志》卷十九说此书乃宋敏求原编，王安石"观之，因再有所去取"，于是大家便认为是王安石所编的了。宋弁《风月堂诗话》卷下则说，王安石借阅宋氏所藏唐诗，"过眼有会于心者，必手录之"，有人便将这个手抄本刻了出来，并不是王的本意。邵博《邵氏闻见后录》卷十九引晁说之之说及周辉《清波杂志》卷八的记载则更为离奇。他们说，王安石选唐诗时，是就宋敏求家藏的唐人诗集“择善者签帖其上”，再令当时任职的群牧司中的小吏抄录的。小吏懒得多写，就将长诗上的签条移在原来未选的短诗上（晁说），或者是将长篇干脆删去（周说），王安石也不复查，就刻了出来。所以这部题为王安石选的诗集，实际上是“群牧司吏人”选的。这些说法，余嘉锡《〈四库提要〉辩证》卷二十四均已加以考证、批判，从而完全确定了此书的编辑者是王安石。这对我们是有帮助的。他又指出“后人之于是书所以议论纷纷者，其故有二”：一是“因其于李、杜、韩及诸名家之诗，皆不入选，读者求其故而不得”；二是因为“就此百家之中，其脍炙人口者多不入选，而所选者或不厌人意，读者以其去取不可解，疑不尽出于安石之手”。其所概括也基本上符合事实。但余嘉锡解释这两点时，认为前者是由于此书所选，只以从宋敏求家中借来的罕见本为范围，本来不准备包括当时所有的唐代诗集；后者是由于王安石“读书别有冥契，往往性之所独嗜，非众人所能解”。则其说有得有失，不够完满具足。因为他只着重地考证了此书资料出自宋敏求所藏，编选出自王安石之手；而忽略了宋敏求所藏的是一些什么样的资料，在那样一些资料的制约之下，这部诗选又必然会呈现一种什么样的面貌这个重要问题。

《沧浪诗话·考证》云：

> 王荆公《百家诗选》，盖本于唐人《英灵间气集》。其初明皇、德宗、薛稷、刘希夷、韦述之诗①，无少增损，次序亦同。孟浩然只增其数。储光羲后，方是荆公自去取。前卷读之尽佳，非其选择之精，盖盛唐人诗无不可观者。至于大历以后，其去取深不满人意。况唐人如沈、宋、王、杨、卢、骆、陈拾遗、张燕公、张曲江、贾至、王维、独孤及、韦应物、孙逖、祖咏、刘眘虚、綦毋潜、刘长卿、李长吉诸公②，皆大名家——李、杜、韩、柳③以家有其集，故不载——而此集无之。荆公当时所选，当据宋次道之所有耳，其序乃言“观唐诗者，观此足矣”，岂不

① 《〈沧浪诗话〉校释》云：“《（诗人）玉屑》于‘刘希夷’下有‘王适’二字。”

② 《校释》云：“《玉屑》无‘张燕公’三字。”

③ 《校释》云：“《玉屑》‘韩、柳’下有‘元、白’二字。”

诬哉！

这段话中的评论部分，牵涉到严羽论诗独尊盛唐的问题，不属本题范围，这里无须加以讨论；其叙述部分，则告诉了后人一件事实，即这部诗选的前一部分，系全无更动地录自某一唐诗总集。郭绍虞《校释》云：

> 殷璠有《河岳英灵集》，高仲武有《中兴间气集》，皆唐人选唐诗。沧浪所谓《英灵》《间气集》，当指此。惟《英灵集》所选无明皇、德宗、薛稷、刘希夷诸人之诗，《间气集》所录，更不及初、盛，不知沧浪所谓"无少增损，次序亦同"者何指？

郭先生此之所释，按而不断，自是前辈学人审慎的态度。但今存唐人选唐诗既无一与《唐百家诗选》卷一所载明皇诸人之作在家数、篇目及次序上相合，而严羽的话又说得十分明确，绝不含糊，那么，剩下的就只有一个可能，即他将今天我们所看不到的另外一部唐诗总集误记为《英灵间气集》了。（《河岳英灵集》及《中兴间气集》这两部书的名字，在严羽的误记中变成了《英灵间气集》，并将它当作了那一部今天我们所看不到的唐诗总集的名字。）此外，此书卷六还收入了元结选编的《箧中集》全书，即沈千运等七人的作品二十四首①，也是家数、篇目及其先后次序都无更动，足为严羽所说《唐百家诗选》采录其他总集时，"无少增损，次序亦同"的佐证。由此可见，此书的第一卷至第四卷储光羲止，是出自严羽误记为《英灵间气集》的某一唐人选唐诗总集，而第六卷自沈千运起至元季川止，则出自《箧中集》。

至于从第四卷的崔国辅起（除去第六卷中的《箧中集》二十四首），即严羽所称为"是荆公自去取"的其余大部分，则另外有一个主要来源。前引《云麓漫钞》卷八谈到唐代举子行卷，曾云："进士则多以诗为贽，今有唐诗数百种行于世者也。"接着，赵彦卫就指出了这些诗卷也正是《唐百家诗选》的原材料：

---

① 此点王士禛早已指出，出张宗楠编《带经堂诗话》卷四。

王荆公取而删为《唐百家诗》。或云:“荆公当删取时,用纸帖出付笔吏,而吏惮于巨篇,易以四韵或二韵诗,公不复再看。”余尝取诸家诗观之,不惟大篇多不佳,余皆一时草课以为贽,皆非其得意所为,故虽富而猥弱。今人不曾考究,而妄讥刺前辈,可不谨哉!

赵彦卫虽然没有宣布他肯定《唐百家诗选》出于进士行卷的直接根据(例如说某人之诗,出于某年应举时献给某位显人的行卷,等等),但今天却存在着一些有利于这种说法的证据,间接的和直接的都有。第一,唐人的举业,不论是闱中之作或行卷之文,在宋代还保存得不少。如《郡斋读书志》卷二十著录《唐赋》二十卷,解题云:“右唐科举之文也,萧颖士、裴度、白居易、薛逢、陆龟蒙之作皆在焉。”这还是经过后人编辑的,并非闱中之作或行卷的原物。其完全是原物的,则如叶梦得《石林燕语》卷十所载:“王禹玉作庞颍公神道碑,其家送润笔、金帛外,参以古书、名画三十种,杜荀鹤公及第时试卷亦是一种。”唐代名人的试卷,在宋代已被视为文物,与古书、名画同列,其行卷当然也会同样受到重视,加以保存。今传宋代官、私目录中所著录的卷帙不多的唐人诗文集,其中尽有本系行卷之作,而没有标明的。如《皮子文薮》虽著录于《郡斋读书志》卷十八及陈振孙《直斋书录解题》卷十六,然二书均不言其用以行卷,即是一证。其指明系行卷之文的,则晁《志》、陈《录》同卷所载秦韬玉《投知小录》三卷及陈《录》同卷所载顾云《凤策联华》三卷,皆是。第二,宋敏求收藏的唐人诗集中包含为数很多的行卷之作也完全是可能的。这不仅因为他是北宋时代著名的藏书家,《宋史》本传曾称其所藏达三万卷之多,朱弁《曲洧旧闻》卷四也说:“其家藏书皆校三五遍,世之蓄书者,以宋为善本。居春明坊,昭陵时,士大夫喜读书者,多居其侧,以便于借置。”而且从宋敏求编撰的一些书籍如《唐大诏令集》、《长安志》等看来,他的收藏还是有重点的,以今天的术语来说,便是有一些专藏,否则便很不容易编撰出那一类需要非常丰富的资料的书籍来。以此推之,宋敏求的专藏中也许包括有唐代进士的诗歌行卷。赵彦卫或者得之于先辈旧闻,或者在他那个时代,行卷和一般诗集还比较容易辨别,他也见过一些唐人行卷,因而在阅读《唐百家诗选》时,便发现了它的来源。总之,他说唐代进士的诗歌行卷是这部唐诗总集的主要来源,应当是有征可信的。第三,从《唐百家诗选》所载诗人的出身加以分析,也足以证明《云麓漫钞》的话不为无据。此书共收了一百零四位诗人的作品,除了卷一至卷四中明皇迄储光羲计十一人之作出于严羽误记为《英灵间气集》的某一唐人选唐诗总集,卷六中沈千运迄元季川计七人之作出于《箧中集》而外,还有八十六位诗人的作品。在这八十六人中,进士及第者六十二人①,曾应进士举而不第者十五人②,共七十七人,占百分之八十九强。其余九人③,即另外的百分之十一弱,除少数人是确知其不曾应进士举的之外④,多数则只知其不曾进士及第,不能确定其是否曾经应举,也许其中还有应过举而失于记载的人。由此可见,这八十六位诗人,绝大多数是与进士词科有关的人物。他们的诗,必然有一些是专门为了行卷而写的,还有许多则是通过行卷这种特殊风尚才流传开来的。这些行卷,当时曾在社会上流传,诗人身后,又被当作文物而加以保存,这也就为宋敏求能够较多地搜集他们这类作品成为一种专藏提供了可能性。第四,除了上述这些旁证之外,还有一条本证,就是用《唐百家诗选》卷十八所选皮日休诗与《皮子文薮》卷十所收诗歌核对,前者所选即后者《杂古诗》十六首中的最后六首,其中个别文字虽不相同,但篇题和次序却完全一样,可见《唐百家诗选》所选皮日休的作品,即系取之于《文薮》,而此书如前所论,正是作者手编的行卷之文。那么,赵彦卫所说,王安石选这部总集时,曾取资于唐人行卷,并非无稽之谈,也就很清楚了。

---

① 他们是:崔国辅、崔颢、陶翰、常建、王昌龄、李颀、戎昱、李嘉祐、姚系、蒋涣、陈羽、杨衡、戴叔伦(《唐史余沈》卷二“戴叔伦贞元进士”条疑叔伦非进士科出身,似不足信)、郎士元、钱起、司空曙、耿沣、李端、熊孺登、张继、包佶、包何、鲍防、皇甫冉、刘商、羊士谔、窦常、窦牟、窦庠、窦巩、杨巨源、王建、武元衡、令狐楚、朱庆馀、赵嘏、许浑、项斯、李频、李远、雍陶、章碣、施肩吾、章孝标、马戴、高蟾、崔涂、李郢、薛逢、郑畋、薛能、秦韬玉、皮日休、刘沧、曹邺、曹松、刘驾、张嫔、王驾、杜荀鹤、吴融、韩偓。

② 他们是:雍裕之、卢纶、于武陵、长孙佐辅、张碧、于鹄、贾岛、陈陶、李群玉、刘得仁、罗邺、曹唐、张乔、崔鲁、方干。

③ 他们是:殷遥、张登、李约、窦群、刘言史、李涉、卢仝、张祜、刘威。

④ 如《唐才子传》卷四“刘言史”条称其“不举进士”。

当然，证明了这部诗选曾经使用了许多唐代进士行卷作为原材料，丝毫也不包含它除了上面提到过的采录了那两部总集——所谓《英灵间气集》及《箧中集》——之外，其余入选诗人的作品全是行卷之文的意思。如卷二十收韩偓诗五十九首，几乎全是这位诗人贵仕及南迁以后之作，卷十四收刘言史诗十七首，而这位诗人则是不曾应过进士举的。凡此之类，都与行卷无关。其中也有某些诗人的作品，就入选的多数篇章看来，可能是曾经用来行卷的，但又显然有写在及第服官以后的诗夹杂其间，如卷五中王昌龄诗即收有其左迁龙标尉时经过泸溪所作的《箜篌引》。这种现象的存在，大概与入选诗人的集子有复本有关。我们设想，宋敏求将家藏唐人诗集交给王安石选择时，其中大多数是行卷，而少数则不是(如上举刘言史、韩偓的诗集)；在这少数非行卷的诗集中，又有一部分是和行卷诗集同出某人之手，而且其中篇目也存在互为出入的情况。王安石曾据以参校，补充收录，因而《唐百家诗选》中那七十多位进士的作品，除少数例外，其主要来源虽然是行卷，其中却往往也杂以登第及做官以后之作了。书中偶尔校录了一些异文(如王昌龄的《和振上人秋夜怀士会》的“高兴发云端”句，末二字下校云：“一作岩峦。”)，正是这个选本所依据的某些诗人的集子不止一个底本的证据。尽管有上述这些情况存在，但《唐百家诗选》主要取材于唐人行卷这个结论，还是并不远于事实的。

正因为这部诗选不但如余嘉锡所指出的，只以宋敏求的藏本为取材的范围，而且还如赵彦卫所指出的，这批藏本多数是唐人的行卷，而非每一位诗人的全集，所以王安石在选择的时候，除了如余嘉锡所说的，要在主观上受他自己的美学观点及艺术趣味的制约之外，在客观上还必须受这批原材料的制约。对于王安石来说，这原是偶一为之的事情。这位有抱负的政治家因为“废日力于此”，还感到“可悔”，可是后来的论者却将他当作一般的选家那样来要求，责怪他(或者为他开脱)为什么在全部唐诗中放弃了某些重要作家，在每个作家中又遗漏了某些优秀作品，而通不理会《唐百家诗选》何以会形成现有的独特面貌，因之意见虽多，就都不免近于无的放矢，隔靴搔痒了。当然，王安石自序最后那句不够实事求是的话，以及序文过于简略，都容易引起人们的猜度和误会，这些情况也是应当加以估计的。

如果明白了《唐百家诗选》取材的主要来源是什么，并且依据这一前提，不再以反映唐代整个诗歌风貌及每位诗人全部的、最高的成就来要求这部选本，那我们就还得感谢宋敏求和王安石，感谢他们为今天研究唐代进士行卷这种风尚对于诗歌的发展有无促进作用，提供了可贵的史料，并且对于这个问题作了肯定的答复。

我们考察一下这部诗选中与进士科举有关的七十多位诗人的作品，除去其中确知其非行卷之作的那一部分，还可以看到许多思想性较强、艺术性较高、脍炙人口、传诵至今的篇章，如崔颢《黄鹤楼》，王昌龄《长信怨》、《出塞》，李颀《古从军》、《古行路难》，戴叔伦《女耕田行》，卢纶《和张仆射塞下曲》，张继《枫桥夜泊》以及王建的一部分新乐府等等，都在其中。其余在当时的水平线以上的诗，则更不在少数。大历以后，由于整个诗风的逐渐衰落，因此收在本书中的若干作品，也显得"猥弱"一点，但它们大体上还是和那个时代的那些作家的整体水平相适应的。

至于在《唐百家诗选》以外的事例，则如《幽闲鼓吹》载李贺曾以《雁门太守行》向韩愈行卷，《云溪友议》卷上"江都事"条及《唐诗纪事》卷三十九"李绅"条载李绅曾以《古风》向吕温行卷，具中包括有著名的《悯农》诗。又《北梦琐言》卷二云：

> 咸通中，礼部侍郎高湜知举。榜内孤贫者公乘亿，赋诗三百首，人多书于屋壁。许棠有《洞庭》诗，尤工，诗人谓之许洞庭。最奇者有聂夷中，河南中都人，少贫苦，精于古体，有《公子家》诗云："种花于西园，花发青楼道。花下一禾生，去之为恶草。"又《咏田家》诗云："父耕原上田，子劚山下荒。六月禾未秀，官家已修仓。"又云："锄禾日当午，汗滴禾下土。谁念盘中餐，粒粒皆辛苦。"①又云："二月卖新丝，五月粜新谷，医得眼前疮，剜却心头肉。我愿君王心，化为光明烛，不

① 此篇亦作李绅诗，见上引《云溪友议》、《唐诗纪事》及《全唐诗》卷四百八十三李集。

照绮罗筵，只照逃亡屋。”所谓言近意远，合《三百篇》之旨也。盛得三人，见湜之公道也。

我们揣度孙光宪的语意，其所标举的聂夷中等三人的诗，也是作者曾经用来行卷、因而得名及第的。诸如此类，自然也同样地足以证实：行卷之诗，确有佳作；行卷之风，确有助于诗歌的发展。

七　行卷对推动唐代古文运动所起的作用

当代学者研究中唐时代的古文运动，大都注意到了这是一次有组织、有领导、有理论的文学运动。陈寅恪《论韩愈》[①]曾从评价韩愈的角度谈到这些问题。在论及韩愈“奖掖后进，期望学说之流传”这一点时，陈先生指出：

> 据《旧唐书》壹陆拾《韩愈传》略云：“大历、贞元之间文字多尚古学，效扬雄、董仲舒之述作，而独孤及、梁肃最称渊奥，儒林推重。愈从其徒游，锐意钻仰，欲自振于一代。”及《新唐书》壹柒陆《韩愈传》略云：“愈成就后进士，往往知名，经愈指授，皆称‘韩门弟子’。”则知退之在当时古文运动诸健者中，特具承先启后作一大运动领袖之气魄与人格，为其他文士所不能及。退之同辈胜流如元微之、白乐天，其著作传播之广，在当日尚过于退之。退之官又低于元，寿复短于白，而身殁之后，继续其文其学者不绝于世。元、白之遗风虽或尚流传，不至断绝，若与退之相较，诚不可同年而语矣。退之所以得致此者，盖亦由其平生奖掖后进，开启来学，为其他诸古文运动家所不为，或偶为之而不甚专意者，故“韩门”遂因此而建立，“韩学”亦更缘此而流传也。

① 载《历史研究》1954年第2期。

黄云眉先生对陈先生此文中许多论点都不以为然，曾经有所驳诘，[①]然而对上引之说，则无异议。在《柳宗元文学的评价》[②]中，黄先生论及柳宗元在古文运动中“所发挥的领导作用，没有像韩愈那么巨大”，认为其主要原因，一是“在指示文学改革的方向上韩愈较柳宗元为明确”，二是“在达成文学改革的愿望上韩愈较柳宗元为坚决”；并且很强调韩愈建立师弟子关系对于古文运动所起的作用。郭绍虞《中国古典文学理论批评史》第五章《隋唐五代》第四节《文人的斗争》论及古文运动时，也认为以“道统自任”和以“师道自任”乃是韩愈“成功的关键”，这两者“确实起过号召和推广的作用”。对于三位前辈通过韩愈及其古文运动的不很相同或很不相同的论证和理解而获致的这个一致的结论，我们是同意的。在这里，还想就进士科举与其行卷之风和古文运动的关系，略加考述，从而证明这个运动，不仅是有组织、有领导、有理论的，而且还是有策略的，这种策略对于这个运动的成功是不可少的（当然，这一切都是中世纪式的而非近代、现代式的）；同时，也从而证明进士行卷之风同样有助于古文的发展，作为上述三家的正确意见的补充。

韩愈是世所公认的中唐古文运动最杰出的领袖，他在这方面的活动具有很大的代表性。我们探索这个文学运动与进士科举的关系，当然也就要首先注意到他有关这方面的言行，同时也要涉及那些作为韩愈的羽翼的人物的有关这方面的言行。

我们都知道，在韩愈以前，已经出现过一些古文家，如萧颖士、李华、贾至、元结、独孤及、梁肃等。[③] 他们之间，也有过某种一脉相承的关系，如李华为萧颖士的文集作序，独孤及为李华的文集作序，梁肃为独孤及的文集作序，都大力地肯定了其前辈在不同程度上以复古来革新所付出的努力。[④] 但这些先驱者，与韩愈等比较起来，不仅是本身的创作实绩有待

---

① 《读陈寅恪先生〈论韩愈〉》（《文史哲》1955 年第 8 期）。后引黄先生说，均见此文。

② 载《文史哲》1954 年第 10 期。

③ 参钱基博《韩愈志》，《古文渊源篇》第一。

④ 这些文章载在姚铉编《唐文粹》卷九十二及九十三，可参看。

提高，其活动也还缺乏具体的组织、领导和完整的理论、有效的策略，显示着任何社会运动初期所具有的那样一种自发性。

再就这些人与进士科举的关系而论，也不及后来的古文家那么密切。萧、李、元三人是进士及第的。除了元结曾以《文编》纳省卷，受知杨浚，看《文编》自序的语意，其中所收应当是古文这件事实之外，今天在他们身上便难以再发现进士科举与古文运动之间的联系。贾至出身明经，独孤及出身道举，梁肃出身制科，其文学活动就更与进士科举无关。但韩愈本人及其同辈或后辈的古文家却与其前辈们不一样，他们几乎全是进士词科集团中人。韩愈、柳宗元、李观、欧阳詹、张籍、李翱、李汉、皇甫湜、沈亚之、孙樵都曾应进士举及第。（惟一例外是樊宗师，他是军谋宏远堪任将帅科出身的。）这乃是中唐古文运动之所以能够而且必然和进士科举发生密切关系的基础。

这种关系，具体地说，又可分为两层。第一是古文作家应举时，虽然遵照功令，必须以时文——甲赋、律诗应试，却往往以古文行卷。他们希望通过这种双管齐下的办法，达到既取得了功名，又推行了古文的目的。第二是当他们登第为官以后，逐渐上升为当世显人时，便又凭借其社会地位来鼓励后进之士也走他们的道路，并且利用回答后进之士向他们行卷以请求提拔和教益的机会，大力宣传自己的那一套文学主张。这乃是韩愈等人当时进行文学斗争所运用的基本策略。这种策略显然是有成效的。

韩愈等人从事进士科举活动，自始即与其从事古文运动有关联。《郡斋读书志》卷十七云：

> （独孤及）为文，以立宪诫世、褒贤遏恶为用，长于论议。《唐实录》称韩愈师其为文云。

《唐摭言》卷七《知己》门云：

> 贞元中，李元宾、韩愈、李绛、崔群同年进士。先是，四君子定

交久矣，共游梁补阙之门；居三岁，肃未之面，而四贤造肃多矣，靡不偕行。肃异之，一日延接，观等俱以文学为肃所称，复奖以交游之道。

这都证明了韩愈、李观等人和当时的前辈古文家实有师友渊源，与《旧唐书·韩愈传》的记载正相符合。而取《昌黎先生集》卷十七《与祠部陆员外书》所自述其登第是由于梁肃推荐的情况相参照，更可见韩等之游于梁门，不仅是为了学文，也是为了觅举，求知己；同时，梁肃之揄扬和推荐他们，也可能不仅为了他们是一群有才华的青年人，而且是在文学见解和创作实践方面都和自己比较接近的、可以作自己接班人的后辈。

《旧唐书》韩传还曾经记载他"举进士，投文于公卿间。故相郑馀庆颇为之延誉，由是知名于时"。《昌黎先生集》中也保存有好几篇行卷时写的书信。其中除《外集》卷二《上贾滑州书》外，都是进士及第以后再应博学宏词试时所写的，而且这些书信都只载有献文的篇数，而没有写明其题目，以致今天我们无法确知传世韩文中哪几篇曾经由作家在举进士时用来行卷。但这些书信既是用古文写的，以理推之，所投之卷也必然是古文而不是《明水赋》、《御沟新柳》诗这类时文。李观的《帖经日上侍郎书》，已见前引。书中历举其所献省卷文九篇的题目。这些文章，具存本集，都是古文，也足以证明当时古文作家是以他们所擅长并且有意识地在加以提倡的这种文体来行卷的。这些文章既然通过行卷的方式而得以比较广泛地在文坛上流行，自然也就显示了古文的实绩，为它的继续发展创造了有利条件。

但是，古文运动与进士科举及行卷风尚关系的密切，主要还不是表现在韩愈等人在文坛上初露头角、以古文行卷从而获得进士登第的时候，而是表现在后来他们在社会上、文坛上已经成为当世显人、其力量已经足以左右文风、并能够接受后进行卷、将其向主司或其通榜者加以揄扬和推荐的时候。正因为韩愈等人入仕以后，已经在文坛上树立起了古文的旗帜，而又能荐举后进，并且乐于荐举后进，许多后进才踊跃地接受其文学主张，并且积极地写出符合于这种主张的作品，献给他们，以求知己；而韩愈等人则又利用这种与后进接近的机会来大力宣传和推行古文。这就形成了一种更有利于促进这一当时新兴的文学运动的连锁反应。

今存唐人杂记及韩愈文集中关于韩愈热心于援引和教导进士们的记载相当的多。如《幽闲鼓吹》云：

> 李贺以歌诗谒韩吏部，吏部时为国子博士分司，送客归，极困；门人呈卷，解带旋读之。首篇《雁门太守行》曰："黑云压城城欲摧，甲光向日金鳞开。"却援带命邀之。

《唐摭言》卷六《公荐》门云：

> 韩文公、皇甫湜，贞元中名价籍甚，亦一代之龙门也。奇章公始来自江、黄间，置书囊于国东门，携所业，先诣二公卜进退。偶属二公从容，皆谒之，各袖一轴面贽。其首篇《说乐》。韩始见题而掩卷问之曰："且以拍板为什么?"僧孺曰："乐句。"二人因大称赏之。问所止。僧孺曰："某始出山随计，进退唯公命，故未敢入国门。"答曰："吾子之文，不止一第，当垂名耳。"因命于客户坊僦一屋而居。俟其他适，二公访之，因大署其门曰："韩愈、皇甫湜同访几官先辈，不遇。"翌日，自遗、阙以下，观者如堵，咸投刺先谒之。由是，僧孺之名大振天下。

赵璘《因话录》卷三云：

> 广平程子齐昔范未举进士日，著《程子中谟》三卷。韩文公一见，大称叹。及赴举，言于主司曰："程昔范不合在诸生之下。"当时下第，大振屈声。

这些故事，都足以和《昌黎先生集》中不下十余篇的答复进士们的书、赠送进士们的序参证，而集中最值得我们注意的，是卷十八《答刘正夫书》开头的那一段话。他说：

凡举进士者，于先进之门，何所不往？先进之于后辈，苟见其至，宁可以不答其意耶？来者则接之，举城士大夫莫不皆然。而愈不幸，独有接后辈名。名之所存，谤之所归也。

这一段话，写在信中的主要部分即和刘正夫讲论古文的那一部分之前，乍看起来，似乎不甚相关。并且，既然是"先进之于后辈"，"来者则接之"，大家一样，那么韩愈又为什么独独受到诽谤呢？这也未免有些古怪。但如果我们想到，在这个问题上，韩愈和其他非古文家的显人的主要不同之点是在于他一心一意地要将推行古文与提拔后进这两件事情结合起来，便不难理解了。用新兴的古文来排斥占有传统势力并且部分地由政府功令规定作为考试科目的时文，当然免不了要遭到习惯势力的反对。而这一新生事物之终于成长壮大起来，形成了"文起八代之衰"①的局面，则除了其根本原因应当归之于文学发展本身推陈出新的客观规律之外，与韩愈等采取了这种策略，也是分不开的。韩愈正是由于不顾别人的诽谤，坚持了自己正确的主张和有效的策略，才取得了胜利的。李汉《〈昌黎先生集〉序》谈到韩愈提倡古文在当时所得到的不同反应说：

时人始而惊，中而笑且排，先生益坚，终而翕然随以定。呜呼！先生于文，摧陷廓清之功，比于武事，可谓雄伟不常者矣。

便很精确地描绘了韩愈对他的反对派进行斗争的精神。《因话录》卷三云：

元和中，后进师匠韩公，文体大变。又柳柳州宗元、李尚书翱、皇

① 苏轼赞韩愈语，见《东坡后集》卷十五，《潮州韩文公庙碑》。

甫郎中湜、冯詹事定、祭酒杨公、余座主李公①，皆以高文为诸生所宗；而韩、柳、皇甫、李公皆以引接后学为务。杨公尤深于奖善，遇得一句，终日在口，人以为癖，终不易初心。

则又很明白地指出了“文体大变”与“接引后学”之间的密切关系。

韩愈“抗颜而为师”有助于古文运动的发展，是没有疑问的。柳宗元《河东先生集》卷三十四《答韦中立论师道书》谈到这个问题时，表示了与韩愈不同的态度。但他在同卷《报袁君陈秀才避师名书》中却说：

往在京都，后学之士到仆门，日或数十人。仆不敢虚其来意。有长，必出之；有不至，必惎之。

又《答贡士廖有方论文书》中也说：

吾在京都时，好以文宠后辈。后辈由吾知名者，亦为不少焉。

则可见他虽然表面上避师名而不居，实际上其对后进的热心援引和教导却与韩愈没有两样。

前举陈寅恪先生文中所引《新唐书·韩愈传》中的一段话，是宋祁从《国史补》卷下“韩愈引后进”条采来的。其原文如下：

韩愈引致后进，为求科第，多有投书请益者，时人谓之韩门弟子。

而《昌黎先生集》卷三十二《柳子厚墓志铭》则说：

---

① 祭酒杨公，指杨敬之。《新唐书·杨敬之传》：“文宗尚儒术，以宰相郑覃兼国子祭酒，俄以敬之代。”《登科记考》系此条于开成二年(837)。然传下文又云：“未几，兼太常少师……转大理卿，检校工部尚书，兼祭酒，卒。”可见杨敬之任国子祭酒，先后两次，不止一年。座主李公，当指李景让。据《登科记考》卷二十一，赵璘于大和八年登进士第，开成三年举拔萃科，而大和八年知贡举的即为李汉。又《因话录》同卷别条云：“余座主陇西公……淹洫在外多年，除宗正少卿归朝。”亦与《新唐书·宗室传》李汉传合。

衡、湘以南为进士者，皆以子厚为师。其经承子厚口讲指画为文词者，悉有法度可观。

由此可见，师与弟子、显人与举子，对于韩、柳两位大师及当时其他从事古文运动的人来说，乃是一而二，二而一的关系。韩愈“抗颜而为师”，竟然会得到“群怪聚骂，指目牵引”[1]的后果，恐怕也和他利用师弟关系宣传古文，传授古文，以致引起反对派的不满有关。

至于宣传古文和传授古文，则是直接与行卷这种风尚联系着的。中唐古文家留下了不少发表自己文学见解的书信。这些文学史和文学批评史上极可珍视的材料，在当时却往往是为了回答向他们行卷的举子而写的，如韩愈：《答李翊书》（《昌黎先生集》卷十六）、《答刘正夫书》（卷十八）；柳宗元：《答韦中立论师道书》（《河东先生集》卷三十四）、《报崔黯秀才论文书》（同上）；李翱：《答朱载言书》（《李文公集》卷六）、《寄从弟正辞书》（卷八）；皇甫湜：《答李生第一书》（《皇甫持正集》卷四）、《答李生第二书》（同上）、《答李生第三书》（同上）；孙樵：《与王霖秀才书》（《孙可之集》卷二）等都是。在这些基本上一致的理论指导之下，必然地就会出现较多和较好的古文。这也就无可争辩地证明了行卷对于古文的发展具有其推动作用，虽然其推动作用是以显人对于行卷作出反应的形式而体现的。

古文是时文的对立物，将这两者加以区别，不使混淆，对于理解和评价古文运动，很有必要。郭绍虞在其《试论古文运动——兼谈文笔之分到诗文之分的关键》[2]一文中说：

在唐代，古文斗争的目标有两种：最主要的是骈文。李汉所谓“摧陷廓清之功”，苏轼所谓“文起八代之衰”，都是肯定韩愈在这方面的成就。李兆洛《〈骈体文钞〉序》说：“自唐以来始有古文之目，而目六朝之文为骈体。”可见古文和骈文是敌对性的。另一方面是对时

① 柳宗元《答韦中立论师道书》中语。
② 载《跃进文学丛刊》1958 年第 2 辑。

> 文，即当时流行的应举之文。唐以诗、赋取士，律赋就是当时从骈体更进一步的应举文体。韩愈《与冯宿论文书》云："辱示《初筮赋》，实有意思，但力为之，古人不难到；但不知直似古人，亦何得于今人也。仆为文久，每自测，意中以为好，则人必以为恶矣。……时时应事作俗下文字，下笔令人惭，及示人，则人以为好矣。"此所谓俗下文字，很可能指一般的骈文，但是也可能指律赋一类的应举文。从此以后，古文经常与骈文相对立，也经常与时文相对立。

黄云眉先生在和陈寅恪先生辩论唐德宗"崇奖文词"是否与古文运动有关这个问题的时候，也强调指出：

> 唐代的科举文字，和其他骈文一样，正是唐代古文运动的斗争对象，这只要读韩愈答尉迟生、崔立之、陈生等书，及与冯宿、陈商等书，就可以看出这些科举文字和韩愈所提倡的古文之间，有着一条很清楚的界线。混淆了这条界线，古文运动就会失去它的意义。

这些意见，对于古文与时文或"俗下文字"是在文学史代表着两种不同的并且在一定历史时期内相互斗争着的倾向来说，无疑是正确的。但从整个文学史实及其社会背景来加以考察，则中唐古文家如何对待进士科举及应举之文乃至其他"俗下文字"，其情况又似乎还要复杂一些。

前已引用的《国史补》"韩愈引后进"条及《柳子厚墓志铭》，都记载着一件非常值得玩味的事实，即：后进为了应进士举，才去从韩、柳学古文；或者反过来说，韩、柳教后进以古文，也同时是为了他们去应进士举。可是，我们都知道，进士及第必须通过以时文——甲赋、律诗为内容的正式考试，而古文则是他们用来行卷的，而且也只能够用来行卷。韩愈及其他古文家正是以时文应试、古文行卷这种双管齐下的方式来获得进士及第的，而他们的后辈，在其鼓励和指导之下，也是这么做的。那么，在这些人看来，古文有与时文对立、斗争的一面，如郭、黄两先生所指出的；是否两者也有其一致的一面，为两先生所未尝指出的呢？回答是：有的。

上文已经指出，中唐古文运动的领袖及多数中坚人物都是进士科举出身的。这个事实证明他们绝不排斥进士科举。他们在进士登第之前，经常用古文来行卷；及第从政并成为显人之后，又广泛地借着后进向他们行卷的机会来宣传和推行古文。这个事实又进一步证明了，古文家不但不排斥进士科举，而且还使其所发动或参加的这个新兴文学运动在某些方面策略地利用了这种考试制度及其派生的行卷这种风尚。这是因为，从文学创作的角度来说，古文诚然是以与时文及其他“俗下文字”相对立的身份出现的，提倡和创作古文，就很有必要去贬抑和排斥时文及“俗下文字”；而从文学运动的角度来说，为了更其顺利地推行这一文学运动，又必须尽可能地利用为当时有文学才能的知识分子所趋赴的进士科举制度，把这些人吸引到这个运动中来。所以，古文和时文是应当对立的，事实上也是对立的；可是，古文运动却不能和进士词科对立，事实上也不曾对立。在当时的具体历史条件之下，如果韩愈等人不策略地把后两者对立起来，那么，他们自己首先就不可能进士及第并成为当世显人，后进自然也就不会向他们行卷学文，而古文运动的开展也就绝不会有当时那样顺利了。正因为韩愈等人策略地造成了对于他们本身及其追随者说来，学文与觅举是统一的而不是矛盾的这样一种局势，古文运动才如历史所昭示，在中唐那个以时文为正式考试内容的进士科举极盛的时代，反而减少了反对派的阻力，获得了极大的成功，写下了中国文学史上很辉煌的篇章。

古文家可以反对而且当然会反对时文，但古文运动可不能反对时文所依存的进士科举制度；不仅如此，为了达到推行古文的目的，他们还必须也学会做时文来通过进士科举这一关。[①] 对于向他们行卷的后进来说，基于同样的理由，也不能要求其完全放弃时文，专做古文。这样，就使

---

①　唐代进士及第，虽然要通过甲赋、律诗即时文的考试，但最重要的还是要以行卷的方式争取显人的推荐，已如上述。但如果时文做得太差，也还是不能通过考试的。著名的诗人贾岛，本已出家当了和尚，后来经过韩愈的说服，还俗应进士举，可是始终未能及第，这很可能与他不会做律赋有关。《唐摭言》卷十二《轻佻》门云：“贾岛不善程式，每自叠一幅，巡铺告人曰：‘原夫之辈，乞一联，乞一联！’”可为旁证。“原夫”，指律赋中句首所用虚词。

得当时的古文家对于时文所采取的对立态度，不能是绝对的，而只能是相对的。皇甫湜《答李生第一书》云：

> 来书所谓浮艳声病之文耻不为者，虽诚可耻，但虑足下方今不尔，且不能自信其言也。何者？足下举进士，举进士者，有司高张科格，每岁聚者试之，其所取乃足下所不为者也。“工欲善其事，必先利其器。”①足下方伐柯而舍其斧，可乎哉？耻之，不当求也；求而耻之，惑也。今吾子求之矣，是徒涉而耻濡足也，宁能自信其言哉？

在这里，皇甫湜比当时其他从事古文运动的人都更其坦率地道破了古文家虽然反对时文，却不能完全摒弃时文的理由和真相。

古文运动是一个中世纪方式的文学运动，古文家们都不是近代或现代的职业作家，而只是一群争取“以官为业”的地主阶级知识分子。对于他们来说，在文学方面，从事古文运动，成为古文家，是重要的；而在政治方面，争取进士登第，入仕，成为显人，也是重要的，甚至还重要得多。仅就这一点而言，以古文行卷或以时文应试，无非都是为了取得功名，那两者就没有什么本质上的差别了。古文与时文一致的一面，就在这里。韩愈等人正是掌握了这个契机，在自己成为当世显人以后，又利用了后进之士希望觅举、学文一举两得的心理，借行卷的风尚，来开展古文运动，获得了成功的。而这又与古文和时文这两种对立物，对于作为进士们猎取功名的手段来说有其一致性相关。因此，在讨论行卷之风与唐代古文发展的关系时，弄清楚上述这些较为复杂的情况，是有必要的。

① 《论语·卫灵公篇》语。

八　行卷风尚的盛行与唐代传奇小说的勃兴

冯沅君《唐传奇作者身分的估计》曾据习见的唐人传奇单篇、专集及具有传奇风格的杂俎——为《太平广记》、《四库全书总目提要》、鲁迅《中国小说史略》所采用、著录、论及者——六十种，统计其姓名可考的作者四十八人的出身，得出如下的结果：

> 在这四十八人中，确知其举进士的凡十五人①，举明经的一人，擢制科的一人，应进士试而落第的一人，因其为翰林学士或校书郎遂推想他们可能是进士或制科出身的三人。其余二十七人里，二十四人因行事难详，不知他们是否曾应科举。行事可考而无科名的只有三人。此外，还有一点值得我们注意的，就是唐传奇的杰作与杂俎中的知名者多出进士之手。

冯先生这个统计，对于唐代传奇小说与进士词科具有密切关系，是一个很好的证明。行事难详的二十四人中间，很可能还有一些是曾经应进士举的（不论其及第与否）。我们有理由推想，传奇作家与进士科举有关的，在冯先生所据以统计的三部著作中的四十八人范围以内，并不止三分之一左右，而是还要多一些。

---

①　按：这里所说“举进士”，当作应进士举登第，观下文有“应进士举而落第”一项可知。唐人文献称“举进士”，只是应进士举的同义语，不包括登第的意思在内。下文“举明经”，亦为应明经举登第之误。

进士用传奇小说来行卷，始于何时、何人，已经无可考证。但传奇到了中唐贞元、元和时代，才名篇迭出，而这个时代，又正是进士词科日益为士人所贵重、争以引人注目的行卷来求知己的时代，则传奇的发达，与进士们用它来行卷有关可知。当代学者所写专文、专书及有些文学史中都提到了这个事实，但对唐代进士为什么要采用传奇这种新兴文学样式来行卷这个问题，则意见还不一致，可以略加讨论。

《云麓漫钞》首先提出了这个问题，它认为进士们以传奇行卷，是因为这种样式"文备众体，可以见史才、诗笔、议论"。陈寅恪在《元白诗笺证稿》第一章《长恨歌》及第四章附录《读莺莺传》中，曾经根据这个意见，解释了唐代传奇的某些著名作品中所呈现出的一些情况，如认为元稹的《莺莺传》和李绅的《莺莺歌》，陈鸿的《长恨传》和白居易的《长恨歌》，虽然传和歌并非出自一人之手，但应当看成一个整体；《莺莺传》中张生所发的"忍情"之说，是由于传奇小说中"不得不具备"一些议论的缘故，等等。黄云眉先生不以赵、陈两家之说为然，认为：赵彦卫只是"偶然替此类作品下了一个为什么可以投献的注脚，而陈先生竟把这个注脚，当作贞元、元和以来的小说的固定公式的主要根据，是不够的，而且是穿凿的"。他还认为："投献此类作品的原因也不过像鲁迅先生所说，'希图一新耳目'，而不是像赵彦卫所说，为了'可以见史才、诗笔、议论'。"

对于这一争论，我有如下一些不成熟的看法。首先，叙事或史才、抒情或诗笔、说理或议论，本是广义的文学创作内容的三个主要方面。唐代进士科举考试的主要项目，甲赋、律诗可以表现其抒情能力，策可以表现其说理能力，可是叙事能力在这两个考试项目中是难以表现的。传奇小说以叙述故事、描写人物为主，正好可以使得作者在这方面的能力得到发挥。《国史补》卷下"韩、沈良史才"条云：

> 沈既济撰《枕中记》，庄生寓言之类；韩愈撰《毛颖传》，其文尤高，不下史迁。二篇真良史才也。

赞美传奇小说，而从史才着眼，很足以说明其中消息。同时，进士试诗、赋，试策，虽然可以表现抒情、说理的能力，但由于考题的限制和文字的程式化，也就对这种能力的表现具有很大的局限性。这都是举子们希望在其行卷中加以弥补的。因此，有些人在编辑行卷的时候，就注意到了其篇目要能够体现自己在叙事、抒情、说理各方面的才能。前举李观《帖经日上侍郎书》、杜牧《上知己文章启》、皮日休《〈文薮〉序》中所载行卷文字的篇目，都足以证实这一点。这就说明，“文备众体”是某些举子已经敏感到了的对于行卷的客观要求，而传奇小说，则又恰恰具有不是备众体于多篇之中而是备众体于一篇之中的特点和优点，使人读其一篇，就可以大致了解作者的史才、诗笔，议论，即叙事、抒情、说理的全部能力；而且这三者（至少是叙事和抒情两者）还不是各自孤立起来表现的，而是互相联系着，作为一个有机的整体来表现的，因而很自然地成为行卷的进士们所乐于采用的一种样式了。鲁迅在回答文学社提出的“六朝小说和唐代传奇文有怎样的区别”这个问题时，曾经指出：

> 至于他们之所以著作，那是无论六朝或唐人，都是有所为的。……唐以诗文取士，但也看社会上的名声，所以士子入京应试，也许预先干谒名公，呈献诗文，冀其称誉，这诗文叫作“行卷”。诗文既滥，人不欲观，有的就用传奇文，来希图一新耳目，获得特效了，于是那时的传奇文，也就和“敲门砖”很有关系。但自然，只被风气所推，无所为而作者，却也并非没有的。①

鲁迅先生是小说史专家，在回答这个问题的时候，又已精通辩证唯物主义和历史唯物主义，所论自然远较赵彦卫为全面而深刻。但他所说的举子们行卷用传奇小说，是为了“希图一新耳目，获得特效”，却与赵彦卫所说的“盖此等文备众体，可以见史才、诗笔、议论”，并不是矛盾的，而是互相补充的，因为在一篇文章中而能兼备叙事、抒情、说理三个方面，也就足以使人一新耳目。虽然传奇小说还有其他许多吸引人的地方，但将这一点

---

① 载《且介亭杂文》二集。

包括在内，对于增加其艺术魅力来说，却是有益无损的。陈寅恪先生依据赵说，加以发挥，指出传奇小说某些结构和内容上的特点，对我们也还是有益的，但他却将这些本来并不具有绝对性和普遍性的情况绝对化和普遍化了，陷入以偏概全，因而就不得不得出与事实不完全符合的、同时也使人不能完全信服的结论来。如果我们只说，在唐代传奇小说的某些作品中，出现过一篇之中兼备叙事、抒情、说理之体的情况，而这种情况的形成，则与进士们用它们来行卷，以便集中表现自己的多方面的文学才能有关，那就符合事实，因而也就没有什么可被訾议的了。

前引《南部新书》甲卷载李复言曾以《纂异》十卷纳省卷，又《国史补》卷中“晋公祭王义”条及《南部新书》戊卷记载元和十年(815)，王承宗、李师道遣刺客谋害裴度，裴度的仆人王义为了保护裴度，以身殉职，这一年，多数进士都撰作《王义传》。这是当时应进士科举的人写作传奇小说来纳省卷与投行卷的两个实例。[①] 可惜《纂异》是否即今传《续玄怪录》，还不能肯定；而那些为数众多的《王义传》又都已亡佚了。现存唐人传奇，单篇和专集虽然都还不少，但哪些曾由作者用来行卷，却绝少直接的史料可供稽考。除了《云麓漫钞》提出的《幽怪录》及《传奇》之外[②]，李复言的《续玄怪录》也很可能是行卷之文。今将这三种专集略加考核，以见传奇小说在行卷这种风尚推动之下所产生的实绩。

《幽怪录》，本名《玄怪录》，宋人以避讳而改“玄”为“幽”。[③] 此书出于

① 吴庚舜《关于唐代传奇繁荣的原因》(《文学研究集刊》第1册，1964年)认为：“从唐五代典籍来看，(投献)‘所业’仅限于诗文，并不包括传奇。”可能是没有注意这两条材料。此外，张祜《〈孟才人叹〉序》记载了当孟才人殉情的悲剧传开以后，“贡士文多以为之目”，其中诗、赋之外，也可能有古文和传奇。

② 黄云眉先生文中有云“可能当时有过某些人以幽怪录传奇作为所业而投献主司者”，又云“如果把它套在唐代所有幽怪录传奇上”，玩味语意，似乎不认为《幽怪录》和《传奇》是两部传奇专集的名称，恐非是。

③ 称《玄怪录》为《幽怪录》，《续玄怪录》为《续幽怪录》，都是宋人为了避赵匡胤的始祖玄朗的讳而改动的，朱国桢《涌幢小品》卷十八“志录集”条云：“牛僧孺撰《玄怪录》，杨用修改为《幽怪录》，因世庙时重玄字，用修不敢不避。其实只一书，且非刻之误也。”《四库全书总目提要》卷一百四十四也误信此说，胡珽在《〈读幽怪录〉校勘记》中已予订正。

中唐时代牛党领袖人物牛僧孺之手，原为十卷，今已散佚，但《太平广记》中还存有三十三篇。它是一部行卷之作，除见于赵彦卫的记载之外，还有两点可资推证：第一，汪辟疆先生校录《唐人小说》下卷[①]，《〈玄怪录〉叙录》云："僧孺少负才名，而颇嗜志怪。此《玄怪录》十卷，大抵未通籍以前所作。"按李德裕的门人韦瓘作《周秦行纪》，嫁名僧孺，借以诬陷牛氏，其事已为世所公认习知。[②] 而此文起笔即云："余贞元中举进士落第，归宛、叶间。"这正暗示了当时人们都知道《玄怪录》是作者举进士时写的，因而韦瓘那篇伪文才将其所虚构的情节也定在牛举进士时，以求与《玄怪录》相吻合，从而取信于人。第二，牛僧孺是当时进士科场中非常活跃的人物，流传的逸事不少，上文就征引过《唐语林》、《幽闲鼓吹》、《云溪友议》、《唐摭言》等书中有关他应进士举的资料。《玄怪录》既写于作者应举时，而作者又非常热心于科第，贞元则是传奇小说勃兴的时代，就此三个方面参合推断，牛僧孺以《玄怪录》来行卷，并且带动了后进以传奇小说行卷的风气，是全然可能的。上举冯沅君先生文已经较详细地论及牛僧孺与传奇小说的关系，在这里，只就《玄怪录》多半是行卷之文这一点略作补充。

《续玄怪录》，李复言撰，今存南宋临安书棚本，分四卷，共二十三篇，另外还有十二篇只见于《太平广记》，已由胡珽辑出，编为拾遗二卷，一并刊入《琳琅秘室丛书》。汪先生所撰本书《叙录》说："复言生平，无可考见。《太平广记》一百二十八引《续玄怪录》，《尼妙寂》一条云：'大和庚戌岁，陇西李复言游巴南，与进士沈田会于蓬州。田因话奇事……录怪之日，遂纂于此。'据此，则知复言固大和、开成间人矣。时牛僧孺方在朝列，势倾中外。牛相早年有《玄怪录》之作，通行既久。复言乃续其书，举所闻于大和间之异闻轶事，悉入纂录。"这一叙述是谨严而符合事实的。卞孝萱《〈续玄怪录〉作者及写作年代探索》[③]则据《唐诗纪事》卷四十三"李谅"条"谅字复言"的记载，以为写《续玄怪录》的李复言，就是与白居易同于贞元十六年(800)登进士第的李谅，并据《续玄怪录》中有写于元和(806—820)、

① 下引汪先生说均见此书。
② 参《唐人小说》上卷《周秦行纪》按语。
③ 载《江海学刊》1961 年 10 月号。

大和(827—835)年间,亦即写于贞元十六年(800)以后的作品,来否定陈寅恪在《〈顺宗实录〉与〈续玄怪录〉》[①]中认为《续玄怪录》是“江湖举子投献之文卷”的论点,但卞先生对前引《南部新书》甲卷所载“李景让典贡年,有李复言者,纳省卷,有《纂异》一部十卷”这条资料,似乎失之眉睫。考李景让知贡举,是在开成五年(840)。上距贞元十六年,已四十年,即使要假定字复言的李谅于四十年前进士及第,这个时候再来举制科,也是不可能的,因为时间相距实在太远了。然则与其认为《续玄怪录》的作者就是李谅,还不如假定写《续玄怪录》的李复言就是以《纂异》纳省卷的李复言,而《纂异》就是《续玄怪录》的别名,更合情理。这样,就解决了卞先生的《续玄怪录》既为行卷之文,何以有写于作者登进士第之后的篇章这个疑问,同时也就增强了陈先生以此书为“江湖举子投献之文卷”这一论断的可靠性。因为,就当时的情况来说,纳省卷比投行卷一般地应当更其郑重、严肃一些,如果李复言敢以《纂异》去纳省卷于礼部(虽然这种不寻常的行动毕竟遭到批判,作者也因此罢举),那么他用相同或者相类的作品去投行卷于显人,就更有可能了。汪先生又考证此书版本云:“传至宋初,遂有两本:其一,为五卷本。《唐艺文志》及宋陈振孙《书录解题》所著录者是已。其一,为十卷本。晁公武《读书志》所著录者是已。(《宋志》小说类既收李复言《续玄怪录》五卷,同类又收李复言《搜古异录》十卷。《搜古异录》十卷,不载《唐志》,或即《续玄怪录》五卷本之误。《宋志》一书异称,多两载。)至南宋临安书棚本《续玄怪录》四卷,凡二十三事。当为书贾掇拾,已非完帙。故《广记》所引,多为此本所不载。”可见《续玄怪录》原有与《纂异》卷数相符之十卷本,又有与《纂异》相近的《搜古异录》的名称。我们设想,这位李复言,作为一个江湖举子,从元和时代以来,就写作传奇,各处行卷,乞食求举,随着篇幅的增多,也就随时改变书名,以希一新耳目。其书最初只有五卷,为了借当时已经风行的《玄怪录》作广告,便以《续玄怪录》为名,[②]后来增至十卷,于是改称《搜古异录》。开成五年(840),他用

---

① 载《国立北京大学四十周年纪念论文集》乙编上,1940年。

② 汪先生《〈玄怪录〉叙录》论此书对唐人传奇的影响说:“牛氏书既盛行一时,继起而拟之者,薛渔思有《河东记》三卷,亦记谲怪事,自序云:‘续牛僧孺(注转下页)

这部书去纳省卷，才又改名《纂异》。因此，虽然书名不同，卷数有异，都还是他一人的作品。当然，这里所提供的，只是一种合乎情理的推测。总之，从《续玄怪录》这个书名来看，李复言确是牛僧孺在这方面的效法者。如果《玄怪录》曾由牛僧孺用来行卷，如《云麓漫钞》所载，则《续玄怪录》也是行卷之文，就更为可能了。

《传奇》，裴铏撰，原书三卷，现在也散佚了。郑振铎先生曾从《太平广记》中辑出二十四篇，印入《世界文库》第一册。后来柳文英先生又从《类说》及《岁时广记》中补辑了六篇。① 裴铏的事迹，今日所知很少，而且今传史料中也没有他是及第进士或曾应进士科举的记载。据《新唐书·艺文志》卷三、《唐诗纪事》卷六十七及《全唐文》卷八百五所载，他在咸通(860—874)中为静海军节度使高骈掌书记，乾符元年(878)以御史大夫为成都节度副使。陈寅恪在《唐代政治史述论稿》，上篇《统治阶级之氏族及其升降》中曾举董召南、李益等人的事例为证，认为："在长安文化统治下之士人，若举进士不中，而欲致身功名之会者，舍北走河朔之外，则不易觅其他之途径也。"陈先生这个结论可能下得过分肯定了一些，但中、晚唐有些士子在中央政权之下不能获得进士及第，就往往跑到地方政权——藩镇那儿去找政治出路，也是事实。裴铏为高骈掌书记，或许就是这样一种情况所导致的结果，而《传奇》也可能就是他在这以前应进士科举时的行卷之作。文献不足，对于赵彦卫的记载所能提出的旁证，也就止于此了。

既然唐代进士曾用传奇小说行卷是个事实，现存唐代传奇小说的作者和进士科举有关的，又占有一定的数量，为古今学者所认为是曾被用来行卷的三部专集又是比较优秀的作品，宋以来"传奇"一词甚至于因为它的盛行于世而由专名变成了通名，则唐代进士以传奇小说行卷，确曾对这种新兴文学样式的发展，起过相当大的促进作用，是无可怀疑的。

(续上页注)之书。'(见《郡斋读书志》十三)张读有《宣室志》十卷，亦纪仙鬼灵异事迹。读字圣朋，则张鷟之裔，而牛僧孺之外孙也。(见《唐书》一百六十一《张荐传》)至李复言之书，则直云《续玄怪录》，皆沿其流波而益加诙诡者也。"

① 参柳文英：《谈裴铏的〈传奇〉》(《文学遗产》第187期，《光明日报》1957年12月15日)。

九　结论及余论

科举是隋、唐以来我国封建社会中的统治阶级为了巩固其政权而采取的一种官员选拔制度。这种制度的实施，逐步打破并且终于消灭了在这以前长期存在的旧贵族单凭门第垄断政权的局势①，而使得一般寒族和中小地主阶级分子也获得了较前远为广泛的参与国家政治活动的机会。这是一个在统治阶级内部重新调整和配备力量，以强化其政权的重大措施。它不可避免地要在社会生活各方面产生各种各样的影响和后果，不论其是积极的还是消极的，好的还是坏的。

进士科举，则又是唐代科举制度中最重要的组成部分。它主要是以文词优劣来决定举子的去取。这样，就不能不直接对文学发生作用。这种作用，应当一分为二，如果就它以甲赋、律诗为正式的考试内容来考察，那基本上只能算是促退的；而如果就进士科举以文词为主要考试内容因而派生的行卷这种特殊风尚来考察，就无可否认，无论是从整个唐代文学发展的契机来说，或者是从诗歌、古文、传奇任何一种文学样式来说，都起过一定程度的促进作用。这就是本书的一个极其简单的结论。

根据文献，五代时的进士行卷之风，还是和唐代相同。赵宋帝国建立以后，为了适应新政权的需要，才将科举制度作了一番修改。盛如梓《庶斋老学丛谈》卷下云：

---

① 关于东晋以来贵族高门垄断政权及其他活动的情况，王伊同《五朝门第》及《北朝门第》两书有详尽的史料辑述，可参看。

前辈谓：科举之法虽备于唐，然是时考真卷；有才学者，士大夫犹得以姓名荐之有司，有司犹得以公论取之。如吴武陵以《阿房宫赋》荐杜牧，必欲置之首选是也。宋自淳化中立糊名之法，祥符中建誊录之制，进士得失，始一切付之幸不幸。

便是其改革的一部分情况，可与前引《东斋纪事》参照。试卷上的姓名既被糊没，笔迹又因重行誊录而无从辨识，因而采取誉望、事先加以推荐的方式，就不再有存在可能性，而行卷的风尚也就自然随之消失。[①] 行卷之风的消失，就使得宋以来应举的人，除了习作历代朝廷规定了程式的文章外，无须再从事其他文学创作以谋取科第。这样，科举制度就只能桎梏人的思想并败坏人的文笔，而不能再对文学的发展发生任何好的作用。

事情很清楚，文学的发展是作家们以其先进的世界观体验生活、以其优秀的艺术手段反映生活的结果。同时，影响文学发展的历史社会条件也是多种多样的、非常复杂错综的。我们在解释唐代文学发展这一历史现象的时候，决不应当把当时的封建统治阶级提倡文学的手段之一——行卷的作用，强调到不符合事实，也就是不恰当的地步。但任何作家，作为一个阶级社会中在一定的阶级地位中生活的人，是不能不受那个历史时代的各种社会条件所制约的。这些条件，对于一代文风的形成和作家的成长，都随时随地要产生无可避免的影响。在唐代以来一千多年的我国封建社会文学史上，科举制度对文学的发展当然起不了什么决定性的作用，可是唐代进士行卷之风的存在和宋以来这种风尚的不复存在，所给

① 由宋迄清，文士们将自己的作品送请比自己的地位或水平高的人看，希望得到提拔或教益，也还沿用了行卷这个名称，如宋费衮《梁溪漫志》卷三，“行卷”条载：“前辈行卷之礼，皆与刺俱入，盖使主人先阅其文，而后见之。宣和间苍梧胡德辉见刘元城，尚仍此礼。近年以来，率俟相见之时，以书启面投，大抵皆求差遣、匄私书、干请乞怜之言。主人例避谢而入袖，退阅一二，见其多此等语，往往不复终卷。彼方厌其干请，安得为之延誉？士之自处既轻，而先达待士之风，至此亦扫地矣。”又如晚清的易顺鼎，就有一部名为《丁戊之间行卷》的诗集，顾印愚《成都顾先生诗集》补遗中《青春》一首末二句云：“琴影差池诗格退，浪持行卷损年华。”但这都与应科举考试没有关系，也就是名存实亡了。

予文学历史以及作家们的影响，还是有区别的。列宁指出："在分析任何一个社会问题时，马克思主义理论的绝对要求，就是要把问题提到一定的历史范围之内。"①"要真正地认识事物，就必须把握、研究它的一切方面，一切联系和'中介'。我们决不可能完全地做到这一点，但是，全面性的要求可以使我们防止错误和防止僵化。"②正因为如此，我们觉得，在探讨唐代文学发展的原因时，如果不适当地估计进士行卷之风对它所起过的作用，恐怕是不妥当的；而如果对这一历史现象略而不谈，那就更不能不算是一种疏忽了。

---

① 《论民族自决权》，《列宁全集》第 20 卷，第 401 页。

② 《再论工会、目前局势及托洛茨基和布哈林的错误》，《列宁全集》第 32 卷，第 83—84 页。

后　　记

本书初稿成于1942年秋，时余方承乏金陵大学讲席，尝以《文学发凡》之名刊布。1948年，叶圣陶先生为易称《文论要诠》，由上海开明书店正式出版。1983年，黑龙江人民出版社复为改成简体横排之式，题曰《文论十笺》，迄今又十五载矣，仍有久求之而不得者，故更收入选集。诸本皆略有增改，盖行世已五十余年，余亦由壮及耄，所见不能无异同也。独香港太平书店及台北广文书局60年代所刊，乃盗用开明版，故与之全同耳。1998年5月，闲堂老人程千帆记于南京大学，时年八十有五。